隧道设计与施工
——岩土控制变形分析法
（ADECO-RS）

Pietro Lunardi 著

铁道部工程管理中心
中铁西南科学研究院有限公司 译

中国铁道出版社

2011年·北京

Translation from the English language edition:
Design and Construction of Tunnels. Analysis of Controlled Deformations in Rock and Soils(ADECO-RS)by Pietro Lunardi

此版本根据英文版本翻译:
隧道设计与施工——岩土控制变形分析法(ADECO-RS)
作者:皮埃特罗·卢纳尔迪

北京市版权局著作权合同登记号:01-2011-5678

图书在版编目(CIP)数据

隧道设计与施工——岩土控制变形分析法(ADECO-RS)/[意]卢纳尔迪(Lunardi,P.)著;铁道部工程管理中心,中铁西南科学研究院有限公司译.—北京:中国铁道出版社,2011.10

书名原文:Design and Construction of Tunnels Analysis of Controlled Deformations in Rock and Soils ADECO RS

ISBN 978-7-113-13709-0

Ⅰ.①隧… Ⅱ.①卢… ②铁… ③中… Ⅲ.①隧道工程:岩土工程—研究 Ⅳ.①U45

中国版本图书馆 CIP 数据核字(2011)第 205252 号

书　　名: 隧道设计与施工——岩土控制变形分析法(ADECO-RS)
作　　者: Pietro Lunardi 著
铁道部工程管理中心　中铁西南科学研究院有限公司　译

责任编辑: 江新锡　曹艳芳　　**电话:** 010-51873017
编辑助理: 江新照　陶赛赛
封面设计: 冯龙彬
责任校对: 张玉华
责任印制: 李　佳

出版发行: 中国铁道出版社(北京市西城区右安门西街 8 号,100054)
网　　址: http://www.tdpress. com
印　　刷: 北京盛通印刷股份有限公司
版　　次: 2011 年 10 月第 1 版　2011 年 10 月第 1 次印刷
开　　本: 720 mm×1 000 mm　1/16　印张:33.5　字数:663 千
印　　数: 1～1 500 册
书　　号: ISBN 978-7-113-13709-0
定　　价: 180.00 元

作者简介

Pietro Lunardi先生系交通运输领域土木工程师、地下工程设计与施工领域全球知名专家、众多创新方法的发明人。例如：米兰铁路联络线威尼斯车站蜂窝状拱技术——他因此被美国《工程新闻》杂志提名为“建筑业年度风云人物”；旋喷注浆围岩改良加固技术；全断面机械预切槽技术和玻璃纤维结构件加固掌子面技术；在设计、施工方面具有革命性意义的新工法，即岩土控制变形分析法（ADECO-RS）。本书详细介绍了该新工法，它第一次使人们能在极端困难的地质-土工技术条件和应力-应变状态下修建隧道，并能可靠地预测工期和成本。

Pietro Lunardi先生曾是佛罗伦萨大学工程系“岩土改良”专业和帕尔马大学工程系“土壤保护与水土保持”专业讲师。另外还在许多公共机构担任职务，包括在第二届贝卢斯科尼政府中担任基础设施与运输部部长，任期5年（2001年～2006年）。

Pietro Lunardi先生出版著作130多部，主持隧道及岩土工程专业的国内、国际学术会议40多场。

译 序

自1888年修建第一条狮球岭隧道以来，我国隧道及地下工程修建技术经历了人力开挖、小型机械凿岩、大型机械化施工等发展阶段，在勘测设计、施工、科研等方面取得了众多重大成就和创新。特别是改革开放以来，我国隧道修建技术得到了飞速发展，已成为世界上隧道修建数量最多、技术发展最快的国家。在我国隧道工程技术发展过程中，隧道工程技术人员学习、借鉴国外先进技术，引进了新奥法、挪威法、TBM法等，同时针对我国复杂的地质条件创造性地提出了浅埋暗挖法、富水岩溶隧道释能降压法等，促进了世界隧道建设的技术进步。

岩土控制变形分析法，也被称为新意法，是意大利著名学者Pietro Lunardi先生历尽多年的探索与实践并在前人理论基础上创立的。该工法针对隧道变形反应的真正起因，提出了一整套理论方法和实际工程措施。特别是在软弱破碎地质条件下，通过采取预约束和约束措施加固掌子面-超前核心土和隧道围岩，能够实现全断面掘进施工，具有安全、高效，控制工期和费用的优势。该工法已纳入意大利隧道设计施工规范中并在欧洲众多隧道工程中得到了成功运用。

放眼国际，博采众长，他山之石，可以攻玉。希望本书的翻译出版能起到抛砖引玉的作用，旨在通过引进消化吸收再创新，推动我国隧道及地下工程技术更上一层楼。

2011年10月

译者的话

意大利Pietro Lunardi先生具有丰富的隧道咨询、设计、施工经验，在长达数十年的隧道工程实践中，通过对数百座隧道工程进行理论和试验研究，提出了岩土控制变形分析法（亦称“新意法”）。岩土控制变形分析法的核心是强调隧道掌子面前方超前核心土的加固对于控制围岩变形的作用，通过勘察、分析，预测围岩的应力-应变状态，并依据隧道开挖后围岩稳定、暂时稳定、不稳定将围岩划分为A、B、C三种变形行为类型，在此基础上进行信息化设计和施工，确保隧道安全穿越各种地层(尤其是复杂不良地层)。岩土控制变形分析法，尤其是对复杂多变的不良地层，不仅可以有效控制工程进度、工程质量和施工安全，还可以降低工程造价，具有较大的推广价值。

近年来，岩土控制变形分析法开始引入中国并在武广客运专线浏阳河隧道等工程进行了相关试验。本书的翻译出版对于全面、系统了解岩土控制变形分析法，以及在工程中更好推广应用具有重要参考价值。

本书翻译：王　彬、兰利敏、刘亦严、杨积凯、谢　甍。

审校：肖广智、严金秀。

在使用中如发现有错误和不妥之处，敬请读者提出并将意见反馈至铁道部工程管理中心。

铁道部工程管理中心

中铁西南科学研究院有限公司

2011年10月

前 言

由于地质灾害以及缺少相适当的勘察、设计、施工方法来处理这些称之为“困难”的地质问题，使地下工程的设计和施工颇具风险而不像其他土木工程一样颇有把握，而实际上它们本身是具有成功前景的。因此与类似的地面工程相比，地下工程总是处于从属地位。在过去，一般是在地面工程不现实或作用不大时才考虑地下工程。

但是，随着地质勘察领域取得决定性的进展，加之计算机强大的计算能力，特别是适合各种围岩条件的开挖技术的出现，为地下工程技术取得质的飞跃发展创造了条件。地下工程需要克服的一个长久不利因素就是要找到一种先进、通用的有效设计方法。这种设计法能整合和开发各种潜能并在设计和施工阶段对设计人员给予指导，而这恰恰是地面工程所具有的独特优势。实际上直到现在，对于“地下工程的设计与施工包括些什么”这个老生常谈的问题，无论是在设计形式还是设计内容上，许多设计工程师的回答仍各不相同。这也并不奇怪，因为这类问题的提出总是比较模糊。直到前不久，因知识和手段方面的欠缺还不得不在隧道掘进期间临时修改设计。因此这类施工设计仅是对线路几何形状和隧道断面类型进行确认而已，而开挖方法、隧道稳固方法以及采用何种衬砌等问题大多仍需在隧道掘进施工期间确定。

因此“观察”围岩对开挖的反应，以寻求合适的隧道短期和中期稳固对策一直是地下工程的根本所在。上个世纪一些工程师力求围绕“观察”实践寻找到一种设计、施工方法，尽管他们所基于的科学理论是错误的，但在当时是一个伟大的进步。一开始这给他们带来了很大的成功，尽管出现了众多的失败，但这些方法还是得到了推广和应用，这得利于因不可理喻的从众心理而没有可以替代的设计、施工理念。在以新奥法（NATM）为首的这些方法中，不仅发现其在真正困难的土工技术和岩石力学条件下显得有些力不从心，而且显得有些明显过时，因为它们本质上不能针对费用和工期进度方面制定施工计划，而这一切无疑又是现代社会对资源进行透明、节约型管理的首要要求。

大约十多年前，作者提出了岩土控制变形分析法（ADECO-RS），它引起了人们极大的兴趣，同时也带给人们一定的疑虑。我和我的研究团队抛开传统思想，经过长时间的理论、试验研究，开发出了这样一种方法。它最终认识到了隧道静力和动力三维特性的重要性。如果能采纳这一认识并正确地利用此新技术，就能实现期待已久的质的飞跃！它使地下工程第一次实现了在施工前完成设计工作，并在规划、施工成本和工期计划等方面具有优势。

之后，在300多千米的隧道线上对此方法的有效性进行了试验，其中至少有150多千米地段处于非常困难的应力-应变条件下。对于这些工程问题在众多学术会议和发表的出版物中都进行了全面的讨论，而且毋庸置疑地证明了该方法的正确性。这种分析法能预测地下工程的工期和成本，具有较高的预测准确性（与事先掌握的地质情况成正比），能将意外事件的发生率降至最小程度，并能消除以前在相同围岩和埋深条件下总会遇到的隧道掘进问题。而且这种分析法能估算地下工程的成本-效益比率，在选择设计方案时成本-效益比率是重要的决策参数。

因此我们的研究方向是正确的，但仍需进行大量的调查和研究。本书出版的目的不仅是为了尽可能全面详细介绍此分析法的基本原理，指出应如何遵循这些原则使地下工程的设计与施工获得前所未有的准确性和可靠性；更为重要的是为科学界提供了一本非常有价值的参考书，围绕此书大家可以齐心协力，进一步完善岩土控制变形分析法，甚至超越此方法。

Pietro Lunardi

致读者

在撰写此书时，我想尽量做到通俗易懂而又不乏阅读趣味性，尽管其内容涉及许多技术和专业知识。因此我充分利用过去做大学讲师的经验，力求引起读者进一步探究的好奇心。为此，我有时甚至涉猎那些远离此领域的学科，我感到通过这些能更直接地进行解释说明并能使读者潜心理解非常复杂的原理。

本书贯穿了两部分内容，即奇数页为此书的主题内容，偶数页内容则可独立阅读。通过这种方式，我希望读者能够更好地理解本书内容。

鸣 谢

本书汇集了作者过去40多年来在众多施工现场、大学和其他专业领域所获得的知识和经验。为此我想对那些长久以来给予信任、教育和指导的人士表示衷心感谢！他们是来自Capistrello 的Angelo Palleschi先生，作为隧道工作者，他在长期的隧道现场工作中给予我极大的帮助；Angelo Farsura先生, 一名出色的企业家，他让我在20世纪60年代和70年代有幸来到Gran Sasso 隧道现场工作，此隧道是近50年最复杂和引人注目的隧道工程。我想要感谢的人还有很多，这里就不再一一赘述了。

最后，我还要特别感谢与我亲密工作的Renzo Bindi, Giovanna Cassani 和Alessandro Fodaracci先生！正是他们的聪明才智帮助我提出了这一地下工程设计、施工新方法。我希望此方法能指导年轻的工程师研究并完成这些不同于一般土木工程的地下工程，因为地下工程中设计工程师要面对的地质条件、土工技术条件和应力-应变条件非常复杂、多变。

Pietro Lunardi

目 录

从研究到岩土控制变形分析法的提出

隧道施工的难易并不在于埋深或围岩条件，而在于隧道所处地层的应力-应变条件，或者能否控制洞身稳定性，这取决于我们对原有自然平衡的了解程度、采取正确的设计方法及合适的开挖方法和稳固措施。

第1章

隧道掘进过程的动力学特性

1.1 基本概念

地下工程施工是一个特别复杂的土木工程问题，因为预先确定地下工程的设计参数远比地面建筑要困难得多（图1.1）。

地面建筑施工是对一些已知强度和变形特性的材料（钢筋、钢筋混凝土等）进行一步一步的组装，从而建成承载预定载荷的建筑物过程。这些构筑物的受力平衡状态是可以预测的；但是地下工程施工与此不同，它要破坏已有的平衡状态，并且是在大概了解的条件下进行“有计划的扰动”。

地下工程施工中，为设计和结构工程师熟知、但并未引起足够重视的另一个特性是：在大多数情况下，地下建筑物承受最大载荷并不是在施工的最后阶段，尽管隧道完工后承载了预定的外加载荷。最大载荷产生在施工的中间阶段。中间阶段是一个非常脆弱的时期，因为开挖引起的扰动效果还没有完全被衬砌所约束，岩体原位应力由于洞室开挖而产生偏移和传递（成拱效应），致使洞壁周边区域应力增大。

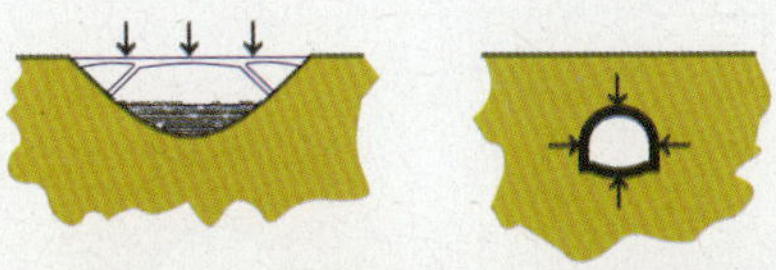

	地面建筑	地下工程
介质 (建筑材料)	●	○
作用 (施工载荷)	●	○
反应 (应力和应变反应)	●	○
	●预先确定	○预先不确定

图1.1 地下工程和地面建筑的不同点

成拱效应

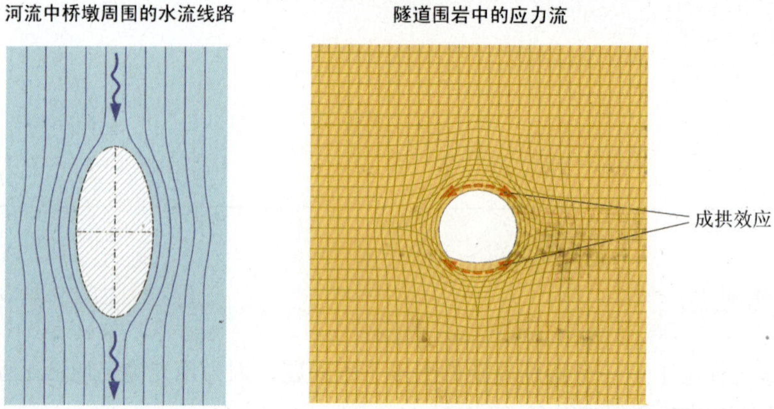

水流被桥墩分开，流速加快。与此相似，围岩应力场中的应力流被开挖的洞室分开而重新流动,在洞壁周围形成应力增大区域。 应力流在围岩内的流动被称为成拱效应。

成拱效应保证了洞室长期的稳定。

成拱效应的形成可由掘进时围岩的变形加以表征。

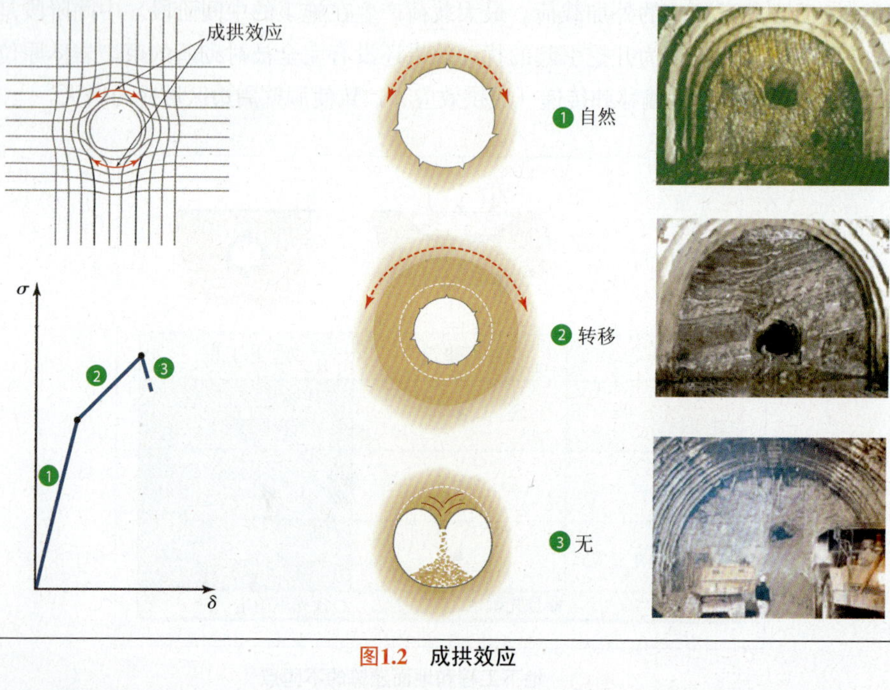

图1.2　成拱效应

中间阶段的微妙之处在于隧道的完整性及使用寿命完全依赖于洞室周围应力的正确转移。根据地层的应力大小及围岩强度和变形特性，有以下三种应力转移状况（图1.2）：

（1）接近隧道洞壁；

（2）离洞壁较远处；

（3）无成拱效应。

第一种情况是洞室周围的围岩能很好地承受偏移的应力流，产生弹性变形，出现成拱效应。

第二种情况是洞室周围的围岩不能有效地承受偏移的应力流，产生弹-塑性变形。应力向周围扩散，增大受影响的围岩区域，直到岩体受力状态接近围岩弹性强度极限的地方。在这种情况下，成拱效应形成在离洞壁较远处。洞室的最终静力强度只由其残余强度决定，变形增大会使洞室安全性降低。

第三种情况是洞室周围的围岩完全不能承受偏移的应力流，使洞室失稳坍塌。

据上述三种情况我们可以得出：

- 第一种成拱效应是自然形成的；
- 第二种情况要产生有效的成拱效应必须在掌子面后方采取合适的围岩支护措施以保证隧道稳定；
- 第三种情况下成拱效应不会自然产生，需采取超前拱部预支护而形成成拱效应。

隧道设计师最重要的任务就是要确定挖掘时成拱效应的形成情况，并根据不同的应力-应变状态适宜地调整开挖和稳固措施，以产生有效的成拱效应。

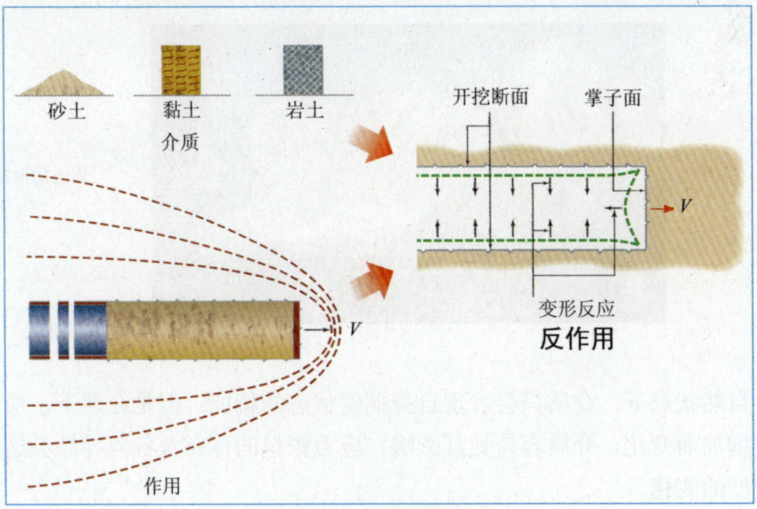

图1.3　围岩变形反应

介　质

自然界中的介质可以根据稠度简单地分为3类：砂土、黏土、岩土。

砂土的稠度主要表现为摩擦力，外在表现很松散；

黏土的稠度主要表现为内聚力，外在表现是黏性；

岩土的稠度既有摩擦力又有内聚力，且其二者的值都高于沙土和黏土，外在为岩石状。

不同的介质自然稠度决定地区地壳的不同。

砂土的形态特征

黏土的形态特征

岩土的形态特征

自然状态下，介质只会表现自身稠度状态的特征；但是在地下，应力随深度增加而变化，介质容易受其影响。应力张量的存在及各向导性会造成介质稠度的变化。

对样本的三轴压力试验，可知介质稠度与应力状态的关系，从而得出了介质摩尔包络线和应力-应变表。

为了达到这个目标，设计师必须熟悉以下几个方面（图1.3）：

- 施工现场的围岩状况；
- 挖掘时对围岩的作用情况；
- 预期的围岩反应情况。

1.2 围岩状况

围岩，就是实际中隧道的“建筑材料”。与普通的土木工程材料不同，它很不规则：不连续、不均匀、各向异性。表面围岩的性质随其固有特性（稠度等）不同而不同，这也是地壳形态特征的决定因素。而一定深度处的围岩性质还会根据受力状态和变形特征而发生改变[1]（图1.4）。

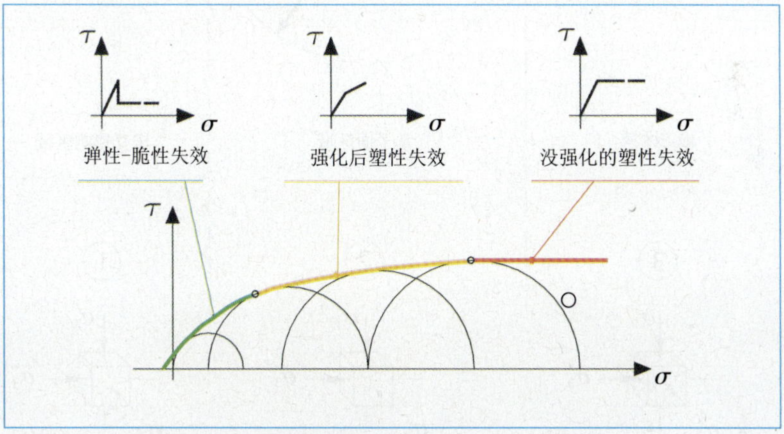

图1.4 相同材料在不同应力范围内有不同失效形式

1.3 作用情况

作用，即掌子面上所有挖掘施工作业的总和。这可以认为是一个动态的过程：假想隧道掌子面是一个圆盘，以速度V向岩体内部前进，后面留下一个空间。这将在轴向和径向上对围岩产生干扰，扰乱原来的应力平衡状态（图1.5）。

作用区域内，应力流形成的应力场受挖掘的影响而使应力向洞室转移集中，确切地说就是主应力偏量增大。应力偏量的增大决定了围岩受影响区域的大小，同时增量越大围岩的地质力学性质下降越大。因此，洞室特性与围岩的强度极限σ_{gd}是相互联系的。

我们用R_f来表示受影响区域的半径。这个区域是围岩由三维应力状态向平面应力状态转变的过渡区。隧道工程的研究需要采用三维的分析和计算方法。

特征区

$$R_f=f(\phi,\sigma_{gd},\sigma_1',\sigma_3',V)$$

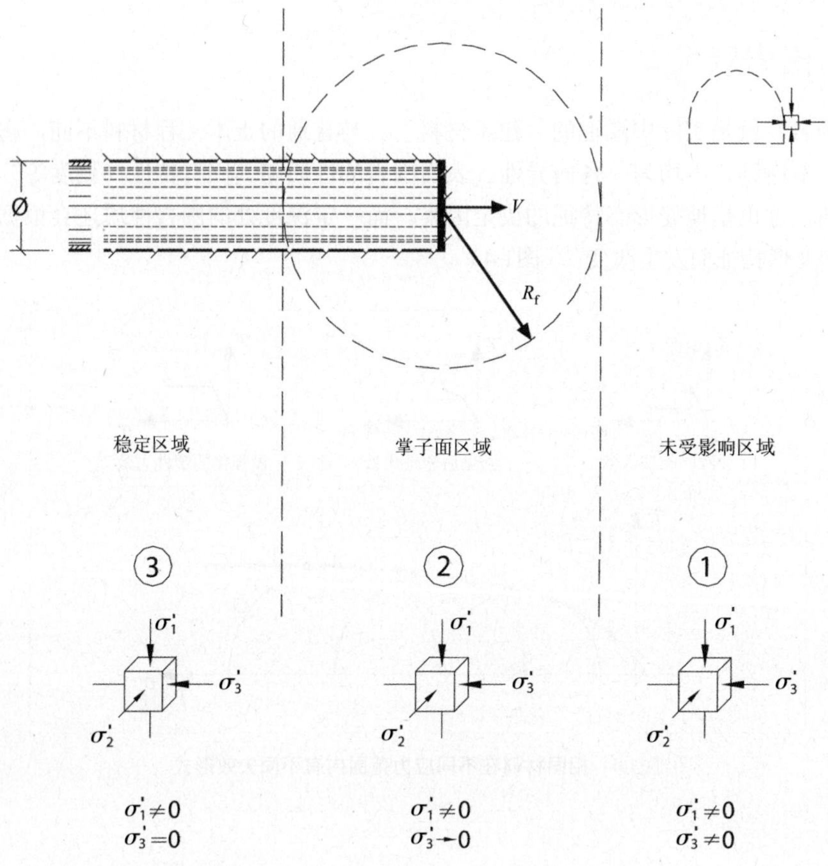

一座未衬砌的隧道可分为3个特征区域：

（1）未受影响区域，围岩还未受到掌子面开挖的影响；

（2）掌子面区域或过渡区域，在掌子面影响半径内，围岩受很大影响；

（3）稳定区域，不会再次受掌子面影响的区域，趋于平衡（如果可以的情况下）。

从未受影响区域到稳定区域可以看出：围岩从三维应力状态变为平面应力状态，掌子面区域就是过渡区域。因此掌子面区域是设计中最重要的部分，在考虑挖掘施工的作用区域及隧道研究时必须予以足够重视。研究掌子面区域必须利用三维分析方法。

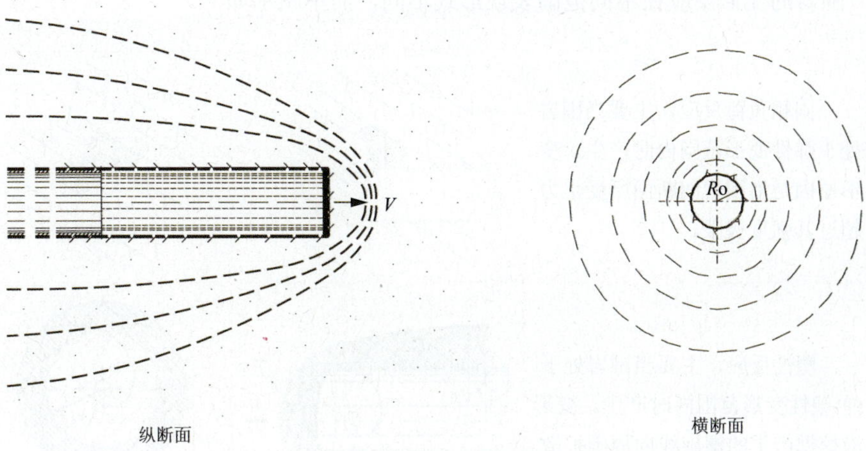

图1.5　挖掘施工作用造成围岩中的扰动扩散

1.4　反作用情况

反作用是围岩对挖掘施工的变形反应。一般出现在扰动区掌子面前方，继洞身周围围岩产生较大应力后出现。变形反应受其地质条件及原有应力状态和掘进方式（即“作用”）的影响。变形反应使洞壁不稳定，造成围岩材料从掌子面侵入隧道。

三种基本反应情况如下（图1.6）。

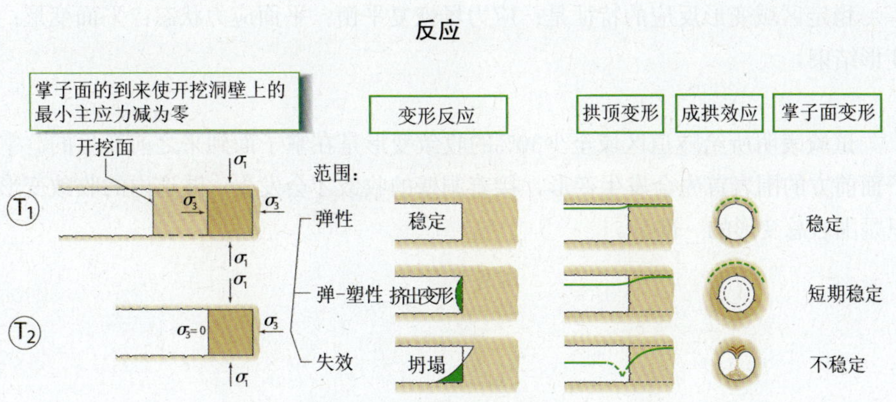

图1.6　围岩三种基本反应

变形反应的产生和分类（反应）

围岩的变形反应在不同范围表现形式不同，简单图示如下。

固相负荷反应，主要当围岩处于弹性变形范围内时产生。变形原因是沿围岩间断面所受重力超过其强度极限。	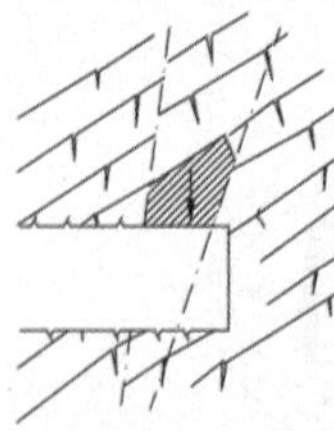	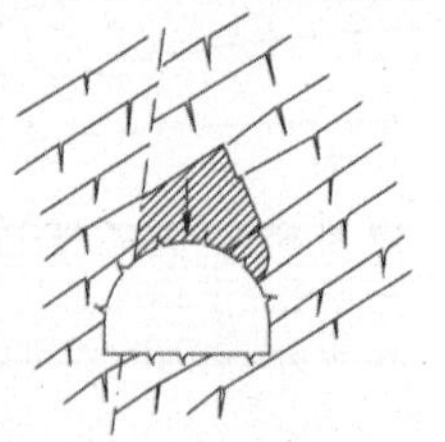
塑性反应，主要当围岩处于弹-塑性变形范围内时产生。变形沿挖掘产生的螺旋线向周围扩散。	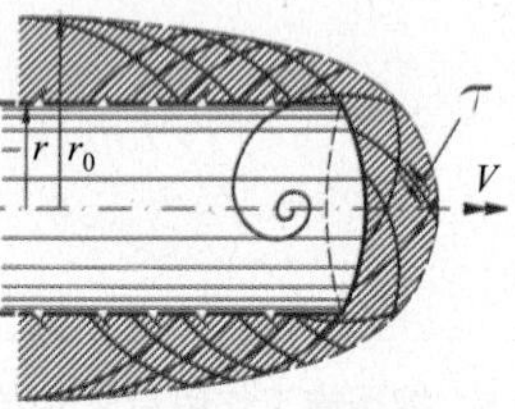	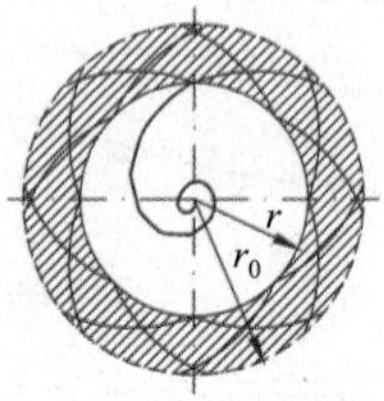

由第8页划分的3个特征区域，检验围岩属于哪种情况。

未受影响区域的特征是：自然应力场；受三维应力；没有变形。

掌子面或过渡区域（兰径为R_f的掌子面影响区域）的特征是：应力场受到干扰（应力状态改变）；由三维应力状态变为平面应力状态（应力偏量增加）；若在弹性范围内则变形可以忽略，若在弹-塑性范围内变形量增多。

稳定区域变形反应的特征是：应力场恢复平衡；平面应力状态；平面变形；变形结束。

试验表明所给隧道区域至少30%的收敛变形是在掌子面到来之前产生的。掌子面前方的围岩首先会发生变形，接着洞壁的收敛才会发生。隧道内的收敛变形只是围岩总变形的一部分。

- 掘进过程中掘进方向上的压应力变为零($\sigma_3 = 0$)时，围岩由三相应力过渡为平面应力状态。洞壁变形在弹性区域内保持稳定，在靠近隧道洞壁处自然产生应力流（即形成“成拱效应”）。
- 与上面条件相同，掘进过程中掘进方向上的压应力变为零($\sigma_3 = 0$)时，掌子面因弹-塑性变形只能维持短期的稳定，但是应力从外朝内进行径向和纵向传播后会在离洞壁较远处产生成拱效应。在这种情况下，若要洞壁长期稳定，必须人为加固。
- 第三种情况，也是$\sigma_3 = 0$时，掌子面前方围岩应力失效，变形太大且不稳定，不能形成成拱效应。这种情况一般发生在黏度低或松散的地层里，需采取超前拱部预支护形成成拱效应以维持隧道稳定。

因此从静力学角度看，避免超挖并维持隧道理论轮廓面是很重要的，特别是在有裂缝或是成层岩体里。围岩自身的地质结构会引起偶然性的隧道超挖，此时成拱效应的形成位置远离洞壁，不能更好地利用成拱效应，降低了隧道的稳定性（图1.7）。

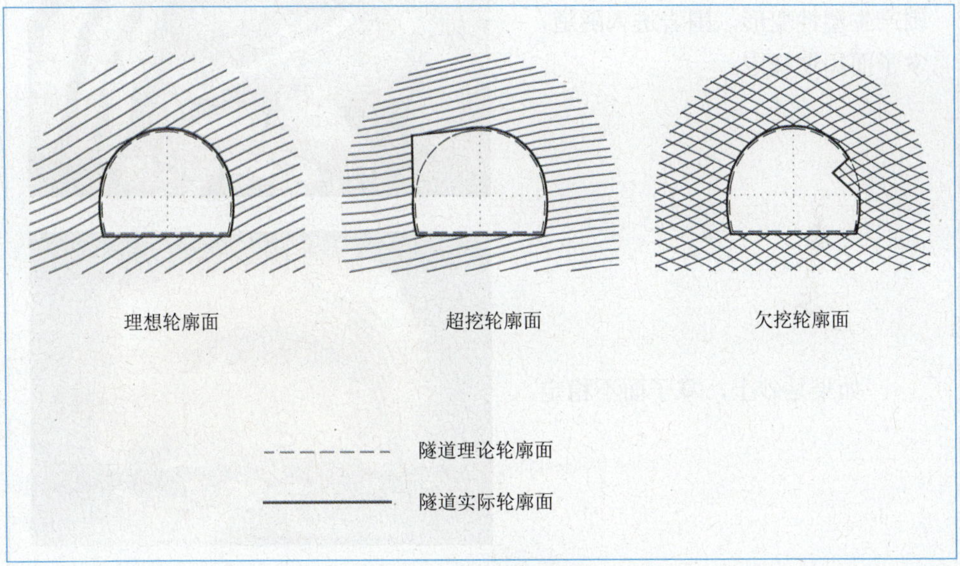

图1.7　隧道轮廓面

综上所述，成拱效应的形成及形成位置对围岩的变形反应和隧道短期或长期的稳定性是非常重要的。

围绕掘进过程中隧道内的应力变化和围岩变形已有长达25年的科学研究。下一章将对此进行阐述、论证。

3种基本的稳定情况

掌子面处的围岩变形首先由其自身稠度决定。

如果是岩土，则表现出岩石形式，掌子面稳定。

如果是黏土，掌子面和洞室周围产生塑性变形，围岩进入隧道，掌子面短期稳定。

如果是砂土，掌子面不稳定。

掌子面的稳定在调整、控制变形反应时起着决定性作用，同时也决定了地下建筑短期和长期的稳定性。

设计师必须对掌子面区域（或过渡区域）采用干预措施以调整和控制变形反应。

第2章

围岩的变形反应

2.1 理论和实验研究

上一章我们深入研究了隧道掘进的静态和动态特性，从中得出：

（1）成拱效应的形成影响隧道的长期、短期稳定性，因此成为隧道设计师的主要研究对象；

（2）根据围岩变形反应的大小和形态可得知成拱效应是否形成及其相对于洞室的位置。

即便在30多年前的1975年，就上述2方面深入研究围岩受力状态和变形反应的关系也是必要的。直到现在，这一部分的理论与实验研究仍在继续并获得了重要的成果，具体分为以下三个阶段。

（1）第一个阶段专注于系统监测隧道施工中的应力-应变反应。特别要观察掌子面而不仅仅是洞室的状态变化。变形反应研究渐渐深入，相比以前较易理解，但为了更好地描述变形反应，需定义新的专业术语。

- 超前核心土：隧道掌子面前方一定体积的土体，呈圆柱形，圆柱体的高度和直径大致等于隧道直径。
- 掌子面挤出变形：开挖介质对隧道开挖产生的变形反应的主要表现形式，主要发生在超前核心土内；挤出变形的大小取决于超前核心土的强度、变形特性及其所处的原始应力场；挤出变形表现在隧道掌子面上，并沿隧道水平轴线方向发展，其几何形状大概呈轴对称（掌子面鼓出），或在掌子面形成螺旋状突出。
- 隧道预收敛：隧道掌子面前方理论轮廓线的收敛变形，完全取决于超前核心土的强度及变形特性与其原始应力状态之间的关系。

（2）第二阶段，从时间性方面研究了不同地质状况和应力-应变条件下，在至少400 km长隧道施工过程中出现的不稳定状况。目的是弄清超前核心土的应力-应变反应（掌子面挤出变形、预收敛变形）与洞室的应力-应变反应（收敛变形）之间的联系。

地下工程设计与施工方法：地质分级法

目前，地下工程的设计与施工方法主要分为2类：一类主要为经验法，另一类则为理论法。第1种方法的研究者提出了基于地质分级的分级系统，可帮助设计工程师设计隧道支护和衬砌结构。

其中最著名的有Bieniawski提出的R.M.R.系统[2]和Barton的Q系统[3]，均是基于一系列岩石力学参数和地质结构参数进行地质力学分类。针对每一种岩石类别有相应的支护措施和断面型式。从理论上讲，可以根据岩样得出的相关参数和工作面直接量测结果，选择最合适的隧道断面型式以确保隧道的长期、短期稳定性。

正如这些研究者有时所抱怨的，此类分级法很大程度上被曲解了，因为人们试图将其作为整个设计和施工方法的基础而不是仅作为隧道设计者的一个简单辅助工具，这违背了当初分级系统创建人的初衷。《隧道与隧道工程》杂志[4]1988年刊发的Bieniawski文章提及到这一问题："当正确使用并用于其最初目的时，围岩分级法将成为一个非常强大的辅助设计工具。运用不当，则会百害而无一利……围岩分级法不能完全替代工程设计学……围岩分级法完全不起作用的情况也有。"

如果偏离最初的使用目的，那么以此为基础的设计施工方法，例如新奥法将面临许多问题。

这些方法很难适用于软岩、复理层和泥质土，因为没有充分考虑原始应力状态和开挖尺寸及几何形状对隧道变形特性的影响，也没有考虑新的建筑体系。这些客观存在的不足造成那些建立在其上的设计、施工方法不完善且不具备普遍适用性。

BIENIAWSKI 评价R.M.R 指数表第一部分内容

<table>
<tr><th colspan="3">参数</th><th colspan="7">数值范围</th></tr>
<tr><td rowspan="3">1</td><td rowspan="2">完整围岩材料强度</td><td>点荷载强度指数（MPa）</td><td>＞10</td><td>4～10</td><td>2～4</td><td>1～2</td><td colspan="3">针对此较低等级，优先考虑单轴抗压试验</td></tr>
<tr><td>单轴抗压强度（MPa）</td><td>＞250</td><td>100～250</td><td>50～100</td><td>25～50</td><td>5～25</td><td>1～5</td><td>＜1</td></tr>
<tr><td colspan="2">评分</td><td>15</td><td>12</td><td>7</td><td>4</td><td>2</td><td>1</td><td>0</td></tr>
<tr><td rowspan="2">2</td><td colspan="2">取芯量RQD（%）</td><td>90～100</td><td>75～90</td><td>50～75</td><td>25～50</td><td colspan="3">25</td></tr>
<tr><td colspan="2">评分</td><td>20</td><td>17</td><td>13</td><td>8</td><td colspan="3">3</td></tr>
<tr><td rowspan="2">3</td><td colspan="2">空间不连续性</td><td>＞2 m</td><td>0.6～2.0 m</td><td>0.2～0.6 m</td><td>0.06～0.2 m</td><td colspan="3">＜0.06 m</td></tr>
<tr><td colspan="2">评分</td><td>20</td><td>15</td><td>10</td><td>8</td><td colspan="3">5</td></tr>
<tr><td rowspan="2">4</td><td colspan="2">不连续性条件</td><td>表面非常粗糙，不连续，无剥落，未风化墙，岩石</td><td>表面有点粗糙，剥落＜1 mm，轻度风化墙体</td><td>表面有点粗糙，剥落＜1mm，严重风化墙体</td><td>表面光滑或断层泥＜5 mm厚度或剥落1～5 mm连续</td><td colspan="3">软泥＞5 mm 厚或剥落1～5 mm连续</td></tr>
<tr><td colspan="2">评分</td><td>30</td><td>25</td><td>20</td><td>10</td><td colspan="3">0</td></tr>
<tr><td rowspan="4">5</td><td rowspan="3">地下水</td><td>每10 m隧道长度涌水</td><td>无</td><td>＜10</td><td>10～25</td><td>25～125</td><td colspan="3">＞125</td></tr>
<tr><td>节理水压
主应力</td><td>0</td><td>＜0.1</td><td>0.1～0.2</td><td>0.2～0.5</td><td colspan="3">＞0.5</td></tr>
<tr><td>一般条件</td><td>完全干燥</td><td>潮湿</td><td>湿润</td><td>滴水</td><td colspan="3">流水</td></tr>
<tr><td colspan="2">评分</td><td>15</td><td>10</td><td>7</td><td>4</td><td colspan="3">0</td></tr>
</table>

（3）掌子面挤出变形、收敛变形及预收敛变形均直接或间接与掌子面前方超前核心土的强度有关，这一点得到证实之后，第三阶段着重于改良超前核心土强度，以调整隧道洞身收敛变形。

为此，针对有无支护措施的两种情况，需要系统比较超前核心土与隧道洞室的应力-应变反应。

2.1.1　第一阶段

第一阶段（系统监测隧道的应力-应变反应）结合仪器和目测法，监测超前核心土和隧道洞壁的反应。主要观察以下几种现象（图2.1）：

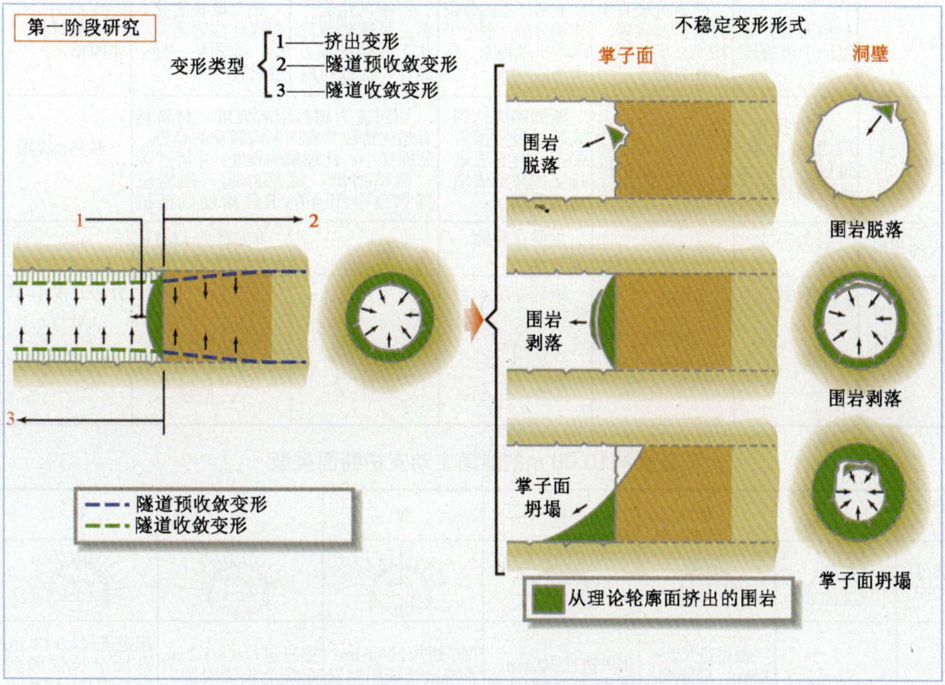

图2.1　超前核心土和洞壁的变形反应

（1）掌子面挤出变形：由于围岩和应力状态不同，其几何形状大概呈轴对称（掌子面鼓出），或在掌子面形成螺旋状突出；

（2）隧道预收敛：隧道预收敛是隧道掌子面前方的理论轮廓线的收敛变形，完全取决于超前核心土的强度及变形特性与其原始应力状态之间的关系；

（3）收敛变形：掌子面通过后后方洞室理论横截面尺寸的减小。

除使用传统方法系统监测隧道洞壁的收敛变形外，还引进新设备、使用新

新奥法（NATM）

新奥地利隧道施工法（NATM）是1957～1965年由Pacher和 Rabcewicz[5]提出，声称是对喷混凝土衬砌技术或SCL法的一种技术革新，是完全基于观察的一种设计、施工理论。其出发点为围岩分级系统，它基于地下洞身开挖时围岩条件的定性描述。岩石力学设计参数、开挖体系（全断面或部分断面）和隧道断面型式都与建立于经验基础上的各种岩石类型有关，而且在任何情况下最后尺寸都是在施工期间根据洞身收敛测量值确定的。

新奥地利隧道施工法（NATM）

RABCEWICZ-PACHER 的围岩分级法

岩石类别	Ⅰ 稳定～轻度脆性	Ⅱ 脆性较大	Ⅲ 不稳定～非常不稳定	Ⅳ 挤压	V_a 严重挤压	V_b 松散材料
特点	材料密实，轻度～中度裂隙	严重分裂直至分层以及破碎，粘土充满裂隙；片状夹层	非常严重的分裂直至分层，多个平面均出现裂隙：黏土充满裂隙	严重风化岩石：呈褶皱或片状；固结良好、黏性、松散材料	完全糜棱岩化和风化成岩屑堆，非固结，轻度黏性	松散材料，非固结
特点	单轴抗压强度σ_{gd}大于切向应力σ；永久性平衡条件或通过以下方面保证：局部防护措施、拱顶围岩承载圈加固措施		断面四周达到或超过极限围岩强度，有必要进行支护并形成围岩承载圈	切向应力超过围岩强度，材料具有塑化特性并有向洞内移动的趋势，断面变小；此现象的程度：中等严重侧壁挤出、底部隆起。围岩位移靠完全闭合的承载圈加以抵抗		参见V_a级围岩
水的影响	无	不重要	主要在裂隙、空穴处	一般	非常严重（材料有被浸泡的趋势）	
开挖方法	全断面 	全断面 	顶部导坑和台阶法 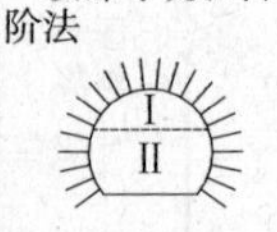	分步开挖法：I-IV 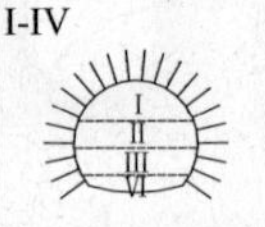	分步开挖：Ⅰ-Ⅵ 	分步开挖Ⅰ-Ⅵ 

直径约10.00 m的隧道主动支护断面类型

围岩分级	Ⅰ	Ⅱ	Ⅲ	Ⅳ	Ⅴ	Ⅵ
断面型式		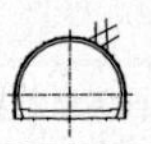	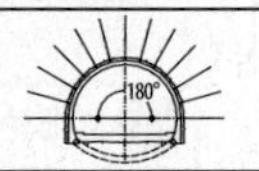	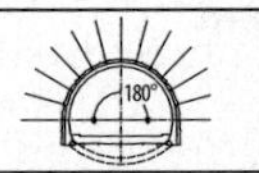	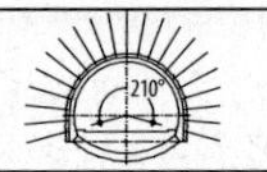	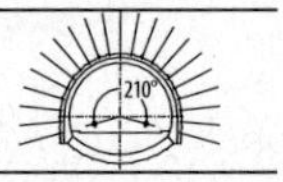
特点	掘进进尺3.5/ 4.5 m，衬砌厚度=0+0+30=30 cm	掘进进尺2.5/ 3.5 m，局部端部锚固型岩石锚杆=4.00 m，钢筋混凝土网，衬砌厚度=5+5+30=40 cm	掘进进尺.5/2.5 m，系统端部锚固型岩石锚杆=4.00 m，钢筋混凝土网，衬砌厚度=10+10+35 =55 cm	掘进进尺1.0/1.6 m，系统全长锚固型岩石锚杆=4.00 m，钢肋架，钢筋混凝土网，衬砌厚度=10+15+40=65 cm,隧道仰拱	掘进进尺0.8/1.2 m，系统全长锚固型岩石锚杆=4.00 m，钢肋架，钢筋混凝土网，衬砌厚度=10+20+45=75 cm，隧道仰拱厚度=0.75 m	掘进进尺1.0/1.0 m，系统全长锚固型岩石锚杆=4.00 m，钢肋架，钢筋混凝土网衬砌厚度=10+20+50=85 cm，隧道仰拱厚度=0.85 m

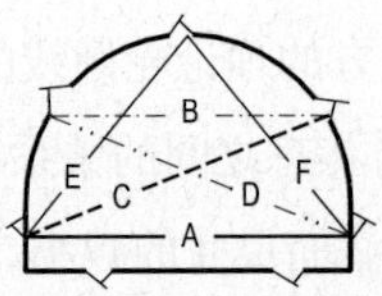

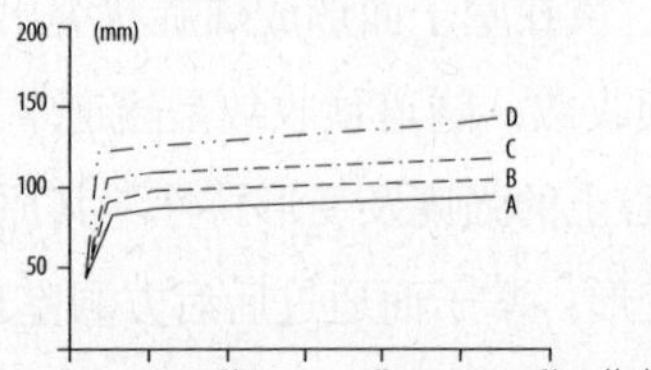

NATM 的主要优点在于阐明了通过利用钢筋和采取积极稳固措施，使衬砌变形特性适应围岩变形情况，从而使围岩有助于隧道稳定的重要性。而其过时且不符合发展新趋势的缺点则表现如下：

- 不能进行详细的初始施工设计，因此也就不能实现可靠的工期、成本估计；
- 不适于比较困难的地形、应力-应变条件，对此采用分部开挖方法可解决假设错误问题；
- 实际应用中具有较多的主观性，其原因在于主要以定性参数为基础。

方法监测掌子面及其前后围岩的变形反应。掌子面区域的监测是实验研究的重点。

实验前首先要检测隧道的预收敛，将多点位移计从地表垂直插入隧道拱部及起拱线上方围岩中测量隧道变形。需要指出的是，此测量不受围岩地质形态和埋深的影响。

通常情况下，在监测隧道预收敛的同时还需测量掌子面超前核心土的挤出变形。将滑动微测计水平插入掌子面，利用掌子面上的辅助测量线测量挤出变形。

在隧道内通过目测能够观察到掌子面及其周围由上述变形引起的不稳定状况：

（1）超前核心土的围岩脱落、剥落、掌子面坍塌；

（2）隧道洞壁的围岩脱落、剥落及隧道塌方。

2.1.2　第二阶段

一旦确定了隧道变形和不稳定的表现形式，能否根据超前核心土的测量结果来预测隧道洞壁的变形和不稳定形式，从而发现超前核心土的变形（掌子面挤出变形、隧道预收敛）与洞壁变形（收敛变形）之间的关系成为第二阶段研究的目的。具体要监测不同施工阶段、不同施工方法及施工速度下掌子面和洞壁变形的大小和时序。

在陈述此阶段的成果前有必要简要地对一些隧道的监测进行举例说明。

2.1.2.1　弗雷瑞斯（Frejus）公路隧道（1975 年）

弗雷瑞斯隧道全长约13 km，其中95%穿过由页岩、结晶灰岩等组成的变质岩层，并且隧道沿线岩层性质相同，最大埋深达1 700 m（图2.2）。

该隧道的设计参考了邻近铁路隧道（1860年建成）和一些服务隧道的地质调查结果。对岩样强度、变形进行测试，得出其平均岩石力学参数如下：

- 摩擦角：35°；
- 黏聚力：3 MPa;
- 弹性模量：10 000 MPa。

1975年，隧道的最初设计中不包含对隧道变形的预测，因其尚未纳入设计规范。此隧道的建设完全借鉴毗邻的铁路隧道（于1860年完工）的建设经验。喷射混凝土和插入4.5 m深的锚杆作为初期支护，维持了隧道围岩的稳定，保证了隧道的全断面开挖。隧道完工前的二次衬砌是平均厚度约为70 cm的混凝土。

在隧道建设中，系统监测隧道围岩变形反应是监测活动中最重要的部分。其目

更多关于NATM的情况

1963年，Rabcewicz 将“喷射混凝土衬砌法”更名为“新奥地利隧道施工法”，目的是说明这一在“原产国”隧道施工中采用钢筋、喷射混凝土和锚杆的神奇技术优势。于是，他与其他工程师一同（Pacher 和Müller 等）提出了这一基于一系列原理、按科学框架建立起来的方法，而这些原理并不是通常被证明为正确的。尽管它针对应力-应变条件下的隧道开挖存在明显的缺陷，由于倡导者出色的市场能力和基本原理的简洁性，1970年～1990 年新奥法在世界各地非常流行。

最近人们发现：新奥法的倡导者将这一施工方法（“喷射混凝土衬砌”）归功于其本身，而实际上自1920年起在技术文献中就有介绍，它的主要论据也是国际科学界早已公诸于众的文献资料。

英国工程师协会最近出版的规范中是这样陈述的[6]：

“隧道中采用喷射混凝土进行支护通常被错误地称为NATM。鉴于此且为了避免混淆，此规范中将用“喷射混凝土衬砌”来描述。

苏黎世理工大学“隧道工程”专业前教授Kalman Kovari 在很多科技论文中对NATM 缺乏科学基础进行了论证[7，8]，并发现：“这是NATM伪科学的直接后果”。

在挤压性或松散地层中，完全按照新奥法进行分部开挖的典型例子

的在于第一次开挖隧道时在处于平衡状态的围岩内控制围岩的变形。像弗雷瑞斯隧道这样，围岩中结晶灰岩的原有平衡状态易受周围应力场的影响，该应力场大小与隧道覆盖层厚度（0～1 700 m）成函数关系[9]。

隧道覆盖层在500 m厚的范围下，围岩的变形都是在弹性范围之内，掌子面稳定。隧道洞壁的变形可以忽略，掌子面不稳定的可能性很小，隧道中只有少量岩石脱落。

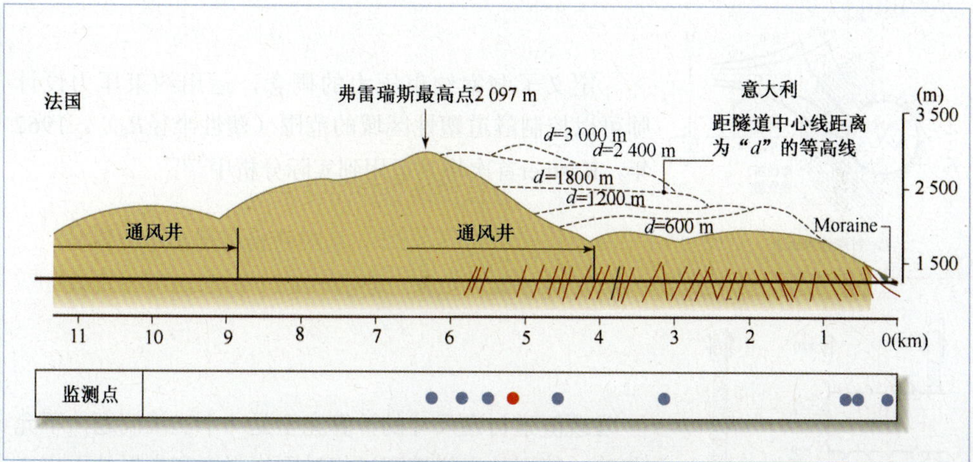

图2.2　费雷瑞斯高速公路隧道纵断面

随着隧道覆盖层及其引起的应力增加，围岩变形会进入弹-塑性变形范围（径向收敛达10～20 cm），掌子面在短期内稳定。锚杆可以很好地加强隧道的静力学特性，约束了洞壁收敛变形且遏制了不稳定状况。

弗雷瑞斯隧道凭借其良好的围岩性质每月可掘进200 m，到当年夏天休息停工时已经完成了5 173 m，此时的隧道覆盖层大约厚1 200 m。

第六号收敛测试点安装在掌子面后方1 m、即5 172 m处。停工15 d后测得最大变形量约为10 cm（图2.3），这是一个受恒定载荷产生的变形。

施工继续进行之后，该横断面的收敛变形量急剧增加，3个月后达到60 cm。但是隧道再往前掘进20～30 m后，收敛变形量又恢复到正常值（约20 cm）。

需要特别指出的是，在施工停止前，距隧道掌子面近1 m的后面洞壁都用超过30根、间隔1 m的锚杆进行了加固，但是对超前核心土并没有加固。恢复施工后，继续采用相同的速率和强度加固隧道围岩。

由此得出，在隧道暂停施工后，由于没有对超前核心土实施支护措施，其挤出

地下工程的设计施工方法：理论研究

尽管目前为止理论研究法只被用在地下工程的设计阶段，但是它可以用来代替基于地质分级的经验法，并取得了一些有趣的成果。理论研究法运用数学工具来描述围岩的应力-应变反应和衬砌结构，并有可能得出衬砌结构的尺寸。这种方法最重要的成果如下。

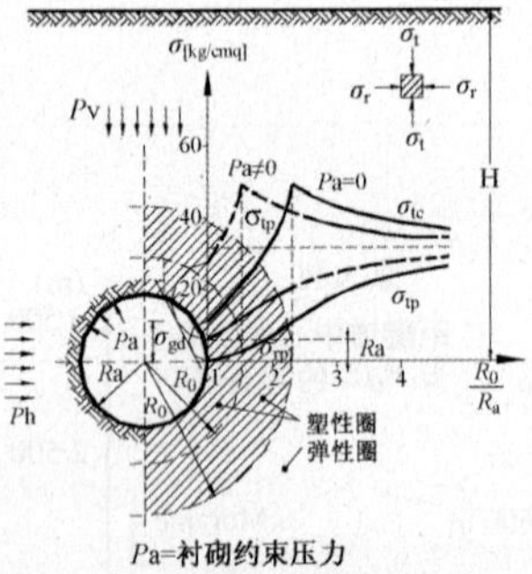

定义了洞室约束压力的概念，运用约束压力设计师可以控制隧道塑性区域的范围（塑性半径R_p）。1962年，Kastner首次将其运用到实际分析中[10]。

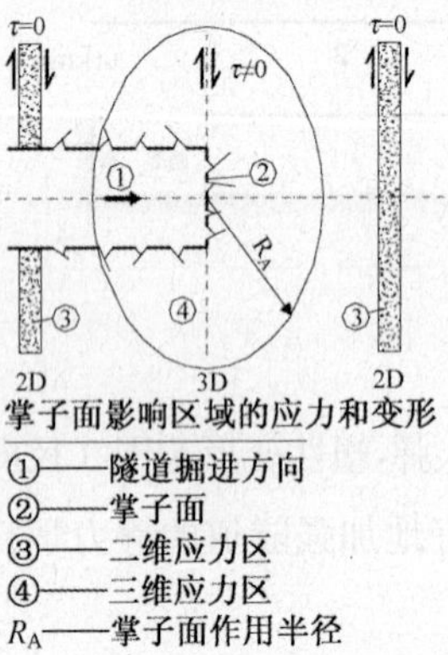

发现隧道衬砌尺寸的计算完全是一个三维问题，不允许忽略，特别是当隧道穿过相对围岩强度和变形性而言，受压应力很大的地带时[1]。

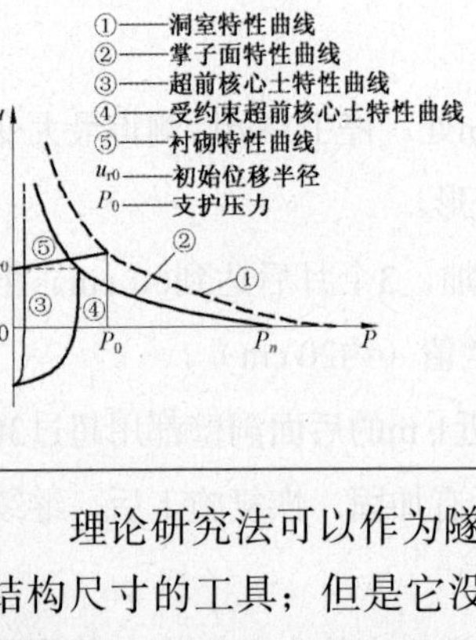

证实围岩对隧道支护和衬砌的压力不是预先确定的，而是由开挖方式和支护、衬砌结构设置方式决定的（可由“特性曲线法”[11]和“收敛-约束”[12]算法中看出）。

理论研究法可以作为隧道设计师估算围岩的应力-应变反应、计算支护和衬砌结构尺寸的工具；但是它没有充分考虑施工阶段，因此不是一个完整的设计施工方法。

变形进入弹-塑性范围，超前核心土发生蠕变引起隧道预收敛，隧道预收敛又会造成隧道收敛变形的显著增加。

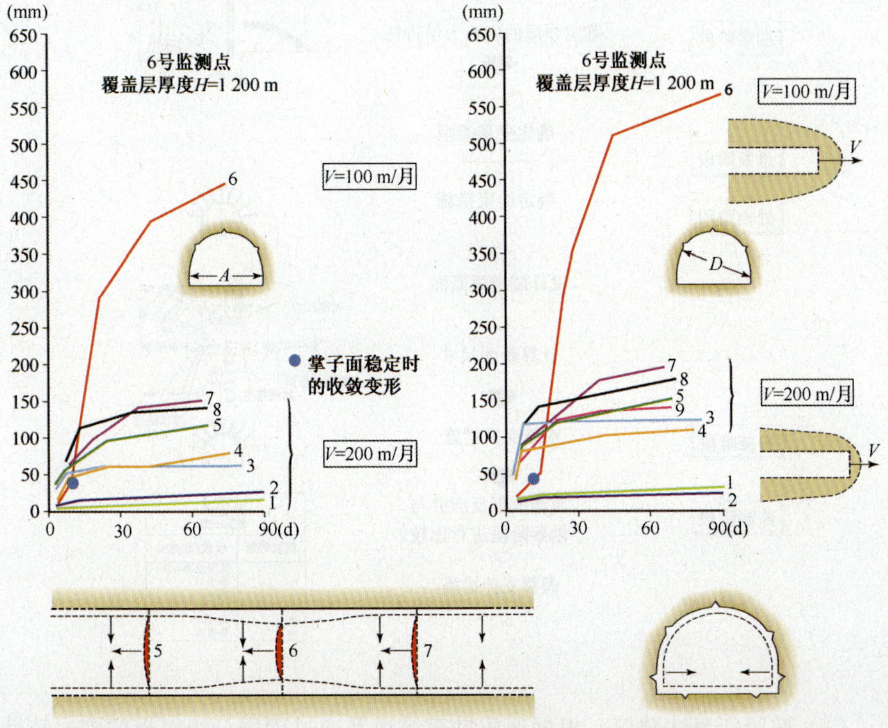

监测点	1	2	3	4	5	6	7	8	9
隧道链测长度(m)	845	861	2 772	3 954	4 507	5 172	5 533	5 915	6 066
覆盖层厚度(m)	490	500	580	590	740	1 200	1 400	1 530	1 640

图2.3 费雷瑞斯高速公路隧道收敛变形测量

2.1.2.2 “圣斯蒂法诺”隧道（1984年）

圣斯蒂法诺隧道位于S. Lorenzoal Mare和Ospedaletti之间的Genoa-Ventimiglia新建双线铁路线上。

圣斯蒂法诺隧道穿过里卡多西部蠕虫状复理石地段。地层由黏土和砂质黏土层岩组成，夹杂褶皱断裂的砂岩、泥灰质石灰岩薄层，黏土明显分层。H2单元和H1单元（与泥灰质石灰岩相似）之间有明显的过渡区域（图2.4）。隧道覆盖层厚度在40～80 m之间。

20世纪70年代意大利隧道设计施工的典型程序

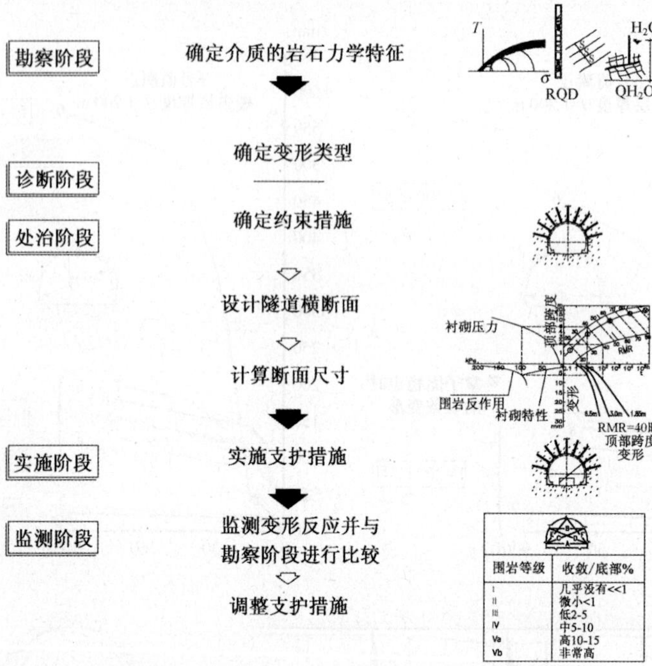

（1）按照新奥法建议，根据地质勘察结果及通过围岩分级得出的围岩特性进行隧道设计。

（2）根据围岩的地质特点将隧道分为几部分，再根据经验计算确定地质参数、收敛变形量和隧道断面型式。

（3）隧道的静力学问题被当做平面力学问题来处理，因此根据各围岩等级的规定设计采用径向支护措施（钢筋、锚杆、喷射混凝土、混凝土）。

（4）隧道横断面尺寸的计算和确定利用的是Rabcewioz的楔形推进法或超静力反应法，同时运用了著名的STRESS、STRUDL计算软件。隧道的载荷是由经验计算半经验计算得出的。

（5）隧道断面形式是根据隧道掘进过程中掌子面的地质勘察结果确定的。监测隧道的收敛变形的变化并与围岩分级预测值相比较，以确定隧道的稳定性。根据实际检测到的变形反应，隧道的截面型式在必要时须重新设计。

如今，这种借助与围岩分级预测值相比较的方式几乎被完全放弃了。现代的隧道施工都是将测得的变形与设计阶段预测的变形值进行比较。

岩样强度的测试结果为：摩擦角为20°～24°；内聚力为0～1.5 MPa。

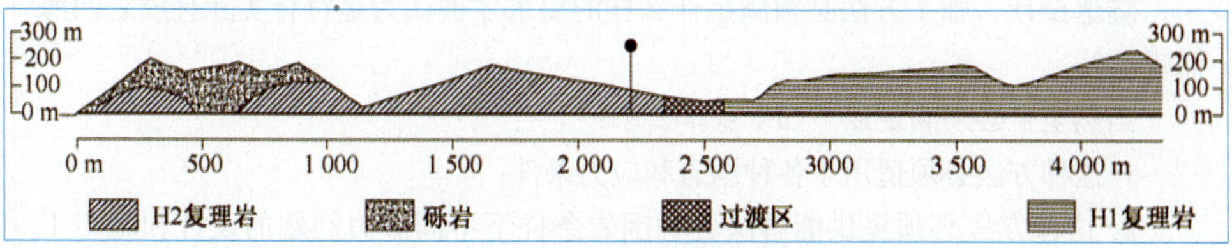

图2.4 圣斯蒂法诺隧道地质纵断面

1982年开始施工时，未对该隧道围岩变形进行预测。

隧道最初设计为全断面开挖，开挖后用钢肋及喷射混凝土作为初期支护；二次衬砌采用最大厚度达110 cm的混凝土衬砌环。

挖掘过程中发现，只要围岩处在弹性状态下，掌子面和隧道洞壁就不存在局部不稳定，即掌子面稳定，两者变形也都可以忽略不计。当围岩受开挖残余应力影响进入弹-塑性变形范围时，变形就会给施工带来一些麻烦；另一个原因就是散布在塑性基岩中的坚硬岩体造成应力呈不对称分布，这样会造成掌子面岩层的脱落。这种围岩被挤出是典型的掌子面呈短期稳定的标志，此时的收敛变形量大小以分米计。

有时候由于岩层受力过大而导致整个掌子面失稳（掌子面处于不稳定状态）。几个小时之内隧道洞壁的收敛变形量会超过2 m而导致塌方，甚至波及掌子面后方超过30 m已采用钢肋和喷射混凝土加以支护的稳定区域（图2.5）。

图2.5 洞室的坍塌（圣斯蒂法诺隧道）

基本要求

隧道设计、施工方法必须满足什么样的要求才被认为是符合实际且放之四海而皆准？

当然至少必须满足以下四个基本要求：

1. 这种方法必须适用于各种围岩和应力条件；

2. 这种方法必须提供能解决各种围岩条件下不同静力问题的设计和施工工具；

3. 此方法必须将设计阶段和施工阶段明确分开，尽管允许在施工期间对规定要求进行修改；

4. 此方法必须能可靠预测工程工期和造价。

迄今为止没有任何一种设计、施工方法能满足这四个基本要求。即使许多年来无论对错一直都被当作是行业标准的新奥法也不能给出满意的答案，而且在某些方面实际上是误导。

为了找到一个先进和广泛有效的方法，必须从根本上解决地下工程的设计、施工问题。为此必须摒弃以前的观念和假设，仔细研究开挖期间各种现象的前因后果。

下图为艺术家Luciana Penna 为1986年佛罗伦萨“大型地下工程”国际学术会议所作的宣传画。

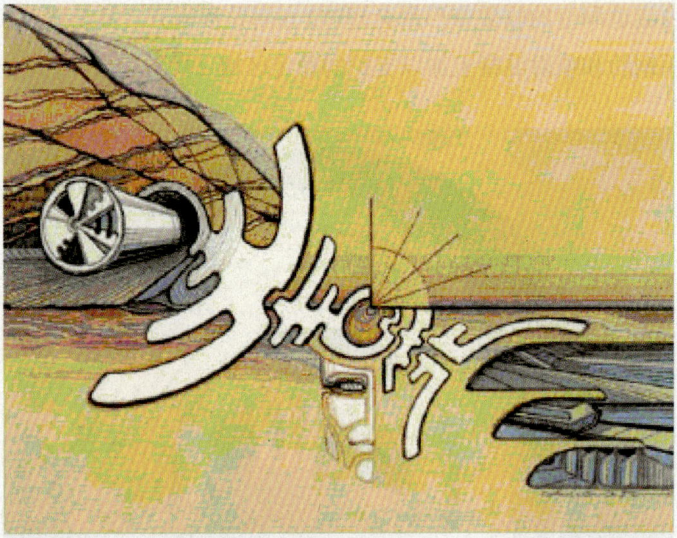

这里必须指出，以上三种应力-应变状态下的围岩类别在本质上是相同的。在已施作初期支护的隧道段出现达几米的收敛变形而导致隧道塌方的情况，只有在掌子面-超前核心土起不到任何作用时才会发生。

2.1.2.3 圣厄里亚隧道（1985年）

圣厄里亚隧道是梅西纳—巴勒莫高速公路的一部分。隧道东边是粗糙的碎岩，中间过渡区域是大量的破碎岩层，最后穿过砂土和砂质泥灰岩沉积形成的类复理岩层（图2.6）。

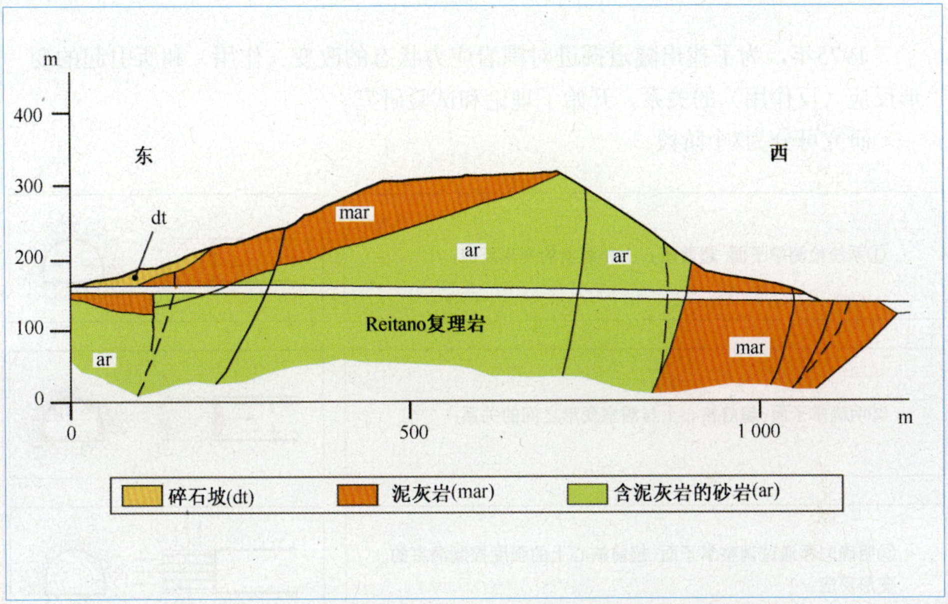

图2.6 梅西纳–巴勒莫高速公路圣厄里亚隧道地质纵断面

此隧道按照常规设计，采用台阶法进行开挖。碎石区域采用高压旋喷注浆法进行超前加固，而均质性较好的岩层采用钢肋及喷射混凝土作为初期支护。最后施作混凝土二次衬砌和隧道仰拱。

在采取超前预加固的情况下隧道很好地通过了碎石区域，接下来进入条件明显好些的地层后也没有出现问题，掌子面都能保持短期的稳定，变形较小。进入过渡区后，由于遇到了承压地下水，掌子面迅速失稳。掌子面失稳后的几小时内，已施作钢肋及喷射混凝土支护的上半断面收敛变形超过1 m，造成掌子面后方几十米的隧道段发生塌方（图2.7）[13]。

研究阶段

已知：

①洞室长期和短期的稳定与成拱效应的形成密切相关，因此隧道设计师必须重点研究成拱效应；

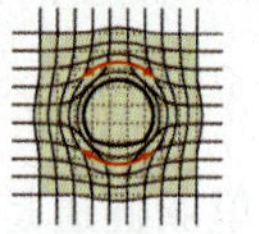

②掘进过程中围岩变形反应的大小和形式可以看出成拱效应是否形成及其相对洞室的形成位置

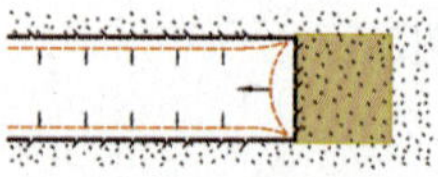

1975年，为了找出隧道掘进对围岩应力状态的改变（作用）和所引起的变形反应（反作用）的关系，开始了理论和试验研究。

研究可分为3个阶段：

①系统检测掌子面-超前核心土和洞室的变形反应；

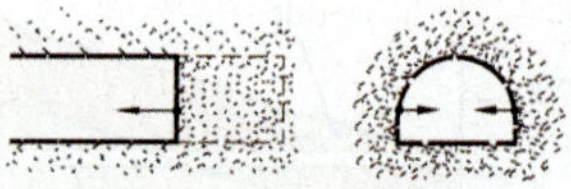

②明确掌子面-超前核心土与洞室变形之间的关系；

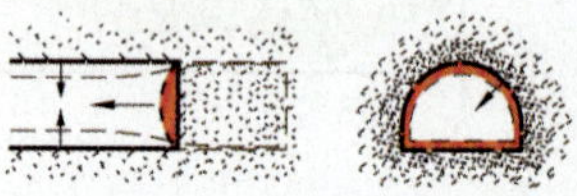

③明确怎样通过调整掌子面-超前核心土的强度控制洞室的变形反应。

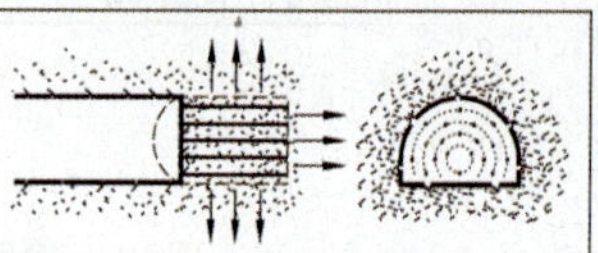

尽管研究仍在继续，但是已经得出了重要成果。

图2.7　洞室坍塌（圣厄里亚隧道）

2.1.2.4　“塔索”隧道（1988年）

塔索隧道是20世纪80年代末修建的罗马—佛罗伦萨高速铁路线一系列隧道中的一座。隧道位于Valdarno Superiore湖泊盆地，地层由砂质粉土和粉质黏土交错组成。粉质黏土层包括饱和含水砂层（图2.8）。

隧道最初设计用钢肋和喷射混凝土支护以保证隧道台阶法开挖和隧道边墙的稳定，钢肋拱架底部采用水平锁脚锚杆锚固并采用旋喷注浆桩进行地层加固。最初挖掘施工时掌子面处于短期稳定状态，掌子面和隧道洞壁都没有明显的变形。

随着覆盖层厚度加大及围岩应力的增大，加之地层地质条件恶化，处于短期稳定的掌子面迅速变为不稳定状态。

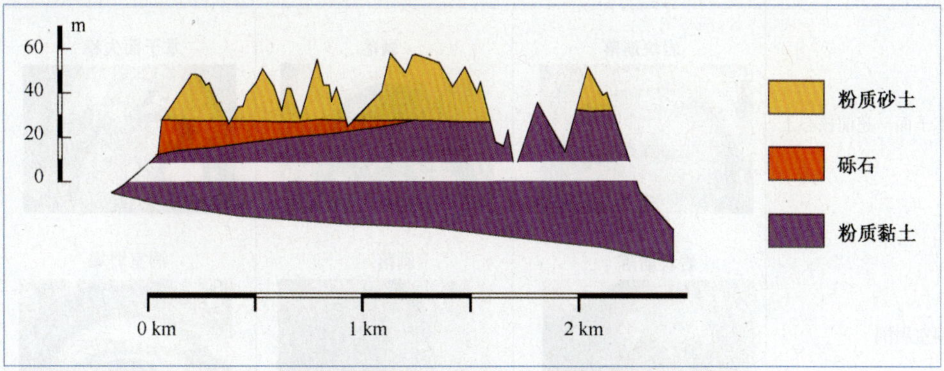

图2.8　罗马–佛罗伦萨高速铁路线塔索隧道地质纵断面

第1阶段——新的参照体系

第1阶段开始时即明确认识到需要一个新的参照体系来定义极其复杂的围岩变形反应。

超前核心土

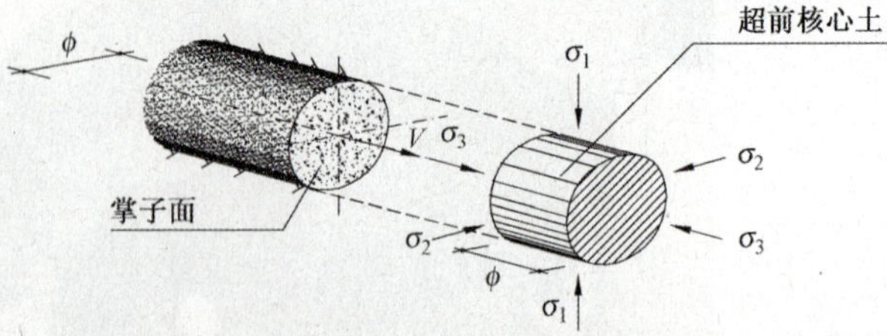

挤出变形和预收敛

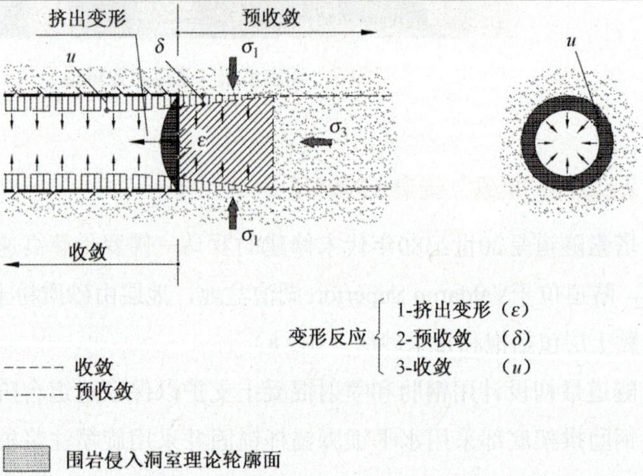

不稳定的表现形式

隧道观测发现每种变形都对应不同的不稳定现象

位置	不稳定表现形式		
掌子面—超前核心土	岩块崩落 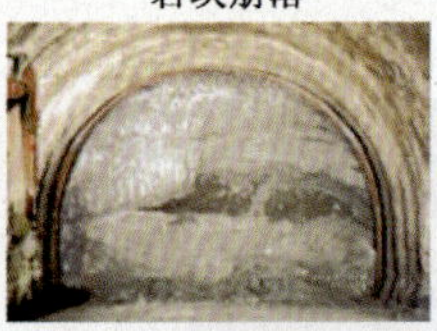	剥落 	掌子面失稳 
洞室周围	岩块崩落 	剥落 	洞室坍塌 

尽管采用的是台阶法开挖，但是在掌子面失稳后其后方大约30～40 m已支护隧道段的收敛变形仍达到3～4 m，并在一夜之间坍塌（图2.9）。

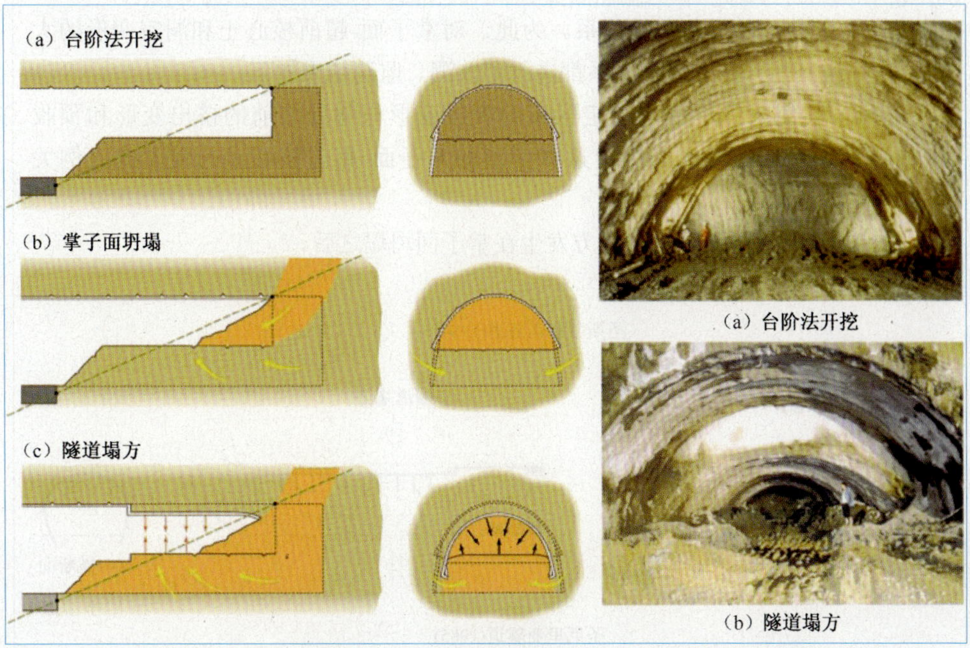

图2.9　罗马–佛罗伦萨铁路塔索隧道台阶法开挖随时间观测到的变形

2.1.2.5　第二阶段研究成果

虽然需要花很多时间对上述案例及类似例子进行详细阐述，但对其研究和分析后发现了很多有意思的结论。仅对弗雷瑞斯隧道的研究就可清晰地得出：

- 在处于弹-塑性变形下的地层中进行开挖时，一定要保持较高的、恒定的开挖速度，以减少超前核心土的变形时间。这样能够抑制掌子面挤出变形和预收敛，减小由此带来的隧道洞壁的收敛变形。

由其他的例子也可以看出：

- 超前核心土的失稳常常会引起隧道洞室的坍塌，并且隧道洞室很少在超前核心土失稳前就发生坍塌。

由第二阶段研究可知（图2.10）：

（1）掌子面上超前核心土的挤出变形与隧道洞室的预收敛、收敛密切相关；

（2）超前核心土的失稳与隧道塌方密切相关，即使隧道已经稳定；

（3）隧道洞室的变形一般取决于掌子面上超前核心土的变形，且发生在核心土变形之后。

第2阶段——相互关系

第2阶段是为了明确掌子面-超前核心土系统（挤出变形和预收敛变形）和洞室（收敛变形）之间存在的关系。为此，对掌子面-超前核心土和洞室变形的大小、次序及其与开挖方式的联系都进行了监测。监测结果如下：

（1）其他条件不变，给定区域的收敛变形与此处之前的挤出变形和预收敛成比例关系（因此也与决定这些变形的掌子面-超前核心土的强度成比例关系）。

（2）通常情况下，隧道塌方发生在掌子面坍塌之后。

圣斯蒂法诺隧道(1984)

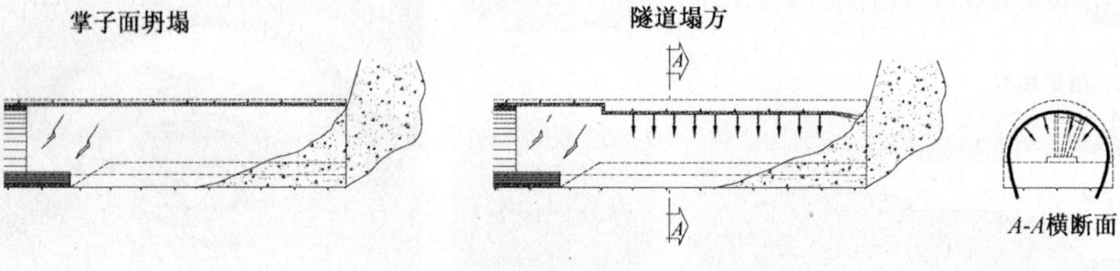

圣厄里亚隧道(1985)

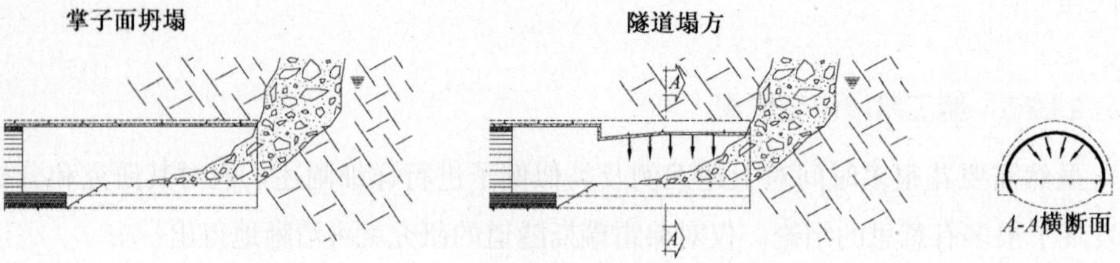

塔紫隧道(1988)

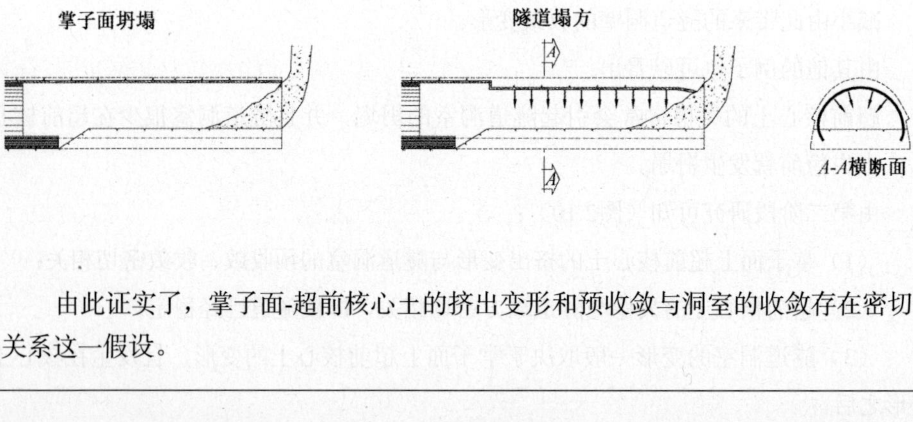

由此证实了，掌子面-超前核心土的挤出变形和预收敛与洞室的收敛存在密切关系这一假设。

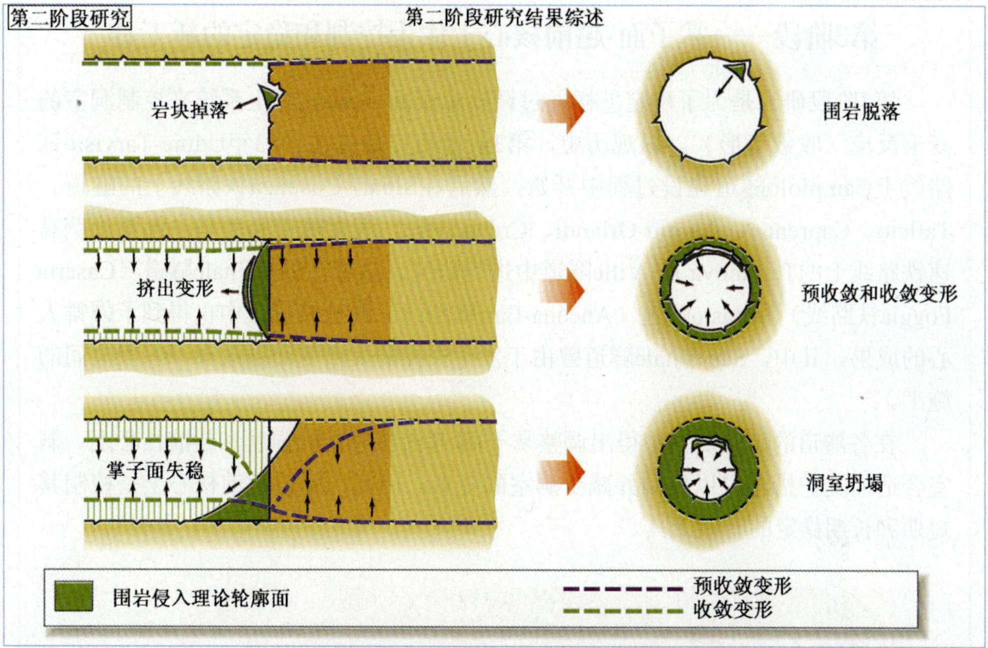

图2.10　掌子面–超前核心土的变形反应决定洞室变形反应

同时，作为隧道稳定条件的成拱效应必须在掌子面前方形成，以便在掌子面经过之后还在相应的隧道横断面上继续起作用。

2.1.3　第三阶段

第二阶段的研究证明了超前核心土变形是导致隧道所有变形（掌子面挤出变形、预收敛、收敛）的真正起因。因此超前核心土的强度决定了隧道长期和短期的稳定性。

取隧道开挖前方拱顶位置的A点，显然当掌子面接近A点时，该点的径向位移u（预收敛变形）大部分取决于前方隧道轮廓面内原有地层的强度和变形特性。

设A点承受的径向约束压力为p，并绘制p-u图（图2.12）,从中可看出掌子面远离A点（掌子面与A点距离大于掌子面影响半径R_f）时，A点应力状态没有变化（径向约束压力p_0=初始压力）。

掌子面到达时，A点与掌子面之间的超前核心土厚度减少，径向约束压力p也随之减小。A点将向着洞室方向产生径向位移。如前所述，A点的位移不仅与其周围地层地质状况有关，还取决于决定其平衡状态的应力状态和超前核心土的变形特性。

第3阶段——掌子面-超前核心土作为控制和稳定的新工具

第3阶段研究是为了确定怎样通过调整掌子面-超前核心土系统来控制洞室的变形反应（收敛变形）。纵观历史，第3阶段研究最先在1983年Udine-Tarvisio铁路线上Campiolo隧道建设过程中开始，然后在Sibari-Cosenza铁路线上的隧道、Talleto、Caprenne、Poggio Orlandi、Crepacuore、塔索隧道和罗马—佛罗伦萨高速铁路线上的Terranova Le Ville隧道中进行研究。接着在San Vitale隧道（Caserta Foggia铁路线）和Vasto隧道（Ancona-Bari铁路线）的抢修过程中也得到了鼓舞人心的成果。其中，San Vitale隧道曾由于发生失控的大形变而被放弃了一段时间的施工。

在各隧道的试验研究中得出调整掌子面-超前核心土的强度和超前核心土、洞室合适的支护措施可以控制并减少洞室的变形。因此，隧道超前核心土是控制其短期和长期稳定的有效工具。

玻璃纤维筋加固的塔索隧道黏质粉土掌子面–超前核心土系统

掌子面通过之后，由于残余的应力A点会继续在弹性或弹-塑性范围内产生径向位移，A点最终的平衡状态与围岩的性质和支护设施（初期支护、二次衬砌）对其产生的径向约束力有关。

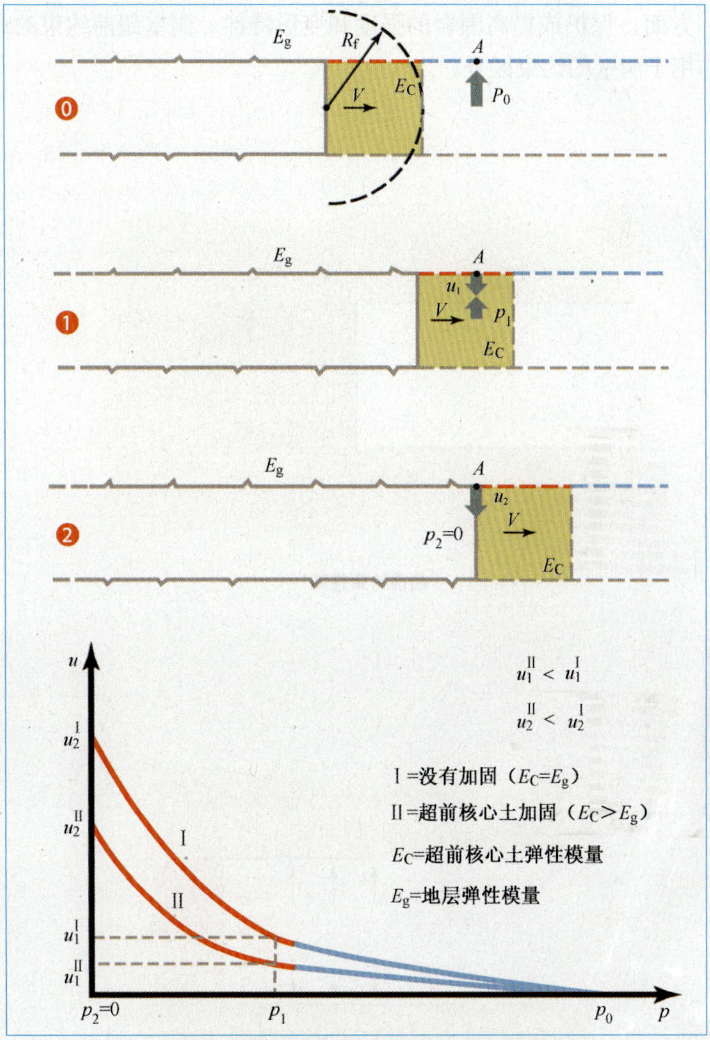

图2.11　由超前核心土强度决定的A点径向位移

图2.11是在其他条件不变的情况下，相对于弹性超前核心土（曲线-Ⅰ）和刚性超前核心土（曲线-Ⅱ）的A点p-u曲线。显然A点处径向变形容易受径向约束压力p不断减小的影响。在掌子面通过前，刚性超前核心土的变形量比弹性超前核心土的变形量小。

从图中还可以看出：即使掌子面通过之后没有了超前核心土的约束，两条曲线仍明显分离，即A点位移可能由之前承受的应力状态所决定。由此可得出超前核心土

洞室的约束和超前约束措施

怎样调整掌子面-超前核心土系统的强度才能够控制洞室的变形反应（收敛变形）呢？一方面，通过“洞室超前约束”释放超前核心土的过度应力（保护措施）；另一方面，保护或提高围岩的强度和变形特性。洞室超前约束的命名是为了与普通作用于洞壁的约束区分。

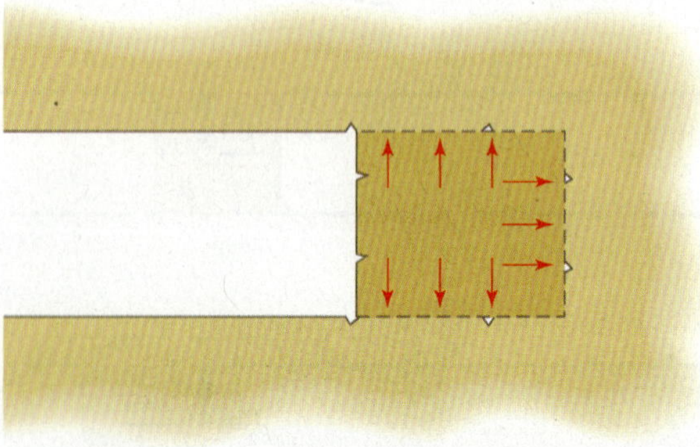

超前约束措施

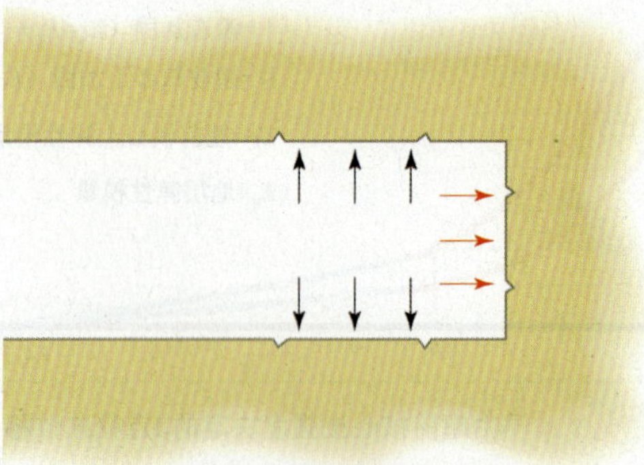

约束措施

图2.12 洞室的约束和超前约束措施

的变形是决定围岩变形的最主要因素，也是其真正的起因。

如果超前核心土的变形是围岩变形的真正起因，那么完全有可能利用对超前核心土的适当加固来作为控制围岩变形的新工具。

为此我们需要确定怎样控制超前核心土的强度才能达到控制围岩变形的目的。

我们可以开发和利用新的掌子面干预技术和措施，以防止超前核心土承受过大压力（保护性干预措施）或者提高其强度和变形特性（加固性干预措施）。这些干预措施被称作保持性措施或者洞室超前约束措施，以便与只在掌子面通过后起作用的普通约束措施加以区分（图2.12）[14]。

这些新的思路和做法随后在一些应力-应变情况很恶劣的隧道施工中进行了尝试。瓦斯托隧道就是这样一个很困难的项目，但在论证试验方面是很有意义的。

2.1.3.1 瓦斯托隧道（1991年）

瓦斯托隧道全长约6 200 m，位于意大利Ancona—Bari铁路线上。瓦斯托隧道从丘陵下方穿过，丘陵上方有瓦斯托村庄。

瓦斯托隧道穿越的地层情况见图2.13。隧道穿越的山体底部及中部地质条件复杂，主要为粉质及黏土质地层，呈灰色、层状，中间夹薄砂层；山体顶部为一层砾岩层，其胶结程度各异；其最上部为砂质粉土地层，呈浅黄褐色。

除靠近洞口段外，瓦斯托隧道全部穿越黏土地层。在隧道深处，地层饱含水且对开挖扰动极为敏感。

2.1.3.1.1 概况

1984年，从北洞口开始隧道的开挖作业，一直到1990年4月，施工期间不断发生严重事故，进度缓慢（图2.13）[16]。

该隧道原设计情况为台阶法开挖，开挖后立即进行喷射混凝土、钢拱架和钢筋网初期支护；二次衬砌采用1 m厚的钢筋混凝土，二次衬砌紧跟掌子面，并在保留核心土的情况下进行浇筑，随后浇筑隧道边墙混凝土，最后浇筑仰拱混凝土。

隧道第一次发生严重变形后，施工单位采取了许多措施，力图恢复隧道掘进，但是这些措施最终都没有发挥作用，最终在38+075 km里程处（覆盖层厚度为38 m）发生了严重坍方（图2.14），波及隧道掌子面及其后方大约40 m范围；同时，隧道二次衬砌结构产生严重变形（大于1 m），致使无法继续施工。

保持性干预措施

根据围岩类别（自然稠度）、应力状态和地下水情况，可采取各种干预措施对洞室进行预约束。这些都属于相对较新的干预措施，因为是在掌子面前方采取这些措施，防止围岩松弛，保持最小主应力σ_3大于零，因此称为保持性干预措施。

保持性干预措施在摩尔平面上表现为1条直线，称为保持线，表示最小主压力σ_3的下限值，以此保证围岩固有曲线尽可能靠近峰值并控制围岩变形反应。

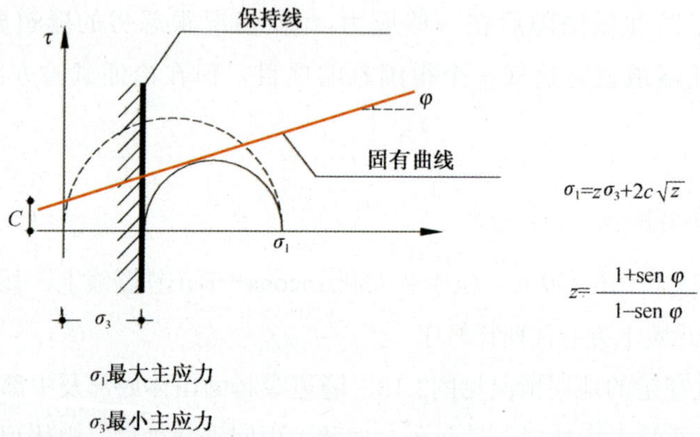

这些干预措施作为传统的掌子面和洞室约束的补充手段，其效果取决于从采取措施到洞室预约束（掌子面前方）再到洞室约束（掌子面通过后）这一过程的连续性和规律性，可分为以下几种。

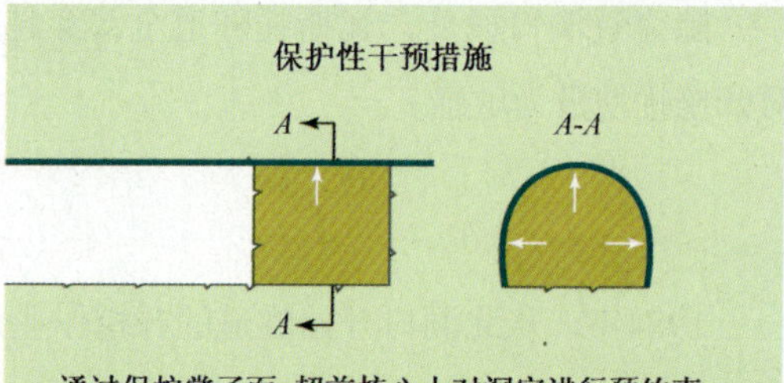

通过保护掌子面-超前核心土对洞室进行预约束

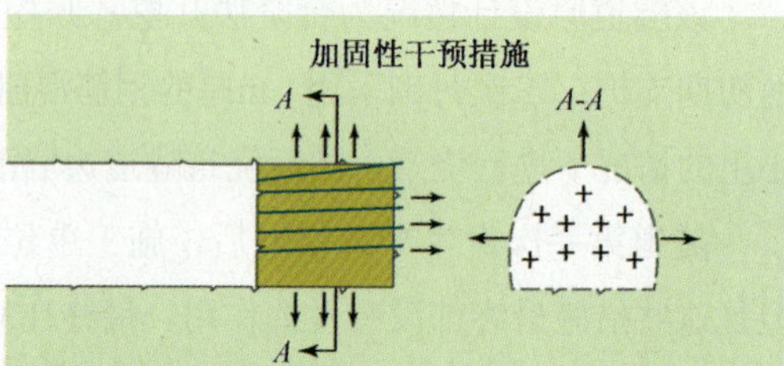

通过加固掌子面-超前核心土对洞室进行预约束

保护性干预措施：即在超前核心土周围，通过对围岩应力的正确转移使围岩保持其原有强度和变形特性（例如通过近水平的旋喷注浆形成围岩改良加固体，利用机械预切槽技术或机械预成洞技术形成钢纤维喷射混凝土层或混凝土层）；

加固性干预措施：指通过适当加固技术（例如利用玻璃纤维构件加固超前核心土）直接作用于超前核心土，提高其自然强度并改善其变形特性的措施。

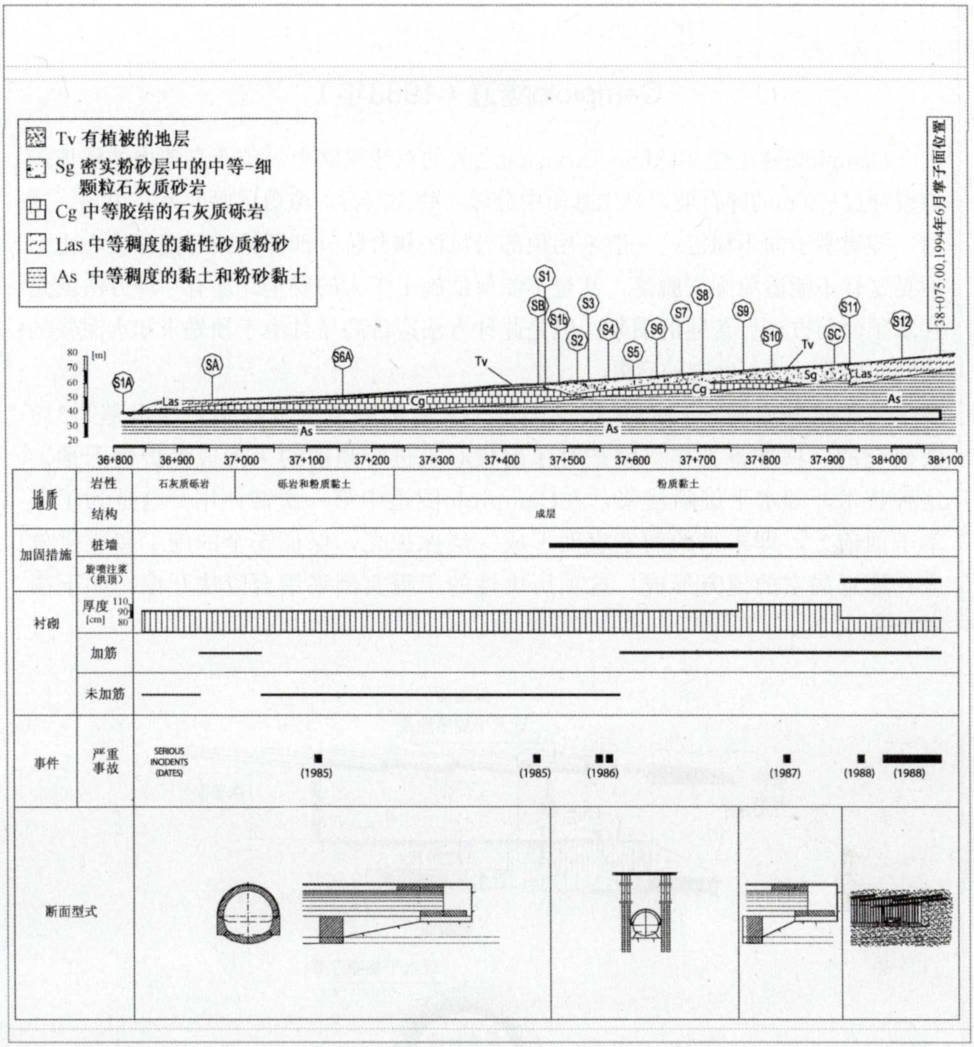

图2.13　Ancona–Bari铁路线瓦斯托隧道北洞口

瓦斯托隧道出现上述问题后，作者应邀为该工程提供解决方案，使隧道恢复施工并完成了隧道剩余工程量。针对该隧道，作者提出了基于“岩土控制变形法”原理的设计和施工方案，其基本原则是对掌子面前方的超前核心土进行超前预约束和加固，以控制围岩变形。

Campiolo隧道（1983年）

Campiolo隧道建在Udine-Tarvision之间的双线铁路上。位于乌迪内的隧道洞口段穿过170 m的碎石坡，砂土基质中分散一些大圆石，覆盖层厚度为0~70 m。这时，隧道掌子面不稳定，一般采用顶部导坑法和台阶分部开挖或开挖留核心土；但是这样不能避免围岩脱落，甚至不能保证施工工人的安全。还有一种方法就是在掌子面前方进行普通的灌浆；但是此种方法造价高昂且由于预先未知水泥浆的流向而导致一些不确定的后果。

由于这些原因，1983年提议尝试一种新的隧道掘进技术。这也是第3阶段研究的一项准备工作，就是对超前核心土进行超前约束形成保护性干预。这种技术，即水平旋喷注浆，在Campiolo隧道中第一次被使用。这是为了在掌子面前方，即未来的洞室表面形成一层保护壳，保证安全的施工和成拱效应在靠近洞室的地方形成。这项历史性的工程实例采用台阶法开挖。如下图所示。

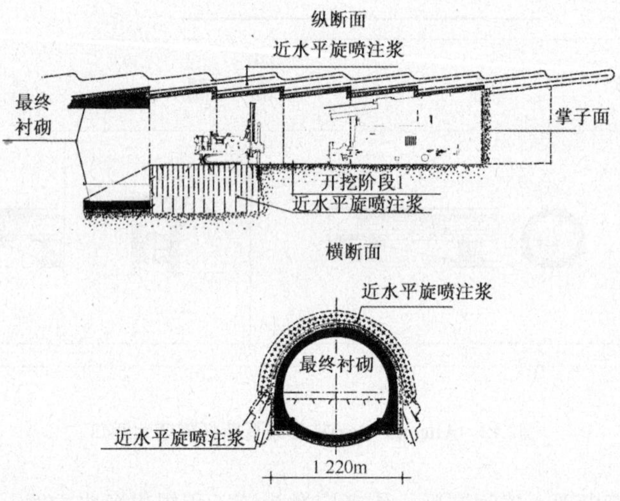

此法在技术上和经济上的效益都令人振奋。不仅在这种地质条件下保证了很快的掘进速度（平均1.7 m/d），而且这项新技术既促进更好的施工规划又提高了施工安全性。测得的挤出变形和收敛变形都接近于零，验证了第3阶段假设的正确性。与普通的灌浆相比，旋喷注浆之所以能成功，是因为它同时解决了污染和渗透性2方面问题。20年后，事实亦证明了这种方法的长久性。

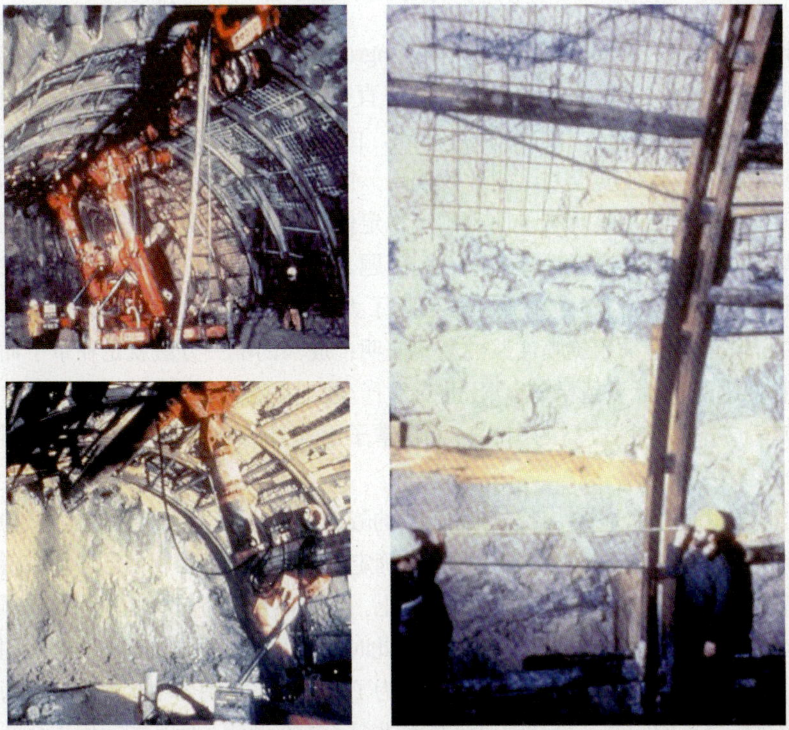

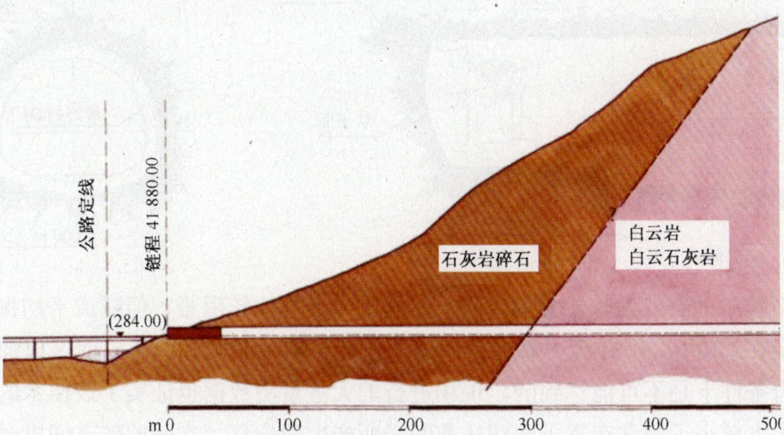

竖向定线纵断面

Sibari-Cosenza铁路线上的隧道（1985年）

此项目是在S. Marco Roggiano 和Mongrassano-Cervicati 车站之间新建的一条Sibari-Cosenza单线铁路线，其中包括4座直径为10 m的隧道，总长约4 000 m。拟开挖隧道所在围岩最大埋深约为100 m，由灰蓝色黏土层构成，属于Calabrian-Pliocene 地层，其强度较差、变形性较高。针对无干预措施下隧道开挖期间的特性进行了计算，结果表明掌子面和洞室稳定性都很差。在类似条件下，采用传统隧道掘进方法会给隧道设计带来一系列问题，如隧道施工不安全、事故频发且不能确定工期和施工成本，实际施工中引发了大变形，导致隧道频繁塌方。

Campiolo隧道采用旋喷注浆的经验表明：成功的唯一方法就是在掌子面到达前采用合适的稳固干预措施，阻止变形产生。为此需要设计一种新的干预措施，其适应于黏结性较高的围岩，且在掌子面通过时和通过之后也能起到连续的预约束作用。

当时在法国里尔地铁一座位于黏土层的隧道中进行了“机械预切槽”试验，该隧道采用台阶法开挖。该技术是按照预先确定的厚度和长度，在掌子面前方隧道拱部周围进行切槽，然后立即充填喷射混凝土。这样在开挖超前核心土前形成了“预制衬砌”层，从而防止约束压力降为零。此时的问题是，法国将这一方法运用到远比里尔地层更软的Calabrian 黏土层中。而为了避免在不良围岩中从台阶法转为全断面开挖法所带来的问题，设计师对该技术进行了重新设计，使其能适用于全断面开挖[17]。这就需要深入研究，完善预切槽的几何形状并保证其位于可靠的地基上。

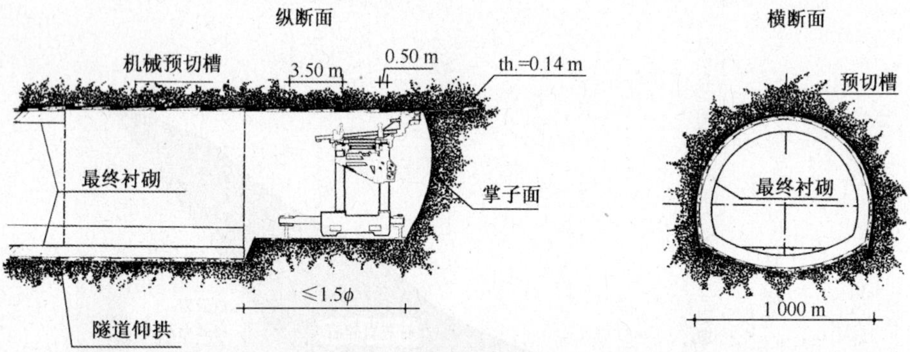

新技术的有效性很快显现出来：尽管围岩条件比较困难，但隧道平均掘进速率稳定在3.00 m/d，并能可靠地计划施工作业、施工时间和成本，而这以前在类似围岩条件下是不可能达到的。现场进行的大量量测数据也证实了该技术的有效性，大大减小了通常在掌子面到达前围岩所产生的位移。在开挖隧道仰拱时变形梯度达到最大值，仰拱浇筑完成后，变形迅速减小，洞室立即稳定。由于采取了预约束措施，围岩保持了其大部分原有特性，相较于传统方法，作用于衬砌的长期应力也大大减小了。

瓦斯托隧道（1991年）地层：黏质粉土1，覆盖层厚度<50 m。上图：玻璃纤维加固超前核心土；下图：隧道开挖

图2.14 由于挤出变形引起的掌子面坍塌（瓦斯托隧道）

2.1.3.1.2 勘察阶段

对隧道重新设计之前，尽可能详尽地了解拟开挖地层的相关情况。

该隧道的围岩属下黏土地层，为黏土质粉土或粉土质黏土，中塑-强塑，不透水，遇水浸泡会发生严重膨胀。

尽管在三轴维压力盒中进行的直接剪切试验提供了很宽范围的黏聚力及摩擦角值，但是这些直接剪切试验的确显示了很低的平均强度值。

其次进行了一些三轴压力盒挤出试验，以便在实验室中模拟现场实际应力条件下隧道的掘进情况。通过这些试验及有限元数值模型，可以在后续的“诊断阶段”和“处治阶段”对相关岩石力学参数（C，φ，E）进行校正。通过三轴压力盒挤出试验（参见第3.1.2节）进行直接模拟（以及在固结情况下和未固结情况下进行三维压力盒剪切试验），可以确定下列主要参数的变化范围：

C_0——非排水内聚力，0.15～0.4 MPa；

C'——排水内聚力，0～0.2 MPa；

Φ'——排水内摩擦角，18°～24°；

E——杨氏弹性模量，50～500 MPa。

2.1.3.1.3 诊断阶段

诊断阶段的输入参数是通过理论方法和试验方法从现场获取的或从相关实验室试验中得到的地质、岩土及水文地质参数。利用这些数据，预测隧道掌子面及

玻璃纤维加固超前核心土方式的产生

Sibari-Cosenza铁路线隧道建设中不仅首次应用了全断面机械预切槽技术，而且为另一项保护性干预措施的产生打下了基础，该措施在后来的隧道建设中非常重要。这就是利用玻璃纤维结构件对超前核心土进行加固。

这一想法是在准备用锚杆抵抗掌子面坍塌前围岩剥落时开始形成的[18]，当时Sibari-Cosenza铁路线隧道周末停工（1984年）。

那时，作业也只是简单的将几根直径24 mm、长4 m，一端装有一个小十字架作为手柄的锚杆插入掌子面。用挖掘机勺斗将其推入掌子面。再用一薄层混凝土完成最后操作。结果效果很好并且下个星期一又继续施工。由此被证实，用末端的十字架很容易将锚杆拔出以恢复施工。

我们已经认识到了超前核心土强度在控制隧道变形中的重要性。这是由于只对超前核心土进行保护而建成的隧道，其应力-应变反应监测结果证明了加固超前核心土的正确性。Campiolo隧道的水平旋喷注浆和Sibari-Cosenza铁路线隧道的机械预切槽都是很好的例子。因此我们开始研究如何人工加强超前核心土。特殊的锚杆体系能够确保提高超前核心土的强度和变形特性，并且挖掘过程中不会造成破坏，很值得研究。玻璃纤维是最合适的加固材料，接着对其进行了研究，首先用电脑模型测试玻璃纤维的效果。接下来就必须进行实地试验。很快就有了一个机会，在Salosmag-giore Terme的Citronia河的泄洪道上需要建一条直径5 m的输水隧洞。

然而此处地层由鳞状黏土组成，隧洞掘进非常危险，围岩的极度不稳定使隧洞挖掘暂停施工。隧洞承包方被提议尝试利用玻璃纤维加固超前核心土，该技术已经采用电脑模型计算过，最终试验非常成功且隧洞也很快完工。

这项新技术可在更大工程中进一步发展。后来，罗马-佛罗伦萨新建高速铁路线佛罗伦萨至阿雷佐区段6条隧道的建设为此提供了一个很好的机会。

洞身在没有采取加固或支护措施条件下的应力-应变状态。诊断阶段的目的是根据可能发生的A、B、C 三种基本应力-应变形态，把隧道分成地层变形特性均匀一致的几个区段。

接下来对随着变形发展而产生的围岩剪切机理以及失稳进行分析，并最终估算出不稳定区域的范围以及所引起的荷载的大小。

2.1.3.1.4　应力–应变反应评估

采用特征曲性线法和三轴压力盒挤出试验法（在上述勘察阶段章节已提及）这两种方法对隧道沿线的应力-应变特性进行预测（图7.1）。这两种方法对低、中、高应力状态都有效。特征曲线法较为直接，根据实际情况运用分析法或数值法进行计算；三维压力盒挤出试验法则相对较为繁琐。

在瓦斯托隧道中，除了洞口附近很短距离外，运用上述2种方法均预测到可能会发生相当大的挤出变形，引起掌子面不稳定，并最终导致巨大的预收敛及收敛变形（径向收敛超过100 cm）。预测的变形值很高，可能会发生严重的失稳现象，如掌子面坍塌，并最终引起隧道坍方。

2.1.3.1.5　处治阶段

诊断阶段得到的预测值为下一步根据预测的应力-应变特性类别决定采取何种约束手段（预约束或简单的变形约束）及干预措施提供了依据。

首先，在考虑隧道拟开挖围岩的特性（包括位于滑坡体的南洞口）及诊断阶段所预测的整座隧道掌子面所处的不稳定状态（应力处于破坏范围，无成拱效应，失稳的典型表现为掌子面坍塌和隧道坍方）的基础上，决定采取预约束措施，对掌子面前方的超前核心土进行加固，以保证在掌子面前方形成人工成拱效应。因此，施工采取复合保护技术，即既在超前核心土的周围形成预约束效应（保护作用），又对超前核心土进行直接加固（加固作用），之后进行全断面开挖。

根据隧道开挖过程中将遇到的不同地质类型，设计了3种不同的隧道断面型式，并采用了不同的超前支护措施（图2.15）。

这3种隧道断面类型的唯一不同之处在于对掌子面前方即将开挖的隧道周围土体的处理形式（预约束或超前加固形式）不同，而这3种隧道断面所采用的超前核心土的加固方法均相同。

对超前核心土周围的地层选取何种预约束技术，取决于前方即将开挖的围岩特性及强度。当围岩为颗粒状土或黏结性很差的地层、其剪切强度很低时，应选用水

罗马-佛罗伦萨高速铁路隧道

如果认为与其他锚固方法一样也只是在一小段隧道中利用玻璃纤维加固超前核心土来处置掌子面上的围岩脱落，那么就很难确切知道该技术何时用于实践。

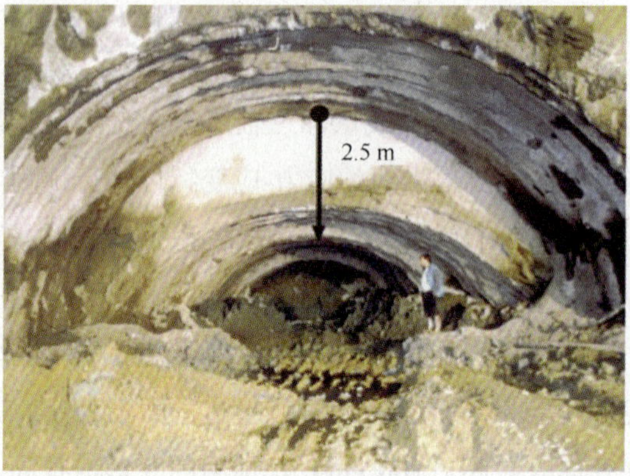

台阶法（NATM）开挖中Tasso隧道发生坍塌

采用玻璃纤维加固超前核心土后全断面掘进中的Tasso 隧道

不过，认为玻璃纤维加固超前核心土这一技术是中等-极差应力-应变条件下系统、全面控制变形（必要时包括控制地表沉降）的最佳方法并付诸于实践则始于1985年。在继Salsomaggiore Terme水工隧洞首次取得成功试验后，该技术被运用于罗马-佛罗伦萨高速铁路线佛罗伦萨-阿雷佐区段Talleto、Caprenne、Tasso、Terranova Le Ville、Crepacuore和Poggio Orlandi这6座隧道的施工中。这些隧道的岩层地质条件较差（砂质/黏土质粉土和湖泊沉积土，通常位于水位线以下），引发了许多问题，导致停工并须重新设计。由于国家铁路管理局和承包商（Ferrocemento S.p.A 和Fondedile S.p.A ）的远见卓识，决定任命作者为咨询工程师并大胆尝试由作者提出的新技术。由此，整个区段成了一个大型的隧道施工试验现场。

采用玻璃纤维管对超前核心土进行加固后，隧道进行全断面开挖，凹形掌子面有利于纵向成拱效应的自然形成。然后系统施作隧道仰拱和边墙，其距掌子面最大距离为隧道直径的1.5倍[19]。

在极端困难条件下修建罗马—佛罗伦萨高速铁路线上11 km长的隧道经验证明：在软岩情况下通过加固超前核心土进行全断面掘进是完全可靠的，并成功地创立了利用玻璃纤维加固超前核心土和保护性洞室预约束这一新技术。

平旋喷注浆技术；在黏结力强、密实而且均质的围岩中，为了在隧道掌子面前方形成高强度的防护壳层，且保证形成成拱效应，应采用预切槽技术；当根据围岩的非排水剪切强度和黏聚力（内聚力）不适于采用机械预切槽技术时，可以采用带阀门的玻璃纤维锚杆进行劈裂（claquage）注浆对掌子面前方超前核心土周围的围岩以及洞身周围的围岩进行改良。

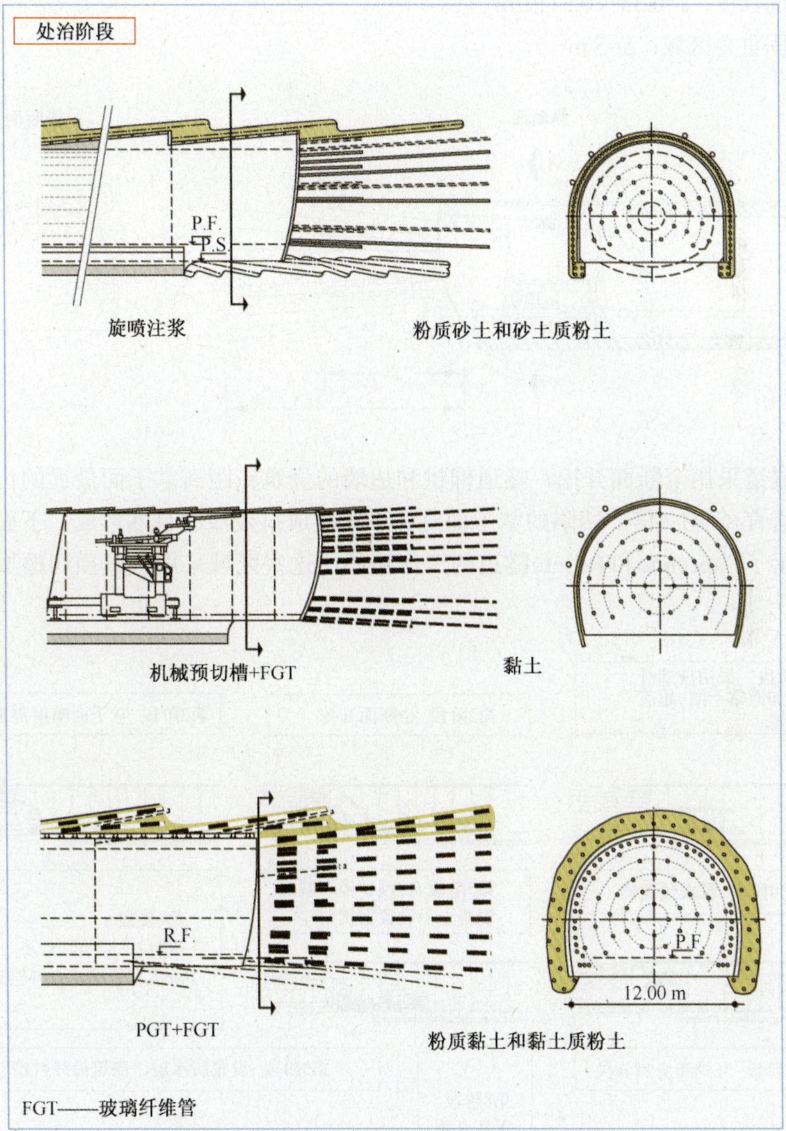

图2.15　Ancona–Bail铁路线瓦斯托隧道断面型式

对于上述3种隧道断面型式，均在隧道掌子面后方施作初期支护（包括钢拱架和

玻璃纤维加固超前核心土的初步试验研究

图解这次超前核心土加固试验的主要特征是很有意思的。

使用的参数如下：

加固区的长度：L=15 m

玻璃纤维的横截面：ϕ=60/40 mm

加固强度：l=0.35～0.51根/m^2

加固重叠区域：S=5 m

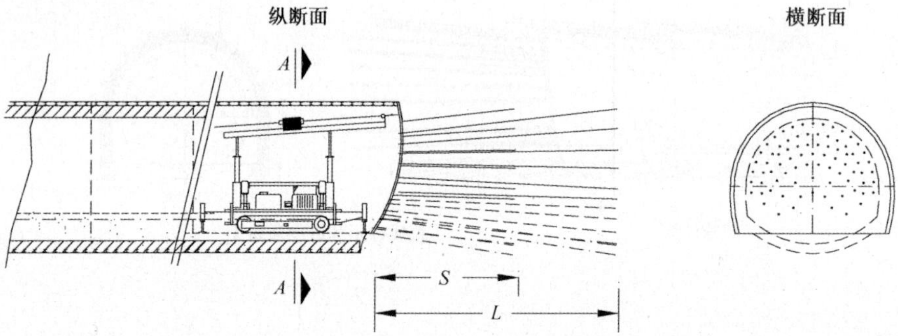

隧道采用全断面开挖，隧道仰拱和边墙的浇筑在距离掌子面最远的位置，即隧道直径的1.5倍。凹陷的掌子面有利于纵向成拱效应的自然形成。下面的图片展示了Caprenne和Talleto隧道的工作循环，这些区域采用机械预切槽加固掌子面。

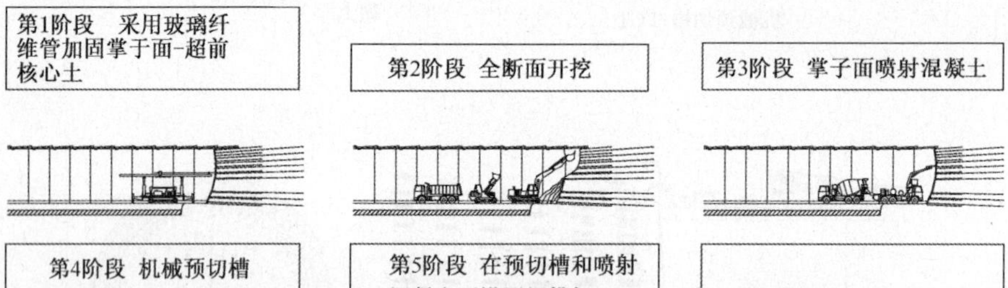

喷射混凝土），并施作仰拱使隧道封闭成环，最后施作二次混凝土衬砌。

一旦确定了隧道的断面类型，就可以进行玻璃纤维锚杆超前核心土的加固设计。加固设计包括确定需要施作的玻璃纤维锚杆的数量、长度以及在掌子面的几何布置形状。

与诊断阶段预测隧道的应力-应变状态一样，也采取两种方法来确定玻璃纤维锚杆的数量（图2.16）。

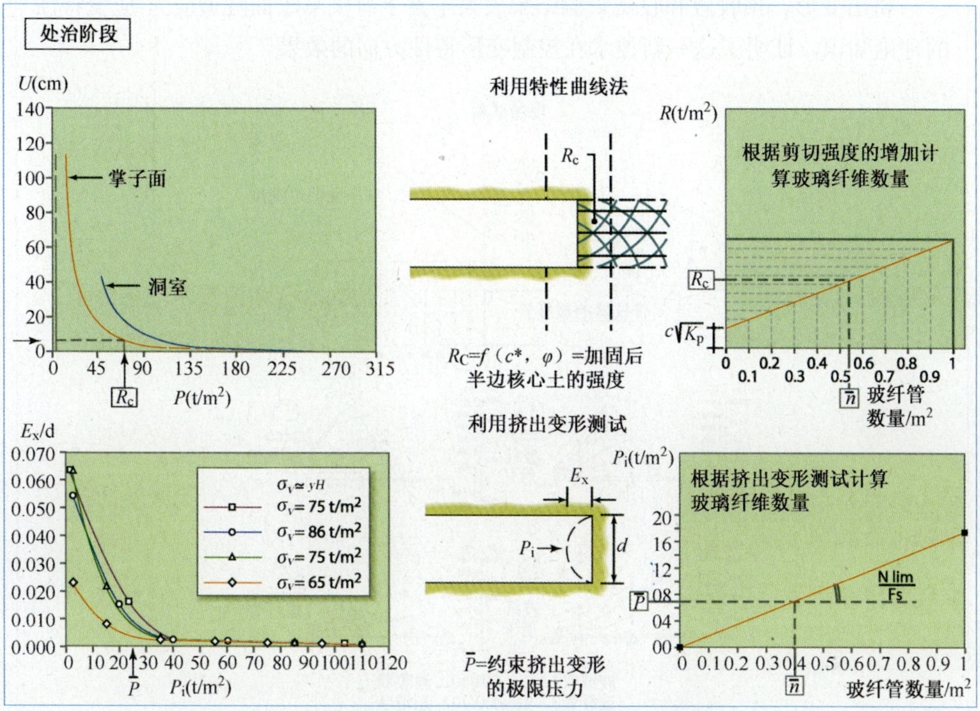

图2.16 防止超前核心土不稳定所需的加固强度

第一种方法为特征曲线法，通过对相关特征曲线的计算来简单考虑超前核心土的加固效果。

第二种方法是以三维挤出试验得到的挤出变形曲线为基础进行超前核心土的加固设计。首先通过约束压力曲线Pi确定稳定隧道掌子面所需要的最小变形约束压力（称为挤出变形曲线“弹性”与“弹-塑性”间的分界压力），利用图2.16中的实验图表来计算在所要求的安全系数下保证掌子面安全所需的玻璃纤维锚杆的数量。

采用三维挤出变形试验法和采用特征线法所得的结果基本相同，同时也证明这两种方法具有相同的概念类比性。

采用玻璃纤维加固超前核心土试验期间的试验、监测和量测

在罗马-佛罗伦萨铁路线上进行的玻璃纤维加固超前核心土试验需要详细了解2方面内容：一是玻璃纤维构件和围岩间的相互作用；二是不同加固条件下超前核心土加固对掌子面前方隧道应力-应变特性的影响。针对第1种情况首先进行了一系列现场变形试验和拔拉试验（结果示于下图[20]）。针对第2种情况，则进行挤出变形试验，并逐步在整个隧道施工中推广应用，以此作为传统收敛测量的补充。通过将15 m长的增量伸长计插入掌子面进行测量，测点间隔为1 m。

挤出变形、预收敛和收敛量测结果大大丰富了有关掌子面隧道应力-应变特性的理论知识，证明了这一新技术在控制变形特性方面的效果。

现场试验

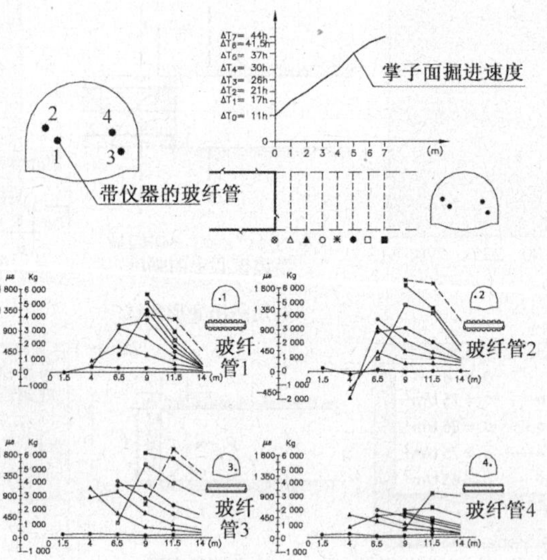

玻纤管1、2，ϕ60/40，波纹状
玻纤管3、4，ϕ60/40，光滑状

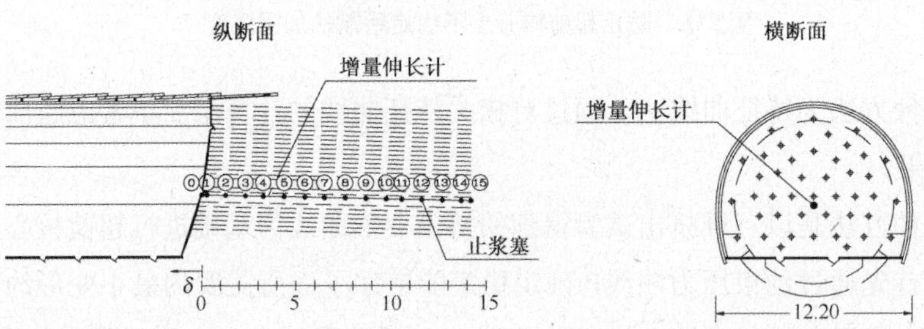

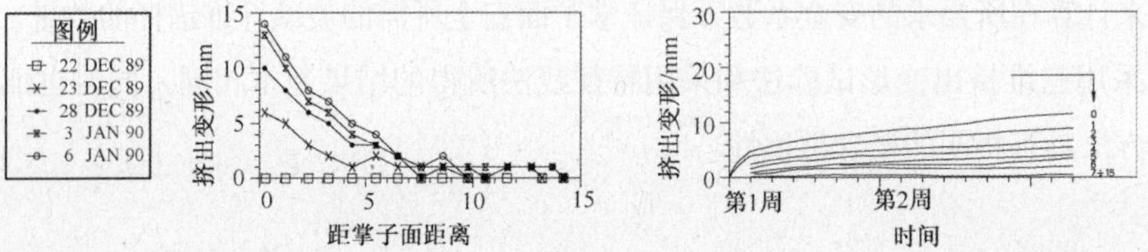

2.1.3.1.6　实施阶段

1992年，2个洞口的施工同时恢复，北洞口主要是对隧道坍方段进行治理，而南洞口则开始隧道开挖。每周工作7 d，平均进度为月成洞约50 m（图2.17）。

图2.17　掌子面–超前核心土系统的加固（瓦斯托隧道）

图2.18对平均月进尺与同期的收敛值进行了比较，发现同期收敛值与月进尺成反比关系，从而证明，掌子面前方超前核心土的变形时间越短，随之引发的挤出变形和预收敛就越小。而洞身收敛变形取决于挤出变形和预收敛，因此最终洞室的收敛也越小。

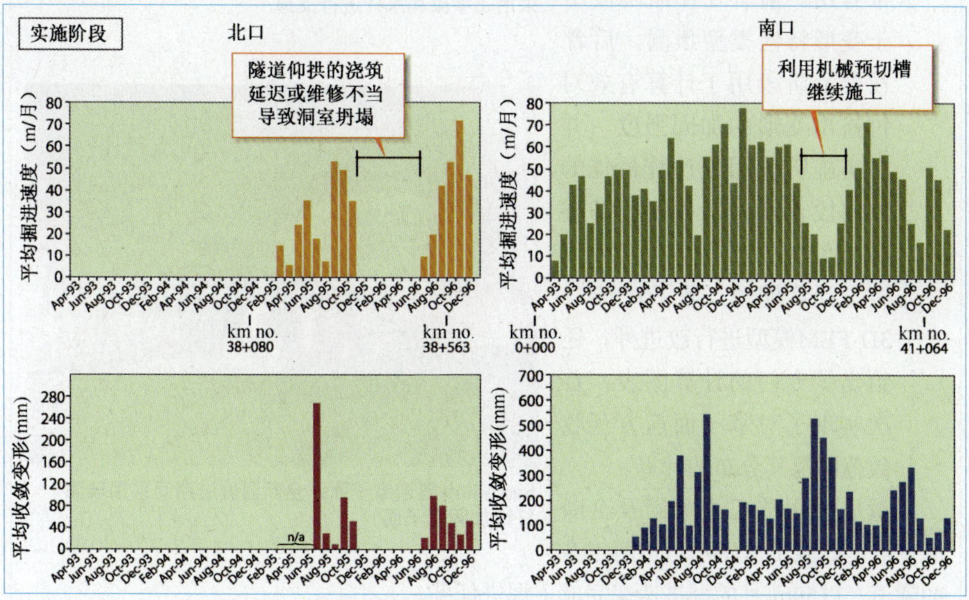

图2.18　**Ancona–Bail**铁路线瓦斯托隧道每月掘进速度和平均收敛变形

San Vitale 隧道（1991年）—1

自第一次实验以来，玻璃纤维加固超前核心土技术在设计手段、材料、实施方式和工艺技术等方面都取得了较大进展。1991年San Vitale隧道（Caserta-Foggia州际铁路线）采用传统方法（分部开挖法，采用钢拱架、径向锚杆和喷混凝土进行初期加固）在鳞片状粘土层中施工时遭遇了失败[21]。针对这些困难，不仅需要进行一次严格的试验和全面探索这一新技术，而且可以借此机会开发新的实施方式、实验室及现场测量形式和3D计算模型，以便能够正确了解超前掌子面-核心土干预措施对隧道应力-应变特性的影响以及对衬砌长期及短期荷载大小的影响。

- 针对第一个问题，采用FGT+FGT 实施方案（掌子面前方洞室周围采用带阀门的玻璃纤维进行注浆加固+超前核心土采用玻璃纤维加固）代替PT+FGT方案(隧道四周采用机械预切槽，掌子面采用玻璃纤维加固)，后者不太适合，因为很难保证预切槽的连续性。

San Vitale 隧道：台阶法开挖掌子面，隧道停工后采用工字梁和系杆进行支撑

- 就测量而言，针对三轴压力盒挤出试验和挤出变形的系统测量设计了新的仪器，非常有用。前者在诊断阶段用于变形特性类型预测，后者在处治阶段用于计算有效对付挤出变形的加固强度，并在实施阶段用于计算最佳的加固段长度以及各段间的重叠长度。
- 至于计算模型，除了对2D、3D FEM模型进行改进外，还给出了专门的计算图表，首次实现了对掌子面前方预收敛范围及其分布的计算。

San Vitale隧道掌子面：全断面掘进期间采用玻璃纤维加固掌子面

最后采用核心土加固及全断面掘进，拯救了这座停工达两年多的隧道，以50m/月的掘进速率完成了掘进任务。

2.1.3.1.7 施工过程中的监测

隧道监测与隧道复工同时进行。根据监测的围岩变形反应，不断优化并调整隧道稳固工艺及参数。

除了进行普通的收敛测量及压力测量外，在该隧道施工中还同时进行系统的挤出变形测量及收敛测量。其监测结果很有意思。

监测结果如图2.19所示，该图显示了一个完整作业循环中超前核心土挤出变形和隧道收敛过程。

对图2.19进行分析可以看出：随着隧道向前掘进，当超前核心土的加固深度从最初的15 m逐渐减少到只有5 m时（超前核心土的平均强度也随之降低），超前核心土的变形反应（挤出变形）和掌子面后方已开挖隧道的变形（收敛变形）逐渐增大，并且逐步从弹性范围向弹-塑性范围发展。围岩收敛变形曲线起初是向着稳定方向快速发展（最大收敛变形值为10 cm，相应的最大挤出变形值小于2.5 cm），随着超前核心土加固深度的减少逐渐向增大的方向发展。例如，当掌子面前方超前核心土的加固深度小于5 m时，掌子面挤出变形达到10 cm，导致围岩收敛变形值为该作业循环开始时的4倍。

由此可以看出，通过对掌子面挤出变形和洞身收敛进行量测分析，设计工程师可以确定何时必须停止隧道开挖，开始进行下一循环的超前加固，以保证超前核心土的最小加固深度（即使围岩不在弹性范围内，但至少应该在失稳范围之外）。

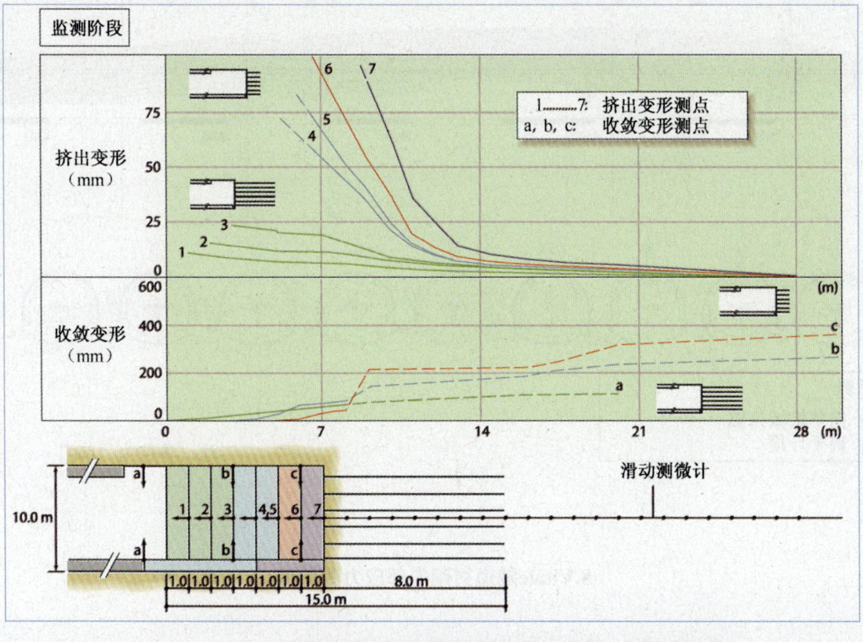

图2.19 **Ancona–Bail铁路线瓦斯托隧道挤出变形–收敛变形图**

San Vitale 隧道（1991年）—2

由于对San Vitale 隧道进行了连续、广泛的监测，使其成为全面研究围岩开挖变形反应的一个真正试验现场，因此有必要对其进行进一步研究。设计师或专家根据不同预约束干预措施的强度和类型研究了超前核心土的挤出变形、隧道洞身的预收敛及收敛、初期支护和最终衬砌上的压力以及衬砌内的应力状况。

按照传统法（NATM），在应力状态非常差的鳞片状黏土层中采用台阶法进行隧道掘进，记录到的收敛值达几米，作用于衬砌的压力也较高，迫使施工中断。在对掌子面-超前核心土进行保护和加固后，开始进行全断面施工，这时测得收敛值不到10 cm，作用于最终衬砌上的平均径向压力仅为5 bar（参见下图）。

此隧道和其他类似隧道的情况证明：如果对隧道洞身采取适当约束措施，那么在掌子面通过后仍然可以维持这类干预措施在掌子面前方的加固效果。

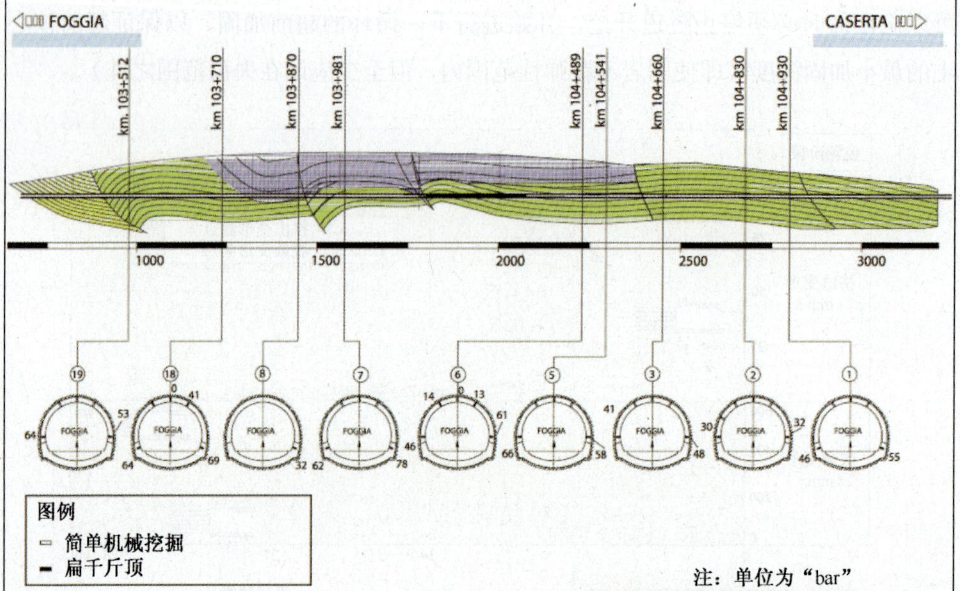

注：单位为“bar”

S.Vitale隧道衬砌内部应力测量值

2.1.3.2　第三阶段成果

由瓦斯托隧道的实验和研究得出隧道超前核心土的变形（挤出变形）是掌子面通过后隧道收敛变形的成因，它们关系密切（图2.20），并可通过人工控制超前核心土的强度和变形性（约束挤出变形）有效减小隧道变形。为此根据围岩的强度、变形特性和应力状况，并通过仔细确定和平衡超前核心土及隧道洞室的支护措施，即能有效减小隧道变形。

更具体地说，当围岩受力在其弹-塑性范围之内时：

- 如果围岩相对于其特性所受应力较小，则无需对超前核心土进行纵向加固，仅对洞室进行径向支护就足够了；
- 如果围岩应力很大，则需通过纵向干预措施来加固超前核心土并适宜地调整掌子面通过后的洞室径向支护措施。

如果围岩应力处于失效状态，则必须对超前核心土进行超前加固并对洞室进行预约束，在掌子面通过后还要对洞室采取辅助约束措施。在这种情况下，有如下建议（图2.21）：

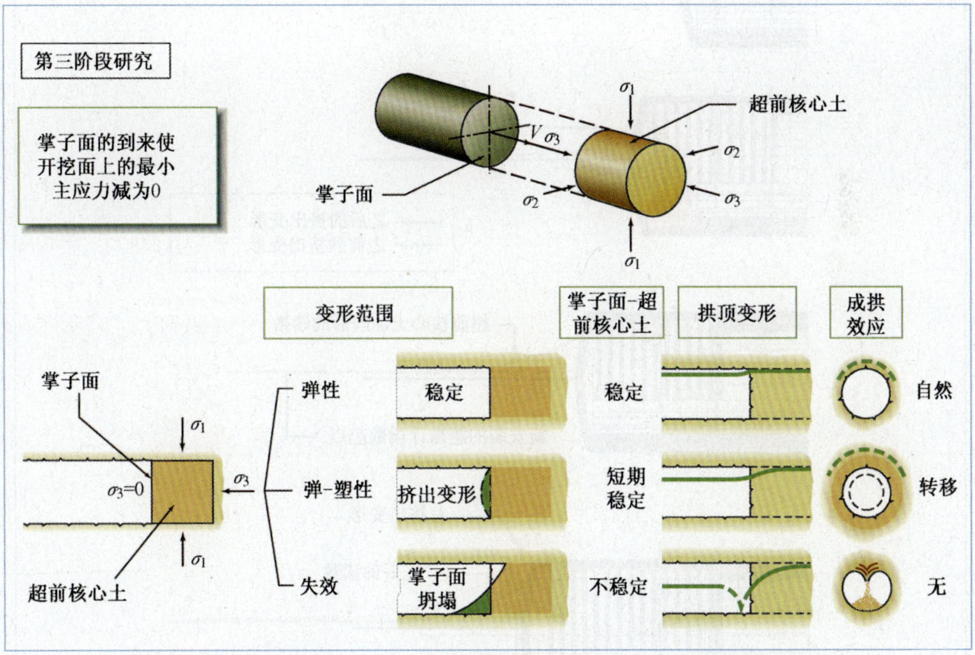

图2.20　调整超前核心土的强度可以控制其变形和由此引起的隧道收敛

挤出变形测量—1

采用滑动式纵向测微计测量掌子面-超前核心土的挤出变形量。测微计水平插入超前核心土，其长度为开挖直径的2~3倍。它有一个导管，外面带测环作为参考点。测量各测环间的距离变化，测微计的末端位于固定的围岩里面。超前核心土围岩的绝对纵向位移也是由各锚杆的位置测得。

要注意的是挤出变形值与测微计安装时的读数起点有关。因此测量值代表安装之后的挤出变形的增量。测量值不包括已经发生的挤出变形，要计算全部的挤出变形必须知道在读数起点前发生的变形量。

计算全部挤出变形可以通过在每一个作业循环最后安装一个新的测微计，这样读数起点就是上次收敛变形读数的位置。总的变形量就是新测得的值与以前测得值的和。

总挤出变形计算法则

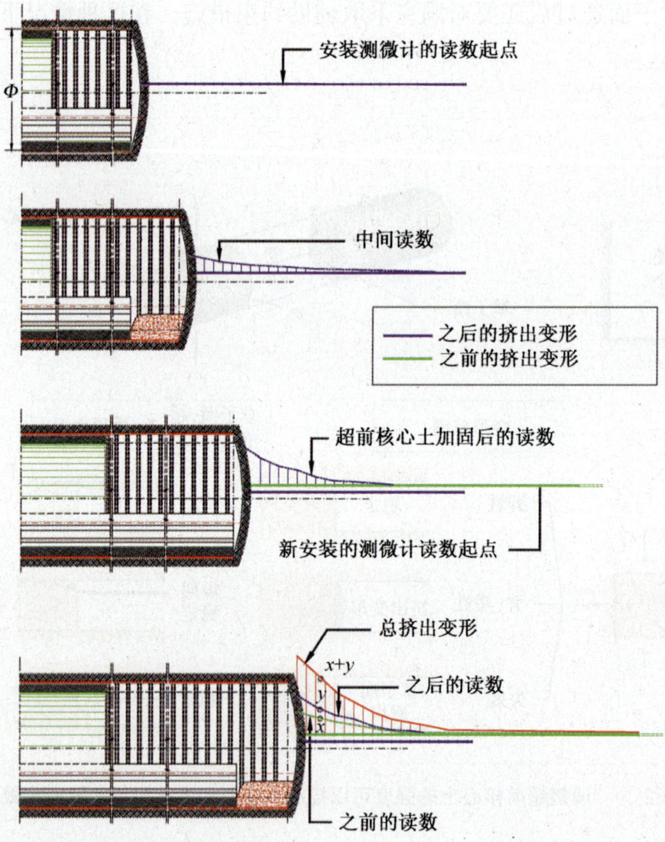

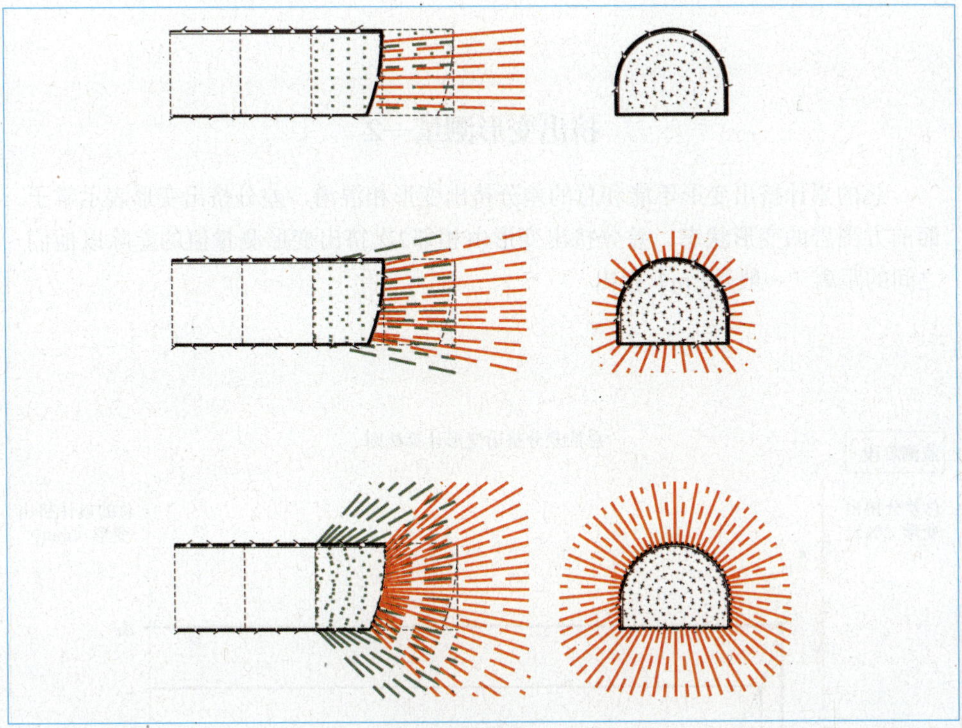

图2.21　掌子面–超前核心土加固形式

- 根据超前核心土的形式和体积，在掌子面前方施作地层改良保护拱。这一方法在瓦斯托隧道掘进通过棘手路段时发挥了有效作用。
- 如果还没达到预期效果，则需进一步径向加固洞壁，以约束已加固超前核心土自身不能完全避免的收敛变形。

对于后一种情况，在施工过程中可调整设计阶段所确定的超前核心土和洞室的加固措施。

2.2　超前核心土作为隧道稳定工具

以上研究成果可简要概括为：

- 第一阶段确定了三种基本变形形式（掌子面挤出变形、预收敛变形和收敛变形）及其产生的不稳定情况（围岩脱落、剥落、掌子面坍塌和隧道塌方）。
- 第二阶段确定了所有的变形（掌子面挤出变形、预收敛变形和收敛变形）及不稳定表现形式（围岩脱落、剥落、掌子面坍塌和隧道塌方）都直接或间接地由超前核心土的强度决定。
- 第三阶段为控制隧道变形，进行了人为调节或改良超前核心土强度的试验，从中研究如何将超前核心土作为稳定围岩的工具。

挤出变形测量—2

总的累计挤出变形不能和总的差分挤出变形相混淆，差分挤出变形表示掌子面前方围岩的变形状态。差分挤出变形由相邻2次挤出变形测量值的差除以他们之间的距离（一般是1 m）得出。

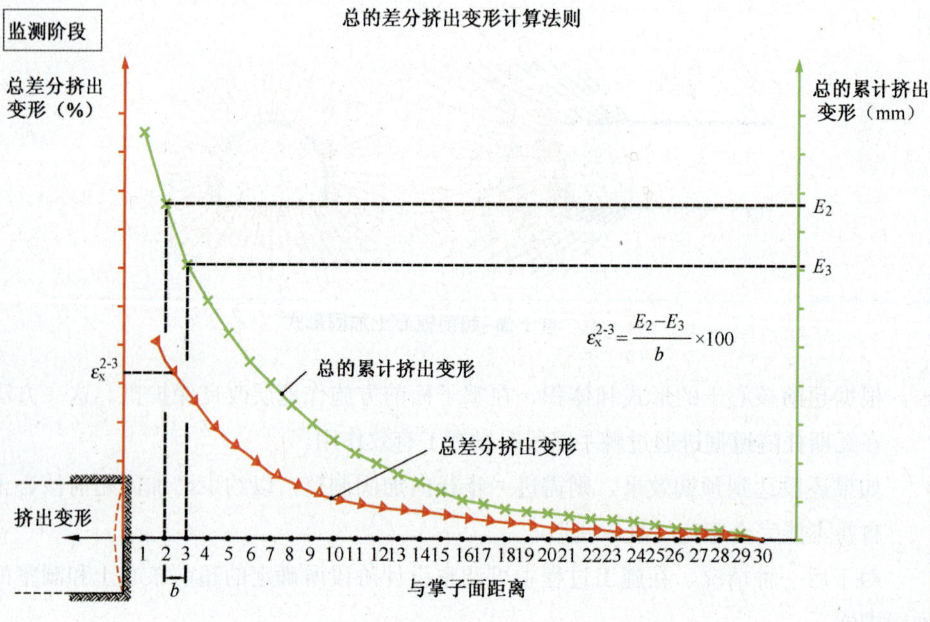

将测得的变形量与围岩的弹性极限、强度极限（由三轴压力盒试验测定）比较，可以精确判断围岩的实际变形状态。更具体的说，确定围岩处于弹性变形范围、弹-塑性变形范围或失效范围。

已知超前核心土的总差分挤出变形可以可靠估算处于弹性范围、弹-塑性范围、失效范围的围岩圈大小。借此可以调整加固措施的强度和估计掌子面-超前核心土的稳定性。

其他研究成果如下：

- 围岩的开挖变形反应是隧道设计者必须关注的主要问题，因为由此可知是否能够形成成拱效应，并得出成拱效应相对于隧道轮廓面的位置，即从中可知隧道能达到的稳定等级。
- 变形反应从掌子面前方的超前核心土开始，逐步沿隧道向后发展；变形反应不仅包括收敛变形，还包括挤出变形和预收敛变形，收敛变形只是错综复杂的应力-应变过程的最后阶段。
- 掌子面-超前核心土体系的变形反应与隧道洞身变形之间存在直接联系，前者是因，后者是果，从而必须强调对掌子面-超前核心土体系的变形反应进行监测的重要性，而不仅仅只对隧道洞室本身的变形进行监测。
- 对超前核心土进行防护和加固，提高其刚度，可以控制超前核心土的变形（挤出变形及预收敛变形），从而控制隧道洞身的收敛变形。

研究结论证实：可以把超前核心土视作一种新的隧道长期和短期稳定的工具，其强度和变形性对于掌子面到来时成拱效应的产生具有决定性的作用，而这更应受到隧道设计师的重视。

2.3 超前核心土作为隧道技术标准的参考条件

超前核心土是控制隧道短期和长期稳定的一个有效工具，当掌子面到来时它会发生相应的变形。隧道设计师首先应当分析掌子面-超前核心土的应力-应变状态，这样才能拟定保证隧道长期和短期稳定的设计方案。

因此可将掌子面-超前核心土的稳定性作为隧道技术标准的参考条件，其在任何地层类型及应力-应变状态下都具有效性。

在此基础上可根据掌子面-超前核心土的三种基本应力-应变状态（参见图1.6、图2.20）把隧道变形分为三种基本类型（图2.22）：

- A类：掌子面-超前核心土稳定；
- B类：掌子面-超前核心土短期稳定；
- C类：掌子面-超前核心土不稳定。

在掌子面-超前核心土稳定的地方（A类），即使没有支护措施隧道也能保证很好的总体稳定性。

B类和C类的研究表明：为了防止掌子面及隧道洞身的不稳定，必须采用超前支护措施让隧道尽量恢复到A类稳定状态。为此必须根据围岩的强度和变形性正确平衡掌子面和洞室之间的支护加固强度，以适应实际的围岩应力条件。

很多成功的例子在设计时都运用了这些设计理念。图2.23汇总了过去10年间意

挤出变形形式

通过分析大量处于不同应力-应变状态、不同围岩形式的掌子面，测绘给定位置的位移图，很好地完成了对挤出变形的研究。

掌子面各点位移图
（停工10 d后）

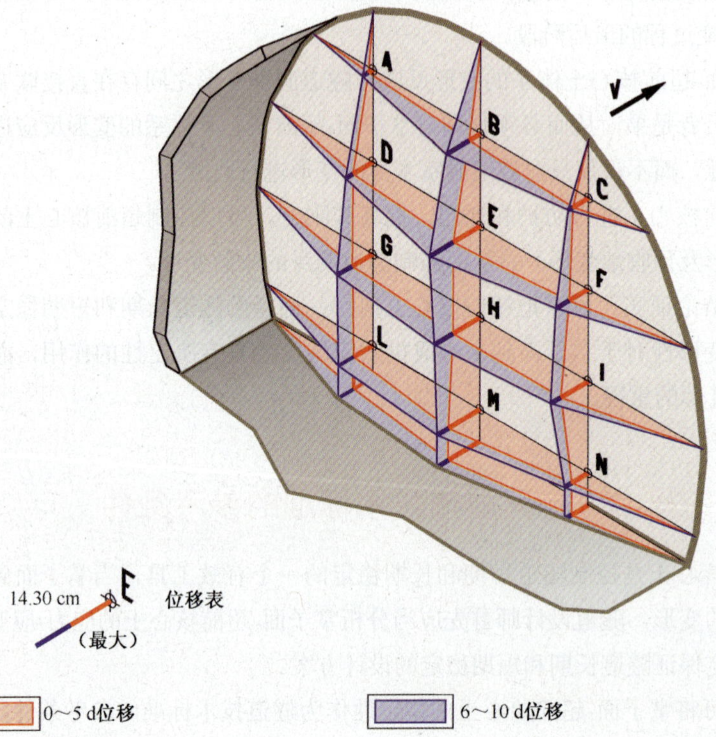

根据围岩材料和所处应力状态不同，超前核心土的挤出变形有3种基本形式：

（1）圆柱形挤出变形：掌子面发生平移运动，从顶部到底部递增；

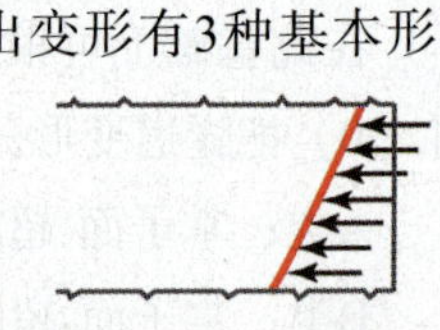

（2）穹顶状球形挤出变形：掌子面中心附近挤出变形最大；

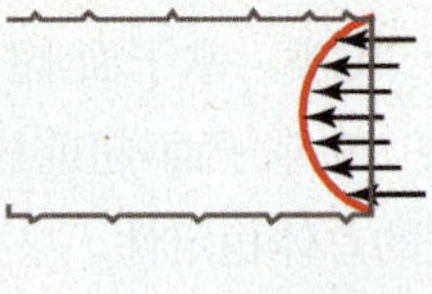

（3）组合挤出变形：掌子面运动由以上2种组合而成。实际中最常见。

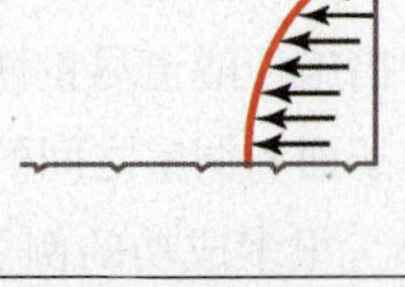

大利和法国设计建造的隧道及其掘进速度。这些隧道的地质条件和应力状态各不相同。令人吃惊的是，除了保持较高的掘进速度外，即使在最恶劣应力-应变条件下掘进速度仍然呈线性关系，这表明以常规作业的循环方式采用了工业化的施工方法，且没有发生任何事故（参见附录A、B、C）。

从中可以看出，运用这些知识和成果开发出更加符合实际的设计和施工方法是十分必要和紧迫的。

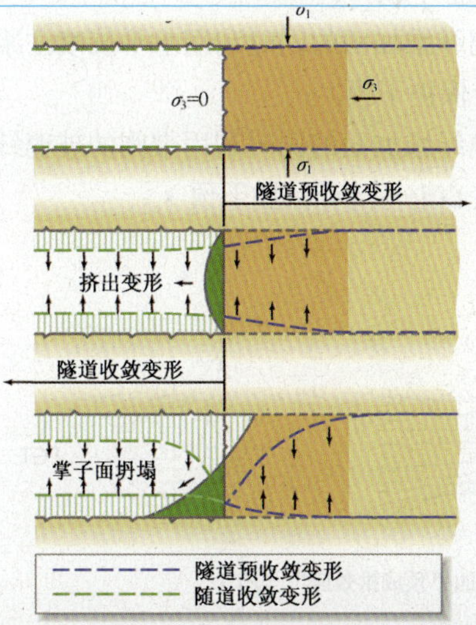

图2.22　将超前核心土作为稳定工具而定义的变形反应类型

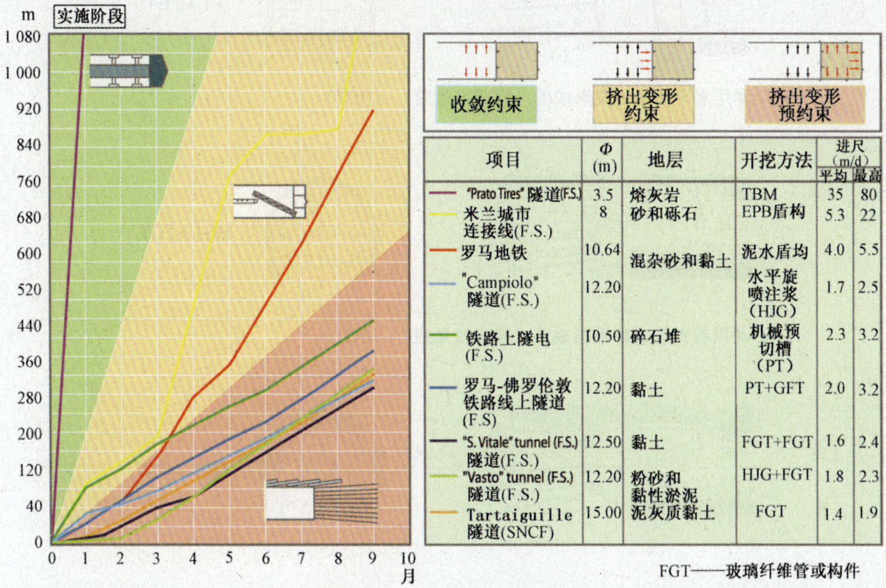

项目	Φ (m)	地层	开挖方法	进尺 (m/d) 平均	进尺 (m/d) 最高
"Prato Tires" 隧道(F.S.)	3.5	熔灰岩	TBM	35	80
米兰城市连接线(F.S.)	8	砂和砾石	EPB盾构	5.3	22
罗马地铁	10.64	混杂砂和黏土	泥水盾均	4.0	5.5
"Campiolo"隧道(F.S.)	12.20		水平旋喷注浆（HJG）	1.7	2.5
铁路上隧电(F.S.)	10.50	碎石堆	机械预切槽（PT）	2.3	3.2
罗马-佛罗伦敦铁路线上隧道(F.S)	12.20	黏土	PT+GFT	2.0	3.2
"S. Vitale" tunnel (F.S.)隧道(F.S.)	12.50	黏土	FGT+FGT	1.6	2.4
"Vasto" tunnel (F.S.)隧道(F.S.)	12.20	粉砂和黏性淤泥	HJG+FGT	1.8	2.3
Tartaiguille隧道(SNCF)	15.00	泥灰质黏土	FGT	1.4	1.9

FGT——玻璃纤维管或构件

图2.23　机械化开挖月进尺

玻璃纤维加固超前核心土

到目前为止，利用玻璃纤维加固超前核心土作为隧道超前约束已有4种主要方式，它是根据围岩的应力-应变条件来进行选择的。

（1）FGT——仅用玻璃纤维加固超前核心土（直接保护干预）；

（2）PT+FGT——玻璃纤维加固的同时利用机械预切槽形成的“预成拱效应”保护超前核心土（混合保护干预）；

（3）HJG+FGT——玻璃纤维加固的同时利用水平旋喷注浆形成的“预成拱效应”保护超前核心土（混合保护干预）；

（4）FGT+FGT——玻璃纤维加固的同时利用带阀的玻璃纤维管及灌浆形成的“预成拱效应”保护超前核心土（混合保护干预 ）；

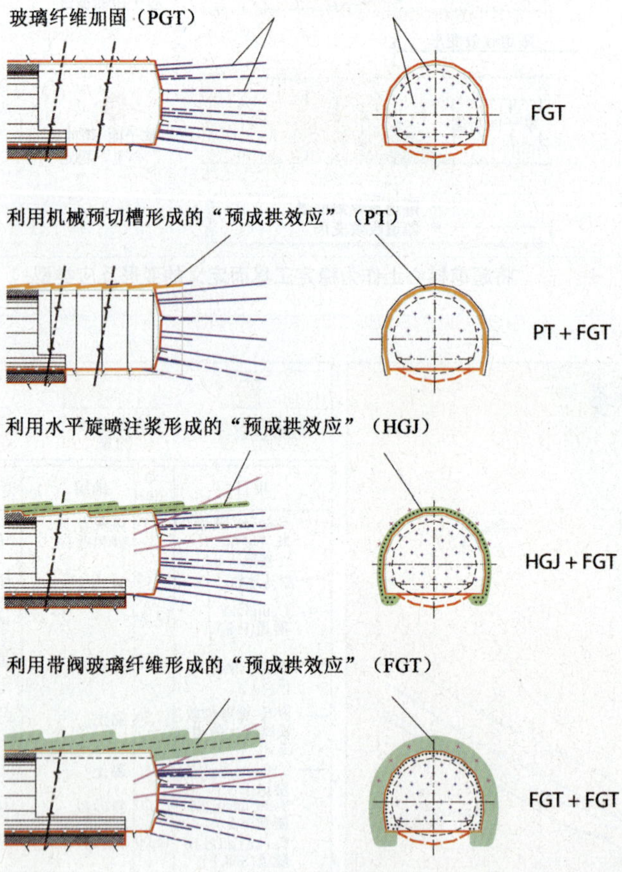

第3章

运用岩土控制变形分析法（ADECO-RS）分析围岩变形

3.1 理论和实验研究

为了能运用第2章的研究成果获得新的设计、施工方法，使之比现在普遍使用的方法更符合实际情况，必须更深入地从理论和实验两方面研究超前核心土与隧道洞室变形之间的关系。

ADECO-RS工法（图3.1）就是这些研究的总结和最终成果。该工法研究思路是：

- 可通过因果关系（作用与反作用）解释隧道挖掘过程中产生的自然现象；
- 通常在这些因果关系中，为了有效地控制结果首先应彻底了解其原因；
- 深入分析其结果是全面了解原因的唯一方式；

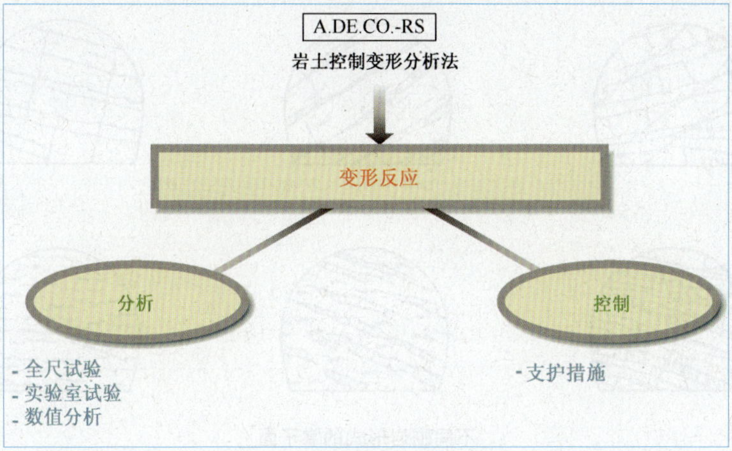

图3.1　岩土控制变形分析法

ADECO-RS工法重点研究掌子面前后的围岩变形，首先要进行全尺实验室试验和数值分析,弄清其起因。试验和分析的重点是超前核心土，以确定其变形的起因。通过采取适当的支护措施以控制超前核心土的变形，结果发现这样也控制了隧道围岩的变形。这说明超前核心土的变形是隧道变形的真正原因。

掌子面信息分类表

全尺试验研究是为了根据超前核心土的稳定性，分析其应力-应变反应，并且与洞室的监测进行系统比较。研究了超过1 000个利用分类信息表分类的掌子面。如图3.2所示顶行是基本信息(项目、用户、承包商、时间、隧道长度、覆盖层厚度)，下一行除掌子面的彩图外剩下的分为上、下两部分。

上面部分是地质形态(组分名称、岩性描述、结构形式、水文条件)和地质力学信息(包括基质和断裂处)。地质力学信息包括定性的(例如稠度、风化程度)和定量(压缩强度、内聚力等)的自然特征。断裂处的地质力学特征是根据国际岩石力学学会(ISRN)推荐的标准，包括断裂形式、位置、空间大小、持久性和水文条件。右边的空间是掌子面的示意图，用来强调其突出特征。

下面的部分是开挖项目，包括掘进的措施(炸药、破碎捶、耙土机等)、变形反应(挤出变形、收敛变形)的强度和位置、变形类型(A、B、C)、支护措施和达到的掘进速度。

系统分析表格信息可以得到很重要的隧道掌子面信息。这个工具对很多隧道变形反应的研究和调查都是不可替代的。

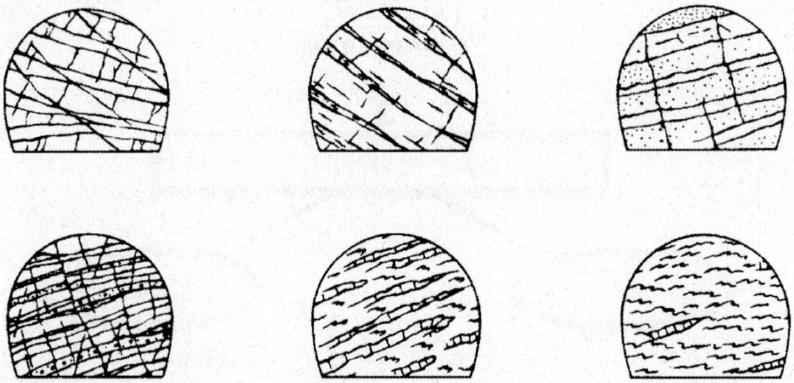

不同围岩形式的掌子面

3.1.1　全尺实验

为研究超前核心土的变形和稳定性，在施工现场和实验室进行了一系列的观察和测量，然后分别在有支护和未支护的情况下，系统比较隧道洞室的变形和稳定性。

要分析其稳定性，还要监测上千个隧道掌子面。其分类和分类原则如图3.2所示。

ROCKSOIL S.p.A.
CONSULENZA E ASSISTENZA TECNICA nel campo della GEOINGEGNERIA

GEOLOGY	ADECO	SECT. TYPE
	B	B2

项目　RATICOSA隧道（博洛尼亚侧）　　日期　08/12/98
业主　CAVET集团　　里程　35031.50 m
承包商　　埋深　300　m

Data collector

地质数据
构造：堆积层
岩性：粉砂岩
结构：鳞片状
水文地质：掌子面干燥

力学特性

材料 No	岩性	%	%	稠度	可变性	单位体积
a	粉砂岩	100	20.MPa	低	无	0.038
b						
c						

不连续面 No	类型	位置	间距	长度	状况
1	裂解1	225/45	0.6-2m	1-3M	干燥
2	裂解2	210-230/00-70	5.6cm	1-3M	干燥
3					

掌子面示意图

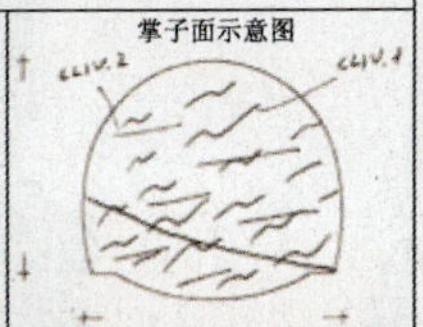

Cu	c	φ	RMR	Rce-Roc
/	0.4 MPa	22°		

变形反应：　　开挖方法　液压破碎锤

变形	类型	拱部
掌子面	局部碎裂	2 cm
洞身		10-12 cm
衬砌		

新意法分类	
掌子面稳定	A
掌子面短期稳定	B
掌子面不稳定	C

措施：	类型	数量	长度/距离	搭接/厚度	P
开挖		41	24m	6m	
轮廓面					
洞身 初期	钢架、喷混凝土	25cm			1.00 m
洞身 最终					

断面型式	B2
掘进速率	1.4m./d
费用	

图3.2　掌子面分类信息表

另一方面，超前核心土的变形通过以下各方面的系统测量进行研究（图3.3）：

- 采用滑动式纵向测微计测量掌子面-超前核心土的挤出变形量。测微计水平插入

利用滑动测微计进行掌子面挤出变形测量

超前核心土中，其长度为开挖直径的2~3倍。这样可以测出超前核心土不同时刻（静态、掌子面停止掘进）和掘进过程中（动态）的绝对变形量。

- 采用光学定位的方式标绘掌子面的位移形式。
- 不管地形及埋深条件是否允许，在掌子面到达之前将多点式伸长仪垂直插入隧道上方及周围地层中，测量隧道预收敛值[19]。

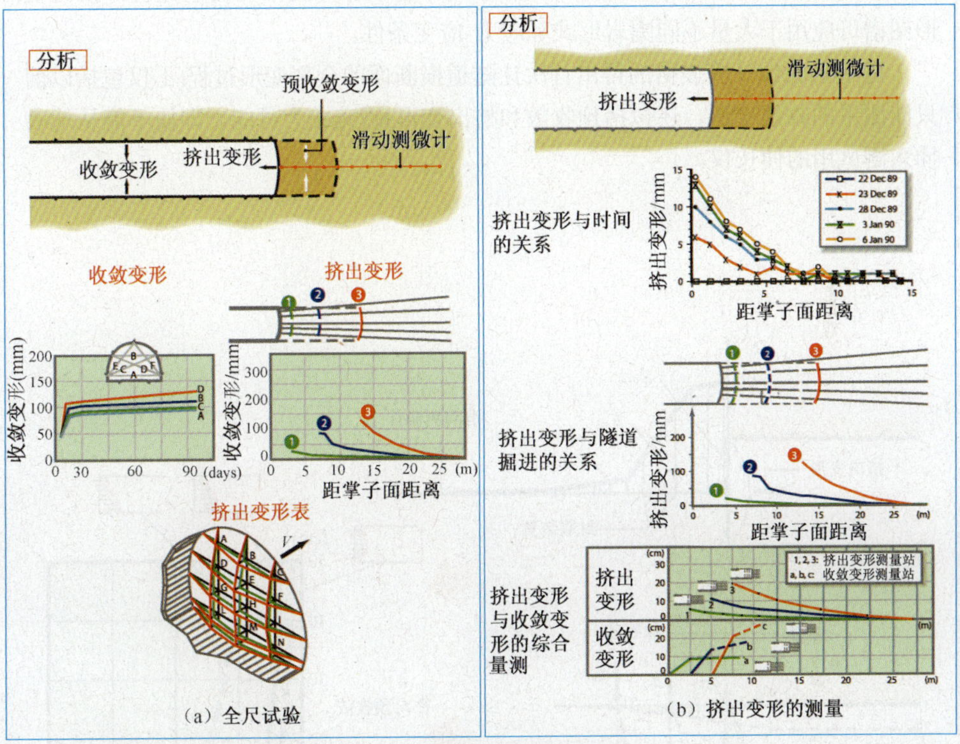

（a）全尺试验　　（b）挤出变形的测量

图3.3　全尺试验和挤出变形测量

上述测量与传统测量同时进行，例如测量隧道收敛变形以及衬砌所承受的压力。

全尺实验得到的结果如下：

- 确定了超前核心土允许的挤出变形与掌子面通过后隧道收敛值之间存在紧密关系；当超前核心土强度增加时，这两种变形都会减小，此结论可参考特殊绘制的挤出变形-收敛图（图3.3）；
- 确定了超前核心土挤出变形的3种基本形式（圆柱形、球形圆穹顶状和组合形式），这3种形式是由围岩材料及其应力状态决定的；
- 当不能直接从地表进行测量时，可通过表格形式采用简单的体积计算法计算预收敛绝对值（图3.5）；

用预收敛计算表格估算隧道预收敛

通过掌子面-超前核心土挤出变形测量值和工作围岩体积的守恒(隧道理论轮廓面径向收敛的围岩体积=掌子面纵向挤出的围岩体积)，可以计算挤出变形和隧道预收敛的关系。根据挤出变形的3种形式，这个计算关系得到了完善，挤出变形图谱可应用于大量不同围岩形式和应力-应变条件。

隧道预收敛计算表格的得出首次让隧道横断面的全部变形过程(不仅包括以前只能测量的收敛变形，还包括预收敛和挤出变形)研究成为可能，即使不能从地表插入测试用的伸长仪。

分析

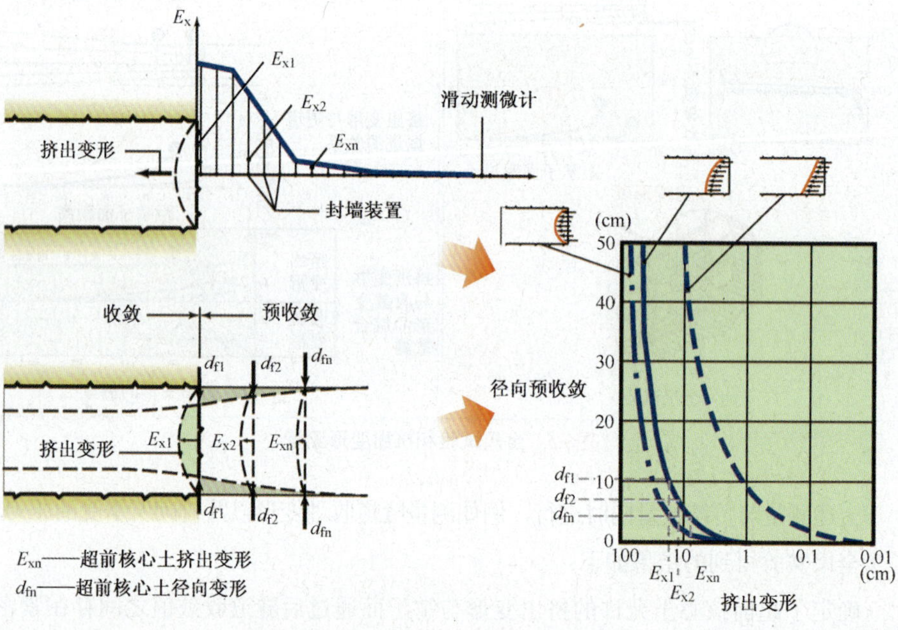

图3.5 通过挤出变形计算预收敛变形

- 随着洞室预约束作用的增强，隧道周围塑性区范围减小，同时初期支护和二次衬砌所受的载荷也会相应减少。

图3.4　安装滑动测微计

3.1.2　实验室研究

实验室研究与全尺实验同时进行，以全面分析掌子面挤出变形。

早在1967年Broms和Bennemark就研究过掌子面的挤出变形，但只是涉及应力阈值（图3.6）。他们定义了一个稳定性系数$N_s=f$（σ_1, σ_3, c_u），可以利用它预测挤出变形是否发生[25-26]。

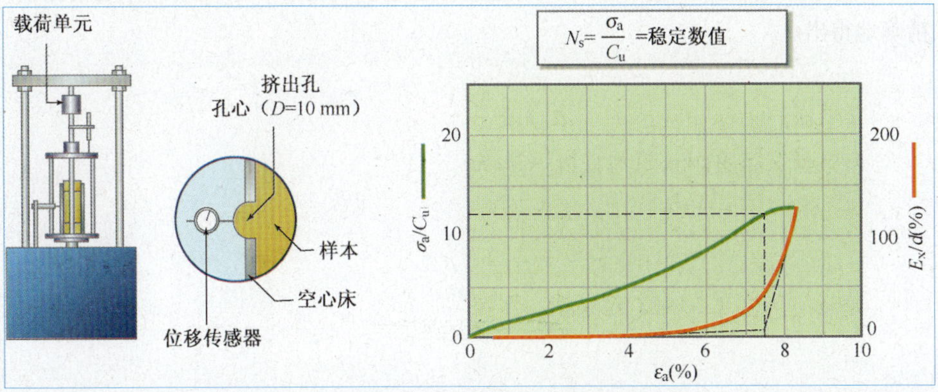

图3.6　Broms和Bennemark的挤出测试

从地面进行预收敛的测量

隧道的收敛变形，即掌子面后方洞壁径向变形一般可以直接由卷尺测得。然而是发生在掌子面前方的隧道预收敛的测量是最近才被攻克的问题。

大约15年前，隧道预收敛的首次测量利用的是多点伸长仪，在掌子面前方足够距离的位置将其从地面垂直插入隧道拱顶处进行测量。

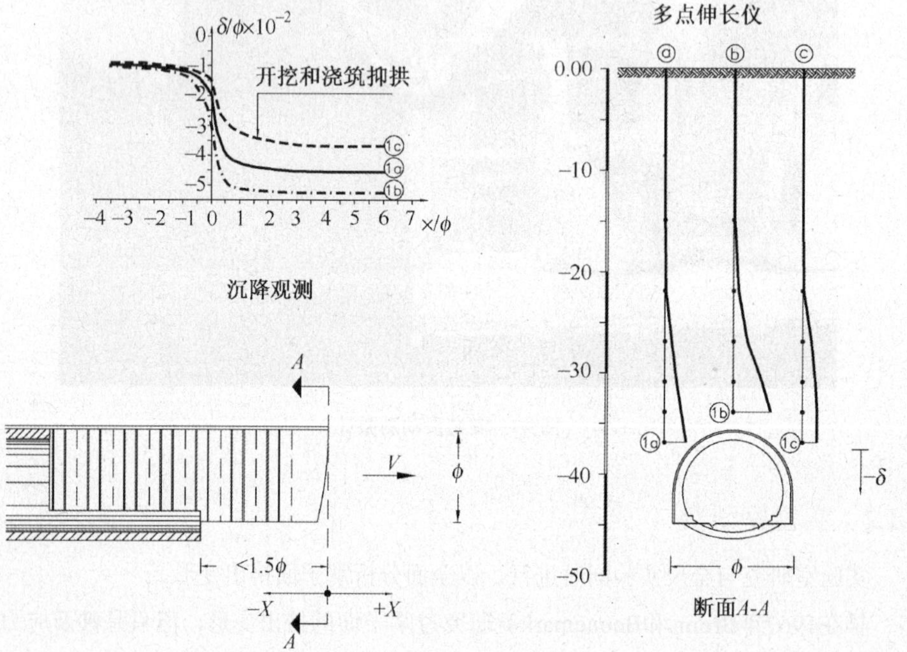

一般情况下，这种测量措施只有在覆盖层厚度比较小时才能进行。其他情况下，预收敛不能直接测量，但可以用超前核心土挤出变形和预收敛计算表格比较精确地得出。

在20世纪80年代的隧道设计、施工中用过这种方法，例如Sibari-Cosenza和Florence-Arezzo铁路线。Broms和Bennemark也指出这种方法只有在黏土地层中比较可靠，在设计阶段预测变形的动态特性时没有多大用处。

为了克服这些局限性并初步得出控制挤出变形的支护措施，而设计了一些新的实验模型以更精确地再现掌子面的动态特性，以下是两种新的试验方法：

- 三轴压力盒挤出试验；
- 离心式挤出试验。

在三轴压力盒挤出试验（图3.7）中，把地层试样放入三轴压力盒中并施加与围岩天然应力状态相同的压力σ_0。然后利用流体压力，在圆柱形容器中模拟围岩的应力状态。将试样放在圆柱形容器内部，并使圆柱形容器的轴线与试样的轴线一致，用以模拟隧道掌子面向前掘进的状态。

试验中，保持试样周围的应力状态，并逐步降低圆柱形容器中的流体压力P_i，以模拟掌子面到达时开挖引起的围岩应力状态的变化。这样，可以预测出掌子面挤出变形量与时间或随内部约束压力P_i降低的函数关系（图3.7）。在忽略重力对挤出变形的影响（中~大埋深）的情况下，这些结果可以应用在设计阶段，并计算出为保证超前核心土强度以控制隧道预收敛所需的预约束压力。

通过大量三轴挤出试验，可得出以下结论：

（1）试样尺寸要适当，试验主要适用于黏土地层；

（2）如果地层中包含不规则部分（页岩或鳞片），只有在其尺寸大小可以忽略不计的情况下试验才有效；

（3）地层越均匀，试验结果适用于各种情况的可能性就越大。

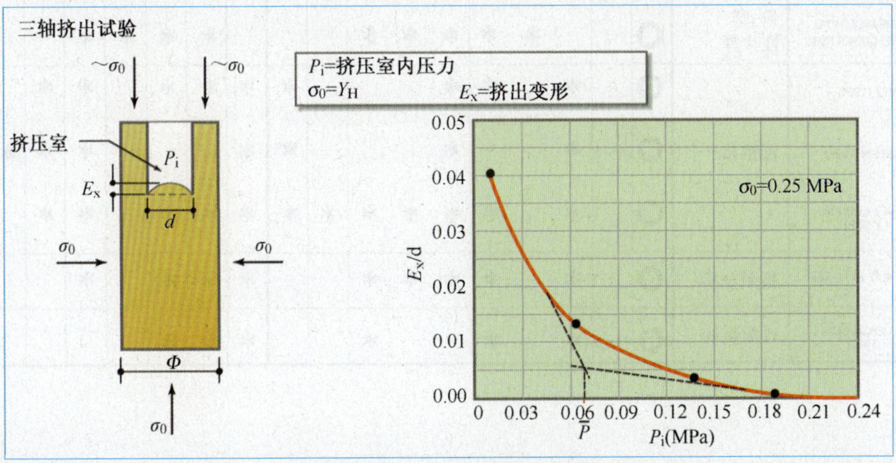

图3.7（a）　三轴挤出试验曲线

掌子面的稳定性：理论和试验研究—1

根据挤出变形预测掌子面稳定性的问题已经由很多学者利用不同的方式进行了科学的研究。下面的表格，虽然不详尽，但是概括了我们初期的研究依据。

这个问题最先是Broms和Bennermark提出的。1964年11月20日在斯德哥尔摩附近一座黏土地层隧道建设过程中发生了一起严重事故。在10.7 m高护墙下，一个直径为1.98 m的圆孔凿开90 min后，掌子面发生了很大的挤出变形，虽然1 h前地层黏土还是干燥坚硬的。掌子面坍塌前几秒，3名施工人员中的1名察觉到了围岩的异常运动。在没有给出任何警报的情况下，3个工人就被埋在47 m^3的黏土下，且有1人丧生。

Broms和Bennermark想更多地了解在坍塌前失效的情况，他们在实验室做了一系列模拟全面原始条件的试验，试验条件与易受自重影响、位于垂直圆孔后的黏土条件相似。试验表明，当黏土所受总垂直压力为洞口平面不排水剪切强度的6~8倍时，黏土样本开始发生挤出变形。此外，如果在洞口施加抵抗压力时，引起挤出变形的总压力也增加。

掌子面稳定性的理论和试验研究

研究者	研究方法	运用范围：几何形状：形状	几何形状：最大直径[m]	埋深：浅（10 20 30 [m]）	埋深	埋深：深（较深）	地层：纯黏性 c→0	地层	地层：0←φ 有摩擦力	地层：成层	地下水位	参数：C_u	C'	φ'	E	σ_t	F_5	N
BROMS-BENNERMARK (1967) ATTEWELL-BODEN (1971)	试验	○	0.02～0.04	*			*					*				*		*
LOMBARDI (1974) PANET-GUENOT (1982)	弹-塑性计算	○			*	*	*	*	*				*	*	*	*		
TAMEZ (1984)	圆锥体	○	8	*		*	*				*	*	*	*		*	*	
ELLSTEIN (1986)	圆锥体	○	4～6	*			*				*	*				*	*	*
TAMEZ-CORNEJO (1988)	圆锥体	○		*		*	*	*	*	*	*	*	*	*		*	*	
LECA-PANET (1988)	极限分析	○		*		*	*	*	*			*	*	*		*		
CHAMBON-CORTE' (1990)	对数螺线	○	4～5	*		*			*			*	*	*				

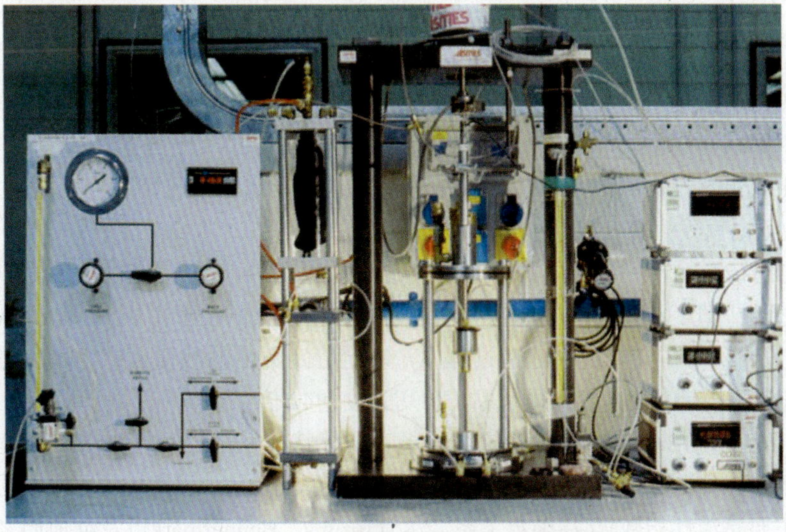

图3.7（b）　三轴压力盒挤出试验设备

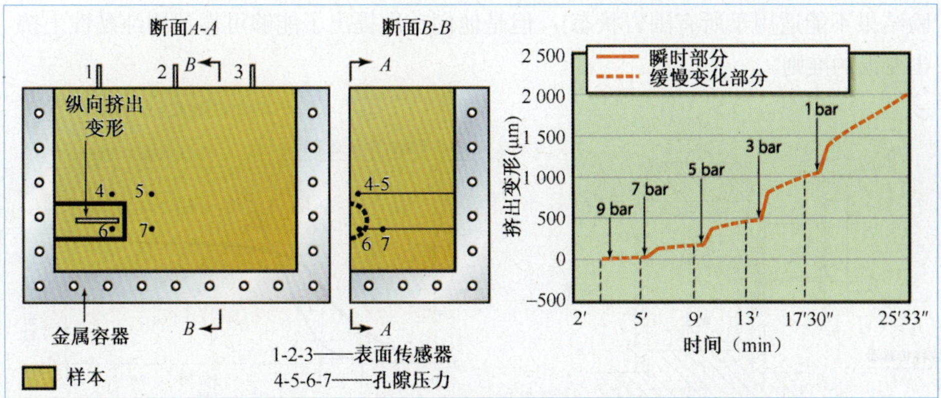

图3.8　离心挤出试验

挤出变形受重力影响很大时，多采用离心式挤出试验（图3.8）[21]。由于试验复杂且费用昂贵，离心式挤出试验仅限于某些特殊情况。

在岩样中放入特殊标记以及用以测量变形和孔隙压力的传感器，然后再放入透明的盒子中。切开隧道孔口后插入钢管，近似作为初期支护、二次衬砌和隧道仰拱，然后将具有一定压力的液体充满样本。将样本放在离心机上运转。当样本状态与自然状态下受力相同时，减小样本受力以模拟掌子面的隧道掘进。

图3.8的试验结果表明，当压力减小、掘进速度增加时掌子面迅速发生挤出变形。图中还能看出，每次的压力减小都会分别出现瞬时及缓慢变化的挤出变形，且

掌子面的稳定性：理论和试验研究—2

1968年，Attewell和Boden在杜伦大学的工程地质学实验室进一步检验了Broms和Bennermark关于“稳定数值”的假设。一些研究人员，例如Kuesel,Moretto,Peck和Ward，报告说他们提出的6~8倍压力似乎太大，而在较低的压力值时就发生挤出变形。

他们结论的不一致根本原因是，普通试验得出的应力-应变规律是由屈服强度(超过这个值，在经过些小的应力增加后会产生很大的变形)决定的。Attewell和Boden他们认为在实际隧道建造过程中，决定稳定数值的载荷是产生最大挤出变形加速度的载荷，相当于不排水黏土剪切强度的4.5倍[26]。

Attewell和Boden针对试验统计结果、指标特征及围岩不排水剪切强度进行研究后，发现并没有适用于所有黏性土条件的单个比值，但其与现场地层的物理性质(主要是液性指数)存在函数关系。尽管Broms、Bennermark以及继他们之后的Attewell、Boden对掌子面挤出变形进行的试验几乎遇到了所有的问题(例如规模小的影响、不可能对完全没有受到干扰的样本进行分析、难以真实再现施工现场、试验结果不能适用于所有围岩状态)，但是他们首次提出了能够可靠预测纯黏性土挤出变形的准则。

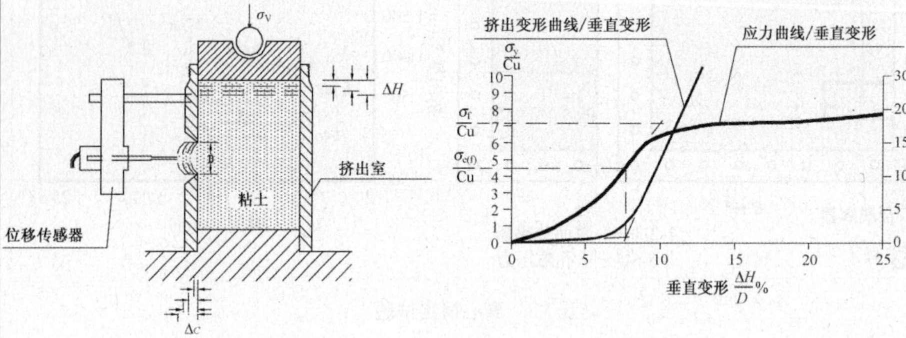

后者大约占总变形量的50%。

实验室试验以及全尺测量阶段的成果，是正确确定数学模型中所输入地质力学强度和变形参数（C，ϕ，E）等的重要基础。

3.2 数值分析

实际中会遇到一些靠经验和试验都无法解决的问题，例如掌子面前方机理复杂，预测超前核心土应力-应变状态时最初很难确定一个客观的标准。这就需要对众多方面的研究内容进行有机的、统一的判释，以形成一个普适的理论体系去克服现有理论的局限。

为此，需要继续对变形反应进行理论研究。所运用的三种不同的方法是：

- 首先运用现有的计算方法并做适当修改；
- 然后利用轴对称有限元法和有限差分数学模型寻找解决问题的方法；
- 最后过渡到三维数学模型。

3.2.1 解析法分析

首先，我们尝试修订现有的计算方法来解决问题。我们尝试将超前核心土及超前核心土加固的概念引入经典的隧道设计公式中，例如收敛-约束法[11]和特性曲线法[12]。特性曲线法是少有的明确提及超前核心土概念的方法之一。

这两种方法都能模拟超前核心土支护的效果，且能够再现一些试验成果，例如塑性区域半径R_p减小和掌子面的变形减少。

但是这两种方法都是将掌子面和其他区域的应力-应变状态分开进行计算（图3.9），所以不能考虑掌子面前方已经发生的变形，不能将其应用于计算掌子面后方区域的公式中。因此这些计算并不能全面反映隧道围岩的变形情况。

这两种方法特别是不能反应塑性区域半径R_p减小、收敛变形以及初期支护和二次衬砌受力减小的情况。上述现象在试验测量中都可系统观测到。但以上两种方法的计算结果却不能反映出这些现象[24]。

从中得知，虽然这两种方法可在诊断阶段确定未加固时的围岩变形，但是在处治阶段对设计支护措施却没有太多帮助。由于不能足够精确地预测隧道变形，所以这两种方法也不能够用于计算初期支护和二次衬砌的尺寸。

因此必须放弃这两种方法而采用数值模型（有限元模型或有限差分模型）。数值模型可以在掌子面前进过程中连续地考虑围岩的应力-应变状态。

掌子面的稳定性：理论和试验研究—3

特性曲线理论，经过研究得出的结论，即在弹-塑性范围内利用假定的三维计算方式研究隧道掌子面复杂的平衡问题。它在预测掌子面稳定性时起着重要的作用。特性曲线理论作为到目前为止能够预测掌子面-超前核心土和洞室应力-应变反应的几种方法之一，虽然方法简单，但是在很多场合都能达到足够的精度。

洞室的特性曲线显示了洞壁径向压力与收敛变形之间的关系。每条隧道计算时有3条主要的特性曲线。

(1)掌子面-超前核心土特性曲线，能够预测隧道掌子面的变形反应；

(2)掌子面特性曲线，考虑了其附近的三维应力，并利用一张简单的图与掌子面-超前核心土相联系，可以计算掌子面处隧道横断面已经发生的隧道预收敛；

(3)洞室特性曲线，应用于距掌子面一定距离范围外的横断面，这些区域变形比较平坦。

当掌子面-超前核心土特性曲线和掌子面特性曲线画到同一张表上时，它们的交点表示没有支护措施的条件下，掌子面的应力-应变平衡状态。以下4种情况分别对应4种稳定状态[35]。

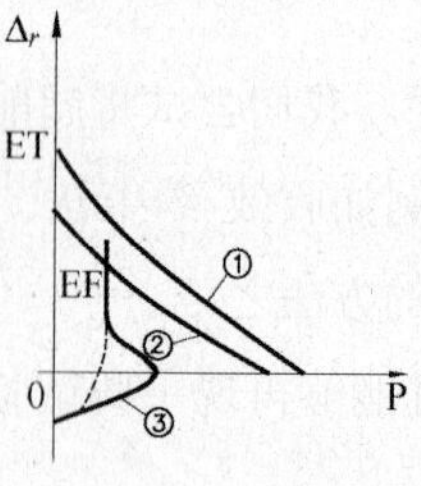

情况1：掌子面和洞室都稳定

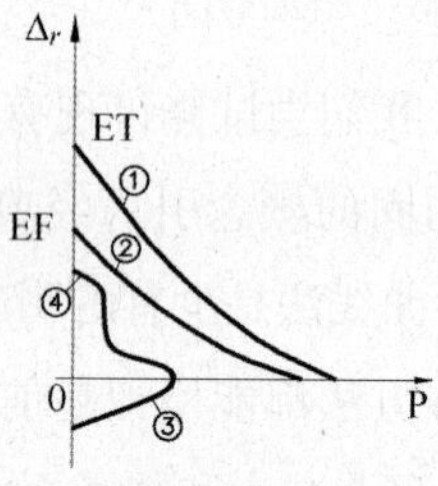

情况2：洞室稳定，掌子面不稳定
（理论上可能稳定，但是很少）

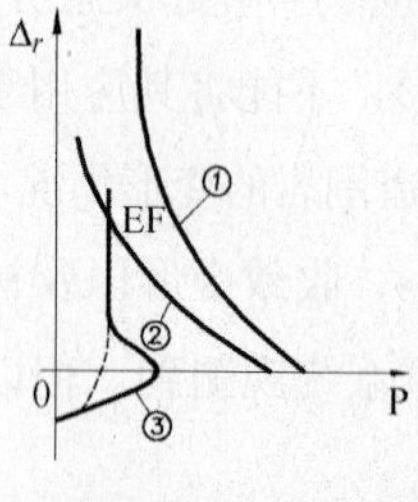

情况3：只有靠近掌子面的地方能保证稳定

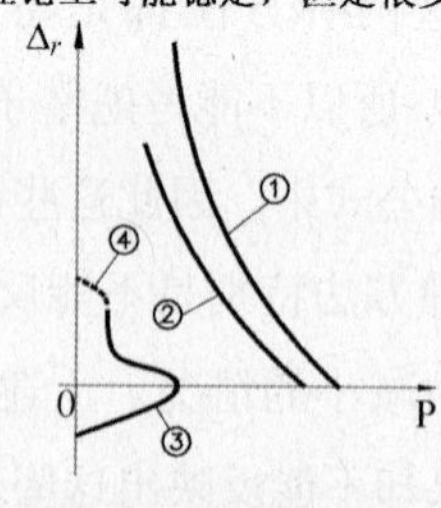

情况4：掌子面和洞室都不稳定

①——洞室特性曲线
②——掌子面特性曲线
③——超前核心土特性曲线
④——超前核心土失稳
EF——掌子面平衡
ET——隧道洞室平衡

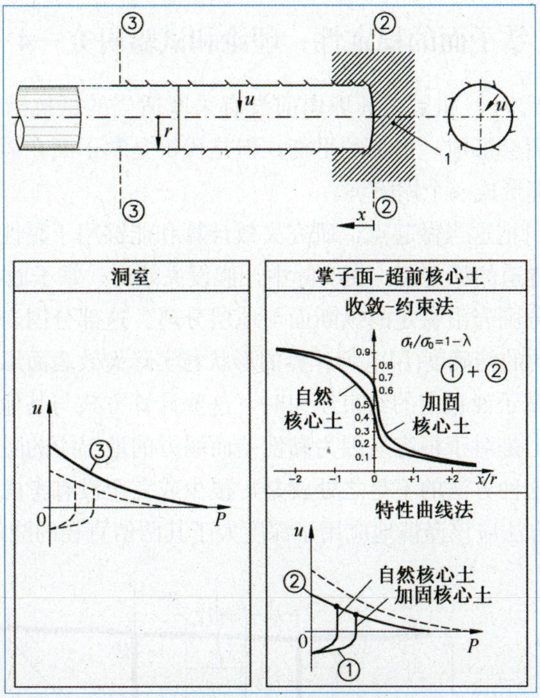

图3.9 收敛–约束法和特性曲线法

3.2.2 采用轴对称模型的数值模拟分析

对超前核心土加固效果的研究采用了有限元和有限差分数值模型。开始阶段我们先采用比较简单的轴对称模型（图3.10），而不用复杂的三维模型。

这种方法存在自身的局限性，即隧道截面必须是纯圆形且围岩受力均匀，只能应用于成环的衬砌状况，因此不能模拟真实的施工。不过，轴对称模型的应用确实能够显示超前核心土加固后，掌子面前方及隧道周围的应力分布变化。而最终计算结果也能确定超前核心土的加固会使塑性区域和掌子面前后所有变形（挤出变形、预收敛、收敛）减少（图3.11）。另外，通过分析轴对称模型，还可以看出仅靠改变隧道衬砌的强度、设置位置并不能控制掌子面挤出变形和隧道预收敛，也就是说不可能仅靠支护来补救已经发生的变形[36]。

尽管轴对称模型在一定程度上能模拟超前核心土加固条件下的隧道掘进过程，且能得到比解析法更有用的结果；但是这种方式不能预测初期支护和二次衬砌的载荷，在其他条件不变时其模拟结果与超前核心土未加固时的差不多。

相反，在超前核心土加固和不加固时，衬砌的载荷是明显不同的，这在试验研

掌子面的稳定性：理论和试验研究—4

掌子面不稳定时，如果在其坍塌前没有采取适当的抵抗措施，受影响的围岩量会增加，最后会形成一个新的平衡，但是代价是掌子面在最大受剪平面内坍塌，且在隧道拱部形成一个塌陷坑。

很多研究人员把这当做起点，研究失效计算和能够用于黏性和摩擦特性围岩的公式，以预测隧道的稳定性。在实际中，假设失效时，掌子面-超前核心土内和隧道上方有一部分围岩沿特定的纵断面与地层分离。这部分围岩的形状根据计算方式的不同有不同的精确度(用电脑计算的形状与实际失效表面形状最接近)。

在计算维持掌子面稳定的约束压力时，这些计算方式与其他方式相比一般会得到很高的值。但是对于很容易因为黏性差而塌方的地层中的隧道，他们能得出很真实的结果。这种方法的不足之处就是，很少或完全没有考虑围岩中的穹顶效应。因此，这些方法应该谨慎地应用于深度大于其两倍直径的隧道中。

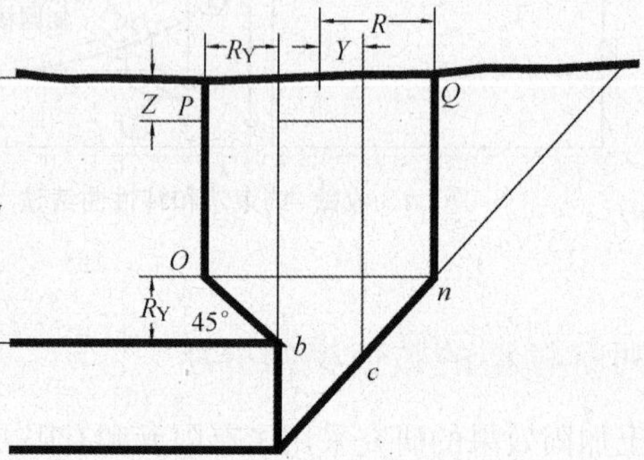

1986 ELLSTEIN

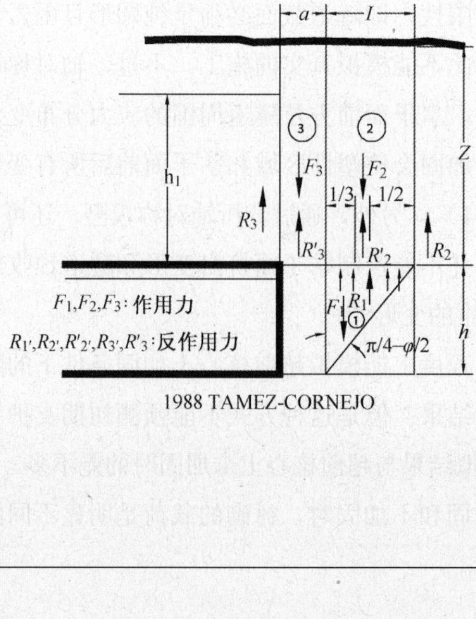

1988 TAMEZ-CORNEJO

究及实际施工中已多次得到确认。其原因在于，轴对称模型不能考虑隧道周围塑化围岩的重力影响以及包括支护、衬砌作业的实际施工循环。

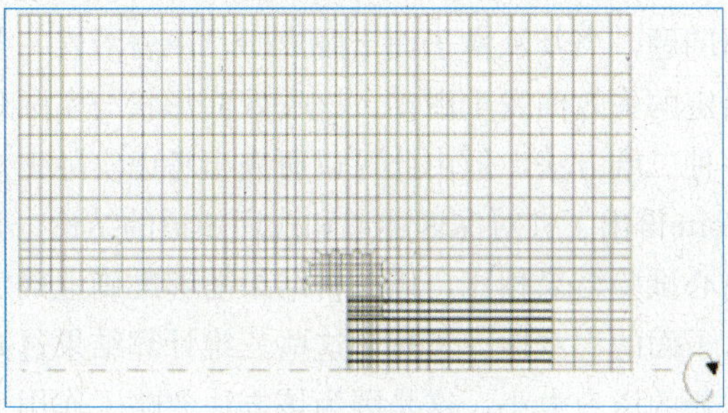

图3.10 轴对称模型

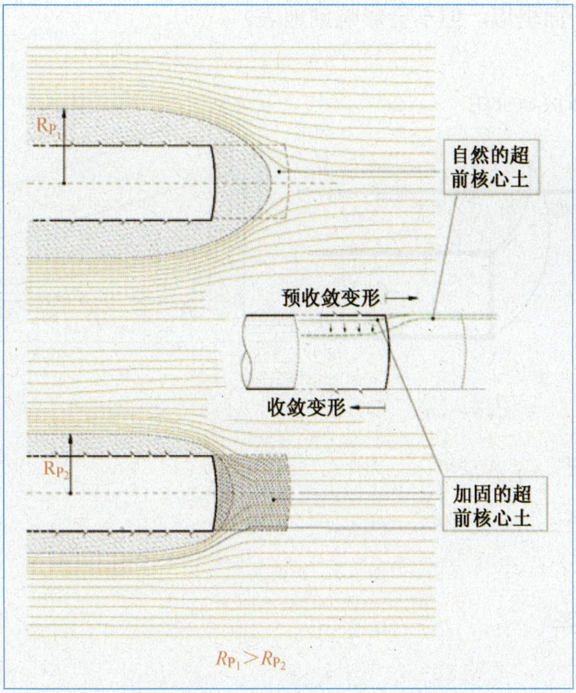

图3.11 加固超前核心土可以减少隧道变形和塑性区范围

3.2.3 3D模型的数值模拟分析

为了克服轴对称模型的局限性，不得不利用三维数值模型（图3.12）。这种方法可以在计算中考虑到隧道的实际几何尺寸，而不再仅仅是收敛-约束法、特征线法以及（有限元或有限差分）轴对称模型法中所考虑的简单圆形，并能考虑围岩中流体

掌子面的稳定性：理论和试验研究—5

1990年，Chambon和 Corte提出了对数螺线法。该方法研究长条状、具黏性和摩擦性围岩的平衡问题，当其从掌子面上脱离时，围岩沿着一条与隧道下母线相交的对数螺线所给定的失效面发生滑动。该失效面形状与实际观察到的形状非常接近。虽然这是一种二维方法，但由此可以研究出考虑实际失效面形状的三维方法。Chambon和 Corte得出了针对深埋隧道和浅埋隧道的结论，其中可以考虑潜在的地表荷载。与离心试验结果相比，该分析结果能够准确地确定掌子面上极限压力大小，以确保掌子面的稳定性。当然，这些三维计算结果过高地估算了确保掌子面稳定所实际需要的压力大小，这是因为该方法忽略了作用于实际三维失效面侧面上的黏着力。该理论分析不仅考虑了不同地质特性（摩擦角、内聚力）对掌子面稳定性的影响，而且可以帮助设计人员判断失效机理形式和临界深度（超过临界深度，掌子面坍塌，但不会影响到地表）。

1990 CHAMBON-CORTÉ

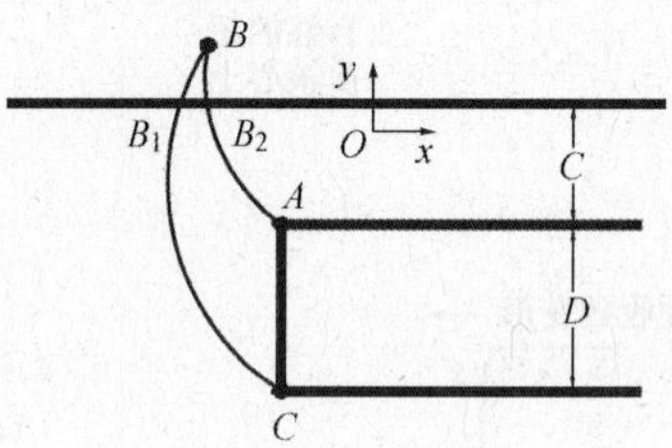

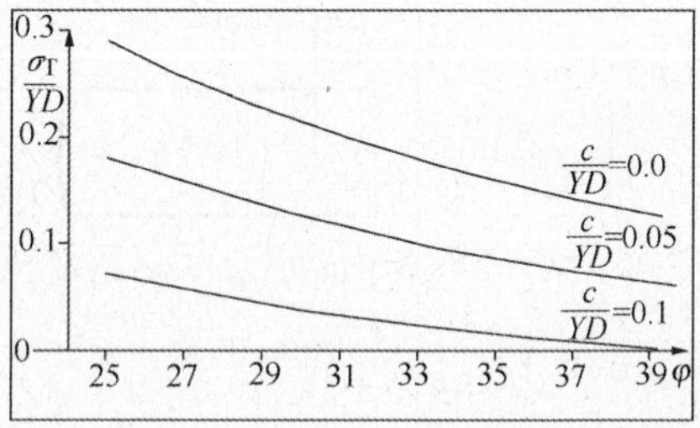

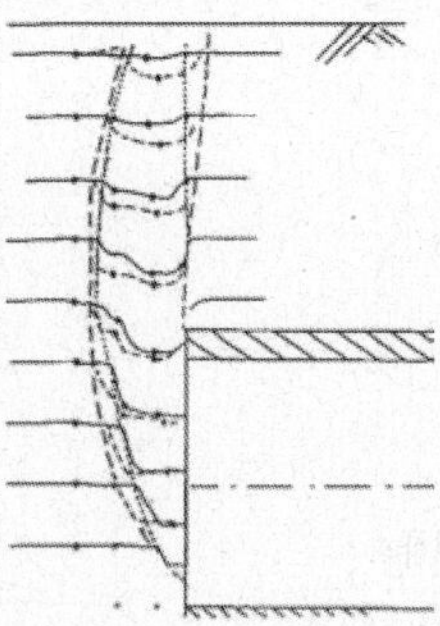

根据离心试验得出的浅埋隧道失效面发展情况[32]

动力学方面的应力，同时可通过模拟衬砌结构的实际几何尺寸、施作顺序和施作位置计算各施工阶段对隧道静力产生的影响。因此，如图3.12所示，可以通过3D模型模拟研究掌子面挤出变形的分布和不同仰拱施作位置所导致的不同失效机理。

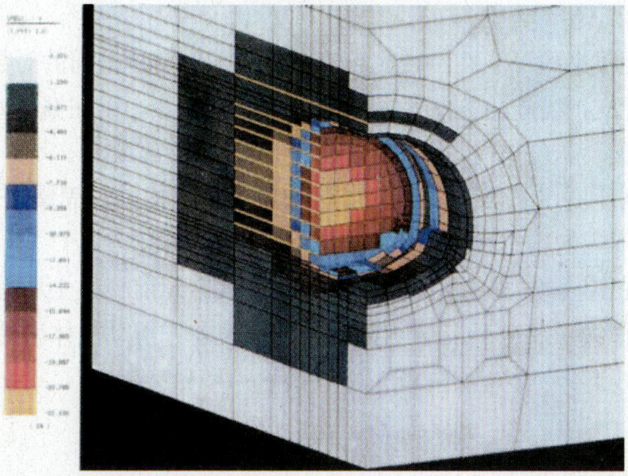

图3.12　三维模型

三维模型的研究结果、试验观测的各变形结果（挤出变形、预收敛、收敛）和衬砌载荷变化基本上吻合。当超前核心土被加固时，衬砌所受载荷减小。

3.3　研究成果

把超前核心土作为判断隧道长期和短期变形的关键因素，通过对围岩变形的理论和试验研究得出：超前核心土的强度及变形特性是所有隧道变形（挤出变形、预收敛变形及收敛变形）的真正原因；通过对超前核心土进行保护和加固，提高其强度，可以控制超前核心土变形（挤出变形及预收敛变形），并最终控制隧道变形（收敛变形）；超前核心土的强度和变形特性决定了隧道衬砌承受的长期和短期载荷大小。

因此，可以把超前核心土视作一种新的控制隧道围岩变形的工具，超前核心土的强度和变形特性对隧道的长期和短期稳定起决定性作用。

掌子面的稳定性：理论的试验研究—6

1989～1990年间，佛罗伦萨大学土木工程系进行了有趣的研究工作[37]，其也是基于对数螺线法而研究开发一个电脑程序，以确认斜坡的稳定性。其研究成果可以用于：

（1）以无限小的可能性，在最小安全系数下确定滑动面的对数螺线形状；

（2）在无支护措施的条件下，预测掌子面-超前核心土在掘进过程中的稳定情况；

（3）根据不同围岩类别、几何形状和玻璃纤维构件加固掌子面-超前核心土的程度，确定不同的稳定状态。

程序运行的基本方案由两部分组成：一是假定超前核心土坍塌面是沿其纵断面方向的对数螺线形状并受其影响；二是掌子面前方滑动土体所受压力也是沿隧道纵向呈抛物线形。

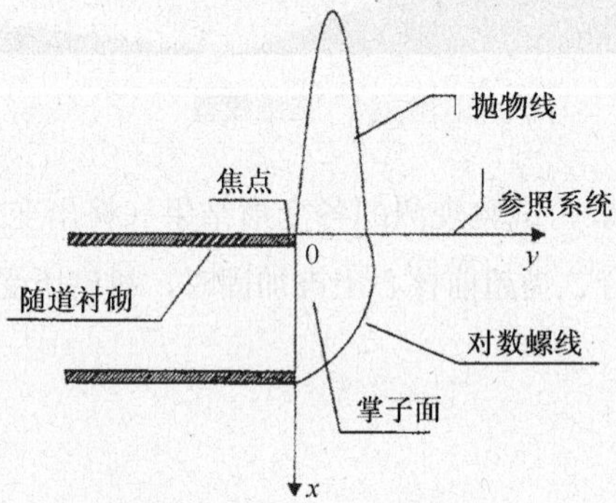

掌子面前方滑动土体类型和形状的选择是基于理论和试验研究结果[32，38]（Chambon-Corte所做的离心试验结果，如下图）。最后，采用ANTHOINE A所提出的方法[39]确定玻璃纤维构件加固超前核心土所带来的稳定性。

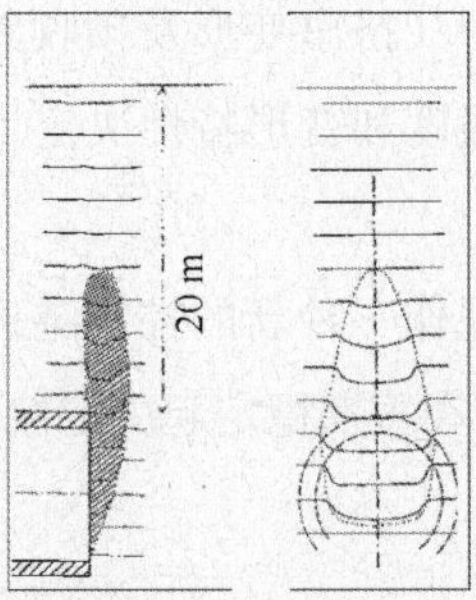

掌子面的稳定性：理论和试验研究—7

1988年Panet和Leca提出了一种方法[31]，用以研究在纯黏性以及摩擦性地层中采用钻孔机具挖掘的、对掌子面施加连续约束压力的浅埋圆形隧道掌子面稳定性问题。该方法假设：在距掌子面距离为P的整个隧道区段上施作刚性环形衬砌，对掌子面洞壁施加均匀的约束压力σ_T。利用塑性理论的上限和下限定理，分别分析有利于和不利于稳定的因素，以此确定掌子面的稳定性。为确定静态及可塑化的承载体系所能抵抗的的上限、下限荷载，考虑了动态的失效机理。结合上限、下限定理的近似结果就可得出掌子面的稳定情况。在纯黏性围岩中，这种结合可用平面图表示（Tresca准则），但在摩擦性和黏性围岩中就困难得多，因为它发生在立体空间内。

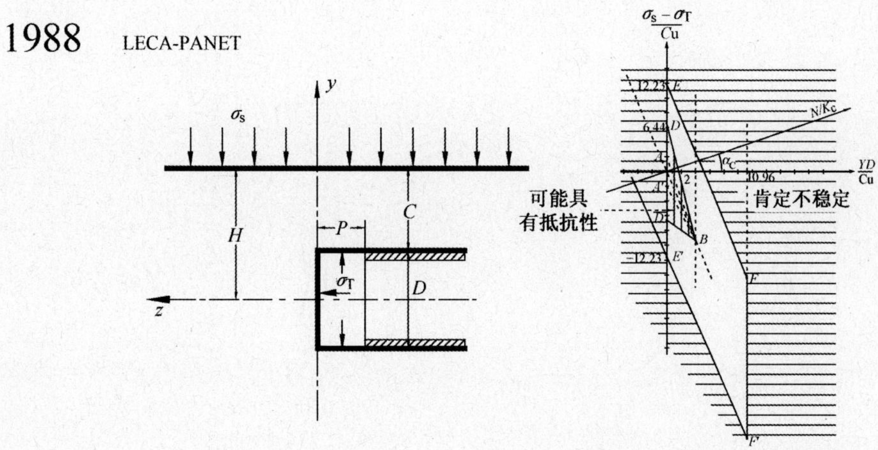

运用上、下限定理得出的分界线较宽，其部分原因在于下限载荷和所考虑的失效机理；但大部分情况下，研究人员都认为试验结果与运用塑性理论下限定理得出的结果非常吻合。

第 4 章

运用岩土控制变形分析法（ADECO–RS）控制围岩变形

围岩变形的试验和数值研究表明：隧道掘进过程中整个应力-应变过程（挤出变形、预收敛和收敛）的真正起因是超前核心土的变形。因此为了解决所有的应力-应变问题，特别是在地层条件很差时，首先应该适当地调整超前核心土的强度；在受力方面，需要采取一些预约束和约束措施。一切有益于掌子面前方成拱效应产生的措施都被称作是预约束措施。

为完全控制围岩的变形（图4.1）必须采取以下措施：

（1）在掌子面前方采用合适的预约束措施以调整超前核心土的强度；

（2）在掌子面后方紧跟隧道支护措施，提供连续的洞室约束力，以控制超前核心土挤出方式。

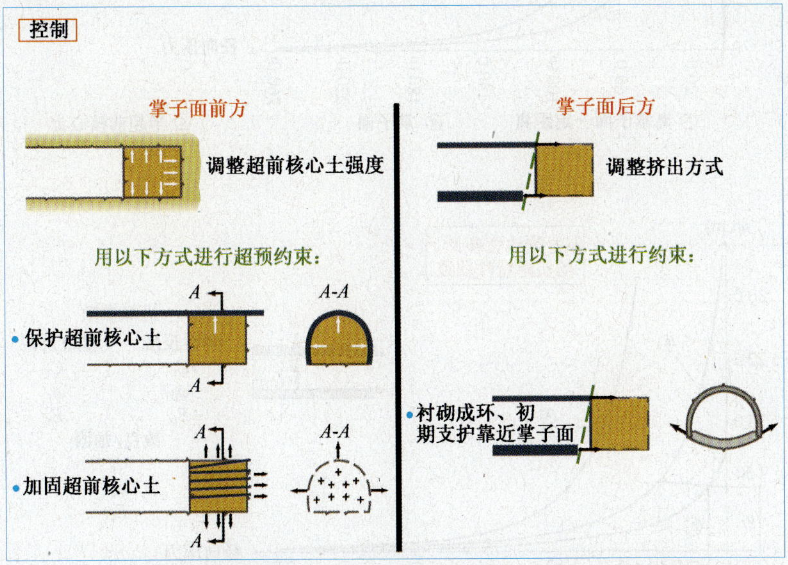

图4.1　通过调整超前核心土的强度和挤出方式来控制围岩变形

特性曲线理论的反思—1

正如前面所述，特性曲线理论能够简单地预测掌子面-超前核心土及洞室的应力-应变反应，而且在很多场合都有足够的精度。但必须清楚的是，掌子面的特性曲线计算公式与掌子面影响范围外一定区域的特性曲线计算公式缺乏联系，因此特性曲线理论不能准确地分析洞室预约束对隧道应力-应变反应的影响。

对此举例加以说明。例如掌子面前方洞室周围采用近水平的旋喷注浆和玻璃纤维构件进行预约束，那么在将环形加固材料的几何尺寸、力学特性因子代入到掌子面特性曲线公式及掌子面后方一定范围区域的特性曲线公式的情况下，仍然可以利用特性曲线研究这些加固措施的效果。下图显示了在有无洞室环形预约束措施下特性曲线的变化情况。

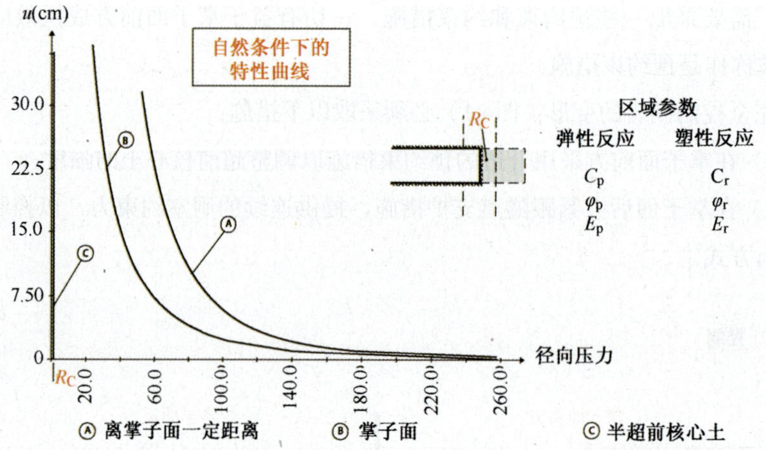

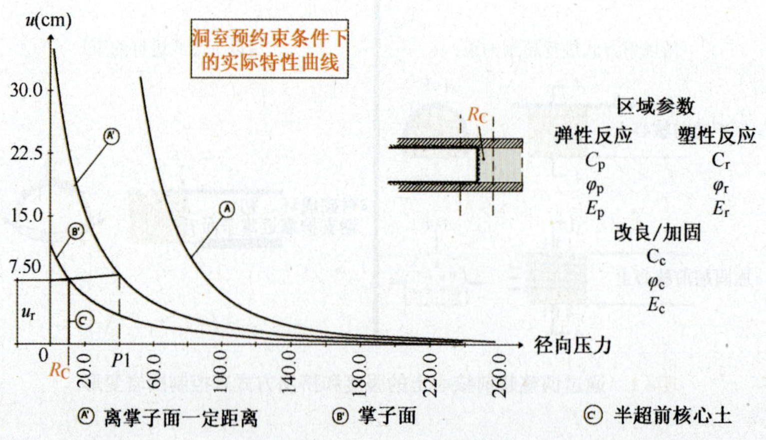

4.1　掌子面前方的控制

调整超前核心土的强度可以创造完全控制围岩变形的条件，从而保证隧道长期和短期的稳定。在ADECO-RS法的研究中，很多文献都举例说明了各种干预措施。这些措施可以简单地分为2类（图4.2）：

- 保护性措施：在超前核心土周围对围岩应力进行正确导流以保护超前核心土本身的强度和变形特性，例如通过旋喷注浆、纤维加劲喷混凝土或机械预切槽以改良围岩；
- 加固性措施：直接作用于超前核心土本身以提高其强度和变形特性，例如通过玻璃纤维构件加固围岩。

如果单独考虑这些措施，它们各自只适用于很小的地层类型范围，但是把它们作为一个整体考虑，就可以解决所有岩土条件的问题。通常在极端的应力-应变条件下，可以利用两种或更多的措施以保护、加固超前核心土（图4.3）。

4.2　掌子面后方的控制

传统的隧道掘进技术忽视了变形的起因，没有考虑到超前核心土的变形，但要求设置柔性支护来约束已经产生的变形（在条件很差时一般无法完全约束）。与此相反，岩土控制变形法特别强调刚性的超前核心土，作为必要条件，在掌子面前方核心土的加固效果依然存在时，要求设置同样刚性的支护。最需要注意的是尽可能保证从预约束到约束措施的连续性和一致性；同时要谨记所有变形的控制都依赖于超前核心土的强度和变形特性。

此外，计算机数值分析还清晰地显示出（图4.4，图4.5）：

（1）挤出变形的发生穿过一个理论的轮廓面，这个面被称作挤出面，挤出面由初期支护前缘及隧道仰拱前缘分别与围岩的交线连接而成。

（2）隧道仰拱的浇筑位置越靠近掌子面，挤出面就越小，相应地挤出变形（掌子面整个高度上挤出变形更为均衡）和隧道收敛也会减小。

（3）如果隧道仰拱浇筑位置与掌子面之间的距离相等，则台阶法与全断面法开挖产生的变形差不多（也就是说，全断面法开挖中的仰拱浇筑位置像顶部导坑和台阶法一样远离掌子面）。

（4）台阶法开挖实际比全断面法开挖产生的变形更大。

特性曲线理论的反思—2

当对超前核心土用旋喷注浆、玻璃纤维或其他措施进行洞室预约束时，采用目前的计算公式得出的隧道特性曲线不能分析洞室预约束效果,以这种方式得出的特性曲线与无超前核心土加固时所得出的特性曲线是一样的。作为加固结果，只有半核心土的特性曲线有所变化。由此得出，最终衬砌压力值大于无超前核心土加固时的计算值。这与所有试验结果是相矛盾的（参见第2.1.2.5,2.1.3节）。试验结果表明：超前核心土的加固不仅明显影响超前核心土的特性曲线，还影响洞室的特性曲线。更具体的说，靠近掌子面及掌子面后方一定距离处的洞室实际特性曲线要比采用上述公式得出的特性曲线更加平缓，而且收敛值和最终衬砌压力值都明显较小。因此，当对掌子面-超前核心土进行加固后，特性曲线不能准确反映实际情况，除非在电脑上用轴对称或三维模型进行非线性计算。

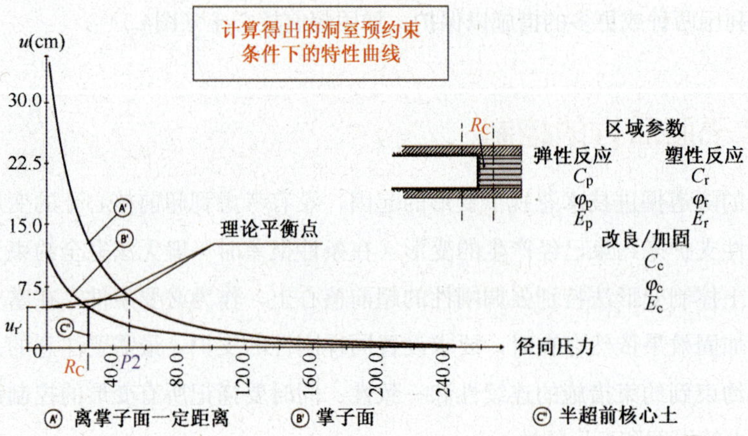

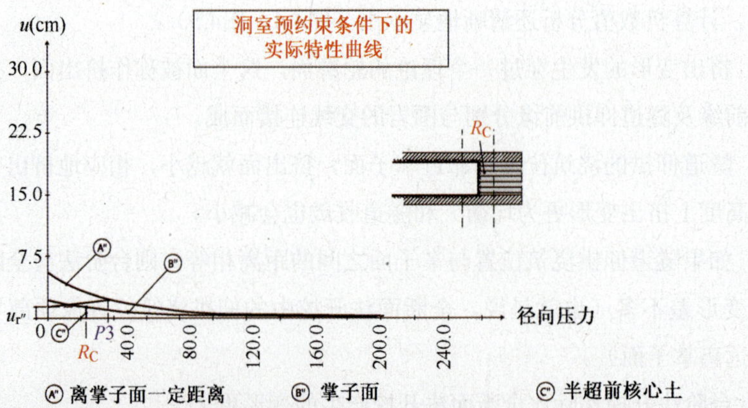

$u''_r < u'_r$=掌子面径向预收敛　　　　$P_3 < P_2$=最终平衡压力

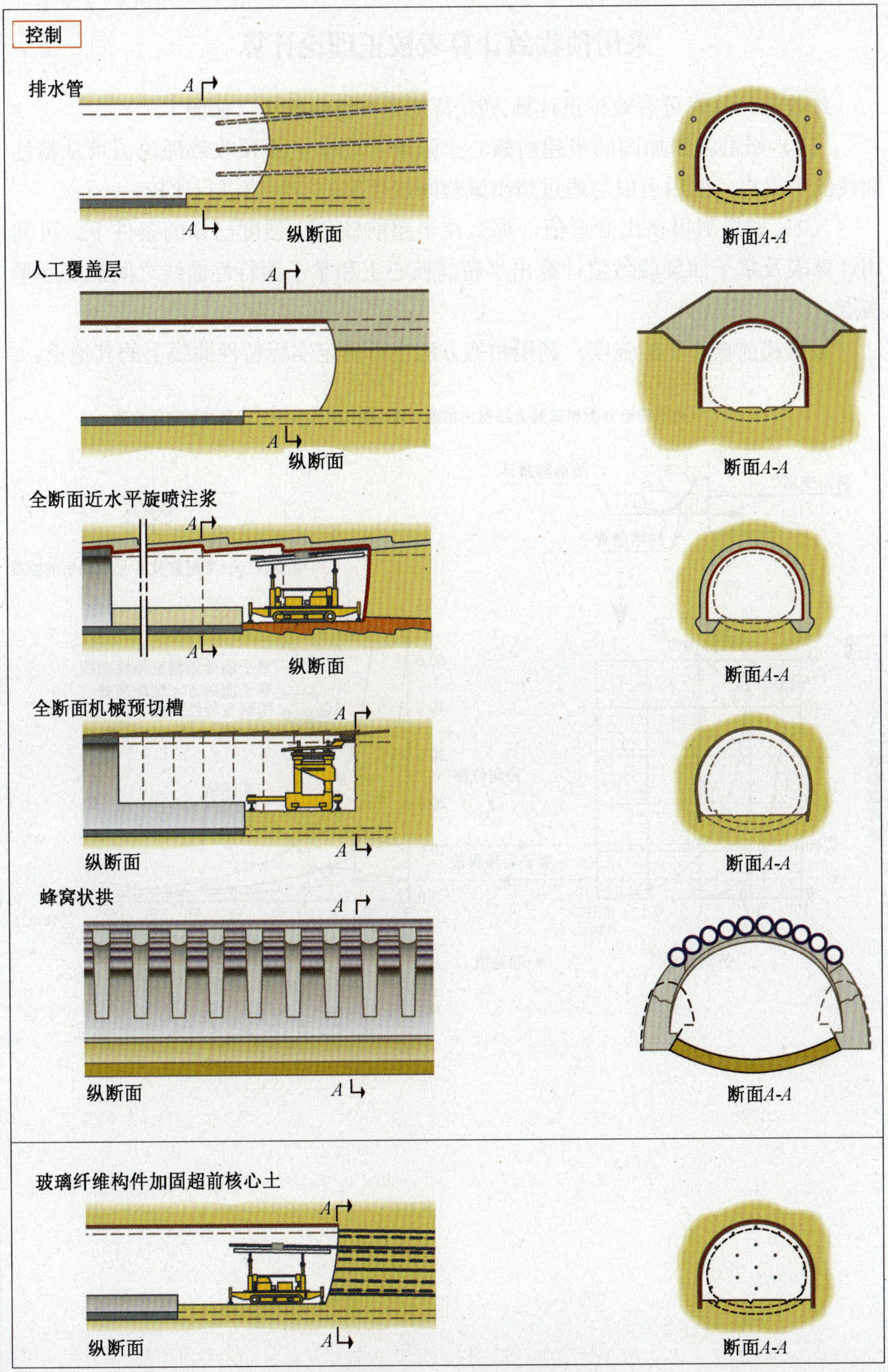

图4.2　超前核心土保护性和加固性技术

采用预收敛计算表校正理论计算

预收敛计算表可有效校正计算方法,特别是特性曲线法（如图）:

（1）如果已知加固的半超前核心土强度，则掌子面预收敛理论值可从特性曲线图中得出，然后可以与通过挤出试验间接得出的实际值进行比较;

（2）如果测得挤出变形值，那么在半超前核心土强度已知的条件下，可利用计算表及掌子面预收敛值计算出半超前核心土和掌子面特性曲线之间的实际平衡点。

根据超前核心土的强度，利用相似方法也可确定实际特性曲线上的其他点。

采用理论分析和试验方法得出的掌子面-超前核心土挤出变形及洞室预收敛

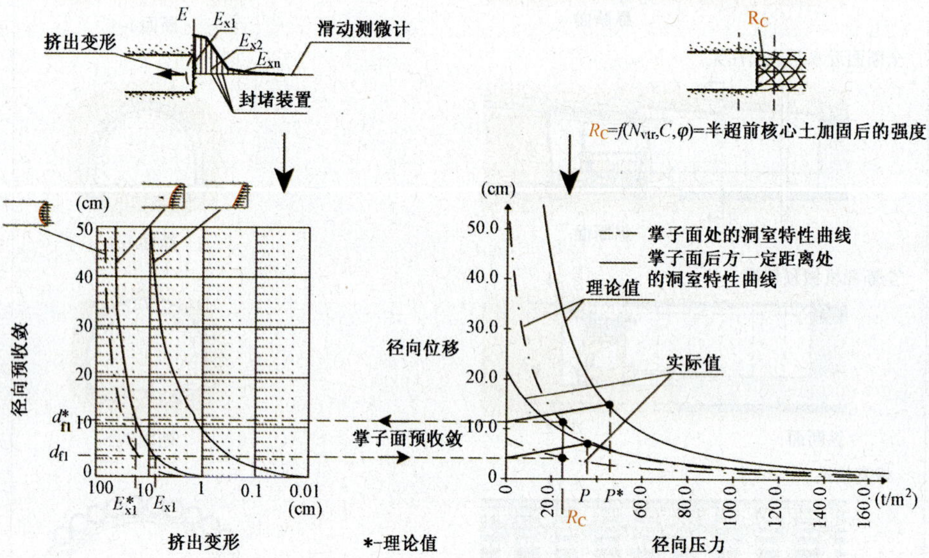

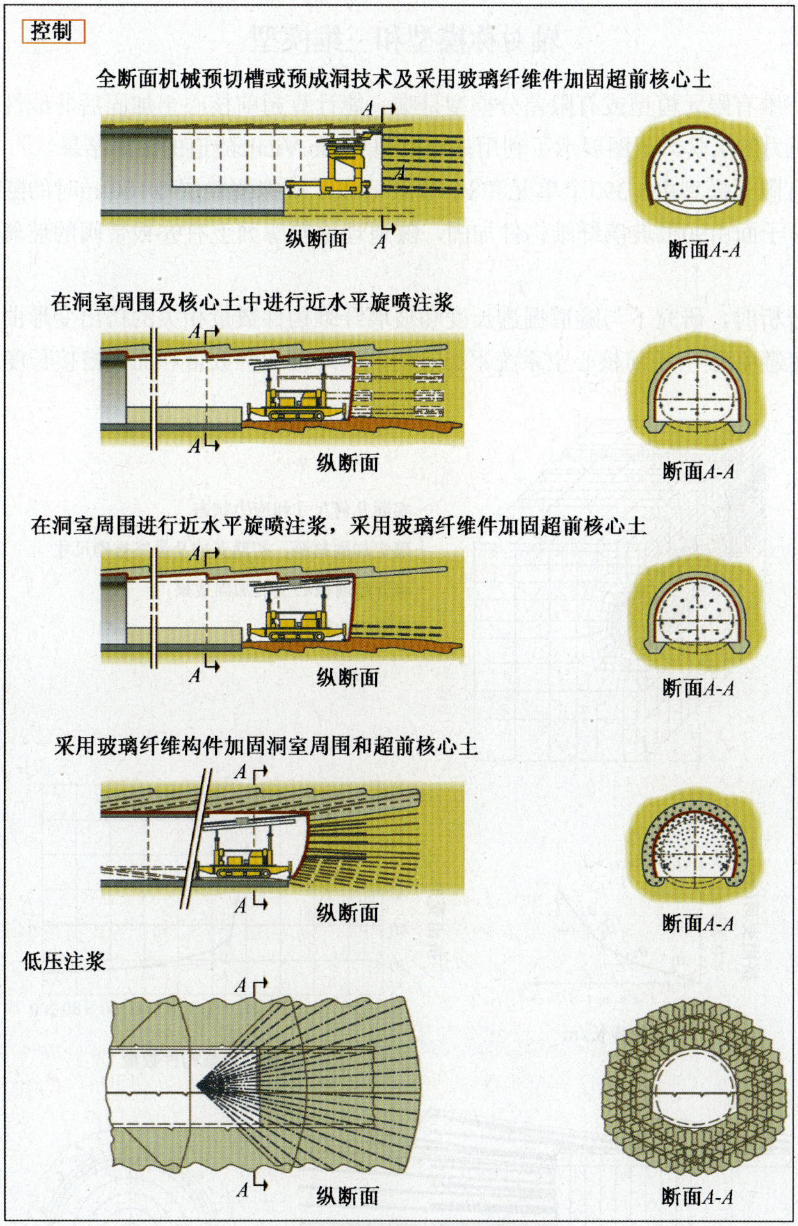

图4.3 综合性保护、加固技术

因此，若设计师已通过调整超前核心土强度来控制变形，则应当尽可能地通过将仰拱和拱脚（kicker）的浇筑位置靠近掌子面（这对于极端应力-应变条件尤为重要）来延续约束过程并控制从隧道内部发生的挤出变形。仰拱远离掌子面会导致挤出面更大、挤出变形不对称和难以处理的超前核心土尺寸范围更大，这些正是引起

轴对称模型和三维模型

三维有限元模型或有限差分模型是唯一能计算超前核心土加固后非线性区域衬砌压力的工具。下图展示了利用三维模型对San Vitale隧道的计算结果。

有限元模型由6 393个单元和8个节点组成，模拟覆盖层厚100 m时的隧道掘进。掌子面由90根玻璃纤维构件加固，隧道理论轮廓面上有96根带阀的玻璃纤维构件。

分析时，研究了与隧道掘进长度和玻璃纤维构件数量相关的挤出变形曲线，以确定避免洞室-超前核心土系统不稳定的玻璃纤维构件数量和加固搭接长度。

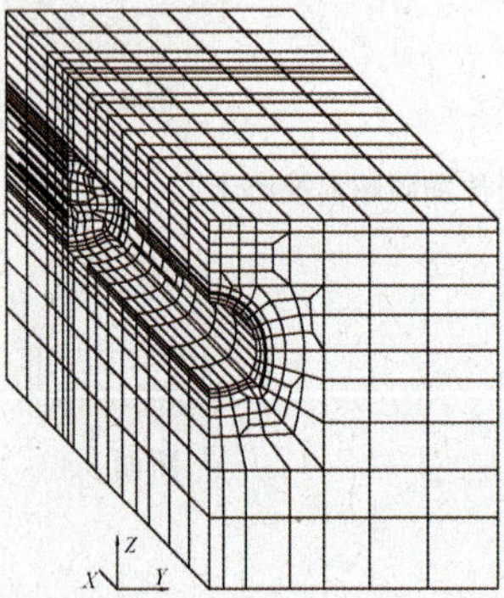

- 实际几何尺寸和应力状态
- 确定加固材料、初期支护及最终衬砌尺寸
- 验证超前核心土的加固效果
- 模拟作业循环

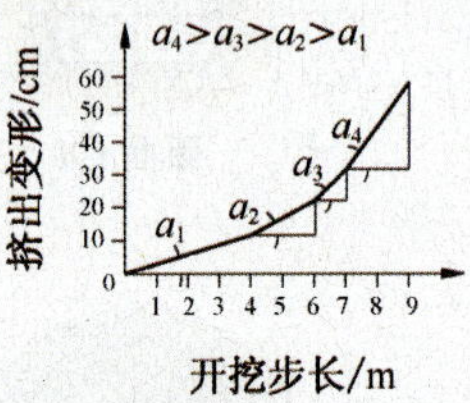

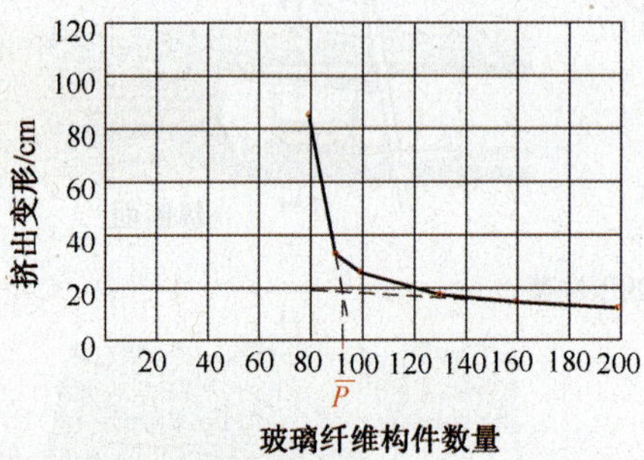

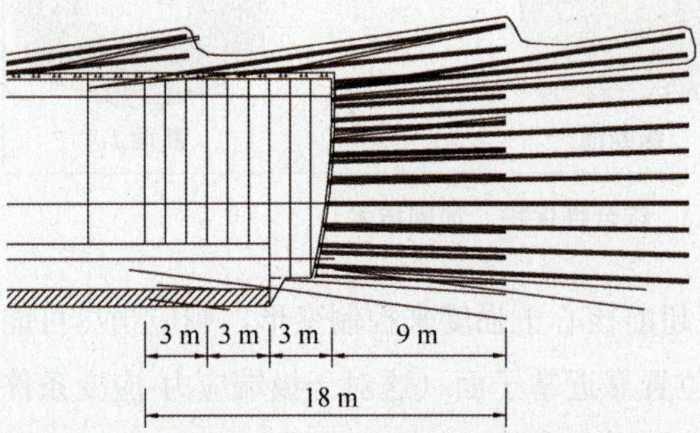

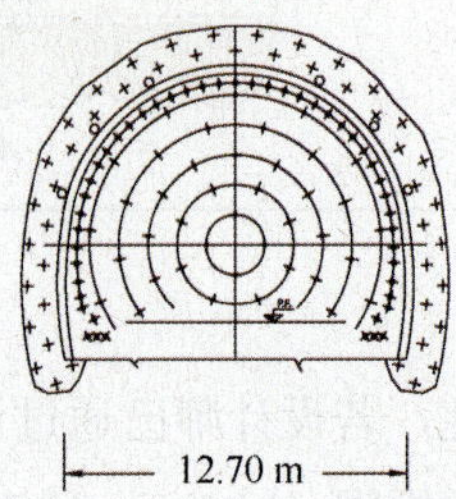

隧道不稳定的隐患（图4.6）。

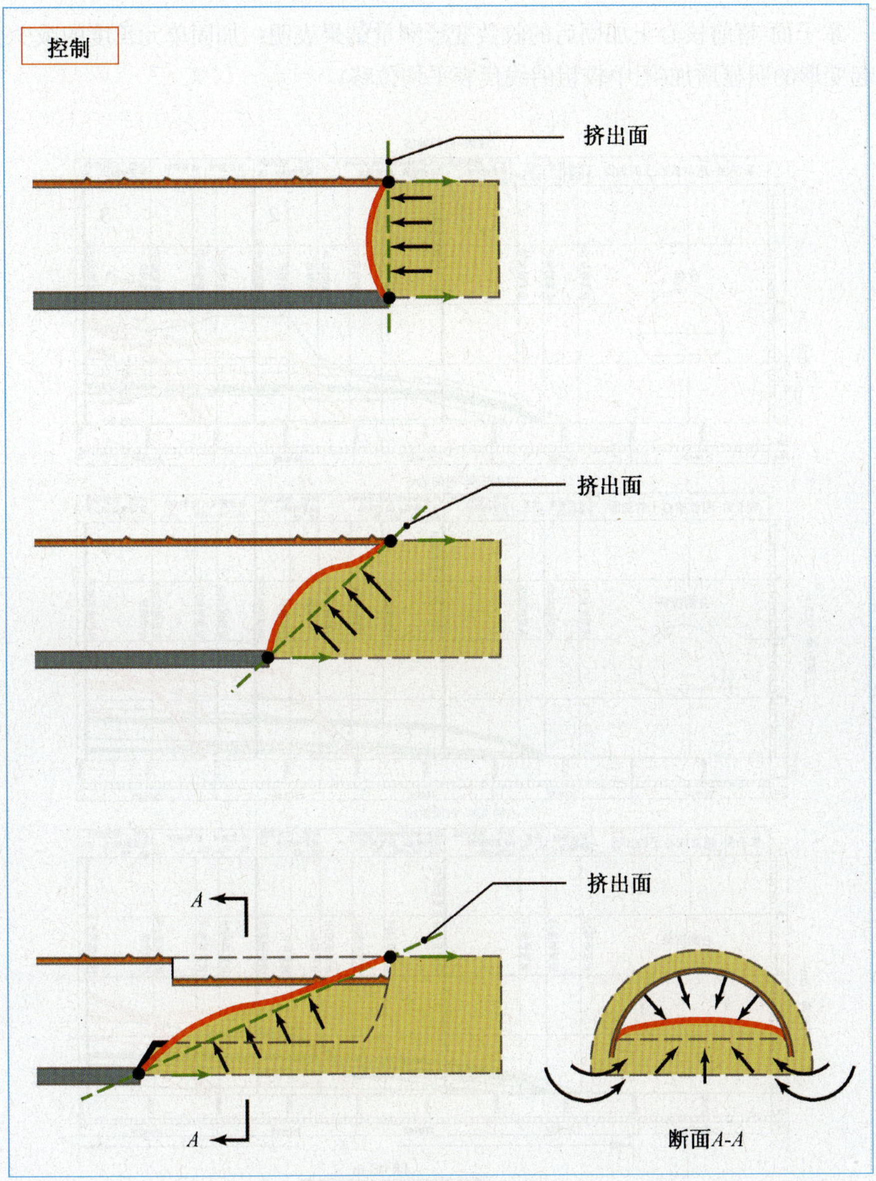

图4.4　与仰拱浇筑位置相关的掌子面失效机理

加固掌子面-超前核心土对控制收敛变形的效果

掌子面-超前核心土加固后的收敛变形测量结果表明：加固单元长度的减少会引起变形的明显增加(图中较粗的线代表平均位移)。

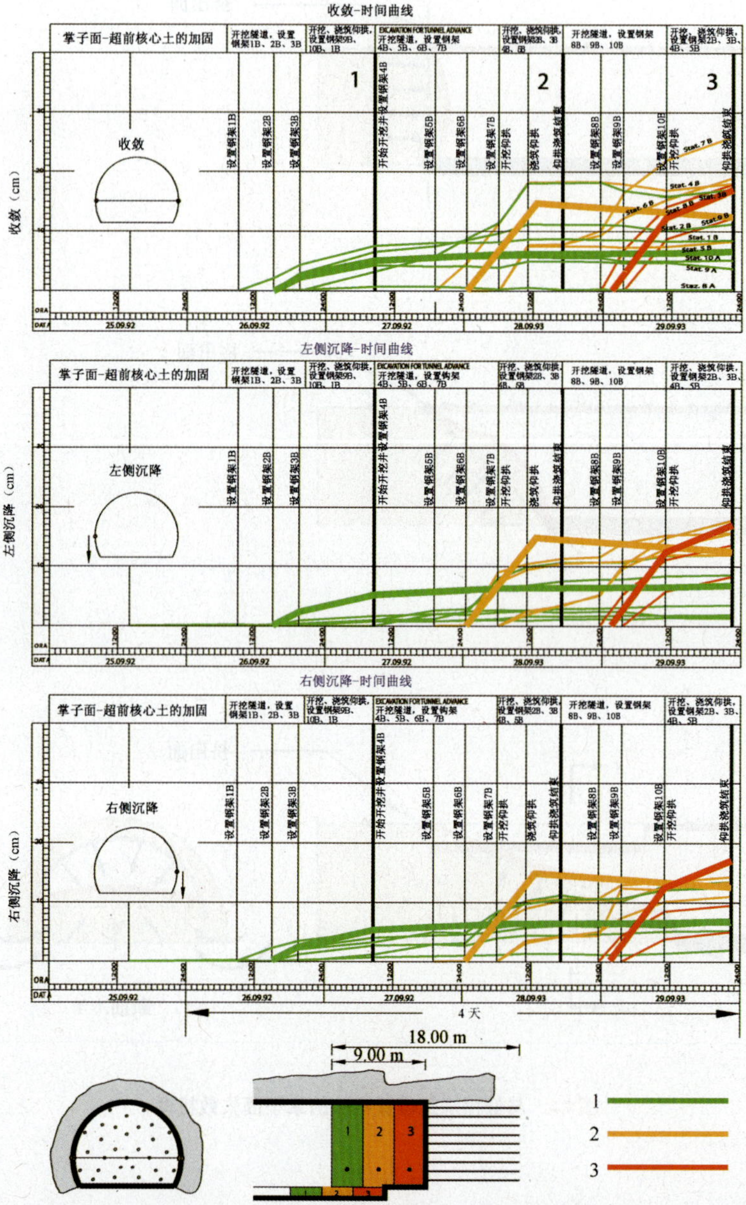

San Vitale（Caserta–Foggia铁路线）隧道量测

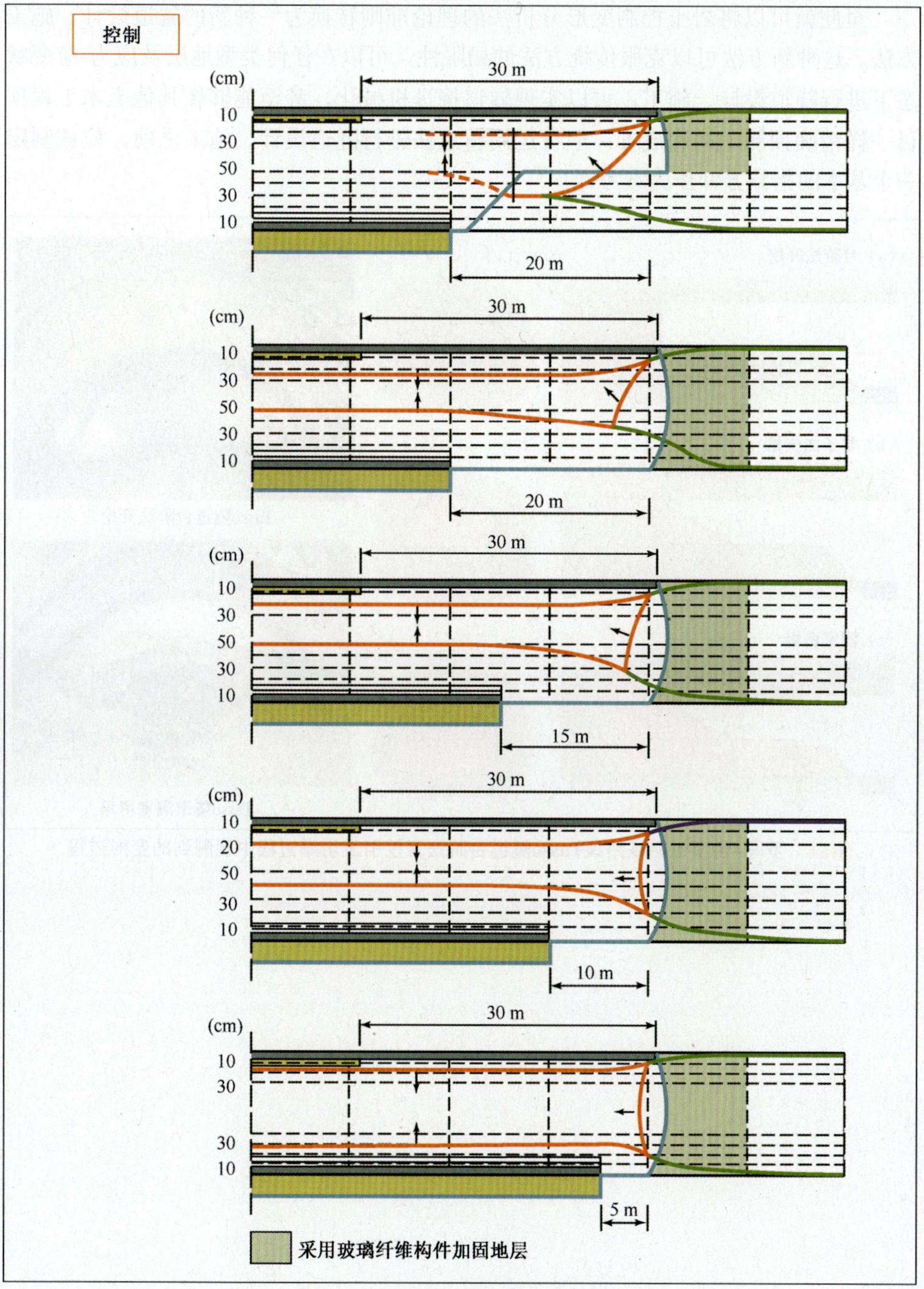

图4.5 计算仰拱限制变形的作用

至此就可以将岩土控制变形分析法的理论准则转换为一种新的隧道设计、施工方法。这种新方法可以克服传统方法的局限性，可以在任何类型地层及应力-应变状态下进行隧道设计、施工，可以实现隧道掘进机械化，甚至能够像其他土木工程项目一样精确预测工期和成本；但在运用新意法进行隧道设计、施工之前，应该制定一个基本的指导方针作为参考。

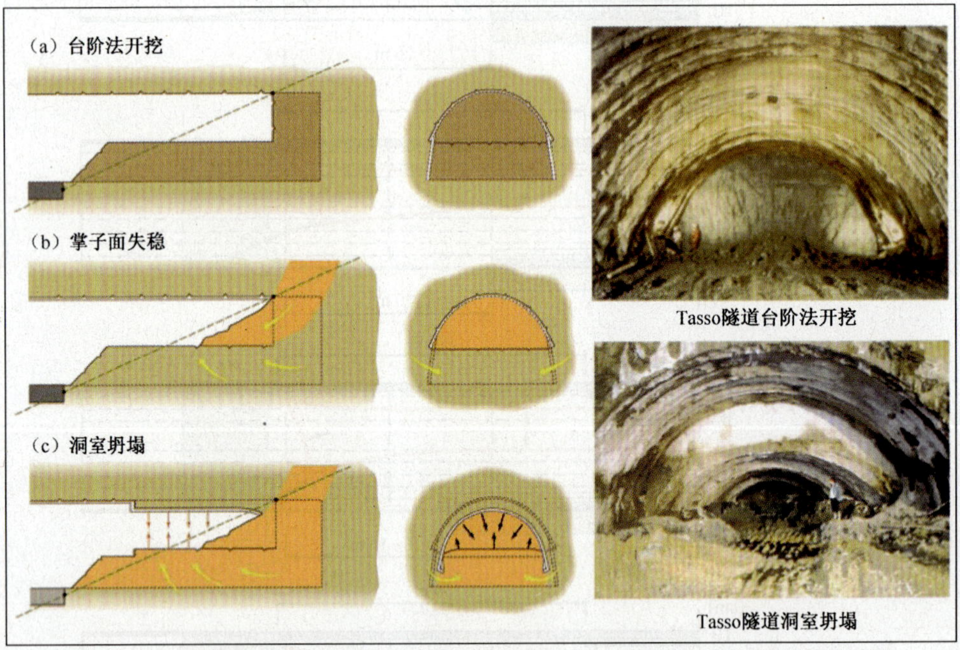

图4.6 罗马–佛罗伦萨铁路线Tasso隧道台阶法开挖引发坍塌过程中观测到的变形过程

第5章

岩土控制变形分析法（ADECO-RS）

5.1 新方法的产生

承前所述，如今，隧道设计师在设计隧道时首先想到的不应再是支护结构和衬砌，而应该从一开始就考虑怎么解决围岩（介质）的一系列静力学问题，这样就能在围岩实际需要支护的地方提前采取支护措施，提高其稳定性。保护、改良、加固掌子面-超前核心土可以确保在更靠近隧道断面的围岩中形成成拱效应（应力传递），以抵抗增大的偏移应力。

不管地质条件、建造环境如何，初期不确定度多大，如果能够把握主宰地下工程特性的复杂机理，那么从地下工程设计施工开始，这种方法便是唯一正确的选择。

按照这个观点，分析和控制变形（围岩对开挖的反应）是地下工程设计施工过程中不可或缺的基础工序：

- 在设计阶段必须利用解析法或数值法分析、预测开挖将要产生的变形。据此，设计师可对开挖系统，开挖步骤，作业循环，围岩加固、改良和支护措施做出正确的决定；
- 另一方面，在施工阶段控制变形反应，施工中通过评价围岩变形、验证设计方案并据此采取控制措施。

正确的地下工程设计、施工程序如下：

- 设计阶段
  - — 详细了解开挖介质的强度和变形特性；
  - — 在没有支护措施的前提下，初步分析围岩介质的应力-应变状态变化（变形）；
  - — 确定用以调整和控制围岩介质变形的约束及预约束措施形式；
  - — 根据现有技术条件下能采用的预约束和约束措施选择合适的支护措施；
  - — 根据围岩介质变形预测值设计隧道断面形状，不仅要确定适宜的支护措施，还要确定各施工阶段、作业循环、施工时间；

确定的结论

岩土控制变形分析法的提出源于前面所述理论分析和试验研究结论，下图对此进行总结：

→ 可以控制变形反应（D.R.）

→ 超前核心土是有效控制变形的正确工具

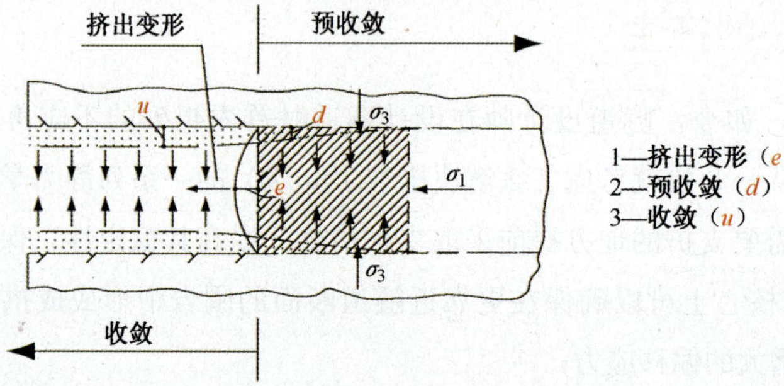

（1）变形反应（D.R.）有3种基本形式：挤出变形（*E*）、隧道预顶收敛（*P*）和收敛变形（*C*）；

（2）*E*是*P*和*C*的起因，是D.R.中最重要的部分；

（3）如果能控制*E*，*P*和*C*也同时被控制；

（4）调整掌子面-超前核心土的硬度及与之间相关的强度和变形特性可以控制*E*;

（5）存在调整掌子面-超前核心土硬度的措施（保护和加固）。

E——可以对*E*进行全尺测量并得出其绝对值；

P——可以由*E*直接算出（体积守恒）；

C——可以对*C*进行全尺测量并得出其相对值。

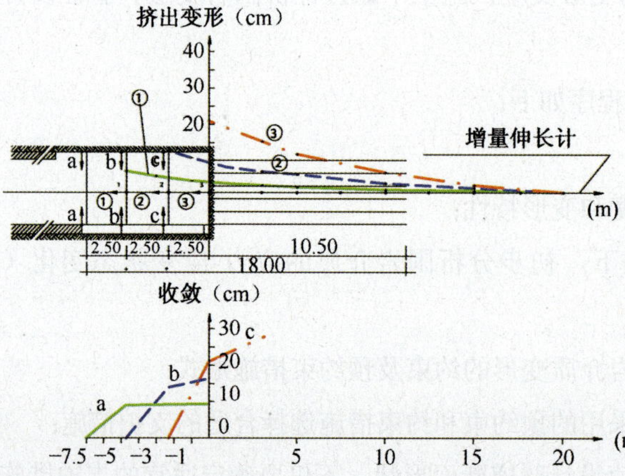

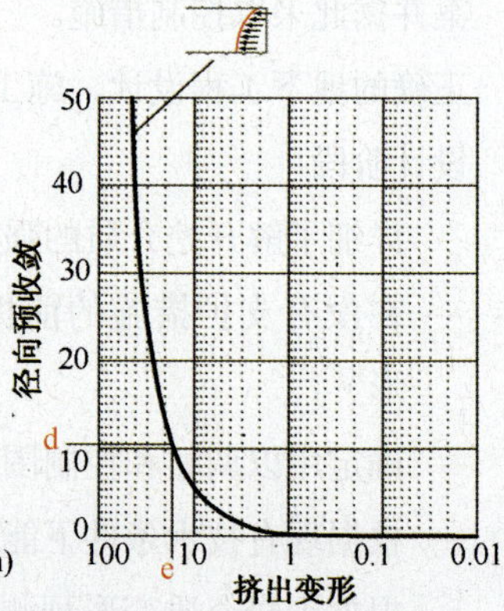

— 为了达到预期的围岩介质变形和施工安全系数，通过数学计算确定所选支护措施的尺寸。

- 施工阶段

— 确认施工过程中的围岩介质变形是否符合设计阶段的计算结果；然后对设计进行微调，平衡掌子面和隧道洞壁的支护强度。

通常情况下，采用概念正确、普遍适用方法进行的地下工程设计和施工需要按顺序经过以下工序：

（1）勘察阶段——收集围岩介质的地质、岩土力学、水文地质方面的信息；

（2）诊断阶段——运用理论方法预测没有支护措施情况下，围岩介质对隧道开挖的变形反应；

（3）处治阶段——确定开挖方法和调节变形的支护措施，并用理论方法评估支护措施是否有效；

（4）监测阶段——用试验方法监测围岩介质对于开挖掘进的实际变形，以便对开挖方法和支护措施进行调整。

5.1.1　岩土控制变形分析法的概念体系

岩土控制变形分析法和其他普通的方法主要有以下几方面的差异：

（1）隧道的设计和施工并不像过去所认为的那样，而是两个全然不同的阶段，各阶段的时间和主要工作内容各异；

（2）岩土控制变形分析法关于地下工程的概念体系都是以同一个参数为基础，即掌子面-超前核心土的应力-应变特性；

（3）岩土控制变形分析法所考虑的唯一参照参数是围岩对于开挖的变形反应，其基本要点就是预测、判断和控制围岩变形，首先是用理论方法预测、调整围岩变形，然后通过试验方法量测、判释围岩变形制，以便在施工中对设计方案进行调整；

（4）预约束是在约束概念基础上新增的概念。它可以既定程序解决非常困难的静力学问题，而不必临场发挥；

（5）该方法包含保持地层岩土力学性质和结构的保护体系，尽可能地将其维持不变以保证地下工程的施工速度。

岩土控制变形分析法为地下工程提供了一种新的概念体系。

通过观察掘进过程中围岩的变形，可知超前核心土的变形决定隧道的稳定性，因此掌子面-超前核心土的稳定是岩土控制变形分析法概念体系中最基本的元素。通

适用于所有围岩形式的现代设计施工方法

掌子面-超前核心土的变形

分析	控制
1 子解围岩情况	3 根据变形确定开挖和支护措施
2 预测没有支护条件下的变形	4 根据监测结果验证和校正干预措施

	阶段	内容
设计阶段	(1)勘察阶段	了解围岩的地质、地质力学和水文地质特性
	(2)诊断阶段	运用理论方法预测围岩变形反应特性
施工阶段	(3)处置阶段	确定控制变形的开挖和保护/加固措施
	(4)监测阶段	监测隧道的变形反应，调整开挖和支护措施

ADECO-RS（岩土控制变形分析工法）

（1）适用于所有围岩形式和静力学状态；

（2）能根据围岩形式和静力学状态提供设计和施工的方法；

（3）能够将设计阶段和施工阶段分开；

（4）能可靠预测工程的工期和造价。

过将适用于所有地层状况的超前核心土的变形作为唯一的参考参数，岩土控制变形分析法克服了传统方法的局限性，特别是在松散、黏结性差的土层中。

岩土控制变形分析法确定了3种基本的变形类型（图5.1）：

- A类：掌子面-超前核心土稳定（硬岩类别）；
- B类：掌子面-超前核心土短期稳定（黏结性地层）；
- C类：掌子面-超前核心土不稳定（松散性地层）。

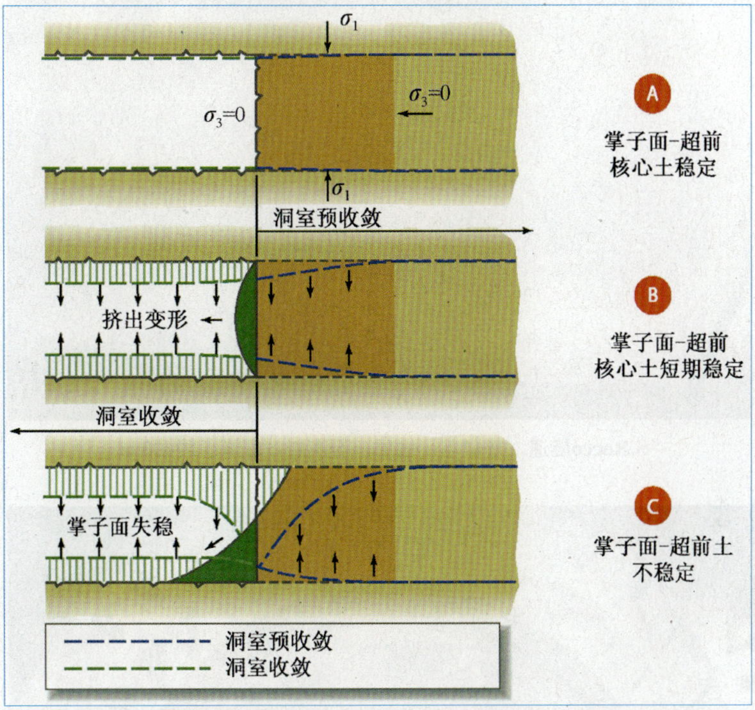

图5.1　掌子面–超前核心土变形类别

5.1.1.1　A　类

A类是掌子面及其周围的应力状态未达到围岩的强度极限。隧道实际轮廓面越接近理论轮廓面，成拱效应就会越靠近实际轮廓面。变形都在弹性区域内，且立即发生，大小以厘米计。

掌子面整体稳定（图5.2），唯一不稳定的就是由于围岩结构引起的孤石部分的掉落。这种情况下地层应力-应变状态的各向异性起主要作用。

即使存在流体动压的情况，隧道的稳定通常不会受地下水的影响，除非地层断裂、对风化作用很敏感或者水力梯度很大，以致水流冲刷破坏了滑动面的剪切强度。

A类

S.Rocco隧道，1967年，地层：石灰岩，埋深：约400 m

S.Stefano隧道，1984年，地层：泥灰质–砂质黏板岩复理层，埋深：约100 m

图5.2 掌子面–超前核心土变形稳定的2座隧道

支护技术主要是防止围岩恶化、维持开挖断面的稳定。

5.1.1.2　B　类

B类是掌子面及其周围的应力状态达到围岩的弹性极限。

成拱效应在远离开挖面的地方形成，其距离与围岩塑性区域的尺寸有关。

变形处在弹-塑性范围，延迟发生，大小以分米计。

时间对开挖稳定性有重大影响：正常的掘进速度下隧道短期稳定，速度的增加和减小会相应造成稳定性的提高和削弱（图5.3）。超前核心土的挤出变形影响不到隧道的稳定性，因为围岩还有足够的残余强度。

隧道不稳定表现为掌子面和洞室周围岩石大范围剥落，掌子面掘进通过后有足够的时间采取传统的径向加固措施。有时需要对洞室采取超前加固措施，平衡掌子面和隧道洞壁的支护措施，使变形维持在允许的极限范围内。

有地下水时，特别是存在动压的情况下，地层的剪切强度降低，出现大范围塑性变形，不稳定性增加。为此必须在掌子面前方地层进行排水，以避免这种情况的产生。

5.1.1.3　C　类

C类是围岩，甚至掌子面周围的岩石受力超过其强度极限。由于围岩没有足够的残余强度，掌子面和隧道洞壁都不会形成成拱效应。由于变形发展很快，导致掌子面失稳和隧道坍塌（图5.5），没有时间采取地层加固、支护措施以形成成拱效应，所以这样产生的变形是不可接受的。

如果对承压地下水没有采取应有的措施，将会进一步降低地层的剪切强度、增大塑化范围、增加变形。在有动压的情况下，地下水会冲走围岩材料，形成管路，这是不允许发生的。同样，必须通过在掌子面前方的引排措施将水导出，以避免这种情况的产生。

5.1.2　岩土控制变形分析法的各阶段

岩土控制变形分析法是基于对岩土变形的分析和控制。隧道的设计、施工要按照图5.4所归纳的程序进行操作。

（1）设计阶段

- 勘察阶段：确定隧道围岩的岩土力学性质，以分析地层原有的平衡状态，为接下来的诊断阶段做准备；

B类

S.Stefano隧道，1984年，地层：泥灰质–砂质黏板岩复理层，地质构造作用强烈，埋深：80 m

Frejus隧道，1975年，地层：橙色片岩，埋深：1 500 m

图5.3 掌子面–超前核心土短期稳定的2座隧道

阶段	过程	说明
设计	– 勘察	– 分析已有的自然平衡
	– 诊断	– 分析、预测无支护措施下的变形现象（*）
	– 处治	– 采取支护加固措施控制变形现象（*）
施工	– 实施	– 运用支护加固手段控制变形现象（*）
	– 监测	– 控制和量测施工中的围岩变形现象（*），量测掌子面-超前核心土的挤出变形、洞室周围及掌子面后方不同位置处的收敛变形
	– 调整最终设计方案	– 判断变形现象（*） – 平衡掌子面-超前核心土及洞室周围的支护加固体系

（*）——变形现象包括掌子面-超前核心土的挤出变形、掌子面后方的围岩收敛。

图5.4 岩土控制变形分析法程序

- 诊断阶段：利用勘察阶段获得的数据，把整个隧道划分成其应力-应变条件相同的几个部分（A类：掌子面稳定；B类：掌子面短期稳定；C类：掌子面不稳定），确定各部分的详细变形和挖掘产生的载荷形式；
- 处治阶段：根据诊断阶段所划分的隧道变形反应类别，确定采取何种加固形式（约束或预约束措施），以保证隧道处于完全稳定状态，继而设计工程师需要设计出隧道的典型纵横断面型式，并用数学工具验证其有效性。

（2）施工阶段

- 实施阶段：设计完成后，进入实施阶段。根据围岩的实际变形，采取合适的约束和预约束措施，并用事先确定的质量控制程序进行监测；
- 监测阶段：监测和判释隧道掘进过程中的围岩变形，验证诊断和处治阶段所做预测的准确性，然后调整设计方案以平衡掌子面和洞壁的支护措施。监测阶段并不是在隧道完工后就结束了，在隧道使用的整个寿命期都要监测其安全性。

C类

Cassino隧道，1985年，穿过白云石灰岩断层，埋深：约120 m

Pianoro隧道，2004年，地层：Complesso Caotico构造，埋深：约70 m

图5.5 掌子面–超前核心土不稳定的2座隧道

地下工程的正确设计意味着，在了解原有的平衡状态的条件下怎样去预测掘进过程中的围岩变形，以及了解其产生机理及发展趋势。然后就要划分隧道的变形类型和确定相应的支护措施（约束或预约束）。另外还要根据隧道掘进情况和掌子面位置，确定加固措施的实施时间和作业循环，将隧道的变形控制在允许的范围内。

地下工程的正确施工就是根据设计进行施工：首先要正确判断掘进过程中的围岩变形反应（以掌子面-超前核心土的挤出变形为主要判断依据）和针对掌子面挤出变形及隧道洞壁收敛变形的干预措施的有效性；然后确定隧道掘进的循环长度、速度，确定支护措施的强度、实施时间和位置，平衡掌子面和隧道洞壁的支护措施。

隧道的变形类型分类（意大利经验）

根据20多年的隧道设计、施工经验，可以发现所有地下工程均可按照岩土控制变形分析法设定的A、B、C3种变形类型进行分类。这是岩土控制变形分析法适用于所有地层类型的基础。

隧道	km	业主
GRAN SASSO	2x10,0	ANAS
FREJUS	2x13,0	ANAS
SIBARI	4,0	F.S.
PRATO TIRES	13,0	F.S.
S. STEFANO	3,5	F.S.
FLERES	7,2	F.S.
VALSESIA	2x0,6	ANAS
MADONNA DEL CARMINE	4,0	F.S.
S. ELIA	2x2,0	ANAS
MONTE OLIMPINO	8,0	F.S.
CARBONARA	2x2,0	ANAS
DIRETTISSIMA 2	5,0	F.S.
LANGENIA	2x1,2	ANAS
ZUC DEL BOR	9,0	F.S.
S. ROCCO	4,0	F.S.
MASSINO VISCONTI	2x2,7	ANAS
MOTTARONE 1	2x1,2	ANAS
DIRETTISSIMA 1	3,5	F.S.
QUINCINETTO	7,0	ENEL
CARBOSULCIS	3,5	ENEL
PASSANTE MI	0,27	F.S
S. FRANCESCO	0,8	F.S.
CAMPIOLO	2,0	F.S.
LES CRETES	2x1,3	ANAS
VILLENEUVE	2x3,1	ANAS
ARVIER	2x2,4	ANAS
LEVEROGNE	2x1,8	ANAS
AVISE	2x3,1	ANAS
VILLARET	2x2,7	ANAS
CHABODEY	2x1,0	ANAS
CARDANO	4,0	F.S.
CERAINO	6,0	F.S.
S. LEOPOLDO	6,0	F.S.
MALBORGHETTO	8,0	F.S.
TARVISIO	1,0	F.S.
LEILA	3,0	F.S
MOTTAVINEA	2x1,8	ANAS
MOTTARONE 2	2x1,8	ANAS
A.V. BO-FI: 9 GALLERIE	73,0	F.S.
A.V. RM-NA: 22 GALLERIE	21,4	F.S.
TARTAIGUILLE	0,9	S.N.C.F.

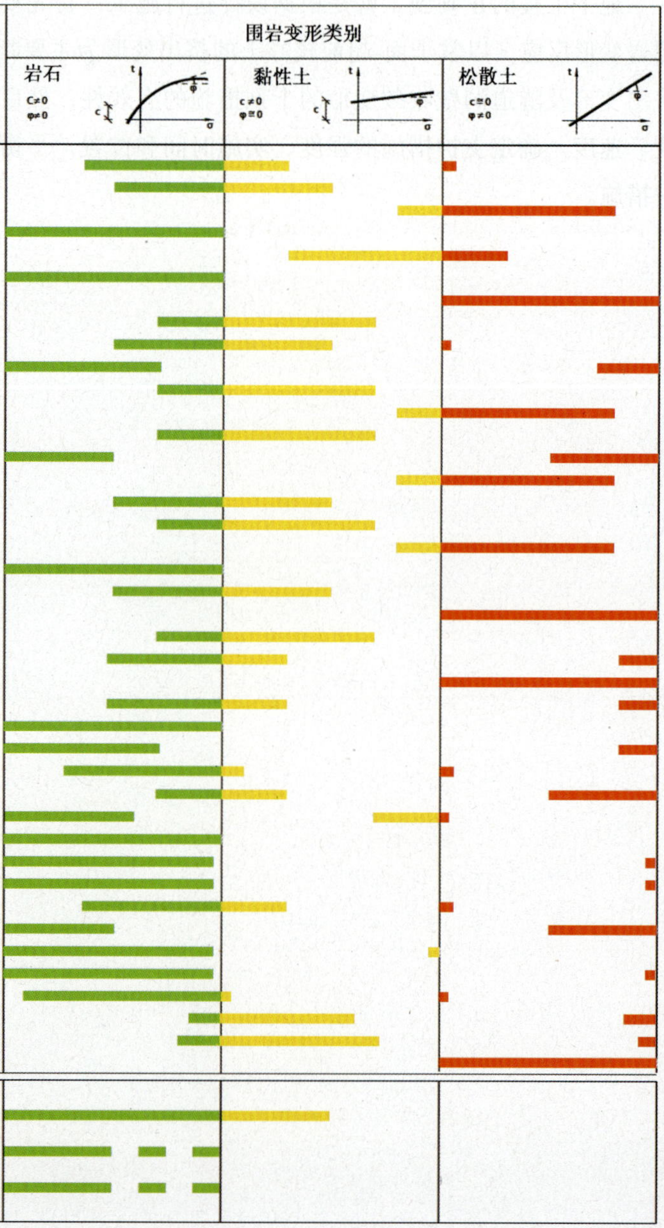

分类体系
RABCEWICZ
BARTON
BIENIAWSKI

设计阶段

隧道设计人员首要任务是研究隧道开挖时是否以及如何形成成拱效应，其次是确保形成成拱效应,并根据不同的应力-应变条件、开挖方法、稳固措施对其进行适当的调整。

第6章

勘察阶段

6.1 引　言

地下工程的开挖就是扰动原有的自然平衡。要想设计出考虑环境平衡、对应力状态影响最低（以及由此引起的变形反应最小）的地下工程，唯一的可能性就是在工程开始之前全面了解地层原始平衡状态。因此任何地下工程的设计和施工必须从勘察阶段的工作开始，以获得对地层的了解。勘察工作主要是获得有关地形、结构、构造、水文、岩土、地质力学、应力状态等方面的所有信息，这些信息表征了开挖地层的地质特性。

6.1.1 勘察阶段的基本概念

勘察阶段即是指在现场对地下工程所影响的地质体进行调查、分析和判释的阶段，其目的是最大程度了解开挖岩体的自然平衡状态。

由于这些信息是可靠预测岩体的开挖反应以及在随后的诊断和处治阶段中观测地层自然平衡状态的隧道设计工作所必不可少的，因此获取这些信息的勘察阶段至关重要。深入及协调地实施勘察阶段工作是正确进行地下工程设计和施工的基础和必要条件。

因此获得地形和地貌信息的循序渐进的方法必须包括地质模型的构建，以更好理解地层的形成和历史，地质体的应力状态和地形情况，包括接触带的性质和几何形状。目的是明确局部和区域的地貌、构造、水文地质平衡状态，并最终获得开挖地层的岩土和地质力学特性。

勘察阶段的详细程度取决于需要解决的问题以及项目的复杂程度和建设规模。不过重要的是，所进行的研究应能以量化或半量化形式获取这些主要信息，以便能适当地应用在设计中。勘察阶段必须提供以下结果：

- 对主要地质、地貌、水文地质问题以及研究的局限性进行明确的评价；

设计的3个阶段

意大利公共工程法（1994年2月11日颁布的109号法令）明确规定公共工程必须分3阶段设计：

- 初步设计；
- 最终设计；
- 详细设计。

因此地下工程设计的勘察阶段也应根据设计阶段不同而有不同的详细程度，尤其是对于初步设计和最终设计阶段要预留足够的费用，因为在这两个阶段要针对工程项目做出最重要和决定性的决策。

艺术家**Luciana Penna**完成的以隧道工程为主题的青铜雕塑

- 对涉及的地质单元，特别是其空间范围进行准确辨识和分类；
- 准确描述地层的岩土和地质力学特性；
- 仔细辨识隧道沿线的关键点。

设计工程师将根据勘察阶段的结果研究岩体对于开挖的应力-应变反应，因此尤为重要的是要做好地质勘察的规划工作。根据初步的地质模型获得模拟结果，同时地质工程师和设计工程师应以积极、互动、合作的方式对模拟结果进行研究和讨论，使设计工程师准确掌握实际的地质、地貌条件，以便能成功地应对诊断阶段中的问题。

以下给出了一些简要的准则，以便设计工程师针对不同类型的项目制定勘察阶段的工作规划；各章节还考虑了有关机械化开挖（TBM、盾构）或采用导洞进行开挖的特殊问题。

6.1.2 传统开挖法的勘察阶段

传统开挖法的勘察阶段涉及不同的勘察技术和方法以及对结果的判释和分析，具体上根据隧道沿线的地质、地貌特性不同而不同。主要应仔细考虑以下方面：

- 区域地质-构造复杂性；
- 隧道定线长度；
- 埋深大小。

一般而言，勘察的困难程度是随着这些参数的增大而加大。对于穿越崇山峻岭且地质复杂的长隧道，在分析和判释地质数据方面总是遇到很大的困难，因为在大埋深条件下很难获得必需的信息。

这方面极端的例子是位于阿尔卑斯山区和亚平宁山区的隧道，其上述参数均达到了最大值。

相反，一般而言，浅埋、短隧道的勘察阶段相对简单，特别是沿着河谷谷底的线路。这些线路需要高架桥或路堤将各段连接起来。

不管什么情况，必须采用现有的技术或工艺尽可能准确地提供以下方面的全面信息：

- 区域的地质、地貌、水文地质特性；
- 隧道线路所穿越岩层的位置和岩性确定以及地层-构造接触带的评估；
- 岩体的构造、地质结构和应力状态；
- 地层的水文地质；
- 地层的岩土和地质力学特性。

初步设计

初步设计要明确工程定性和功能方面特性，也就是必须满足的功能框架和必须提供的具体功能。初步设计文件应包含1份报告，阐述根据技术方案的评估报告而做出设计决策的动机，说明通过必要的调查和勘察所确认的环境、管理和技术方面的可行性，以及相较于预期效益所确定的概算费用。此外，初步设计文件还应包含工程特性、工程的类型、功能和涉及技术的各种图件(1994年2月11日109号法令;施工技术规程——官方杂志，2005年9月23日222号)。

因此初步设计确定了随后设计阶段成果最重要的方面和特性，如工程经济规模、类型、类别。初步设计文件通常包含以下文件：

- 说明性报告；
- 技术报告；
- 考虑项目对环境影响的初步可行性研究报告；
- 初步的地质、水文地质、考古调查报告；
- 总体规划图和图纸；
- 有关安全计划的最初提示和规定；
- 费用估算。

泥灰质灰岩岩样

重要的是在获得上述信息时应遵循系统的方法，以便更准确发现：

- 哪些要素需要确认，也就是哪些特性需要探测；
- 哪些方法需要确认，也就是什么是研究最适合的仪器设备；
- 什么时间进行探测，也就是设计的哪个阶段最适合开展此研究；
- 为何要探测这些特性，也就是说进行这些研究的理由是什么。

6.1.2.1 区域的地貌和水文地质特性

需要进行分析的主要特性汇总如下：

- 地层的势能：指出区域的发育状态和露头的性质（快速隆起的板块、老龄期的区域等）；
- 活动形式和进程：建议调查由于人类活动可能产生危害的区域（滑坡、阶地、山锥、断层等）；
- 静态形式：斜坡失稳、长周期（数十年）的滑坡（滑移）等，是需要进一步调查的地貌；
- 地貌结构：通常代表了结构引起的地貌过程的特征；允许大范围确认地形的地质结构（斜坡失稳、结构性台地、地表残留物、斜坡不对称体等）；
- 水文地质分布方式：对地表径流的观察能获得许多地形特性和岩石结构的重要信息（扭曲、倾斜、径向离心、径向向心等）。

用于地形和水文地质特性分析的手段如下：

- 基本地形图的分析（1：25 000详图和1：5 000/10 000测绘详图）；
- 航片的立体分析（一般比例为1：13 000/1：8 000）；
- 隧道工程全貌或重要部分照片的分析；
- 现有文献的分析（大学、研究所、中央和地方政府机构等）；
- 地表的地质和地貌调查。

上述特性的研究和数据采集阶段显然要贯穿从初步设计阶段到更详细的最终设计阶段所有的勘察工作。

上面已经提到，勘察的目的是收集有关信息，这是了解地质特性和结构以及在人类历史进程中其发展状态的基础。

6.1.2.2 隧道线路所穿越地层的位置和特性

在完成上述调查的第一阶段工作后，应立即根据获得的信息进行隧道地质和岩层特性的分析以及预计岩层的分布和次序，应明确不同岩层之间的位置关系以及不

最终设计

最终设计要完全明确所要进行的工作，以满足初步设计中的要求、标准、限制、指南、指示等。最终设计文件包含了所有授权、批准需要的部分，包括：有关设计采用标准、特定材料的详细情况以及项目在其环境下如何施工的报告；环境影响研究报告；比例适当的图纸、工程主要特性且施工的地表和空间情况以及基础类型等；关于工程性质和特性方面进行的初步研究和勘察；结构和设施的初步计算；设计预期的经济和技术性能说明以及工程量估算。地质、水文、地震、考古、化学、生物调查和勘察，其深度要能满足结构、设施和工程量的初步计算（1994年2月11日第109号法令）。

根据批准的初步设计和可能的“政府协调会议”精神完成最终设计文件，其包含规划批复所需的所有材料、与城市总体规划相符的证明以及其他有效证明等。

最终设计文件通常包括：

- 说明性报告；
- 地质、岩土、水文地质、污水管道、水厂、地震报告；
- 特殊的技术报告；
- 垂直和水平几何形状图以及城市规划研究；
- 图表；
- 规范要求进行的环境影响研究或环境可行性研究；
- 结构和设施的初步计算；
- 各技术部分性能的描述；
- 征地规划；
- 工程量估算；
- 财务和运营预算。

图纸、报告和初步计算的深度应与随后的施工图设计相比，在造价和技术上没有明显差别。

同位置的结构、构造等条件。

主要包括以下方面：

- 地层的地质特性（沉积岩、变质岩、火山岩）；
- 地层的岩性和岩相特性（灰岩、砂岩、片岩、片麻岩、花岗岩、玄武岩等）；
- 空间位置和不同岩层之间的接触关系；
- 隧道轴线上地层的出现频率（普遍、较少、可忽略等）。

目前用于上述研究的方式、方法主要有以下方面：

- 从正式渠道获得的官方认可的地质图分析（1∶100 000）；
- 从各种渠道获得的各种比例尺的地质图和文献的分析（大学、研究机构、中央和地方政府、私营机构、杂志等）（1∶10 000，1∶5 000）；
- 航片的立体分析；
- 地质岩性和结构的地面调查，调查深度取决具体问题，但通常深度要深些（一般根据1∶2 000或1∶5 000的地质图进行）；
- 采用适当的数字地图建立数据库，构建3D地质模型；
- 直接调查（连续钻芯取样、勘探竖井等）和间接物探勘察（如地震波、电法、磁法、重力法等）。

在地质图分析之后进行的研究阶段是初步设计的关键和重要部分，而且直接调查的成效对最终设计至关重要。

其原因在于需了解隧道通过的地层、不同地层出现的比例以及这些地层出现的形式和沿隧道轴线出现的频率。

6.1.2.3　构造、地质结构和岩体应力状态

了解结构构造、不同地质时期地层演变过程的影响以及目前地层的状态是研究岩层非常重要的方面。

确定近期的构造活动、重大的甚至后冰川时期的重力滑坡现象（深滑坡的重力变形），在某些情况下会影响隧道定线的选择，甚至会造成隧道定线局部或区域性的改变。

本研究阶段需要明确的地层特性主要是：

- 遭受过去、近期构造运动（受压、受拉、变形等）的结构；
- 主要构造（冲断层、褶皱等）的宏观性质和特点；
- 不连续面（构造裂隙、节理、地层、断层等）的性质、构成和分布。

以下方法常常用来确定上述特性：

详细设计

详细设计根据最终设计文件进行，应确定所有实施的工程细节以及相应的预算费用。详细设计的深度必须达到能够明确所有部件的形式、类型、质量、尺寸和造价，详细设计必须包括所有报告、结构和设施计算书、适当比例尺的图纸、任何施工细节以及承包商的特殊能力、技术参数的描述、工程量清单和单价表。详细设计的基础是前面阶段进行的研究和勘察，为证实和细化设计假定可能需要的进一步研究以及平面、剖面调查，量测、监测和地下设施网的调查。详细设计还必须包括项目的维护计划以及根据第3章（1994年2月11日109号法令）规定的条款和程序而准备的部分。

因此详细设计包括所有工程的设计，并完全确定了将要进行的所有工程的建筑、结构及工程设计细节，只是不包括施工现场工作计划、物质供给计划和临时工程的计算书和图纸。

详细设计必须完全遵从最终设计方案和一些具体的技术规定，如施工批准书、城市规划批准书、政府协调会议决定、环境批准书、额外措施计划中所规定的技术条件。

详细设计通常由以下文件组成：

- 总报告；
- 专业报告；
- 图纸，也包括结构、设施和环境恢复和改善措施的图纸；
- 结构和设施的实施计算书；
- 工程及其部件的维护计划；
- 安全和协调计划；
- 最终的工程量清单和财务及经济报告；
- 工期计划表；
- 单价表，并根据需要进行单价分析；
- 工程各部分的劳动力分配；
- 合同概要和合同授予的特殊要求。

- 航片的立体分析；
- 卫星图片的分析；
- 宏观结构的现场调查；
- 地质结构（细观结构）现场的详细调查（采用结构测站，针对仔细选择且统计意义重大的测站上的不连续面体系进行勘测）；
- 直接调查（直接钻孔取芯等）；
- 钻孔内调查（孔内TV成像、孔内声波、跨孔成像、钻孔记录等）；
- 间接物探调查（地震折射、地震反射、层析成像等）。

如前所述，这些特性的调查阶段贯穿于初步设计和详细设计阶段，因为这些调查对掌握现场的地质情况至关重要。

除了前面谈到的了解不同地层结构之间相互关系的原因外，宏观地质构造的了解对于确定隧道掘进关键点的数量和困难程度至关重要。由于存在构造变动以及特别的应力状态（高地应力、松散地带等），洞室开挖有时会产生特殊或者是非常复杂的问题。

对细观结构的深入了解，有助于利用连续或不连续、均质或不均质模型进行岩体数值计算和地质力学参数的研究。

6.1.2.4　岩体的水文地质状态

了解现场的地下水类型（潜水、承压水等）、水位以及隧道通过岩体的水文地质体系是为了预测：

- 进入隧道的地下水；
- 静水、动水及其在隧道衬砌上的荷载；
- 与地下水、泉水和地表井水水位变化相关的水文地质风险（当选择隧道走向时，必须重点考虑已明确规定的饮用泉水和井水地）；
- 隧道施工期间的大涌水，有可能造成地面沉陷和影响施工进度等严重后果。

定义水文地质基本特性，需要从以下方面着手：

- 确定和描述地质体中含水层的性质；
- 确定和描述地下水位，并通过水动力参数的测量确定地下水位的几何参数值；
- 确定施工过渡期间和开挖完成最终衬砌施作后地下水流的类型和大小；
- 地下水的性质和水质。

进行上述勘察的方法如下：

- 进行地貌、气候和水文方面的分析；

5类参数

为了完成开挖岩体的地貌、地质、岩性、构造、水文、水文地质的研究，地下工程设计需要调查的参数可以分成以下5类：

- 描述原始应力状态的参数；
- 介质的物理特性；
- 力学特性；
- 水文地质特性；
- “可施工性”参数。

上述参数的评估取决于地质调查和根据前期地质模型所获得信息选定的不同类型、数量、位置、深度的各种现场和室内试验。勘察工作量通常需要根据具体情况确定，不仅取决于设计的深度(初步设计、最终设计或详细设计)，而且还取决于项目的规模、构造地貌和水文地质的复杂程度、需要调查的地质构造的异常程度以及可能出现的困难地段。这些调查常常很费钱（某些项目占到总费用的5%），而且在某些城市密集区或山区可能很难进行。这些勘察在减少风险范围方面的作用至关重要，节省这些费用将是重大的失误。

考虑到勘察的重要性和勘察常常遇到的资料经验解译的困难性，故需要在地下工程经验丰富的地质、岩土、地质力学、水文地质专家的监督下进行勘察工作。

设置扁千斤顶

- 进行项目范围内井水和泉水的调查和测量；
- 采用各种水压计对钻孔内地下水水位（逐一）进行量测；
- 利用各种物探、电法进行间接量测；
- 如需要，利用各种仪器（微型明轮流速计）或示踪技术进行地下水流的量测。

水文地质勘察阶段方法与上述勘察相同。

6.1.2.5 岩土材料的地质力学特性

岩土材料地质力学特性的全面阐述需要大量的篇幅，这不仅不可能，也不是本书的目的。

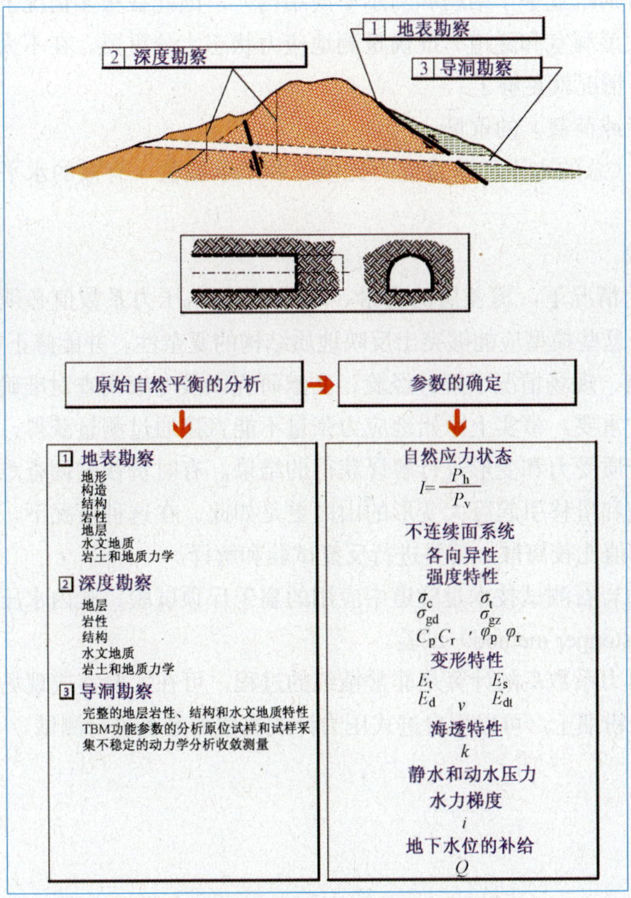

图6.1 围岩介质岩土和地质力学特性的确定

因此这里只是列出与这些参数有关的主要概念，借此，可针对完整试样和实际岩体确定以下地质介质参数：

描述原始地应力状态的参数

岩体的地质和构造演化结果、开挖前工程所在位置的岩体应力状态（应力张量的方向和大小）将影响工程从开挖到其整个使用寿命全过程的特性。因此对原始应力状态的理解是所有稳定和变形计算的基础，对完善施工系统非常重要。

原始地应力状态主要包括两个方面：真实的原始应力和由于加载（地面结构等）引起的应力。

岩体应力状态可以通过系统归纳不同岩体结构、明确其空间分布以及由于地质变形产生的接触面（不连续面）来加以确定。由于这些不连续面把岩体分割成刚度差别很大的岩体，常规数学模型不可能描述这些应力状态，且意大利半岛地质复杂（特别是亚平宁结构和阿尔卑斯结构），因此在很多情况下（如中大埋深条件下的大型洞室和隧道）准确量测地应力状态十分重要。在不太复杂的情况下，评估以下情况就足够了：

- 覆盖层（或荷载）的重量；
- λ系数值（总的水平和垂直应力比值）和K_0系数值（有效的水平和垂直应力比值）；
- 水力荷载。

在复杂的情况下，覆盖层的重量、λ系数值、K_0压力系数值必须通过数学模型加以验证。这些模型应能够突出反映地质结构的复杂性，并能修正重力作用。

现场量测、现场情况了解、经验、文献研究以及专家调查对准确评估原始地应力状态非常重要。事实上原始地应力张量不能直接通过测量获得，它是对复杂结构引起的介质受力和变形进行解译获得的结果。有时费钱的调查难以进行，特别是承受褶皱和滑移引起巨大变形的山区更是如此。在这种情况下，专家解译是必须的。量测值比较离散，需要进行反复试验和解译。

被认可的岩石测试技术是隧道中应用的扁千斤顶试验、孔内水压劈裂试验、孔底法（doorstopper method）试验。

静态土压力系数K_0的计算是非常精细的过程，可在实验室或现场用特殊的仪器测出。对于粉细土，可以用自进式压力计或类似的系统进行测试。

- 材料的结构，在宏观和微观上理解为岩性和不连续面；
- 密度，确定每种岩性的体积密度（单位质量）；
- 单轴、三轴和抗剪强度（σ_c，c'，φ'）；
- 变形性（E_v，E_s，E_d，E_{dt}，v）；
- 孔隙介质的初始渗透性（k）；裂隙介质的次生渗透性（K）。

用于确定围岩介质的岩土和地质力学特性的方法主要有（图6.1、图6.2）：

- 实验室试验，确定：

——物理和化学参数；

——试样的地质力学参数（强度和变形性）。

- 孔内试验，确定：

——中等范围的强度和变形参数；

——渗透性参数；

——现场原始应力状态。

- 现场试验，确定：

——岩体实际范围的强度和变形参数；

——水文动力参数（渗透性、渗透系数等）。

实验室试验（单轴及三轴压缩、直剪、侧限压缩等试验）可以确定未受不连续面影响的岩样和结构的内在强度和变形性。

而另外一方面，孔内试验主要是介于完整岩样和实际岩体之间中等比例尺的材料性能试验，具体取决于微观结构裂隙的特性。

最后，现场试验主要用于评价岩体的总体性能，也就是在完整岩石上叠加了断裂，因此常常是不连续的实际岩体。

本阶段最有价值的这些参数构成了勘察阶段关键和有说服力的部分。可以认为该阶段把前期采集的数据全部汇集在一起，作为实际设计试验的准备。

研究这些参数的原因在于需要了解地层的地质力学和应力-应变行为以及其对开挖的相互作用特性。

准确了解地层结构、物理、力学、应力-应变特性，可以有效地选择和应用计算模型预测洞室开挖后的变形，也为随后的诊断和处治阶段作准备。

6.1.3 TBM开挖法的勘察阶段

如果采用全断面掘进机在技术和经济上可行，那么其勘察必须更加仔细，因为如果实际遇到的地质条件与预计的不同，这种方法与传统法相比，灵活性更小。

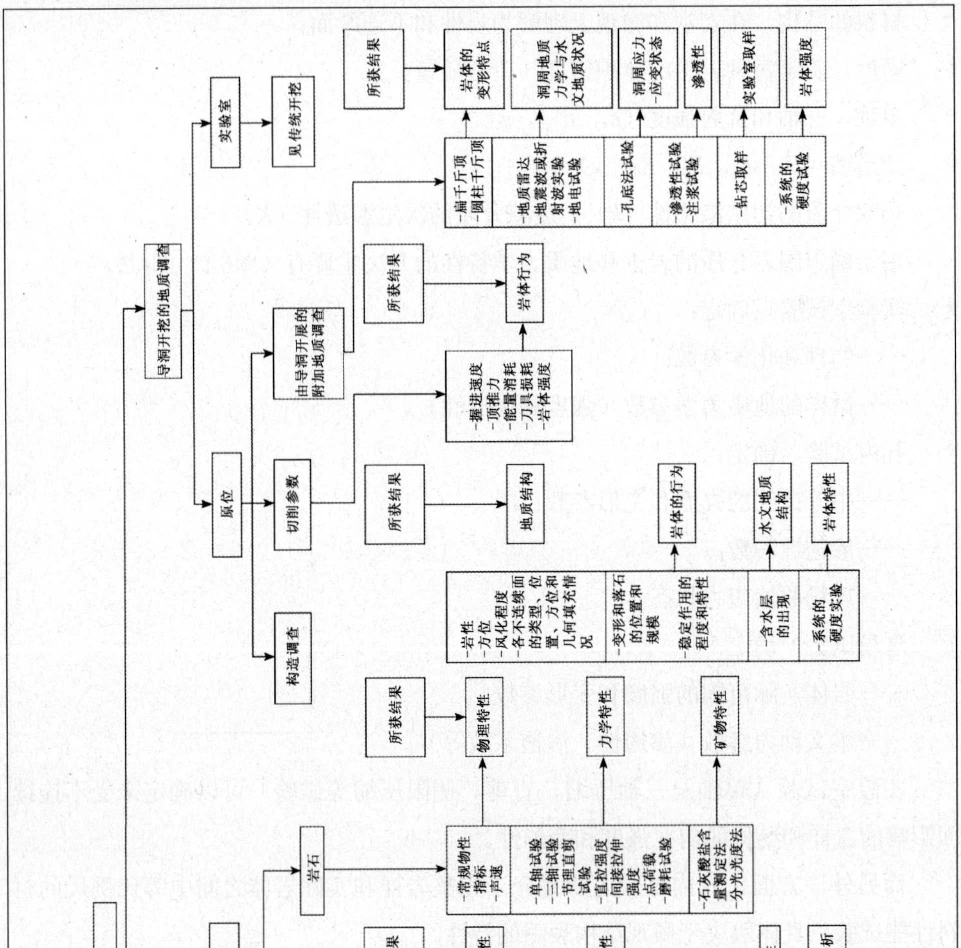
勘察阶段
传统开挖法的地质勘察
导洞开挖的地质调查
原位
实验室
洞口段
浅埋段
中到大埋深段
土
岩石
构造调查
切削参数
由导洞开展的附加地质调查
见传统开挖
-地质和地形调查
-连续机械钻芯取样
-地震波或折射波调查
-十字板试验
-压力计试验
-膨胀计试验
-渗透性试验
-地形调查
-洞口段设置测斜仪
地层的岩石层位结构
物理和力学特性
渗透性
监控洞口边坡稳定性
-地震波和折射波
-地电试验
-井下雷达
-地震波层析成像
-钻芯取样
-压力计试验
-膨胀计试验
-孔底法试验
-渗透性试验
-注浆试验
地层的岩石层位和水文地质结构
自然应力状态的确定
-常规物性指标
-颗粒分析
-界限含水量
-单轴试验
-三轴试验
-直剪试验
-三轴剪切试验
-Torvane试验
-微型贯入仪
-挤出试验
-固结试验
-渗透性试验
-衍射仪
-分光光度法
-石灰酸盐含量测定
物理特性
力学特性
渗透性
矿物分析
-常规物性指标
-声速
-单轴试验
-三轴试验
-节理直剪试验
-直拉强度
-间接拉伸强度
-点荷载
-磨耗试验
-石灰酸盐含量测定法
-分光光度法
矿物特性
-岩性
-方位
-风化程度
-各不连续面的类型、位置，方位和几何填充情况
-变形和落石的位置和规模
-稳定作用的程度和特性
-含水层的出现
-系统的硬度实验
地质结构
岩体的行为
水文地质结构
岩体特性
-掘进速度
-顶推力
-能量消耗
-刀具损耗
-岩体强度
岩体行为
-扁千斤顶
-圆柱千斤顶
-地质雷达
-地震波或折射波实验
-地电试验
-孔底法试验
-渗透性试验
-注浆试验
-钻芯取样
-系统的硬度试验
岩体的变形特点
洞周地质力学与水文地质状况
洞周应力-应变状态
渗透性
实验室取样
岩体强度
所获结果

图6.2 地层勘察表

特别是，除了已经介绍的针对常规开挖法的勘察作业外，还必须进行一系列的室内试验，以调查待开挖地层的“可切削性”。

必须特别注意并识别重要的构造现象（正断层、逆断层以及储存能量的地带），实践证明这些地带是造成停工和工程延误的主要因素。

除了构造现象外，地质力学性能差的地层和有膨胀倾向的地层也是影响TBM效率的风险因素。在某些情况下，这些TBM会被“卡”在洞内。在这种情况下，必须通过对地形的宏观结构和构造研究来识别主要的不连续面及其性质、位置和频率。毫无疑问，这些是决定是否采用TBM的重要因素。但埋深很大，或地形困难不能进行连续钻孔取样时，基础的地质模型可作为详细物探的指南，例如（如果地层性质允许）深部的地震反射法或重力方法。

TBM应连续记录掘进过程中的“切削数据”（能耗、掘进速度、刀具磨损、开挖面的总推力等）。这些数据的掌握对准确预报开挖面前方地层行为非常有价值。然而这些数据的解译并不简单，因为要进行数据分析必须定义代表岩体和刀头之间相互作用特性的参数指标（RS方法）[44-45]。

事实上，这些参数具有特殊性质，涉及与机器和地层有关的各种数据。因此，需要努力获得开挖地层强度和变形特性的可靠结果。

6.1.4 开挖超前导洞进行地质调查

在TBM掘进主洞轴线上超前开挖小直径导洞主要基于以下两个原因：

（1）开挖导洞，作为一种施工手段；

（2）开挖导洞，作为一种调查方法。

决定是否开挖导洞的一个方面是对费用-效益进行仔细的分析。当前期研究和勘察工作表明：隧道通过地层不稳定，可能产生大变形，因而不安全的情况下，开挖导洞可以作为一种施工手段，提前从小直径导洞对将开挖的隧道进行加固。

当困难以及复杂的地质及环境条件造成勘察费用昂贵，而这些勘察对于获取足够的资料，以保障足够的设计标准以及项目的功能性必需时，可以选择超前导洞作为一种调查方法。在这种情况下，在超前导洞中进行的地质调查能为随后的设计阶段连续提供直观、精确的地质结构以及地质力学性质信息。对于具有一定长度、不需要刚性超前核心土且主要为硬岩的隧道，开挖超前导洞不失为一种实际方案。

尽管超前导洞直径较小（通常3.5~4.2 m），对于岩体的扰动非常有限，但它仍然是一个采用掘进机掘进的隧道。因此，在针对其优点和可行性作出任何决定前，根据前面章节所提及的标准而进行地质勘察依然十分重要。

介质的物理特性

确定参数

介质的物理参数给地层的岩性描述增加了不可缺少的定量信息，而且可以进行初步的特性评估。例如知道容重就可以估算原始垂直应力、比重、含水量、孔隙率、阿氏限度、粒度等，然后通过相关研究就可以获得孔隙介质一些非常有用的力学和水文地质指标。在考虑采用开挖面封闭的盾构情况下，也可以给出选择开挖面封闭系统、承压液体的性质、出碴控制、泥水分离等的一些基本参数指标。通过对胶结颗粒（胶结作用）进行矿物分析，可以准确地了解风化程度、潜在的膨胀性能、胶结性质、开挖刀具的磨损，从而增加对地层情况的了解。另外，对土层的地球化学分析能确定其构成及对隧道寿命或工人健康潜在的危害程度（甲烷、碳氢化合物、污染物等）。

不连续面

众所周知，岩石中地下工程的稳定性，不论是浅埋还是深埋，主要取决于岩体中不同不连续面的交叉情况，如片理、层理面、裂隙、节理、断层等。开挖断面越大，这些不连续面的影响越明显，而且这些不连续面的空间分布情况对开挖机械的效能影响很大（开挖速度、开挖难易性、可开挖性）。

从勘察阶段开始即必须对露头和钻孔岩芯中所观察到的不连续面进行准确描述，包括不连续面的组、方向、间距、延伸情况、空隙情况、质量、节理充填物等。

抗风化性

某些岩土材料对水和水文变化的敏感性是确定采用何种约束措施的重要信息。除了对胶结的成分进行岩石矿物和地球化学分析外（这是了解岩土抗风化性的基础），进行特殊的试验对于了解岩土材料在新的开挖条件下的抗风化性能也是很有用的。

水的化学性质

地下水化学性质及其侵蚀性的评估对于选择衬砌用水泥是必不可少的。建议在工程开始前一定要对地下水中污染成分和地下水位以下的污染程度进行调查。

采用TBM开挖超前导洞并将其作为地质勘察的一部分，具有众多优势：

- 通过系统细致观察和开挖边墙取样的简单而直接的方式可以获取有关开挖岩体地质结构特性的任何所需信息；
- 通过RS方法获取并解译TBM的操作参数（推力、掘进速率、能耗），可以了解隧道沿线岩体的强度值分布情况；
- 通过一系列简易的原位测试，可以获得极为可靠的结果；
- 通过观察导洞的变形行为并考虑大比例尺影响以及时间因素，可以确定全断面扩挖时的岩体特性类型；
- 如有需要，在扩挖成洞前，可以由导洞开展径向地层改良作业。

通过超前导洞获得的有关地质、水文地质、地质构造以及地质力学性质的所有信息必须与原位和实验室试验相结合。在这方面，超前导洞成为了一个完美的实验室，在其内部可以进行加载板、膨胀计以及扁千斤顶试验（水力劈裂、孔底法等），并由此测量岩体的天然应力状态。根据介质的各项异性可将试验仪器安放在不同的方向上，并给出通常相当可靠的结果。

显然，其数值取决于岩层交叉的数量和类型，同时也取决于地质结构背景的复杂性以及埋深。当地质结构十分重要或者需进行变形性试验时，可以在常规的隧道开挖前进行各种地质调查活动，从隧道边墙钻取前述的实验室试验所需试样（第6.1.2节）。

沿超前导洞全线，需使用地震反射波以及地质雷达技术进行线性调查，其对于探测隧道开挖松弛区域内重要岩体的存在以及获取扩挖过程中可能极其重要的构造特性非常有价值。如果需要对特定的水文地质方面做进一步的了解，地电调查也要同时进行。

在可利用超前导洞的情况下，将更易于研究隧道穿越区域内岩体的应力状态。从导洞内可以进行钻孔，同时也可以将仪器安装在根据埋深情况选定的测点上。显然，当地质结构十分复杂时，为了提供能够准确解译的数据，将进行多次试验。

针对沿超前导洞边墙产生扩散以及集中的变形现象，必须通过设置收敛量测站以及通过分析落石运动轨迹的方式对其进行监控。如果针对不稳定情况进行了稳固处理，则需要仔细监测并对其细节进行描述。正如前面提到的，在考虑更大比例尺影响以及时间因素的情况下，可利用这些信息有效预测扩洞施工时的岩体行为。

6.1.5 小　　结

岩土控制变形分析法的勘察阶段，是为任何类型的开挖方式做好准备工作。因此需要考虑当下在地质勘察领域内可利用的技术资源，尽可能可靠地获取以下相关

力学特性—1

力学特性包括强度和变形参数，在大多数情况下为不同施工阶段产生的静应力等静力学参数。对于承受外部动力作用（地震活动、人工爆破等）的工程，则必须进行动力参数的调查。

强度参数

如果通过计算来评估隧道掌子面和给定断面的稳定性，那么必须了解强度参数。为此，针对隧道是通过土层或岩石地层采用不同的强度参数。

对于土层而言，抗剪强度的表征值是黏聚力c'和内摩擦角ϕ'。在无胶结砂的情况下，理论上黏聚力c'为0；但在湿砂的情况下，则可能存在短期的黏聚力，这一黏聚力大于0，有时在没有较大约束限制措施的情况下，足以保证在需要时间内隧道开挖面的稳定性。

在饱和黏土的情况下，有时可以借助缓慢排水来分析洞室短期稳定性与总应力的关系，因为地层的强度是用不排水情况下的黏聚力C_U来表示的；但是研究隧道、加固措施和衬砌的长期稳定性，必须了解和使用排水情况下的强度参数。

对于岩石地层而言，必须区分岩体和岩石的强度。通过在实验室内对岩样进行试验获得的简单抗压强度σ_c，给出的是岩石抗压强度，而不是现场岩体的强度。为了对岩体抗压强度（σ_{gd}）有更接近实际的估计，必须根据岩体中不连续面出现的频率、方向和强度特性对σ_c值进行折减。岩石的强度也可以用排水和不排水条件下的摩擦角和内聚力来表示。

了解要开挖岩体的抗拉强度（σ_{gz}）对选择开挖方法也是很有帮助的。

当应力超过弹性范围，土和岩石都表现出较低的强度值，因此必须获得峰值强度和残余强度，以便对隧道长期和短期稳定性进行可靠的评价。

信息：

- 结构地质和水文地质条件以及岩体的自然应力状态；
- 受开挖影响的地质体的物理特性、强度以及变形性；
- 岩体的水文地质条件。

这些信息必须编入报告、地图和图表中（平面、俯视及三维截面），以此确定技术-地质模型。如所开展的研究和调查一样，也需说明所提供数据的不确定程度,以支持和验证所提供的技术-地质模型，并支持后续的设计工作。

与此同时需要提供线路的地质和地质力学剖面图，其中需包含所有研究和调查的汇总结果（图6.3）。

所获数据的正确判释以及明确其在地质构造的确切位置是获得开挖介质中既有自然平衡相关信息，以为后续诊断阶段做好准备的必要条件之一。

自然地，更为广泛并且细致的勘察阶段将会降低可能遭遇的地质风险。对于勘察阶段存在的地质风险，因施工过程中的不确定性而产生的额外费用要比因设计阶段未预见的地质条件而产生的费用要高得多。由此可知，这些因素是造成地下工程项目建设中成本增加以及工期延误的主要原因之一。

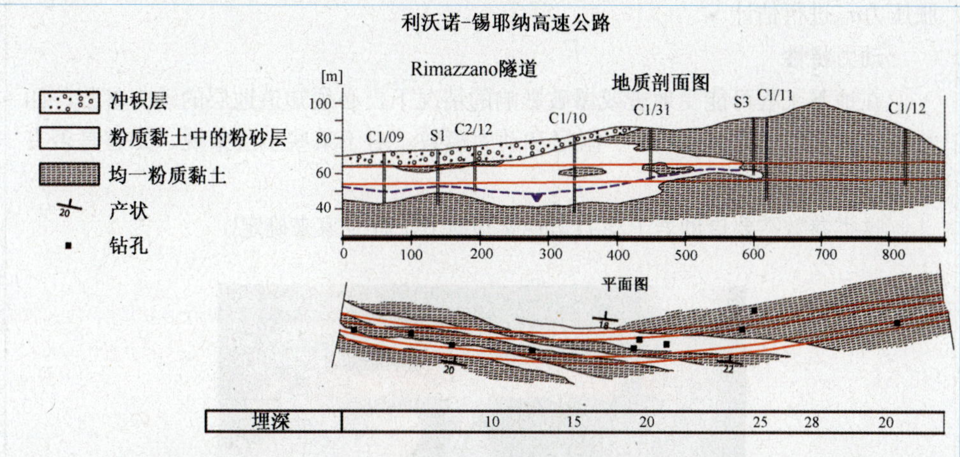

勘察阶段	岩性			粉质黏土中的粉砂层			均一粉质黏土	
	地下水位线以下地层							
	地质力学特性预测	Y	(t/mc)	1.96	1.92	2.00	1.98	2.04
		K	(cm/sec)					2.6×10^{-8}
		C	(t/mq)	5.5	0.0-1.5	3.0	5.5	3.0
		φ	(°)	17	30-25	25	1.7	22
		E'	(t/mq)	6 000-10 000			15 000- 25 000	

图6.3 地质和地质力学剖面图

力学特性—2

变形参数

对于各种岩土和结构之间相互作用的计算，必须知道变形模量值，以便评估隧道变形（挤出、收敛）程度以及开挖引起的地表沉降。除了极个别情况可在各项同性和弹性条件下进行计算外（在此情况下，地层变形特性确定可简化为评估杨氏弹性模量E和泊松比υ），评价变形模量是一项有技巧的工作，因为必须考虑开挖引起的地层应力值和与地层性质（各项异性、非均质性）有关的所有特殊方面。

因为岩土的性质既不是线性也不是可逆的，因此在确定初始应力状态或由施工引起应力增加或减少的动力模数值时必须进行计算。需要根据循环加卸载试验曲线估算模数。

对于在裂隙岩层中开挖隧道的情况，必须区分根据实验室岩样获得的岩石模数和取决于裂隙发育状况的实际岩体模数，必须计算代表岩石和裂隙变形特性的等效模数或者必须借助更复杂的模型考虑岩体中不连续面的几何形状和特性。

为了研究稳定性，必须知道排水状态下的变形参数以便计算地下工程长期的变形量。在膨胀地层必须知道潜在的膨胀特性。这可以用膨胀指数C_{rig}和零变形膨胀压力σ_{rig}进行估计。

动力特性

在地下工程可能受地震或爆破影响的情况下，必须知道地层的动力参数，如波的传播速度（尤其是V_s）、阻尼和动力模数。对于某些土层来说，知道是否有液化特性也很重要。

这类参数需要借助岩土动力学专家和地下工程专家来确定。

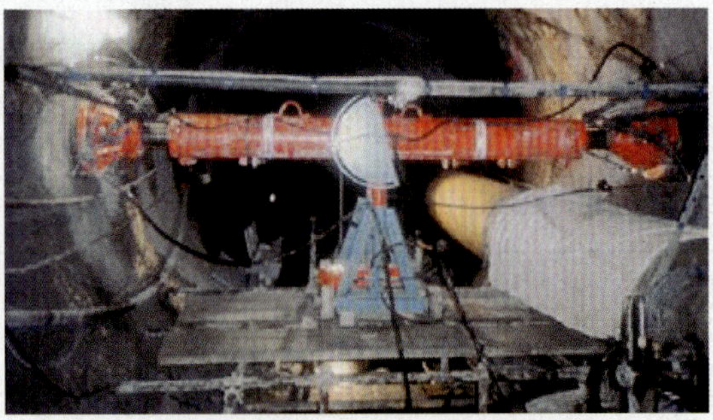

使用圆柱形千斤顶进行加卸载试验

在这里，需要区分2种对地质条件没有预测到的情况：一种是缺乏对地质性质的了解；一种是缺乏对地质力学特性的了解。

对于地质情况未能预测的狭义理解是：在设计阶段忽略了不良地质特征的存在或未能对其确精确定位，使得需要进行部分或者全部重新设计并变更施工方法和施工工期计划。

总的来说，未能预测的地质条件通常有以下几种情况：

- 极其重要的构造单元，诸如区域性断层或者褶皱或者具有高残余应力（压缩区域，褶皱的核心）的扇形区，通常伴有大的涌水；
- 极度混乱的地质构造体，其几何位置未准确重建，通常伴有地下水以及恶劣的地质力学特性；
- 产生重力变形的陡坡；
- 一系列不同类别的地层，其在地表分布不广，且由于地层结构或者孔隙性质造成地质情况不良，其所处位置常出现大型承压含水层（例如碳酸盐地层和三叠纪或中世纪白垩岩的承压层）。当承压水减压时，这些地层有可能膨胀或者遭遇化学、物理风化。

对于地质情况未能预测的广义理解，主要是在设计中未能预测出构造单元的地质力学行为类别和特性或者地质的自然性质。

那些不良特性会对项目的施工，具体来说是对于开挖以及地层改良、加固和洞室稳固作业的效果造成消极的影响。具体的例子包括：

- 在构造扰动区存在超固结黏土地层（靠近逆冲断层的前部等），其在开挖过程中表现出高膨胀率。虽然这些岩层的位置在设计中可能非常准确，但未能预测出其物理、化学以及力学性能；
- 出现的溶洞比预测的要大；
- 出现熟悉的地质构造，但却表现出不寻常以及不可预见的岩相。

其余常见的例子如图6.4所示。

通过应用现代勘察技术以及现代地质学积累起来的丰富经验，可以极大地减少因不可预见地质情况而造成的地质风险，地下工程的施工仅在不可预测事件的风险下进行。这些不可预测事件是指实际上不可能预测其规模和大小的不幸事件或者是那些在合理的技术及资金投入情况下不可能预测出的不幸事件。

因此，细致并且详细的勘察工作对于充分减少地下工程的固有风险十分重要。在这方面，勘察阶段所使用的资源应视为是施工准备的一项重要投入。加大勘察阶段的投入，能够带来良好的效益，能够制定准确的施工计划并进行机械化施工，从而可以保证工期和成本。

有理由相信，在如此重要的勘察阶段投入不少于项目总费用2%的资金是完全合理的。

水文地质特性

尽管水文地质特性非常重要，但是对于岩体水文参数的估计却是一项十分复杂的工作，它需要专业人员的细致和经验。

第1项也是最重要的一项需要评价的元素是影响岩体的水文地质系统（断层的类型和数量），其后是开挖前岩体内部测压管的荷载分布情况。水文地质参数（渗透性、水力梯度、导水系数等）是评价所需的基本数据，开挖对于水文地质系统以及对隧道本身影响的评价甚至能够影响项目实施的可行性。对于如渗透性的一些测量，将根据岩体的结构特性、不均匀性、各向异性而采用不同的方法在原位进行。对于土体，可以考虑采用小比例尺渗透性试验，*K*系数可以通过Lefranc试验以及恒载或加卸载泵送试验估计得出。至于破裂岩体，则要考虑次生渗透性，*K*系数则是通过吕荣试验估计得出。了解含水层的水文特性，不仅对于常规稳定性研究不可或缺，同时对开展防排水处理的研究工作十分重要。

由于其限制条件也是估计流速的一个重要参数，因此也必须对其进行确定。

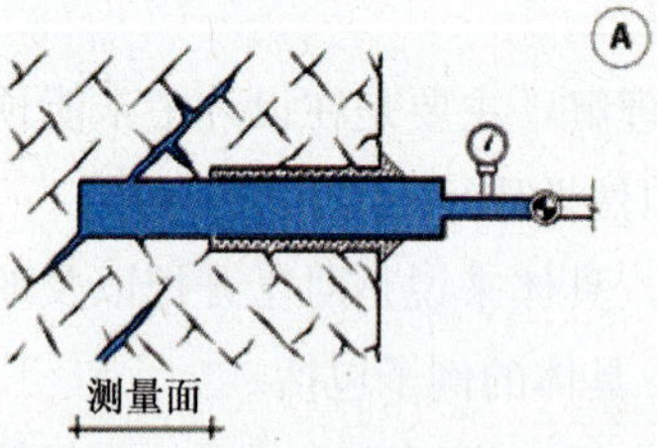

压力和渗透性测量图示

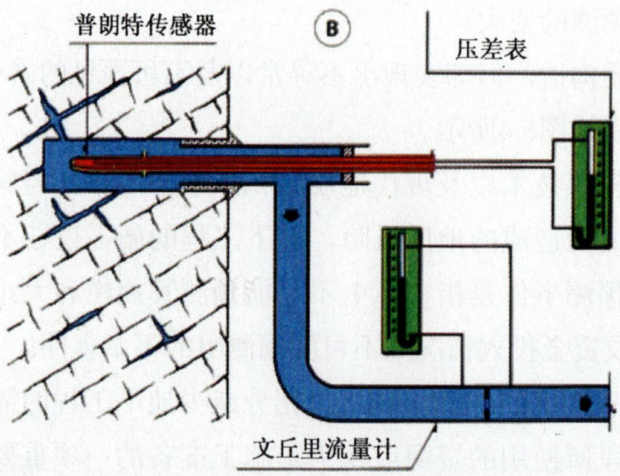

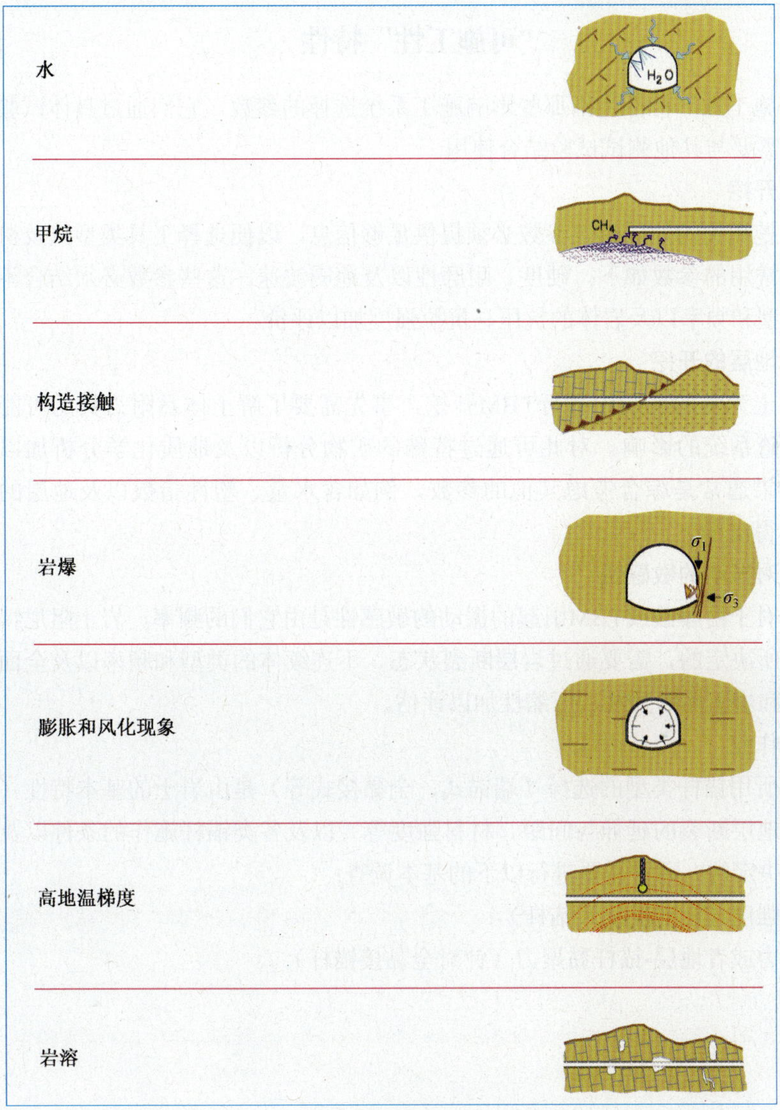

图6.4 不良地质特性

“可施工性”特性

“可施工性”特性是指那些影响施工系统选择的参数。它们通过具体试验决定，而且需要与其他测试试验结合使用。

围岩开挖

与开挖相关的地层特性参数必须提供足够信息，以便选择工具类型以及机械动力。最常用的参数如下：硬度、耐磨性以及地震波速。这些参数必须结合不连续体的类型和频率以及岩体的抗压、抗拉强度加以评价。

黏土地层的开挖

在黏土为主的地层中进行TBM开挖，事先需要了解土体黏附刀具的可能性以及对出碴系统的影响。对此可通过特殊的矿物分析以及地质化学分析加以确定，其结果通常是综合考虑其他的参数，例如含水量、塑性指数以及地层的活动指数而得出的。

地层对振动的敏感性

地层对于由爆破或TBM引起的振动的敏感性是由它们的频率、岩土阻尼特性以及波速所决定的，需要通过岩层断裂状态、不连续体的类型和频率以及全面的破碎指数和岩土体的强度、压缩性加以评估。

锚固作业

对于所用锚杆类型的选择（端锚式、全黏接式等）是由岩土的基本特性（地质特性、地层断裂的延伸与间距、材料强度等）以及各类锚杆施作的条件以及技术特性所决定的。通常需要进行以下的基本调查：

- 锚固强度（针对端锚式锚杆）；
- 摩擦力或者地层-锚杆黏聚力（针对全黏接锚杆）。

二维和三维层析成像技术—1

作为一种原位调查方法，尽管层析成像是一项新技术，但却显著改善了物探调查的结果，因此值得对此进行简要说明。该方法是基于过去用于临床诊断的CAT（计算机轴向层析成像）技术，可以地震波、声波、电波、磁波以及电磁波的形式进行层析成像。在任何情况下，它能提供所调查地质结构内部平面测值的点分布，解决了在传统物探调查方法中（声波取芯钻孔、跨孔测量等）每一个测组只能确定测量平均值的问题。

该技术以密集网络覆盖截面或体积对象的方式，进行尽可能一致和多方向的勘察，获取测量值。

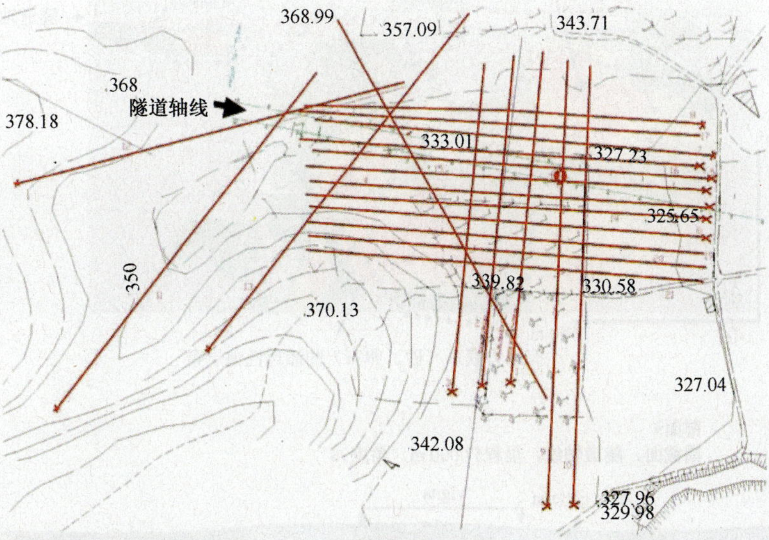

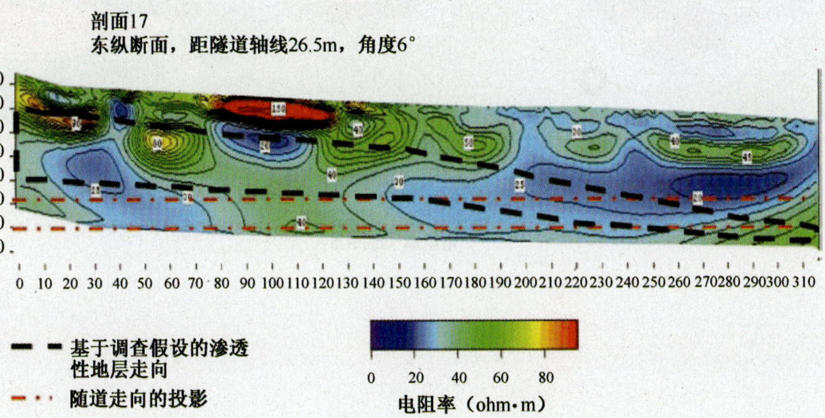

二维和三维层析成像技术—2

在该技术中，数据处理是以一个相反的顺序进行，由地震信号的传播速度开始到所调查介质中速度场的重建。为后续的计算程序，所测截面按照矩形方格进行离散。层析成像技术对于地形描述的潜力还很巨大，尚有待进一步开发。下图为使用电子三维层析成像技术调查的Firenzuola隧道岩体的水文地质特征图，Firenzuola隧道是新建博洛尼亚-佛罗伦萨高速铁路线上的一座隧道。

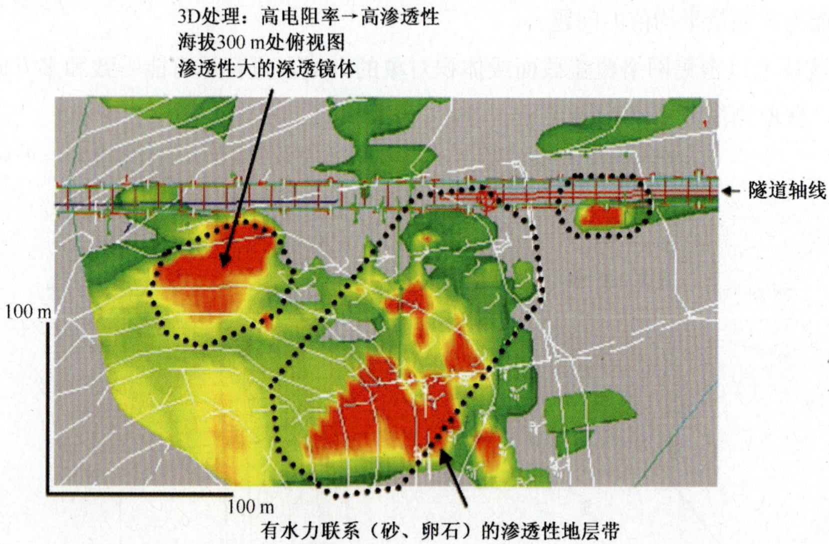

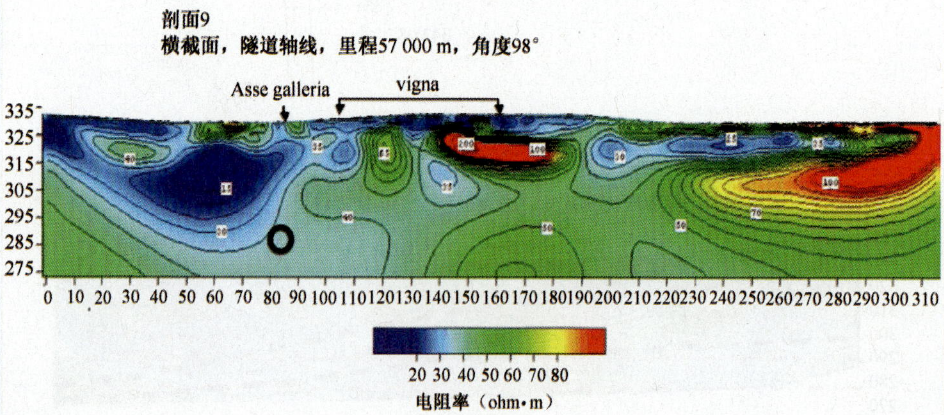

RS法

RS超前导洞法，结合形成一套完整体系，成为隧道设计中常规调查方法的真正替代方案。超前导洞使用小直径(3～4 m)全断面TBM进行施工，几乎与将建成隧道轴线共轴，对所涉及的岩体能够直接调查，并能从岩石层位学、结构、地质力学以及水文地质的观点对其进行定性研究，它与破坏性的水平取芯钻探效果相当。

正确运用该方法不可或缺的条件如下：

- 初步的地质勘察，调查相对于埋深条件的地质力学特性，以确保导洞的最低稳定水平及掘进机快速掘进速度；
- 采用装有相应设备的全断面连续掘进机；
- 隧道全线完成超前导洞的挖掘。

采用上述手段和方法进行导洞开挖，并运用一系列特性研究方法，能够全面且详细提供最终详细设计所需的所有元素。

（1）由于TBM对地层的扰动较小，隧道洞周表面情况在全尺范围内一目了然，从而能够明确岩体的地层、岩性、结构、构造以及水文地质方面的特性，该方法能够收集并且自动储存全部的相关数据，通过特殊软件还能根据要求重新生成图形文件；

（2）通过监控TBM的掘进参数（推力、掘进速度、能耗），并将其视为一个巨大的贯入仪，能够精确计算单位体积岩土挖掘所消耗的能量，并通过由原位扁千斤顶试验确定的比例系数可以获取岩体的强度；

（3）多种的勘察、试验以及测量工作能够直接在导洞内进行（岩芯取样、扁千斤顶和圆柱千斤顶试验、物探调查、落石的调查和运动分析、收敛量测等），并能够提供可直接用于隧道设计的结果。

如果隧道足够长（至少几公里），那么初期由于开挖超前导洞产生的额外开支将会被完全补偿，而这并不只是在随后过程中直接的节省（更轻松的地表地质勘察工作、更低的扩洞开支、更低的施工通风开支等），更重要的是能够根据实际情况制定扩洞施工计划，因而能够确定工期和费用。

第7章

诊断阶段

7.1 背　　景

在诊断阶段，设计工程师利用在勘察阶段收集的资料，预测隧道在无稳固措施情况下的变形行为（挤出、预收敛、收敛），其诊断结果是将隧道定线分成具有一致变形行为的各个区段。划分的3类基本形式如下：

- A类——稳定的掌子面-超前核心土或硬岩类型行为；
- B类——短期稳定的掌子面-超前核心土或者黏性岩土类型行为；
- C类——不稳定的掌子面-超前核心土或者软弱性岩土类型行为。

在研究开挖方法以及设计稳固技术以保障地下工程的可行性和长期寿命之前，首先掌握开挖引起的掌子面-超前核心土区域变形反应类型十分重要。正如前面章节列举的理论以及试验研究所验证的，其重要性显而易见，掌子面前方核心土的刚度和相应的稳定性对于变形反应有着决定性的影响，并且由此决定了如何成拱以及整个隧道中的应力-应变状态。

因此，对于设计工程师而言，知道如何准确地预测变形十分重要，因为他需要由此设计稳固措施从而保障整个结构的安全。

7.2 诊断阶段的基本概念

在开始真正的诊断研究之前，根据与岩性、结构、地形、地貌等相关的地质力学特性，将隧道定线划分为若干区段十分必要。这样，设计工程师即能以岩石静荷载以及其他决定性因素（构造应力、水力梯度、既有建筑和结构等）为基础，确定具有相同应力-应变行为的各个区段，同时估计变形大小和类型。

对于这些变形现象的预测（诊断），是以在勘察阶段获得的相关参数为基础，并考虑环境、地貌、水文地质、结构、应力方面，在弹性和弹-塑性范围内，使用目前可行的解析或数值计算系统而开展的。同时也要求工程师对基础设施施工和运营

具有相同应力-应变行为的区段

诊断阶段的目的是以相同的应力-应变行为将地下线路划分为各个区段。划分的3类基本形式如下：

A类——稳定的掌子面-超前核心土或硬岩类型行为；

B类——短期稳定的掌子面-超前核心土或者黏性岩土类型行为；

C类——不稳定的掌子面-超前核心土或者软弱性岩土类型行为。

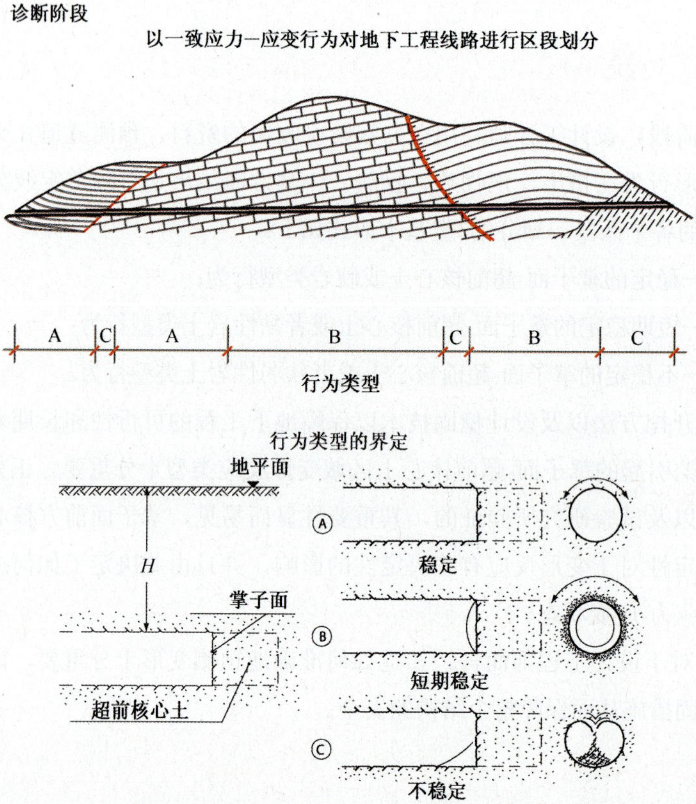

为此，设计工程师需要运用勘察阶段收集的相关信息，通过可行的试验或者数学手段，作出在没有稳固措施的情况下隧道变形行为的预测，包括挤出、收敛和预收敛。

对于前者，三轴压力盒挤出试验对于主要为黏土地层中的隧道开挖非常有用。

对于后者，特性曲线理论[12]能够对大多数隧道进行成功的诊断估计。

中涉及的法律法规和环境限制（例如，野生动物活动区域的保护、栖息动物最小的扰动、保持补给水渠的水位和不破坏风景等）方面有一定的了解。

对于将隧道定线分为具有相近地质力学特性的若干区段的标准问题，在这里不再赘述，但必须了解的是，并不只有一套标准。在这一章中，作者将以先期勘察所获得的结果为基础，举例说明需要遵循哪些标准，以期：

- 将隧道定线划分为具有相同应力-应变行为的若干区段；
- 充分且细致地研究各个区段的变形发生原因及发展情况，通过估计其大小，进而明确其所对应的行为类型；
- 考虑地下水赋存形式或者因临近建筑物和结构而需限制变形可能对行为类型的影响；
- 认识由于变形发展而在每一区段出现不稳定现象的类型以及大小；
- 准确评价隧道洞口上部以及周边范围天然和人工边坡的稳定性；

7.3 确定具有相同应力-应变行为的各区段

具有相同应力-应变行为的一个区段被定义为在隧道定线上的任意一段，在其范围内可以进行合理的假设，即在其全长范围内岩体对于开挖的变形反应是一致的。

诊断阶段的主要目的就是将地下工程的定线划分为具有相同应力-应变行为的各个区段。

首先要进行的工作就是以勘察阶段得出的隧道地质和地质力学剖面图为基础对地层进行完善的特性说明，随后根据类似地质和地质力学特性沿隧道线路划分各个区段，以此能够在后续的预测阶段中对其进行统一的处理。

为此，设计工程师需要特别考虑的内容如下：

- 地质和地质力学特性，尤其是关于岩体构造-结构状态、强度和变形参数；
- 常规的水文地质条件。

为了能够对变形反应可能的起源和当地下洞室开挖后变形的传播方式作出一些初步的判断，除了上述提及的因素之外，设计工程师还需要考虑：

- 地貌；
- 既有建筑和结构以及可能涉及的环境限制；
- 隧道埋深处地层的天然应力状态。

上述条件都不同程度地直接影响变形反应的类型、大小以及可接受的极限值。具体来说：

研究变形反应的三轴压力盒挤出试验

当在以黏土为主的地层中进行地下工程开挖时，本书第3.1.2节讨论过的三轴压力盒挤出试验是研究和预测开挖引起的地层变形反应的较好方法。这项试验通过重建地层情况，以小比例尺模拟隧道开挖过程中掌子面前方地层一个截面上，在平行于隧道走向的约束压力开始减少，直至掌子面到达时约束压力减小为0的情况。

这项试验所用仪器与标准三轴试验类似，主要区别在于，在本试验中试样的顶部运用了一个特殊的挤出腔。它是一个由不锈钢制成的空心圆柱，且该圆柱以一个给定长度沿试样轴线贯入试样的内部。采用一个格子薄膜将腔体的内部与土样隔开，随后将其连接到一个注满水的外部量管之上。由于其内部压力减小，腔体内岩土被挤出，导致水流出，量管内的水位将会随之改变。

这项试验通过使用模具切削下的土样进行。在试样的底部切削出一个与挤出腔相同尺寸的洞。随后在等效于隧道埋深的压力下，将其置于三轴压力盒中，使其饱和并且固结。这时，挤出腔内的压力总是与作用在试件上的总垂直压力相一致。一旦达到预先设定的固结条件，挤出阶段便由此开始：腔室内部的压力逐步减小，与此同时，保持试件处于排水的条件下。直到最终完成或至少被精确确定前，每一阶段的挤出时间都被延长，因此能够测量土体挤出而产生的体积改变和试件高度改变。最终测试结果可以通过挤出-约束压力图的形式给出（见下图）。对于隧道的应力-应变反应的预测可以通过将挤出曲线视为一个随压力减小的函数而较为容易地推断出来：

- 如果挤出曲线在约束压力减至0时依然保持在弹性范围内且几乎是一条直线，则隧道开挖后的形式应为稳定的掌子面-超前核心土类型（A类）；
- 如果挤出曲线在约束压力减至0时处在弹塑性范围内但没有达到失效的状态，则其形式应为短期稳定的掌子面-超前核心土类型（B类）；
- 如果挤出曲线在约束压力减至0时进入失效范围，那么其形式应为不稳定的掌子面-超前核心土类型（C类）。

通过挤出试验对应力-应变行为进行分析

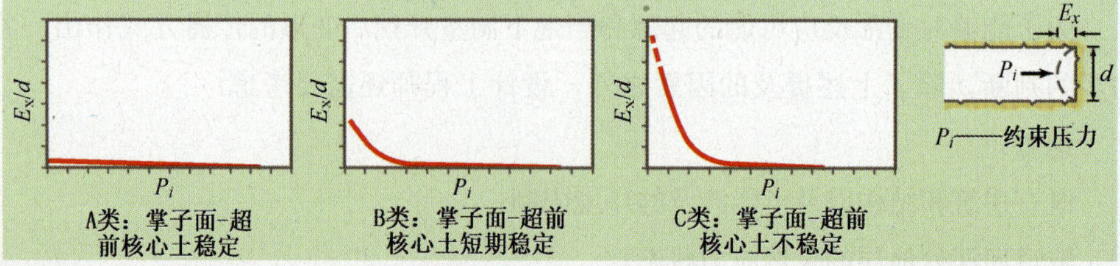

（1）岩体的地貌和构造-结构状态对于掌子面影响半径范围内和洞室周围的应力偏移方式有着直接的影响。例如：隧道的边墙可能会承受明显不对称的荷载；隧道边墙处的岩体不连续面特殊构造可能会引起所谓的岩爆。

（2）当隧道经过含水层时，至关重要的是在隧道施工和运营过程中应阻止或限制其排水以保持水文地质的平衡，这无疑需要在掌子面-超前核心土前方实施昂贵的预防性措施（防水注浆等）。本书在随后也会提及，在这种情况下，将不论掌子面-超前核心土的结构稳定性，而将该区段自动视作为C类。

（3）对于地质力学特性较差且近接于既有建筑(如房屋、桥和高架路的基础等)的隧道段，同样也应划为C类，因为这会对容许变形值提出严格的限制；

（4）隧道埋深处的岩体自然应力张量的大小和方向，对于隧道的应力-应变反应有着决定性的影响。因此，对其的了解是能够正确设计的关键因素。例如，在静地压荷载作用下，残余构造应力可能会产生不同方向的应力张量，而这将引起明显的不对称变形。

因此，通过详细分析上述因素可以大致了解开挖引起的隧道变形行为的发展趋势，并由此将隧道定线初步划分为具有相同应力-应变行为的各个区段。通过对岩体强度和应力状态进行比较，即可确定各个区段的行为类型。

应当指出的是，将隧道线路初步划分为具有相同应力-应变行为的区段，仅仅是基于一些相当简单的考虑，大多只是定性的分析。自然，当进行详细的数值分析后，需要对先前的区段划分进行一定程度的修改。

7.4 预测行为类型的计算方法

以常规观点来看，在诊断阶段必须通过弹塑性计算方法来研究变形现象的起源和发展状况。这种方法适合各种类型的地层，并且能够以三维形式模拟静力学状态达到足够的近似程度。对每一种能够使变形现象的预测更为接近真实情况的科学新方法都应给予充分考虑。

在常规情况下，当现实状态能够基于其假设进行解释时，设计工程师即可使用特性曲线法对隧道的行为类型进行足够可靠的评价，该方法：

- 考虑了掌子面前方的超前核心土对于隧道稳定性的贡献，因此反映了掌子面-超前核心土稳定性对隧道开挖后变形现象的影响形式；
- 以岩体土工和水文地质参数为基础，详细构建因岩体开挖内部松动造成的洞室周围和超前核心土的变形过程。

研究变形的计算方法

现在，对于地下工程的设计工程师来说，有许多方法能够诊断岩体受开挖影响的变形反应。

每种方法间最本质的区别是其所基于假设条件的各异性，这些各不相同的假设使得其在特定的情况下能够获得比其他方法更可靠的预测结果。

当然，也可以将这些方法归为2大类：固体荷载法和塑性圈法。

固体荷载法是一种将开挖引起岩体变形反应视为掌子面和洞室周围在自身重力作用下松动岩土体形成的结果并对其进行估计的方法。该方法适合研究无黏聚力的土体和破裂岩体中的变形反应，其反应行为更大程度上是由不连续面和地质力学特性所决定的，而不是其通常较高的岩石强度。

塑性圈法是一种将岩体变形反应视为掌子面和洞室周围扰动地层连续带形成的结果并对其进行估计的方法。随着隧道的开挖，该地层带将以一个与隧道共轴的圆圈形式逐渐向地层的内部延伸，其半径随天然应力状态和岩土体的强度和变形性的变化而增大。

岩块掉落

具体来说，在弹塑性范围内使用常规的解析式，设计工程师可以绘制出：

- 掌子面-超前核心土的特性曲线；
- 掌子面处洞室的特性曲线；
- 掌子面-超前核心土影响区域外各处的洞室特性曲线。

为此，采用以下标准非常重要：

- 计算中必须采用在隧道全比例尺下获得的的岩体强度以及变形参数；
- 在使用TBM或盾构施工的情况下，对于掘进机械所施加在掌子面上的力，应视为是对于超前核心土的一种约束，同时在诊断计算中也需对其进行考虑；
- 在双洞的情况下，计算时需要考虑其中一座隧道对另一座产生的附加应力（详见索引区法）；
- 在隧道位于地下水位以下的情况时，需使用特殊公式恰当考虑孔隙压力对于特性曲线的影响。

隧道各区段的行为类型能够简单地通过特性曲线进行预测，具体来说可以通过比较掌子面-超前核心土特性曲线与掌子面处的洞室特性曲线得出（图7.1）：

- 如果掌子面-超前核心土的特性曲线与掌子面处的洞室特性曲线交叉，同时保持在弹性区域内，那么隧道开挖过程中掌子面-超前核心土将会表现出稳定的形式（A类）；
- 如果掌子面-超前核心土的特性曲线与掌子面处洞室的特性曲线交叉并进入了弹塑性区域，那么在隧道开挖过程中掌子面-超前核心土将会表现出短期稳定形式（B类）；
- 最后，如果掌子面-超前核心土特性曲线与掌子面处的洞室特性曲线不相交，则是由于在弹塑性范围变形达到了失效点，因此在这种情况下掌子面-超前核心土将会表现出不稳定形式（C类）。

对于穿越以黏土为主地层的各个隧道区段，设计工程师需采用未扰动的原位试样进行三轴挤出试验，并以此为基础对于掌子面-超前核心土的稳定性以及行为类型进行近似并且可靠的预测。如同在“研究变形反应的三轴压力盒挤出试验”章节中所介绍的一样，可以通过挤出变形-约束压力曲线，较为容易地确定其应力-应变行为类型。

在特别复杂的情况下，如针对特性曲线方法的基本假设不适用时（浅埋隧道、临近边坡的隧道、隧道临近既有建筑物和结构等），那么其行为类型必须通过更为有效的三维计算方法加以确定，例如弹塑性范围内的有限元或者有限差分数值法等。

固体荷载计算方法——块体理论

块体理论[46]是一种通过解析几何方法对不连续面系统以及其间的相互作用进行深入研究的三维计算方法。它可以确定对洞室周围区域起稳定作用的关键块体。正如其字面意思一样，“关键块体”是一种楔形岩块，一旦这些岩块发生移动，将形成一个空间，使得原本受到约束的楔块可以朝其移动，从而将导致一系列且不可控的坍塌。因此，必须采取恰当的相关措施以稳定关键块体，例如使用锚杆来保障整个隧道的安全或者进行约束作业，以抵抗不稳固岩块的重力。

总的来说，块体理论能够较为有效地研究主要为弹性应力且不连续面比较规则的岩体的变形反应。

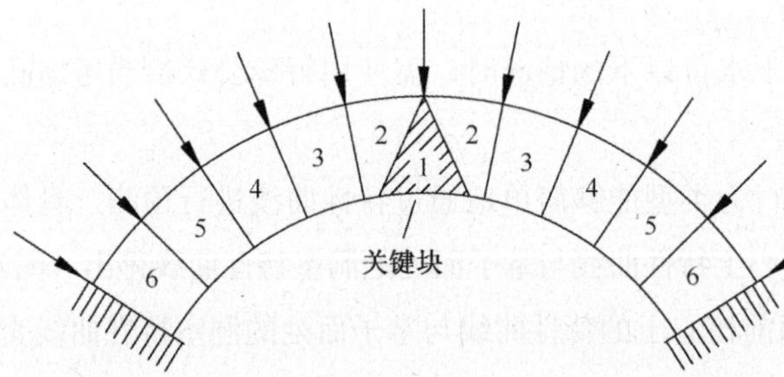

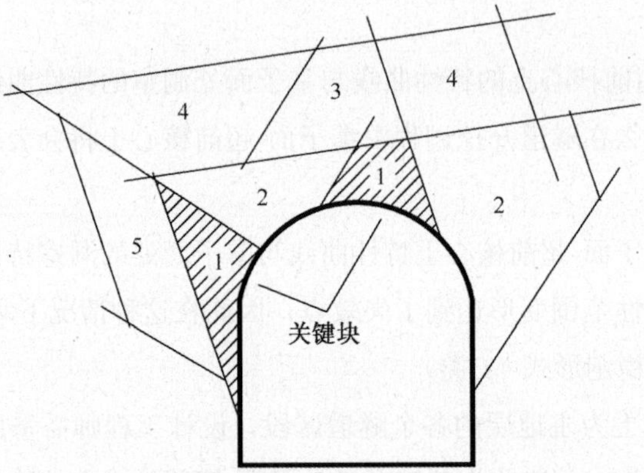

诊断阶段

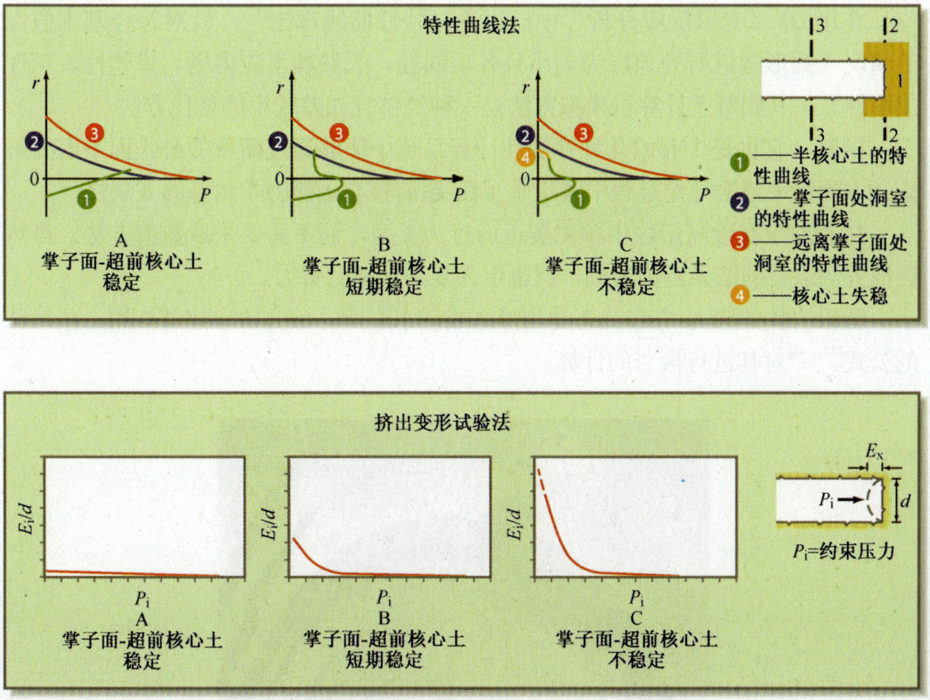

图7.1 行为类型的预测

需要再次说明的是，在诊断阶段，隧道行为类型的确定并不总是需要与掌子面-超前核心土的稳定性相联系。正如前文所述，当隧道通过含水层时，如果设计工程师认为有必要在隧道开挖和运营中阻止或限制其排水，以保持其水文地质平衡，那么就意味着需要在掌子面前方开展地层改良和防水措施。因此，所涉及的区段，将会不论其掌子面-超前核心土的结构稳定性，而被划分为C类。

同样的，当隧道定线靠近既有建筑物，设计工程师在确定隧道行为类型时必须考虑新建隧道所引起的临近建筑物的容许变形极限值。例如，隧道的某一区段埋深较浅且从建筑物下穿过，如果所经过地层不是由坚固的硬岩组成，那么可能就需要采用预约束措施限制地表沉降。因此无论其掌子面-超前核心土的稳定性，而将该区段划分为C类。

显然，对于经过地震区域的隧道，其行为类型的划分也并不是由其自身情况所决定的。不过，设计工程师还是必须明确敏感性的区段（例如碎石段），并在处治阶段进行专门的研究。

塑性圈计算方法——特性曲线理论

在第3章“变形反应分析”中已讨论过特性曲线理论[12]，针对符合基本假设的情况（圆形隧道所处地层为匀质且各项同性、天然静水应力场、弹塑性、延性或脆性），其相对于计算机模拟方法是一种经济且误差较小的替代方法。

同时，它也是少有的几种弹塑性计算系统中能够通过简单的公式而不需要解繁杂方程组来预测开挖过程中隧道掌子面-超前核心土静力学状态的方法之一。

这有助于在诊断阶段中预测隧道的行为类型，而不需要采取数值方法，虽然数值方法取得的结果更为精确，但也更为复杂且费时费力。

如果岩体的应力-应变状态受到静水或动水影响，该方法也能够使用一些特殊的公式[47，48]对其进行恰当的计算。

在塑性圈或塑性带中隧道边墙的收敛

7.5 评估变形反应的发展情况

在按照三种行为类型将隧道区段划分完毕后，对于每一种类型，必须在诊断阶段明确以下事项：

- 掌子面以及洞周的变形类型；
- 不稳定性的表现形式和结果，例如：
  - — 由于挤出变形和预收敛导致掌子面石块崩落和剥落；
  - — 由于挤出变形和预收敛导致掌子面-超前核心土失稳；
  - — 由于洞室收敛导致石块崩落和剥落；
  - — 由于掌子面-超前核心土失效导致洞室坍塌。
- 根据固体荷载和塑性圈模型，由开挖导致的荷载转移。

根据第1章中有关变形反应相关问题的说明，至关重要的是要明确主要是形成固体荷载还是塑性圈（参见第1章“变形反应的类型和发展”）：

- 如果预测的变形处于弹性范围或向失效状态发展，则主要形成固体荷载；
- 如果预测的变形处于弹塑性范围，则主要形成塑性圈。

在第一种情况下，对于变形反应的研究是通过采用固体荷载计算方法完成的。对于岩性较好、主要为规则不连续面（其对于洞室的变形行为起决定性作用）且应力处于弹性范围内的岩体，研究的目的主要是估计由岩体结构各向异性造成的重力现象的位置和大小。

由于不连续面的影响随着洞周应力状态（拱效应）的减小而增加，那么在此情况下，初步研究中需要明确隧道拱部和起拱线周围形成的拉应力区。

对于没有黏聚性的土体或者破碎程度达到隧道直径大小的岩体（松软类型行为），则需估计隧道拱部和掌子面处产生的固体荷载大小以及作为其表现形式的水平和竖直压力。

在第二种情况下，对于变形反应发展的研究是通过塑性圈的计算方法完成的，其目的在于估计掌子面影响半径范围和洞室周围塑性地层圈的大小，这是处治阶段决定采取干预和稳固地层措施的依据。所有可能影响隧道稳定性的因素，例如化学和物理的抗风化性、蠕变、可能的动水压力影响等，都必须从变形（挤出变形和收敛）的角度对其进行定性和定量确定。在研究变形现象时，上述两种情况都必须考虑可能存在的静水和动水压力影响。在双洞情况下，设计工程师还必须特别注意由于两洞靠近而造成的应力和变形影响。

索引区法（Index Area Method）

索引区法[49]是一种确定双洞施工中地层应力状态和塑性现象发展的简单计算方法。该方法主要是基于Kastner-Fenner理论在弹塑性范围内分析由分别开挖每座隧道引起的地层天然应力状态的变化。通过叠加两隧道之间区域所受弹性应力的影响作用，可以确定受两隧道互相影响的实际径向、切向应力的变化情况。确定隧道分隔区地层失稳的安全系数是通过容许切向应力曲线索引区（根据实际径向约束应力以及包络线在摩尔应力平面上计算得出）与实际切向应力索引区之间的差值计算得出的。

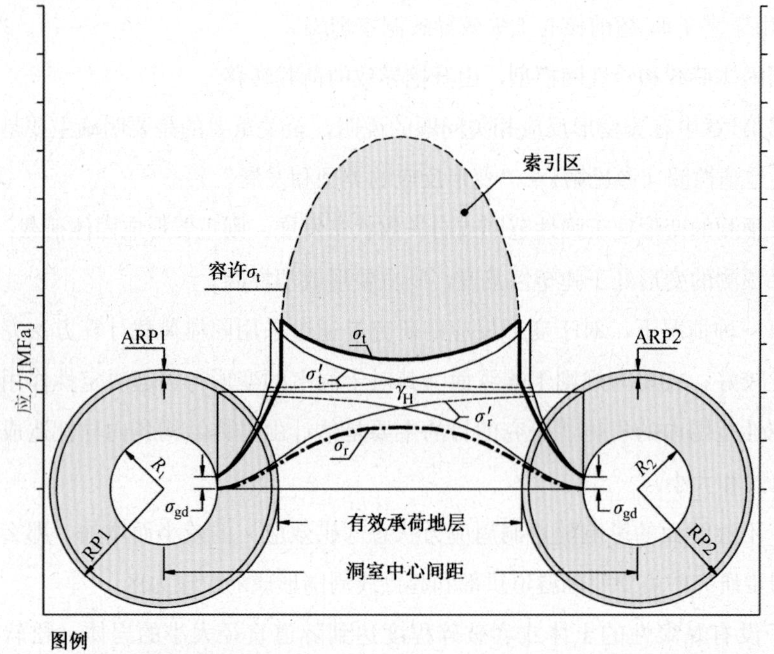

图例

σ_r——实际径向应力
σ'_r——各洞室的径向应力
σ_t——实际切向应力
σ'_t——各洞室的切向应力
σ_{gd}——岩体单轴断裂强度

7.6 洞　门

在对诊断阶段进行总结之前，有必要简要讨论洞门问题，因为洞门处理通常较为棘手。

因此，诊断阶段还要预测隧道开始开挖时、在无稳固措施情况下边坡的应力-应变反应。

为此，须对勘察阶段提供的下述结果进行全面的研究：

- 洞门边坡的岩性、地貌、构造和结构特征；
- 影响边坡的水文、既有建筑物和结构以及环境限制因素；
- 地层的地质力学特性。

其主要问题是判断在无特殊约束措施的情况下，洞门的开挖通常是否会保持稳定。

通过几个例子，我们可以发现对勘察阶段获取的数据进行深入的分析可以指导设计工程师对此进行可靠的预测。

7.6.1 洞门边坡的岩性、地貌、构造和结构特征

了解边坡的岩性、地貌、构造和结构特征是对变形行为进行可靠预测的关键因素。事实上，岩性较好的陡坡一般不会产生总体稳定性的问题；而对于似黏聚性的岩土，则在对其进行初期支护之前，任何情况下都不能对其进行开挖。

7.6.2 水文、既有建筑物和结构以及环境限制因素

水的出现通常是一个值得仔细考虑的因素，并不仅是由于中性压力的影响而造成剪切强度的降低，更重要的是其在岩层结构不连续面的充填体内起到了润滑作用。由于可能需要采取不只是保持开挖稳定性的特殊施工方法(例如消除所有的变形)，因此应仔细考虑任何既有建筑物或结构以及环境和考古等方面的限制条件。

7.6.3 地层的地质力学特性

掌握边坡所在地层的地质力学特性具有重要的指导意义。以地层强度为基础，通过各种计算表即能估计在不需要约束措施的情况下洞门入口的最大高度。通过分析勘察阶段所获数据，一个娴熟且经验丰富的设计工程师即可对隧道进入边坡的自然平衡状态和开挖过程影响静力学状态的方式有一个合理的认识。

不稳定情况的表现形式——岩体地质结构的影响

对隧道开挖过程中洞室内的落石进行运动学分析和变形预期，将会对诊断阶段[50]中的决策提供非常有用的信息。

岩体对于开挖的变形反应，通常不仅取决于埋深的大小（应力状态），同时也与其地质结构有关。下图以20多年的研究经验为基础，列出了最常见的变形反应发展和不稳定性表现结果。

纵剖面	横断面	描述
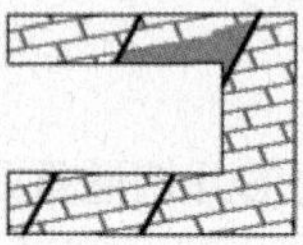	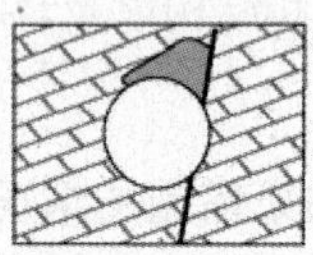	不连续体造成的坍塌
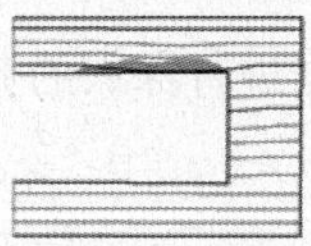	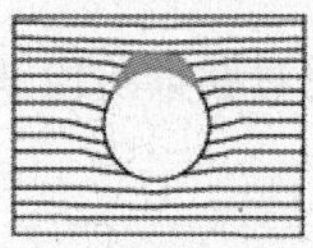	顶部岩板褶曲、失稳、坍塌
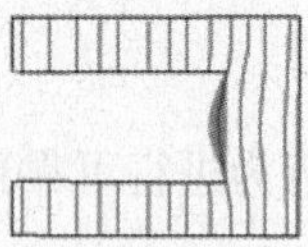	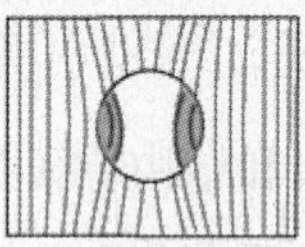	边墙岩板褶曲、失稳、坍塌
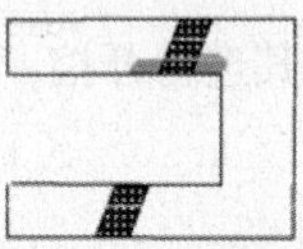	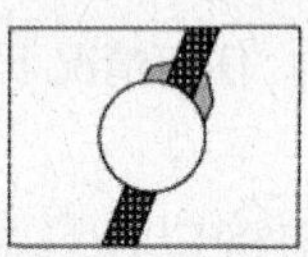	单节理造成的坍塌
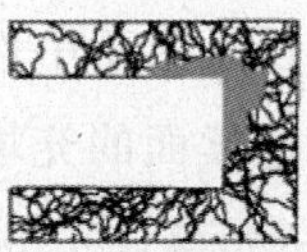	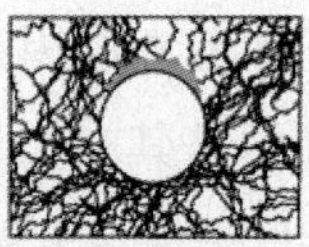	极破碎岩体中的坍塌
	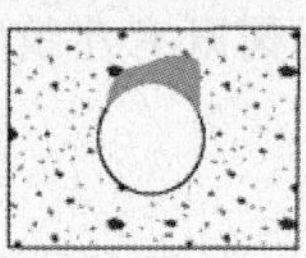	胶结性低或无胶结性碎裂岩土的坍塌
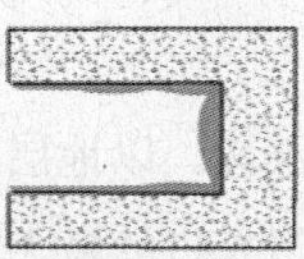	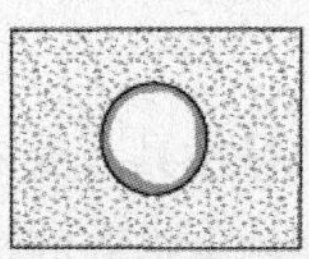	因塑性、挤压性和/或膨胀性岩土造成洞室侵限

自然，这个认识是基于初步分析建立的，对于不确定的地方，随着采用数学手段深入验证的开展，可以对其进行一定程度的修改。

7.6.4 预测边坡的变形行为

除了洞门建在无充分的约束，则会发生不稳定的无黏聚性岩土边坡上的情况外，对于边坡应力-应变反应的预测必须采用能够准确模拟真实的地貌、水文地质、地层和地质力学以及环境情况的计算方法。在这里值得一提的是有限单元、离散单元、块体理论和极限平衡法。而在选择最适合模拟真实情况的计算方法时，设计工程师必须基于经验且考虑所有可能对开挖安全产生消极影响的因素（例如大的降雨、地震活动、岩石爆破震动等）。

作为上述分析的总结，设计工程师必须明确：

- 开挖是否能够在没有约束措施情况下保持稳定：
  - — 如果能够保持稳定，边坡的变形是否能满足既有建筑物和结构要求；
  - — 如果不能够稳定，则需明确不稳定的类型。具体来说，一方面需要判断沿不连续面发生的滑动是否会导致不稳定性或不稳定性是否涉及岩体的性质；另一方面需预测失稳是以脆性还是延性的方式出现。在岩土材料没有足够残余强度的情况下（例如砂、易于滑坍的层状岩体以及具有不连续面、抗剪切强度较小的岩体），总是发生脆性行为。而延性行为一般出现在具有较大残余强度的岩体中（例如泥岩、软质黏土等）。
- 限制潜在不稳定性所需的约束措施。

在处治阶段中将会基于这些问题的答案作出设计决策。

7.7 小　　结

总之，在诊断阶段进行洞室变形行为的研究，设计工程师能够获取所需的重要信息，以便在处治阶段作出有关开挖和支护加固方面的设计决策。该信息包括隧道各段变形引起的不稳定性的类型和程度。

诊断研究的结果需在地质和地质力学剖面图中进行归纳（图7.2），成为后续设计和施工阶段所能参照的隧道“身份卡”。

预测洞门的稳定性—1

在以节理和断裂为主的岩石地层中，洞门的稳定性很大程度上受到不连续面组相对于洞门临空面的相对方向影响。通过对岩体地质结构的细致研究，可以对稳定性问题进行相对初步的估计。下图显示出了其相互作用情况，即在保持其他因素不变的情况下，洞门位置的改变对于其稳定状态的影响情况。

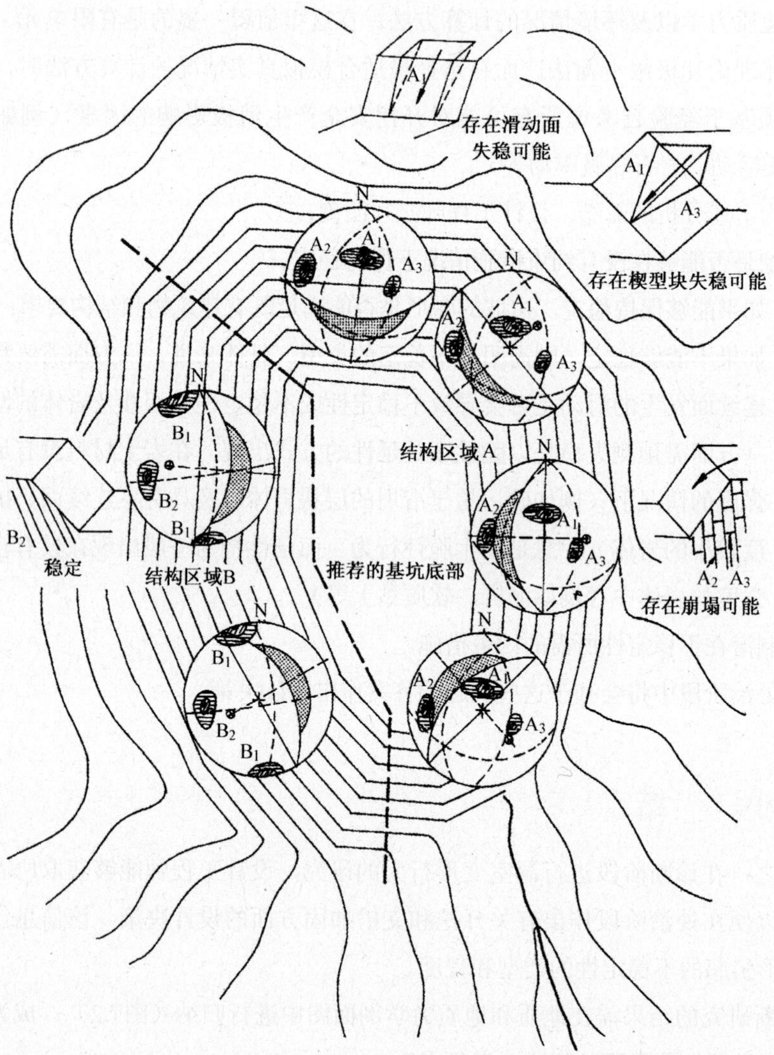

利沃诺-锡耶纳高速公路

Rimazzano隧道　　　　地质剖面图

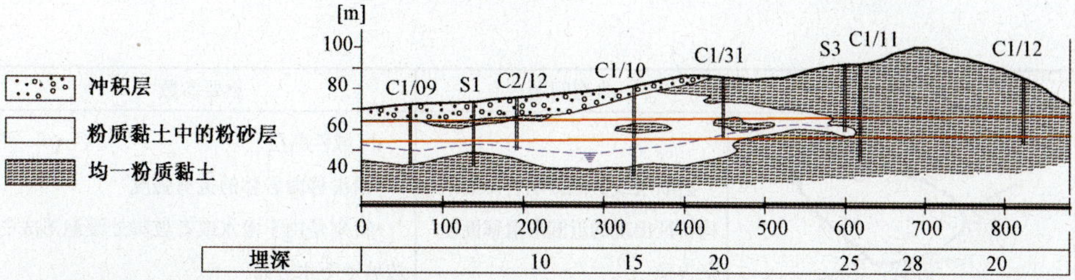

地质和地质力学研究

阶段	项目	参数	单位	粉质黏土中的粉砂层			均一粉质黏土	
勘察阶段	岩性			粉质黏土中的粉砂层			均一粉质黏土	
	地下水位线以下地层					- - - -	- - - -	- - - -
	地质力学参数预测	Y	(t/m³)	1.96	1.92	2.00	1.98	2.04
		K	(cm/sec)					2.6×10^{-8}
		c'	(t/m²)	5.5	0.0-1.5	3.0	5.5	3.0
		φ	(°)	17	30-25	25	17	22
		E'	(t/m²)	6 000-10 000			15 000-25 000	

变形行为预测

阶段	项目	状态	粉质黏土中的粉砂层	均一粉质黏土
诊断阶段	掌子面	稳定		
		短期稳定		——
		不稳定	——	
	洞周	稳定		
		不稳定	——	——
	各向异性	强	——	
		中		——
		弱		

图7.2　地质剖面图

洞门开挖的不稳定表现形式

结构	典型问题	重要参数
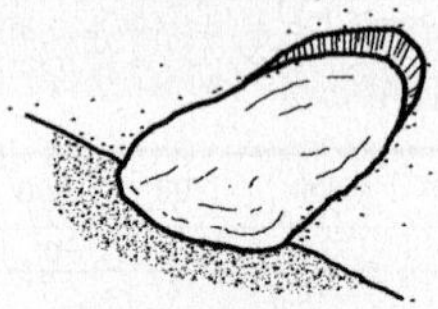 洞门处在滑坡地层中	沿断层或其他影响岩体的结构特征出现的近圆形滑移面复杂失稳	•区域性断层 •沿滑移面岩体的抗剪强度 •特别是由于雨水或者坡脚处浸泡形成的边坡地下水分布 •潜在的地震荷载
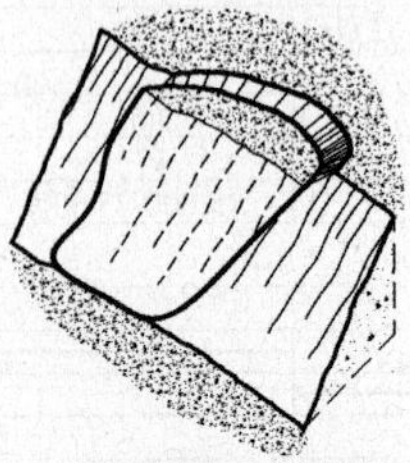 洞门处在土层或者严重断裂岩层中	在土层或极度破碎岩层中沿勺状地表面出现失稳	•洞门表面的高度及坡度 •沿滑移面的岩土抗剪强度 •边坡处地下水的分布
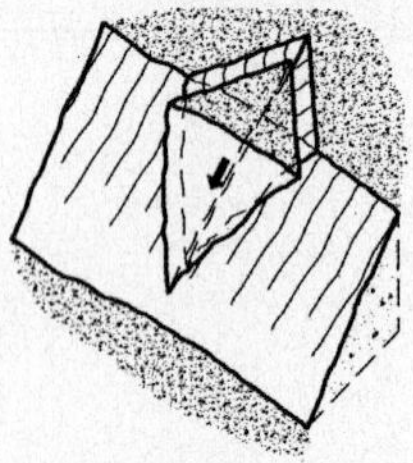 洞门处在中等断裂岩体中	特殊构造处或2个特殊构造交线处出现的平面状或楔形滑移	•边坡的高度、坡度和方位 •特殊构造的浸泡和方向 •斜坡处地下水分布 •潜在的地震荷载 •开挖工序和稳固手段
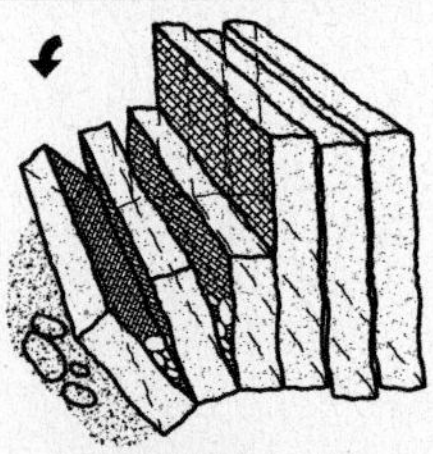 洞门处在近垂直的断裂岩体中	由于边坡面接近垂直、平行或接近平行的特征，造成岩柱从岩体分离、倾倒	•边坡的高度、坡度和方向 •特殊构造体的浸泡和方向 •斜坡地下水的分布 •潜在的地震荷载 •开挖工序和稳固手段
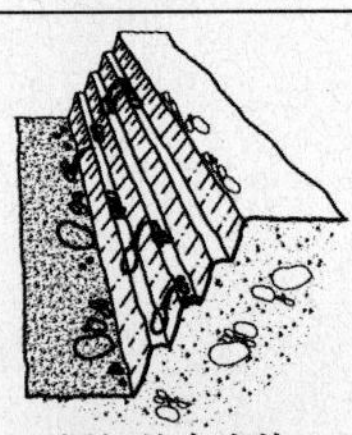 洞门处在岩块松动的岩体中	边坡上岩块或砾石的滑动、滚动、掉落和崩塌	•边坡的几何形态 •松动砾石的存在 •边坡岩土体的恢复系数 •阻止岩块掉落和弹起的结构体

预测洞门的稳定性—2

对于洞门的稳定性，可以使用通常用来估计天然和人工边坡安全条件的计算方法进行预测。设计工程师需要从众多可能中选出最符合现实状态、系统表达滑动类型（圆形、平面形、楔形）的计算方法。根据相关文献中的众多计算图表，可以对洞门的稳定性进行快速的估计，而不需要采用计算机模型。

下图为Hoek和Bray编著的《岩石边坡工程》[51]中所列的典型计算图表。

圆弧滑移破坏图

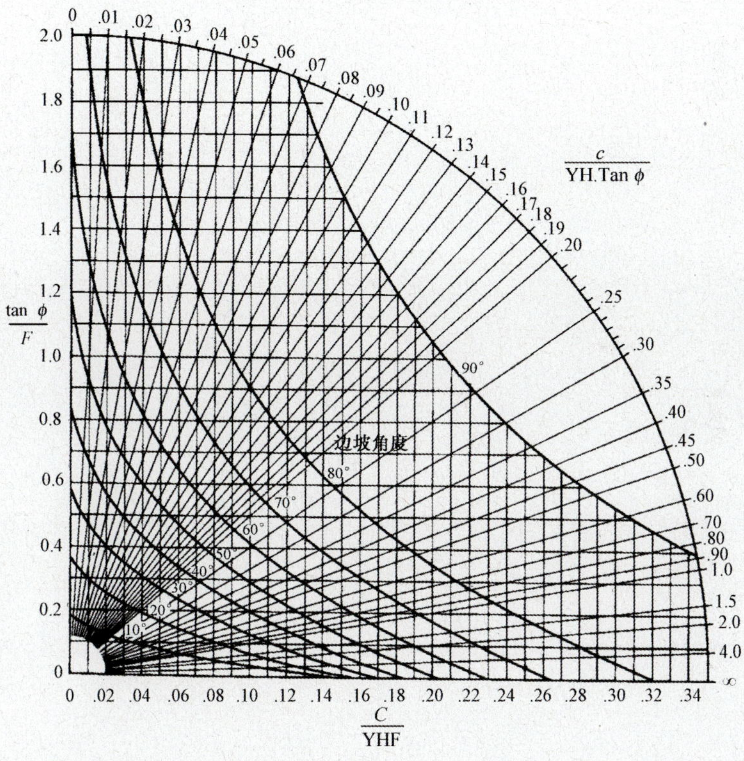

第8章

处治阶段

8.1 背 景

处治阶段是设计工程师以诊断阶段获得的隧道开挖过程中可能出现的变形质量、位置和大小的预测结果为基础作出实施决策的阶段。在此过程中，需要考虑开挖系统、掘进速度和开挖步骤等，但其中最重要的还是需要考虑稳固措施以及如何通过稳固措施在掌子面-超前核心土与洞周间实现平衡，以便：

- 通过在靠近隧道边墙处形成成拱效应，确保开挖洞室和任何临近既有建筑物及结构的稳定性和安全性；
- 通过细致地设计隧道掘进方式和需要情况下的稳固结构布置形式，保障机械化的施工，满足环境要求并且与项目的需求相适应。

在此决策背景下，必须确定是否需要以及如何控制变形，是否允许其变形发生还是需要通过预约束手段阻止其变形发生以及/或通过约束手段限制或完全消除变形。

本章将以先前的勘察和诊断阶段为基础，举例说明设计工程师必须遵循的标准，以便：

- 针对项目实际情况和水文地质及地质力学背景，确定最适合的开挖系统（机械法或常规开挖法）；
- 确定保持开挖稳定和自然平衡的稳固措施；
- 确定稳固措施如何作用于岩体的地质力学特性以及其发展形式（关于黏聚力、摩擦力和最小主应力σ_3），以控制变形现象；
- 在考虑掌子面位置的情况下，确定稳固构件的布置地点，以使其具有结构功能；
- 确定隧道辅助施工措施。

因此，首先要考虑隧道掘进机的不同类型和特点，然后讨论隧道设计标准并检验常规隧道开挖方法设计和施工中最常见的稳固措施。为此需考虑以下方面：

开挖和稳固方法

地面建筑主要是通过材料（砖、水泥、骨料和钢等）的装配形成其结构；地下工程施工则是通过掌子面掘进开挖出一个洞室。在开挖期间，土体被破坏，将不可避免地扰动岩体的既有平衡，并改变其应力、地质力学和水文地质特性（开挖对于岩土体的影响）。

从应力观点来看，在地层中均匀分布的原始应力场会在开挖洞室的周围产生偏移（应力转移），并继而在隧道边墙上形成应力增大区。

以地质力学的观点来看，如果岩土应力在弹性范围内增大，那么根据其强度和变形特点，其断裂和不连续面将会收紧，并继而转变为剪切强度的增加。因此能在靠近洞室轮廓面处发生应力转移，这将会很好地保证其长短期的稳定性条件。然而，如果岩土所受应力进入弹塑性范围，那么隧道轮廓周围的地层将会塑化，这种塑化将会引起显著的强度损失。这种现象会由于其逐步向岩体的深处传播，而导致应力转移（拱效应）远离隧道轮廓面，隧道的稳定性会随着其塑化的发展而变得越发不稳定。

从水文地质的观点来看，当隧道位于地下水位线以下且没有采取相应措施时，压力计压力将会明显下降，并会造成地下水涌入隧道内。在这种情况下，如果不及时采取有效措施，将有可能发生地下洞室稳定性非常危险的突泥或管涌现象。

隧道开挖对既有自然平衡改变程度的大小，决定了开挖对地层扰动（影响）的大小以及随拱效应形成时间的稳定性。其改变程度以及开挖对岩土介质的影响取决于地层的开挖方法，具体来说，是由隧道从原有平衡达到新平衡的间隔时间所决定的。

因此，隧道开挖方法将决定隧道自身和相邻既有建筑物或结构的长期以及短期稳定性。

既然保持隧道和既有结构的稳定性是地下工程设计的主要目标，那么其主要任务即是最大程度减小开挖对应力、地质力学和水文地质方面的影响。

- 干预措施的静力学功能；
- 对地层守恒线和包络线的影响（保护性或改良性措施）及对隧道的稳定作用（预约束和约束措施）；
- 必须采取干预措施并确保发挥其恰当作用的区域（干预区域）；
- 适用范围。

8.2 处治阶段的基本概念

对地层变形反应的起源、发展和结果机制，有一个清晰的认识是在处治阶段采取正确决策的关键因素。

对于该机制的认识程度，无疑将影响设计决策的好坏。因此，这里需要对先前章节中提及的有关信息进行一个回顾，由此可进行如下归纳：岩土对开挖的变形反应是一个整体反应，是所采用的设计和施工决策控制掌子面影响半径内围岩松弛的结果。

和诊断阶段一样，处治阶段也必须首先将掌子面-超前核心土稳定条件视为主要参照点。

在诊断阶段，通过将特性曲线理论作为主要的参照因素，对无稳固措施情况下掌子面-超前核心土影响半径内的变形进行预测；而在处治阶段，则是通过将包络线和守恒线作为主要参照因素，作出有关变形控制的设计决策。

直到几年前，由于对隧道开挖时控制岩土变形反应的起源和发展现象缺乏了解，造成了解决掌子面-超前核心土稳定性问题的方法较少。对此给予重视，只是出于保障施工工人安全这一目的，而洞内真正设置稳固构件的时间较为滞后。

因此人们探求采用上导洞和下台阶开挖方法，通过保留地层中央核心土起到临时约束的作用，以期能解决潜在或者实际的掌子面-超前核心土不稳定问题；然而，采用该方法会使约束压力σ_3迅速降低，并导致应力状态超出岩体的固有强度，以致于不能确保掌子面前方地层稳定问题。

至于隧道掌子面的问题，掌子面发生坍塌，需要在洞室周围大量采用昂贵的稳固措施，因为在这种情况下只有其残余强度起作用。

另一方面，当地下工程靠近既有建筑物和结构，阻止地层变形相当重要时，应当考虑使用机械化盾构或在地下水位线以下时使用压力平衡盾构（气压、泥水压等），以提供约束力、平衡地层对于掌子面的推力。不过，这类刚性系统不能适应地质情况的多样性，尤其不能在膨胀性挤压地层中使用，因此其应用领域受到了限制。

开挖方法和掘进效率

如果设计工程师能够确保下述事项，即能确保较高的掘进效率，即开挖速度：

- 施工场地安全条件良好，尤其是掌子面附近；
- 人员和机械作业空间充足；
- 隧道开挖作业机械化。

显然，只有预先设计出隧道开挖循环以及隧道开挖方法，才能保证上述目标的实现。

需要强调的是：任何隧道都有一个理论最大掘进效率，其取决于几何尺寸、地质和水文地质条件、应力状态以及可采用的施工技术。如果这些问题得到了恰当处理，那么掘进效率就有可能接近最大的理论值；如果处理不恰当，例如在设计时有让实际条件来“适应”承包商所采取施工方法的想法，则无疑将会造成工程的不经济，甚至有可能造成隧道的坍塌。通过运用本书所列的相关准则，在过去15年中，意大利在隧道施工机械化和安全性方面都有了极大的进步。

下页插图示出了博洛尼亚—佛罗伦萨间新建高速铁路隧道在多样的地质和应力条件下采用岩土控制变形分析法所获得的掘进效率。该图显示出在不同类型地层下平均开挖速率较高，并且表明掘进效率具有极好的线性，这说明在没有不可预见事故的情况下，机械化开挖基本上是以固定速率进行的。

的确，隧道开挖方法不仅决定了隧道自身和周边既有建筑物及结构的长期、短期稳定性，同时也决定了其所能达到的掘进效率及其线性程度，是地下工程设计师所要实现的2个重要目标。稳定性和掘进效率问题贯穿隧道整个开挖过程，是设计中必须考虑的主要问题，也即是每座隧道设计中不可或缺的主要内容之一。

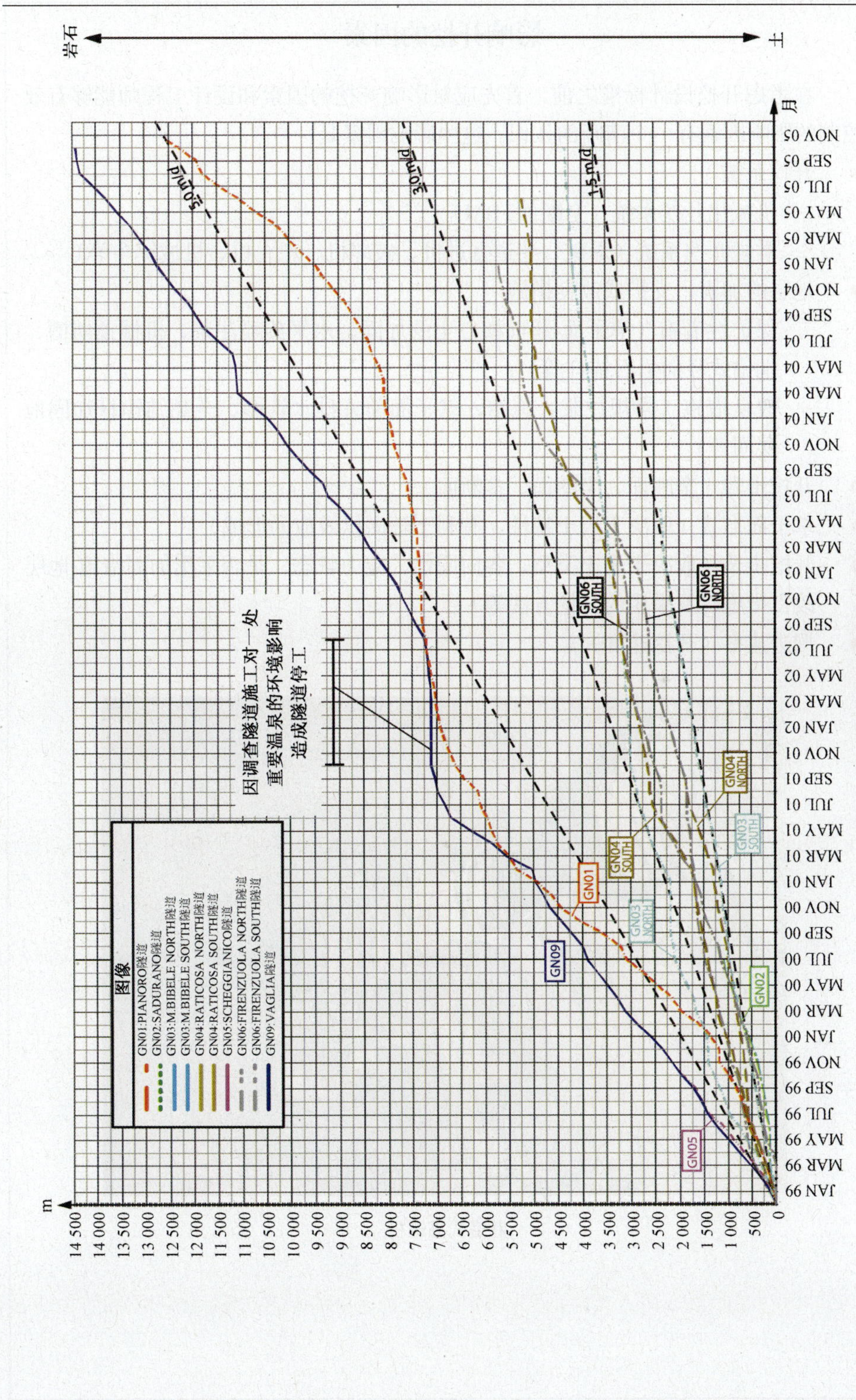

1999年1月～2005年10月间的隧道掘进进度

影响开挖的因素

在考虑开挖设计标准之前，首先应对影响开挖的因素和设计工程师能够有效控制的影响因素有一个清晰的认识。这些影响因素是：

- 开挖系统
  - 机械化开挖系统（全断面TBM）；
  - 常规开挖系统（爆破、巷道掘进机、破碎机、耙土机、机械铲斗等）
- 地层的加固、支护或改良措施
  - 保护性措施（掌子面-超前核心土的加固、水平旋喷注浆、机械预切槽、端锚式径向岩石锚杆等）；
  - 改良措施（常规注浆、冻结、掌子面前方排水管棚、全黏结锚杆加固地层圈等）；
- 开挖步骤（全断面、半断面、多断面）；
- 掌子面形状（取决于岩土特性，有利于轴向拱效应的形成）；
- 开挖步长（取决于岩土类型、各向同性、应力状态、是否采用加固措施/地层改良措施以及采用的开挖方法等）；
- 掘进速率（开挖速度）。

巷道式掘进机

而到目前为止：

- 已经了解了掌子面-超前核心土稳定性以及其对于隧道长期稳定的重要性；
- 能够在诊断阶段的评价基础上，预测可能的掌子面-超前核心土不稳定性；
- 拥有能够应对各种岩土或地质力学条件的方法、手段。

因此，可以对掌子面前方采取干预措施预测变形现象，并在变形初期阻止其发展。

故而，地下工程设计师注重的重点是应避免在已发生了坍塌的岩土介质中开挖隧道。

为此，设计工程师必须首先做到：

- 保持超前核心土的整体性，需要时应对洞室采取恰当的预约束措施。

其次，为适应施工后勤要求，设计工程师必须：

- 尽可能地加快掘进速度；
- 尽量保持掘进速度一致；
- 使掌子面形成一个凹陷状。

根据诊断阶段的研究结果，可得出：

- 当隧道掌子面-超前核心土的应力-应变行为处于稳定状态时（A类），只需采取简单的约束措施；
- 当隧道掌子面-超前核心土的应力-应变行为处于不稳定状态时（C类），除了约束措施外，还需要考虑提供强有力的预约束措施；
- 当隧道掌子面-超前核心土的应力-应变行为处于短期稳定状态时（B类），可根据所估计的开挖速度，选择洞室预约束措施或简单约束措施。

一旦决定了所采用的约束措施类型，则需要从开挖系统、开挖速度、开挖步骤以及最重要的稳固方法和工具等方面对其进行优化。对于后者，则需在考虑掌子面位置及其所属的行为类型（A、B、C类）情况下明确预约束措施的实施方式和位置，以便获得所需的约束效果。

8.3 开挖系统

掘进或开挖系统是设计工程师必须运用知识和技巧慎重进行选择的隧道特性参数，它可以是机械方式或者常规方式。

可供选择的具体开挖方法很多，就算我们狭义地把机械化开挖方法这个概念限制在只包含那些从地层开挖到二次衬砌安装的所有施工阶段都依次由机械完成的开挖系统，像一个大型的装配生产线一样，设计工程师依然可以进行以下选择：

- 全断面隧道掘进机（TBM）：敞开式、单护盾式或双护盾式；
- 简单盾构、叶片式盾构、压气式盾构、水力式盾构、土压平衡式盾构、复合式

开挖系统

在炸药出现之前，隧道的开挖要么是使用热冲击（首先用火加热岩石，随即用水冷却），要么就是使用最基本的人力机械进行。

直到16世纪末，在美国康涅狄格州起爆第一“环”炸药时，才开始用火药代替火，作为减小破碎岩块力学强度的方法。1802年，位于美国特拉华州的杜邦公司首次开始工业化制造火药并推向市场。

而现代高能炸药工业则诞生于19世纪中叶：霍华德于1800年阐述了雷酸汞的配制（雷管的重要成分）方法；Schonbein于1846年对纤维素进行了硝化，随后硝化甘油被配制出来；诺贝尔于1867年开始制造炸药。

从19世纪后半叶开始，爆破技术在其效率和安全产品的多样性方面都有了明显的进步，同时炮孔钻凿技术也得到了发展；同时，机械化开挖方法在动力、自动化和控制系统等方面也有了长足的进步，以致于其选型不再是简单的行为而需要仔细分析。

典型的隧道开挖过程通常可分为2类：当能量以极快的方式传到岩土介质中时，这类开挖方式被归为第1类（爆破开挖）；而当能量以缓慢的方式传递时，这种开挖方式就被归为第2类（机械开挖）。后者还可以细分为若干个子类，以区分其具体是使用液压破碎机（锤）、挖掘机、耙土机、推土机等还是使用刀具开挖（巷道掘进机或全断面掘进机）。

使用液压破碎锤进行机械开挖

盾构。

常规开挖方法的选择范围也很广泛，包括爆破开挖、机械开挖。机械开挖可以依据其地层的类型通过各种类型的巷道掘进机、破碎锤、耙土机和机械挖斗来实现，而对于其他有具体限制的情况则可使用岩石劈裂机或者非爆破破碎剂（Bristar破碎剂、爆破筒等）来实现。

对于开挖系统的选择，主要是依据地层的类型、地貌、地质、水文和水文地质情况，其物理和力学特性、各项同性、应力状态和截面的几何形状加以决定。通常，像经济、技术和组织机构等方面的其他因素也要一并考虑。

尽管意大利复杂的、通常恶劣的地质条件更多地促进了常规开挖系统的发展而非机械化系统，但是最近几年市场上更灵活可靠的隧道掘进机已经能够保证其在软土地层中有良好的表现，这意味在意大利选择这种开挖类型的工程也同样在增加。其应用具有一些特别的优势，主要表现在：

- 采用掘进机沿主洞线路开挖小直径导洞并将其作为一种勘察方式（使用RS法分析TBM的操作参数）；
- 对于浅埋隧道，可作为常规技术的替代方法，特别是在城市环境中常常要求限制和控制沉降，需要安全快速地下穿建筑物基础、公用设施和既有结构，这通常为机械开挖提供了展现其全部潜能的平台；
- 采用掘进机开挖地下水位以下的软岩隧道。

机械化开挖的优点体现在其速度、连续操作性，以及与常规开挖方法相比能够显著节省工期和费用的特点上。但如果有延误和重复停机现象，机械化开挖方法就有可能失败。因此TBM隧道的设计质量必须高于常规方法开挖的隧道，当然对于常规隧道开挖方法而言，其设计质量也应该，至少是期望到达一个很高的水平。

在初步设计阶段即应考虑使用TBM技术的可能性，并在评估风险以及常规和机械化方法的效益-成本分析基础上作出相应决策。

众所周知，所采用的掘进机械是决定工程成功的重要因素，特别是考虑到在施工过程中不能对其进行更换（除了在设计阶段计划的施工过程中的部件更换外），为此，有必要对地质-地层、构造、水文地质和岩土-地质力学等方面进行全面的调查，以便最大限度地降低地质风险，为掘进机械选型提供足够的参数信息。

开挖方法的选择不仅极大地受隧道横断面尺寸的影响，同时影响因素还包括地层的物理、化学、土工和地质力学等方面的特性，掌子面-超前核心土和洞室的固有

机械化法或者常规法开挖?

开挖系统 / 条件		常规法	全断面掘进机的机械化开挖法	
			掌子面-超前核心土未采取约束措施	掌子面-超前核心土采取约束措施
隧道特点	长度	设备费用相对较低，开挖费用并不明显受隧道长度影响	机械费用通常较高，适合较长隧道	机械费用通常较高，适合较长隧道
	横断面形状	各种断面形状，可进行变断面施工	圆形断面，开挖后可通过常规方法修正其形状	圆形断面，可通过特殊机械开挖其他形状的断面
	横断面的表面积	无限制，最大开挖面积800 ㎡	最大开挖直径12 m	最大开挖直径14 m
地质条件/行为类型	硬岩/A类	适合	适合，除了极硬岩体（≥200 MPa）	不适合
	硬岩或有极少裂缝/B类	适合	适合	不适合
	成层或非常破碎的岩体；含水层/B类	在有恰当对策的情况下，适合	软岩区域或时常有地下水涌入的区域，不太适合	不适合
	土体/C类	在有恰当对策的情况下，适合	不适合	在约束其变形现象情况下，适合
环境条件	噪声和振动	在居民区和重要设施附近不太适合采用爆破和破碎锤技术	对围岩产生极小的扰动	对围岩几乎没有扰动

稳定性以及地下水。

8.4 机械化或常规开挖方法

为了提供选择常规方法或者机械开挖法的一些基本标准，或许值得考虑下面各个方面。对其进行分析，是可靠评估机械开挖法所涉风险以及深入比较两种开挖方法效益-成本的必要手段。

（1）横断面与隧道长度

运用全断面掘进机或盾构机进行机械化开挖时应采用圆形断面，这通常需要比类似常规开挖方法中典型多中心横截面更大的开挖面以及更多的衬砌施作量。此外，尽管从静力学观点来看，圆形断面在大多数情况下较为有效，但在明显不对称的自然应力状态下圆形断面并非最佳选择。

目前公路和铁路隧道的规模，要求开挖直径在10～14 m之间，而现代技术也提供了上述规模的TBM；然而，机器费用昂贵且复杂，在现场进行施工、组装和拆卸都需要较长的时间。其供货和组装时间大概需要15个月左右。如此长的时间，只有通过特别安排才能部分或者完全与施工场地和洞门作业准备时间相一致。由此可见，只有当隧道达到一定长度时才能将工期和费用减小到趋于合理的程度。

地层自然特性和水文地质现象引起的应力会由于隧道的大直径而明显增大，同时也需要设计工程师仔细考虑其延工和停机时间。超大断面将会增大在具有不同特性和地质力学行为的混合及非匀质开挖面中进行施工的可能性。

常规开挖方法更为灵活，但其施工时间更长，在需要时可通过开凿支洞、斜井和竖井从而增加开挖面数量的方式克服这一缺点。对于超长隧道而言，常规开挖方法所需要的施工时间和投资都急剧增大，仅考虑出碴这一因素就可从中窥见一斑（隧道每掘进3 m，将出渣650 m^3）。

对于长隧道，组织良好的TBM系统可以对开挖、出碴及衬砌成洞作业进行有效的合理化，可以大大减少施工时间和费用。采用掘进机开挖隧道通常要比常规方法快2～3倍。

（2）隧道定线的平纵几何

隧道定线的平纵几何对于决定使用机械法还是常规方法十分重要。大型TBM和盾构并不适合在小曲率半径的情况下使用。

（3）后勤限制

机械化开挖法——风险和机器的选型

机器的选型应能确保掘进速度并能成功掘进通过勘察和诊断阶段所确定的危险点。开挖过程中可能遇到的风险以及有关机器特性方面的解决方案总结于下表。

掌子面-超前核心土稳定性问题	•刀盘和刀具的恰当设计 •可以在2个方向上转动刀盘 •可以采用加固和改良措施以提高掌子面-超前核心土和洞室周围地层稳定性
通过有破裂带的断层	•可以在2个方向上转动刀盘 •可以超前钻孔（超前钻探） •可以采用加固和改良措施以提高掌子面-超前核心土和洞室周围地层稳定性
大收敛	•可以采用加固和改良措施以提高掌子面-超前核心土和洞室周围地层稳定性 •可以超挖 •大推力千斤顶 •盾壳外弧面使用膨润土 •减小直径（锥型盾构） •可压缩预制衬砌
极黏性土与岩石交替互层	•为装载料斗设置开口 •能够快速更换刀具 •在压力腔室中装入流态聚合物（土压平衡式） •能够完全控制刀盘的转速
粉砂土中的漂砾石	•使用将岩石碎碎到1 m^3的夹具 •使用滚刀 •使用双压力腔室 •使用聚合物添加剂 •可以在掌子面采取爆破 •通过地层改良措施将地层匀质化
在渗透性大于10^{-4} m/s的土体中的大涌水（不能在掌子面使用压缩空气）	•可以超前钻孔（超前钻探） •可以排水和注浆 •可以使用双压力腔室 •使用特制泥水浆液
松软土间的胶结性地层	•能够快速更换刀具 •通过聚合物和其他添加剂限制压缩空气的减少 •足够高的扭矩，甚至可以应对岩石 •可以自动控制掘进方向的系统 •可以吸收极大的不对称轴向推力 •合理设计刀盘（轮辐的数量、形状、可收缩的超挖刀具等）

必须注意施工现场对于设备运输、组装和供应等方面可能造成的限制。

（4）地层的自然特性、应力状态、水文地质和瓦斯气体

在这里，值得关注的主要特点并不是所涉及地层的地质力学状态，而是其匀质性以及其尺寸大于隧道直径的困难地质特征（断层、岩溶等）。

在地质构造频繁变化且表现出极强非匀质力学特性或隧道穿过大量有问题的地质特征体时，常规方法比机械化开挖方法更具灵活性，其所涉及的风险也要小得多。

不过，如果隧道定线从地质力学观点来看表现出较好的匀质性，或者有足够长的均质区段且有问题的地质特征体相对较少，那么采用TBM法进行开挖就能够发挥其优势。

在选择开挖方法时，岩土的可切削性也是比较重要的考虑因素。例如，当岩土具有较高的耐磨性时，将会使开挖刀具磨损过快，使其使用不经济。

如果埋深过大且相对于岩土强度和变形特性其应力状态过大，那么就会相应地加剧隧道变形。在这种情况下以及隧道处于膨胀地层中时，需要仔细、慎重地分析全断面掘进机，尤其是护盾式掘进机的开挖问题。如果诊断阶段预测出的收敛值较大（大于15 cm）且迅速，那么其刀盘及护盾将很有可能被卡住。

即使掘进机能够通过在掌子面施加所需的约束压力，从而确保其在复杂应力-应变状态下进行开挖作业（土压平衡式盾构、泥水盾构等），但当需要采用预约束手段控制开挖引起的岩体变形时，常规方法依然不可替代。事实上，在护盾与预制衬砌的保护下掘进机可以在任何岩土条件下进行掘进作业的观点是错误的。对于绝大部分隧道区段，在护盾与预制衬砌的保护下掘进机的能力可能较为富余，但是在因使用护盾和预制衬砌而不能确定的恶劣地层中，则显得能力不足。在过去采用该种技术修建的一些隧道中，因缺乏必要的地层加固和改良措施，随时间推移（蠕变）出现了因围岩不稳定而造成预制衬砌变形和失效的现象。

无论是常规开挖方法还是TBM法，承压地下水都是一个较难解决的问题。在常规法开挖时，意味着要在涌水和涌泥的情况下施工，给施工人员和作业机械带来极大的麻烦的同时，还需要使用大量的抽水泵和管道。

使用TBM进行开挖时，尤其是当掘进机较大时，将更易于管理和制定施工计划，但同时也存在较高的严重损坏风险。特别是护盾式掘进机，在掘进时随时可能因岩碴阻塞在护盾和洞周之间的缝隙内而被卡住。现今的掘进机可以抵抗的最大水压大约在7～8 bar之间。

最后，当设计和装备恰当（对开挖区域进行减压，使瓦斯气体聚集在开挖面附近，在约束区对气体进行监测，同时对电气设备和马达提供保护），TBM通常能够

全断面掘进机（TBM）

隧道掘进机能够进行工厂化的开挖施工和衬砌安装作业。如果设计和使用恰当，通常可以达到最大的开挖速率。其能耗特性也非常出色，仅次于钻爆方法。

这类机器的一个共同特点是其前方有一个大型的转动部件，称作刀盘，其上装有镐头或滚刀，以此进行全断面的隧道开挖。该部分由一系列轮辐或是仅留有出碴口和人孔的全断面刀盘所组成。刀盘由一系列承受高的及不对称应力的轴承所支承，通常由电机或液压马达所驱动。

全断面掘进机通常称为TBM（隧道掘进机），根据其设备和功能类型可以多种方式进行分类。在诊断阶段，最好是依据开挖过程中其对掌子面-超前核心土作用类型进行分类。

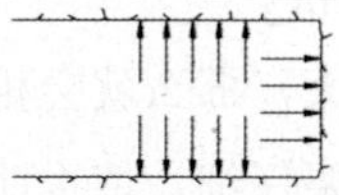	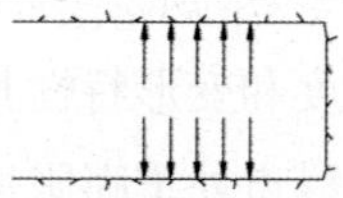	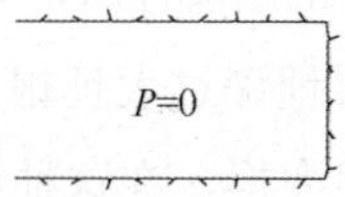
掌子面加压的护盾式TBM	护盾式TBM	开敞式TBM
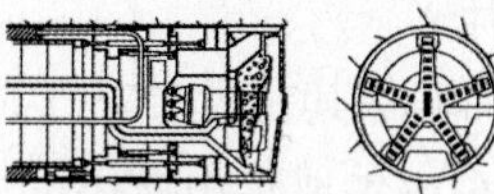 泥水式 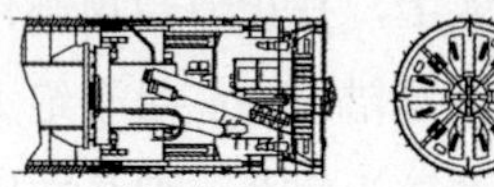 土压平衡式	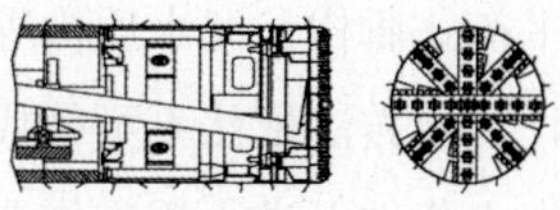	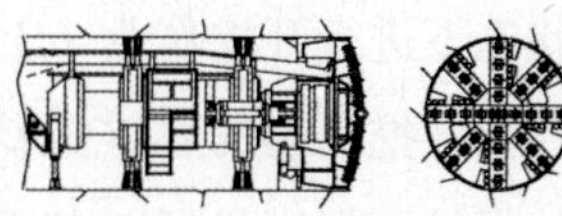

一些类型的掘进机可称作为机械压力式掘进机，由于其质量和刀盘的几何特征，能够对掌子面施加有效的压力。现在，更先进、更多功能以及更有效率的泥水式盾构或者土压平衡式盾构通常能够提供这种约束作用。

较容易地应对瓦斯气体出现的情况。

（5）既有建筑物和结构

既有建筑物和结构的问题主要出现在城市环境中，在该环境下对开挖系统引起的沉降和振动进行仔细分析尤为重要。

（6）安全和作业环境

相对于常规开挖方法而言，掘进机就像是一个工厂，其中所有的步骤都是严格确定和重复进行的，机械、设备和人员都较少暴露于泥、水、噪声和灰尘中。电动机和液压马达都可以是隔音的，其操作也更为简便。此外，在护盾式掘进机中，特别是在及时拼装预制衬砌的情况下，作业人员不会直接暴露于落石和隧道坍塌的环境中。

8.5 提供约束作用的隧道掘进机

如果在初步设计阶段根据项目特性决定使用机械化开挖方法，那么设计工程师必须首先选择所使用的机器类型。以前这项工作都是由承包方和TBM制造商来负责，但现在已成为设计工程师的任务之一，他将与机器的设计者一起，根据掘进机掘进地层的地质、地质力学和应力-应变特性，对其进行优化。

总的来说，所选择的掘进机应能确保获得最高的掘进速度并能成功掘进通过勘察和诊断阶段所确定的危险点。

为此，设计工程师需要掌握现今TBM的类型和特点。这通常需要考虑所安装的设备以及功能类型，其中最重要的是要考虑掘进机在掘进过程中施加于掌子面-超前核心土的作用类型。在这一点上，必须要明确的是以目前阶段的技术水平，没有一种机器能够系统地对洞室提供预加固作用；但对于一些最新的机器，可以在其隔板和盾壳上开一定数目的孔，以进行勘探钻孔和有限的地层改良作业。然而，这也只是在特殊情况下的预留手段，会明显降低掘进机的开挖速度并限制其使用优势。

现今能够对掌子面-超前核心土以及洞身提供约束作用的掘进机械包括：

- 泥水盾构或水力盾构——通过向开挖腔室加压泵送膨润土悬浮液直接向掌子面-超前核心土施加约束作用；
- 土压平衡（EPB）盾构——在开挖腔室内切削下的土体通过掺加特殊泡沫形成加压浆液，并同步控制掘进速率和出碴速率；
- 复合式盾构或多变型盾构（polyshield）——一种多功能的机械，能够以上述2种

护盾式TBM

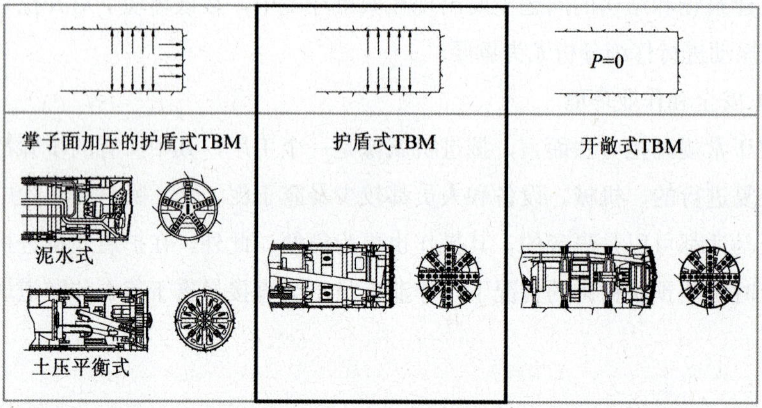

护盾式掘进机的刀具安装在圆柱形钢壳的内部（盾壳），其具有2项主要功能：

- 逐步抵抗地层推力，保障洞室完整并保护施工人员；
- 通过密封系统，防止地下水侵入。

护盾可以是整体的1块盾壳，也可以是由液压千斤顶铰接而成的2节盾壳，以提高机器的可操纵性。

隧道衬砌在盾壳后部或者掘进机后部空间内进行拼装，其通常是一系列的钢筋混凝土管片，由转动吊机进行拼装。管片间防水采用弹性密封条，并在衬砌拱背后面注入砂浆或膨润土浆（回填注浆）以密封围岩。

掘进机的掘进动力是由一组液压千斤顶顶推最后一环衬砌所产生的反推力提供的。在有些情况（双护盾）下，掘进机同时拥有作用于衬砌上的撑靴和千斤顶，通过顶推其撑靴，掘进机能够独立于其盾壳向前推进，因此可以同时进行开挖和衬砌拼装作业。在同样的条件下，这项功能连同其更大的操纵灵活性，使得双护盾掘进机的掘进速率可以高出单护盾盾构机1.5～1.7倍。此外，双护盾掘进机类似于由2个独立的盾壳组成，其双顶推系统以及在不拆除衬砌环情况下可前后移动的功能使其能应对更为复杂的情况。在这点上，掘进机的长度也是一个相当重要的因素。当应力-应变条件较为困难时，长度大致等于隧道直径的掘进机更不容易被岩体卡住。

模式进行作业，同时也可以在不对掌子面施加流体压力下进行作业。

另一方面，护盾式TBM没有向掌子面-超前核心土施加压力的设备只能向洞周提供径向约束作用。

敞开式掘进机其自身不能对围岩提供任何的约束作用；然而通过一些手段（岩石锚杆、钢拱架、喷射混凝土等）也能够较为容易地对刀盘后面围岩进行约束。

以勘察阶段所获地层类型以及诊断阶段确定的隧道沿线应力-应变特性数据为基础，一旦确定了机器的类型，设计工程师就应向制造商告知，是否需要以下功能：

- 通过超前钻孔探测前方岩体的真实情况，钻探深度至少达到2倍开挖直径的长度（从操作角度来看，在现实情况中进行超前钻孔明显费时费力；但是从安全因素和减小机器损坏和人员伤亡风险方面看，进行超前钻探是必须的，因为出现安全方面的问题将会对工期和费用造成负面影响）；
- 从机器内部对掌子面-超前核心土和洞周岩体进行加固和改良（规定约束措施的类型和数量，以便快速通过危险地段）。

8.6 常规开挖方法的设计

影响常规法隧道开挖的因素，即最终影响开挖过程中隧道稳定性以及掘进速度的因素主要有：

- 地层加固/改良或支护措施；
- 开挖步骤；
- 实际的开挖系统；
- 开挖步长；
- 断面形状；
- 掘进速度。

地层加固/改良或支护措施是其中的首要影响因素，这不仅仅只是因为其涉及到隧道的长期、短期稳定性。在开挖过程中这些干预措施采用与否不仅决定成拱效应的有效性，同时从设计角度看还会对其他影响开挖的因素造成影响。正如在第8.2节（处治阶段的基本概念）中提及的一样，这些措施或称为洞室预约束措施，或称为洞室的简单约束措施，其选择应基于诊断阶段有关岩体应力-应变行为的预测结果，对此将在随后章节中进行详细讨论。

掌子面加压的护盾式掘进机

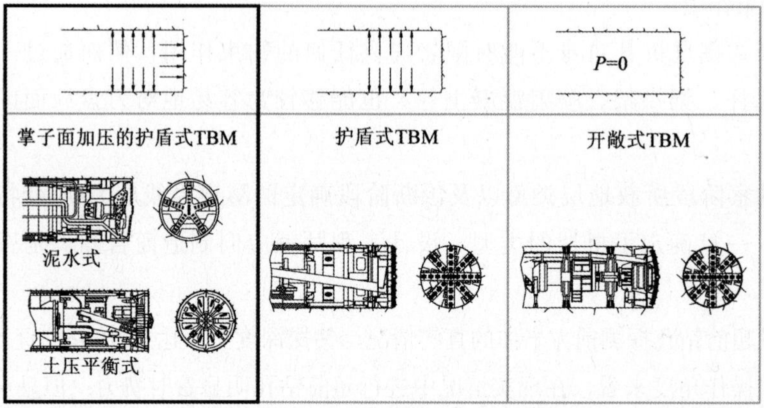

在困难的应力-应变条件下，仅由刀盘单独提供机械抵抗压力并不足以阻止掌子面-超前核心土地层的松弛；而护盾式掘进机通过保持掌子面处于受压状态，解决了该问题。土压平衡盾构或泥水盾构，都是此技术运用的实例。

掘进机的选型通常取决于开挖地层的类型。对于黏性土一般选用土压平衡式盾构，而对于无黏性土则选用泥水式盾构；但随着最新一代TBM的面世，可以说上述2种系统是同类掘进机的2种极端机型，是通过不同比重的介质来控制掌子面-超前核心土。

泥水式盾构通常被称作水力盾构，其膨润土浆压力并不是直接控制的，而是需要通过压缩空气泡与泥浆的相互作用来进行调节。在泥水压力突然下降时，压缩空气的压力能够立即平衡这种改变。因此，这种更为现代化的控制系统，可将掌子面-超前核心土上的液体压力保持为一常量。

开挖步骤对于隧道稳定性（施工阶段的稳定性、长期稳定性）以及掘进速率也有着极大的影响作用。

隧道的开挖方式可以分为全断面、半断面或部分断面开挖几种形式。从研究成果中我们可以很有趣地发现，在可能的条件下，甚至在极端困难的应力-应变条件下，都倾向于采用全断面开挖方式。过去，侧壁导坑法在应对复杂情况的过程中起到了重要的作用。由于侧壁导坑工作条件狭窄，造成开挖速率缓慢，就算在最好的情形下其开挖速度也不会超过1 m/d，因此现在这种开挖方法基本不用。尽管隧道顶部超前导坑的高度有4.5 m，甚至更高，可以进行较高程度的机械化施工，但是半断面开挖法的使用率也不及过去，这不仅是由于半断面法在没有恰当的稳固措施情况下不能保障开挖面的稳定性，而且在进行台阶开挖时通常会产生一系列的静力学问题。

由于潜在的掌子面不稳定性，同时考虑到其高度通常只有9～12 m，因此在极度困难的情况下，使用全断面法进行隧道开挖看似是荒谬的；然而事实上，只要采取恰当的加固/改良措施（仅针对危险区段），确保掌子面的稳定性，则全断面开挖法在很多情况下可靠且效果良好。

在大断面隧道的情况下，大型机械的大量使用以及全断面开挖法的应用能够带来静力学方面的优点，这通常意味着大型机械能在极佳安全条件下成功进行全断面隧道开挖，并且其施工速率也超过了其他方法。

开挖系统的选择受制于各种因素。其中有关岩土介质方面的制约因素如下：

- 岩体强度（σ_f）；
- 岩体结构中的不连续面和不匀质性（地震波速）；
- 能量传递性（声阻抗）；
- 可接受的超挖大小（影响成拱效应）。

将炸药和强力破碎机使用排除在外的其他重要制约因素还有：

- 邻近建筑物和结构；
- 居民区或野生动物栖息地。

文献资料中记录有许多相关研究，其结果都以简便实用的计算图表方式总结出来，可以据此估计地层对于不同开挖方法的适应性，同时也提供了各种开挖方法所能达到的掘进效率预测值。

表8.1给出了一个概括性说明。

表8.1在成本-效益分析基础上列出了适用于每种地层的最佳开挖系统。

掌子面加压的护盾式掘进机—— 土压平衡（EPB）盾构

土压平衡盾构是将刀具切削下的岩土进行加压混合并堆积在土舱中，然后以受控的方式通过螺旋输送机进行排土。通过土碴向前方土体施加压力从而实现对掌子面-超前核心土的约束作用。一旦其内部压力达到平衡，盾构即以一个恒定量（土仓排土量等于切削下的岩土量）进行掘进。通过协调推力和排土速度来控制施加在掌子面-超前核心土上的约束压力，使其与地层压力相平衡。

土压平衡盾构

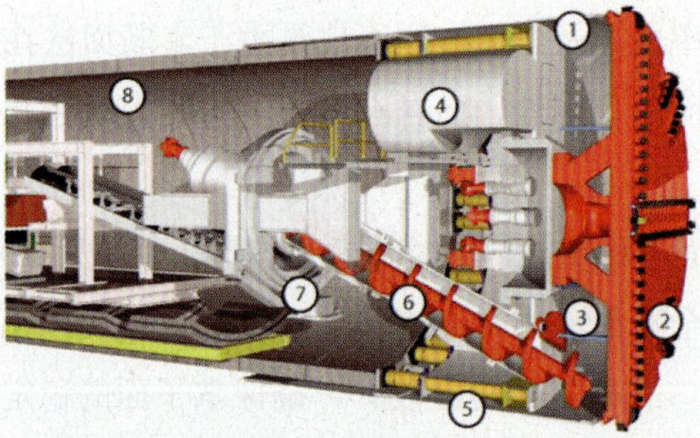

1. 盾壳；2. 齿刀和滚刀，泡沫喷嘴；
3. 开挖腔室-加压土浆；4. 气闸；
5. 推进千斤顶；6. 螺旋输送机；
7. 管片拼装机；8. 管片衬砌环。

土压平衡盾构掘进成功与否取决于其对于掌子面-超前核心土的控制程度。用于支撑介质的流体特性和性能是起决定性作用的因素，其决定了是否能够均匀、恒定地向掌子面-超前核心土传递压力。然而只有在一些极特殊的情况下，天然土体才会具有这些特性。因此通常需要使用外加剂与土碴混合，以改良土体的性质。外加剂的使用则取决于所需改良的特性。该领域最新进展是使用化学发泡剂和聚合物注浆液（防水剂、凝结剂、分散剂、流化剂等）。因此，当今的土压平衡盾构已能较为容易地掘进在过去通常认为并不太适合该系统使用的隧道区段。

表8.1 适用于各种地层的最佳开挖系统

参数	岩体强度(MPa)		
	<3	3～20	>20
开挖系统	耙土机	破碎锤、巷道式掘进机[1)]	爆破

1）——只适用于中小断面的隧道。

断面形状是设计工程师能精确控制的另一个因素。为此，他需要考虑在所涉及的地层类型和应力-应变条件下，是否可以不针对断面形状采取特殊措施即能安全进行开挖，或者断面必须为凹陷状以促进纵向成拱效应的形成，最大限度地降低挤出变形，确保其周围施工作业的安全。

开挖步长可在半米到几米之间不等，这取决于地层的类型、匀质性、应力状态、是否采用地层稳固措施以及所选用的开挖系统。

开挖速率，即通常所说的隧道掘进速度和匀速性，其显然具有重要的经济性，但同时也不能忽略其对于隧道长短期静力学状态的重要性。前面已经提到过，在困难的应力-应变条件下，保持适当的掘进速率，能够减小围岩的扰动和洞周塑性带的范围以及由此引起的变形值。另外，在有显著流变行为（膨胀、蠕变等）的地层中能够明显地限制其流变特性。其结果是在施工过程中隧道能够处于更稳定的状态，同时初期支护和二次衬砌所受压力相对较小。

如果决定使用常规法进行开挖，表8.2给出的一些相关标准，可以指导上述参数的选择（12～13 m直径隧道的开挖步长和掘进速率）。

表8.2 常规法开挖参数

参数	行为类型		
	A	B	C
系统的加固措施	不需要	通常需要	总是需要
凹陷状掌子面	推荐	必须	必须
开挖步长(m)	2.5～5	1～2.0	≤1.25
掘进速度(m/d)	>5	1.5～5	1.0～2.5

8.7 稳固措施

对于设计工程师而言，当决定使用常规方法进行开挖时，可以采取一系列的稳固措施（预约束或简单约束），以应对特定的应力-应变条件。

稳固措施可按以下形式进行分类：

掌子面加压的护盾式掘进机——膨润土浆盾构或水力盾构

膨润土浆盾构系统是基于过去使用膨润土修建地下连续墙和板桩时所采用的技术。其主要原理是：通过使用像膨润土泥浆一类有触变性质的流体向掌子面-超前核心土提供约束作用，膨润土浆在提供掌子面-超前核心土支撑作用的同时也作为碴土的运输载体，并通过调节泥浆流出量的自动阀门来控制施加在掌子面-超前核心土的压力。通常，首先要在包含有碴土的膨润土浆液中筛分出大尺寸的卵石，然后膨润土浆通过螺旋球阀进入管道并被运送到地面。在隧道外部通过特殊设备将切削下的土体与膨润土进行分离，随后膨润土再通过净化和混合，连同新的浆液一起送回掌子面。对于有些大直径的隧道，其施工空间比较富余，有时会将部分分离设备直接安装在TBM的后配套处，以防止切削下的土体完全溶解在泥浆中，造成分离困难和费用增加。

采用泥浆盾构系统，出碴过程可以完全在管道系统中进行，隧道和工作环境依然可以保持清洁；而对于有害气体出现的情况，该系统可以直接将气体连同碴土一起泵送到地表从而防止其在隧道内扩散。不过，如果盾构掘进通过污染区，那么整个机器系统连同泥浆都将因此受到污染。

泥水盾构系统的一大劣势在于，其需要昂贵的、占用大量施工场地的分离设备。分离设备工作时通常会产生较大的噪音，因此在城市环境中还需要考虑安装隔音装置；如果工地处于居民区内，那么隧道掘进作业可能会被限制在白天进行。

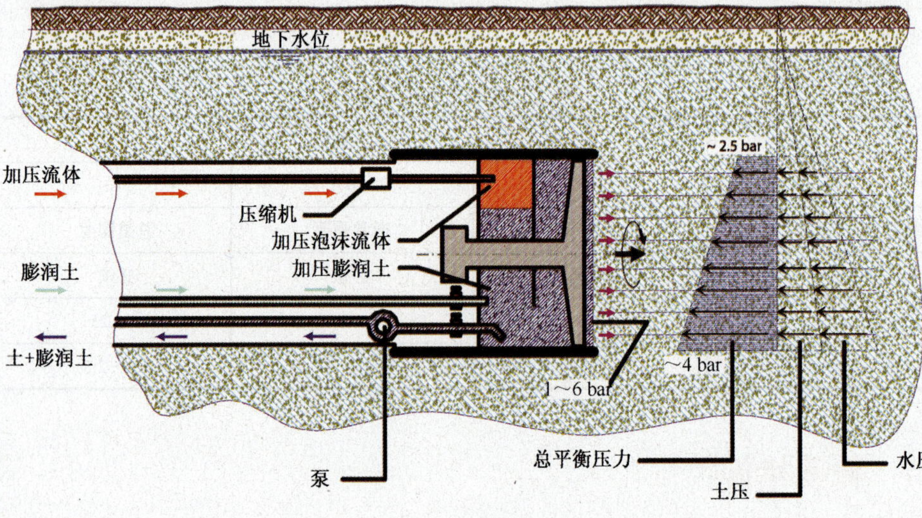

水力盾构

- 预约束措施，作用于掌子面前方地层，以形成或促进形成人工成拱效应，起到结构和保护的功能；
- 约束措施，作用于掌子面后部洞室，在掌子面掘进通过后，起到抵抗变形的功能；
- 预支护措施，作用于掌子面前方地层，由于其既不能阻止最小主应力的减少，也不能提高地层的抗剪强度，因此对于成拱效应的形成无任何影响。

干预措施可分为：

- 保护性措施，其主要作用是抑制最小主应力σ_3的减小，并保持地层的抗剪强度；
- 改良性措施，其主要作用是增加岩土介质的抗剪强度。

通常在摩尔应力圆上绘出摩尔包络线，以图的形式描述岩石和土体的强度特性，第一类干预措施的效应可以通过绘制“保护线”示意，起到限制自然约束应力σ_3减小的作用；而另一方面改良措施的效应通常转换为摩尔包络线的升高以及稳定区域的扩大（图8.1）。

事实上，稳固措施对于地层力学特性的提升通常都没有达到自然应力守恒的要求；对于改良和保护措施的划分主要是为了突出各个稳固措施的主要性质。

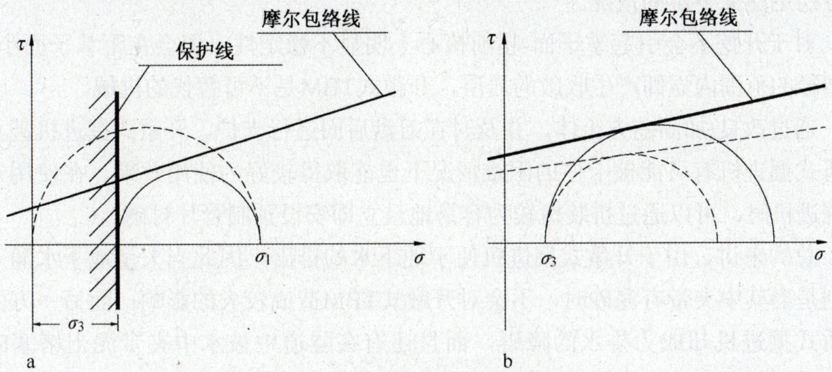

图8.1　稳固措施的摩尔包络线

设计和施工中最为常见的稳固措施汇总于图8.2中，其示出了每种稳固措施的作用类型（预约束、约束或预支护），说明了稳固措施对于摩尔包络线和保护线的作用效应。

为起到对洞室预约束、约束或简单预支撑作用，在图8.3中系统展示了稳固措施实施区域与掌子面位置的关系。

开敞式TBM

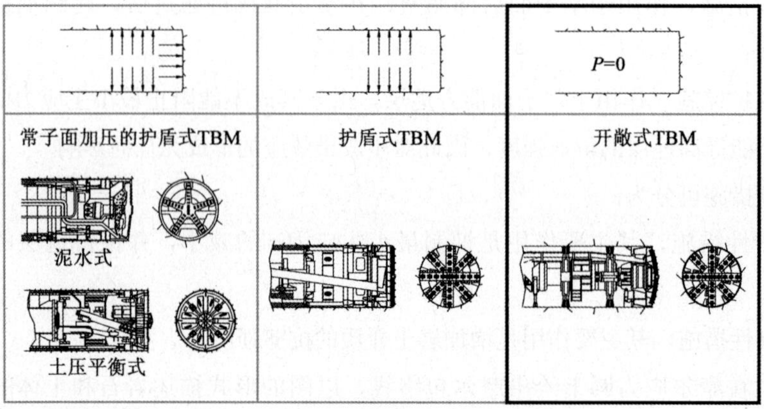

开敞式TBM是一种通用机械，在大多数情况下其掘进效能要胜于盾构机，无论在硬岩和软岩地层中其都能保证较高的掘进效率。

除了非常松散或者极为恶劣的的地层外，都应该考虑使用这类型的掘进机。其具有护盾式掘进机所不具备的与开挖岩土直接接触的这一优势，对于在隧道中恰当地开展稳固措施非常重要，从而避免了在有些区域稳定性过余，而其他一些地方稳定性又不足的情况。

对于开挖不会引起掌子面-超前核心土明显不稳定性，但会在距掌子面小于1倍洞径的范围内立即产生收敛的岩层，开敞式TBM是不可替代的机械。

通过改良/加固前方土体，并及时在刀盘后面进行支护，开敞式掘进机甚至在护盾式掘进机有可能被卡住的困难情况下也能取得较好的使用效果。在使用开敞式掘进机时，可以通过拼装机较为容易地且立即安设预制管片衬砌。

总的来讲，由于开敞式掘进机便于地下水的排出，因此当大量地下水涌入，特别是当其中夹带有泥砂时，不会对开敞式TBM造成较大的影响；而另一方面，护盾式掘进机却成为排水的障碍，而且还有在隧道中被水中夹带泥土堵塞的风险，因为所夹带的泥土可能会阻塞护盾和隧道周边之间的缝隙。

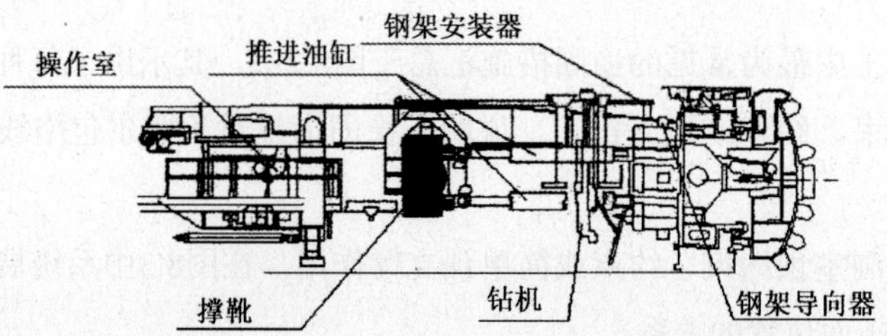

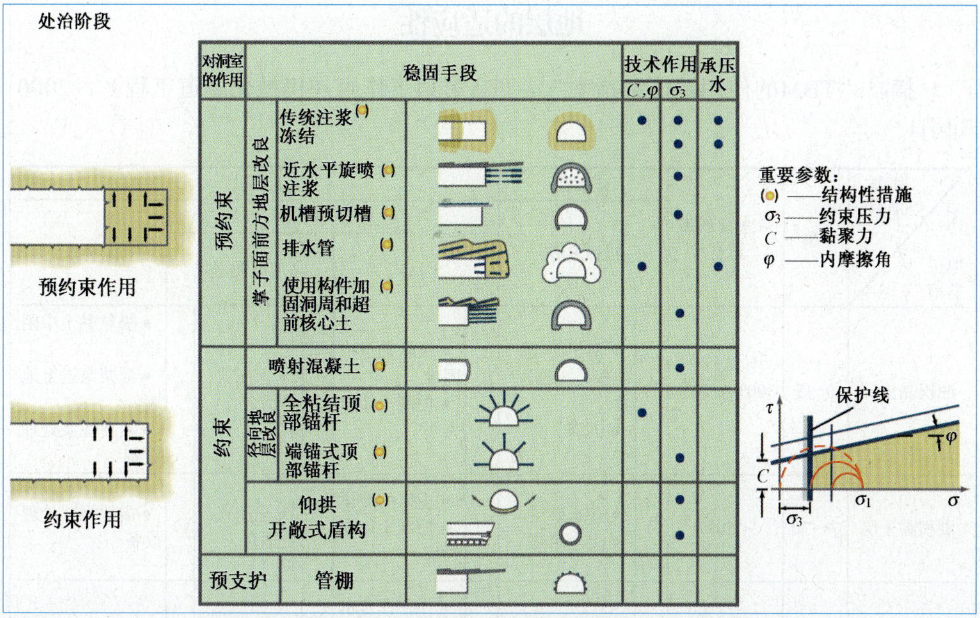

图8.2 稳固措施的作用类型

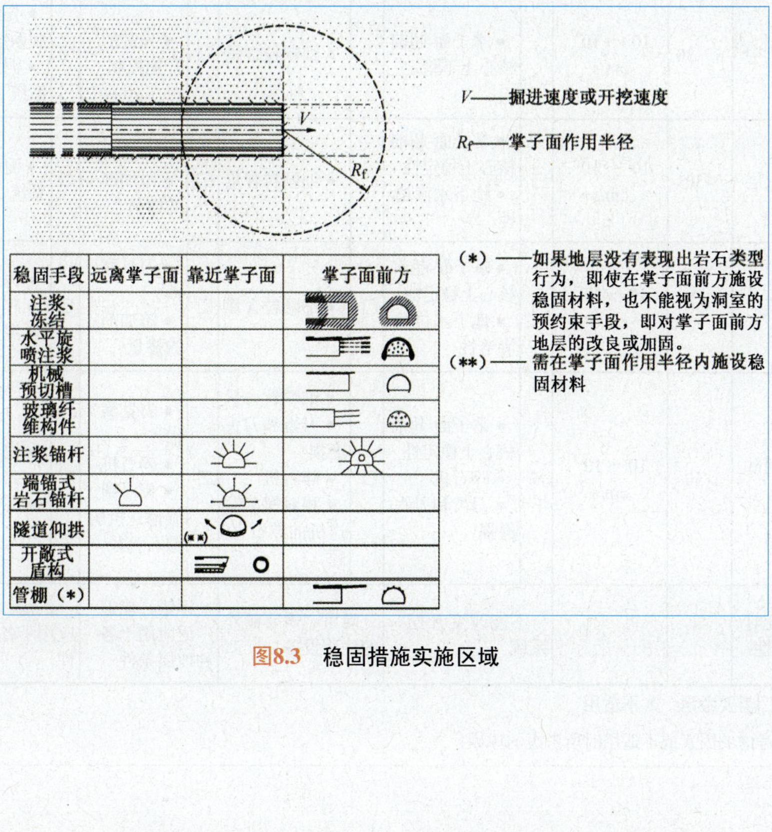

图8.3 稳固措施实施区域

机械化开挖：在考虑掌子面-超前核心土稳定性情况下掘进机对于软土地层的适应性

摘自“TBM的使用建议和指南”，ITA第14工作组（机械化隧道工程），2000年9月

机器类型 / 地层类型	N值	含水量或渗透性	开敞式		封闭式					
			机械开挖		土压平衡式				泥水式	
					土压式		高密度泥水式			
冲积黏土层	0～5	300%～50%	□	●掌子面-超前核心土稳定性 ●沉降	○	●极软黏土中困难 ●控制土体损失率	–	●土压式更适合	□	●极软黏土中困难 ●泥浆泵送至地表 ●需要泥浆处理设备
洪积黏土层	7～20	＜50%	○	●含水砂层 ●土仓阻塞	○	●土体的流化 ●控制土体损失率	–	●土压式更适合	○	●需要泥浆处理设备
软岩（泥岩）	>50	＜20%	○	●含水砂层 ●刀具磨损	–	●当存在含水砂层时泥水式土土压盾构更为适合	–	●当有含水砂层时适合	–	●当有含水砂层时适合
松散砂土层	5～30	10^{-2}～10^{-3} cm/s	×	●掌子面-超前核心土不稳定	□	●细颗粒含量	□	●先进的开挖控制	○	●先进的开挖控制系统 ●泥水质量控制系统
密实砂土层	>30	10^{-3}～10^{-4} cm/s	□	●掌子面-超前核心土稳定性 ●地下水渗透性	□	●细颗粒含量	□	●刀具磨损 ●添加剂的掺量	○	●泥水质量控制系统
砂砾层	>30	10^{0}～10^{-2} cm/s	□	●掌子面-超前核心土稳定性 ●地下水位及渗透性	□	●细颗粒含量	□	●刀具磨损 ●添加剂的掺量	○	●泥浆的损失 ●碎石机 ●泥浆泵送系统
带漂石的砂砾层	>50	10^{0}～10^{-1} cm/s	×	●掌子面-超前核心土稳定性 ●碎石机 ●刀齿和刀头磨损	□	●细颗粒含量 ●刀齿和刀头磨损 ●碎石机 ●相对螺旋输送机的漂石直径	□	●刀具磨损 ●碎石机 ●相对螺旋输送机的漂石直径	□	●泥浆损失 ●碎石机 ●泥浆泵送系统
地层改变时的适用性			不能改变开挖系统		尚可。需要额外的注浆设备		不错。能够广泛应用于各种地层条件		不错。能够广泛应用于各种地层条件	

○适用 □需要考虑 ×不适用

适用时需考虑的因素或不适用时所考虑的原因；

8.7.1 预加固措施

洞室预加固措施作用于掌子面前方，仍处于三轴应力状态的岩体内部。通过在岩体变形现象尚能够被控制时施加预加固措施，能够阻止最小主应力减少到0。

预加固措施的作用非常重要，因为超前核心土由于挤出、松弛，将造成掌子面到达之前待开挖洞室周围最小主应力的下降，从而使洞室易于产生径向变形（收敛）。通常情况下，径向变形一旦形成，使用常规约束手段（钢拱架、锚杆、喷射混凝土等）很难对其进行控制。因此，必须在掌子面前方保持适当的约束压力，从而避免在松弛和坍塌的地层中进行隧道开挖以及采取高昂的隧道稳固措施。为此必须保持掌子面-超前核心土的完整性和坚固性。

因此，当超前核心土自身还处于三轴应力状态且变形仍受到限制时，就应采取保护性或改良性干预措施以保护和/或加固超前核心土。

在处治阶段必须采取恰当的超前核心土稳固措施，以将掌子面前方的超前核心土转变为能够解决稳定问题的结构单元。预加固措施的作用，要么是通过成拱效应保持超前核心土的剪切强度，要么是直接对超前核心土进行加固改良。

对于设计工程师而言，能够保持超前核心土结构稳定的手段很多，这些手段都能在掌子面前方产生人工成拱效应，从而起到有效的洞室预约束作用。这些主要保护性手段包括：

- 纤维加劲喷射混凝土护拱，采用机械预切槽机沿隧道轮廓施作，预切槽本身作为喷射混凝土模具[19，57]；
- 通过将玻璃纤维构件打入地层并灌注水泥砂浆，对深度不小于隧道直径的掌子面-超前核心土范围进行加固，其打设密度取决于所要求增加的超前核心土剪切强度[18～22，57]；
- 管棚，通过一根接一根、部分搭接的高压水平旋喷桩体加固地层[57，58]；
- 蜂窝状拱；
- 人工覆盖层[60]。

改良性措施主要包括：

- 通过传统的注浆和冻结技术改良地层的管棚；
- 排水管棚（在地下水位之下）。

在本书第188～200页中对于上述类型措施进行了简要介绍，包括其静力学功能、作用效果（保护性或改良性）、实施区域及应用范围。

8.7.2 约束措施

约束措施作用于掌子面之后的洞段，通过施加保持隧道稳定性所需的约束压力

护盾式TBM——在复杂应力-应变条件下的阻塞

问题的分析和检验

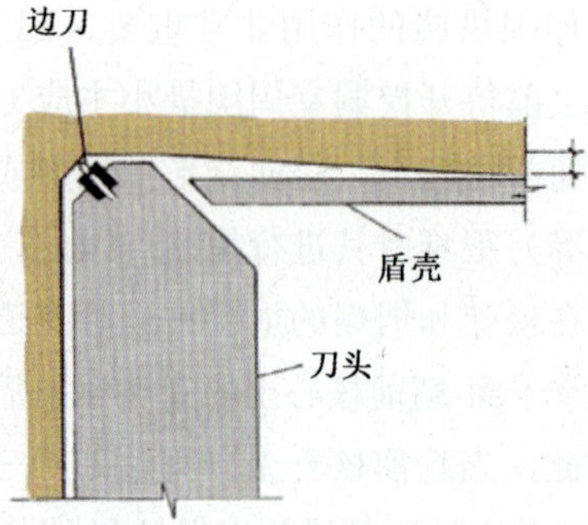

护盾式TBM在岩体中掘进，可以将其视为具有指定半径的钢制圆柱体在岩土体中以一定速度前进，为了简化，我们假设介质为匀质、各向同性。

由于设计有通常几厘米的超挖以避免掘进机被卡住，因此盾壳和地层间的初始接触点离刀头有一定的距离。由该点开始，地层将向盾壳施加渐增的径向压力，其有以下原因[56]：

- 掌子面三维效应的逐渐减弱；
- 洞室周围岩土体的地质力学特性逐渐由峰值降至残余值；
- 岩土的黏滞特性（其大小与掘进速率呈反比）；

对于该问题的分析需要使用能真实反映介质流变行为的三维计算程序。由此可计算出作为掘进机日掘进速度函数的地层作用于盾壳的径向压力分布，随后结合所选用掘进机的长度和周长即可获得总的径向压力。

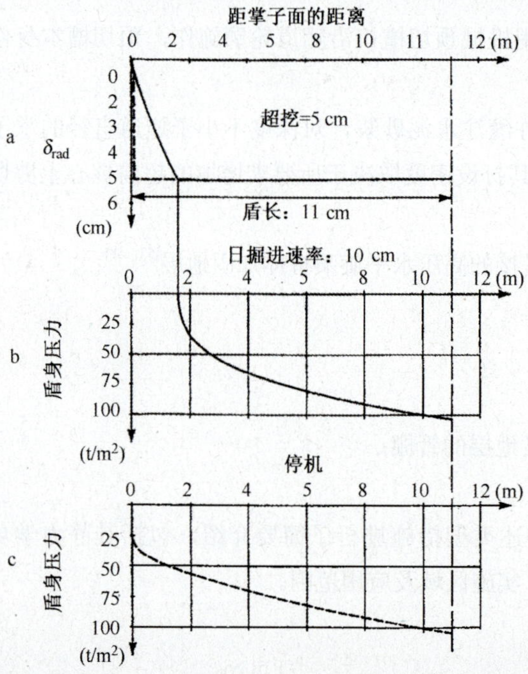

因此，保障掘进机前进所需的推力可通过下式得出：

$$S_i=[(S_{rt}+P_m)\cdot\mu+S_t]\cdot F_s$$

式中 S_{rt}——作用在护盾上的总径向压力；

P_m——机器的质量；

μ——盾体-地层间摩擦系数；

S_t——刀头推力；

F_s——安全系数。

当安全系数小于1.4时，建议在掘进机上安装膨润土或合成泡沫润滑系统，以促使其在开挖岩土体中滑动前进。

以控制洞周的变形，这种控制作用甚至在掌子面已经前进了一定距离后依然有效。在复杂的应力-应变条件下，如果已经实施了恰当的预约束措施以阻止岩体的松弛，那么约束措施的任务就要轻松得多。

约束措施通常有两种类型：

- 初步的约束措施通过洞室周围的应力转移，使短期变形完全稳定；
- 最终的约束措施通过吸收所有的延迟压力（膨胀、徐变等），使洞室的长期稳定性得以保障，与此同时也为隧道运营过程提供一个合理的安全系数。

与预约束措施类似，约束措施要么通过地层的保护，要么通过对其的加固作用，产生稳定效应。

具有保护性效应的洞室约束手段主要有：

- 喷射混凝土初期支护层，根据其厚度变化，在洞室周围产生相应约束压力；
- 端锚式锚杆，进行径向锚固，通过所施加的锚杆预应力，对边墙提供相应的“主动”约束压力；
- 隧道仰拱，能够封闭初期支护层和最终衬砌层，从而提高其抵抗能力，在洞室的周围产生较大的约束压力；
- 开敞式护盾。

改良性的约束措施如下：

- 通过全黏结岩石锚杆，提高待开挖地层的抗剪强度（提高其摩尔包络线），从而形成洞室周围加固地层圈。

8.7.3 预支护和支护措施

根据其是否作用于掌子面的前方而被称为预支护和支护方法，由于不能产生预约束和约束作用，因此该措施不属于上述两类约束形式。它们通常被视为被动的手段，同时由于既不能明显地限制最小主应力的降低，也不能提高地层的抗剪强度，因此其对于“成拱效应”的形成无任何帮助。

超前插板是预支护方法中的一种，尽管其通过已安设的钢肋在隧道轮廓周围构成了结构单元，由于其间没有横向的相互作用，因此仍然不能在掌子面前方形成明显的成拱效应。

8.8 典型的横纵断面组合效应

从前面章节中我们可以发现，在地下洞室的开挖过程中，掌子面-超前核心土的稳定性对于岩体变形反应起到了决定性的作用，同时它也决定了隧道自身的长期和

采用机械预切槽技术的喷射混凝土护拱

机械预切槽技术[见第2章Sibari-Cosenza铁路隧道（1985）]实际上是在隧道开挖前先施作喷射混凝土初期支护，以提供径向约束作用，阻止约束压力σ_3减少到0，并显著改善地层对于开挖的变形反应。

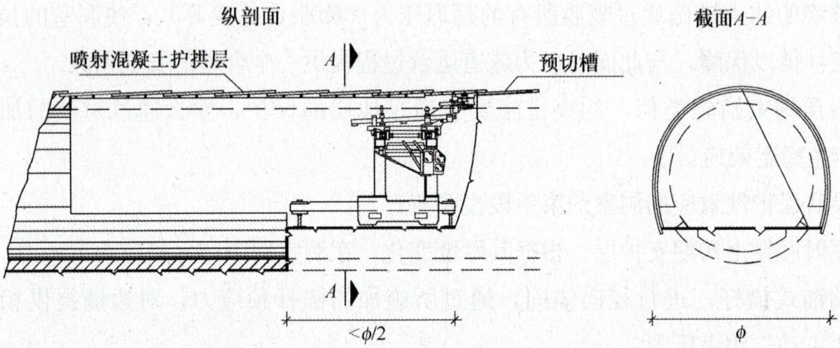

该技术的作用有以下2个方面：

- 通过在掌子面前方施作喷射混凝土护拱，将有可能产生挤出现象的区域转移至岩体深部，从而延迟挤出变形的发生并减小其影响程度；
- 通过阻止最小主应力的消失，甚至是暂时的消失，其提供的径向预约束作用可以减小洞室周围塑性区的范围或者消除塑化及变形现象，这样就能视地层条件在掌子面前方形成拱效应，从而确保隧道的横向稳定性。

总的来说，机械预切槽技术对洞室周围岩土介质的应力-应变状态起到了重要的保护作用：

- 从施工的观点来看，其优点在于能在趋于稳定的岩土中开挖隧道，这其中部分原因在于完全解决了超挖问题。该技术能够保证在洞室周围形成有利的应力转移，从而在开挖轮廓面附近形成拱效应。
- 从静力学角度来看，由于减小了围岩的变形和侵蚀作用，从而减小了作用在衬砌上的短期、长期压力。

这项技术的适用范围从不匀质和含水的、表现出黏性应力-应变反应的岩土体（掌子面-超前核心土短期稳定）到具有松散型应力-应变反应的岩土体（掌子面-超前核心土不稳定）。其前提条件是只要能在所需注浆期间保持开挖面敞开，就可以运用此项技术。而通过采取特殊的手段，例如向掌子面前方注入黏结性混合浆液或使用玻璃纤维构件加固掌子面-超前核心土均能达到此目的。

短期稳定性。

我们也知道，掌子面-超前核心土的稳定性可以由三种基本行为类型进行概括。根据其稳定性不同，可以对隧道各段的类型进行定性和划分。在决定稳固措施以保障施工的稳定性和安全性时，应参考上述分类。

诊断阶段

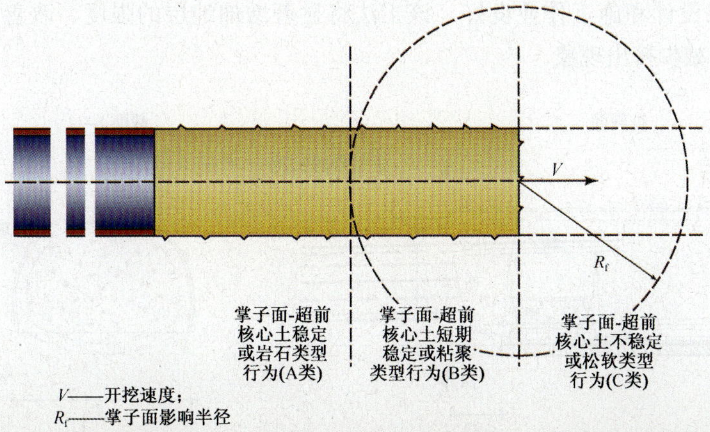

掌子面-超前核心土	稳定		短期稳定			不稳定				
	A_1	A_2	B_1	B_2	B_3	C_1	C_2	C_3	C_4	C_5
稳固措施：使用玻璃纤维构件或高压喷射注浆加固掌子面-超前核心土				•	•	•	•	•		
稳固措施：采用玻璃纤维构件加固洞周地层								•		
稳固措施：机械预切槽					•		•			
稳固措施：近水平高压旋喷注浆						•				
稳固措施：对掌子面前方注浆或冻结										•
稳固措施：由导洞进行径向地层加固									•	
稳固措施：排水管	•	•	•	•	•	•	•	•		
稳固措施：隧道仰拱			•	•	•	•	•	•	•	•
稳固措施：径向岩石锚杆	•		•							
稳固措施：加劲喷射混凝土☆	•	•	•	•		•	•	•	•	•
稳固措施：管棚		•								
变形现象	厘米数量级		分米数量级			不可接受				

☆通过钢拱架和/或钢筋网和/或玻璃纤维加劲。

图8.4 综合考虑横纵断面类型选择稳固手段

采用玻璃纤维构件对掌子面–超前核心土进行加固

采用玻璃纤维构件对掌子面-超前核心土进行加固后再进行隧道开挖的工法，首先是在掌子面钻凿一系列与隧道轴线接近平行、长度不小于隧道直径且分布均匀的孔眼，将玻璃纤维构件插入孔内，随后立即低压注入收缩控制的水泥砂浆。加固阶段结束后，便是开挖已加固的隧道超前核心土，当开挖到玻璃纤维构件的长度不足以将挤出变形限制在规定值内时，则开始下一个循环作业。

如果设计和施工作业良好，该工法将显著增加地层的强度、改善其变形特性、明显减少挤出现象。

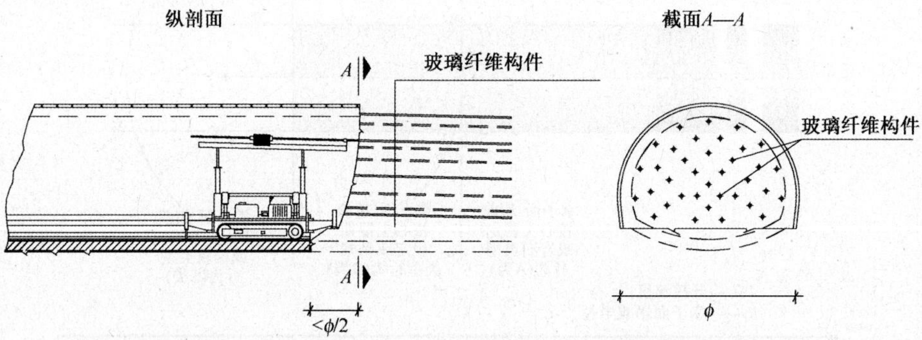

从施工的角度看，掌子面稳定性的显著改善，将提高施工现场的安全性。从静力学角度看，通过尽量减小岩土介质的卸压从而限制其挤出，可以减小地层的侵蚀程度，而这种侵蚀是造成作用于衬砌上的压力随时间增大的原因，其通常在施工完成几年后依然存在。

根据实际应用结果，证实了该类型干预措施改善了超前核心土的应力-应变状态（洞室的长短期稳定性），起到了明显的保护作用。

该类干预措施通常适用于主要表现为弹塑性特性、易受到化学和物理侵蚀并遭受到超前核心土挤出影响的半黏性和黏性土层。当然，如果结合其他能够产生人工成拱效应的改良和加固措施（水平高压旋喷注浆、机械的预切槽、排水等）对掌子面-超前核心土进行加固，则其应用范围还可扩大到松弛性地层。

在这一点上，图8.4示出了设计师可使用的不同稳固措施的应用范围。这些措施将决定隧道的横纵断面类型、保障隧道可施工性和长短期稳定性。例如：

- 对于掌子面-超前核心土稳定的隧道区段（A类；应力处于弹性范围；典型的不稳定表现形式：落石），稳固措施最重要的作用是起到保护性，由岩体的性质和地下水的存在（排水）所决定。如果开挖过程中没有严重的落石情况，那么使用钢拱肋、喷混凝土层（图8.4中的A_1类）就足够了，对不稳固的岩块则可使用端锚式岩石锚杆。

然而，如果岩体裂缝较为广布，那么除了加筋喷射混凝土之外，还应在掌子面前方施设超前插板（A_2类）。

由于此种情况下隧道仰拱无任何的结构功能，因此可以在距掌子面一定距离的地方施作仰拱，对二次衬砌进行封闭，这使得施工作业变得非常方便。

- 对于掌子面-超前核心土处于短期稳定状态的隧道区段（B类；应力处于弹塑性范围；典型的不稳定表现形式：由于掌子面-超前核心土的挤出而产生剥落，洞室的收敛和预收敛），其稳固措施必须保证尽可能地接近开挖轮廓面形成拱效应。通过施加足以抵抗地层塑化或至少限制其发展的约束或预约束作用，所采用的稳固措施将能够防止地层丧失其强度并阻止其变形。

如果掌子面和洞室周围的塑性带范围仍然保持在限值之内（相对于应力场具有较高的残余强度），那么初期支护可以由纤维加劲喷射混凝土和全黏结岩石锚杆组成，同时必须施作隧道仰拱形成封闭环。这是由于在这种情况下，隧道仰拱具有结构功能，仰拱浇筑距掌子面-超前核心土的最大距离不应超过隧道直径的3倍（B_1类）。

然而，当其塑化程度太大而需要保持超前核心土的完整性时，则应使用地层改良或加固技术，例如使用玻璃纤维构件处理掌子面-超前核心土（B_2类）或使用机械预切槽技术（B_3类）。

当掌子面-超前核心土处于稳定状态（A类）时，可采用喷射混凝土和一定间隔设置的钢拱架进行支护；而当掌子面-超前核心土处于短期稳定状态（B类）时，最好是在喷射混凝土中掺加纤维，以使支护层同时能够获得较高的强度特性和韧性。事实上，如果初期支护层的刚性太大，则将不能通过自身足够的形变来吸收岩体的塑性变形，且最终会因为开裂而不能提供其静力学功能。

- 对于掌子面-超前核心土处于不稳定状态的隧道区段（C类；应力处于失效区

部分搭接的近水平高压旋喷注浆管棚

在开挖前，部分搭接的近水平高压旋喷注浆管棚在掌子面前方形成了一个具有抵抗作用的“预制拱”，其能够在洞室周围产生预约束作用（人工拱效应）。

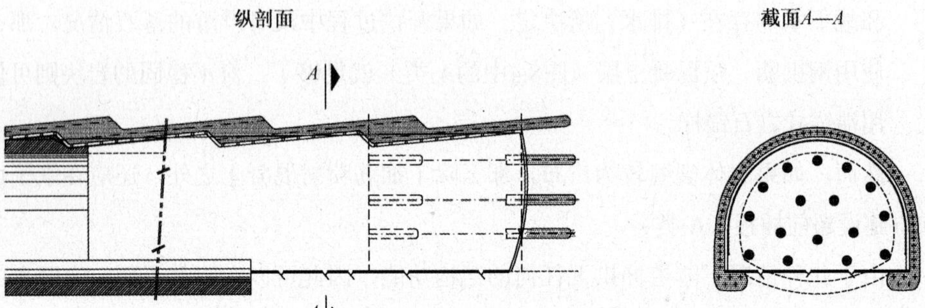

在掌子面前方形成的具有抵抗性的人工拱（地层改良拱）将导致应力产生偏移，能够卸去掌子面-超前核心土的荷载，从而对其进行保护；同时在开挖过程中阻止或者限制岩体的减压。此外，由于该项技术几乎能完全解决超挖所带来的问题，因而将在开挖轮廓面附近形成人工拱效应。

由于隧道开挖经过的岩体几乎都已经被稳定，并且其能够显著减小初期支护和二次衬砌上的应力作用，因此不论是从施工的观点来看，还是从静力学的角度出发，该方法都有明显的优点。

由于其可以阻止最小主应力减小到0，因此属于保护性的措施。

从无黏聚性的土体到具有剪切强度的黏聚性土体，只要可以通过高压旋喷注浆手段对其进行加固，就可以运用此项技术。因此甚至可以在非匀质性的地层中运用该技术，并且获得足够一致的结果。

域；典型的不稳定影响形式：掌子面-超前核心土失稳，洞室坍塌），稳固措施必须要保证在掌子面前方形成人工拱效应。因此，需要采用洞室预约束措施，在变形现象可控制的情况下，保证掌子面-超前核心土的稳定性，以阻止最小主应力减小到0。另外，可以综合采用不同类型的措施以提供必要的约束压力，防止掌子面-超前核心土的应力衰减。例如，采用玻璃纤维构件加上高压注浆手段对掌子面-超前核心土进行加固；依据地层的类型，使用近水平的高压旋喷注浆管棚（C_1类，见图8.5中的例子）；使用机械预切槽技术（C_2类）；使用玻璃纤维构件对待开挖洞室周围进行加固（C_3类）。

如果采取上述手段依然不能顺利进行隧道开挖，那么就需要开挖导洞，并在扩挖前通过导洞进行径向地层加固（C_4类）。最后，如果地层的渗透性和孔隙率条件许可，则可采取常规注浆手段对掌子面前方和洞室周围进行大范围的地层改良或者在埋深较小的情况下从地面实施加固作业，以便形成较之自然地层具有更好地质力学特性的承载拱（C_5类）。

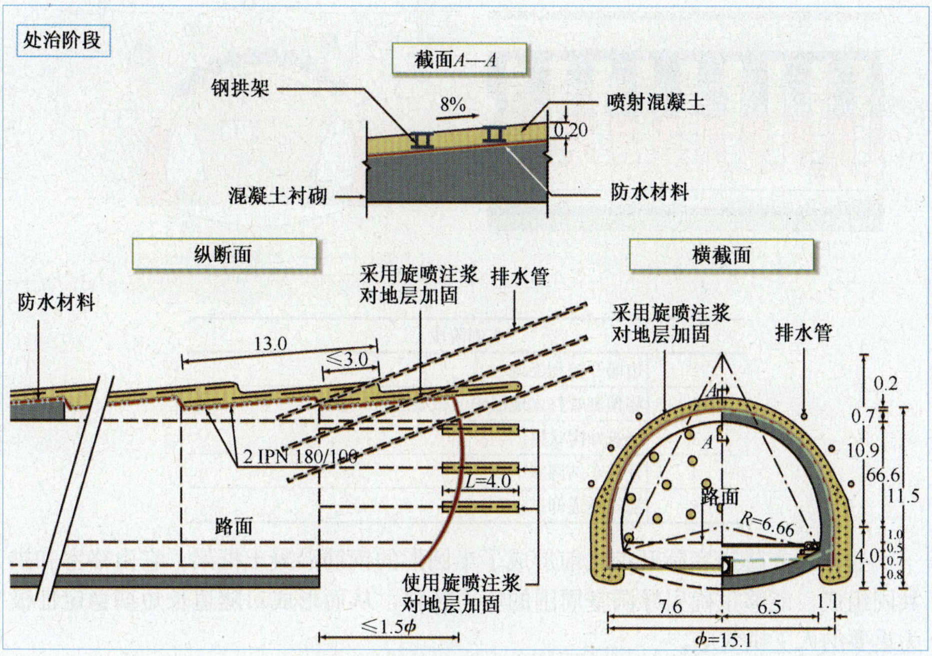

图8.5 在C_1类区段使用旋喷注浆

为处理C类隧道中典型的不稳定形式（掌子面-超前核心土不稳定），需要采用纤维加劲喷射混凝土层对隧道以及形状恰当的掌子面施作系统支护；同时需施作仰拱以形成完整的压力抵抗结构，其浇筑位置距离掌子面不得超过1～1.5倍开挖直

蜂窝状拱

蜂窝状拱施工法通过在开挖前施作衬砌，能够在任何类型的地层中修建大型地下洞室。它是一个格子状的半圆形框架（单元）形成复合结构，该框架由钢筋混凝土浇筑的管段通过一系列同样用钢筋混凝土筑成的横向大型肋（拱）连接而成。

蜂窝状拱的施工主要分为5个步骤：

（1）开挖侧壁导坑，浇筑隧道边墙的最终衬砌；

（2）由完全独立的上部台阶将钢筋混凝土管（直径大约2 m）一根挨着一根地顶入隧道轮廓面周围的地层中（微型隧道）；

（3）由微型隧道以一定间距开挖横向隧道，以此形成浇筑钢筋混凝土连接拱的模板架，随后进行拱和格室的加筋、浇筑作业；

（4）在已起作用的蜂窝状拱保护下，开挖车站洞室断面内的岩土；

（5）浇筑隧道仰拱。

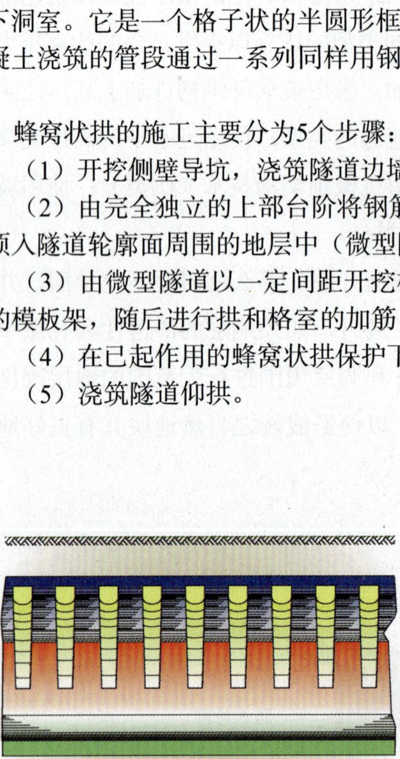

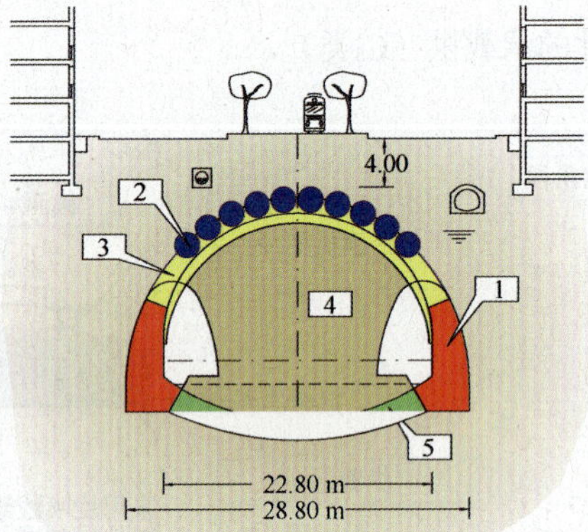

实施阶段	
1	边墙开挖和浇筑
2	将预制管打入地层中（微型隧道）
3	浇筑蜂窝状拱
4	开挖车站洞室
5	浇筑隧道仰拱

这样，在隧道实际开挖之前形成了半圆形的钢筋混凝土框架。它由格室和拱共同组成，能够正确引导洞室周围的应力转移，从而形成对隧道长短期稳定性极为重要的人工拱效应。

该系统理论上可以允许在任何地层情况下开挖直径60 m的浅埋洞室，而且不会造成任何明显的地表沉陷。

作者因发明此项技术而获得由美国《工程新纪录》杂志颁发的施工行业年度人物大奖。在米兰城铁连接线威尼斯车站（开挖直径30 m）的建设中使用了该项技术，尽管条件十分困难（地下水位以下、无黏聚性的土体、极浅埋深、地面有历史建筑等），但依然按时完成了任务，而且与常规方法相比没有产生额外的费用（参见附录D）。

径。由于仰拱靠近掌子面，因此仍然可以形成明显的有益的拱效应（掌子面影响半径R_f）。

无论隧道掘进区段的行为类型如何，最好都应遵循以下原则：

- 除非当地有特殊的环境保护要求，只要隧道穿越含水层，就应在掌子面前方和超前核心土范围之外施作一个恰当的排水系统；此外设计工程师必须要仔细估计因排水产生的挟带力对于应力-应变状态的影响。
- 即使在严格意义上讲不是含水层的地层中，也应沿墙脚施作排水系统并在初期支护和二次衬砌之间铺设防水层。这样可以阻止常见的地下水渗漏，以避免其长期损坏混凝土衬砌（例如，特别是在浅埋隧道中存在侵蚀性地下水或潜在冻害的情况下）。

当采用这种设计方法时，由于二次衬砌不承担长期、短期结构功能，因此多数情况下可在距离掌子面较远的位置施作二次衬砌。

8.9 施工变更

对于依据现有数据资料不能在隧道线路上精确确定其位置、而从统计概率上可能发生的异常情况，设计工程师还应该针对所采用隧道横纵断面类型考虑施工变更情况。

对于每种隧道断面类型，必须明确确定干预措施在类型、强度、施工步骤和施工速度等方面的变更内容，同时规定所用断面类型的地质-地质力学范围和应力-应变条件（挤出或收敛）。

图8.6给出了在特定地质-地质力学和应力-应变条件下断面类型和相应变更干预措施的应用实例。至关重要的是要明确各种隧道断面类型的变更内容，以适应地层对于开挖的实际变形反应，并使得实际地层反应始终保持在变形预测值范围之内。这样做的目的是为了让设计方案具有较高的确定度，同时又具有灵活性，以避免因条件变化而造成设计方案不相符的情况发生（设计规范和实际施工情况不符）；如果出现这种设计方案不相一致情的况，就意味着需要正式、部分地重新设计方案。

这样，就可以在施工阶段依据ISO9000标准实施质量保障体系，而不会降低基本的标准准则。

人工覆盖层（AGO）

人工覆盖层是一项特殊的施工技术，通过使用经恰当处理后的原位土体创造覆盖层，解决了开挖隧道拱顶上部埋深不足的问题。这项技术使得那些埋深不足的隧道能够使用暗挖法进行施工，且具有静力学、操作、环境和经济等方面的优势（详见附录E）。

首先挖除隧道上方的表层土(由拱顶轮廓直到起拱线处，如图所示)，然后根据需要对下面地层进行加固，随后在开挖隧道的上表面施设钢筋网并喷射10 cm厚的混凝土层。其具有双重功能：

- 形成隧道的形状；
- 分配作用在拱顶的荷载。

如果最初完全没有覆盖层，则须在必要的位置加填经处理的岩土层以构成拱顶形状，随后像下图所示再施设钢筋网并喷射混凝土。然后在其上方分层（层厚30 cm）填筑石灰稳定土（或其他能增强原位强度特性的适合材料），直到在隧道拱顶上方达到一定的厚度为止（大约3～4 m）。

在这种情况下，即可使用暗挖法进行隧道施工。

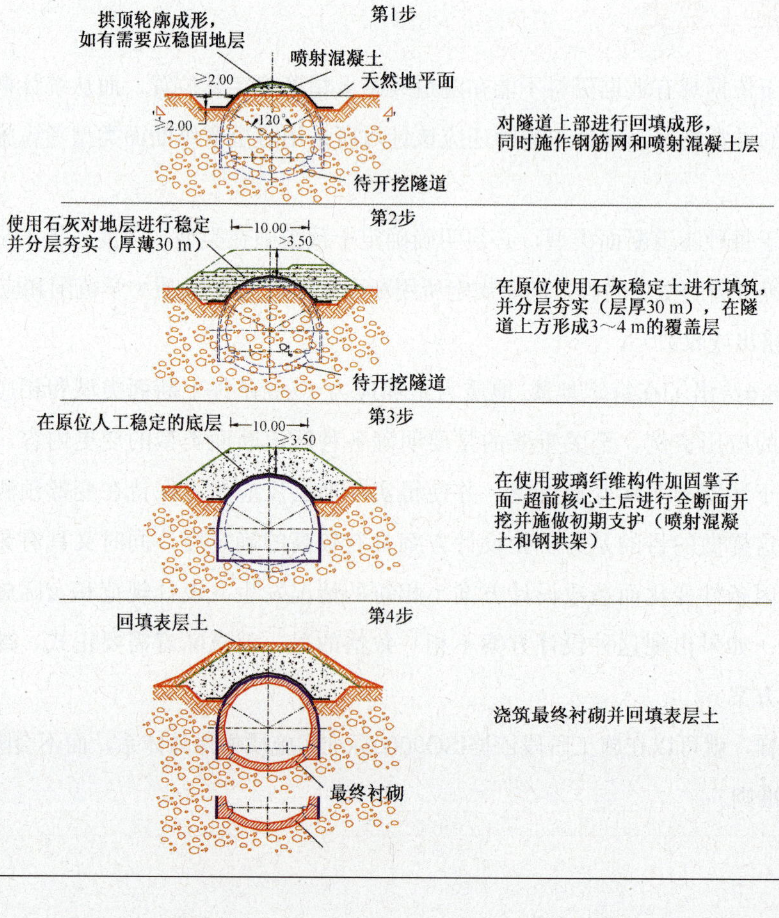

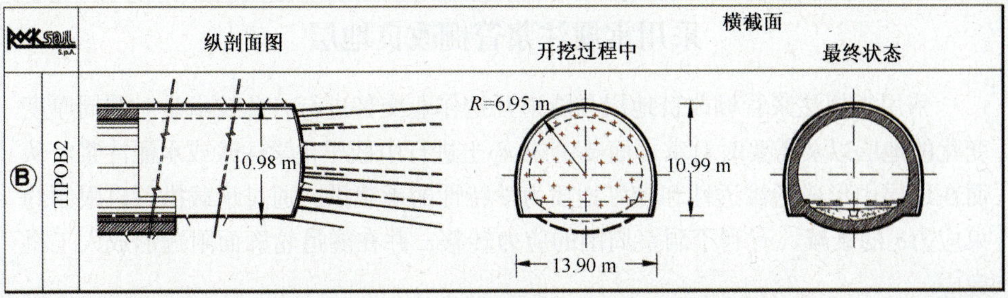

地质	地质力学	埋深		设计断面类型			预期的变形反应		施工变更	
				干预措施					干预提高	
	包络范围	由	至	类型	初期	最终			初期	最终
轻度到中度胶结的砂质-粉质混合土体，低渗透性地层	φ=14～32 c=0.25～0.5 MPa E=0.5～3.0 GPa	50	100	B_2	掌子面-超前核心土采用45根玻璃纤维构件 搭接长度>5 m 格栅间距1.2 m 喷射混凝土厚度30 cm	混凝土衬砌厚度90 m 隧道仰拱厚度100 m	<10 cm	5～18 cm	掌子面-超前核心土采用35～55根玻璃纤维构件 搭接长度>5～7 m 格栅间距1.2～1.4 m 喷射混凝土厚度25～30 m	混凝土衬砌厚度90 cm 隧道仰拱厚度100 m

图8.6 施工变更示例

8.10 隧道断面类型的验算

在确定了约束作用类型、干预措施、横纵断面类型后，设计工程师还需要确定稳固措施的实施强度，以便进行断面类型的验算。

为此，可以根据预测的洞室应力-应变反应，使用诊断阶段所列举出的计算方法（固体荷载或塑性圈）。在这里，需特别加以注意的是，应尽可能保持掌子面和洞周之间稳固构件分布均匀及平衡，并应评估干预措施在减小变形程度方面的有效性。

以诊断阶段预测的应力-应变行为基础，采用简单的（收敛-约束）模型，或更为复杂的“挤出-约束”或“挤出-预约束”模型（图8.7）进行隧道断面类型的验算。

针对一般情况，可以采用较为简单的近似计算方法主要取决于所分析情况的复杂性，但对于更为复杂（例如洞室几何形状、岩体特性、采用的开挖系统等）或者要求更精确的情况（例如必须进行精确的地表沉降测量），如果简化计算方法无法满足预测的准确性，则应采用花费更多的计算机数值分析方法。

8.10.1 固体荷载计算法

对于性质基本较好、应力-应变反应主要由规则不连续面所决定、所受应力处于弹性范围内的岩体(掌子面-超前核心土稳定、岩石类型)，可以采用块体理论或“离散元”等数值方法确定所施加的预约束和/或约束作用以及稳定结构的范围并进行相应的验算。然而，对于无黏聚性土体或破裂范围为隧道直径大小的极度破裂岩体（掌子面-超前核心土不稳定、松软型），则必须在考虑由于地貌和结构条件形成

采用常规注浆管棚改良地层

采用常规注浆管棚改良地层与隧道开挖作业交替进行。此技术是对洞周厚度变化的地层以及需要时对掌子面-超前核心土进行中低压化学注浆或水泥注浆，从而在地层中形成低渗透性和较好地质力学特性的承载拱。通过承载拱可以限制约束应力σ_3的衰减，有利于洞室周围的应力转移，并在隧道轮廓面附近形成人工拱效应。

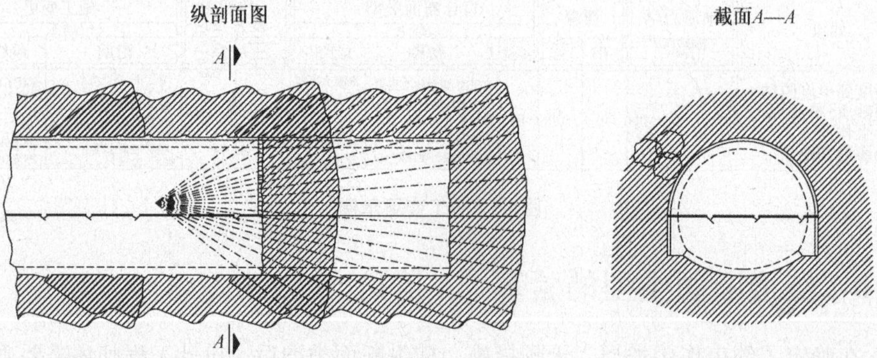

因此，该技术同时起到改良和保护的作用，在施工（洞室不渗漏、施工场地安全）和静力学方面（减少作用于衬砌上的压力）都具有明显优点。常规注浆管棚方法主要应用于无黏聚性或半黏聚性的岩土中，甚至在地下水位以下依然可以使用该方法。这些地层具有足够的匀质性和渗透性，可以保证胶结性浆液均匀扩散。

的不对称情况下确定隧道拱顶的土体荷载以及作用在稳固结构上的垂直和水平压力（图8.8）。在最简单的情况下，可以运用基于Cacquot-Kerisel或太沙基原理[62-63]的计算方法，并利用基于弹性支承梁的特殊迭代计算公式解决地层-结构相互作用问题。对于更为复杂的情况则可使用二维或三维有限元数值计算方法。

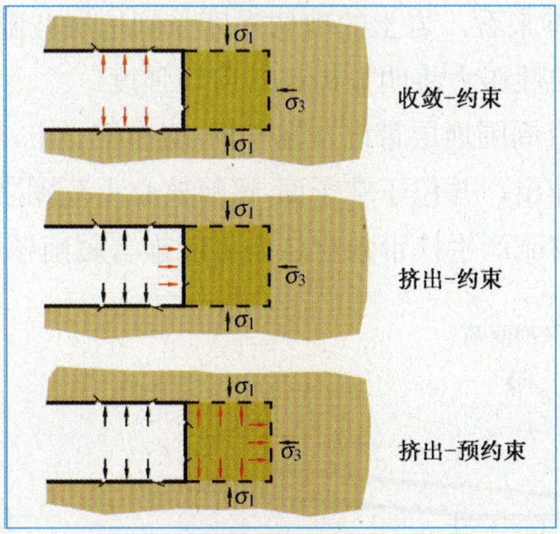

图8.7　隧道断面类型验算模型

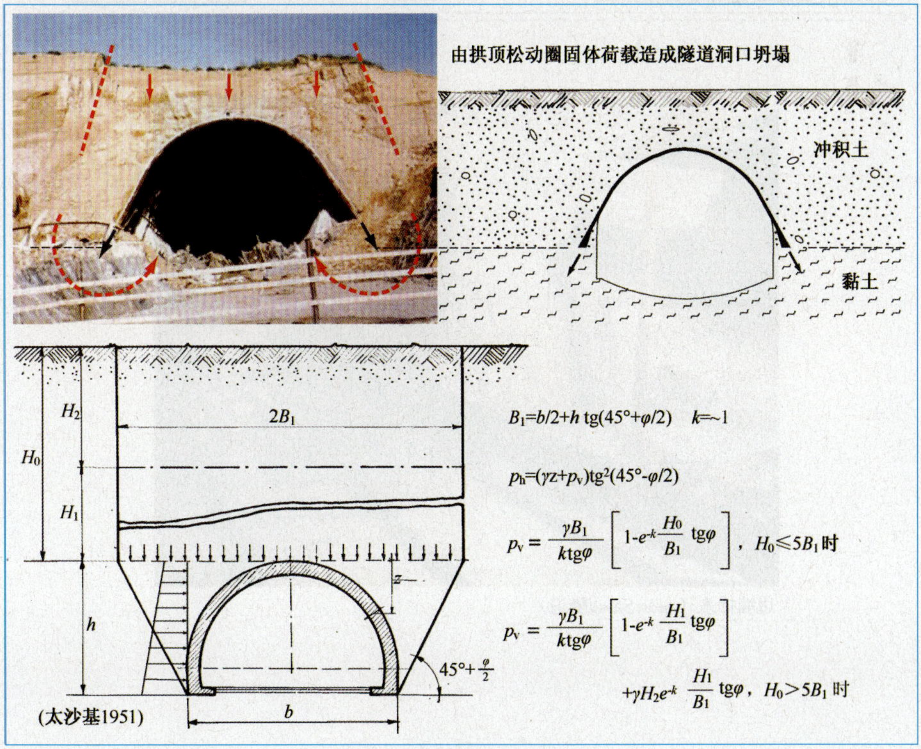

$$p_v = \frac{\gamma B_1}{k\,\mathrm{tg}\varphi}\left[1-e^{-k\frac{H_0}{B_1}\mathrm{tg}\varphi}\right],\quad H_0\leqslant 5B_1\text{时}$$

$$p_v = \frac{\gamma B_1}{k\,\mathrm{tg}\varphi}\left[1-e^{-k\frac{H_1}{B_1}\mathrm{tg}\varphi}\right]+\gamma H_2 e^{-k\frac{H_1}{B_1}\mathrm{tg}\varphi},\quad H_0>5B_1\text{时}$$

图8.8　固体荷载计算方法

排水管管棚（地下水位以下）

在水动力情况下开挖隧道时，最好是在地下水位以下施作排水管管棚，在洞室周围形成一个高渗透性区域，通过其可以部分或者完全降低地下水位，同时也降低了水力梯度及作用在衬砌上的水压力。

以地质力学的观点来看，岩土的剪切强度受到地层孔隙和不连续面内中性压力的负面影响，降低中性压力将明显提高其剪切强度。

为了有效改良隧道周围地层带以及掌子面-超前核心土，排水管必须以管棚的形式从掌子面的前方伸出，并位于掌子面-超前核心土范围之外。这是唯一能够有效防止超前核心土因渗流产生挟带效应从而可能损害超前核心土稳定性的方法。

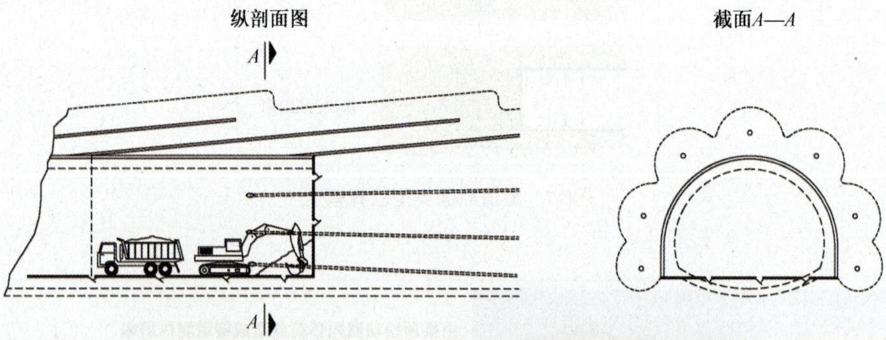

边墙排水（Gran Sasso隧道）

8.10.2 塑性圈计算方法

在黏聚性地层中，掌子面-超前核心土和洞室周围将产生弹塑性变形（掌子面-超前核心土短期稳定或掌子面-超前核心土不稳定），因此应利用如非线性三维有限元法等数值方法确定所施加的预约束或约束作用以及明确稳固结构的作用范围并对其进行检算。

当然，也可以使用特性曲线理论，但该方法仅适用于无预约束措施的断面类型[12]。如果掌子面-超前核心土已被加固，该方法对于作用在衬砌上的最终应力值将过于保守，因此这里并不推荐使用该方法。

8.11 处治阶段的特殊问题

8.11.1 地下水位以下的隧道

在过去，对于隧道内地下水存在的重要性时常被低估，通常人们只是考虑怎样将其排除，以避免干扰施工作业；然而最近几年，人们已开始逐步认识到控制和调整地下水的渗透对于地下工程开挖稳定性和减轻其对于周围环境影响的重要性。

在没有采取防水措施的情况下，在含水层内进行隧道开挖，将产生明显的排水效应：在隧道开挖方向上形成自然的渗流，如果处理不恰当，在有些情况下将会导致掌子面-超前核心土和洞室的迅速坍塌。

众所周知，地下水对于岩土体强度和变形特性都有不利影响。由于有效黏聚力和摩擦力的减少，当岩石裂缝的细小胶结颗粒同时被冲走时，可能会对动水条件产生负面效应。

因此，当隧道与含水层相交时，设计工程师在处治阶段的一项重要工作是估计地下水对于隧道周围岩体应力-应变状态的影响，并且采取相应措施以确保洞室的长短期稳定性。

更为具体来说，设计工程师必须以地下水位的补给流速、水力梯度、地质力学特性和岩体的原生以及次生渗透性和隧道半径为基础决定以下事宜（图8.9）：

- 是否需要人工减低围岩渗透性，以便在静水条件下进行隧道开挖；
- 是否需要通过排水方式引导由流体运动产生的挟带力远离洞室周围，以便在动水条件下开挖；
- 是否需要采取综合的防排水措施。

在决定上述事宜时，设计工程师必须注意：当水荷载很大时静水工况将变得不可

喷射混凝土初期支护层

无论是采用钢拱架和/或钢筋网或纤维或锚杆作为加劲材料，喷射混凝土层在喷射后的几小时内即具有较高的约束压力（见下图）。喷射混凝土层主要是起到保护性作用，从静力学观点来看能够有效确保施工过程中的安全系数。

其应用范围几乎涵盖了所有可能的情况：

- 在硬岩类地层中（掌子面-超前核心土稳定），喷射混凝土能够填充裂缝并防止可能的落石；
- 在具有黏聚性行为的地层中（掌子面-超前核心土短期稳定），喷射混凝土层构成一个刚性结构体，同时具有较好的变形性，能吸收洞室周围变形，而不致于发生坍塌；
- 在具有松软性行为的地层中（掌子面-超前核心土不稳定），喷射混凝土层是洞室预约束措施（机械预切槽、采用玻璃纤维构件对掌子面-超前核心土进行加固）的补充手段。

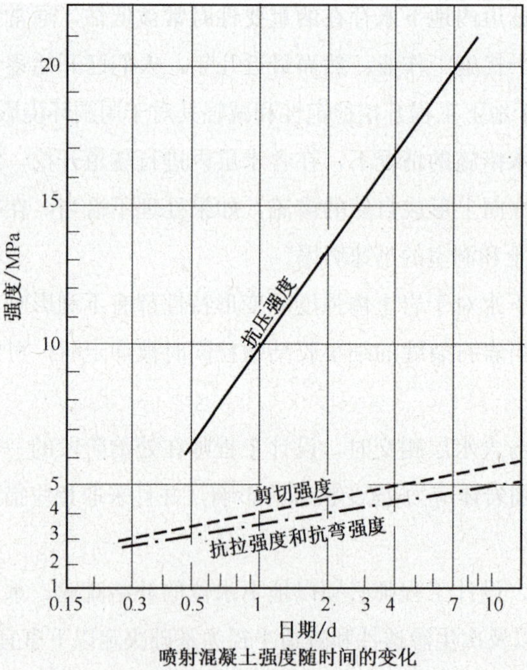

喷射混凝土强度随时间的变化

接受；另外，由于地下水补给速率不足，在动水条件下进行隧道开挖可能不符合环保要求。

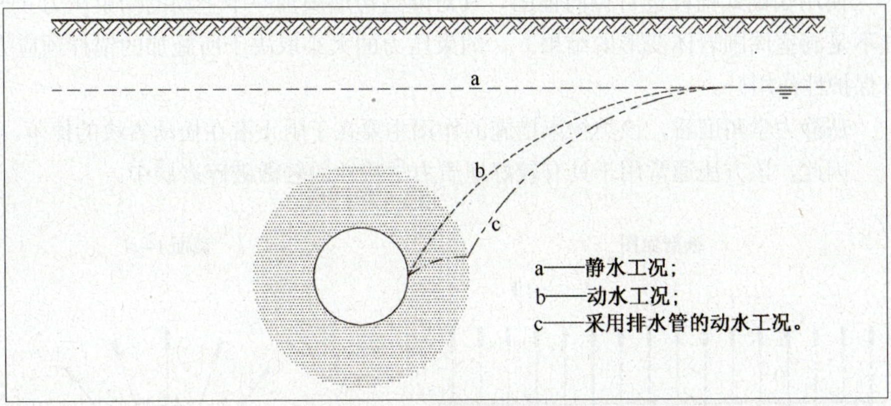

图8.9　隧道水力工况

图8.10中的表格给出了以水压力(低、中或高)、水力梯度J、临界水力梯度J_c（开始出现挟带现象）和地下水位补给量为基础选择水力工况及相应干预措施的标准。

从保持含水层水文地质平衡的角度看，最后一条因素非常重要。具体来说，在地下水位的补给量较小而水力梯度小于临界值的情况下，尽管从建设成本的角度看，可以在动水条件下进行隧道开挖（对地层排水），而且通常是有利的，但是设计工程师应当仔细考虑在静水工况下开挖的可能性，以避免即使是临时改变含水层水文地质的情况发生（水源枯竭、环境破坏等）。

<table>
<tr><th colspan="2" rowspan="2">参　数</th><th colspan="3">水压</th></tr>
<tr><th>低
$U<5$ bar</th><th>中
5 bar$<U<$25 bar</th><th>高
$U>25$ bar</th></tr>
<tr><td rowspan="2">$J<J_c$</td><td>匮乏的地下水</td><td>水文特征：
静水压或动水压*
干预措施：
防水**或排水*</td><td>水文特征：
静水压或动水压*
干预措施：
防水**或排水*</td><td rowspan="2">水文特征：
静水压或动水压*
干预措施：
防水**或排水*</td></tr>
<tr><td>丰富的地下水</td><td>水文特征：静水压
干预措施：防水*</td><td>水文特征：静水压
干预措施：防水*</td></tr>
<tr><td rowspan="2">$J>J_c$</td><td>匮乏的地下水</td><td rowspan="2">水文特征：静水压
干预措施：防水**</td><td rowspan="2">水文特征：静水压
干预措施：防水**</td><td>水文特征：静水压
干预措施：防水**</td></tr>
<tr><td>丰富的地下水</td><td>水文特征：
受控动水压*
干预措施*
防水加排水*</td></tr>
</table>

*—如果仅改变水文地质平衡将不会导致对环境的破坏；

**—基于地层的渗透性，采用注浆或冻结来实现。

图8.10　地下水干预措施

如果设计工程师决定通过洞室排水，那么由于地下水会通过隧道边墙渗漏，将会造成水压力迅速下降的水力工况。

使用端锚式锚杆进行径向锚固

使用端锚式锚杆进行径向锚固，其对隧道边墙施加一个主动的约束压力（即并不是洞室周围岩体变形的结果），约束压力的大小取决于所施加的锚杆预应力（保护性作用）。

从静力学角度看，该类约束措施的作用主要在于阻止潜在松动岩块的掉落。因此，该方法通常用于具有较好地质力学特性的轻微破碎岩层中。

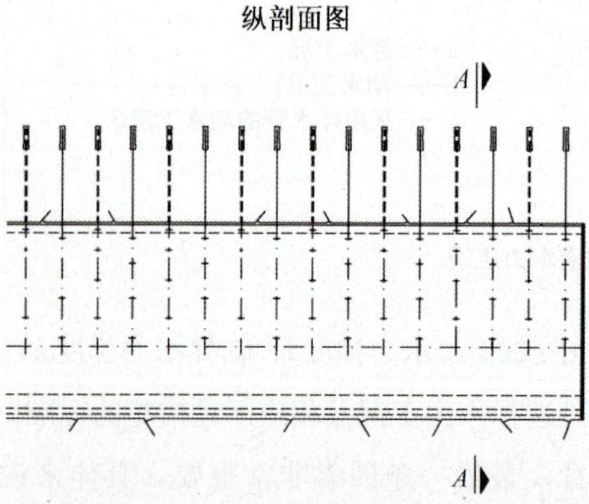

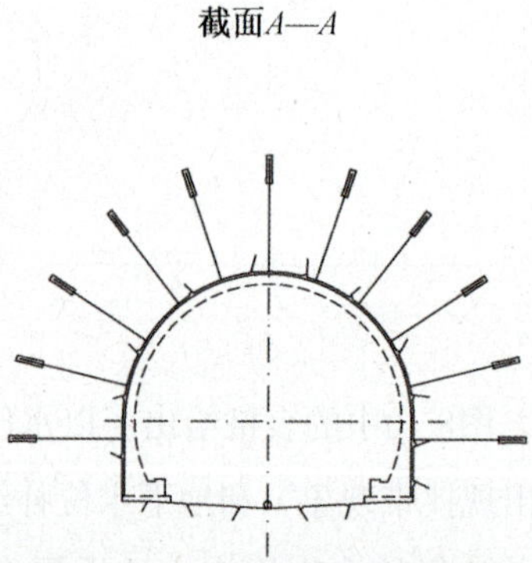

径向锚固（Frejus高速公路隧道）

如果缺乏充分的防范措施，这种现象将会造成掌子面地质力学强度的明显减弱并继而影响其刚度。掌子面-超前核心土的刚度对于隧道长短期稳定性有决定性作用，因此阻止地下水在其内的循环非常重要。为此可以通过在待开挖洞室周围安置特殊的伞状排水管，在掌子面前方3~4倍洞径范围外将水进行截流（超前核心土的保护）。设计工程师需要给出详细的规定以确保排水管的施工符合要求，防止掌子面前方的排水由于错误施工导致产生与期望相反的效应。具体来说，必须绝对禁止由掌子面将排水管插入地层中，而是应由隧道边墙或者至少是由掌子面的外边缘开始打设半圆弧状的排水管，以此保障掌子面-超前核心土不被分割。如果不按此施作，那么引排的地下水将会浸泡地层，从而给超前核心土及整个洞室的稳定性带来灾难性的后果。为了防止这样的危险，确保排水管在其端头的几米长度范围内没有穿孔也同样非常重要。

出于同样的考虑，设计工程师还必须明确规定正确的加固工序，包括钻孔及插入加固构件。钻孔后立即采用砂浆对其填充并完全密封尤为重要。

这是阻止其迅速成为流水通道的唯一方法，否则的话会对超前核心土造成破坏性的后果，因为超前核心土一旦被水浸泡并且软化，将不再具有有效的稳固作用。

对于二次衬砌的设计也需要特别加以注意，应通过施设防水层以及土工织物保护层来保证其不受到潜在地下水侵蚀作用的危害。

如果要永久降低地下水位，设计工程师也必须规定在边墙脚或隧道仰拱以下设置排水沟，以引排地下水。然而，如果决定施工后恢复天然的水压平面，那么需要充分做好防水作业以使隧道不会受到水力变化的影响。在恢复到初始水头前将会经历第二次的水力变化过程。

8.11.2 小间距隧道

在双洞的情况下，设计工程师在处治阶段中需要面对的问题是两隧道间中心间距的大小，即两隧道间的岩层宽度。

只要岩体的地貌条件和隧道定线特征允许，设计工程师更倾向于两个洞室之间保持一定的距离并以交替开挖的方式减小其间的相互影响。如果实际情况不允许，那么必须在考虑各个洞室对另一洞室产生附加应力的情况下，针对施工阶段和运营阶段两相邻隧道的总体稳定性（中间隔离岩层的安全系数）和欲采用稳固措施的合理性进行验证。通过在施工阶段采用两隧道交替开挖的方法可以明显减小这种效应。

采用诊断阶段讨论过的索引区理论[49]，可以计算两隧道中间隔离岩层的宽度并确定安全系数。

开敞式盾构

开敞式盾构由以下3个主要部分组成：

- 刀头，位于盾构的前部，由于其需要抵抗隧道开挖过程产生的极大应力，因此是一个特别坚固的结构，其上装有耐磨刀盘；
- 开敞的钢制圆柱形盾体，装有液压千斤顶系统，其通过作用在已拼装的最后一环衬砌上的推力驱动盾构前进，所需推力大概在70 t/m^2(开挖横断面)，推力大小随隧道几何形状和地层类型的不同而变化；
- 盾尾，盾构的最后一部分，在其内部施工人员可以安全地通过拼装机拼装隧道的管片衬砌，衬砌通常由预制混凝土管片或钢制管片组成。

开挖作用在盾构内进行，依据地层类型的不同，可以以人工或机械形式使用切削臂或者挖掘机进行开挖。

开敞式盾构的特点是：在开挖过程中能够产生有效的径向约束。尽管盾构与掌子面保持紧密的接触，但由于不能施加预约束或者径向约束作用，因此该类盾构不能有效控制超前核心土的挤出变形。

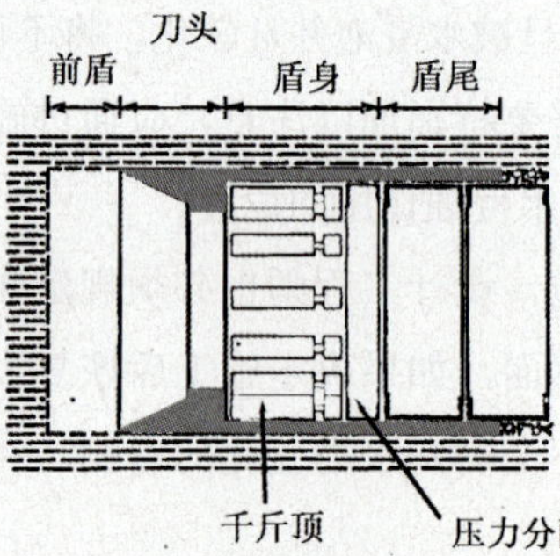

（1）地层开挖

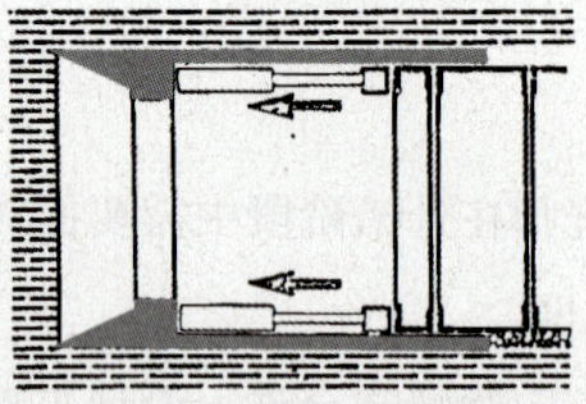

（2）通过压力分配环作用在衬砌上的千斤顶推动盾构前进

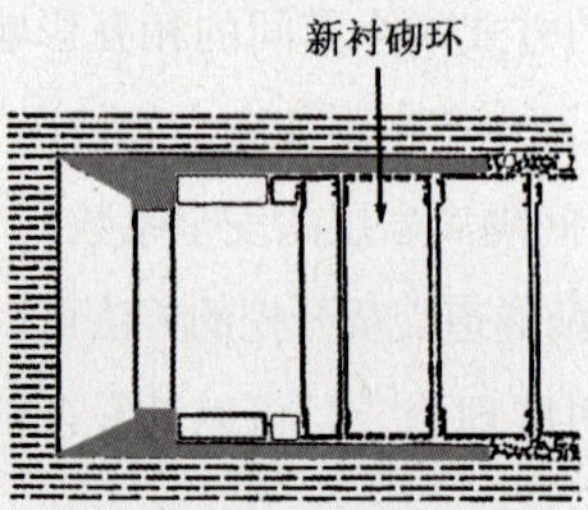

（3）收回千斤顶并拼装新的衬砌环

8.11.3　两个工作面相向掘进的隧道

当隧道开挖的长度较长时，通常采用多个工作面同时开挖的方式以缩短施工时间。由此出现这样一个问题，即如何在保证稳定和安全的条件下实现两相对工作面相会。尽管有一些特例[64]，但是这个问题还是被科学技术文献以及现行规范和指南忽略。当然这的确是一个相当棘手的工序，应引起高度重视。

前文已提及，在开挖过程中会引起围岩介质中的应力流向着隧道的外侧偏移，进而转移至掌子面的前方和洞周的侧面（图8.11）。

这就造成了在洞室边墙附近形成应力增大区域，如果该应力超出了岩土体的强度，那么不同程度的塑性现象将会随之出现，从而导致后续的稳定性问题。

在两个工作面相向掘进的情况下，当其间的距离大于临界值时（通常在4~6倍洞径之间），影响各自超前核心土的应力状态与各自单独开挖时的应力状态没有区别。当其间的距离小于临界值时，由于两个工作面前方的超前核心土将互相交融，从而形成两工作面共用的一个超前核心土，因此应力流将相互叠加。由此一来，超前核心土的强度随着开挖进程逐步减小，而其应力会逐步增大并且远远大于单个工作面开挖的情况。

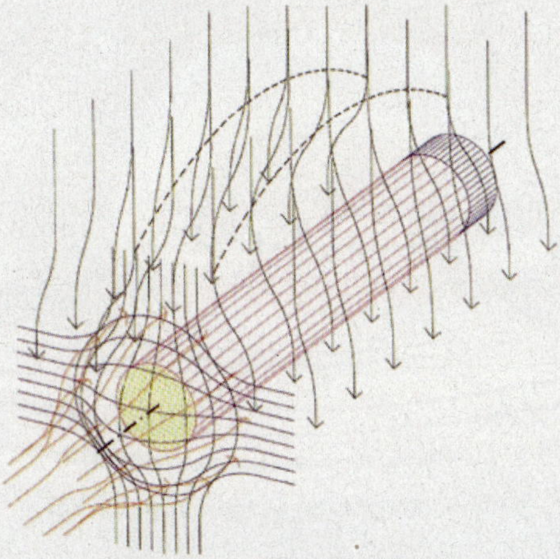

图 8.11　围岩应力的偏移

在恶劣的应力-应变条件下，特别是在对超前核心土进行加固的情况下，如果没有实施充分的抵抗措施，隧道开挖将引起应力急剧增大，从而导致两个工作面间的超前核心土以及洞室的迅速塌陷（图8.12）。

因此，当隧道开挖采用两个工作面同时相向掘进的方式时，设计工程师必须仔细考虑两个工作面间距离小于临界值时所引起的应力-应变现象，并明确规定此种情

隧道仰拱

隧道仰拱（普通混凝土或钢筋混凝土）是对初期支护和二次衬砌的补充，从而形成一个封闭结构，产生理想的约束压力。

因此，仰拱具有重要的结构功能，通常在需要提供较大稳固压力时应施作隧道仰拱。通常，在黏聚性或者松软性地层中要浇筑隧道的仰拱，且仰拱浇筑应紧靠离掌子面，这样便能通过其自身形成的成拱效应，在最小主应力完全衰减之前起到主动约束作用。

在硬岩层中，隧道仰拱无任何的结构功能，因此可在距掌子面较远的地方施作仰拱，而不会产生任何问题。

在洞门段、明挖隧道段以及断层和地震区域中，隧道仰拱需要增加适当的加筋材料。

隧道仰拱的钢筋铺设（罗马绕城高速公路，Appia Antica隧道）

况下的开挖工序。为此：

- 必须将应力侧向转移至将来洞室的周围，而不是纵向转移至两个工作面的前方，从而减少超前核心土中的应力；
- 必须尽可能地靠近洞室边墙形成纵向拱效应，以确保未衬砌隧道段的稳定性；这两个目的实现方式如下：

（1）充分加固超前核心土，最重要的是对待开挖洞室周围地层进行改良；

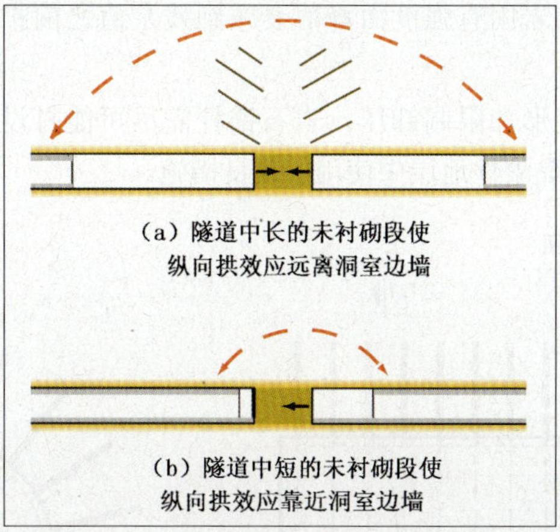

图 8.12 尽可能靠近洞室边墙形成拱效应

（2）仅从一个工作面进行开挖，而另一工作面停止掘进并喷射一层纤维混凝土进行保护；

（3）尽可能靠近掌子面的位置施作衬砌并浇筑仰拱进行封闭。

8.11.4 洞门

在对处治阶段这一章节进行总结之前，我们简要地再讨论一下有关洞门的问题，以对诊断阶段未完成的讨论（第7.6节）进行补充。

对于设计工程师而言，可以采用一系列保障施工安全而不造成边坡失稳的洞门施工技术，其可以划分如下：

- 在边坡开挖前采取的预约束措施或超前地层改良/加固措施（例如，高压旋喷注浆加固拱、采用玻璃纤维构件加固岩体、注浆、竖井、排水管等）；
- 在开挖时采取的约束措施或地层改良/加固措施（例如，柏林型桩墙、主动或被动式锚杆、挡墙等）；
- 在开挖进入斜坡体后采取的保护性措施，主要为防止裸岩带由于脱离和落石而

使用全黏接锚杆形成围岩加固带

使用全黏接径向锚杆（见下图）加固围岩，形成了一个石拱，对隧道起到了等同于混凝土衬砌的静力学作用。它具有与周围地层极其类似的变形特性，同时也能够在紧贴掌子面的地方打设锚杆。岩石锚杆的作用是锁住不连续体，同时阻止由于开挖引起应力增大造成新的裂缝形成，以此提高岩土体的性质。

岩体地质力学特性的直接改良是通过围岩加固带抗剪强度的增加而获得的，而间接改良是通过围岩固有强度由峰值衰减到残余值之前扩大约束作用而获得的。

为能阻止多数变形和限制卸压，岩石锚杆需尽可能打设在靠近掌子面的地方。这是一项适合在黏聚性地层中使用的改良措施。

纵剖面图

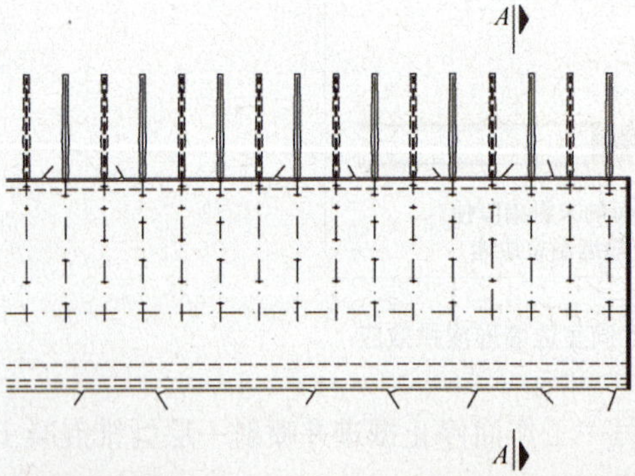

截面A—A

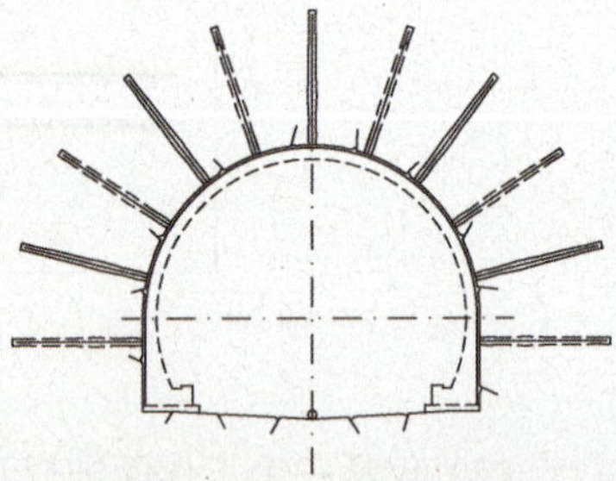

洞室周围地层加固带（Brunico污水处理厂地下洞室）

造成的性质恶化以及局部不稳定状态的出现（例如，局部的岩石锚杆、钢筋网、喷射混凝土等）；

至于采取何种干预措施，要依据诊断阶段的结果。对于通常稳定的边坡可以采取保护性措施，而无论其是岩石还是颗粒性质（砂、砾石斜坡等）,只要岩土体倾向于脆性破坏，或者需完全阻止边坡的变形以保护既有建筑物和结构，那么就必须采用预约束措施或地层改良加固措施。

另外，如果边坡的岩土体有较好的黏聚性，最重要的是如果具有明显的残余强度，那么就可以采用更为常规的约束措施或者地层改良加固措施。

8.12　小　　结

一旦根据诊断阶段所预测的岩体对于开挖的变形反应确定了所需施加的作用类型，并对隧道开挖系统、开挖步骤、掘进速度和稳固措施进行了设计；一旦确定了隧道横纵断面型式及尺寸，并计算分析了所设计的干预措施对于预测的变形反应的作用效果；一旦根据施工中可能出现的变形大小规定了每种断面类型的变更内容，则设计工程师在按照岩土控制变形分析法全部且可靠完成隧道设计工作前，还有最后一项任务需要处理，即事先制定监控程序。

按照岩土控制变形分析方法，地下工程的设计和施工全过程都基于一个单一参数，即岩体对于开挖的变形反应。在设计阶段要对岩体的变形进行预测和理论分析，而在施工阶段则要采取恰当的稳固措施对其进行控制，并随着施工的开展对其进行测量。因此，对预测的变形反应和实际的变形进行系统比较显得十分关键：

- 在施工过程中（实施阶段），通过系统比较变形预测值和实际量测值，可以判断变形反应是否受到预期的控制，并检验处治阶段所作决策的有效性；同时还可以获得相关重要信息，以优化设计方案，平衡掌子面和洞室之间的稳固措施；
- 在竣工验收并投入运营后，通过系统比较变形预测值和实际量测值，可以评定隧道的适用性和安全性。

在施工过程中，只有在正确的时间点安装和启用所需的测量仪器，才能获得开挖过程中有关岩体变形反应的实际、全面和准确的信息。当与设计阶段的计算预测值进行比较时，所获得的实际信息将会非常有用并易于判释。

设计工程师需要在设计阶段预先考虑最佳的测量仪器类型和最佳的安放位置，以此才能获得监控、检测阶段所需的数据。

预支护措施

该术语适用于既不能对洞室产生预约束也不能产生约束作用的干预措施类型（被动干预措施）。

超前小导管就是其中之一，它是由隧道拱顶外轮廓面打设在掌子面前方的承载钢管 (见下图)。由此可在管棚状加固拱的保护下进行隧道开挖。

这些超前小导管起着连续支承梁的作用（隧道开挖过程中安设钢拱架）。超前小导管的打设既不会在掌子面前方形成人工成拱效应，也不能有效限制最小主应力σ_3的衰减。此外，在隧道内钢拱架支撑之前，超前小导管起着抗弯梁一样的作用，因此其重力将直接作用在超前核心土上并减弱其稳定性。

超前小导管可用于破碎岩体中，以锁住不连续体。

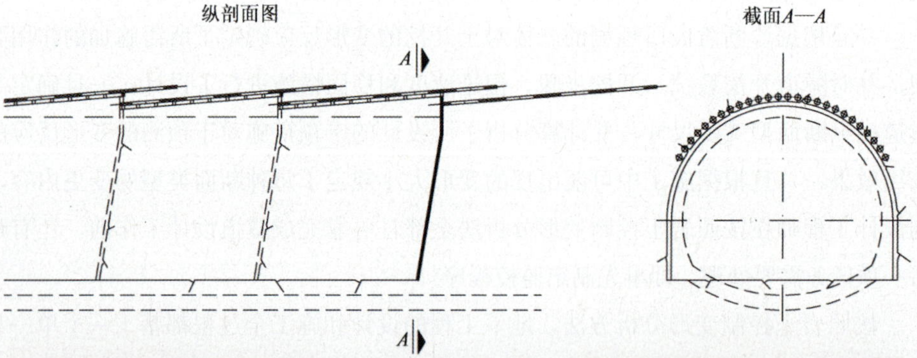

采用超前小导管的预支护措施（Solignano隧道）

岩土控制变形分析法提出了有关监测方面所应遵循的基本准则。为了使本书结构清晰，该内容被放在了“监测阶段”一章中，感兴趣的读者可以参考阅读。

像先前勘察和诊断阶段一样，作为处治阶段的总结，应将有关开挖系统、开挖速率、开挖步骤和稳固手段等方面的决策内容归纳在隧道的地质力学剖面图中（图8.13）。

利沃诺—锡耶纳高速公路
Rimazzano隧道

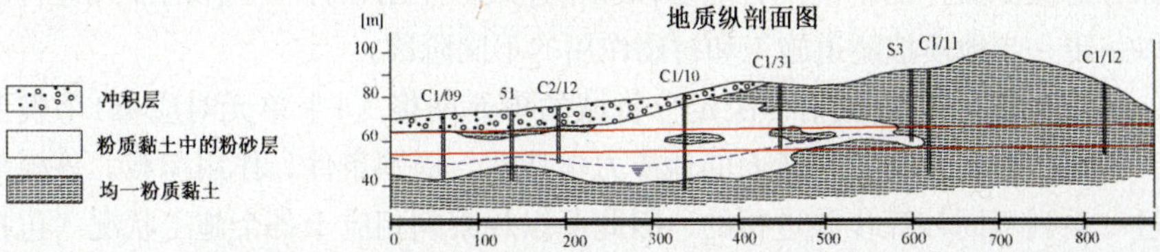

埋深	10	15	20	25	28	20

地质和岩土研究

勘察阶段	岩性		粉质黏土中的粉砂层	均-粉质黏土
	地下水位线以下地层		—	—
	地质力学预测	γ (t/m³)	1.96 1.92 2.00	1.98 2.04
		K (cm/sec)		2.6×10^{-8}
		C' (t/m²)	5.5 0.0~1.5 3.0	5.5 3.0
		φ (°)	17 30~25 25	17 22
		E' (t/m²)	6 000~10 000	15 000~25 000

隧道行为的预测

诊断阶段	掌子面处	稳定		
		短期稳定		—
		不稳定	—	
	洞周处	稳定		
		不稳定	—	—
	各向异性	强	—	
		中		—
		弱		

改良措施

处治阶段	旋喷注浆	拱顶	—	
		边墙		
	钢拱架	类型（榀/m）	HEB 160 (1/m)	HEB 180 (1.25/m)
	径向锚杆			
	机械预切槽			
	喷射混凝土	（cm）	10	20
	排水管			—
	超前核心土加固	玻璃纤维管（根/m）		20

最终措施

处治阶段	最终衬砌	混凝土（cm）	50	70
		钢筋混凝土（cm）	50	50
		隧道仰拱	60	80
	防水		—	—
	截面类型		1	2A

图8.13 Rimazzano隧道地质力学剖面图

离散元计算方法

离散元法[65]是模拟节理围岩不连续特性行为的数值方法，有助于研究隧道因岩块间错位引起的大变形现象。其具有以下3个特点：

（1）围岩介质被模拟为一系列沿边缘和边角相互作用的岩块；

（2）岩块间的相互作用主要受到不连续面摩擦和黏聚特性的影响，因此应重点考虑岩体破裂状态而不是岩体强度对于变形行为的影响；

（3）其计算法则普遍适用，可以基于大位移和大转角的假设进行计算；可以在考虑孔隙流体的情况下针对岩体和不连续面粗略估计岩土体的非线性行为；可以一步一步地模拟隧道施工和衬砌作用的不同阶段。

主要的输入参数包括：决定分析域的单元网格（1个单元对应每1个楔形岩体）、每一个单元和不连续面的地质力学特性、周围条件、作用荷载。该模拟是通过一系列不同计算步骤进行的，因此可以观察到相应于各个施工状况（包括中间施工状况）的应力-应变发展状况。各个计算步骤的结果是网格中各个单元质心的位移和应力数值，通过对隧道周围应力状态的了解可以定量评估洞室稳定所需的约束作用。该方法最大的困难是重建尽可能符合现实条件的离散单元网格。

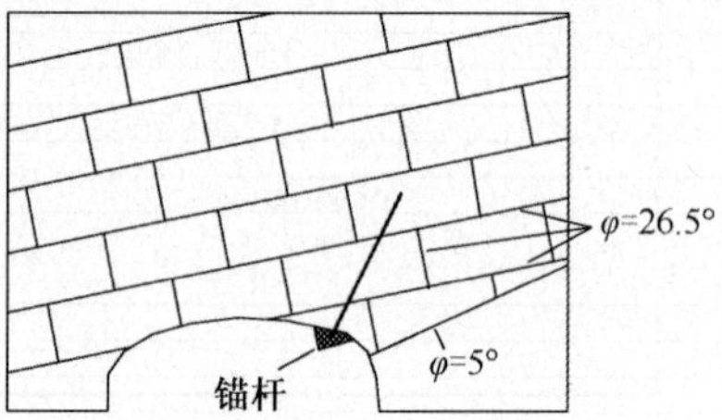

①

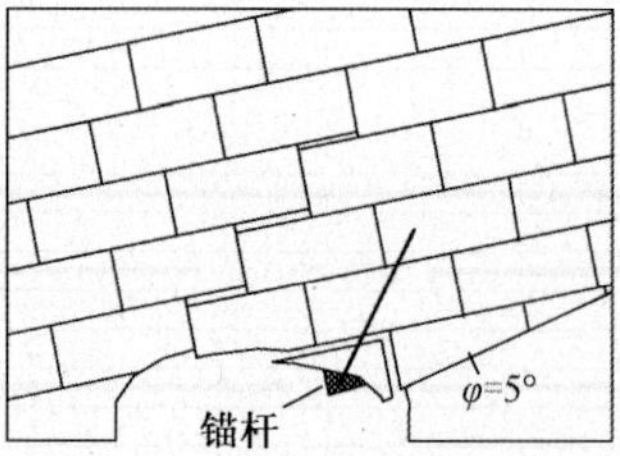

②

既然能够较为容易地估计出各种隧道断面类型的平均总成本（每米成洞），那么设计工程师预测出项目的工期和成本也并不困难。

在施工过程中，只有在正确的时间点安装和启用所需的测量仪器，才能获得开挖过程中有关岩体变形反应的实际、全面和准确的信息。当与设计阶段的计算预测值进行比较时，所获得的实际信息将会非常有用并易于判释。

设计工程师需要在设计阶段预先考虑最佳的测量仪器类型和最佳的安放位置，以此才能获得监控、检测阶段所需的数据。

岩土控制变形分析法提出了有关监测方面所应遵循的基本准则。为了使本书结构清晰，该内容被放在了“监测阶段”一章中，感兴趣的读者可以参考阅读。

像先前勘察和诊断阶段一样，作为处治阶段的总结，应将有关开挖系统、开挖速率、开挖步骤和稳固手段等方面的决策内容归纳在隧道的地质力学剖面图中（图8.13）。

既然能够较为容易地估计出各种隧道断面类型的平均总成本（每米成洞），那么设计工程师预测出项目的工期和成本也并不困难。

在不中断交通的情况下扩宽公路隧道和城市铁路隧道

目前，对于增加运营公路和铁路设施运能而不中断交通（哪怕是短期的）的需求日益增加。如果线路沿线修建有隧道，那么要增加其运能，目前唯一可行的方案就是改线并修建新的隧道。

在此背景下，最近开发出了一种基于ADECO-RS原理的隧道扩挖方法，可在不中断其运营的情况下安全地扩宽既有公路或者铁路隧道的横断面，并且能够可靠地预计工期及费用。

在自进式钢壳的保护下，施工作业的同时，车辆可以安全地通过隧道。

隧道的扩宽采用了一种特别设计的机具，其上装有掌子面前方和洞室周围的地层改良及加固、既有隧道的拆除、扩宽施工和新隧道衬砌施作等所有施工作业所需的所有设备。

隧道扩宽作业分为4个主要阶段，并配合进行所需的隧道预约束和约束作业：

（1）如需要，根据地层的地质与地质力学特性，在扩挖隧道的开挖面上采取技术上最为适宜的洞室预加固措施；

（2）在加固措施的保护下，分步开挖地层直到扩挖隧道的理论轮廓面并拆除原有隧道的衬砌；

（3）根据“主动拱”原理，紧跟着掌子面安设一环或多环预制混凝土管片衬砌并立即发挥其作用；

（4）基础施工（隧道仰拱）。

该方法未使用任何形式的初期支护，其被“主动拱”类型的最终衬砌完全替代。通过封顶块上安装的小型千斤顶所施加的预压作用，“主动拱”类型的最终衬砌与周围地层形成了相互作用。

该方法在罗马大区Nazzano A1高速公路隧道由双向2车道扩宽为双向4车道的扩建工程中得到了首次实际的运用（见附录G）。

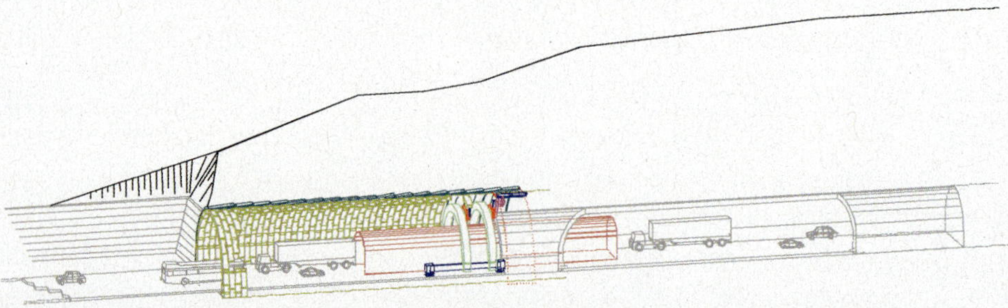

有限元法

三维有限元模型是研究黏聚类型（B类）或松软类型(C类)隧道最为全面、常规的手段。事实上该模型可以同时考虑各项异性应力、岩土体特性、开挖步骤以及可能的洞室预约束和约束措施。

主要的输入参数包括：决定分析域的单元网格、各单元的地质力学特性、周围条件和荷载作用。如同离散元法一样，该方法通过一系列不同的计算步骤进行模拟，每一个步骤对应一个施工步骤。

通过这个计算方法可以观察相应于所有施工情况（包括中间工况在内）的应力-应变发展状况。与离散元法不同的是：有限元法的算法要求位移应与连续单元的节点相适应。每一步骤的结果是网格各节点的变形和应力数值。

如果对于地层的力学特性有深入了解，同时也对掌子面前方的地层改良和加固措施进行了正确的建模，那么可精确计算出所采用干预措施对于洞室长短期稳定性的作用。

对于因既有结构和建筑物的相互作用或超浅埋深而造成施工困难和复杂的隧道工程，有限元法似乎是不可或缺的。例如，城市隧道需要精确预测地层的变形反应和地表沉降情况。

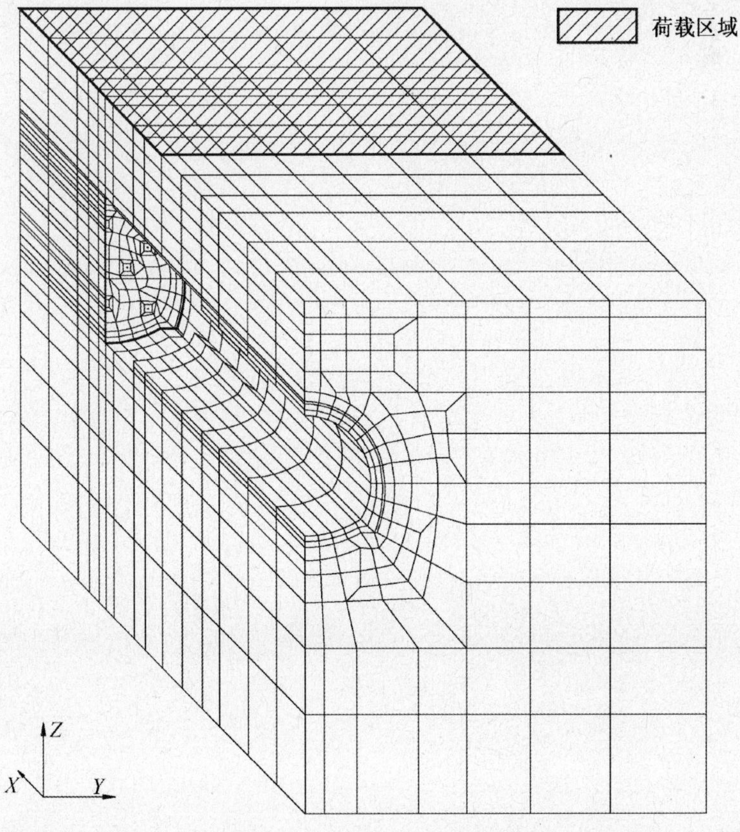

施工阶段

隧道开挖的最高技巧是在一定距离内维持围岩的压力，它远比日后的抵抗压力更高明。前者需要智慧，而后者则仅是繁重的体力劳动（Rziha，1872）。

第9章

实施阶段

9.1 背　　景

实施阶段是施工中围岩应力流发生偏移的阶段，其随着监测阶段一直持续下去。在监测阶段将会对设计方案和实施决策进行监测和完善。监测阶段将在下一章节进行阐述。

根据设计工程师规定的隧道断面类型，承包商和项目经理将决定在实施阶段采取何种干预加固措施以最小扰动围岩的方式引导洞室周围的应力并确保洞室的长期和短期稳定性。

本章主要阐述作者近来所开发的对洞室进行预约束及约束的干预措施、基于施工观点的定义以及使干预措施发挥结构性功能所应遵循的标准，以使各种支护构件作为隧道衬砌结构必不可少的组成部分共同发挥作用并具有长期的抵抗性。在简要叙述实施阶段每种干预措施的实施步骤后，阐明了如何根据围岩特性采取相应的干预措施。现场实际经验表明，这对于施工的有效性及隧道的使用寿命至关重要。

最后阐述了所设计的监测类型，其目的在于：

- 验证施工中所采取干预措施的正确性及施工作业是否符合设计规范；
- 优化干预措施的强度、平衡掌子面和洞室之间的干预措施并精细调整隧道掘进速率和开挖步骤。

9.2 实施阶段的基本概念

实施阶段的成功取决于诊断阶段预测的准确性以及由此而做的设计决策；但很大程度上也取决于隧道掘进过程中特别是支护稳固措施的实施，支护稳固措施不仅要符合设计规范，而且支护材料应很好地与围岩融为一体。

为此，正确及迅速地实施支护措施非常重要，特别是对于各个支护构件的设

开挖：爆破前已装药的掌子面–超前核心土（博洛尼亚–佛罗伦萨新建高速铁路Pianro隧道，1999年，地层：弱黏性砂岩，埋深：约70 m）

开挖：爆破后的岩石掌子面
（热那亚–文蒂米利亚铁路S.Stefano隧道，
1984年，地层：黏性砂质片岩，埋深：约120 m）

置；另外应作为整体连续及均衡地实施支护稳固措施，以避免应力以及支护构件集中于某个点上。

另外也很重要的一点是，每种支护稳固措施要与土工技术条件相适宜，特别是那些有可能影响支护稳固性的土工技术方面，例如岩土的结构性、侵蚀性地下水、涌水等。为此必须特别重视以下几个方面：

- 开挖掘进方法；
- 设置稳固构件的时间、步骤和方法；
- 各种支护构件以及整体支护结构的实施范围；
- 所用材料的适宜性，支护材料必须严格符合设计规范，现场安装时必须采用正确的方法并遵守操作指南（质量控制）。

项目主管的职责在于仔细检查支护构件设置情况，检查其是否与设计规范相吻合。

在实施阶段，现场作业人员的安全至关重要。所有设备和机具，特别是照明和通风设备必须满足其运转要求，以最大限度降低人员伤害风险。对此应制定周密的安全规章制度，并仔细观察洞内交通情况。针对开挖作业和加固作业应采取最高级别的安全标准，并在技术主管的指挥监督下进行作业；同时还应考虑所用物品的有毒性和侵蚀性。因此应从安全角度详细制定作业计划并接受最高级别的监督。

9.3 开　　挖

隧道开挖方法可能会在一定程度上影响岩体对于开挖的变形反应以及隧道洞壁附近的成拱效应。虽然关于开挖方法的某些决策是由承包商在其组织机构和设备基础上进行制定的，但不能违背设计规范。

制定开挖方法应遵循尽量不对环境和围岩造成扰动的准则。要满足这一准则，可以采取以下方式：

- 采用适于围岩条件的开挖系统；
- 可能的话采用全断面掘进，使掌子面形成凹陷状并避免超挖；
- 在每一开挖步骤前后快速实施与设计断面类型相符的所有支护加固作业；
- 在隧道位于地下水位以下时，采用排水系统将水引至设计规定的地点，避免掌子面上有水或者地下水沿隧道底部流动。

开挖：采用耙土机进行掌子面–超前核心土的机械开挖
（罗马环形公路AppiaAntica隧道，
1999年，地层：颗粒状火山碎物，埋深：约4 m）

开挖：采用破碎锤进行掌子面–超前核心土的机械开挖
（Caseta–Foggia铁路S.Vitale隧道，
1993年，地层：片状黏土，埋深：约130 m）

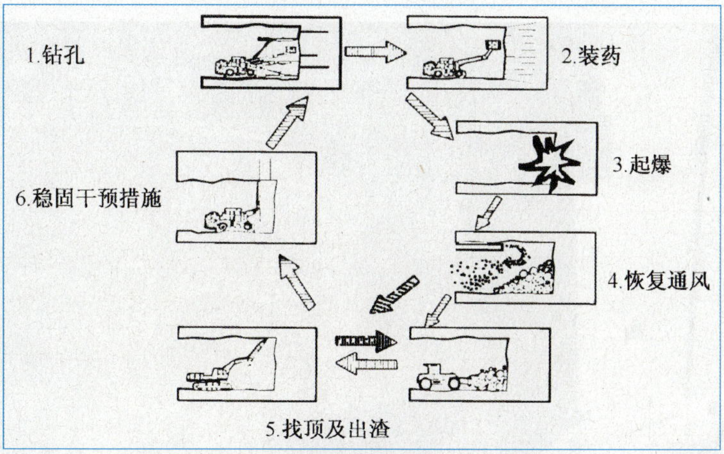

图9.1　隧道钻爆掘进作业步骤

在掌子面-超前核心土稳定或短时间稳定情况下，如果没有规定在掌子面前方进行地层改良或加固，那么可采用炸药进行爆破开挖（图9.1）。因此重要的是采用能维持隧道断面形状的控制爆破系统。通过沿隧道断面进行小心钻孔并采用适宜的炸药可以尽可能小地扰动围岩、均衡开挖横断面并尽量避免超挖[66]。为此须做到以下几点：

- 尽可能确保孔眼平行；
- 降低孔眼间距；
- 根据情况使用炸药，例如高克重的导爆索（季戊炸药，60～80 g/m）。

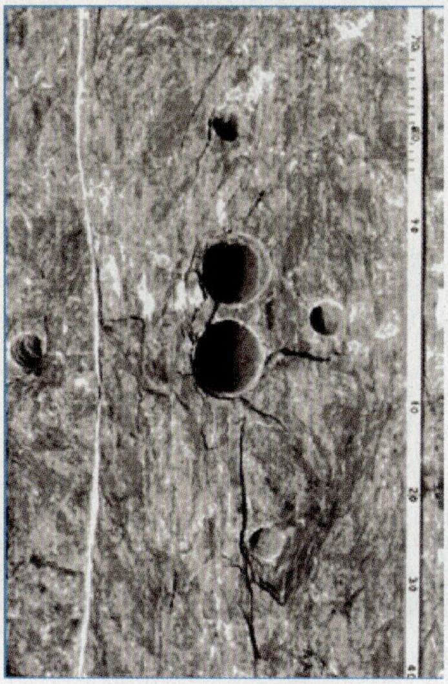

图9.2　平行掏槽孔

开挖：使掌子面形成凹状（罗马地铁A线Baldo degli Ubadi车站，1996年，地层：夹有砂的黏土层，埋深：约18 m）

至于其他方面，为获得最佳断面，爆破循环的设计应遵循这样的要求：必须在实际的环境情况和围岩特性基础上确定掏槽类型（图9.2）、炮孔分布及深度、炸药威力、延爆时间等。确定有效的炮孔分布型式是一项高度专业化的任务[67]。

在每次爆破循环结束后应立即小心地对洞室边墙进行找顶。

在掌子面-超前核心土不稳定的地段以及在掌子面-超前核心土短期不稳定的情况下，一般是在对洞室进行预约束后再进行开挖，例如采用近水平旋喷注浆和机械预切槽对隧道周边进行处理等。在这些情况中最好是采用机械开挖（挖掘机、破碎锤、臂式掘进机等）而不是求助于炸药，炸药爆破会损坏掌子面前方所施作的加固体。掌子面的形状应为凹形，以有利于在掌子面前方形成纵向拱效应并在每一掘进循环结束后对其喷射混凝土或纤维混凝土。

如果隧道表现为一定程度的挤出变形和收敛，那么有必要在掌子面后方较短距离内浇筑仰拱以形成承载环结构，由此而来隧道断面的开挖形状应与之相适应。在开挖隧道仰拱时常常会观测到变形加速的现象，因此应立即浇筑隧道仰拱，特别是当其起着结构性功能作用时，或者在强烈挤压地层中可以在钢肋拱架底部设置支撑构件，以加强承载环并在浇筑混凝土之前抵抗压力。

9.4 洞室的预约束

9.4.1 借助全断面机械预切槽进行洞室预约束

全断面机械预切槽法是沿隧道外弧轮廓线按预定的厚度和长度进行切槽。切槽采用一种特殊机械，在切槽机上装配有链锯，链锯可在齿条和齿轮架上移动，由此形成隧道外轮廓形状的切槽，切槽后立即在切槽中充填纤维加劲喷射混凝土，喷射混凝土中掺加适宜的添加剂以快速提供早期强度。

由此形成了具有截锥形状和良好力学特性的超前衬砌薄板层，其伸入掌子面前方较远处，可提供足够的径向预约束力，以防止围岩松弛。

其截锥形状允许连续浇筑部分搭接的衬砌薄板（图9.4），并交替进行适宜的隧道掘进和衬砌薄板的设置，这样就可以获得连续的隧道衬砌拱。通过浇筑边墙和仰拱形成闭合环，隧道衬砌拱就能保持刚性。

该方法的适用范围从软岩到黏性土和粉质砂土，包括非均质地层、含水层，只要其在浇筑混凝土期间能保持切槽不坍塌，当然这也需要采取人工辅助措施。

通过全断面机械预切槽进行洞室预约束
（**Sibari–Cosenza铁路线上隧道施工采用的预切槽机，1985年**）

通过全断面机械预切槽进行洞室预约束
（**Sibari–Cosenza铁路线2号隧道，**
1985年，地层：黏土和淤泥，最大埋深：约110 m）

通过全断面机械预切槽进行洞室预约束：

预切槽作业与充填（米兰–罗马–那不勒斯高速铁路线**South Arezzo–Figline Valdarno**区间隧道，

1988年，地层：黏性淤泥，最大埋深：约**90 m**）

通过全断面机械预切槽进行洞室预约束：切槽作业结束
（米兰–罗马–那不勒斯高速铁路线**South Arezzo–Figline Valdarno**
区间隧道，**1988**年，地层：黏性淤泥，最大埋深：约**90 m**）

该方法的重要特征如下：

- 几乎可以完全消除超挖，显著减少初期衬砌和围岩之间的回填注浆量；
- 可减少临时约束构件数量，因为其几乎完全被预切槽衬砌所替代；
- 机械化程度高、掘进速率稳定，这给施工费用和施工效率方面带来良好的后果（隧道掘进工业化）；
- 可以施作其工作状态接近于最终衬砌静力状态的初期衬砌，这样可以极大减小最终衬砌的厚度，如果规范允许考虑其复合作用的效果。

掌子面-超前核心土的良好稳定性对于该系统的成功至关重要。如果预切槽不能提供足够的保护作用，那么就需要对超前核心土进行加固，例如设置玻璃纤维结构件（图9.4）。当隧道处于地下水位以下时，保持掌子面-超前核心土的整体性非常重要，为此需要在掌子面前方系统设置朝向外侧的扇形排水管。

自从首次运用以来，机械预切槽技术的潜力有了显著提高。现代化的切槽和填槽技术使切槽深度超过4.5 m、厚度达24 cm。至于隧道直径方面，该系统已成功用于跨度约为21.5 m的隧道中。

从施工的角度看，限制切槽的大小非常重要，这样在施作喷射混凝土期间切槽具有足够的自承能力。每一环切槽需要分段浇筑，浇筑段数取决于隧道直径和围岩特性。每一段切槽必须立即充填浆料，在前一切槽完全充填之后才能开始新的切槽作业。

如果偶遇非黏结性岩土材料而使切槽困难，那么可以在隧道断面附近非黏结性区域内注入水泥灰浆，使地层获得切槽所要求的黏结力。

确保预切槽拱保持结构连续性非常重要。为此在开始施作新一段切槽时，不应在相邻节段之间产生不连续性，否则有可能损害预切槽拱的强度。要做到这一点，重要的是对预切槽拱进行分段设计，使得封顶块实际上没有接缝。

施作完预切槽后接着开挖相应部分的掌子面-超前核心土。开挖中静力作用由预切槽混凝土拱承担。开挖采用巷道式掘进机或挖掘机并由操作人员直接控制，以避免损害刚刚设置的预切槽衬砌拱。开挖深度必须小于预切槽衬砌拱的深度以确保掌子面-超前核心土始终处在保护之下。每一掘进循环结束后即开始施作新的预切槽，其搭接长度至少应为半米。

通过设置喷射混凝土预切槽拱，掌子面后方洞室的稳定性立即得到了保证。在挖完超前核心土之后应立即对预切槽拱进行加固处理，一般是采用钢肋拱架、喷射混凝土并在距掌子面不超过1.5倍洞径的地方浇筑拱座（kicker）和仰拱，形成封闭环，然后在距掌子面不超过4~5倍直径的地方完成最终衬砌浇筑。

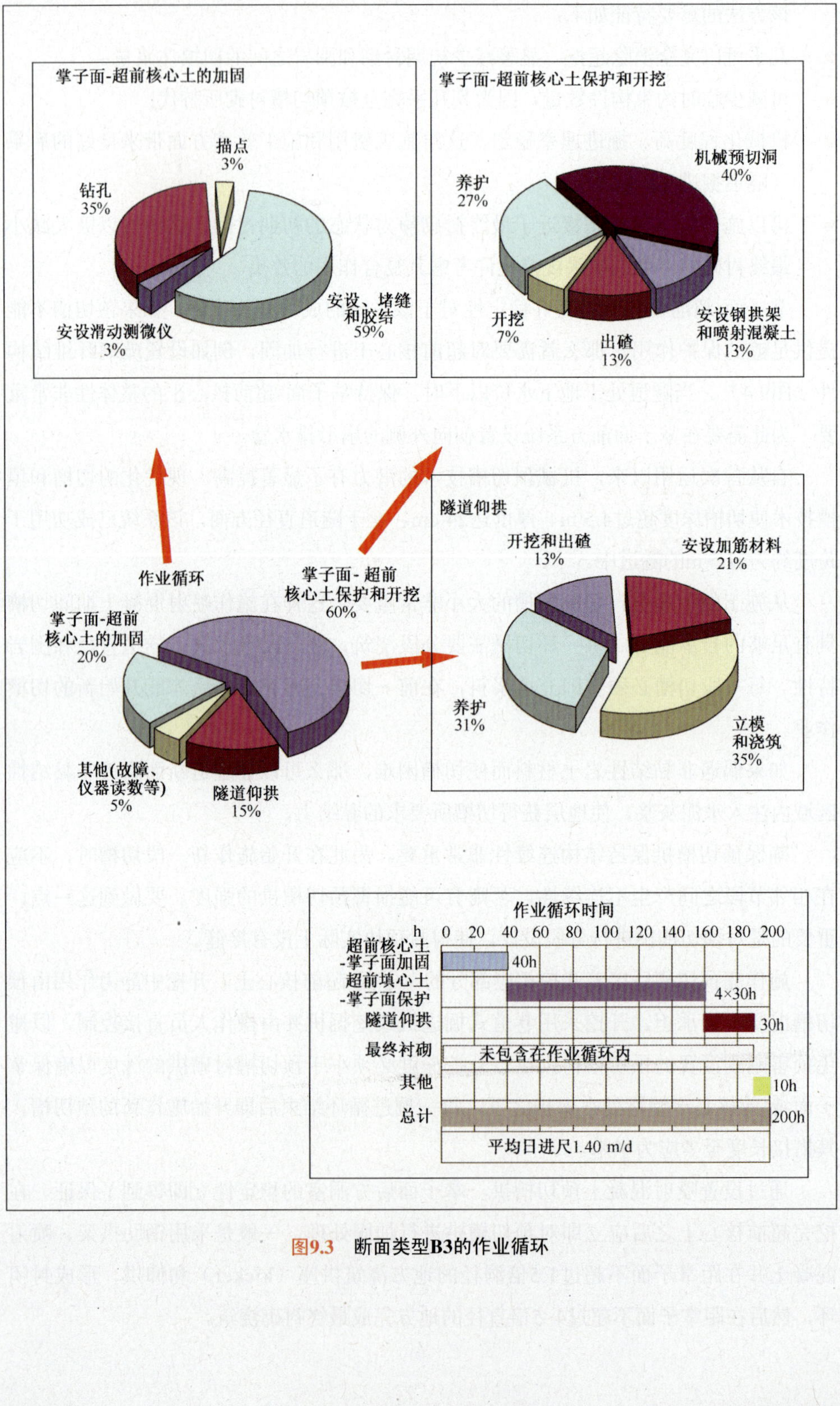

图9.3 断面类型B3的作业循环

全断面机械预切槽施工步骤见图9.5。图中所示是结合对掌子面-超前核心土进行预加固的一般运用情况。

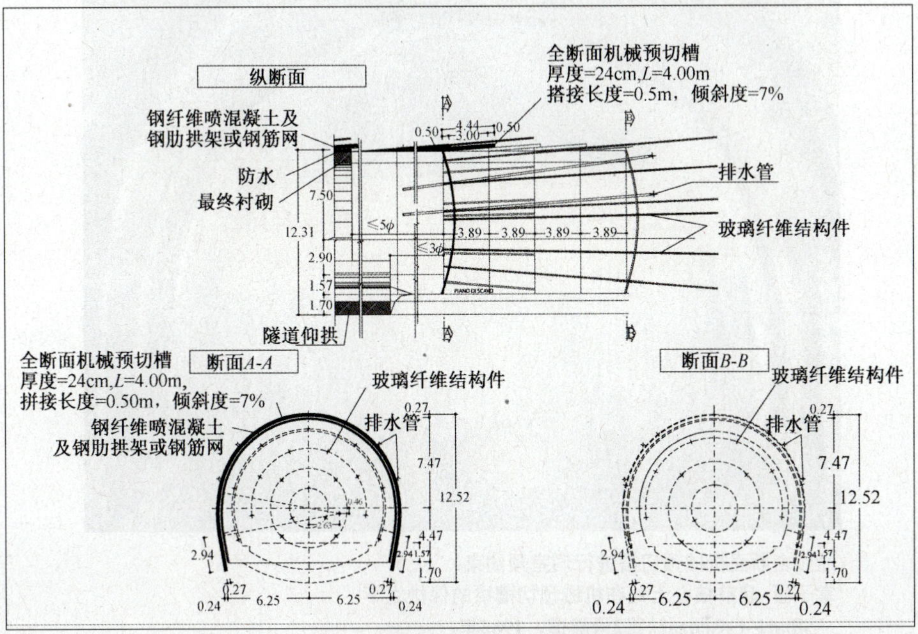

图9.4 断面类型B3-机械预切槽

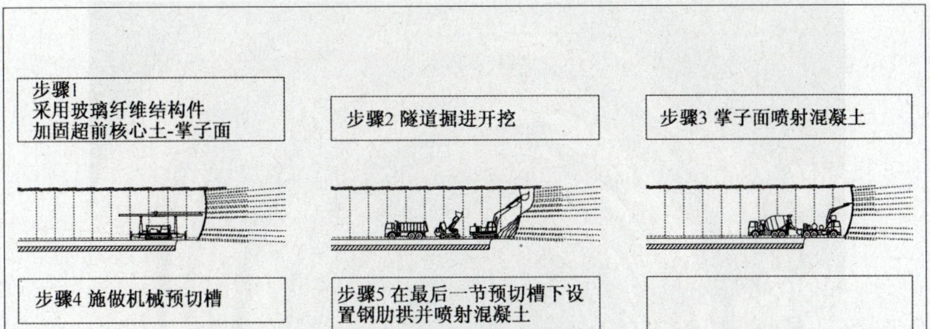

图9.5 采用玻璃纤维结构件加固掌子面–超前核心土的机械预切槽作业步骤

通过全断面机械预切槽进行洞室预约束：
掌子面–超前核心土处在机械预切槽拱的保护之下
（**Sibari–Cosenza**铁路**2**号隧道，**1985**年，
地层：黏土和淤泥，最大埋深：约**110 m**）

通过全断面机械预切槽进行洞室预约束：

Sibari–Cosenza铁路**2**号隧道中的初期衬砌构件、机械预切槽拱

理论研究和实际经验表明：如果要使应力在预切槽拱周围均匀分布而不局部集中，则预切槽横断面必须尽可能为圆形。

和所有的施工作业一样，最好是实施质量控制以确保实际作业符合设计规范。

一般应对机械预切槽实施以下试验：

- 检测喷射混凝土的抗压强度和抗挠强度。每隔一定间距应进行质量控制试验，绘制强度随时间（从设置结束到完全硬化）变化的曲线图，以此与设计规定的岩土材料强度增加值进行比较。
- 通过钻孔取芯检测预切槽拱的质量，应特别重视浇筑段之间的黏结力。
- 检测纤维喷射混凝土的韧性。

9.4.2 采用预切成洞衬砌（pretunnel）技术进行洞室预约束

从效果和功用看，创新的预切成洞衬砌技术可以看作是预切槽技术的发展。它介于掘进机开挖技术和先进行洞室预约束再进行开挖的技术之间，融合了这两种技术的优点。

该技术的创新性在于能够在开挖之前施作隧道衬砌，而不需要在开挖横断面周围进行初步的地层改良和加固，也不需要以连续方式设置包括钢肋拱架和纤维喷射混凝土等的初期衬砌。

同机械预切槽技术一样，预切成洞衬砌技术包括在掌子面前方施作截锥状混凝土层（图9.6）。该混凝土层可作为最终衬砌的结构部分，甚至可以安全取代最终衬砌，这取决于设计规定的衬砌厚度[68]。

预切成洞衬砌技术与机械预切槽技术的主要区别如下：

- 厚度为40～80 cm，而不是18～24 cm；长度为8～10 m，而不是3～4 m；
- 采用混凝土而不是喷射混凝土或灰浆作为填充料；
- 在浇筑衬砌的同时可以进行开挖作业；
- 通过临时的混凝土仰拱或钢制仰拱，可以立即封闭衬砌环。

这一新技术的优点可以归纳为：

- 由于预先设置混凝土衬砌，掌子面-超前核心土得到了很好的保护，因此洞室稳定性更好；
- 现场作业人员在已设置衬砌保护下进行作业，安全性最高；
- 大大减少了挤出变形和收敛现象；
- 借助于已设置混凝土拱的承载力和结构刚性，极大地降低浅埋深隧道的地表沉降。

通过全断面机械预切槽进行洞室预约束：施工设备
（米兰–罗马–那不勒斯高速铁路线**South Arezzo–Figline Valdarno**
区间隧道，**1988**年，地层：砂质粉土，最大埋深：约**90 m**）

通过全断面机械预切槽进行洞室预约束：人工采用喷射混凝土充填预切槽
（米兰–罗马–那不勒斯高速铁路线**South Arezzo–Figline Valdarno**
区间隧道，**1988**年，地层：砂质粉土，最大埋深：约**90 m**）

图9.6 预切成洞衬砌的施工（罗马–那不勒斯高速铁路Castello 1号隧道）

在施工时间和施工费用方面，该技术较传统方法更具竞争力，特别是当传统的隧道掘进需要进行耗时、费力的地层改良作业时尤为如此。

当采用预切成洞衬砌技术时，可在4个阶段内完成隧道施工循环：

- 采用玻璃纤维结构件进行地层加固（如果必需的话）；
- 超前施作混凝土薄层；
- 在已建混凝土薄层的围护范围内开挖超前核心土；
- 在混凝土薄层底部施作临时仰拱以封闭衬砌环。

这样一来，隧道掘进仅仅是在已施作混凝土薄层围护范围内开挖岩土，开挖中混凝土薄层起着衬砌的作用。开挖进尺要小于混凝土薄层深度，以便在连续的混凝土薄层之间实现搭接，并为掌子面-超前核心土稳定性提供一定的安全系数。正如预切槽工法一样，这也是确保预切成洞技术成功实施必不可少的前提条件。

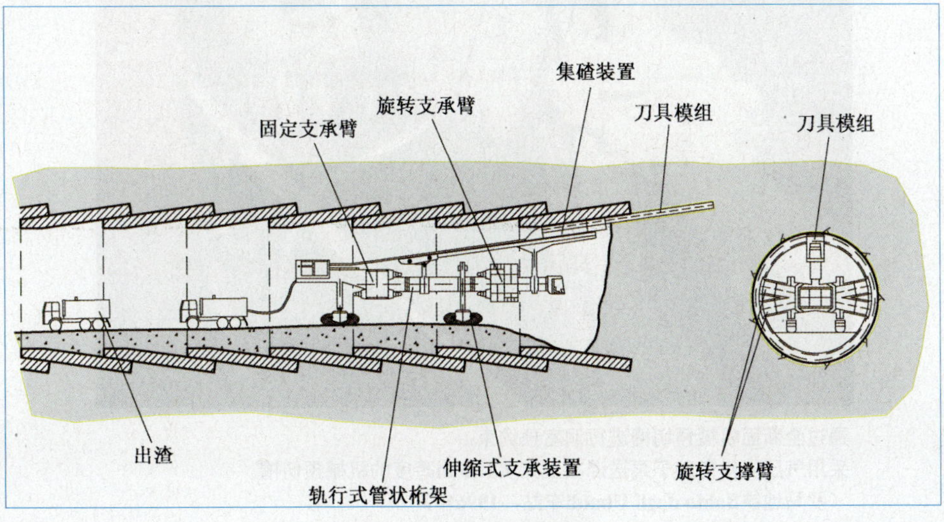

图9.7 预切成洞衬砌技术

通过全断面机械预切槽进行洞室预约束：
21.5 m跨度的机械预切槽机（罗马地铁**Baldo degli Ubaldi**车站，
1996年，地层：夹有砂层的黏土，埋深：约**18 m**）

通过全断面机械预切槽进行洞室预约束：
采用气压支模借助于泵送混凝土充填**21.5 m**跨度的机械预切槽
（罗马地铁**Baldo degli Ubaldi**车站，**1996**年，
地层：夹有砂层的黏土，埋深：约**18 m**）

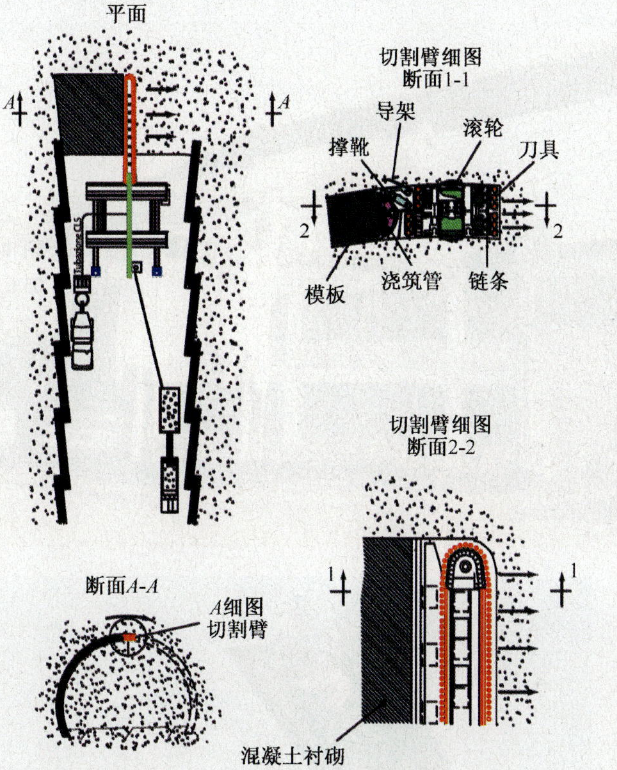

图9.8 预切成洞衬砌法掘进系统

预切成洞衬砌技术与所设计的施工作业设备紧密相关。该设备包括1个自行式管状机架，机架上面配有2个可旋转270°的伸缩式旋转臂（图9.7）。旋转臂支撑切割臂，而切割臂上的刀具则纵向移动。

预切成洞衬砌机械借助特殊的支承件在与机架相连的2股轨道上行走，这样在预切成洞衬砌机械抵达作业面前方时可使机械就位于隧道纵轴线的中心位置处。在各个作业工序期间，预切成洞衬砌机械依靠特殊的伸缩式固定器固定就位。

切割刀具包括2把安装在单箱形刚性杆臂上的链条，链条上配有与预计开挖地层条件相符的盘刀和尖镐，其开挖尺寸和倾斜角度可根据实际情况进行调整（图9.8）。链条以不同的速度既可以反向转动以进行钻进式切削作业，又可以同步转动以进行连续开挖作业。这样可使预切成洞衬砌机械适应所有的开挖地层，包括非均质地层（夹有石块和/或漂石的土层；含有岩石互层的地层；岩石及岩屑交互层等）。

预切成洞衬砌机械

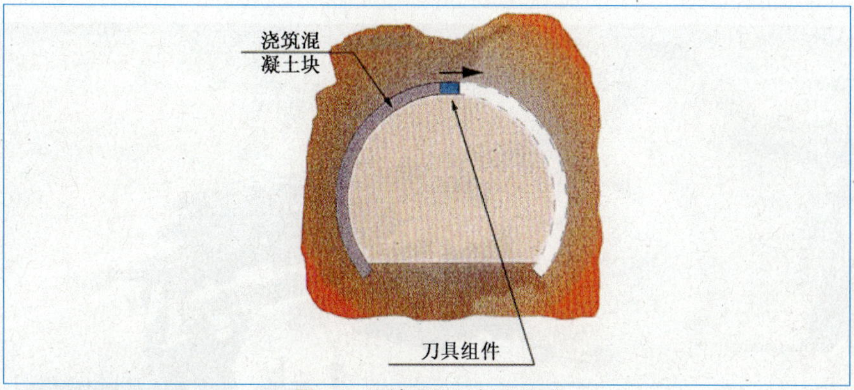

图9.9 连续预切洞衬砌技术

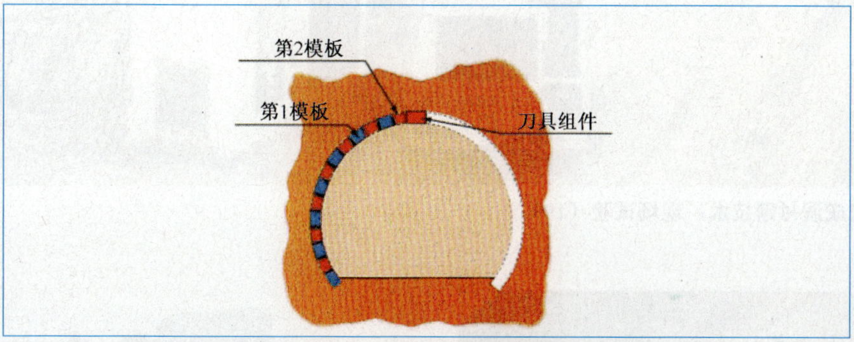

图9.10 预切成洞钻凿技术

模板箱固定在刀具组件的后面并随刀具组件上下运动，通过特殊喷管从模板箱里面泵送混凝土以充填已开挖断面。

固定在预切成洞衬砌机械前段的钻机则可采用必要的玻璃纤维结构件对超前核心土进行加固。

从作业角度看，预切成洞衬砌机械的准确定位是其正确作业的必备条件，因为一旦通过伸缩臂的转动确定了刀具组件转动的几何尺寸，则将在其轴线上通过转动刀具组件进行作业，使其转动轨迹符合于截锥体的轨迹。

因此第一步工序是借助伸缩支承构件对作业面前的预切成洞衬砌机械进行定位，使其转动轴线符合所要开挖的截锥体的轴线。然后通过设定延长度和倾角对配有刀具的切削臂进行定位，使每一作业工序结束时所开挖圆锥体的外弧面与先前开挖的圆锥体内弧面保持一致。

施作混凝土拱可采用2种不同的作业方法。采用连续预切成洞衬砌技术（图9.9）时，在使用切削臂在地层中开挖一个适宜的槽沟后再施作混凝土拱。为此首先是将刀具纵向插入地层，插入后再按照开挖断面的轮廓侧向移动。

预切成洞衬砌技术：现场试验（1996）

预切成洞衬砌技术：刀头细部

在切削的同时可立即在刀具组件后面对已切削洞槽进行混凝土充填。混凝土从固定在刀具组件另一侧的模板箱里泵送到已切槽部分，并由此在泵送压力下构成驱动刀具模件的动力。

采用预切成洞衬砌钻凿技术（图9.10）时，混凝土拱是通过横向搭接的连续板条加以施作的。

地层仅仅依靠钻凿进行切削，刀具组件则通过纵向推压开挖前方地层。

当每一板槽开挖结束后，通过安装在刀具组件箱型机架内的喷管充填混凝土。喷射压力反向推动刀具组件，以确保均匀填充已切削板槽。

作业步骤包括：首先开挖板槽，然后封闭板槽和搭接段之间部分，以确保加固拱的结构连续性。

最大切槽深度在8.50～10.00 m之间，这取决于刀具组件的厚度。迄今为止采用了2种刀具组件：一种刀具的厚度为80 cm，另一种厚度为45 cm。根据开挖隧道断面大小，最小内半径可连续从5.75 m变化到7.40 m。一旦混凝土硬化后，则开始新一循环的隧道掘进。循环进尺必须在6.50～8.00 m之间，以使连续拱之间的搭接长度保持在1.50～2.00 m之间。

必须确保预切成洞衬砌的结构连续性，为此要十分重视加固拱段之间的连结性以及加固拱段的封闭性。至关重要的是：所用混凝土应具有适宜的特性，以确保满足有关连续性、不透水性及强度等方面的设计规范。

对于纤维增强混凝土要进行标准质量控制，不仅包括抗压强度试验，还应包括抗挠强度、抗冲剪强度检测。

在浇筑混凝土的同时进行现场取样并检测，以确定是否符合有关粒度曲线和纤维数量的设计规范。

绘制混凝土最终强度随时间的变化曲线图也许是行之有效的方法，因为在隧道开挖之前预加固拱必须足够硬化，以确保开挖的绝对安全性。

一旦完成预加固拱衬砌，最好进行径向钻孔取芯以核查其质量、连续性以及与其后地层的黏接性，对此应特别重视检查各浇筑段间接缝的质量和强度。

安装在预切成洞衬砌机械上的电子仪器可以实时监测机械的几何尺寸参数和主要的施工工序参数，并在必要时为采取正确措施提供相关信息。

由监控量测设备传输的所有数据应汇集并存储在中央数据采集系统中，可以随后进行数据再处理以重构预加固拱的施工过程，确保施作质量。

在施作80 cm厚预加固拱过程中所获得的经验表明：该方法在技术及结构方面有效；同时该方法在技术上对于工期和成本影响极其复杂。

预切成洞衬砌技术：开始开挖
（罗马–那不勒斯高速铁路**Castello 1**号隧道，**1996**年，
地层：火山凝灰岩 最大埋深：**9 m**）

40～50 cm厚预加固拱的施工要求低得多，也更接近实际情况，在众多情况中其构成了具有竞争力的替代方案。施作40～50 cm厚预加固拱时只采用一条链锯。在切槽厚度降低的情况下，预切成洞衬砌机械依靠液压马达的动力就能切削地层，而不需要靠混凝土的灌注压力来切削更大厚度的板槽。这样就可以分步进行切槽作业和浇筑作业，降低了同时进行切槽作业和浇筑作业所带来的在作业和后勤方面的复杂性。

如果采用这种系统方法，则所开挖地层必须具有足够的黏结性，以确保切槽边墙具有自稳性直至充填混凝土。为降低切槽敞露时间及由此带来的失稳可能性，较好的做法是分成5～7段来切削截锥体，并根据隧道半径决定其分段长度。该方法简化了混凝土模板系统并极大地将其约束在作业面上。

9.4.3 采用玻璃纤维加筋件加固掌子面–超前核心土，对洞室进行预约束

这一技术是指在掌子面进行干钻，钻孔近似平行于隧道轴线并均匀分布在掌子面上，其长度一般大于隧道直径。钻孔后将特殊的玻璃纤维加筋件插入孔内并立即注入水泥灰浆。当隧道掘进后，掌子面-超前核心土中玻璃纤维加筋件的剩余长度不足以确保洞室的预约束（通过仔细读取挤出变形量测数据可立即发现这一情况）时，则须布设另一组玻璃纤维加筋件。

玻璃纤维加固筋的使用对于作业成功起着决定性作用，因为该材料具有高强度特性和较大的脆性，使得开挖机械能够很容易地挖断玻璃纤维加固筋；而又由于需要有良好的抗剪强度以确保系统的正确功能性，所以不能使用金属锚索进行地层加固。

这一加固措施的特性参数有加筋件的长度、安设频率、搭接长度、几何形状分布。在施工阶段必须完全遵守设计阶段所确定的加筋件布设方案，以保证最大有效性（图9.11）。施工时也可能需要进行某些调整，以适应在勘察阶段未被发现的岩体局部结构特征。

该技术可用于黏结性或半黏结性土层中，在采取措施确保钻孔完整性的情况下甚至也可用于黏结性非常低的土层中。如果其设计和施工良好，那么可以改善掌子面-超前核心土的应力-应变特性，使得掌子面-超前核心土的应力-应变反应可加以预测和控制，从而充分发挥洞室的预约束效应。

如果需要的话，该技术还可结合其他超前加固技术的优点，如机械预切槽、预切成洞衬砌技术。

作业中的预切成洞衬砌机械
（罗马–那不勒斯高速铁路**Castello 1**号隧道，**1996**年，
地层：火山凝灰岩，最大埋深：**9 m**）

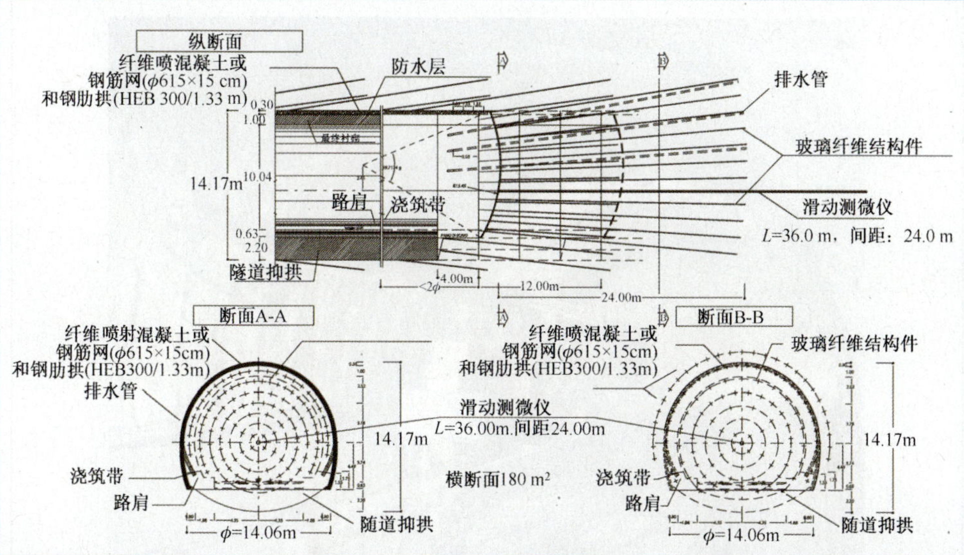

图9.11 TGV地中海线“TARTAIGUILLE”隧道采用玻璃纤维结构件对掌子面–超前核心土进行初步加固的掘进断面类型

玻璃纤维加筋件(冷挤压工艺)的所用材料是热固聚酯树脂，加有最多为50%质量比的玻璃纤维。

玻璃纤维加筋件既可以是管状杆体也可以是实心筋体，其长度可以变化，而且必要时可以小心地联结在一起（图9.12）。管状杆体的表面一般铣削有螺纹以提高抗滑摩擦力，其单根最大长度为15～18 m，而玻璃纤维加固筋的最大长度可达几十米。如果需要联结，那么至关重要的是要使用套筒和凝胶（环氧树脂），以确保接头具有与加筋件其余部分相同的抗拉强度和抗剪强度。为此应使加筋件干燥几天以确保接头没有缝隙。

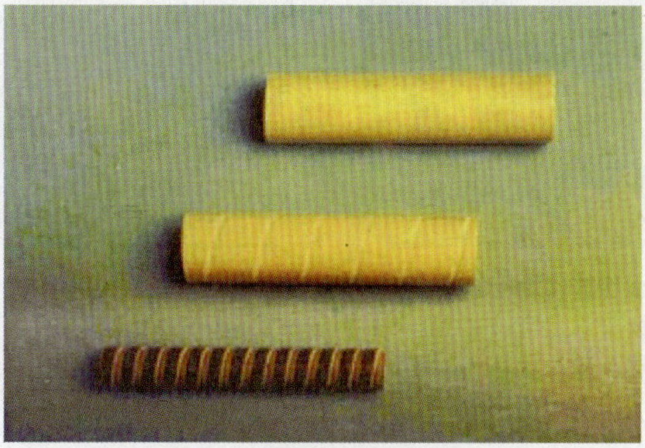

图9.12 管型玻璃纤维加筋件

采用玻璃纤维加筋件加固掌子面–超前核心土进行洞室预约束：
钻孔并安装加筋件（**Caserta–Foggia**铁路线**S.Vitale**隧道，
1993年，地层：鳞片状黏土，埋深：约**130 m**）

采用玻璃纤维加筋件加固掌子面–超前核心土进行洞室预约束：
注浆前采用快凝水泥堵缝（**Caserta–Foggia**铁路线**S. Vitale**隧道，
1993年，地层：鳞片状黏土，埋深：约**130 m**）

一般采用以下构件:

- 直径60/40 mm、厚度10 mm的管状加筋件;
- 现场组装的、包含固定在特殊塑料定位器上的3块玻璃纤维板（40 mm×7 mm或40 mm×5 mm）、直径在60～100 mm的结构件。

结构件有不同的形状（图9.13）。板状结构件借助钢带在现场组装（图9.14）。在组装阶段重要的是要防止淤泥、黏土、油脂、油或其他物质进入结构件中或与其接触。在灌注水泥时，这些物质会损害加筋件的抗摩擦握裹力。

由于这些加固措施主要用于掌子面不稳定或短期稳定的隧道区段，因此掌子面形状必须是凹陷的并进行喷射混凝土支护，以有助于隧道周围的应力传递并保证现场作业人员的安全。

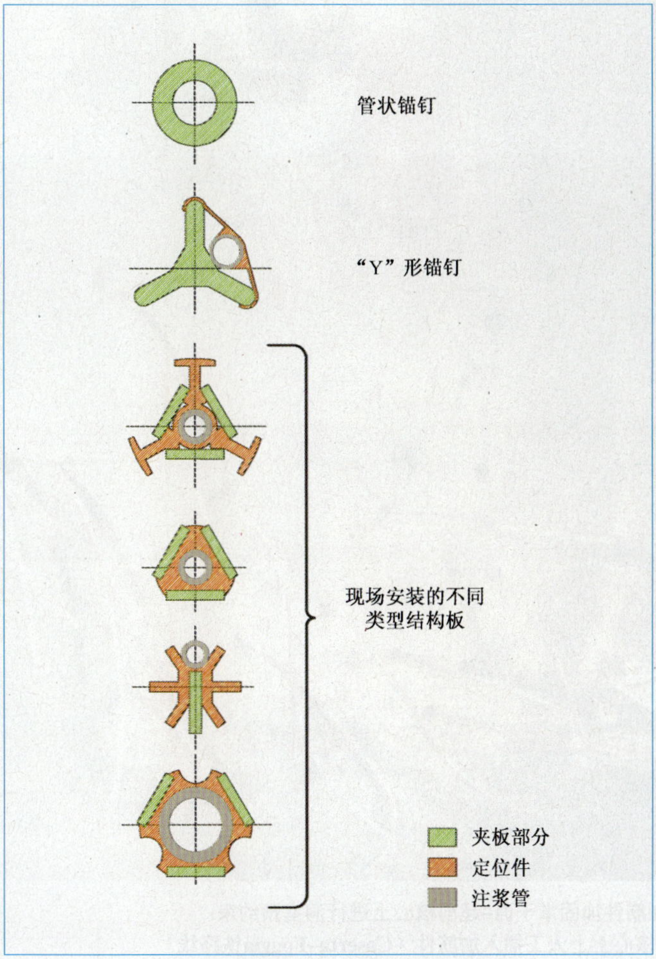

图9.13　加筋件类型

采用玻璃纤维加筋件加固掌子面–超前核心土进行洞室预约束：
在掌子面–超前核心土上人工插入加筋件（**Caserta–Foggia**铁路线
S. Vitale隧道，**1993**年，地层：鳞片状黏土，埋深：约**130 m**）

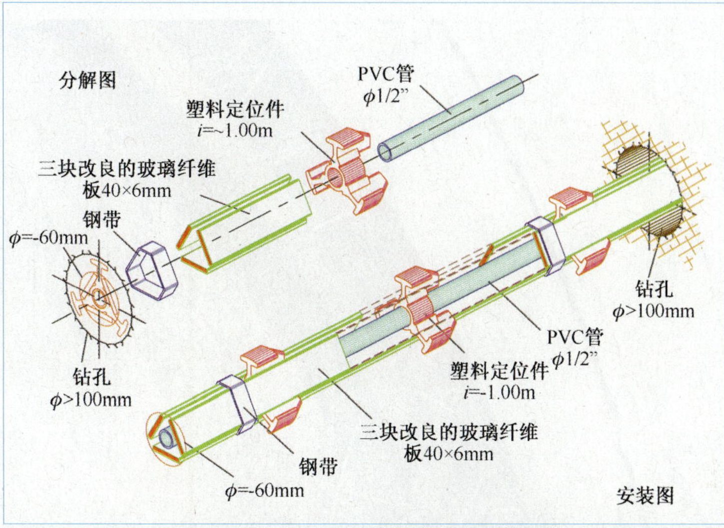

图9.14 加固掌子面–超前核心土的玻璃纤维结构件

采用玻璃纤维结构件进行掌子面-超前核心土的加固作业始于钻孔阶段（图9.14）。这是非常讲究技巧的阶段，其技术的有效性实际上起着决定性作用。

钻孔的直径必须尽可能小，但也应能够容易、正确地实施后续的加固作业和注浆作业。无论采用何种钻孔系统，都必须保证是干钻，而且最好是采用螺旋钻设备，因为以水为主的钻孔浆液会不可避免地损害钻孔周围的地层。

钻孔完成后必须立即插入加筋件。在插入加筋件之前钻凿的孔数都不应超过4～5个，因为掌子面-超前核心土会不可避免地变弱。

图9.15 管状的玻璃纤维加筋件

采用玻璃纤维加筋件加固掌子面-超前核心土进行洞室预约束：
加固掌子面的详细情况（**TGV**地中海铁路线里昂-马赛段**Tartaiguille**隧道，**1997**年，
地层：黏土，埋深：约**110 m**）

步骤1
采用玻璃纤维结构件进行掌子面-超前核心土预约束

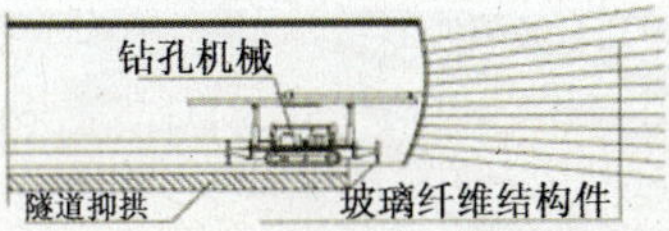

步骤2
开挖(全断面，0.7～1.00 m)

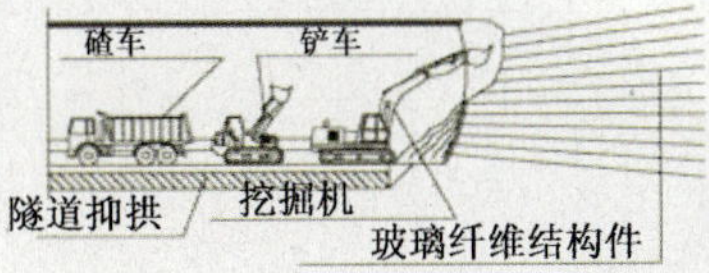

步骤3
在掌子面和洞室表面施作喷射混凝土，保护隧道洞壁

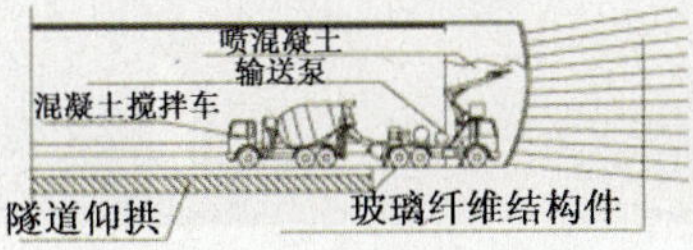

步骤4
在步骤2所开挖段设置钢肋拱并连接加筋件

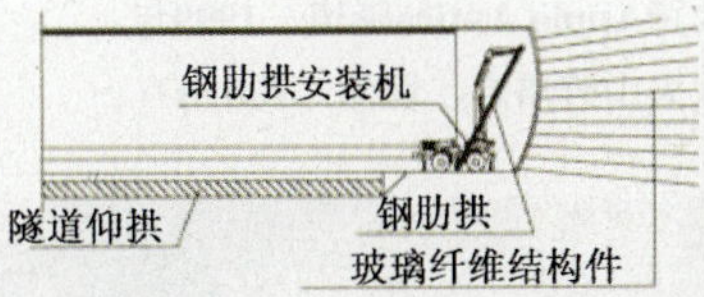

步骤5
施作纤维喷射混凝土初期支护

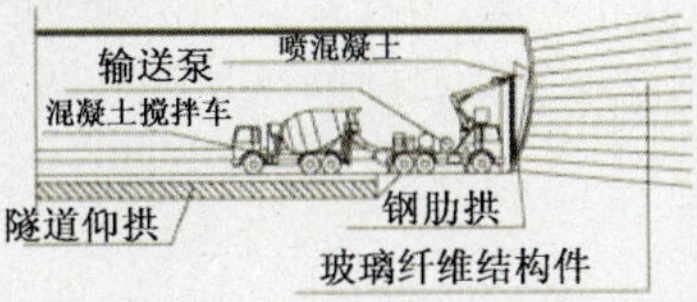

步骤6
靠近掌子面开挖并浇筑隧道边墙和仰拱

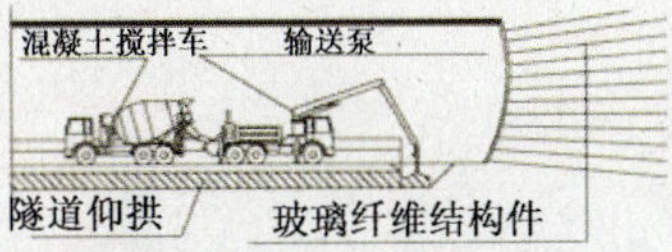

步骤7
在距掌子面≤4~5倍洞径处浇筑最终衬砌

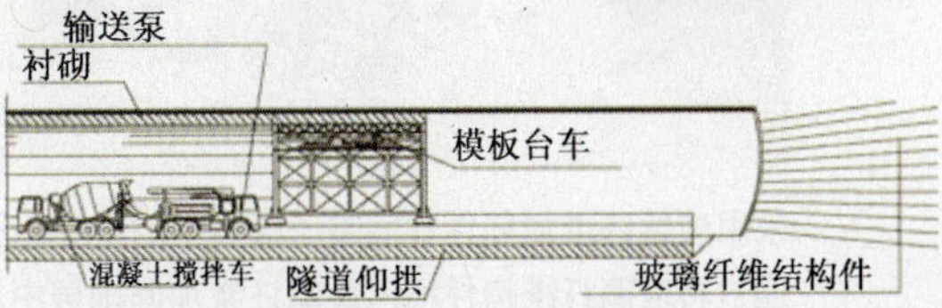

图9.16　掌子面-超前核心土预约束后进行全断面掘进作业步骤

采用玻璃纤维加筋件加固掌子面–超前核心土进行洞室预约束：
加固后的掌子面–超前核心土，跨度大于**20 m**，横断面**194 m2**
（罗马环形公路**Appia Antica**隧道，**1999**年，
地层：颗粒状火山碎屑岩，埋深：约**4 m**）

采用玻璃纤维加筋件加固掌子面–超前核心土进行洞室预约束：
通过将玻璃纤维构件插入旋喷注浆加固地层中加固掌子面
（博洛尼亚–佛罗伦萨高速铁路**Firenzuola**隧道，**2000**年，
地层：夹有砾石的淤泥、粉砂黏土，埋深：约**40 m**）

图9.17　玻璃纤维加筋件注入水泥浆的细图

在将加筋件插入孔眼后必须立即进行注浆，以使其立刻产生作用。

注浆阶段要求小心谨慎，特别是当加筋件向上倾斜时（图9.17）。当要求对孔内结构元进行简单胶结时，通常采用水泥混合物，其包含速凝剂和防止收缩的添加剂（如塑化剂）。

选择水泥主要是基于其快凝时间，而且必须制作特殊的试验台：48 h后的最低强度应大于5 MPa。

采用以细水泥或加气水泥制备的稳定水泥混合浆液进行压力注浆。在压力注浆前通过掺入适度数量的膨润土可以获得水/水泥混合物的稳定性。

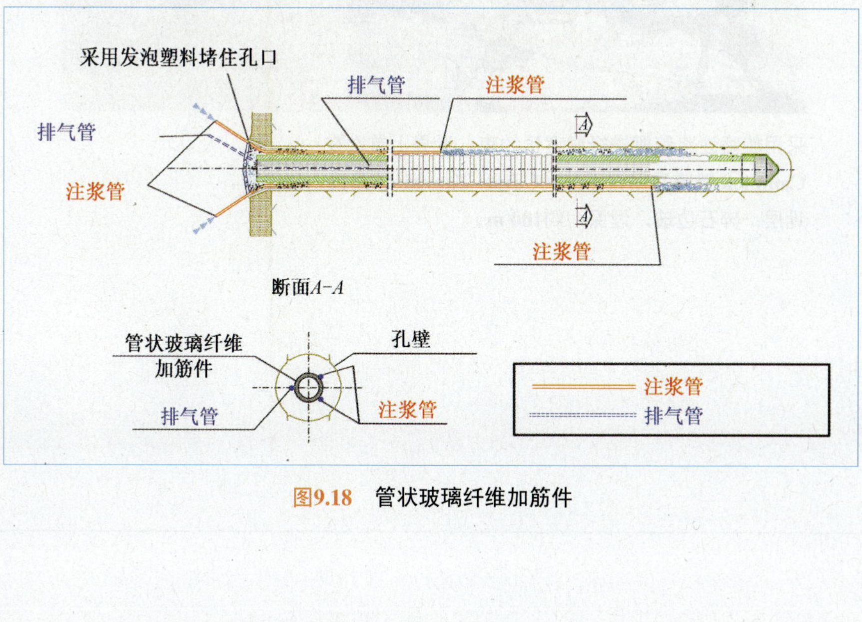

图9.18　管状玻璃纤维加筋件

采用旋喷注浆管棚进行洞室预约束：世界上首次在 **Campiolo**隧道采用该系统（**Udine–Tarvisio**铁路线，**1983**年，地层：碎石边坡，埋深：约**100 m**）

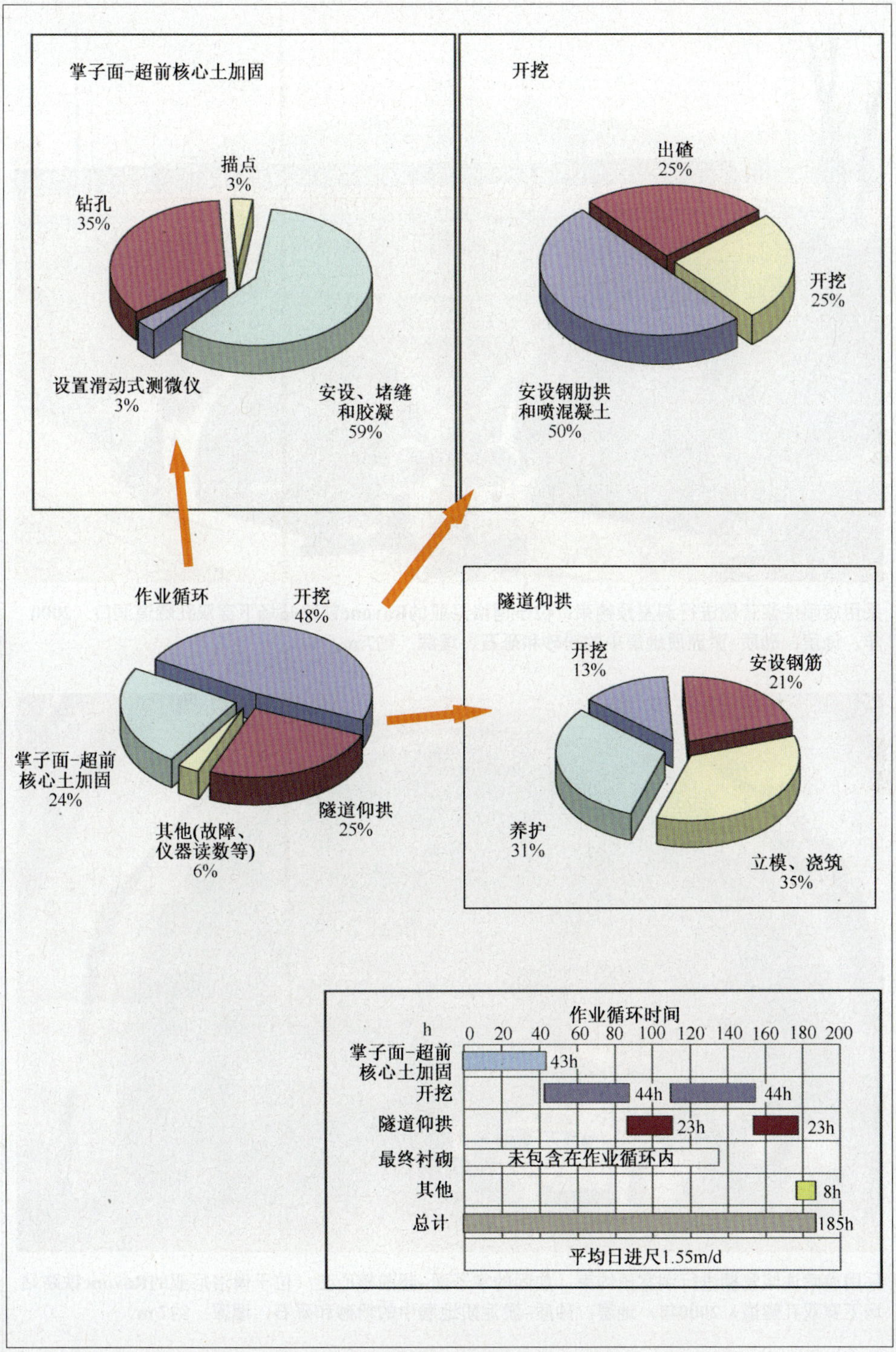

图9.19　TARTAIGUILLE隧道(横断面180 m²)作业循环（参见图9.11）

采用旋喷注浆管棚进行洞室预约束：位于博洛尼亚的**Ravone**铁路站场下穿双孔隧道洞口（**2000**年，地层：砂质–淤泥质地层中的粉砂和砾石，埋深：约**7 m**）

采用旋喷注浆管棚进行洞室预约束：加固的掌子面–超前核心土（位于博洛尼亚的**Ravone**铁路站场下穿双孔隧道，**2000**年，地层：砂质–淤泥质地层中的粉砂和砾石，埋深：约**7 m**）

很少使用化学混合物，不仅因为其制备工艺复杂，而且化学物质可能影响地下水。

最近使用了膨胀性混合物（包含铝酸盐掺加剂），其加固地层的效果等同于1～1.5 bar压力下的注浆加固体，该技术不需要采用袖阀管或压力注浆。

玻璃纤维构件的胶结必须采用特殊的注浆工艺和排气管，以防止形成气泡及胶结效果不佳。胶凝工艺借助于送浆管泵送水泥混合物，直至浆液通过敞开的排气管回流。此时再将排气管封闭（通过简单的折弯），使压力升至5 bar，并在结束泵送前维持压力达几秒钟。

当注浆孔向下倾斜时，注浆作业必须从孔底向外进行；当注浆孔向上倾斜时，则注浆顺序相反。

如果设计要求高压注浆，则需将袖阀管插入结构件中（图9.20）。当胶凝阶段形成“护套”后，即开始根据设计规范通过带有双阀门的注浆阀进行高压注浆。

为避免浆液从孔口流出，必须小心封闭玻璃纤维加筋件的顶部，确保排气管始终位于注浆杆体的上部。封闭（也称作填缝）有以下几种方式：

- 采用快凝水泥；
- 采用聚氨脂泡沫（图9.21）；
- 钻孔中插入聚苯乙烯药卷。

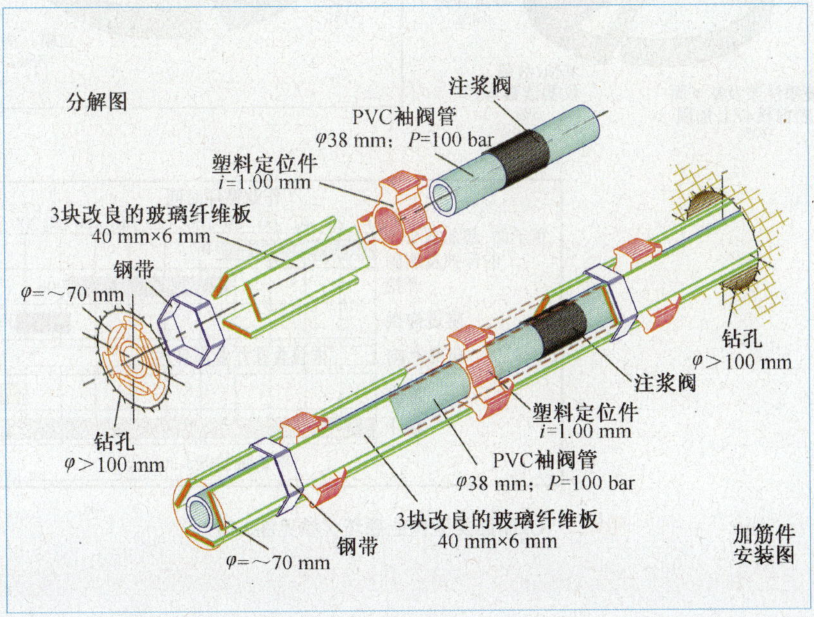

图9.20 用于处理洞室周边地层的袖阀式玻璃纤维结构件

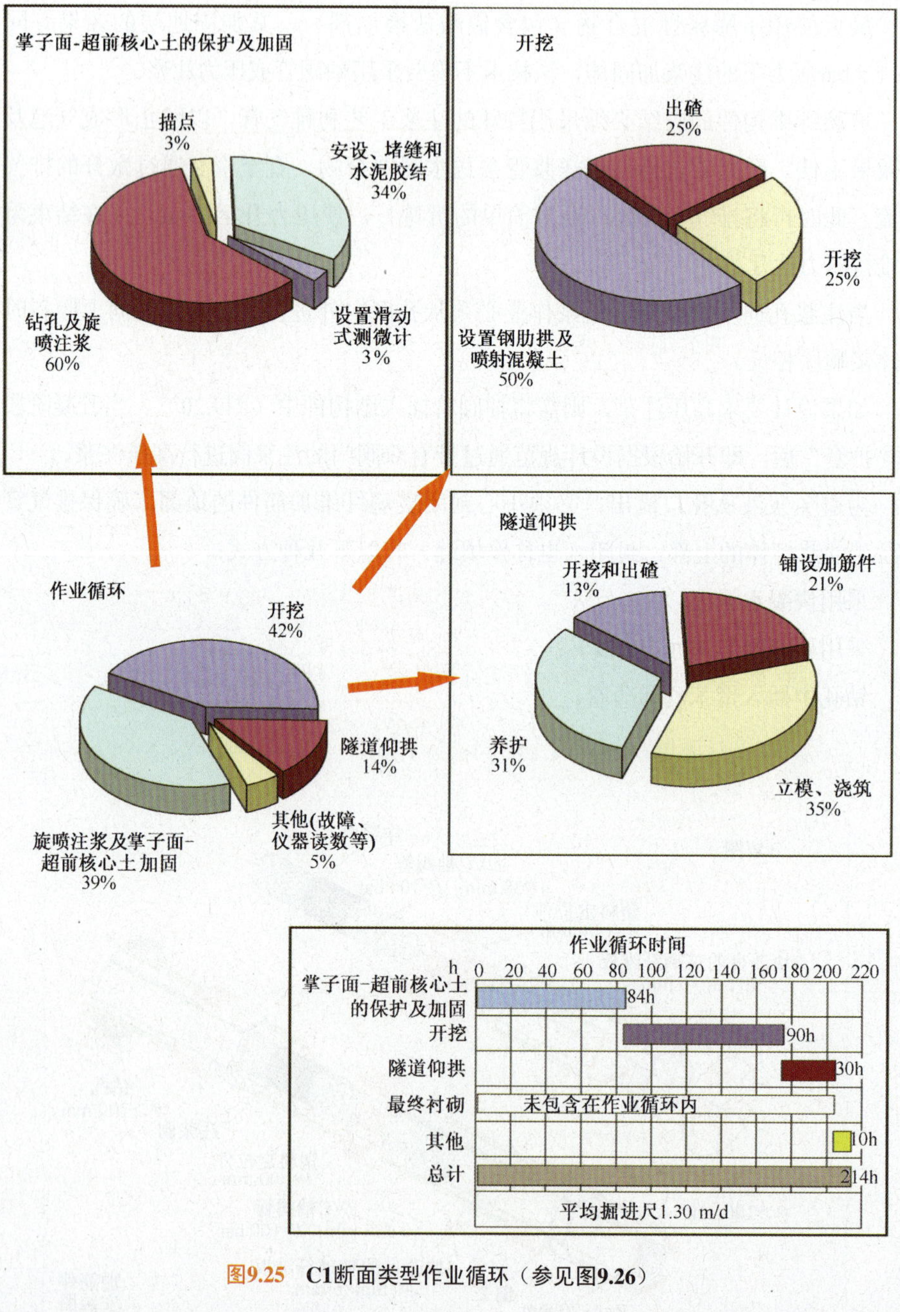

图9.25 C1断面类型作业循环（参见图9.26）

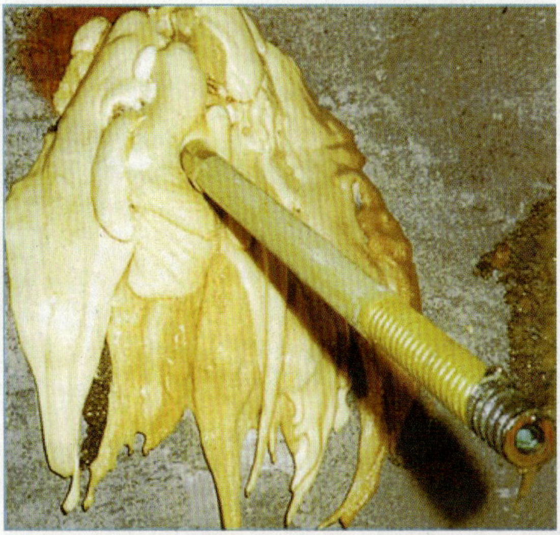

图9.21 采用聚氨脂泡沫对管状玻璃纤维加筋件进行堵缝

封闭不需要采用板件或其他器具。

施工中必须实施系统的监控工作（针对每组结构加筋件），以检查是否处理得当。最为重要的检查内容是：

- 检测注浆浆料的质量，确保其符合设计规范，主要是有关快凝性；
- 检查每根加筋件的注浆量；
- 进行拉拔试验，检测加筋件-灰浆-地层之间的黏结性和相关锚固力。

9.4.4 采用旋喷注浆管棚进行洞室预约束

旋喷注浆是一项地层处理技术，指通过一定直径的喷嘴在高压（300～600 bar）下将一定量的水泥混合物注入待改良地层中。其注浆方法有多种（单液、双液、三液），但在隧道水平注浆作业中实际上仅采用单液（水泥混合物）注浆系统。传统注浆主要是基于浆液的渗透，因此会受到地层吸收性的限制；旋喷注浆与此不同，主要基于水力劈裂（claquage）。该技术是在高压、高速下借助于喷射浆液的力学作用使地层破裂，以此搅拌、压实、固结地层。通过改良处理提高了地层的力学特性，其渗透性和强度特性与混凝土相当。

该工艺的工序分为2个步骤：

- 采用钻杆进行钻孔，深度不小于隧道直径，钻杆尾部配有特殊注浆装置（跟踪注浆）；
- 在拔出和旋转钻杆的同时，通过跟踪注浆装置以设定速度进行注浆。

采用旋喷注浆管棚进行洞室预约束：
巴西**Campinas**铁路站场下穿隧道施工现场
（**1987**年，地层：砂，埋深：**2.5～1 m**）

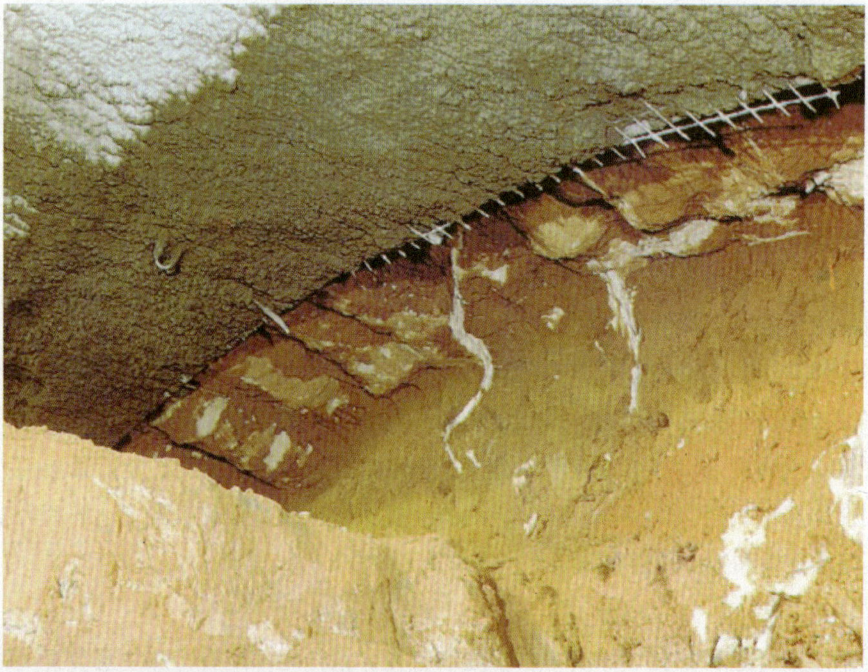

采用旋喷注浆管棚进行洞室预约束：改良土体细部
（巴西**Campinas**铁路站场下穿隧道施工现场
1987年，地层：砂，埋深：**2.5～4 m**）

改良土体的形状为柱形。

经验表明：该技术可用于所有颗粒土和黏结性土层中，其抗剪强度允许在高压下通过喷射混合物而破裂。因此该技术也可处理非均质土层并确保获得均匀的固结度和不透水性。如果水头不大于5～6 m，则处在静水压下的地下水位完全不会破坏改良处理效果，如果掺加适宜的速凝剂，那么甚至在1 cm/s左右的水动力下也能维持改良效果。

改良土体的力学强度主要取决于浆料的水灰比及原位地层的粒度曲线。对于砂和砾石层，强度值一般在12～18 MPa；对于细颗粒土层，在水泥含量高的情况下，其强度值则在2～14 MPa之间变化。

改良地层范围大小取决于原位天然地层的特性以及改良作业参数（图9.22），一般可获得直径在0.40～0.80 m之间的改良土柱体。

在隧道工程中采用近水平的旋喷注浆技术，以便在隧道开挖断面轮廓周围一个接一个地在掌子面前方施作改良土柱体，每一改良土柱体均与前一根咬合在一起（图9.23）。以这种方式施作的具有相当强度的改良地层加固拱具有以下作用：

- 在纵向方向上保护超前核心土，减轻其荷载并提供稳定性；
- 在横向方向上形成洞室约束作用，防止地层释压和变形。

为此可以在成拱效应保护下安全地进行后续的隧道开挖作业。

当然，释压及变形较小也意味作用于最终衬砌上的压力较小，因此不必施作过厚的衬砌。

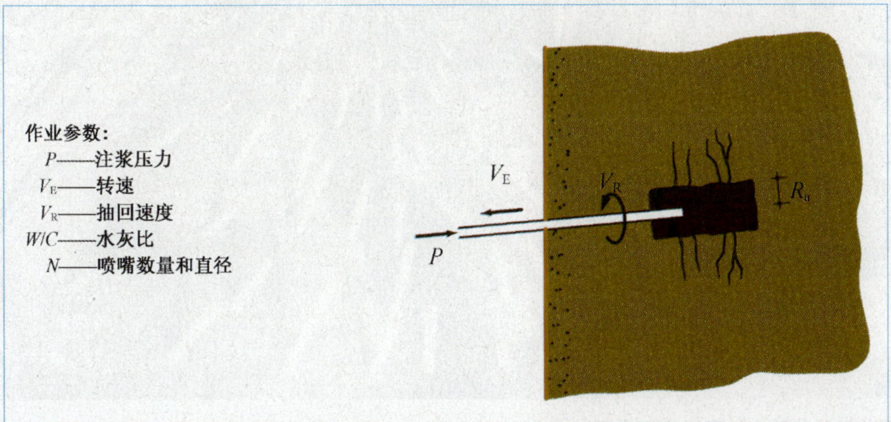

图9.22 近水平旋喷注浆

采用传统注浆改良地层进行洞室预约束：
从中导洞进行地层改良作业（米兰城市铁路连接线）

图9.23　水平旋喷注浆地层改良土柱细图（米兰–基亚索高速铁路M. Olimpino2号隧道，1984年，地层：冲积土，埋深：约50 m）

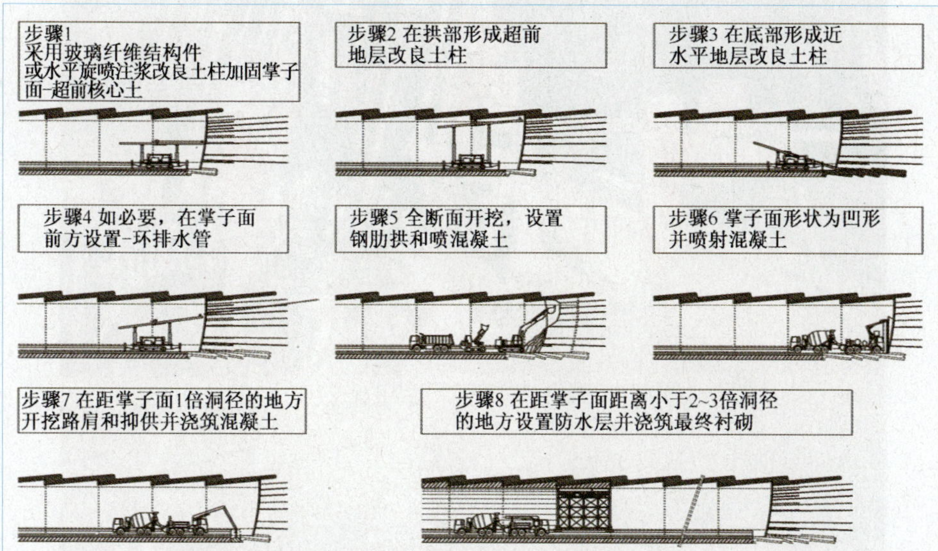

图9.24　近水平旋喷注浆地层改良技术作业步骤

实际上，地层改良和隧道开挖是按照图9.24所示的作业循环进行的，使得隧道开挖总是在改良地层加固拱的保护下进行。在极端困难地层条件下，明智的做法是施作一排加固掌子面-超前核心土的改良地层柱体。

至关重要的是要注意隧道拱部和边墙处改良土体的结构连续性（管棚之间的搭

采用传统注浆地层改良技术进行洞室预约束：
从一侧壁导坑进行改良作业（米兰城市铁路连接线，
Venezia车站，**1988**年，地层：砂和砾石，埋深：约**4 m**）

接），并确保管棚延伸到洞室水平面以下，以便通过加固拱将应力正确地传递到天然地层中。

在进行旋喷注浆时，最好是待混合浆液已部分凝固，以免破坏先前已做好的桩柱。为此可采取错开注浆的方式。

地层的钻凿通常采用旋转及旋转-冲击方式，并通过同一钻杆进行高压注浆。前一种方法主要适用于需采用轻型钻机的中等-细颗粒粒径的土层中；而在粗颗粒、非黏结性土层或者夹有石块的地层中，旋转-冲击方法的钻进效率可能更高一些，但要求采用重型（bulkier）设备。

与采用传统注浆进行掌子面前方地层加固的做法不同，旋喷注浆的作业参数不是由土层的渗透性确定的，因为通过注浆压力土壤材料会完全地被重新搅拌，从而完全改变其渗透性。

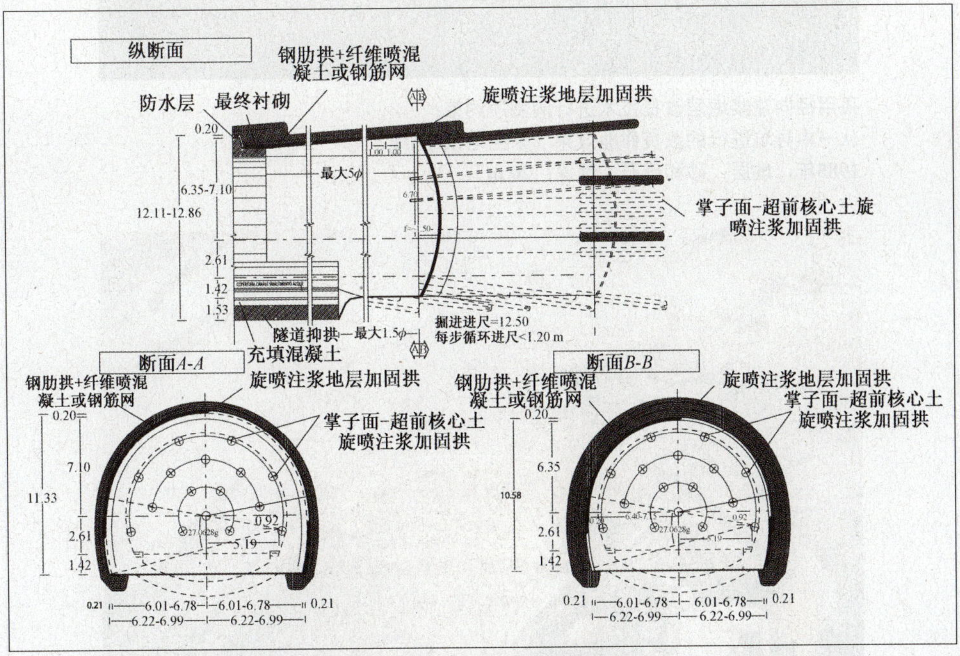

图9.26 C1断面类型–旋喷注浆

地层改良作业参数一般通过现场试验确定,主要包括(图9.22):

- 注浆压力：由测压计加以控制，并由此确定注浆能量及其影响半径。压力极限值取决于泵的功率和管线所能承受的压力。工作压力一般在300～600 bar之间。
- 喷嘴数量和直径：喷嘴数量和直径加上注浆压力决定了浆液流速及作业速度。较大断面的喷嘴可更好地利用设备的功率。在总流速相同的情况下，较多的喷

采用径向注浆地层改良技术进行洞室顶约束：
从一中导坑进行的改良作业效果（米兰地铁3号线，
1985年，地层：砂和砾石，埋深：**20 m**）

采用传统注浆管棚地层改良技术进行洞室预约束：
（**Ancona-Bari**铁路线，**Vasto**隧道，**1996**年，
地层：粉质黏土，埋深：约**35 m**）

嘴会降低作业效率，因为这会引起较大的集中荷载损失。

- 水灰比：该参数对地层改良桩柱力学特性影响最大。水灰比小，混合物的比重就大，这对于隧道处于地下水位以下，特别是在水动力情况之下（涌水危险）特别重要。在这种情况下应采用速凝剂。
- 注浆时间：取决于钻杆的退回速度和转速。以4 cm为一段分段退回的速度（一般为2～6 min退回1 m）由钻杆上的计时器加以控制并由此决定喷嘴停留在一定深度处的时间。注浆时间会影响改良地层的半径、力学特性以及作业时间。钻杆的钻速（一般为10～20 rpm）则由钻杆退回速度决定，其设计应考虑优化旋喷注浆的穿孔性能。如果钻速降至规定的限值以下，会导致喷射注浆的效率下降。

考虑到岩土材料的天然特性和局部水文地质条件，应进行原位现场试验以使钻孔工艺、注浆方法、稳定混合物的构成达到最佳效果。现场试验是确定混合物配比及作业参数最主要的工具，因为理论工具目前仍不能提供有效的帮助。

改良桩柱的施作应加以监控，以检查结果是否符合设计规范。为此必须监控以下内容：

- 在隧道掘进同时施作旋喷注浆桩柱的位置、深度以及与理论定线的偏差；
- 相对于改良地层轴线进行径向连续钻孔取芯，以检测改良地层加固拱的厚度和喷射混凝土初期支护施作后的抗压强度，钻孔取芯深度要达到天然地层；
- 通过地震波试验检测改良地层的弹性模量。

9.4.5 采用传统注浆管棚进行洞室预约束

采用传统注浆管棚进行洞室预约束是指以设定的长度、强度和加固拱几何尺寸对掌子面前方地层进行注浆处理，以形成改良土体加固拱。以这种方式在掌子面-超前核心土周围形成的加固拱，其具有一定的力学特性，能够径向约束周围地层并阻止其释压、松弛。

当地层改良结束后，即在加固拱地层保护下进行隧道开挖作业，循环进尺要小于加固地层段的长度，因此开挖作业简化为仅是从加固拱封闭范围内挖走岩土。

在非常困难的应力-应变情况下，或者是在城市浅埋隧道中需要完全阻止地表沉降时，还应对掌子面-超前核心土进行地层改良处理（图9.27）。

在特殊情况（浅埋大直径隧道）下，可从导洞或者洞外进行传统注浆作业（图9.27、图9.28）。

传统注浆技术通常用于掌子面不稳定的隧道中，其所处地层为非黏结性或伪黏结性土层，渗透系数不小于10^{-6} m/s。注浆作业是从插入有袖阀管（套管）的注浆孔进行的。

采用传统注浆管棚改良地层进行洞室预约束
（**Sibari–Cosenza**铁路线**4**号隧道，
1998年，地层：粉砂，埋深：约**40 m**）

采用传统注浆管棚改良地层进行洞室预约束：
岩体加固效果（**Gran Sasso**公路隧道，**Valle Fredda**断层，
1971年，地层：糜棱岩，埋深：**275 m**）

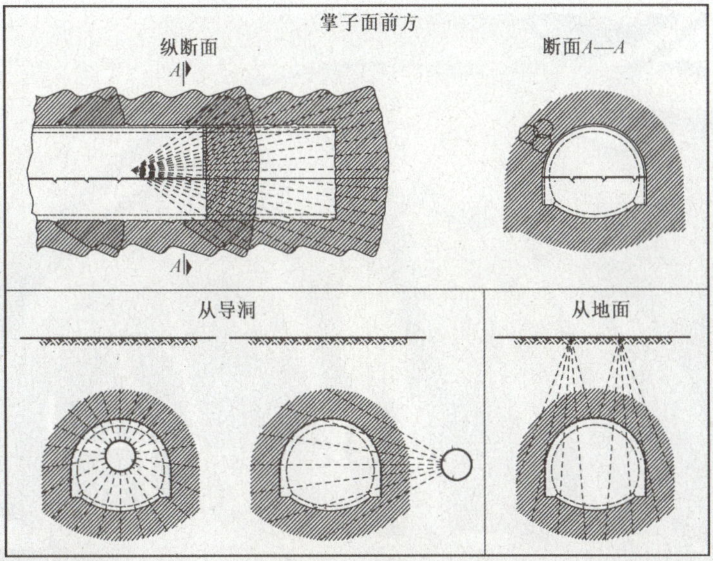

图9.27 传统注浆

图9.28 从导洞进行传统的水泥注浆

在进行注浆改良作业前必须准确确定以下参数：

- 钻孔的数量和分布（取决于地层力学特性及预约束程度，需在设计阶段加以确定）；
- 注浆阀间距（取决于土层的渗透系数）；
- 注浆压力[通常小于岩层不连续体的极限强度（劈裂）]；
- 水泥的细度（影响混合物的渗透性及浆液凝固时间）；
- 混合物的构成，特别是：

— 黏性（对于快速注浆加固作业，黏性必须要低）；

采用掌子面超前排水管管棚进行洞室预约束
（**Sibari-Cosenza**铁路线第**4**号隧道，**1998**年，
地层：粉砂，埋深：约**40 m**）

采用掌子面超前排水管管棚进行洞室预约束：
地下水通过**NP**连接的钢肋拱引排（**Gran Sasso**公路隧道，
Casale S.Nicola侧施工现场，**1974**年，地层：石灰岩，埋深：约**600 m**）

— 水灰比（其对于最终改良地层的力学参数具有决定性的影响作用）；

— 适宜的添加剂（如缓凝剂、充填大缝隙的材料）。

为此须获得大量有关待改良地层强度、变形性、孔隙渗透性、断裂性的地质勘察数据。

通常好的做法是首先从实际的角度验证注浆改良作业的适宜性，并通过现场试验验证其有效性，通过现场试验可以获得相关对确定注浆参数（流速、压力极限值）及实际改良效果有价值的信息。在进行地层改良作业之前，必须在现场试验结果基础上获得相关合理确定性，即能满足改良土体厚度、强度等的设计规定值。

尽管如此，在地层改良作业期间及之后必须采取所有必要的监控措施，以验证改良处理结果与现场试验结果相符。

至关重要的是所有采用的材料必须符合现场试验期间加以完善的设计规定值。

改良作业设备必须能够连续工作并确保改良处理效果的均匀性。因此拌和站应配备计量设备，用于水泥、水、添加剂的重量称重及拌和循环计数。

注浆机组则配备有高压泵并在孔口配置测压计。

注浆混合物的构成必须适合于岩土局部渗透性和强度特性。为此可使用超细水泥混合物，其粒度范围在1～20 μm，勃氏比表面积达12 000 cm^2/g，而且是无毒的，具有非常好的流动性、稳定性和较高的渗透性。钻孔设备必须适应于局部岩土特性。由于通常是在非黏结性土层进行注浆加固作业，因此孔壁有可能坍塌，导致注浆管插入困难。必要时需采用套管支撑钻孔，并在进行胶结前拔出套管。

注浆管一般为PVC管，并以一定的间距配有阀门（一般每米配3个阀门）。注浆嘴在注浆管内滑动，每一注浆阀上安装有双阀门装置，因此袖阀管必须能够抵抗升至设计值的内压力，其甚至高达15 MPa。

在开挖隧道加固处理段之前必须事先检查加固处理是否成功。如果加固处理后土体特性与预计值相差较大，必须立即检查所采用的超前地层改良参数，必要时需在施工中加以修正。

质量控制措施实施频率取决于岩土的局部土工力学参数（任何时候都必须对整个加固段的地层改良质量保持清醒的认识），所设定的质量控制措施用于验证实际结果是否满足最低强度要求及是否在设计规定的公差范围内。可能的话，应在开挖地层改良段之前采取控制措施。

最为重要的测量内容是地层改良加固体的厚度和各硬化阶段的抗压强度，采用钻杆和双层取芯管进行连续钻孔取芯进行测量。从每一岩芯中选取部分岩块进行简单的抗压强度试验。压力和膨胀试验则可在取芯钻孔中原位进行。

采用掌子面超前排水管管棚进行洞室预约束：排水效果
（**Gan Sasso**公路隧道，**Casale S.Nicola**侧施工现场，
1974年，地层：石灰岩，埋深，约**800 m**，水头：约**600 m**）

如果在开挖隧道前不能完成质量检查，则必须在施作喷射混凝土初期支护之后才进行开挖作业。岩芯钻取从相对于隧道轴线径向方向进行钻凿，钻凿长度包含改良地层的厚度并延伸至其后的天然地层中。岩芯钻孔应集中于地层改良效果可能不佳的最危险处。

9.4.6 采用掌子面超前排水管管棚进行洞室预约束

将开缝排水管插入掌子面前方，形成截锥状管棚，用于拦截隧道超前核心土周围地层中的水流，阻止掌子面-超前核心土地层内的水循环，降低水压，目的为改善超前核心土的天然强度和变形特性，并以此施加明显的洞室预约束作用。为此必须以截锥状形式在超前核心土范围之外，即在横断面轮廓之外安设排水管。在隧道重新开始掘进时，依次重复安设排水管，使超前核心土始终完全处在保护之下。实际中，隧道开挖步骤和排水管的安设必须交替进行，以便截锥状管棚能够实现连续搭接，其长度不小于隧道直径。

排水管长度取决于隧道直径、地层渗透性以及隧道通过段的地下水位，其长度由作业机具决定，排水管长度一般为隧道直径的3倍。

在停止开挖并钻完第一个钻孔后即开始安设排水管。排水管通常为PVC管，其前段开缝（位于孔底，用于汇集地下水）并包有一层土工织布（无纺布）以防止堵塞（图9.30），第2段则未开缝，并通过注浆液与孔壁胶结（图9.31），前后两段之间通过薄膜加以隔离，以防止引排水妨碍注浆作业。通过隔膜前管壁上的阀门对排水管外侧的“胶囊”进行水泥浆液充填、封堵，这样在进行注浆作业时即将开缝段和未开缝段分隔开来。

图9.29 掘进通过水压达60 bar的含水层（Gran Sasso公路隧道）

采用掌子面超前排水管管棚进行洞室预约束：
掘进穿过**20 bar**水压含水层的排水效果
（**Gan Sasso**公路隧道，**Valle Fredda**断层）

图9.30 开缝管

从作业角度看，近水平排水管的布设分为以下几个阶段：

（1）在采用喷射混凝土支护掌子面后，根据设计规定的几何形状进行钻孔。钻孔方法取决于岩土特性和局部水文地质条件；但钻孔设备必须满足以下要求：

- 能够钻凿至少15 m长带有临时衬套的钻孔，而且不需要移动钻机并完全保持设计规定的截锥形状；
- 带有通孔的旋转钻头，其外轮廓与钻孔轴线间的距离不能过大；
- 滑座、稳杆器、定位装置的设计刚度要足够大，以确保钻孔维持在规定的几何尺寸公差范围内。

钻孔作业必须采用适宜于设计直径的机具并能容易地进行开缝管插入等后续作业。如果孔壁自稳时间不足以安插排水管，则必须以一定间隔暂停钻孔作业，以插入临时衬套。在这种情况下，如果流速和水压较大，则需要采用配有填料函和外接排水口的管件来封闭孔口。管件采用防水接头与钻管相接，设置在掌子面每一钻孔轴线上。外接排水口控制钻屑的流出并防止出现夹带现象。如果有必要，在发生不可控制的涌水、涌泥时，这种称为“防流装置”的管件能够快速封闭钻孔。为此建议通过适宜的胶结材料将“防流装置”牢固地插入围岩中。

（2）将排水管包裹在土工织布护套内并插入钻孔中，以防止缝口堵塞，妨碍其发挥作用。

如果孔壁稳定，则可在完全插入排水管后进行简单堵缝和外部封闭，使汇集的水通过排水管排出；如果孔壁不稳定，则必须插入临时衬套，特别是在高压作业时，此作业步骤包括：

- 将开缝管插入临时衬套中；

采用径向锚杆进行洞室约束（**Udine–Tarviso**铁路线，
S. Leopoldo隧道，**1986**年，地层：石灰质白云岩）

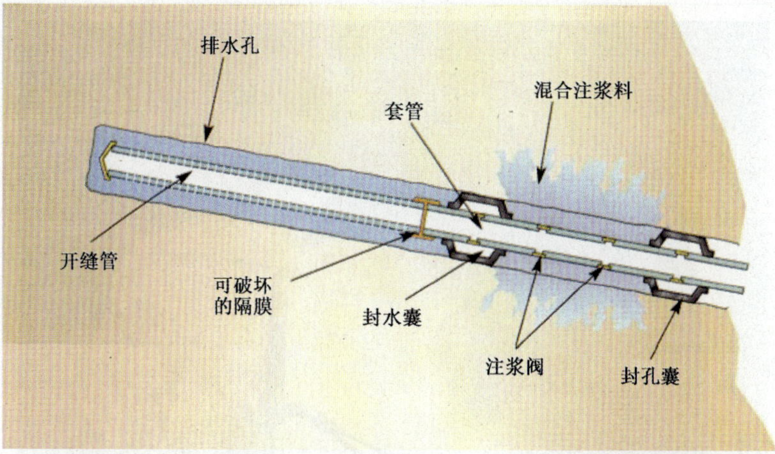

图9.31 未开缝管

- 修正钻孔衬套长度，使其长度相当于排水管开缝部分和封水囊的长度，以让后者直接与孔壁接触；
- 通过特殊阀门在高压下将水泥混合物充填到封水囊中，填满后，保持注浆压力直至灰浆凝固，此时将衬管完全抽回，然后从最远的阀门处立即将浆液注入排水管未开缝部分；
- 将普通坚硬钻杆插入排水管中将封水囊附近的内层隔膜捅破。

根据地层类型和排水管槽缝堵塞的可能性，可能需要以一定速率泵水进行排水管清淤，其泵水压力要大于外静水压力。

（3）检查排水效果

在排水管安设后应立即进行检查，在其工作寿命周期内也应定期进行检查。排水管稳定隧道的作用是隧道长期及短期安全的前提条件。另外在很长一段时间后排水管也会因各种原因造成堵塞，不应低估排水管堵塞的风险。为此土工织布过滤层的作用非常重要，应根据局部地层特性仔细进行挑选。另外还应采取适宜的预防措施，使其尽可能地发挥作用。

最后，要恰当地引排地下水，防止其在洞内漫流，否则有可能危及后续稳固作业。

9.5 洞室约束措施

9.5.1 采用径向岩石锚杆进行洞室约束

通过将一系列岩石锚杆插入围岩孔眼中可以获得有效的洞室约束效果。钻孔与

采用径向锚杆进行洞室约束：打设锚杆
（**Brunico**地下净化厂洞室，**1993**年，
地层：石英质千枚岩，最大埋深：约**125 m**）

采用径向锚杆进行洞室约束：从一导洞进行的岩层锚固效果
（**Udine–Tarviso**铁路线，**Malborghetto**隧道，**1986**年，
地层：**Ugovizza**角砾岩，埋深：约**70 m**）

隧道轴线呈径向，与边墙呈垂直方向。锚杆通常是由无缝钢、玻璃纤维或其他具有长期耐久性材料制成，其抗拉强度和抗剪强度可得到保证。

钻孔设备不需要具有特别的性能，可根据局部地层条件进行选择。由于这种加固措施通常是在地质条件较好的地层中加以实施，因此孔壁很少需要衬套。

岩石锚杆类型有2种：端部锚固型锚杆和全长黏结型锚杆。端部锚固型锚杆是指仅在端部紧撑住岩石，在岩体端（孔底）通过锚固系统（通常是膨胀型）（图9.32）进行固定，隧道壁端则通过承载板来分配荷载。因此这类锚杆仅可用于可能高度破碎但具有足够力学特性的岩体以确保锚固效果。这类锚杆仅靠拉应力起作用，可以是未施加预应力或者是施加预应力的。前者要在其所抵抗的洞室收敛发生时才起作用，而后者可以拉紧岩层中的不连续体，因此提高了其抗剪强度。

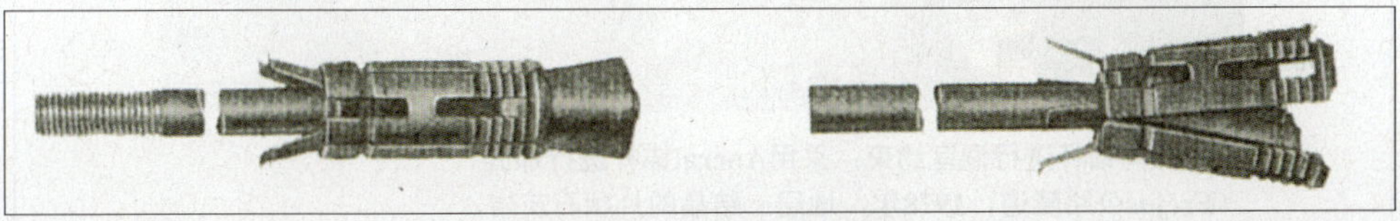

图9.32 端部膨胀型锚杆

采用端部锚固型的径向锚杆进行洞室约束可以是直接的，也可以是间接的，这要取决于锚杆长度。如果锚杆长度大于塑性带厚度，则其径向约束作用是直接的，而且等同于单位表面积所施加的拉拔力；如果其长度小于塑性带厚度，那么洞室约束作用是间接的，等同于锚杆两端之间塑性带的径向约束压力（图9.33、图9.34）。

注浆锚杆或全长黏结型锚杆则是由钢筋、钢管、玻璃纤维筋/玻璃纤维管或其他材料制成，在其整个长度上通过环氧树脂或水泥灰浆与孔壁胶结，因此其可有效扩大到软岩或不良岩层中。其主要靠抗剪强度或抗拉强度进行工作，并且因极大提高了围岩黏结力而具有实实在在的地层加固作用。这类锚杆的洞室约束作用是间接的，是通过加固岩石圈起作用的。

为使注浆锚杆有效发挥地层加固作用，必须确保尽可能完全将浆液注入到孔壁内，使锚杆能够立刻抵抗在其轴线周围所发生的地层变形。

另外，有一种全长黏结性锚杆不是通过浆料与孔壁胶结，而是通过摩擦加以锚固。它是胀壳型锚杆，沿其轴线钢管被挤压和弯曲。这种锚杆设置简单快捷，将其

采用径向锚杆进行洞室约束：采用**Ancral**锚杆进行加固（**Frejus**公路隧道，**1978**年，地层：结晶的片状石灰岩，最大埋深：约**1 700 m**）

采用径向锚杆进行洞室约束：地下实验室**C**，采用全长黏结锚杆和喷射混凝土进行加固（**Gran Sasso INFN**实验室，**1984**年，地层：石灰岩，埋深：约**1 400 m**）

插入孔眼中并在高压下注入水或水泥浆使其膨胀。在其膨胀过程中，锚杆形状将会发生变化，从而能够很好地适应钻孔的不规则性，确保其具有很高的抗拉拔力（图9.35）。

岩石锚固作业顺序如下：

（1）采用适宜的设备钻凿安设锚杆所要求孔径的孔眼（对于全长黏结性锚杆，孔径必须是最小尺寸的），然后出碴清孔。

（2）采用适宜的设备将岩石锚杆插入孔中。

（3）在钻孔内进行锚杆锚固：

- 对于端部锚固型锚杆，在孔底使锚杆端头膨胀；
- 对于注浆锚杆，通过注入含有添加剂的水泥浆使锚杆整个长度与孔壁胶结。注浆锚杆杆体配有小的柔性PVC管用于注浆及排出空气。如果要使注浆顺利，则在插入锚杆时应注意避免挤压PVC管（例如使其保持在杆体上方）。注浆混合物通常是含有速凝剂、防缩剂的水泥灰浆。如果钻孔偏离水平方向超过35°，则注浆锚杆必须在孔底配置膨胀头，使其锚固时间足够长以便浆液凝固。
- 对于胀壳锚杆，则通过注浆或注水使其膨胀。

（4）在承载板安装就位后拧紧锚杆螺纹端头的螺母，使锚杆张紧（采用扭矩扳手按照设计规范将螺母拧紧）。

（5）如果需要，将钢筋网和格栅架与锚杆头锚固在一起，以支撑后续施作的喷射混凝土层。

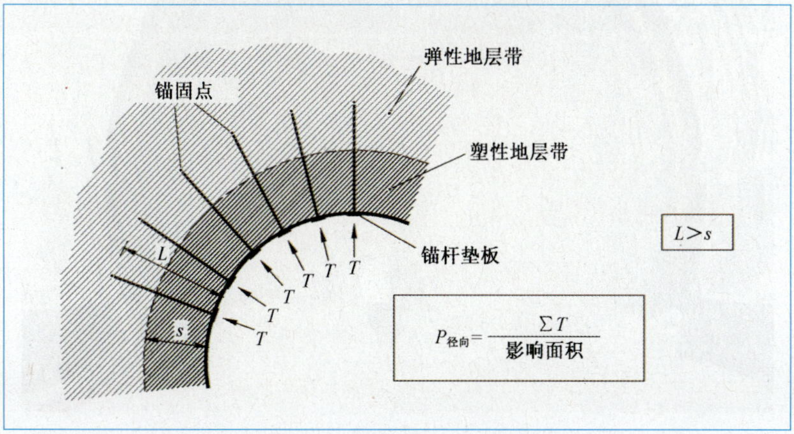

图9.33 锚杆的直接约束作用

采用喷射混凝土初期支护层进行洞室约束：施做喷射混凝土层
（TGV地中海线，里昂-马赛段，Tartaiguille隧道，1997年，
地层：黏土，最大埋深：约110 m）

采用喷射混凝土初期支护层进行洞室约束：掌子面施喷混凝土
（TGV地中海线，里昂-马赛段，Tartaiguille隧道，1997年，
地层：黏土，最大埋深：约110 m）

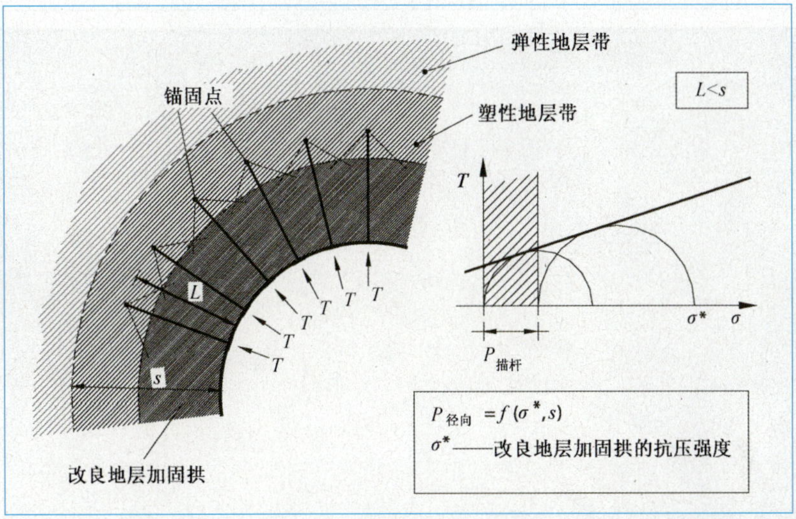

图9.34 锚杆的间接约束作用

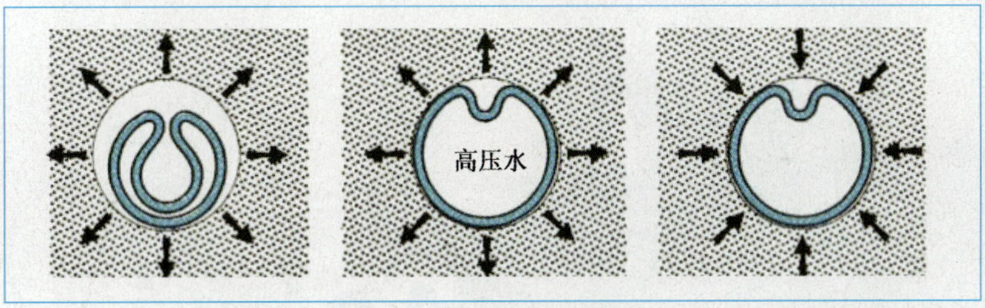

图9.35 胀壳锚杆的作用

至于某些特殊类型的自进式锚杆，则其插入和钻进作业同步进行。

在打设锚杆结束后，应根据其结构功能的设计规定和所选材料进行系统的锚杆质量检测。对于端部锚固的锚杆，最为重要的检测工作是定期进行拉拔试验，以确保满足所规定的长期工作张拉力；对于注浆锚杆，则应定期检测灰浆胶结的完整性。目前市场上有直接安装在锚杆上的检测装置，可以方便和自动地监测锚杆的长期作用性。

9.5.2 采用喷射混凝土初期支护层进行洞室约束

采用喷射混凝土层对隧道洞壁进行初期支护是广泛采用的有效约束洞室的做法。喷射混凝土是将水灰比低的水泥混合物高速喷射到隧道洞壁上，喷射混凝土在短时间内即具有高强度。喷射混凝土在注浆压力的压实下牢固地黏附在隧道壁面上。如果配比得当且喷射正确，则喷射混凝土层裸露表面具有平整外观。对于良好

采用径向锚杆和喷射混凝土进行洞室约束：地下实验室
C台阶开挖阶段（Gran Sasso INFN实验室，1984年，
地层：石灰岩，埋深：约1 400 m）

地层中的隧道，喷射混凝土甚至可以考虑作为最终衬砌。

喷射混凝土的使用方法及其简易性使其成为平整因超挖造成洞室不规则表面的理想支护工具。如果有必要，则可采用通常埋入喷射混凝土层中的钢肋拱、单层或双层钢筋网、钢纤维（纤维加筋喷射混凝土）进行加固，这些材料可以极大提高喷射混凝土的强度（主要是抗拉强度）和韧性。采用纤维改善喷射混凝土力学特性的效果取决于纤维的数量和长径比，其最小数量必须符合设计规定（通常至少为20～30 kg/m^3）。

任何情况下，喷射混凝土层厚度都不得小于设计规定厚度，通常为5～10 cm，最大厚度为35～40 cm。

从作业观点看，通常采用湿喷混凝土，其较干喷混凝土更具健康性、更为有效和可靠。在进行湿喷作业时，要事先拌合所有组分，包括水和钢纤维（如果使用的话），然后通过泵输送至喷嘴。此时再加入压缩空气，通过压缩空气将喷射混凝土喷射在岩石表面（图9.36）。

喷射混凝土的构成基于与普通混凝土相同的原则，采用正确的粒径是喷射结果良好的必要条件。一般来说，过筛率曲线必须是平顺的（图9.37）。混合物的半径取决于喷射位置，对于隧道拱部，混合物的粒径最好是位于粒径曲线较细部分；对于垂直喷射，混合物的粒径最好是位于粒径曲线中间部分；对于底部，混合物的粒径最好是位于粒径曲线较粗部分。为使流动顺畅和防止离析，需要加入极细的材料和水泥；但是，这些材料的添加比例不能过大，否则在管道特别长时会发生堵塞现象。

骨料（天然圆形骨料要好于采石场碎石骨料）的粒径不得大于15 mm，以适应普通的喷射混凝土机；同时，为获得最佳强度特性、快速凝固性和喷射容易性，水灰比不得大于0.5。

为了在不损伤混凝土强度的前提下获得流动性、黏结力和快凝性，必须使用高强水泥（其数量要大于普通混凝土中的水泥数量）、与水泥型号（硅酸盐水泥或无碱水泥）相符的流化剂和速凝剂（水泥质量的8%～10%）。

喷射混凝土中掺加的纤维长径比必须大于60，并且具有较高的抗拉强度和最小的延展性。因此纤维材料应是由低碳钢材制成，其直径较小（几毫米），长度为几厘米。其端头弯曲成型以提高黏附力（图9.38）。

在制备混合物阶段以及喷射混凝土之后的不同硬化阶段应仔细进行喷射混凝土组分和强度检测，由此可以绘制强度随时间变化曲线图。

除了对试样进行简单或三轴压缩试验以检测其强度是否符合设计规范外，还应进行拉伸试验、冲剪试验、弯曲试验。

采用隧道仰拱进行洞室约束：在掌子面后面准备施作隧道仰拱：
（博洛尼亚–佛洛伦萨高速铁路，**Faticosa**隧道，**2000**年，
地层：鳞片状黏土，埋深：约**600 m**）

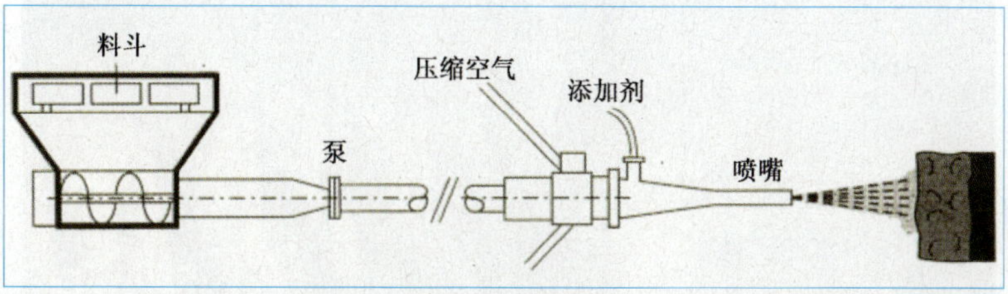

图9.36 喷射混凝土

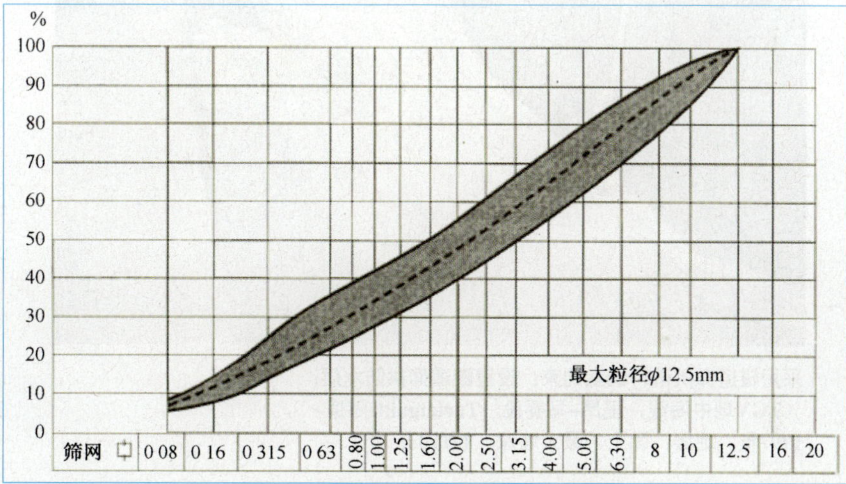

图9.37 喷射混凝土粒径曲线（AFTES）

在使用纤维喷射混凝土时，还应检测纤维数量，由此可比较一定体积混合物中纤维比例与设计规定的比例。另外还应进行吸能试验以检测其韧性。

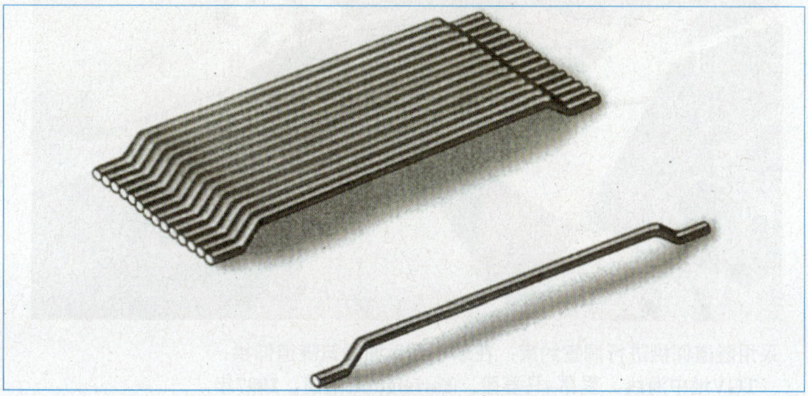

图9.38 用于喷射混凝土的钢纤维

采用隧道仰拱进行洞室约束：设置隧道仰拱防水层：
（**TGV**地中海线，里昂–马赛段，**Tartaiguille**隧道，
1997年，地层：黏土，最大埋深：约**110 m**）

采用隧道仰拱进行洞室约束：在掌子面后面浇筑隧道仰拱：
（**TGV**地中海线，里昂–马赛段，**Tartaiguille**隧道，**1997**年，
地层：黏土，最大埋深：约**110 m**）

9.5.3 采用隧道仰拱进行洞室约束

隧道仰拱是将隧道衬砌环闭合起来的结构构件，使其具有更大的刚性和更大的洞室约束作用。在掌子面-超前核心土短期稳定或不稳定的隧道段，设置隧道仰拱是至关重要的。事实上，地层对于开挖的变形反应越大，就应越靠近掌子面设置隧道仰拱。

尽管在浇筑隧道仰拱后隧道变形会显著降低且能更好地控制变形反应，但必须重视在开挖形成洞室时有可能出现径向变形增大的情况。如果隧道仰拱做得不好，且没有采取必要的预防措施，那么洞室开挖作业可能导致初期支护层软化。

为防止这种情况的发生，特别是当隧道仰拱设置距离距掌子面不超过3倍洞径时，最好是在开挖之前浇筑拱座（kickers）。

另外还必须注意拱座与隧道仰拱之间的连接问题，确保应力得到最大程度的传递。对此，至关重要的是选择最适宜的断面，不过在拱座和仰拱之间加设连接钢筋也是有益的。

图9.39 隧道仰拱钢筋（Tartaiguille隧道）

在非常困难的应力-应变条件下,必须在仰拱开挖结束后立即在钢肋拱脚之间设置支座。这实际上是形成完整的隧道衬砌结构，而不用等混凝土凝固。

在处治阶段，根据隧道断面类型确定仰拱的形状和厚度。如果可能的话，最好

采用最终衬砌进行洞室预约束：预制钢筋混凝土管片最终衬砌
（博洛尼亚–佛洛伦萨高速铁路线，**Ginori**服务隧道，**2001**年，
地层：石灰岩、凝灰岩，最大埋深：约**600 m**）

避免对隧道仰拱进行加筋，采用改善其曲率以最大限度降低其拉伸应力作用，或者是采用纤维增强混凝土。

从施工观点看，最好是在原位地层上而不是在已扰动岩石上浇筑隧道仰拱及其基础。对于超挖部分，应采用贫混凝土进行充填和重新修整。

在施工阶段，应采取质量控制措施以验证隧道仰拱的特性，包括对素混凝土和纤维增强混凝土进行常规检测。

9.5.4 采用最终衬砌进行洞室约束

最终衬砌通常采用适宜的模板在初期支护壁面上现场浇筑一层素混凝土或纤维增强混凝土。作为替代方案，也可采用预制钢筋混凝土管片或预制的预应力钢筋混凝土管片施作最终衬砌。

在设计阶段，根据隧道断面形状事先确定衬砌的类型、厚度及混凝土等级。

在有地下水的情况下，则必须在初期支护层上挂设防水层（立模或浇筑混凝土时不得损坏到防水层）并设置适宜的排水系统，以确保衬砌的长期使用寿命。

对不同浇筑段之间的结合情况应给予特别的重视，为此应彻底清洗其接触表面。最终衬砌的裸露表面必须平整，其形状应按照设计规范成型并应特别注意隧道曲线段的形状。

对混凝土特性应进行标准的质量检测，包括对新浇筑混凝土的取样检测和硬化混凝土的取样检测。

对于最终衬砌和初期支护之间的空隙可采用无损检测方法进行检测，如雷达探测方法。

9.6 防　　水

在隧道穿越含水层或预计有地下水甚至只是雨水涌入隧道时，通常要在最终衬砌和初期喷射混凝土支护层之间设置防水层。

防水层的主要功能是保护最终衬砌，并将排水管未拦截的水引排到边墙底部或隧道仰拱下面的排水沟中。如果因水文地质问题或当地环境平衡等因素不能对隧道进行排水，那么其作用是在水力方面将隧道与周围地层隔离。

防水层由无纺布保护层和PVC防水板构成，PVC防水板厚度至少为2 mm，并通过热焊部分搭接（图9.40）。防水层应在洞室收敛几乎结束时，并在最终衬砌浇筑之前进行铺设。对于局部较大的涌水应进行拦截和引排，否则可能妨碍到保护板和防

采用最终衬砌进行洞室约束：混凝土最终衬砌
（**Ancona-Bari**铁路线，**Vasto**隧道，**1996**年，
地层：黏土质淤泥，最大埋深：约**100 m**）

防水：在浇筑最终衬砌前铺设**PVC**防水板
（**Ancona-Bari**铁路线，**Vasto**隧道，**1996**年，
地层：黏土质淤泥，最大埋深：约**100 m**）

水层的正确铺设。对此可在涌水处铺设固定由无纺布加以保护的塑料（聚乙烯）排水板及敷设加有速凝剂的水泥灰浆。PVC排水板应与防水衬砌层底部的主排水管相连，主排水管则连接到隧道底部的排水沟（图9.41）。

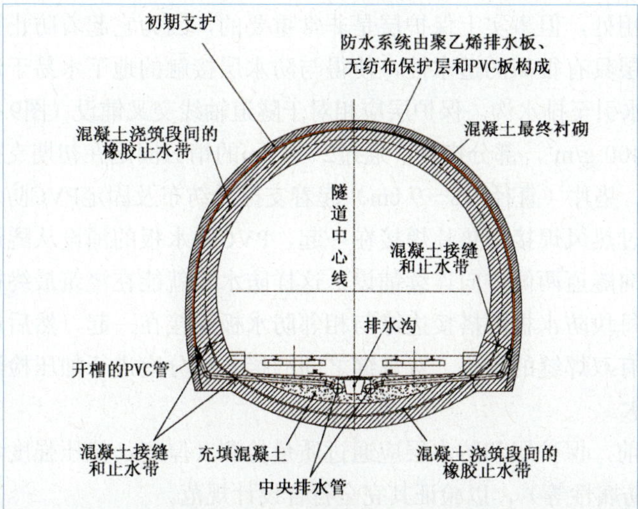

图9.40 隧道防水层

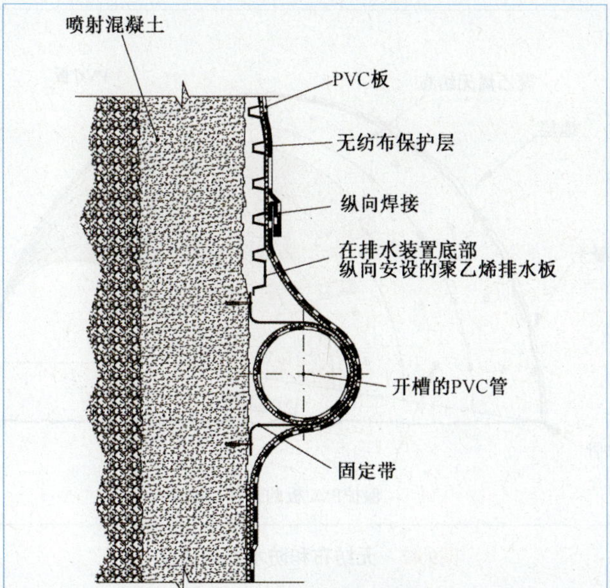

图9.41 隧道防排水系统

然后应消除所有凸出的金属部分，如锚头、钢筋网等；同时采用喷射混凝土均匀喷射在既有初期支护上以抹平粗糙部分并遮盖住钢肋拱及箍件，以防止损坏土工织布和PVC板。

有人认为保护层（通常是由聚丙烯细丝制成的无纺布，最好是采用针扎法连接）没有什么用处，但事实上保护层是非常重要的，因为它起着防止穿刺的作用，同时薄的保护层具有很高的透水性，使得与防水层接触的地下水易于流动，有助于拦截并将地下水引至排水沟。保护层应相对于隧道轴线交叉铺设（图9.42）。无纺布的克重大约为400 g/m^2，部分搭接，通过2～4 cm的销钉固定在初期支护层上，销钉配有PVC垫片。垫片（直径约8～9 cm）起着支撑无纺布及固定PVC防水板的作用。PVC防水板通过热风焊接与垫片焊接在一起，PVC防水板的铺设从隧道拱部关键部位开始，然后向隧道两侧方向连续铺设，这样防水板就能在浇筑最终衬砌之前保持其正确位置。每块防水板的搭接边缘与相邻防水板焊接在一起，然后通过焊接进行密封，形成具有双焊缝的接头。双焊缝之间的接头部分应进行加压检测，以验证接头是否完全防水。

在使用之前，保护层和防水层应通过质量检测（厚度、抗压强度、抗拉强度、抗热应力性、防腐性等），以验证其完全符合设计规范。

在铺设好防水层后还应进行进一步检测（主要是目测），以检查是否采取了确保防水层长期功能性的所有预防措施。

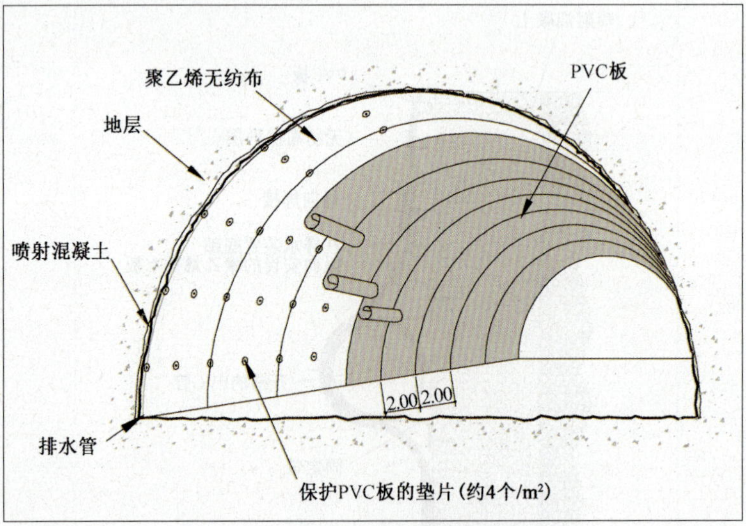

图9.42 无纺布和防水板的铺设

第10章

监 测 阶 段

10.1 背　　景

设计阶段结束并开始开挖作业(施工阶段)时，即进入监测阶段。该阶段是对诊断阶段和处治阶段所预测的岩体变形反应的准确性进行检验。

地下工程通常是在一洞室内修建一人工组合结构，该人工结构通过与地层相互作用确保施工期间洞室的稳定性和持久性，而地层以某种不能明确确定的方式对人工结构施加应力，这取决于施工工序及相关材料（地层、稳固工具）的流变性。地下工程的这一特殊特性要求布设适宜的监测系统，以便在施工一开始甚至开始前就能能系统量测地层的变形绝对值及所有变形分量。

基于以下内容，设置监控系统是必然的要求：

- 在施工阶段验证设计决策的正确性并加以修正（加固工具的强度和分布模式）。
- 在基础设施试运行时获得所有必要的数据，以便能够可靠地确认结构安全性和使用适宜性。隧道的试运行包括：通过检测来验证隧道施工期间及施工结束后有关岩体应力-应变反应、支护结构和衬砌的应力状态和变形方面的设计预测是否准确。这要求通过检测地层的开挖变形反应及不同施工阶段所设支护加固结构的变形来重构隧道及地层相互作用下的隧道应力及变形时程图，这一重构工作只有通过详细分析监测数据及现场勘察结果才能实现。
- 可以很容易地检查隧道在服务阶段的长期状态，其主要涉及到岩体的流变特性及特殊地段[断层带、砌墙段（摺皱段）等]洞室周围可能的水文地质条件变化。

本章主要阐述设计工程师所必须遵循的准则，以便能够编制详细的、完全满足这些要求的监控方案。编制监控方案是隧道修建时的一个惯例，要考虑特殊的地质条件。

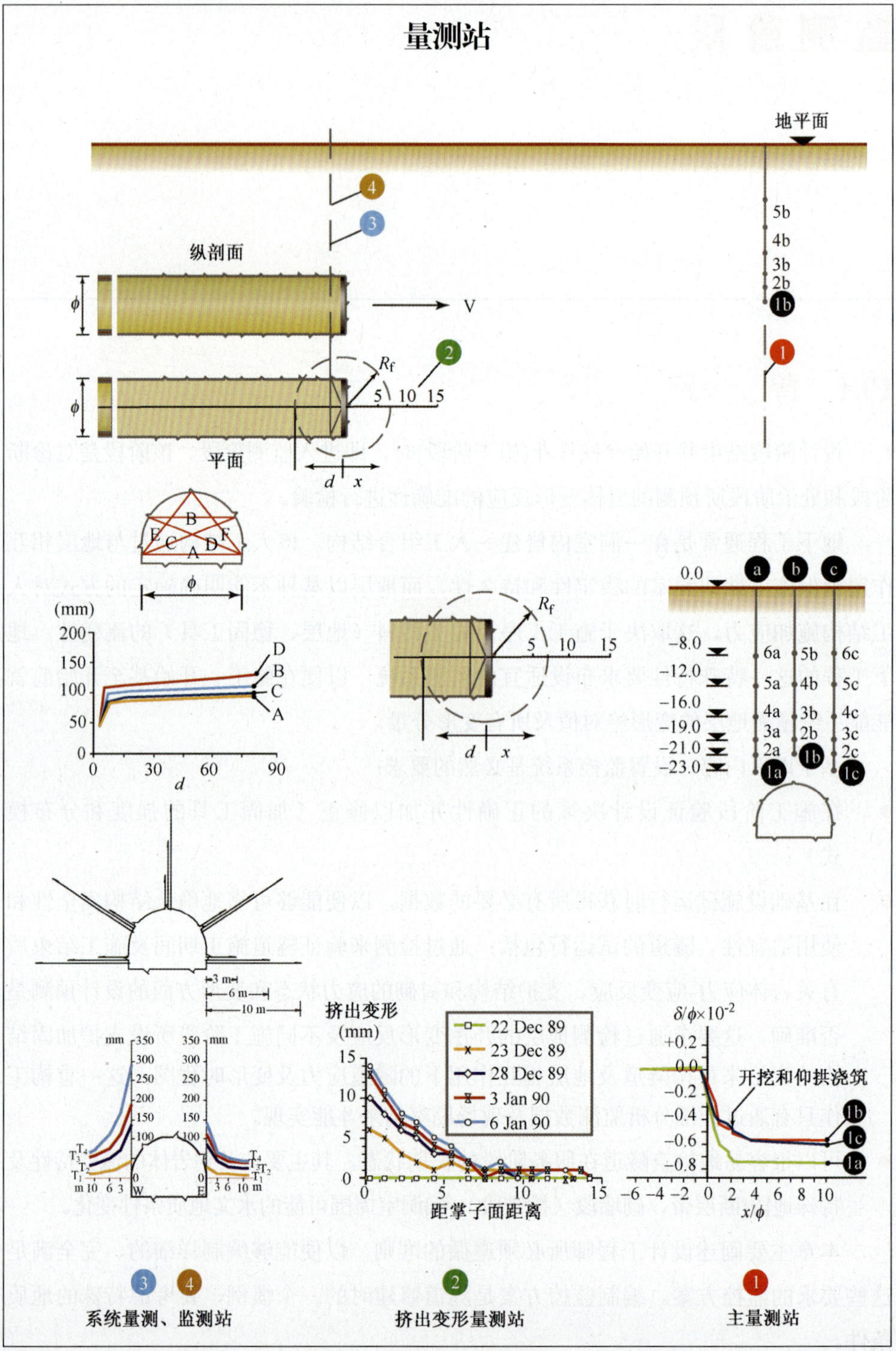

图10.1　基本的量测站类型

为便于叙述，下面将针对施工监测和长期监测的区别进行说明。

在长期监测中不仅要使用施工监测阶段的大部分仪器，而且还要根据其提供的数据进行比较和判释。如果对隧道掘进开始以来的应力-应变变化情况缺乏足够的了解，那么隧道应力-应变状态的长期监测将会失去意义。

10.2 基本概念

如上所述，设计工程师获得的计算方法在大多数情况下都能以相当高的精确度解决隧道应力-应变反应的预测问题以及处治阶段加固措施的设计和检测问题。

但是,计算结果的精确性必然要取决于计算中的输入数据(岩土介质的强度、变形性、自然应力状态、约束加固体的刚度等)，而这些输入数据总是存在一些误差幅度。

因此必须在施工期间仔细验证在诊断阶段和处治阶段所做的种种假设和预测。这可以从测量结果、预测的设计变形反应与实际量测值的比较结果以及完善原定施工方法所需信息中获取答案；还可以对所用的计算模型（反分析）进行考量，最后通过长期监测确定地下工程的实际安全性。

设计工程师和项目经理必须根据监控量测结果决定是否采用设计规定的隧道断面类型或更改施工作业量（在设计规定的变量限值内并根据设计规定的准则），或者设计完全新的断面类型以对付在勘察阶段未发现、在处治阶段未加以规定的特殊情况。

在这种情况下，监测阶段包括以下内容：

- 施工期间
  - 使用适宜的仪器量测因隧道掘进而在岩土介质中产生的变形现象，包括其变化情况、类型和程度并测量支护加固结构自身的应力和变形；
  - 判释量测结果并与设计预计值进行比较。
- 运营阶段
  - 监测隧道随时间的性能变化，以便能够稳妥地安排必要的维修作业，并确保隧道在整个使用寿命周期内的安全性。

10.3 量　测　站

为监测岩体对于开挖的变形反应，需要设置量测站。量测站沿隧道定线的布设

监控阶段的量测仪器

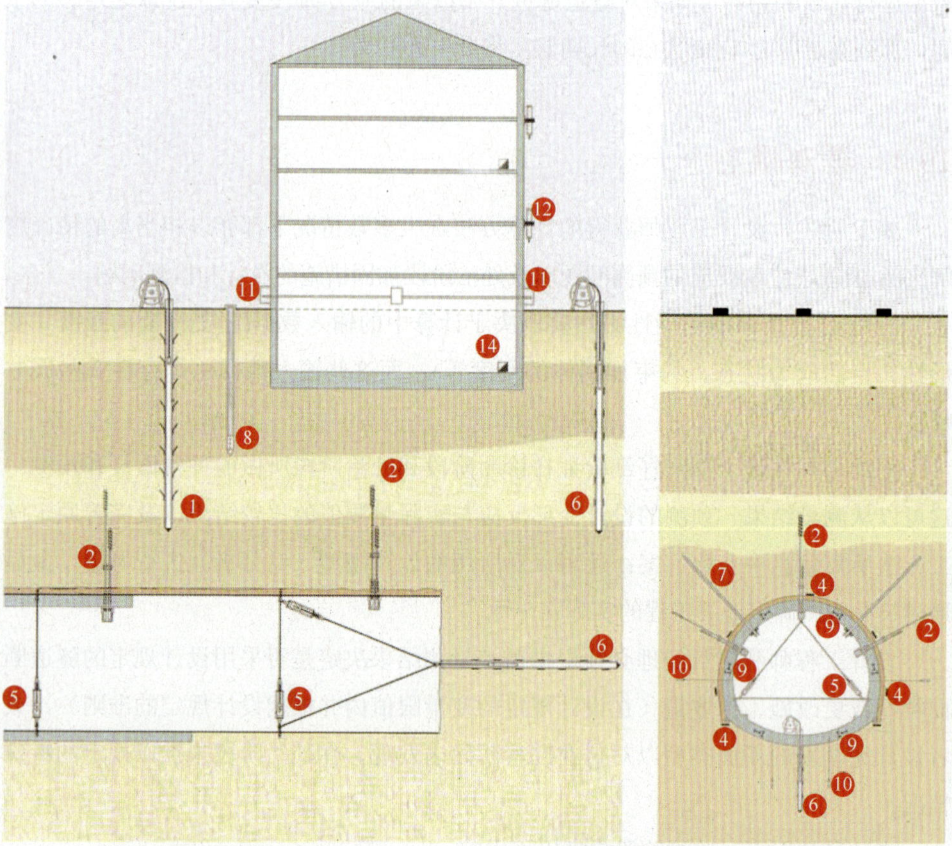

1——磁性沉降仪：地表沉降
2——多点伸长计：地层变形和塑性化
3——SMACH加速仪：施工期间的振动
4——压力盒：地层-衬砌交界面上的压力
5——钢尺测距仪器：隧道收敛
6——增量伸长计、测斜仪：地层挤出变形
7——锚杆测力计：岩石锚杆和锚杆拉拔
8——测压沉降仪：压力及沉降测定
9——应变计：衬砌应力-应变
10——电子测压计：控制中性压力
11——DSM水准仪：差动沉降
12——地表测斜仪：建筑物垂直方向上的倾斜度

位置必须仔细加以研究，以在相互冲突的要求（了解岩体应力-应变状态的要求及确保作业人员安全的要求与保持低成本和不干扰施工作业及隧道运营要求之间的矛盾）之间获得最佳的折衷方案。

为此，岩土控制变形分析法（ADECO-RS）提出了4种基本的量测站类型（图10.1）：

- 主量测站；
- 挤出变形量测站；
- 监测站；
- 系统量测站。

主量测站能提供掌子面通过监测断面之前、之中和之后完整的的围岩应力-应变状态图。出于技术及经济原因，其使用局限于浅埋隧道段。

在施工中，主量测站常常与挤出变形量测站一起使用，挤出变形量测站主要量测超前核心土中地层向洞室方向的变形，并可由此确定掌子面影响半径（R_f）。

监测站也提供类似于主量测站所提供的信息；但是监测站设置在洞内，只能量测掌子面通过之后发生的应力-应变。其对于长期监控非常有用，因为它能提供洞室周围塑化区的大小。

系统量测站只提供隧道收敛信息，一般用于初期支护层和最终衬砌。

监测站和系统量测站必须紧靠掌子面设置，而且如果要提供有用和准确的信息，必须立即进行零读数读取。

10.3.1 主量测站

在掌子面通过量测断面之前设置主量测站，以便能收集掌子面前方岩体的变形信息。在掌子面前方未进行地层加固或改良的情况下，将会在掌子面及距掌子面几倍隧道半径的地方开始出现径向变形，其径向变形量甚至可能达到最终收敛值的30%～40%。

主量测站还必须能够提供实施加固措施后有关隧道及围岩的应力-应变反应的完整信息。

为此必须实施以下监测内容：

- 在掌子面接近量测断面时，监测掌子面通过前地层的沉降、变形及水文地质变化；
- 在掌子面通过量测断面期间及之后，量测因开挖引起的沉降及水力荷载变化；
- 在掌子面通过塑性区之前、之中及之后，量测塑性区的范围；
- 首先是在改良加固实施处，然后在掌子面离开量测站及衬砌环闭合之后，最后

监控阶段的量测仪器

钻孔伸长计

钻孔伸长计通过在钻孔预定深度处的一定数量测点来量测地层沿钻孔轴线的移动。通过量测这些测点位置相对于固定基准点随时间的变化，从而获得钻孔周围地层的变形剖面。

这些仪器广泛用于洞内，主要量测掌子面-超前核心土的挤出变形及洞室周围的围岩收敛。

伸长计可以是增量单点式或多点式。前者是从支撑于钻孔的测斜管上一系列等距测点来量测沿钻孔轴线的相对位移；后者则是相对于上部地面基准点从一个或几个测点（最多7个）来量测钻孔轴线方向上的位移。

在量测过程中，增量型伸长计的量测仪器（测杆）只插入到倾斜仪套管中，因此多个量测站可以使用一根测杆；而多点伸长计是一个整块装置。增量型伸长计的一个重要特征是在倾斜仪套管已经部分损坏的情况下也能进行量测，在量测隧道掘进过程中掌子面-超前核心土的挤出变形时，这一特征使得增量型伸长计的使用不可替代（动态测量）。

在隧道投入使用时，评估地层加固或地层改良措施以及初期支护和最终衬砌对于洞室边墙应力-应变状态的影响作用；

- 在施工各阶段及隧道使用寿命周期内，量测支护加固结构的应力及应变。

为此需要设置适宜的仪器，并确保其在掌子面通过前后正常工作。

在掌子面通过前，从影响半径范围外的地表钻凿垂直钻孔，必须至少插入3个多点伸长计（基座的数量和长度取决于埋深、局部土工技术条件和地层条件）和1个倾斜仪。倾斜仪应位于隧道侧几米处，并至隧道仰拱标高以下。

如果隧道穿越含水层，量测站还应从地面设置测压计，以量测孔隙压力的变化。

通过综合这些仪器所提供的信息，就可以获得完整的岩体实际变形反应三维图。

一旦掌子面抵达监测断面，即要完成仪器监测工作以提供有关地层及加固结构详细的应力-应变量测结果。为此必须设置3～5个测距仪以量测洞室收敛，并在拱部、边墙和仰拱部位的初期支护和最终衬砌中设置几对量测装置（如压力盒）以量测径向和切向应力。

如果存在较大的中性压力或者在洞室周围设置防排水系统时，则必须在伸长计未占据的边墙上设置一系列长度不一的测压计或连续测压计，以监测因隧道施工引起的水力梯度变化。

10.3.2 挤出变形量测站

挤出变形量测站能提供掌子面影响半径R_f和超前核心土变形量的信息，以便确定其实际稳定性。

量测内容包括：

- 量测掌子面松弛区的大小；
- 量测超前核心土的径向及纵向变形。

图10.2示出了挤出变形量测站的典型布置，包括：

- 插入掌子面中心钻孔中的增量伸长计，其长度至少为隧道直径的2~3倍，并配有探头以观测其所处地形情况；
- 在3个不同标高上设置9个光靶以进行掌子面地形观测，但只在掌子面停工长达1周以上时才进行掌子面地形观测。

如果超前核心土采用玻璃纤维结构件进行加固，那么这有助于将挤出变形量测及玻璃纤维结构件应力量测结合起来，以获得更为详细的因隧道掘进引起的地层松弛情况及超前核心土加固所带来的稳定情况。

监控阶段的量测仪器

INCREX 增量伸长计—1

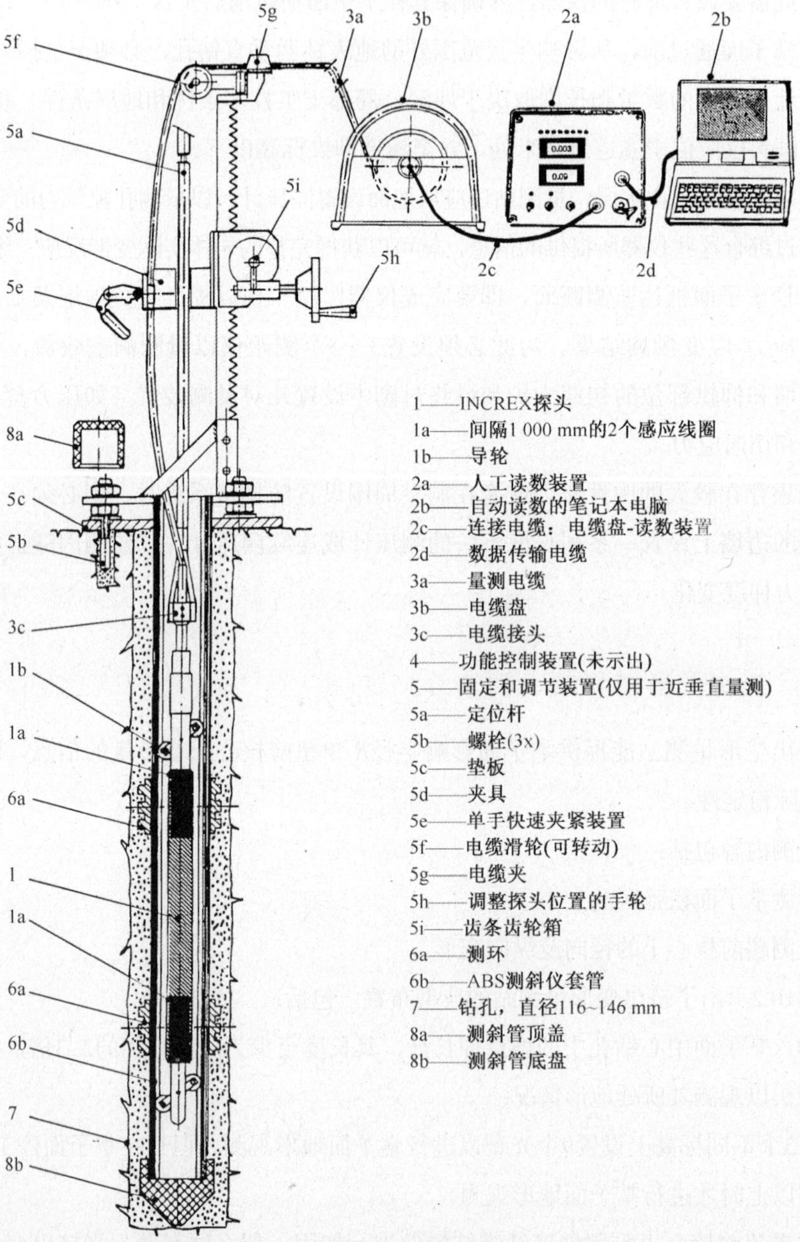

1——INCREX探头
1a——间隔1 000 mm的2个感应线圈
1b——导轮
2a——人工读数装置
2b——自动读数的笔记本电脑
2c——连接电缆：电缆盘-读数装置
2d——数据传输电缆
3a——量测电缆
3b——电缆盘
3c——电缆接头
4——功能控制装置(未示出)
5——固定和调节装置(仅用于近垂直量测)
5a——定位杆
5b——螺栓(3x)
5c——垫板
5d——夹具
5e——单手快速夹紧装置
5f——电缆滑轮(可转动)
5g——电缆夹
5h——调整探头位置的手轮
5i——齿条齿轮箱
6a——测环
6b——ABS测斜仪套管
7——钻孔，直径116~146 mm
8a——测斜管顶盖
8b——测斜管底盘

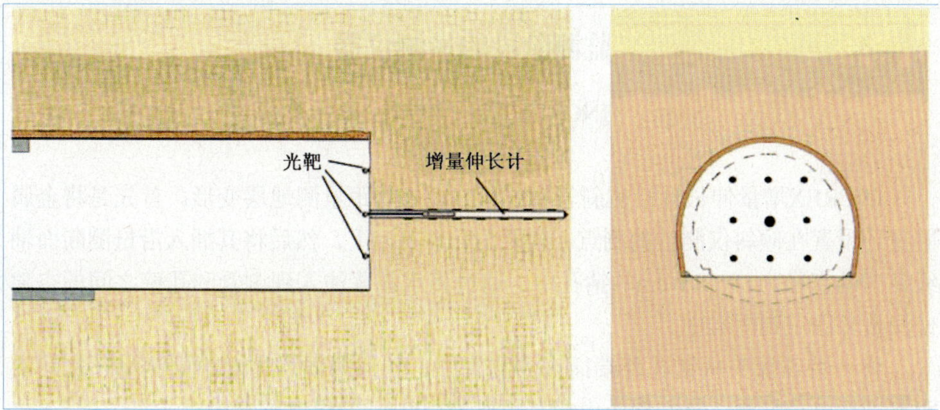

图10.2 挤出变形量测站的典型布置

10.3.3 监 测 站

监测站设置在洞内，靠近掌子面，主要用于监测洞室周围岩体的应力-应变状态并确定塑性区的影响性及其随时间的变化情况。

监测站和主量测站的根本区别在于监测站没有在洞外设置仪器，因此无法量测掌子面通过前发生的地层变形。在因埋深及地形结构不允许从地面钻孔、从而在监测区域安设仪器设备的情况中主要采取设置监测站的形式。

监测站的构成包括在掌子面通过监测断面后即刻在洞室拱部和起拱线处径向设置的一些多点伸长计、量测洞室收敛的2个或5个测距仪、在钢肋拱下设置的至少2个荷重计以及记录衬砌径向及切向应力的一些压力盒。对于后者也可在钢筋中设置应变计。

在隧道处于地下水位以下时，必须设置1个或多个测压计。

10.3.4 系统量测站

系统量测站能量测收敛变形程度以及必要时简单易行地量测地层应力，但量测的频率较高，隧道沿线均要设站。

系统量测站的构成一般包括测距仪以及设置在最终衬砌上的光靶，如监测站一样测距仪应尽可能靠近掌子面设置。

如果有必要，也可增设一些径向和切向压力盒并在岩石锚杆和钢肋拱处增设一些荷重计。

在施工中出现高收敛值的情况下，建议按照收敛值读取频率进行钢肋拱脚处的

监测阶段的量测仪器

INCREX 增量伸长计—2

INCREX增量伸长计沿测斜管轴线以1.00 m间距量测地层变形。首先是将金属测量环设置在倾斜仪测管的测点（间距为1.00 m）上，然后将其插入沿量测断面轴线钻凿的直径为11～15 cm的钻孔中。通过将水泥浆注入到测管和孔壁之间的空隙使测量环固定到围岩中。

将一特殊探头从钻孔外端插入到测管中，任何时候均可对不同测量环之间的距离进行电子量测，特殊探头由相互距离为1.00 m的2组电感器构成。

当位于测点时，电感器与1对测量环相互作用，由此产生电信号，而电信号与1对测量环之间的距离呈比例关系。通过将探头向下滑动即可量测每一对测量环之间的距离并可及时获得地层轴向变形的连续曲线。

该量测技术的精度为±0.003 mm/m。

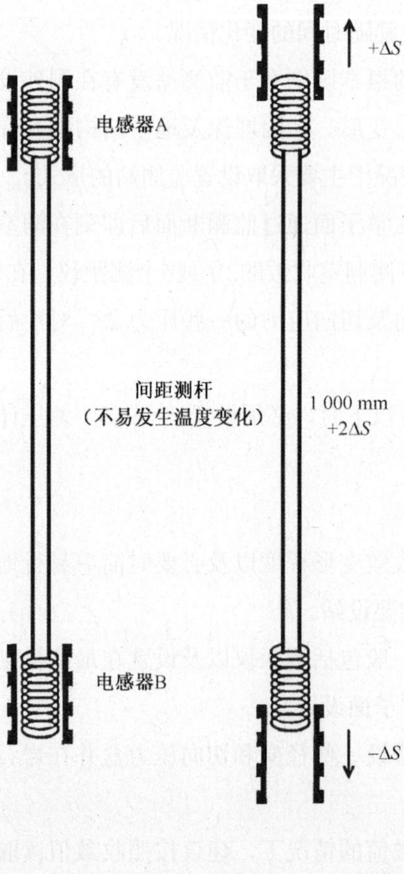

地形观测。

10.4 施工监测系统的设计

施工期间监测系统的设计要基于监测阶段所要实施量测的变形类型和变形程度。根据掌子面的稳定性，当设计工程师开始设计监测系统时，应拟定出监测计划，该计划首先应能允许监测掌子面-超前核心土的应力-应变反应，并评定其与诊断阶段和处治阶段的预测结果是否相符。

- 在掌子面-超前核心土稳定的条件下（硬岩特性），地层应力处于弹性范围内，而且变形反应总体上是迅速且较小。因此系统监测的频率不必过大，也不必采用精密仪器。只是在特殊岩土结构情况下，才有必要采用大型仪器以检测可能的局部不稳定性（如岩石滑动、楔形岩块），或者在受与定线近似平行的不连续面和破碎带影响的坚硬岩层中采用大型仪器以防止岩爆。因此，加上一些监测站，平均每隔100 m设置系统量测站一般就足够了。
- 在掌子面-超前核心土短期稳定的条件下（黏性土特性），地层应力处于弹-塑性范围，变形现象多半延迟发生，但其程度不容忽视。对于设计工程师来说，重要的是通过紧密设置挤出变形量测站、主量测站或监测站（取决于隧道埋深）及系统量测站来仔细监测岩土介质的变形和应力大小及发展变化情况。这是获取必要信息以便确定加固干预措施的适宜性以及进一步调整和完善加固措施的唯一途径。

  不同量测站的设置频率取决于局部地层的岩土结构特性及构造特性。当预计在掌子面前方将形成塑形带或希望进一步调整开挖及稳固方法时，应设置挤出变形量测站；另外，当隧道停工超过7 d时也建议设置挤出变形量测站。过去诸多实践经验表明：如果在这些情况下掌子面-超前核心土没有得到适宜的保护，那么地层松弛范围非常大，以至于在复工时会带来严重的不稳定问题。

  因此，挤出变形量测站最好是紧挨着以1/4隧道直径距离设置的系统量测站，以便能够重构掌子面-超前核心土两侧地层的三维变形图。

  主量测站或监测站则一般通过每隔20～40 m设置的系统量测站加以分开。
- 在掌子面-超前核心土不稳定的情况下（松散土特性），如果实施阶段的加固干预措施未能很好地控制洞室，地层变形则会发展到失稳阶段。因此设计工程师应极为紧密地设置挤出变形量测站、主量测站或监测站以及系统量测站（后者的设置间距为10～20 m）。

监测阶段的量测仪器

滑动测微计

滑动测微计是一种极其通用、精准和易于操作的增量伸长计，有助于系统量测任何方向上沿钻孔轴线一系列测点上地层随时间的轴向位移情况。其由一连串直径为60 mm的PVC管（每根管长度1 m）构成。PVC管通过套筒连接成串，套筒同时起着测杆锥形堵头的作用。然后将以此连接的伸长计套管插入直径不小于110 mm的钻孔中并通过膨胀水泥进行胶结。测杆包括配有弹簧的伸缩装置及两端的带槽球形探头。球形探头保护着与位移传感器相连的殷钢管，而通过位移传感器即可量测其间的距离。

量测作业的步骤包括：将测杆与导杆相连，然后在滑动位置处将其插入测斜管中直至孔底。然后旋转45° 至量测位置并小心抽回直至球形探头接触到第1个测点。在该测点上继续抽回测杆直至球形探头到达第2个测点。监控器将显示某一测点的基准数值。在继续抽回测杆至下一个测点过程中，将测杆转至滑动位置处使其自由地离开测点。当对每一测点重复进行量测步骤后，即通过特殊软件进行读数处理并转换为相对于原零数基准值的数值，以此给出每一测点所发生的位移。该仪器的精度为±0.002 mm/m。

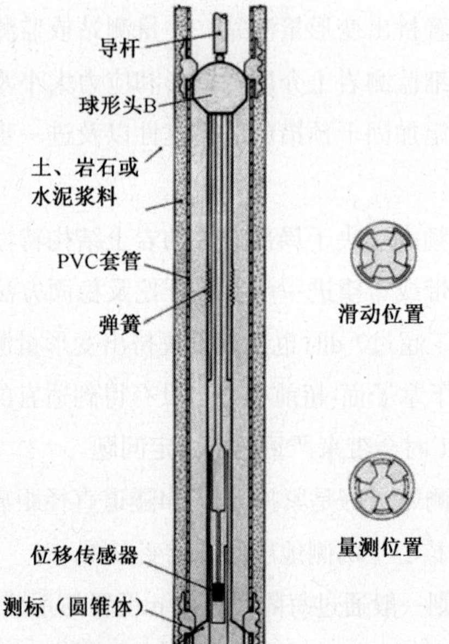

这类情况中，在变形发生些微增大后隧道常常会从稳定状态突然变为不稳定状态。岩土介质的些小变化、作业实施的些许缺陷都足以导致非常严重的、不可逆转的变形，如掌子面-超前核心土失稳及洞室坍塌。对于此类情况，挤出变形量测是至关重要的。事实上，当应力-应变状态很难监测时，仅仅靠收敛不足以控制岩体变形反应及防止隧道坍塌。这是因为收敛是变形过程的最后阶段，也是不可控制的现象，是洞室周围地层塑性化的结果，一旦其剧烈发展是不能加以阻止的；另一方面，挤出变形是变形过程的最初阶段，如果正确监测挤出变形，那么其可能会平缓发展，导致产生预收敛及收敛现象，但不至于发展成为隧道坍塌，因为其允许有时间进行有效的加固干预措施。

为此，必须根据具体情况进行仔细的监测。

例如，在受到大的构造错位影响的隧道段，有可能遇到高度杂乱构造层中特性变化不一的岩土，其变化形式有时很难预测。在这种情况下，具有不同变形性等力学特性的岩土材料常常是紧挨着的，对其特性进行建模非常困难，获取准确定量信息的唯一途径是准确量测施工期间及施工后发生的变形类型及程度。另外了解静地压张力特性或者更为简单的水平压力与垂直压力比率也是有用的，当覆盖层厚度增大以及结构不连续性影响减小时，一般会导致其中一种压力发生变化。因此必须设置量测站，以量测洞室周围以及隧道标高处发生的变形，并量测岩体的应力-应变状态以确定残余构造应力是否还在作用。为此，可根据隧道埋深设置主量测站或者监控量测站。

如果存在破裂面或断层，担心会发生滑动，最好是设置从不同方向上穿越不连续体的综合量测仪器。设计工程师可根据特殊特性情况决定这些仪器及其他仪器的数量和位置。

在强烈构造变化带，对水文地质条件进行监测非常重要，因为其常常可以表征因中性压力急剧变化而导致渗透性的急剧变化。如果不及时加以控制，那么可能产生的极大水力梯度会严重影响隧道的长期和短期稳定性。

在隧道处于地下水位以下时，要系统分析隧道掘进中拦截并引排到最终衬砌排水沟的地下水并量测引排水的流速，此项工作的实施必须考虑测压计液位的变化以及隧道附近泉水可能造成的影响，以便尽可能接近实际地建立水文地质模型并确定隧道施工排水对含水层的长期影响结果；另外，设计工程师还必须沿浅埋隧道段实施全套的地层变形监测，设置主量测站，从地面量测隧道标高处发生的变形及地表沉降。如果隧道下穿重要的地面设施，如公路、建筑物时，必须采用适宜的仪器（地面测斜仪、差动沉降计等）对地面设施本身进行监测，以验证其原有状况未发

监测阶段的量测仪器

滑动变形测定仪

滑动变形测定仪是经济型的滑动测微计，其极为通用、易于操作且坚固、可靠。在要求有一定精度但不必采用高精度的滑动测微计及INCREX伸长计的情况下，其是有效的替代仪器。滑动变形测定仪的精度为±0.02 mm/m。

滑动变形测定仪包括一连串直径为32 mm的PVC管（每根管长度1 m）。PVC管通过套筒连接成串。测杆堵头的间隔为1 m。将以此现场连接的伸长计套管插入直径约56 mm的钻孔中并通过膨胀水泥进行胶结。与滑动测微计一样，测杆配有带凹槽的球形探头，以便测杆能够自由通过测点。其量测程序也与滑动测微计的类似。

长度M_0表示探头与上一测点之间的距离。测量值则毫无滞后地以机械方式从测杆传递到位于测量套管外侧的位移传感器上。随后的量测值（M_1）将给出探头和测点之间的新距离。L_0段的位移ΔL则通过M_1-M_0差值得出。沿测线的差动位移说明了沿测斜管的变形分布情况。沿测线的总位移值可通过所有变形值相加计算得出。

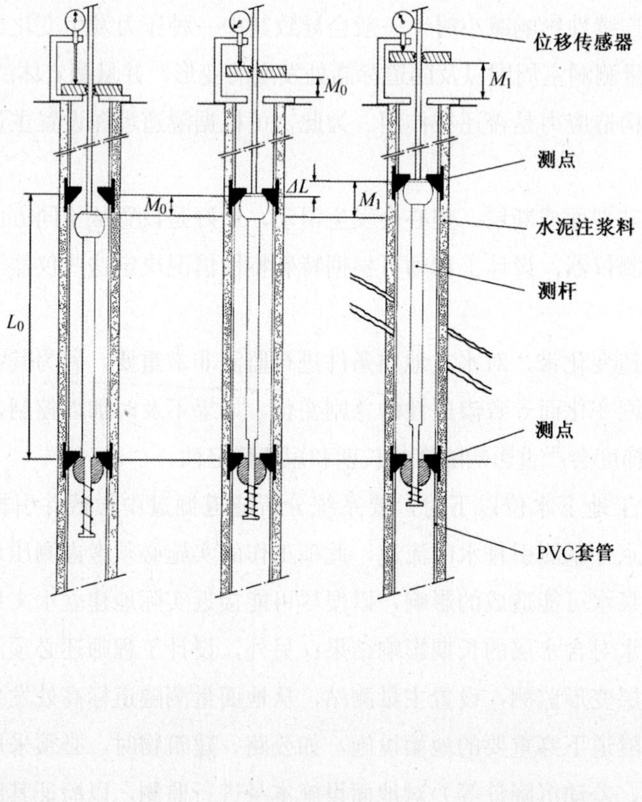

生变化（绝对及差动沉降值的监测、因振动造成的开缝及其分布情况的监测等）；如果隧道下穿河床时，必须进行水文地质监测，这对于监测地表水体如何通过隧道引排以及确保隧道施工中不发生静力或安全问题是不可或缺的。

在城市地区，设计工程师应极大关注所有公用设施的功能正常性，其有可能因隧道穿越而受到损坏。因隧道穿越造成的沉降有可能导致沟渠、污水管线及输气管线的泄漏，其泄漏程度甚至可能比较大且有危险性；另外高压电缆管线在停止正常工作前只能承受轻微变形。为此必须采用集成监测系统，并通过数据的迭代过程交叉检查量测结果，以便消除或极大降低因量测不准确所导致的可能误差。

10.5 隧道服务期间的监测

如果地下工程的重要性巨大，而且有可能对周围环境造成负面或正面影响，那么应持续监测其功能性和安全性，监测时间必须持续到施工后至其整个使用寿命周期。

几年前，隧道服务期间的监测还不普遍，部分原因是需要中断服务以让维修人员能够有时间实施必要的量测；如今采用自动化装置可以远程量测绝大多数监测地下工程健康所需的参数。这意味着可以在施工期间启用一套监测系统，该监测系统还可以在隧道投入使用后的几年时间里持续提供相关数据，不会干扰到隧道的使用。

通过掌握足够的自开工以来地层-结构系统的应力-应变特性以及最新的隧道状况信息，就可以采用科学的方法解决隧道维护、维修问题。

绝大部分在量测站设置的用于施工监测的仪器均可用于隧道服务期间的监测，而且其优势更加突出。如能将其直接与施工监测数据进行比较，那么隧道服务期间量测结果的判释就更为容易和更有意义。

在服务期间需要最仔细监测那些随时间变化极大的隧道，如处于滑坡带或强烈构造变化带的隧道，或者承受极大黏滞现象或蠕动现象的隧道。

对于浅埋隧道洞口段，应在整个使用寿命周期内对其进行全程监测，因为甚至在施工结束后它随时都会受到围岩较大位移（如地震活动的结果）的影响。

在隧道服务期间最适合采取何种量测技术？在回答这一问题前，必须首先明白长期监测的目的。必须进行以下方面的工作：

- 验证是否按照设计规定的安全系数确保了结构物的功能性，即所实施的加固干

监测阶段的量测仪器

磁性伸长计

磁性伸长计广泛用于量测施工期间公路路堤的垂直沉降和大坝的水平位移，其由检测管、起保护作用的波纹外套管、以规则间距固定在套管上的金属磁环（测点）构成。当将检测管插入钻孔中，金属磁环即牢牢地嵌入地层中。量测通过一测杆实施，测杆在检测管中滑动，以此量测磁环的位置以及两测点之间发生的移动。每环的量测精度大约为±1 mm，其精度不高，但足以量测隧道掌子面-超前核心土总的挤出变形和差动挤出变形。

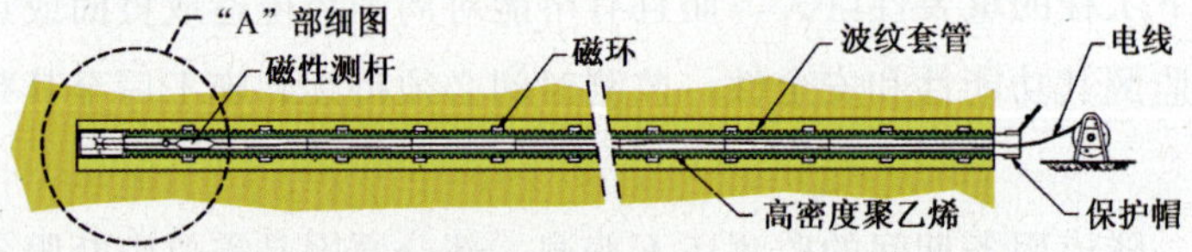

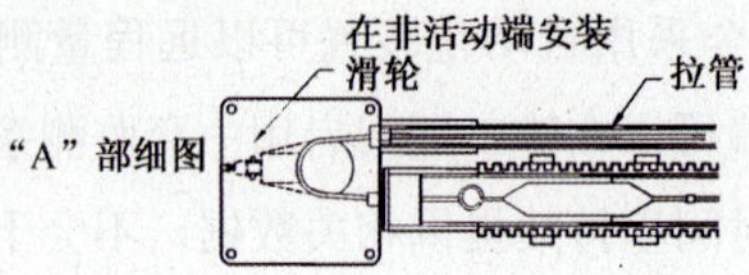

预措施是否确保了地下洞室的稳定性和完整性；

- 监测洞室有可能随时间发生的变形；
- 监测和确定施工对周围环境的影响，特别是要关注原有水文地质条件的平衡（应监测可能遭到的破坏，如因地下水位下降造成的地面农田肥度降低；在溶液或悬浮液中含有有害物质时很难处理排出水）。

因此，隧道服务期间的监测应包括收集加固结构件应力-应变状态变化数据以及洞室周围水文地质条件变化数据。

施工期间安设的仪器可直接并不加折扣地提供作用于初期支护和最终衬砌的压力分布情况。设计工程师应特别重视因地层特殊原位应力状态有可能产生的不均匀荷载现象；而特殊原位应力状态采用普通数值方法一般是不能预测的。

在隧道服务期间监测中，收敛量测具有重要作用。其一般包括衬砌内空断面的量测以及验证衬砌是否随时间发生变形（即探测隧道横断面可能的椭圆化）。普通测距仪、收敛计、视距光靶等工具就足以进行这类量测，但在特殊情况下可采用对隧道服务干扰较少的量测系统，如雷达或摄像系统。

当然，如果量测作业中发现了异常行为，设计工程师必须详细分析情况，以便确定原因并制定恢复到原安全状态的最佳补救措施。

如果隧道穿越大的含水层，那么对于设计工程师来说，重要的是要监测地下水位干枯到重新恢复之间的过渡周期（一般时间很长、范围很大）。为此可在施工开始前设置测压计网络，该网络在隧道使用寿命周期内也应保持正常工作。如果隧道掘进处在水动力条件下，那么沿隧道定线有可能出现非常大的沉陷，其范围包括受地层固结影响的整个区域。

如果在仪器使用数量和读取次数几乎同时确定却并没有提及实施量测所处环境的情况下，最好尽可能地使用自动化的数据采集及处理方法。只有这样，才能定期进行系统监测，而不会妨碍施工作业或者隧道使用者。

典型的数据采集和传输系统（图10.3）包括：

- 一组子系统，每个子系统通过计算机控制装置管理一个量测站，计算机控制装置设在洞内靠近量测站的保护区内。
- 若干中央处理装置，每一中央处理装置通过微处理器进行控制。中央处理装置通过电缆按照事先设定的时间表控制和询问不同子系统，并同时对不同隧道监测断面的所有仪器进行读取，如果必要的话也可对某一仪器进行单独读取。中央处理装置设在隧道洞口附近并通过调制解调器与操作装置相连。这样可以通过接受和传递指令进行对话，包括发出报警信号以报告

监测阶段的量测仪器

单点及多点伸长计

单点及多点伸长计用于量测沿钻孔轴线孔口相对于不同深度测点的地层位移。至于其为单点伸长计还是多点伸长计，这取决于设置的测点数量（最多为7个测点）。

单点伸长计的设置需要钻凿一个直径约为4.5 cm钻孔，设置多点伸长计所需的钻孔直径则为10 cm。单点及多点伸长计的典型用途是量测洞室周围的变形。

系统构成包括在钻孔的周围地层设置锚固点，锚固点通过钢制、殷钢制或玻璃纤维测杆与地面连接，测杆则通过坚硬的防摩擦套管加以保护。

在预计温度变化较大时，殷钢测杆要优于普通钢测杆，因为其膨胀系数为普通钢的1/10。玻璃纤维测杆因其实用性（测杆事先已卷裹就绪，方便安设）目前已得到广泛使用，但玻璃纤维测杆不能用于量测压缩位移，而且在所设置的测点长度大于70～80 m时也不能使用玻璃纤维测杆。

测杆在套管内自由滑动并将锚固点的位移传递到仪器的头部。位移量测既可以采用数字式比较器，也可以采用电子位移传感器。

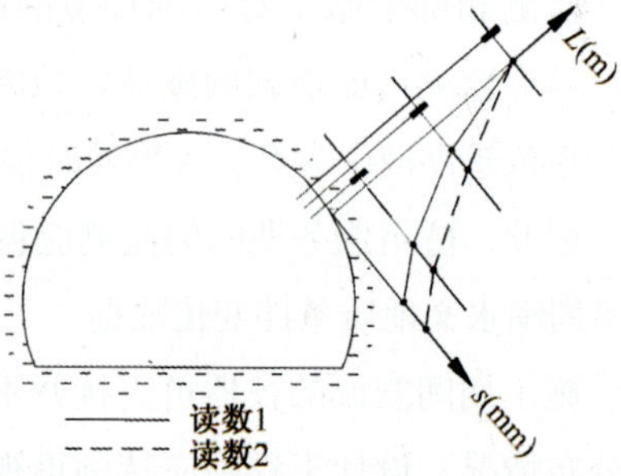

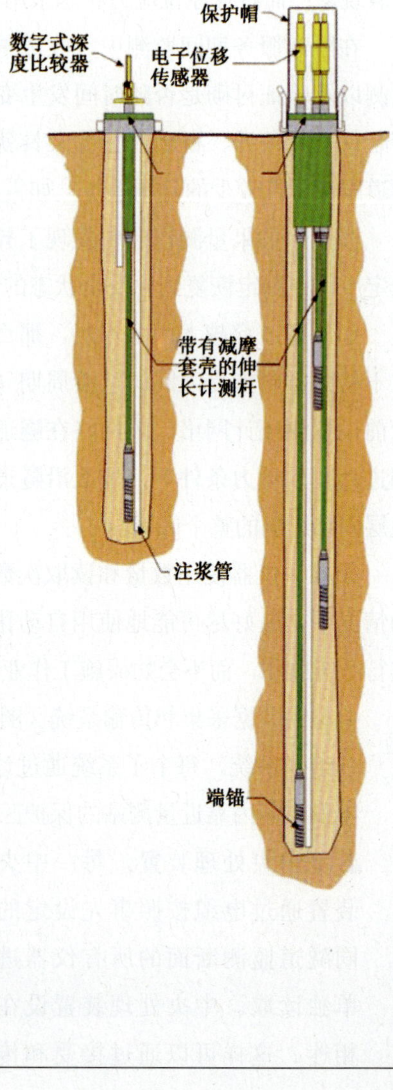

潜在危险情况。

- 一操作装置，为系统程序核心，通过调制解调器管理一个或多个中央处理装置。通过采集数据并进行必要的处理，操作装置可以控制所有监测断面。

量测的集成化和计算机化使得量测系统可以持续工作，并在超过应力、变形阈值时能够向隧道管理部门报警，从而采取安全和预防措施。

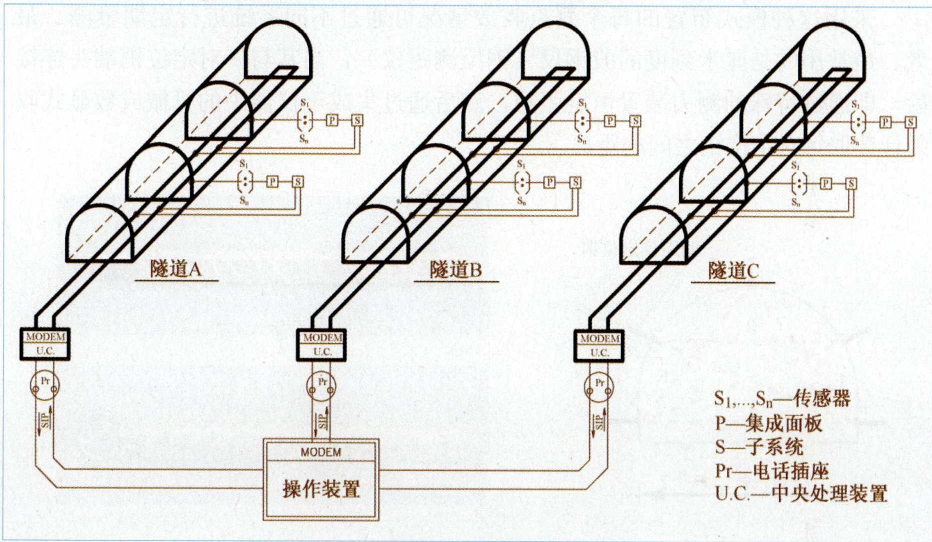

图10.3 隧道监测数据采集和传输系统

10.6 量测结果判释

10.6.1 背　景

要使监测在开挖步骤、开挖速率、加固类型和强度的调整中真正起到作用，对量测结果进行恰当的判释非常重要；但这也并不容易，其原因主要在于：

- 离散分布：如果所用仪器不能准确提供量测值，那么量测值可能在中心值周围离散分布，因此很难判定哪个是最准确的量测值；
- 仪器的可靠性：许多量测设备都比较精密，如果没按指导说明进行操作、定位错误、误用或设备出现故障时都将导致判释失误，有时甚至会造成仪器损失，因此，最好使用不太复杂、更适合地下环境的设备，设置数量也要多于基本要求；

监测阶段的量测仪器

测距仪

测距仪定位销带有螺纹或吊环头，作为量测隧道收敛的基准点。

沿洞室四周布点并在掌子面通过后立即将定位销部分固定在地层中，布点模式为2个、3个或5个测点。

采用这种模式布置的每个测点收敛情况可通过不同系统进行定期量测。最老、最常用的是厘米刻度的殷钢尺（钢尺测距仪），当其与一对定位销端头连接后，即通过特殊的测力装置恒定张拉，然后通过集成于仪器中的机械或数显式收敛计读取每对定位销之间的距离。

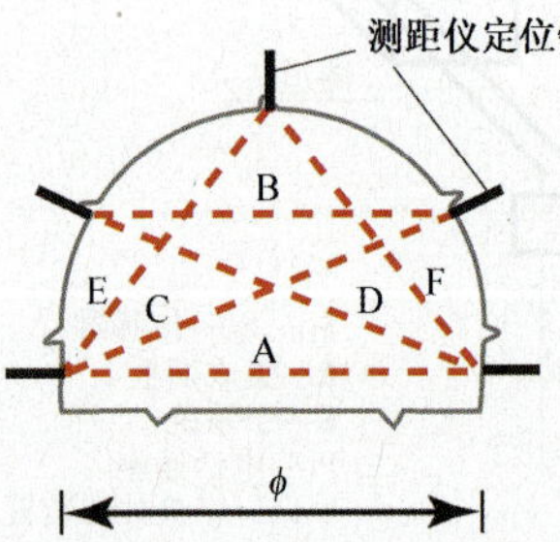

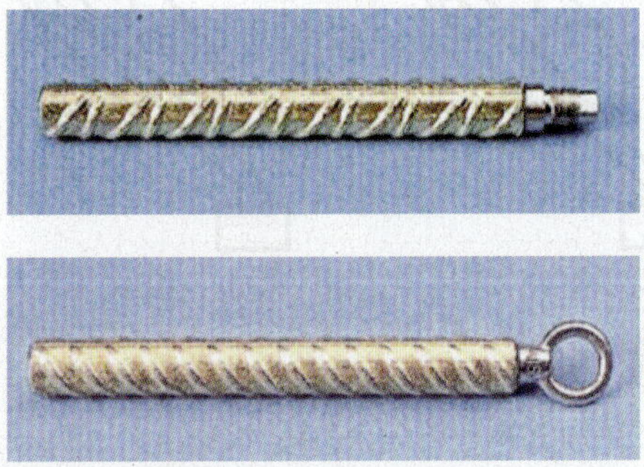

近年来，已广泛使用地形观测系统以避免量测时干扰现场施工，为此将适宜的光标固定在定位销上并采用经纬仪定期量测距离。

无论采用何种量测方法，重要的是要能够将量测结果与定位销安装后立即读取的“零”值进行比较。

钢尺测距仪

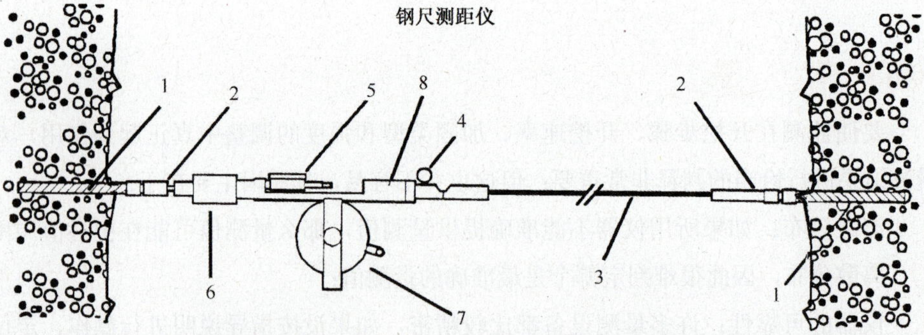

1——测距仪定位销　　5——机械式或数字式收敛计
2——带连接件的球接头　　6——张拉装置
3——穿孔殷钢尺　　7——卷尺盘
4——活塞销　　8——弹簧罩和张力计

- 外部影响：静止水或流水、温度和湿度变化等都可能对量测的可靠性产生不良影响；同样，开挖施工也可能会造成不良后果，特别是当隧道采用爆破施工时或在采取围岩稳固措施期间。

当然，监测作业越系统，数据判释就越准确，对于设计师验证诊断阶段预测的围岩应力-应变反应准确性及处治阶段加固措施决策的有效性就越有用。说得更具体一些，设计者可利用标准的反分析程序对诊断和处治阶段计算的围岩模型特性进行校正并在施工中完善设计方案，同时可以验证这些措施是否适于实际的土工技术条件。

在判释测量数据时，设计者对所有可能影响隧道开挖变形发生和发展的各方面因素进行全面考虑是非常重要的。必须谨记的是：不同程度的结构不连续性将对此产生极大影响。例如，岩石崩落和岩爆通常都是因其相对于隧道掘进方向的不连续体位置造成的。

下面这些标准对掌子面-超前核心土挤出变形和隧道洞身收敛量测数据的正确判释有用。

10.6.2 挤出变形量测数据的判释

掌子面-超前核心土量测数据一般绘制成曲线图，以此说明变形程度随时间或掌子面掘进的变化（图10.4）。对这些曲线图进行分析可得到掌子面区域稳定性信息：挤出变形值增大是一种警告信号，其比洞身收敛值增大更为有用，因为当挤出变形值增大时，通常有足够时间进行快速干预并采取必要的补救措施。

如果对挤出变形-时间曲线上的某一点进行研究，其坐标表示的是这一点的挤出变形大小，曲线相切角度表示变形速度，而曲线本身则表示变形加速度。

挤出变形的大小和速度取决于岩土材料的地质力学特性，它不是表征破坏开始的特定参数值；而加速度则不取决于围岩地质力学特性，如果加速度为正，那么加速度在一定程度上是表征坍塌开始的参数值。因此，为了确保有充足时间采取干预措施并迅速设置加固结构，或者说在危险临近时提醒人们将设备和结构物从危险地方撤走，对加速度的不间断监测很重要。

针对增量伸长计上的各个测点，可以绘制围岩在平行于隧道纵轴方向上的位移加速度和速度曲线图。更具体一些，就是绘制与整个钻孔长度有关的增量曲线以及伸长计各段的曲线（图10.5）。后一种曲线特别适宜用于比较掌子面-超前核心土体系各围岩带发生的变形及发展趋势，比较同一钻孔内不同时间的围岩变形反应，以

监测阶段的量测仪器

测斜仪—1

测斜仪广泛用于量测地层的垂直和水平位移以及结构方位变化。其功能是量测重要点垂直方向上的变化并采用数值积分法通过倾斜度获得位移值。

量测作业可采用移动式或固定式测斜仪。当要求在整个测管长度上进行量测读数以及当地层位移量大且持续时间长时，采用移动式测斜仪；如果观测频率较密或者是要求自动观测，那么建议采用固定式测斜仪，必要时固定式测斜仪与计算机数据采集系统相连。

测斜仪的基本构成包括：

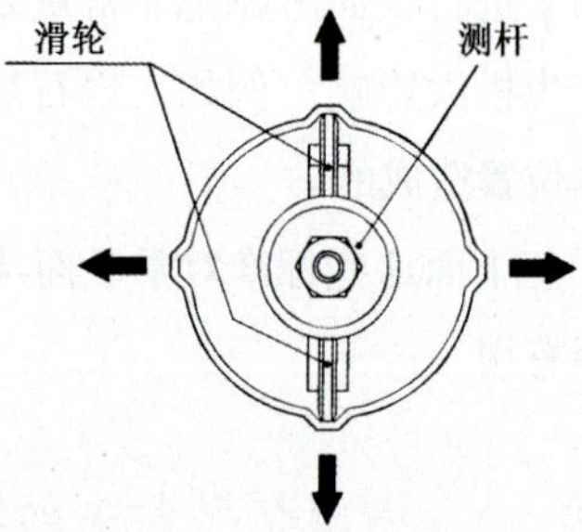

（1）测斜管。采用ABS、铝或玻璃纤维制成，并带有凹槽（见图）。

（2）测杆。为一圆柱形金属杆体，带有2个滑轮，滑轮在测斜管中滑动以确保维持方位角度。滑轮之间的距离决定了测点间的间距（一般为50 cm）。量测传感器封装在圆柱形测杆中。传感器可以是数字式或模拟式的伺服加速度计或磁阻式，以此量测测斜管在2个相互直交平面中的倾斜度。

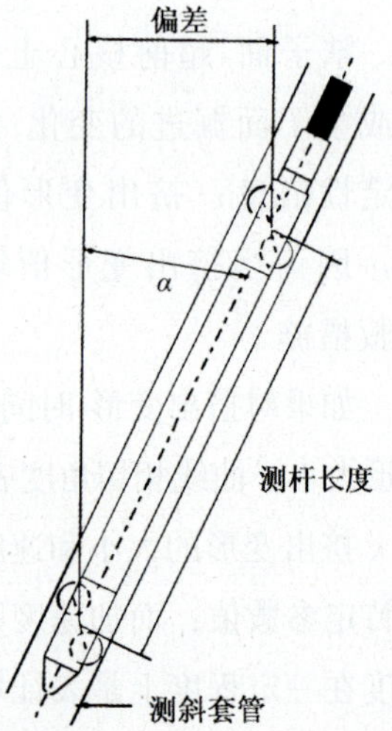

（3）量测电缆。其用于移动测杆并作为电源连接。其上每50 cm有槽口，便于量测作业时对测杆进行定位。

（4）控制装置。通过控制装置可以最适于数据处理的方式在不同距离处进行测斜仪量测结果读取。数字式测杆可以直接与笔记本电脑连接。

为了量测正确及准确，也可使用以下适宜的配件：

- 试验测杆。用于在插入量测测杆前检查测斜管是否安装正确，机能是否正常。
- 螺旋测杆。用于量测测斜管凹槽的螺旋角和扭转角，在管节连接（通过套筒连接）未能对直或在设置钻孔临时衬套时有可能出现螺旋角和扭转角。
- 试验台。用于校准测斜仪测杆。

固定式测斜仪与移动式测斜仪类似，但其是由一连串永久性插入测管的测杆构成并与自动数据采集系统相连。

及确定挤出变形值与开挖作业或其他外部影响因素的关系。

设计工程师通过分析掌子面-超前核心土挤出变形数据可以验证隧道的变形特性类别是否与诊断阶段预测的相符。如果实际挤出变形为0，那么掌子面-超前核心土面稳定（A类）；如果挤出变形严重但加速度为负，那么掌子面-超前核心土处于短期稳定（B类）；如果挤出变形明显，加速度持续为正，那么掌子面-超前核心土不稳定（C类），此时只有在对洞身采取预约束措施使掌子面-超前核心土整个应力-应变状态至少恢复到B类时才可以继续开挖。这种情况下，最重要的是进行挤出变形量测，以便评定掌子面前方加固措施对于限制挤出变形的有效性。

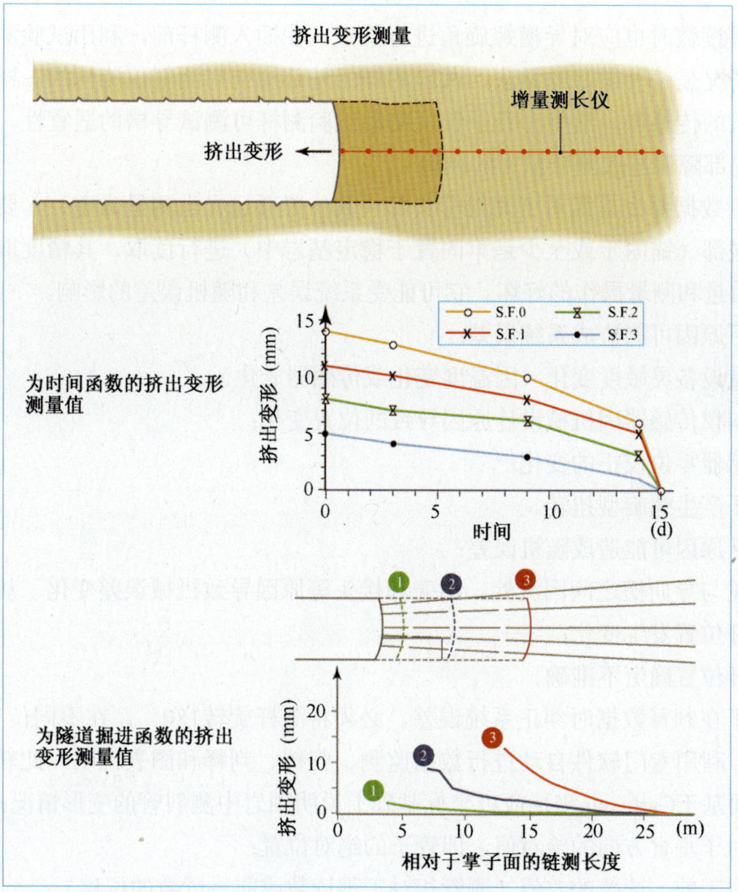

图10.4 挤出变形曲线图

根据挤出变形量测可以确定的另一个变量是掌子面影响半径R_f，即隧道掘进诱发的应力紊流源与掌子面之间的距离。在浅埋隧道段从地面采用伸长仪并在掌子面到达前进行测量也可估算出掌子面影响半径。

监测阶段的量测仪器

测斜仪—2

量测作业是在由测斜仪管中导向槽位置确定的2个正交平面上以50 cm间距读取测斜管相对于垂直方向的倾斜度。

沿整个测斜管读取的第1组测量值称之为零读数，并以此作为基准值计算测斜管的所有位移。对4个导槽进行连续量测非常重要，因为随着变形的产生，测斜管将逐渐变成椭圆形，这将阻止测杆沿一组导槽滑动，而在另一组导槽则可自由滑动。

在零读数时也应对导槽螺旋角进行检查。在插入测杆前，利用试验测杆检查管子的情况是一种很好的做法，试验测杆的外部结构与测斜仪测杆的一样，但是没有昂贵的传感器。沿整个管子长度滑动试验测杆可测试导槽的适宜性，以确定因管子内部障碍造成测杆损害的风险。

量测数据要么是相对于测斜管头部（其位置通过光学测量确定），要么是相对于其底部（锚固于或至少是牢固置于稳定基岩中）进行读取，其精度取决于所用仪器质量和测量操作的好坏。它可能受系统误差和随机误差的影响。

以下原因可能造成系统误差：

- 测量设备灵敏度变化（因温度变化或传感器老化）；
- 测斜仪传感器因机械设计原因导致的位置变化；
- 传感器零位校正的变化；
- 管子产生螺旋型扭转。

以下原因可能造成随机误差：

- 滑轮与导向槽之间因沉淀、结壳和接头等原因导致机械误差变化，从而导致测杆位置发生变化；
- 测杆位置确定不准确。

为了在判释数据时纠正系统误差，必须将测杆旋转180°，在不同位置进行2次测量。利用专门软件自动进行数据监测、归档、判释和图表说明，此软件可从以下方面基于Cartesian坐标或极坐标基础上说明围岩中测斜管的变形情况：

- 相对于垂直方向的绝对值，即管子的绝对位置；
- 相对于前一读数的差值（测管相对于零读数或前一读数的位移）；
- 差分曲线各段的局部值。

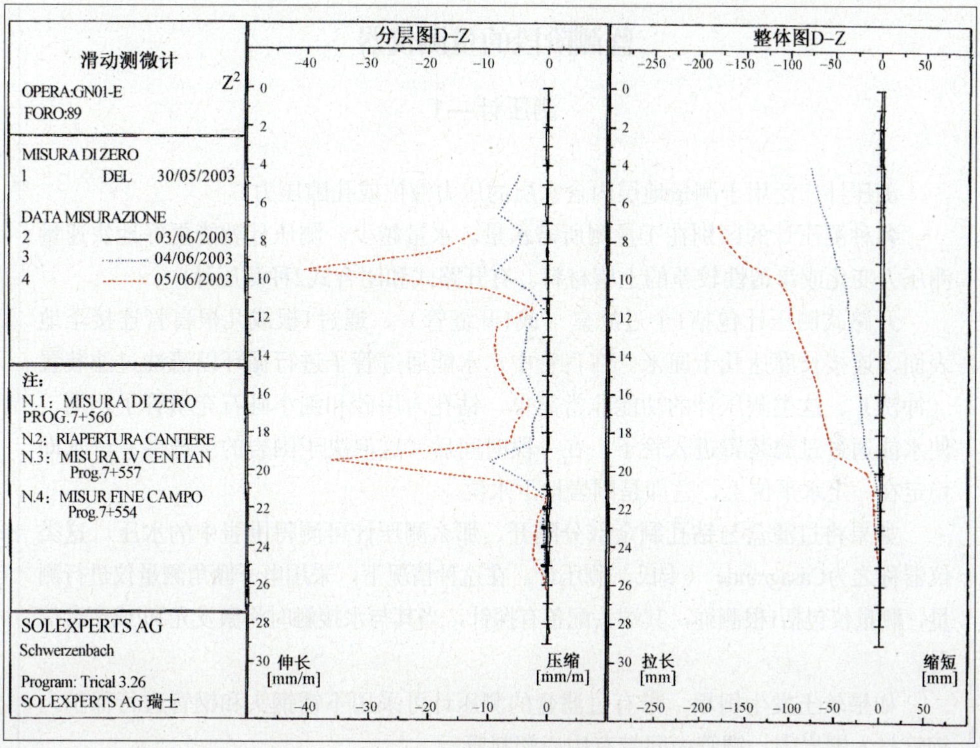

图10.5 围岩位移增量曲线

10.6.3 收敛量测判释

施工期间的收敛量测一般分为两种：地表收敛量测和围岩深处收敛量测，即要么是隧道断面径向收敛量测，要么是距隧道轴线一定距离处围岩收敛量测。第1种量测采用测距计或觇标和单点伸长仪，第2种量测采用多点伸长仪，其最深锚固点位于隧道开挖未扰动围岩中。

在整个质量检查过程中必须对这些量测值进行判释，这样才能对各种情况进行评定（例如固体荷载或围岩塑性圈）并判断量测仪器的可靠性。

根据所关注的重点，可绘制收敛-时间曲线或收敛-距离曲线图（图10.6）。如果对收敛-时间曲线上的某一点进行研究，其纵坐标表示收敛大小，与曲线的切角则表示变形速度，而曲线本身则表示加速度（图10.7）。

根据多点伸长计获得的量测值可绘制径向变形-距边墙距离曲线图（图10.8）。如果伸长计够长的话，围岩内锚杆端部位移可视为零。固定在隧道边墙上的仪器探头将给出整个径向位移，而中间量测点将得出这些点的径向位移。根据此曲线可获

监测阶段的量测仪器

测压计—1

测压计广泛用于测量地层内含水层的压力液位或孔隙压力。

各种测压计的区别在于量测所需水量。水量越少，测压计就能更好地快速量测压力变化或渗透性较差的土壤材料。有开路式和闭合式2种测压计。

开路式测压计包括1个过滤盒（或1开缝管），通过1根或几根盲管连接至地表面，连接长度达几十厘米。在盲管中，水能通过管子进行循环以清洗过滤装置（冲洗）。这类测压计的功能非常简单，钻孔内用砂和细小砾石充填管子四周，使水能通过过滤装置进入管子，在一段时间后（这取决于围岩的渗透性），水即稳定在一定水平位上，这即是围岩地下水位。

如果将过滤盒与钻孔剩余部分隔开，那么测压计可测得围岩中的水压。这类仪器称之为Casagrande（卡氏）测压计。在这种情况下，采用电子倾角测量仪进行测量，测量仪包括1根测绳，其端头配备有探针，当其与水接触时将激发光和/或声音信号。

如果软土发生坍塌，带有过滤盒的测压计可采用不锈钢头和钢管进行保护，钢管打入围岩中，钢管中间带有中心塑料管。

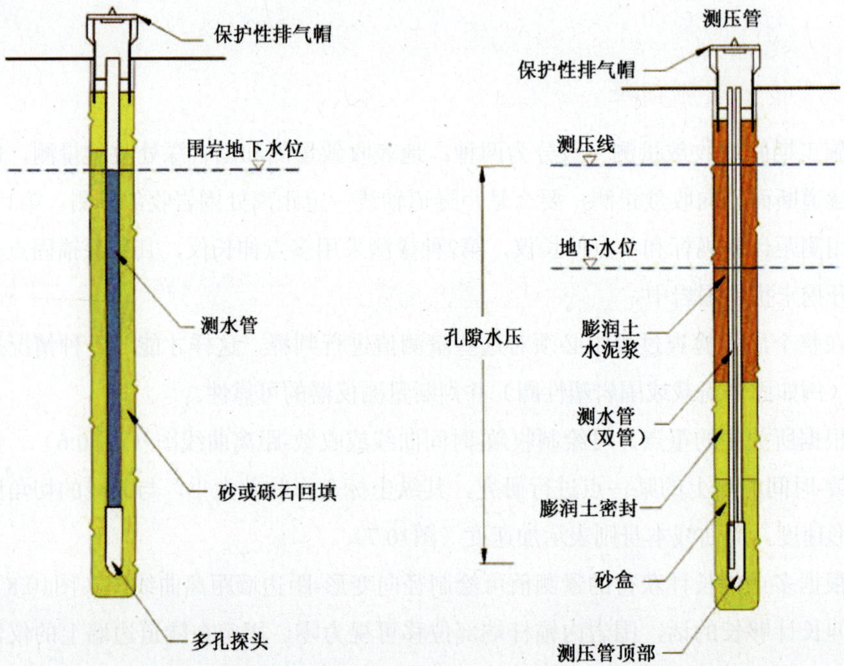

得所谓的变形梯度，正如我们后面所了解的，变形梯度、速度和加速度构成了一系列最有意思的参数。研究这些参数可对收敛现象进行正确判释和说明。

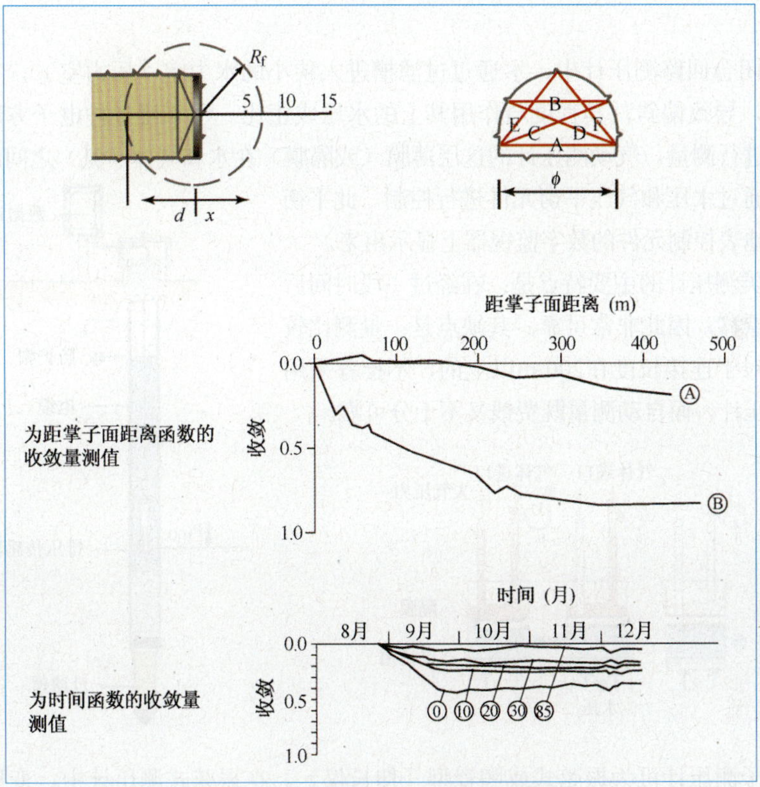

图10.6　通过尺式测距计量测收敛值

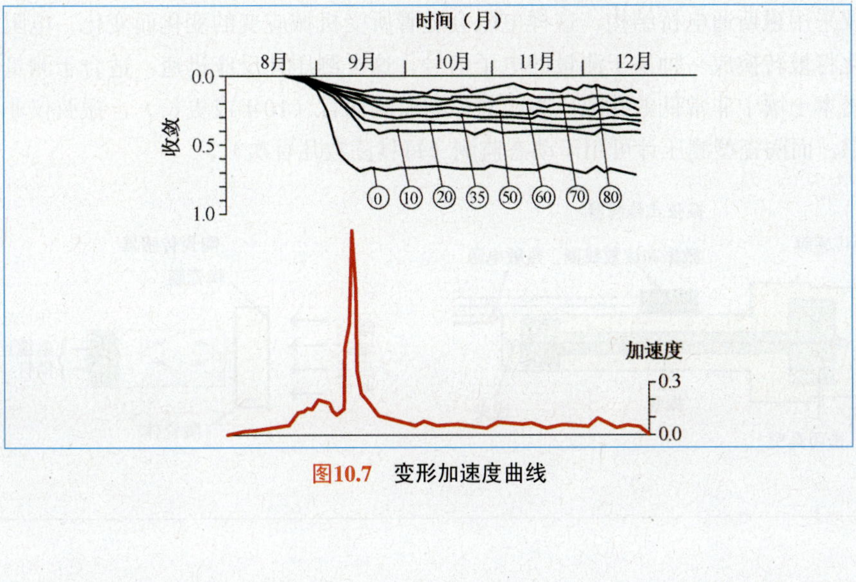

图10.7　变形加速度曲线

监测阶段量测仪器

测压计—2

在闭合回路测压计中，水通过过滤槽进入狭小的水力室（压力室），它作用于隔膜，导致偏斜，其程度与作用其上的水压成正比。可采用各种电子方法或气动方法进行测量。气动测压计的这层薄膜（或隔膜）在水和气体（氮）之间起隔离作用，通过水压和气压平衡元件进行控制。此平衡压力在地表控制元件的数字监视器上显示出来。

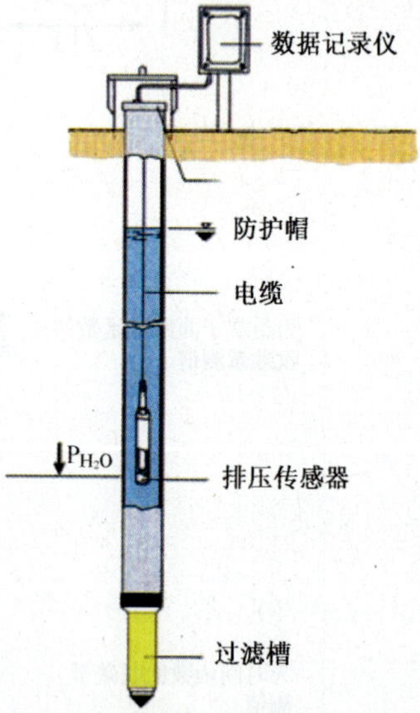

这类测压计的主要特点是：在经过一段时间后无零点漂移，因此非常可靠。其缺点是：量测比较费时。对于连接长度在200 m以上的，不推荐采用这类测压计，而自动测量既费钱又不十分可靠。

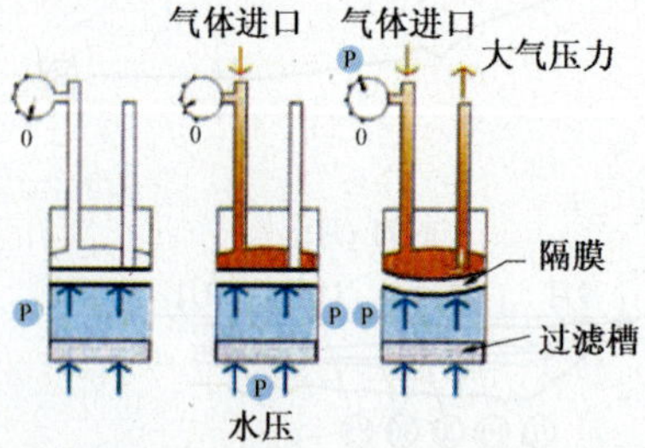

电子测压计可为振弦式或陶瓷型（伸长仪）。在振弦式测压计中，变形将导致隔膜与仪器间的钢弦张力发生变化。根据振弦频率可获得隔膜变形情况，并由此得出水压。在陶瓷型测压计中，通过陶瓷隔膜来测量其压力变化，隔膜中的伸长仪采用惠斯通电桥结构，这样电阻会随着所受机械应变的变化而变化。电阻的变化将被转换成一种易于测量的电子信号。这类测压计反应迅速，适合于测量低渗透率土壤中非常低的孔隙压力。对长期监测而言（10年或更长），振弦仪非常可靠，而陶瓷型测压计可用于动态监测（每秒读数几百次）。

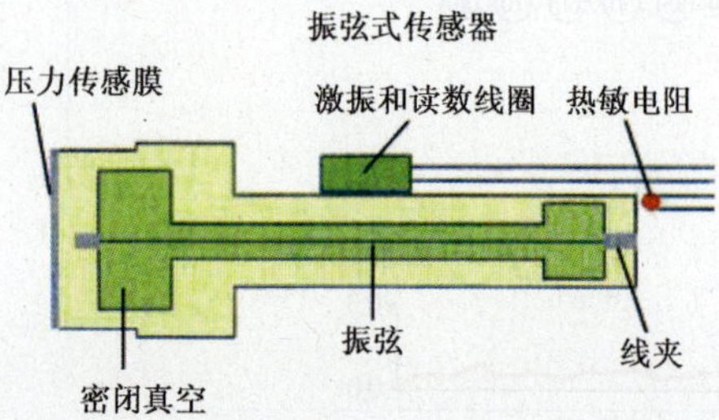

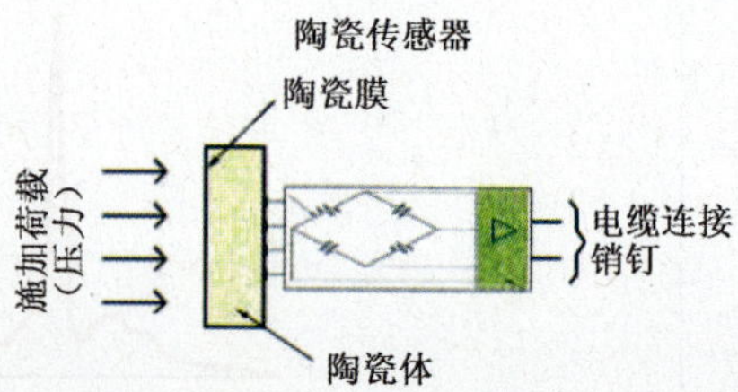

将实际收敛值与设计预测值进行比较，可验证初始假设和所用计算方法以及施作稳固结构的有效性。

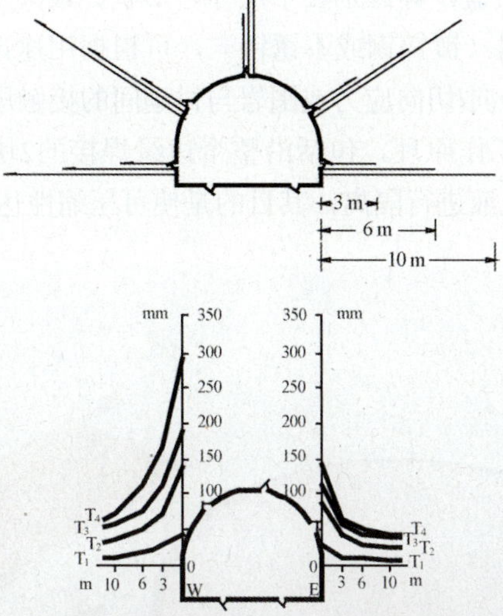

图10.8　采用多点伸长计得到的收敛量测值

通过综合评定收敛大小和收敛速度可推测出开挖围岩变形类别，收敛大小及收敛速度都取决于与自然应力状态有关的围岩力学特性。一般来说，这两种参数并不就是表示可能出现失稳的标志。除特殊情况，例如在城市隧道中，收敛超过一定限值将产生不可接受的地表沉降外，没有理由仅通过收敛值来确定最大允许值，因为它自身并不能表征隧道稳定性变化。

另一方面，由于收敛并不主要取决于围岩特性，因此收敛加速迟早将导致破坏，这也就是为什么收敛必须减速的原因，在洞身开挖一两天后收敛应有轻微减速。一般是在掌子面通过期间和掌子面通过后以及隧道仰拱开挖期间，收敛加速达到最大值，但在浇筑仰拱及施作完成后，收敛必须迅速稳定下来。正如从掌子面-超前核心土挤出变形所观察到的一样，对于收敛变形，收敛加速度是评估隧道长期、短期稳定性的一个重要参数。

围岩的变形梯度表明了围岩松弛区范围及开挖影响半径。如果围岩具有弹塑性特性，那么通过比较实际松弛范围和其计算预计值可验证围岩地质力学特性，特别是残余强度假定值的准确性。

在围岩呈弹性特性时，通过变形梯度可了解初期支护上的固体荷载情况，这有

监测阶段量测仪器

压力盒

在量测围岩、衬砌或围岩与衬砌结合处的总压力时，采用压力盒非常有用。

市场上有各种压力盒，其区别在于尺寸、形状、最大工作压力、所用压力传感器特点及其制作材料（镀锌钢或不锈钢），可根据用途选择不同压力盒（例如测量喷射混凝土衬砌径向/切向应力或围岩与衬砌间的接触压力）。

压力盒基于液压工作原理，包括沿整个边缘焊接的2块钢板，钢板间的腔室内部在真空下充填脱氧液进行隔离，其目的是使可压缩性达最小。

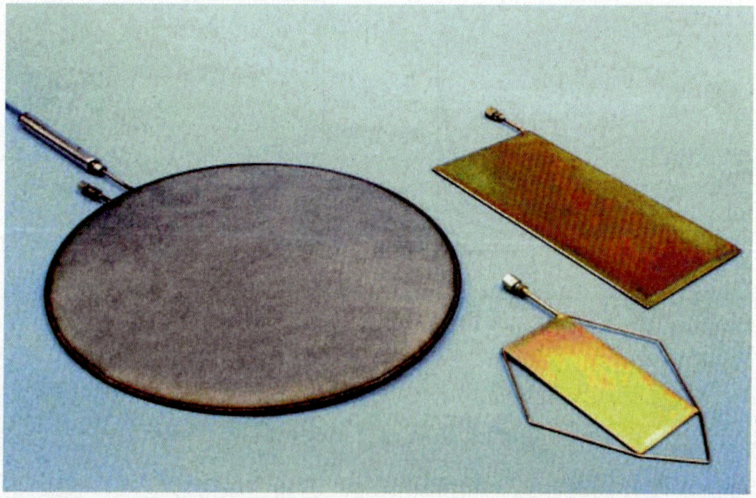

任何施加在压力盒上的压力都将通过脱氧液立即传递到传感器，通常为陶瓷传感器或振弦式传感器（二者都能方便连接至自动数据采集系统），传感器可以直接安装在压力盒上，也可以通过一根充填有油料的丽绚（Rilsan）管远距离连接。

当在喷射混凝土或混凝土内进行压力测量时，混合浆液凝固时可能会在压力盒与围岩之间形成间隙，阻碍其正常工作。这些问题可通过一个特殊的泵来解决，它可对压力盒重新施加压力，通过减少间隙达到要求的接触程度。

助于确定优化的锚杆支护措施。

最后，通过2条彼此垂直测线上的收敛比率可评定变形各向异性。一般而言，在收敛值最低时各向异性表现得最为明显，反之亦然。

10.7 反分析过程

当完成隧道应力-应变反应的测量、数据收集和判释，最好是以此验证设计阶段的预计情况是否符合实际情况，然后再对设计方案进行调整。

设计、施工作为统一体系的重要性是不言而喻的，此统一体系将地下施工中围岩介质变形作为唯一的参考参数。值得注意的是：变形反应是隧道掘进中围岩对于开挖及加固措施综合作用的反应。

岩土控制变形分析法就具有如此特性，可验证在非线性及弹塑范围内数值模型结果是否符合隧道施工和运营期间地层-地下结构的实际特性。

如果情况不令人满意，那么设计工程师有必要采用相同方法重新进行数值模拟，为此要采用更为准确的地质力学参数，如果必要的话，需采取以下更为适宜的原则对设计方案进行再次调整。

根据意大利新编设计规范及其他最新规定精神，设计工程师应积极投入到施工阶段，不仅仅单纯是系统监督工程进度情况，而是要观察掌子面或者隧道周边每次与预计情况不同的变形反应。

下面将列举作者近来所获得的最为重要的隧道工程经验。该实例也许可以最有效地说明应如何实施监测程序。

10.7.1 Mugello国际赛车场下面浅埋隧道开挖期间的设计方案调整

作为Bologna~Firenzuola 高速铁路新线上Firenzuola 隧道工程一部分，将在著名的Mugello赛车场下面修建浅埋隧道（图10.9），其埋深仅为20 m，施工难度极大。

10.7.1.1 勘察阶段

从地质观点来看，隧道所处围岩属于Mugello黏土层（aBM），由粉砂-黏土质、河流-湖泊冲刷的更新世沉积层组成，并有近水平层理（图10.10）。

从土工技术观点来看，此岩层构造可以归为中-低塑性无机黏土（CL），其均匀性良好且轻微过度固结（OCR介于2～5之间）。在勘察阶段，在排水和不排水条件下采用简单试验和三轴抗压试验（CD、CU 和UU）对材料的强度和可变形性

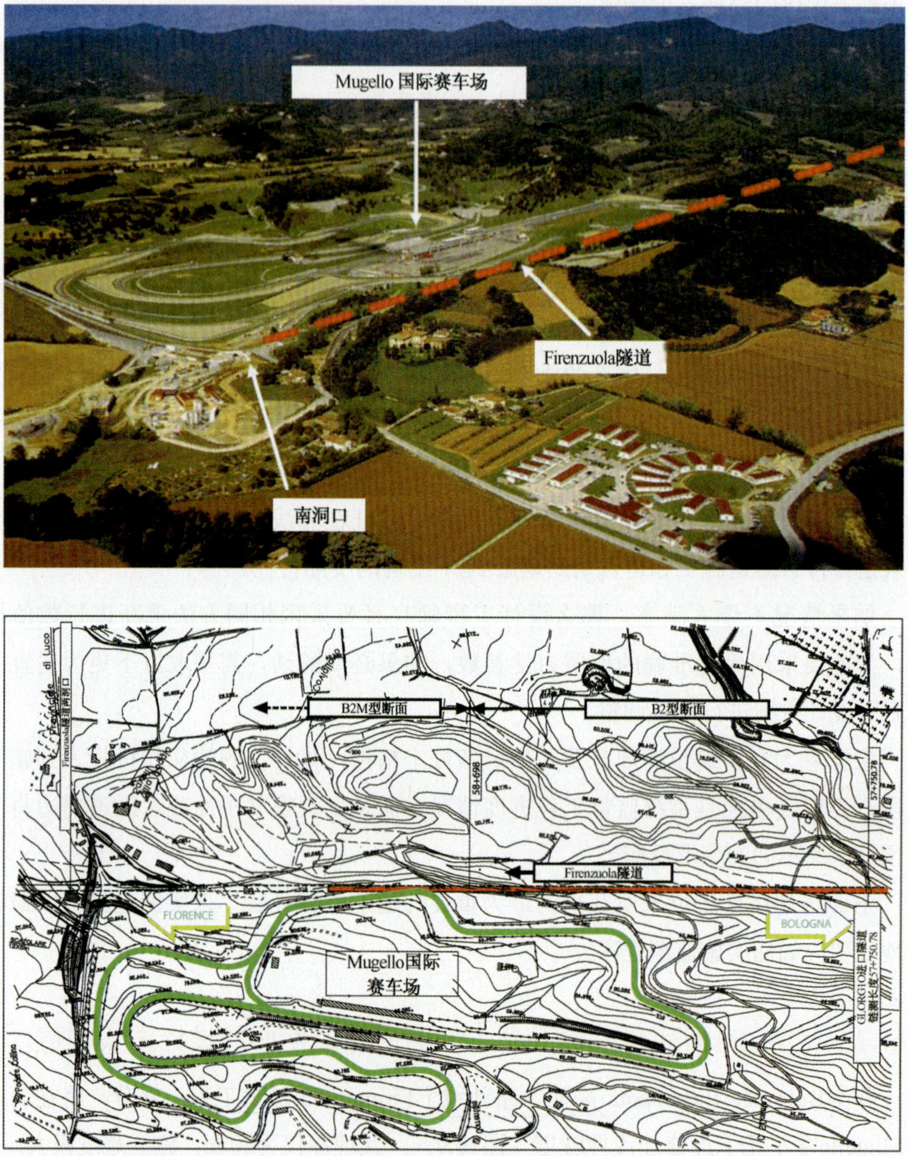

图10.9 Firenzuola隧道

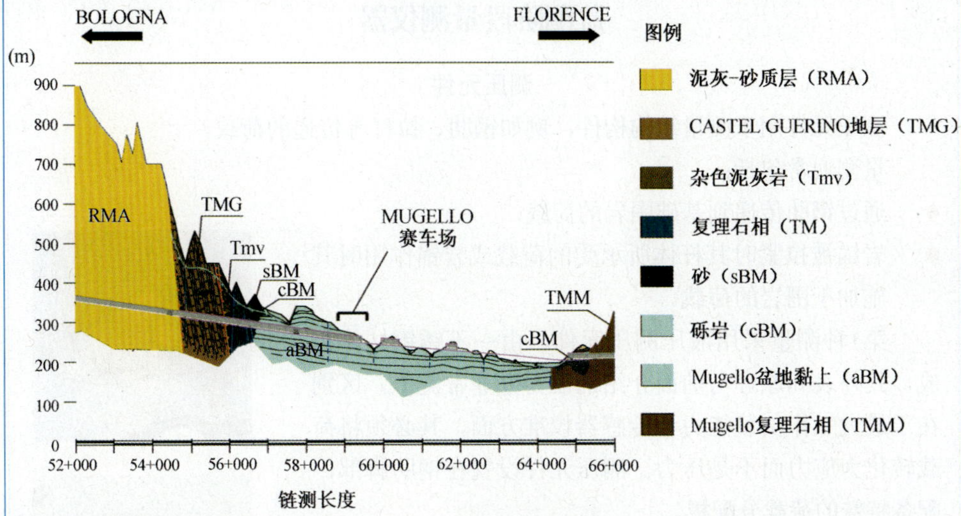

图10.10 隧道地质纵断面

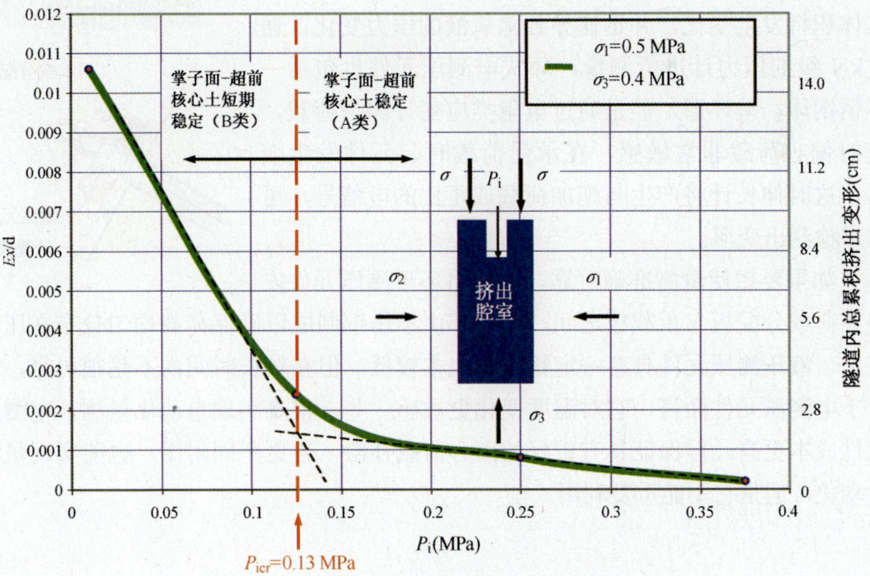

图10.11 三轴挤出变形试验获得的特性类别预测

监测阶段量测仪器

测压元件

测压元件用于测量结构构件，例如钢肋、拉杆等传递的荷载。

量测通常包括：

- 通过钢肋传递到基础围岩的荷载；
- 岩锚被拉紧时其杆体所承受的荷载或岩锚作用时其施加于围岩的荷载。

第1种测量采用液压测压元件，由一不锈钢柱体组成，其外表和原理与前面介绍的压力盒非常类似，区别在于最大工作负载能力和传感器校准方面，其必须将荷载转化为应力而不是压力。测压元件设置在钢肋脚部，配备特殊的荷载分配板。

对于第2种量测，可以采用液压或环式电测压元件。液压测压元件包括一不锈钢体，为环形，内部有一个压力室，在真空状态下充填脱氧液，在荷载作用下，其体积将发生变化，并迅速导致除氧液的压力变化，通过kN 级的压力计进行测量；环式电测压元件也包括一不锈钢体，呈环形，但是通过电阻类应变计测量荷载，其对偏心荷载非常敏感，在承受荷载时，元件发生变形，这时伸长计将产生与施加荷载成正比的电信号，可立即检测出变形。

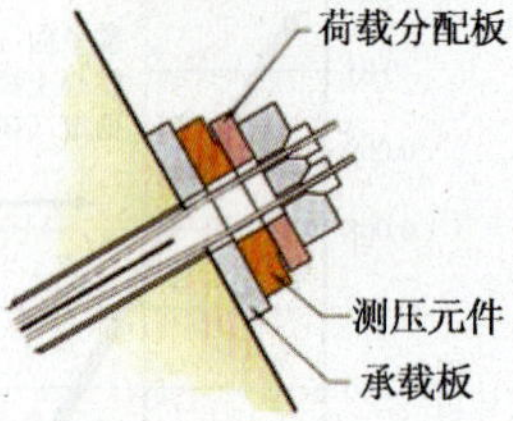

如果要想使量测准确可靠，就应将环形测压元件安装在荷载分配板与承载板之间，二者都由不锈钢制成以确保荷载均匀分布在压力室上。液压测压元件具有一定精度，成本较低，但在较长时间内不是很可靠，相对于电测压元件而言，它对温度变化更敏感一些，很难实现自动化量测；电测压元件成本更高，但保证具有更好的离心荷载补偿，且更坚固耐用，也能实现量测自动化，但是它不能重复利用。

参数进行了检测，试验结果得到了随深度增加而增大的不排水黏结力值，其范围为1～5 kg/cm^2（0.1~0.5 MPa）。在排水条件下，受应力影响明显的材料强度分2个阶段衰减：

（1）在出现一个较小的相对滑落后达到强度峰值，材料有效黏结力c′遭到破坏，但相对于峰值，有效摩擦角没有改变；

（2）在出现一个较大的相对滑落后，有效摩擦角衰减为残余值。

总之，根据第一次分析，地层的土工技术参数值如下：

单位质量	1.9~2 t/m^3(19.0~20 kN/ m^3)
有效黏结力峰值	0.2~0.3 kg/cm^2(0.02~0.03 MPa)
有效黏结力残余值	0
有效摩擦角峰值	24°～-28°
有效摩擦角残余值	15°～18°

基于压力表测试计算得出的弹性模量按以下定律随深度发生线形变化：

$$E(z)=115+30.2\,z[\mathrm{kg/cm^2}]$$

根据固结试验得到的固结系数（C_v）也随深度发生变化，其范围为5×10^{-7}～3×10^{-7} m/s。最后进行了三轴压力盒挤压试验，结果在图10.11中给出。

水文地质研究确定其为一个基本不透水层，但仍可发现厚达3 m的砂层及透镜体，并可能存在自流含水层。沿隧道定线埋设的一系列测压计测得水位有随测压线上升趋势，几乎到达上部冲积层与下面黏土层的接触面。在隧道水平面测得最大埋深处的测压水头约为40 m。

10.7.1.2 诊断阶段

在诊断阶段，针对未有支护加固情况下围岩开挖变形反应所做的分析表明：掌子面-超前核心土可短期稳定（B类）（图10.11）。众所周知，当掌子面和围岩应力在隧道掘进期间超过围岩弹性强度时就会出现这种情况。因此围岩变形处在弹塑性范围内，在隧道洞身周围附近不能形成成拱效应，而是在距其一定距离处出现成拱效应，这主要取决于围岩塑性区范围。

在这种情况下，掌子面-超前核心土稳定性将在很大程度上受到隧道开挖速度的影响，加之其埋深浅，如果不加以充分控制，超前核心土的挤出变形将会导致不可接受的地表沉降。

监测阶段测量仪器

流量计

当在水动力条件下进行掌子面开挖时，准确掌握涌水的流速非常重要，因为借此不仅可评定可能实施的控制性排水措施的效果，还能制定干预措施从而降低影响程度，并保持受隧道掘进影响的含水层的水文地质条件平衡。

为此必须将水引入易于定位的排水沟中以避免干预现场施工，并在合适的地点插入流量计或其他量测流速的设备。

此系统由以下各部分组成（参见下图）：

- 围堰水池；
- 围堰（三角形、矩形或其他）；
- 水位计。

测量时假设设置了一个尺寸已知的围堰结构。随着流速的变化，“围堰水池”上游中的水的水位也将随之改变。围堰水池通常由一个矩形金属板组成，在金属板的边缘处有一开孔。

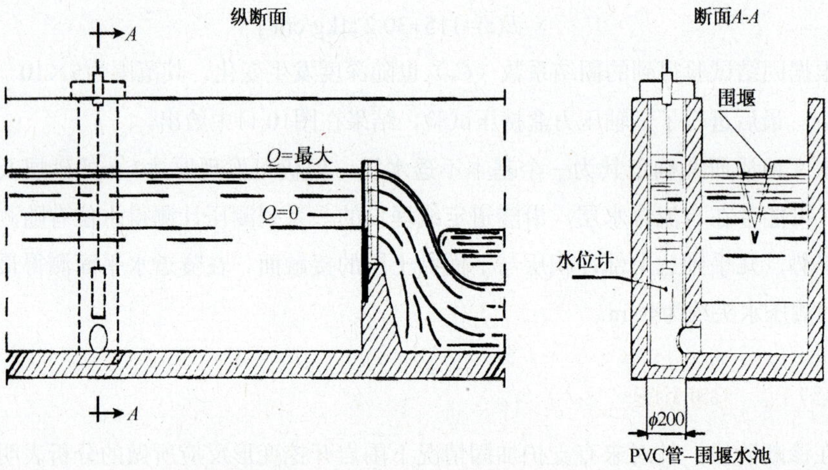

采用封装于塑料盒内的压力传感器测量水位变化，塑料盒置于围堰水池旁的增压管内，其水平面高度比围堰顶部略低。

通过向传感器提供电力并量测承压传感器中的返回电流来测量水位，有手动读数和自动读数2种系统。

最后通过适当的数学公式对传感器的量测值（单位为毫安）进行处理，以此得到流速值。

为了确保精确测量，流量计上游的逆流水道必须有一个合理的梯度（1%~3%）和恒定横断面，其长度至少为宽度的10倍以上。在其下游保持一定落差是有用的，其目的是防止紊流，而紊流可能会影响上游水位（水跃），从而影响流速的测量。

10.7.1.3 处治阶段

在埋深浅（介于20～60 m之间）、此地区特定的地貌特点和Mugello盆地冲积层的地质和土工技术特点情况下，处治阶段要解决的设计问题是找出能充分约束开挖诱发地表沉降和赛道路面损坏的设计、施工方法。另外还必须考虑比赛日程和各种赛事活动，保证在世界赛车冠军赛（2000年4～5月）到来前赛道得到政府审批认可。

综合考虑各种要求后，设计决定采用以下隧道掘进法（图10.12），然后在基于监测数据的实施阶段进行校正：

（1）在采用45~100根15 m长玻璃纤维构件进行第一次超前核心土加固后开始进行全断面开挖，结构件的搭接部分为5 m，采用防收缩或膨胀性混合浆液进行注浆；

（2）初期衬砌由2根IPN 180 钢拱架组成，设置间隔为1.00～1.40 m，纤维增强喷射混凝土层为30 cm。

（3）100 cm厚隧道仰拱与隧道边墙一起浇筑而成，距掌子面最大距离为3ϕ。

（4）最终衬砌为混凝土，拱顶厚90 cm，在距离掌子面不超出6ϕ的位置进行浇筑。

设计阶段规定的允许变形量为：总累计挤出变形量5 cm，平均径向收敛8 cm。总的差动挤出变形阈值为：预警阈值0.5%；警告阈值1%（图10.13）。

10.7.1.4 监测程序

鉴于这种情况，当隧道掘进接近赛道时，按设计规定于1999年6月开始实施实时监测程序，其目的是为了保证赛道的安全水平。

从洞内和地面仔细监测超前核心土的开挖变形反应（图10.16）。通过系统测量掌子面挤出变形（利用滑动测微计和地形测量仪）和洞室收敛变形，并通过在地面建立实时地形测量体系测量隧道掌子面通过时的地表沉降，对变形现象进行分析。

设计的地面监测系统能够从专门建造的灯塔每隔1 h自动巡测1次，灯塔位于隧道与赛道交叉区域附近，在隧道与Borgo San Lorenzo弯道交叉区域前后大约10 m×5 m范围内以网格状形式布设了一系列光学觇标（图10.14和图10.15）。所获数据被实时传输到一个控制装置，然后经处理传送至现场设计工程师处。

10.7.1.5 根据监测信息反馈，最终调整设计方案

监测表明：沉降现象始于掌子面到达前约60 m处，然后其数值开始增大，大

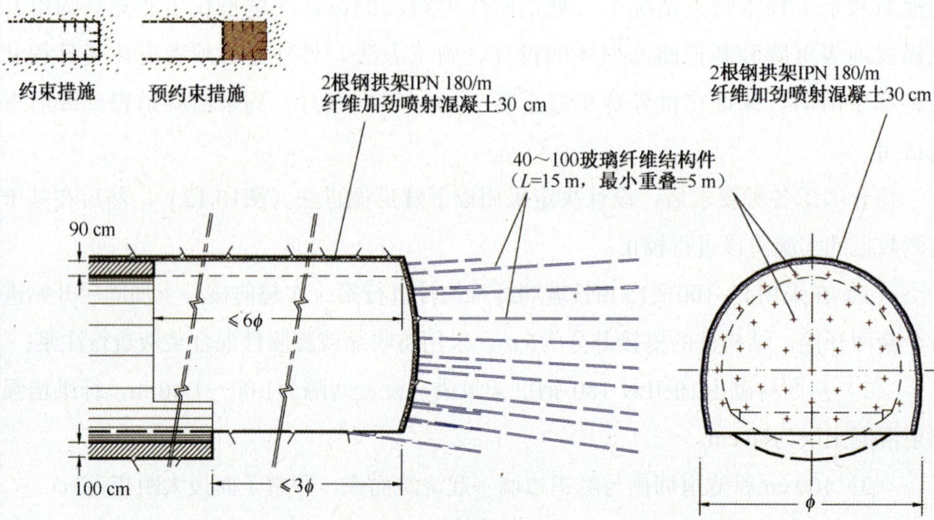

图10.12 隧道掘进方法

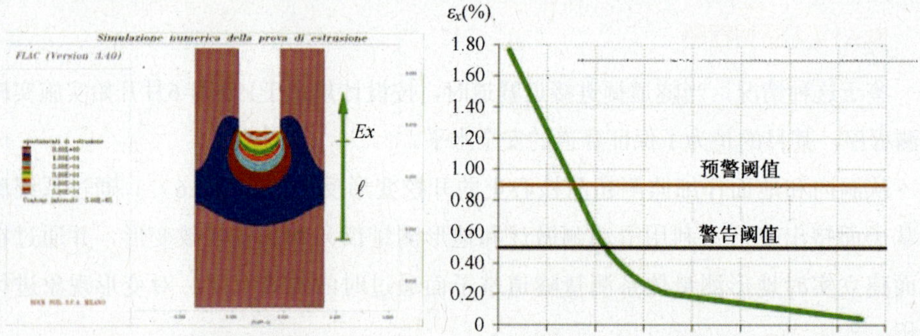

图10.13 基于三轴挤出变形压试验选择预警、警戒阈值（利用轴对称模型进行重建）

大高于根据所采用隧道断面型式得出的预计值，在链测长度km 58+690处沿定线记录的沉降值约为14 cm，在掌子面通过后增至22 cm（图10.17）。随距掌子面距离发生变化的地表沉降图表表明：60%的地表沉降出现在掌子面到达前，30%出现在掌子面通过后的20 m范围内（隧道仰拱浇筑前），其余10%出现在后面的40 m范围。

同时，在洞内测得总累积挤出变形约为10 cm，平均径向收敛约为10~12 cm。总差动挤出变形大大高于设定的报警阈值（图10.18）。

造成预计值与实测值之间存在差异的主要原因在于：实际土工技术条件与根据地质勘察进行的预测存在不同。

于是现在的问题就是如何调整掌子面与隧道洞身之间所规定的稳固措施强度与分布模式，以便从沉降（对赛道的破坏）、成本和时间（2000年穿过赛道区域）方面对设计方案进行优化。

为解决这个问题，采取了以下这些措施（图10.19）：

（1）利用监测（挤出、收敛和地表沉降）数据，通过数值模型和反分析对实际情况进行重构，以便得到更准确的强度和变形性参数以及更合适的数值计算模型；

（2）利用前一步骤建立的数值模型确定所要实施的隧道洞身预约束和约束干预措施，以便将挤出变形和沉降值限定在规定阈值范围内。采用各种有限差分数值模型来对实际情况进行数值重建，包括利用3.40版本FLAC软件和应变软化破坏标准建立起12个轴对称模型和32个平面模型，可非常准确地模拟围岩的实际应力-应变反应。下表汇总了用于计算的新定地质力学参数。

参数	勘察阶段后	反分析后
容重	19.9~20 kN/m^3	19.9~20 kN/m^3
有效黏结力峰值	0.02~0.03 MPa	0.015 MPa
有效黏结力残余值	0	0
最大摩擦角	24～28°	22°
残余摩擦角	15～18°	15°
弹性模量	$E(z)$=11.5+3.02*z(MPa)	$E(z)$=11.5+0.5 *z (MPa)
过度固结率	2～5	2～5

在对重构监测数据的这些模型进行权重考量后（图10.20），利用这些模型完成以下工作：

图10.14 **Mugello赛道**

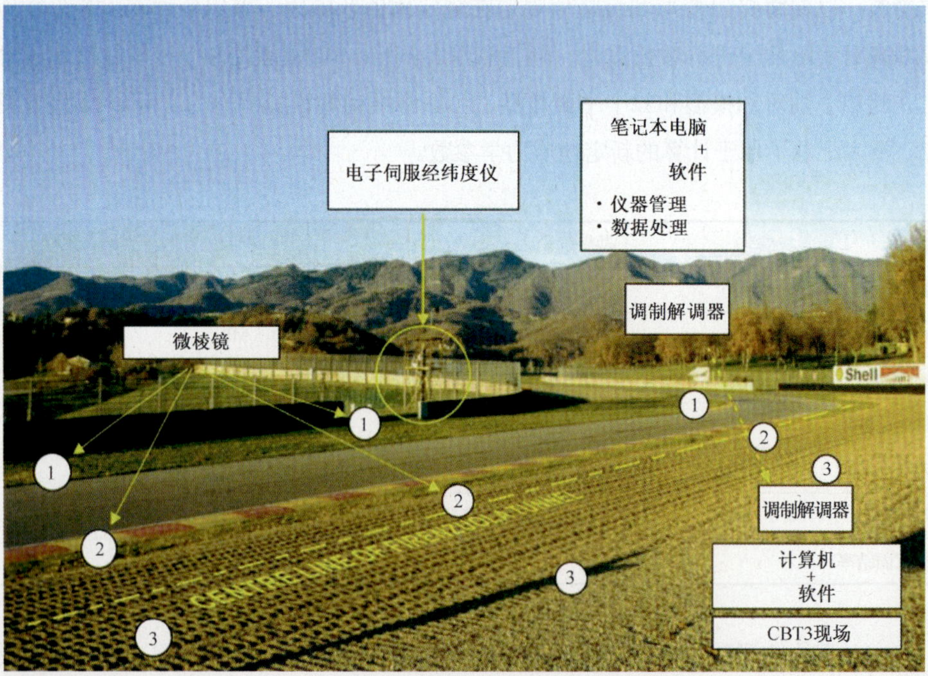

图10.15 监测仪器布置

（1）针对一给定段重构其沉降（deconfinement）-距离曲线，了解这一点对利用平面模型进行可靠分析非常重要；

（2）研究可能的洞室预约束和约束干预措施的效果（图10.21）。

另一方面，利用平面模型研究，在隧道约束环以不同方式闭合时其对围岩变形反应（控制掌子面-超前核心土挤出变形量）的影响效果（图10.22）：

- 模型A：隧道仰拱处设有横支撑，间隔4 m浇筑仰拱并在距掌子面40 m处浇筑拱顶；
- 模型B：在隧道仰拱处设有横支撑，间隔12 m浇筑仰拱并在距掌子面40 m处浇筑拱顶；
- 模型C：隧道仰拱无横支撑，间隔12 m浇筑仰拱，距掌子面40 m处浇筑拱顶。

在数值模拟结果基础上，决定采取以下措施对设计进行修正（图10.23）：

- 采用93根玻璃纤维构件，每根构件长24 m，最小搭接长度12 m，目的是加固超前核心土；
- 在隧道仰拱处设置横支撑；
- 间隔12 m浇筑隧道仰拱；
- 在超前核心土中利用膨胀性混合物对玻璃纤维构件进行注浆。

10.7.1.6 实施阶段

基于监测数据对设计方案进行了调整，并按照处治阶段的决定实施隧道开挖（图10.24），在变形和施工时间方面均符合设计规定。

在Borgo San Lorenzo 弯道下方按期完成了隧道的掘进施工，平均掘进速率约为2 m/d。

10.7.1.7 监测阶段

图10.25 汇总了在调整设计方案后隧道通过赛道下方时的监测数据。总累积挤出变形逐步减小后，隧道收敛和衬砌本身的垂直沉降都相应降低了，总差动挤出变形也迅速降至警告阈值以下。图10.26表明，隧道沿线的沉降明显下降，最大沉降约为13 cm，低于下穿赛道时规定的阈值。这一数值本身较高，在采取适当的超前核心土加固措施后（图10.26中的绿色虚线）该沉降值得到进一步降低。不过在赛季开始前不允许进行下穿赛道的掘进施工。对此采用的解决方法不仅保证了洞身的稳定性和安全性，而且从施工时间和成本来看都非常不错。

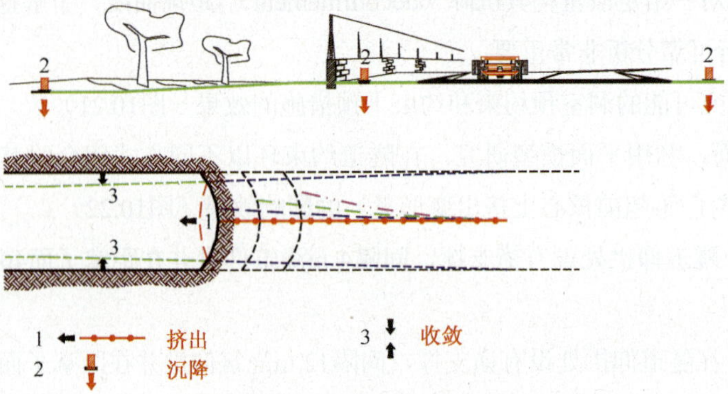

图10.16　隧道变形量测

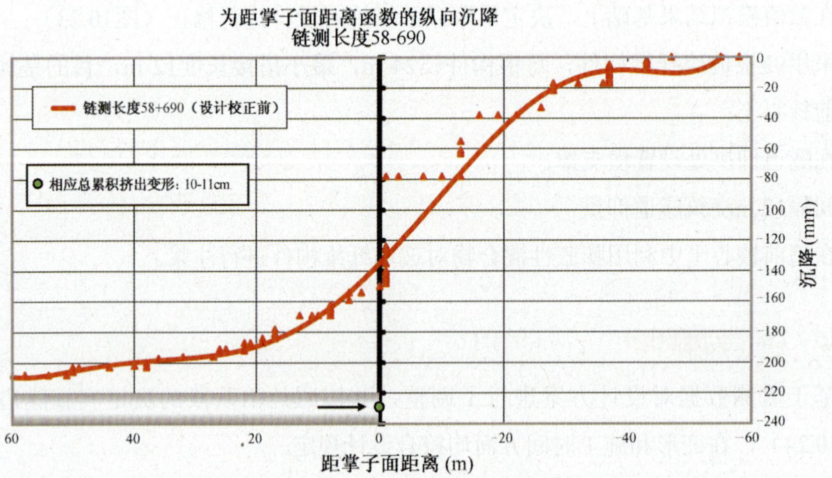

图10.17　隧道沉降曲线

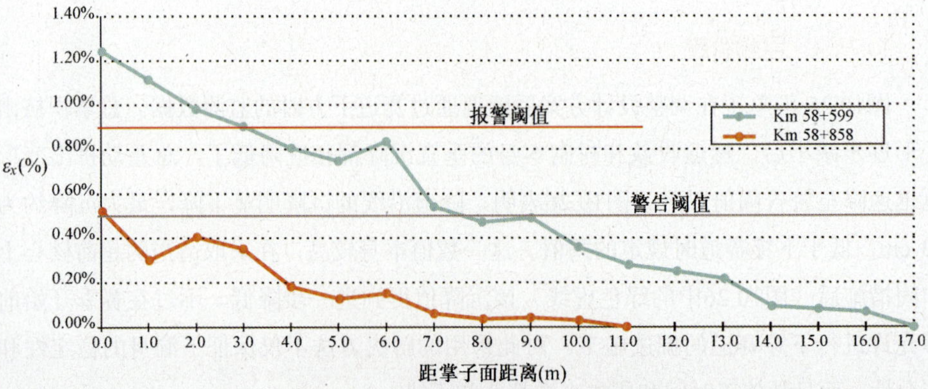

图10.18　隧道挤出变形量高于报警阈值

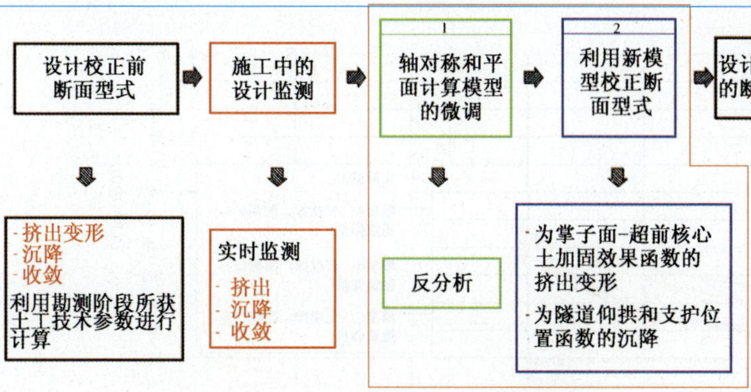

图10.19 设计方案优化

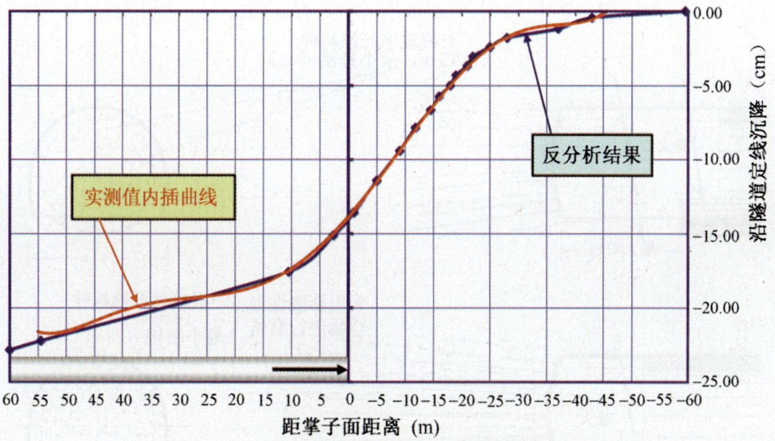

图10.20 利用轴对称模型对实际情况的重建

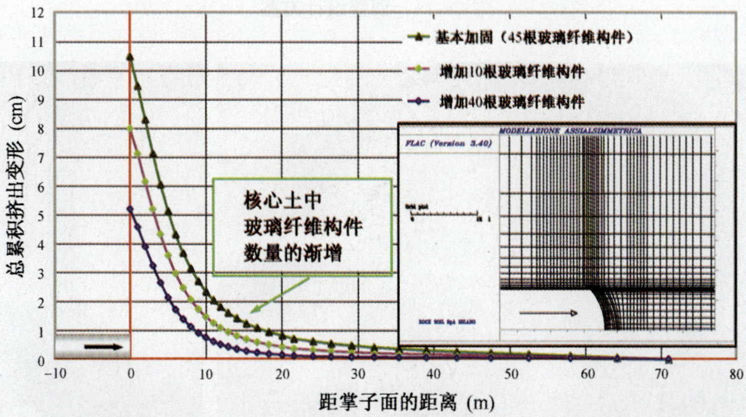

图10.21 利用轴对称模型进行超前核心土加固优化

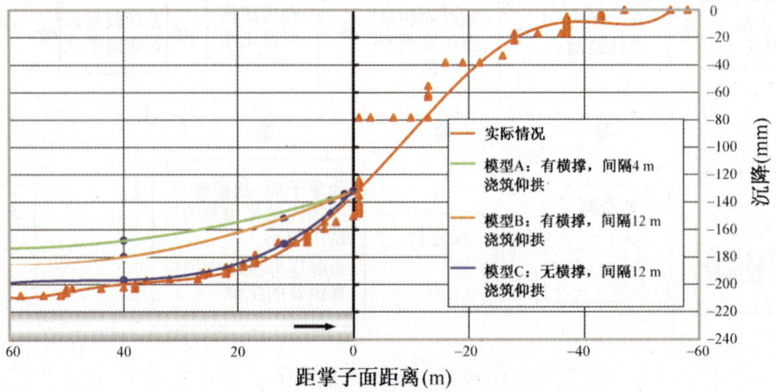

图10.22 优化掌子面及洞室周围的干预措施

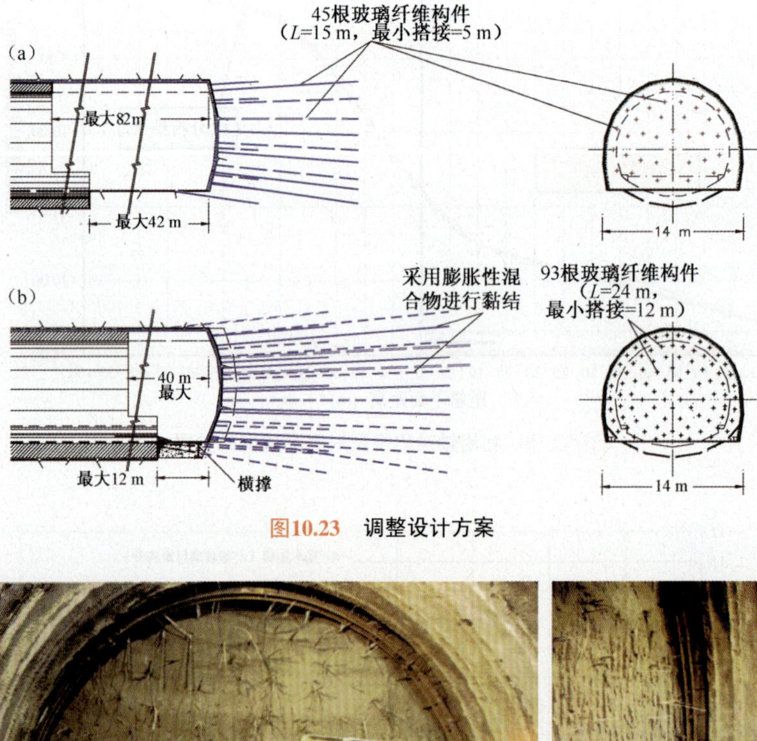

图10.23 调整设计方案

图10.24 隧道开挖

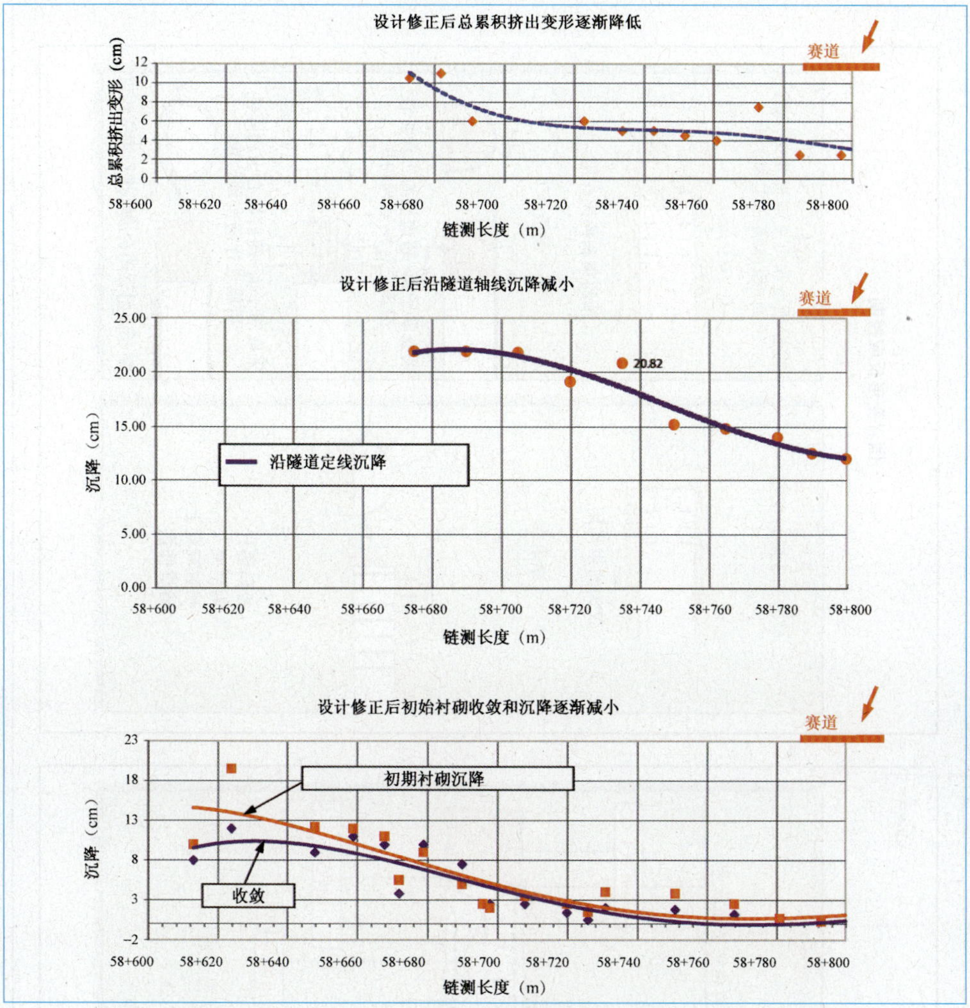

图10.25　隧道实测数据

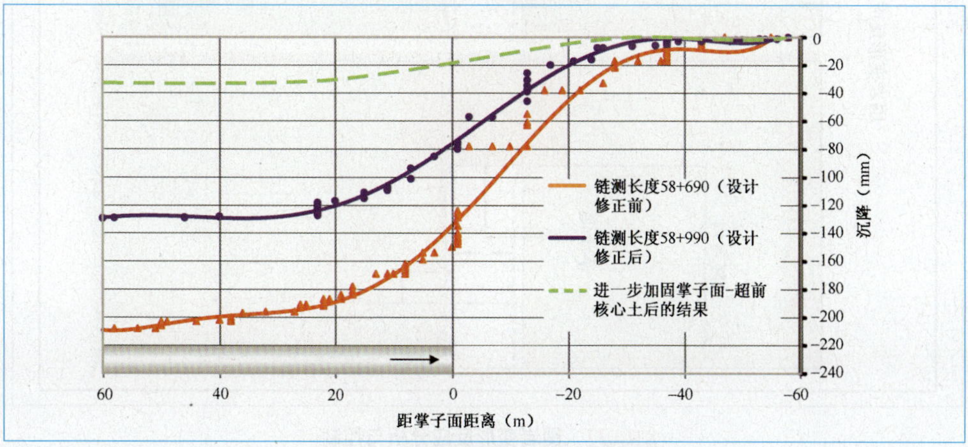

图10.26　修正设计对地表沉降的影响

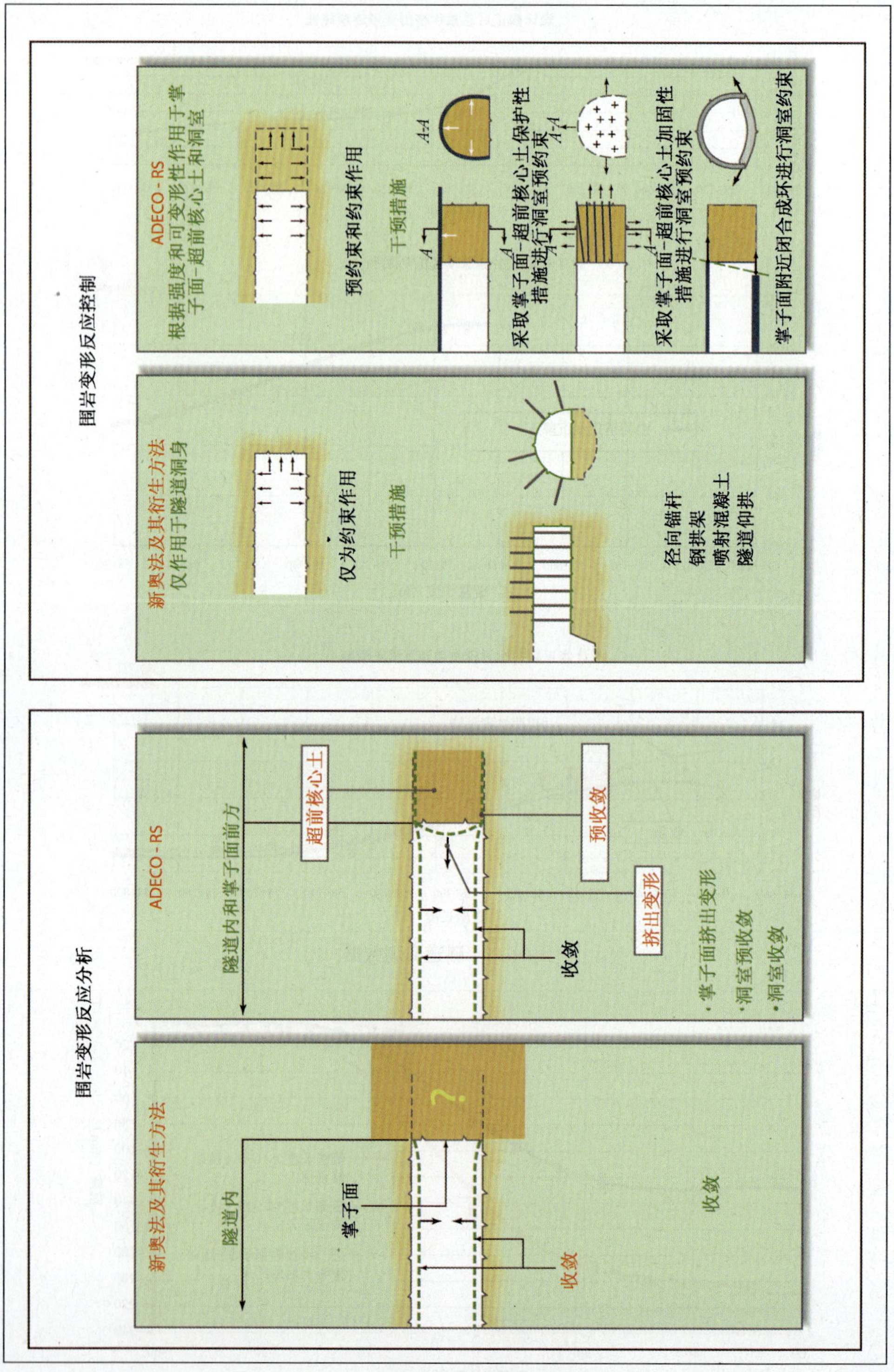

图10.27 围岩变形反应分析与控制

博洛尼亚-佛罗伦萨高速铁路隧道施工期间所获经验表明：岩土控制变形分析法提供了一种新的、更合适的监测数据判释方法，能够在施工期间对设计方案进行修正，它不再是被迫对最初设计方案进行根本性修改，而是提供了一个优化设计方案的机会，以此根据设计规定的隧道断面型式进一步平衡掌子面和洞室之间的稳固手段。

结　语

如果从原因和影响结果方面对掘进期间洞内所观察到的变形现象进行判释，那么将施加于围岩介质上的作用作为原因、将围岩介质对此的变形反应作为结果似乎是非常合理的。

在这种假设下，从来没认为需要考虑或详细研究其发生原因（至少在几年前），因此对其认识仅停留在似是而非的程度，而且是把洞室收敛作为其影响结果进行研究（图10.27）。基于这些研究，发展出一些理论、设计方法和施工体系，认为所有隧道施工问题都可通过简单的径向约束措施来解决。

前面的理论包括著名的特性曲线理论和收敛-约束法[11-12]，尽管这些理论都首次认识到超前核心土对隧道洞身稳定性的有利影响，但对如何利用这一有利影响没有进一步的建议，也没有指出如何解决掌子面不稳定这一问题。

至于后面的理论，例如新奥法，它是以地质力学分类（通常用于其设想目的之外）为基础，毫无疑问这些方法的引入相较于过去带来了巨大进步。新奥法的主要优点在于：

- 第一次将围岩作为施工材料考虑；
- 引入了具有主动作用的新的洞室约束技术，例如喷射混凝土和岩锚；
- 强调系统量测和判释围岩变形反应的重要性。

但是现在看来，将隧道静力学问题完全考虑为一个二维问题并将所有重点仅集中于洞室收敛上，具有很大的局限性（而且这也适用于所有由此推导出来的各种方法）：

- 这并不是一个完整的分类系统，因为它不适用于所有围岩类型和所有静力学条件；
- 完全忽略了超前核心土的重要性和利用超前核心土作为困难应力-应变条件下稳固手段的必要性。
- 忽略了新技术，始终建议采取简单的洞室约束措施作为稳定隧道的唯一干预措施；
- 未明确区分设计阶段和施工阶段；
- 以非科学的方式，仅通过比较地质力学分类与围岩变形反应程度来确定设计方案的适宜性及设计尺寸的正确性。

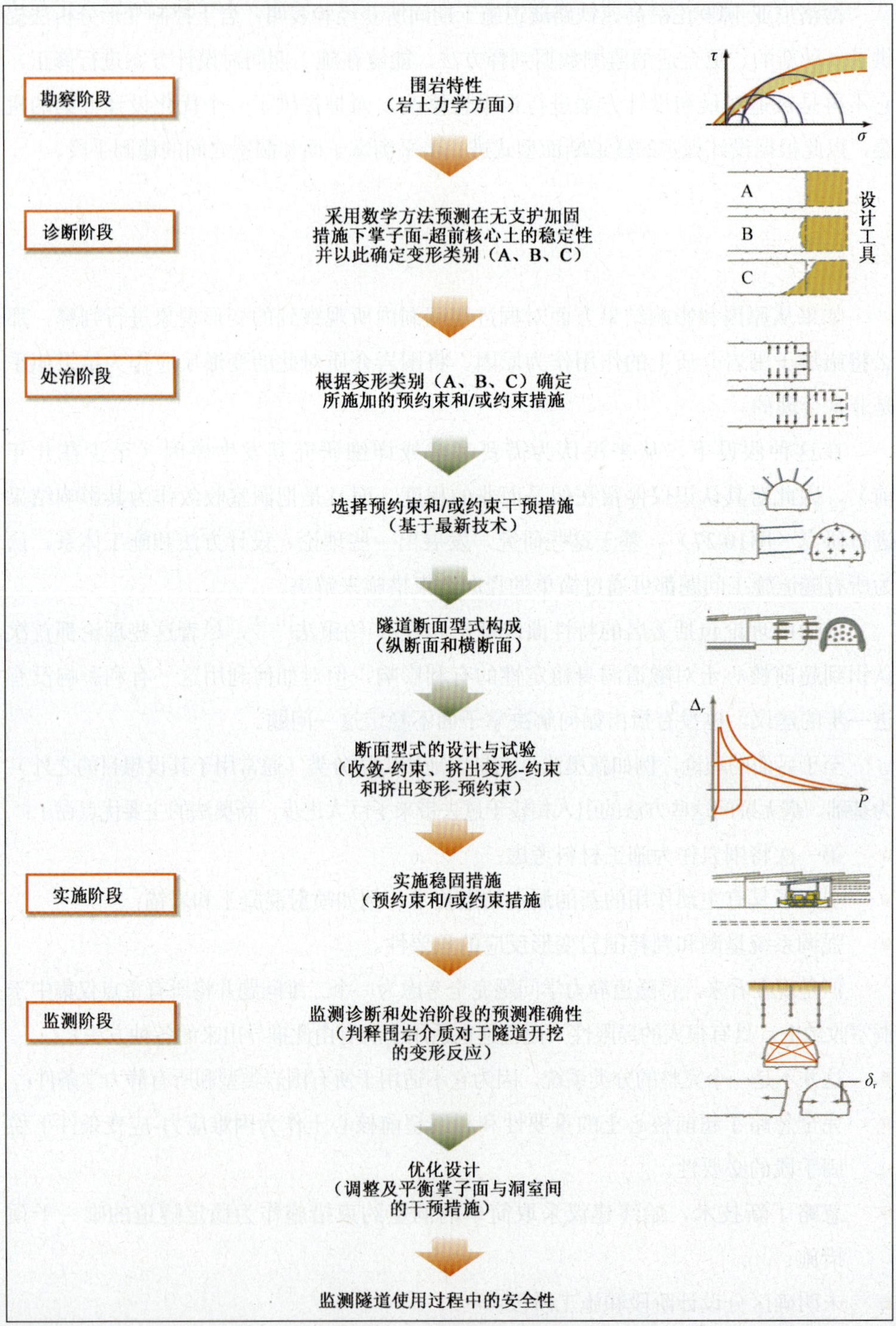

图10.29 岩土控制变形分析法

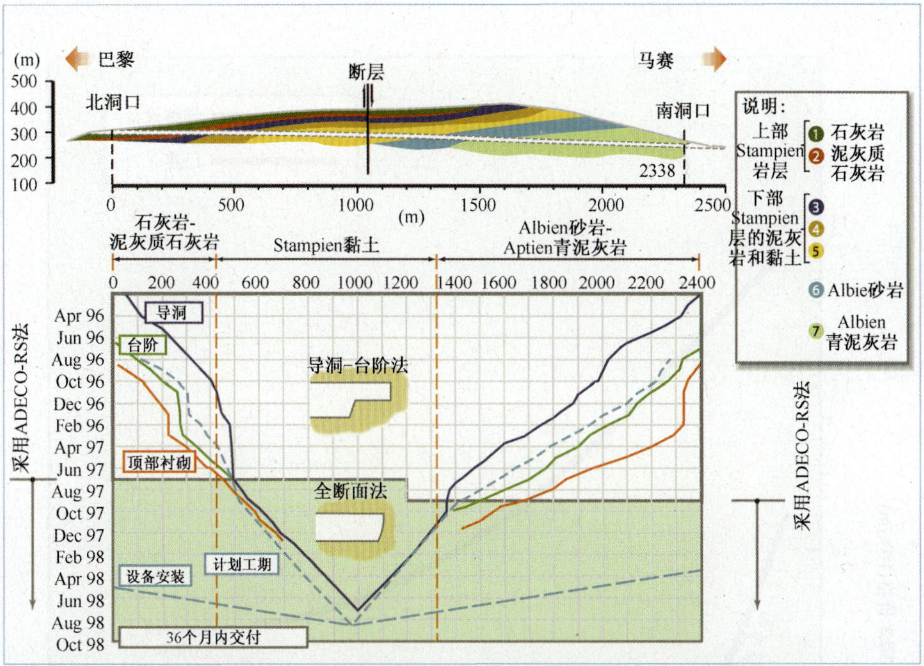

图10.28 **TGV地中海线Tartaigulle隧道施工时间和掘进速率**

将隧道开挖期间的围岩变形反应仅看成是洞室收敛的这一错误认识，使得全世界的一整代工程师沿着错误的道路行走了数十年。所采用的设计、施工方法（新奥法及其衍生方法，至今仍然沿用这一错误理念）导致人们将重点放在处理其影响结果上（采取简单的约束措施限制洞室的收敛变形），而不是解决隧道失稳的原因[7, 36]。

当应力-应变条件不是特别困难时，采用此类方法开挖隧道是非常成功的；但是当情况变得更复杂时就会显露出局限性。究其原因，主要在于以下4个方面：

- 不能可靠预测掘进过程中的隧道行为特性，因此设计程序中缺少诊断阶段；
- 不能提前预测变形，因此约束措施是临时制定的；
- 缺乏解决失稳原因（超前核心土变形）而不仅是影响结果（收敛）的有效稳固体系；
- 不能初步评定项目风险、工期和掘进速率。

在这种情况下，针对不断增加的包括在极端困难应力-应变条件修建各种隧道的需求，迫切需要发展能控制各种应力-应变条件，而不仅仅是一般条件下围岩介质变形反应的理论和方法。

为了找到解决这一问题的方法，有必要将问题带回到实际中并将其作为一个三维问题来对待，而实际上它本身就是一个三维问题，同时考虑隧道掘进的整个动力学问题而不仅仅是其最后一部分。

基于这一理念，着手进行了一系列的理论及试验研究，由此诞生了岩土控制变

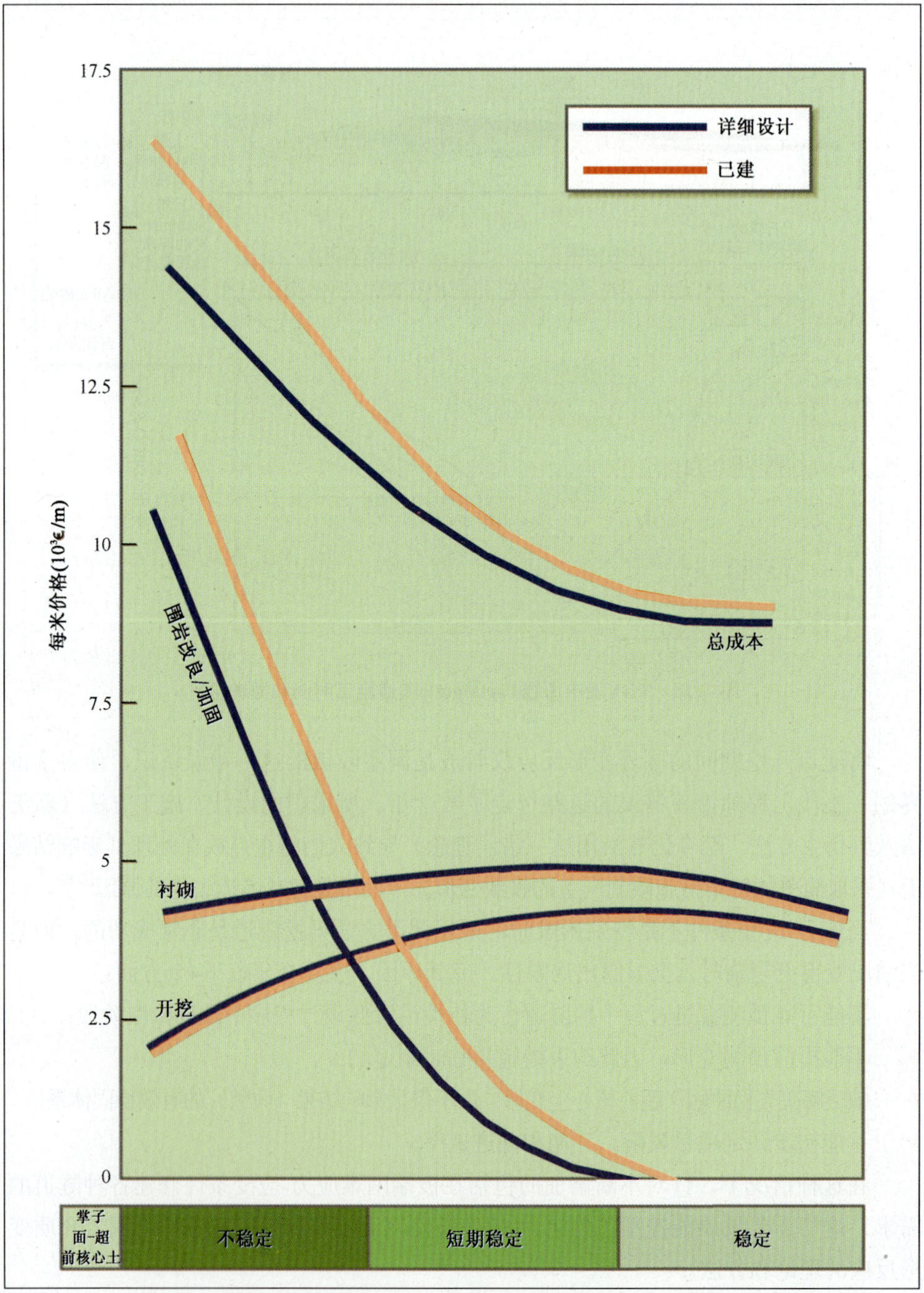

图10.30 Malenchini、Rimazzano隧道的单位造价

形分析法（ADECO-RS）这一新工法的理论。在过去的10~15年中，这一新方法在各类围岩和各种应力-应变条件下得到了成功应用，包括那些因运用新奥法及其衍生方法（一般情况下显现不出其局限性或固有缺陷）导致灾难性结果的隧道。

在此，总结回顾法国TGV地中海线马赛-里昂高速铁路Tartaiguille 隧道施工期间发生的事件具有重大意义（参见附录C）。1996年2月开始该隧道的掘进施工，其断面积为180 m^2，采用新奥法原理最初取得了成功。同年9月，隧道开始穿越膨胀性很强的argile du Stampien 构造（75% 的蒙脱土），施工难度增大，最后不得不停止隧道掘进。为了解决这个问题，1997年初法国国营铁路公司（SNCF）成立了一个研究小组（Comite de Pilotage），由来自法国铁路的工程师、G.I.E Tartaiguille联合体工程师、Coyne et Bellier和CETU的铁路咨询工程师以及来自Terrasol 和Simecsol联合体的岩土咨询工程师组成，他们向欧洲隧道界专家进行咨询，请求他们提出安全、按期穿越黏土质围岩的设计方案。

隧道	年份	直径/m	围岩	最大埋深/m	掘进速率（平均-最高）（m/d）
Tasso(Florence-Aezzo 铁路线)	1988	12.20	砂质粉砂	50	2.0～3.2
Targla(Blcocca-Syracuse 铁路线)	1989	12.00	玻质碎屑岩	50	2.0～3.3
San Vitale(Caserta-Foggia 铁路线)	1991	12.50	鳞片状黏土	100	1.6～2.4
Vasto(Ancona-Bari 铁路线)	1993	12.20	粉砂和黏质粉砂	135	1.6～2.6
Tartaiguille(TGV 地中海线马赛-里昂高速铁路)	1996	15	膨胀性黏土	110	1.4～1.9
Appla Antica(罗马环形公路)	1999	20.65	砂质火成碎屑岩	18	2.3～3.3

应用ADECO-RS法设计、施工原理取得了巨大成功，包括采用其他隧道工法而导致放弃掘进的隧道。

在对几个方案进行研究后发现，没有一个方案能保证业主所要求的安全性、可靠性，特别是工期。SNCF对作者提出的建议比较感兴趣，此建议包含了通过咨询工程师利用类似工程成功经验所能保证的施工时间和费用。1997年3月，Rocksoil S.p.A获得了剩余860 m长隧道的设计合同。

根据岩土控制变形分析法原理对设计方案进行了根本性修改（全断面隧道掘进，见图10.31），1997年7月恢复隧道掘进施工，施工未曾出现中断，并且在现场操作人员对新技术利用逐渐获得自信的同时不断取得成功。平均掘进速率也很稳定（图10.28），如咨询工程师所保证的那样，平均日进尺大于1.4 m。仅在采用新工法恢复施工的1年后，隧道最终在1998年7月贯通，比计划提前了一个半月[69, 70, 71]。

过去10年间获得的大量经验[19, 21, 22, 71, 74, 75]表明：不管哪种围岩类型，也不管其应力-应变条件如何苛刻，ADECO-RS隧道设计施工法都可取得很好的线性掘进速率。过去，只是在对隧道洞身或工作面进行简单约束的情况下才可能谈到机械化施工（盾构、TBM），而现在即使在非常复杂和困难、需要采取预约束措施的条件下也

图10.31 **Tartaiguille** 隧道

（法国TGV地中海线里昂–马赛铁路，**1998**年，围岩：膨胀性黏土（**75%** 蒙脱石），埋深：**100 m**，直径：**15 m**）。采用玻璃纤维结构件加固掌子面（**180** m^2 横断面）

图10.32 **Pianoro** 隧道

（米兰–罗马–那不勒斯新高速铁路线博洛尼亚–佛罗伦萨区段，**1999**，围岩：黏结性粉砂，埋深：**150 m**，直径：**13.30 m**）。采用玻璃纤维结构件加固掌子面可以进行机械化施工。无论围岩类型和埋深情况如何，隧道施工最终都能实现工业化（恒定的掘进速率和准确的时间、成本预测）。

总之，通过充分利用最新知识、计算机处理能力和先进技术（图10.29），岩土控制变形分析法为设计工程师提供了一种简便的指导方法，即将隧道分为3种基本变形类型（A、B、C类）。为此要参考掌子面-超前核心土的稳定性，而采用数学工具通过深入的应力-应变理论分析便可预测掌子面-超前核心土的稳定性。对于采用此方法确定的具有一致变形特性的各隧道段，由设计工程师决定拟采用的变形控制措施类型（预约束或简单约束），然后利用最适宜的加固工具，选择加固稳定技术类型及纵断面、横断面型式。针对各种围岩类别和应力-应变条件，都有相适应的隧道断面型式，并且能自动计算出其施工成本和施工时间（每延米隧道）。

岩土控制变形分析法的主要优点如下：

- 强调稳固手段是控制变形不可缺少的工具，从而也是确保隧道最终稳定的“结构构件”（根据变形大小付出相应代价），因此，仔细研究地下工程的预算和成本后可以发现：与各类围岩条件下费用保持不变的开挖和衬砌项相比，只有稳固和围岩改良这一项的费用变化很大（图10.30）；
- 其设计方案全面、可靠，促使主承包商在各种围岩条件下，甚至在非常困难的条件下进行隧道工业化施工；
- 能够制定施工时间和成本计划，避免至今常常出现的项目管理者与承包商间的争议；
- 针对所有围岩类别采用单一的基准参数（掌子面-超前核心土的应力-应变特性），而该参数可在隧道掘进过程中方便、客观测得，这样就能解决原来分类系统中最清晰、最明显的缺陷问题（将地质力学类别与围岩变形反应相比较），该缺陷问题至今常常造成项目管理者和承包商间产生争议。

由于具有上述重要特点，岩土控制变形分析法引起了人们极大的兴趣并迅速成为一种先进方法并将取代那些现今使用的方法。在博洛尼亚—佛罗伦萨高速铁路新线工程起草设计规定、合同发包及后来的实际设计中决定采用此方法具有特别重大的意义。该工程是目前世界上最大的隧道项目，线路总长90 km，其中隧道长度约为84.5 km，隧道横断面达140 m^2，线路穿越明显比较困难的地层，围岩条件多变且地质力学特性较差（参见附录B）。尽管条件比较困难，项目采用“交钥匙”合同形式，但承包商仍然明显感到设计方案完整、可靠，具有接受所有风险，包括地质风险的能力。在多达26个工作面上同时采用全断面法进行开挖（图10.32），平均月进尺约为1 600 m/月[72～74]，隧道最终于2006年10月按期完工，而且其预算控制在设计规定范围内(参见附录B)。

由于要求制定相应计划，隧道的设计、施工也许会失去一定的艺术魅力，但是岩土控制变形法的引入会提高效率及功能性，同时也不会约束和限制设计工程师的想象力。

附　录

隧道工程实例

关于附录的说明

一个好的实例，其价值远远超过任何冗长的理论。在本附录中作者收录了近年来一些非常重要的隧道工程实例，并将它们分为7个部分。

前3部分（A、B、C）介绍的是3个特别重要的工程案例：

A. 罗马-那不勒斯新建高速铁路线的设计与施工。从设计可靠性方面阐述了岩土控制变形分析法在设计和施工阶段的应用情况。

B. 米兰-罗马-那不勒斯新建高速铁路博洛尼亚-佛罗伦萨段约73 km区间隧道的设计与施工，其中相当长一段为地下工程。就隧道机械化施工而言，其不均匀性和极端困难的应力-应变条件都是对岩土控制变形分析法的严峻考验。

C. 法国Tartaiguille隧道施工。该工程证明使用传统方法很难进行隧道开挖，而在刚性核心土条件下采用最新掘进法使该工程得以按时完成并满足成本预算要求。

接下来的4个部分（D、E、F和G）介绍了过去20年里作者所设计的最成功的隧道掘进技术：

D. 蜂窝状拱技术。采用该技术，即使在不良地质条件下仍可通过暗挖法进行大型地下洞室（最大跨度为60 m）的施工而不会造成地表沉降（参考案例：米兰城市铁路连接线威尼斯车站）。

E. 人工覆盖层技术（AGO）。采用该技术，在缺少必要覆盖层的情况下也能进行地下隧道施工，可节约大量的时间和成本（参考案例：罗马-那布勒斯高速铁路线Piccilli 1号、Piccilli 2号、Castagne、Santuario、 Caianello和briccelle隧道）。

F. 垂直旋喷注浆加固拱以及在困难地层中隧道洞口段的水平旋喷注浆加固拱技术（参考案例：Messina-Palermo高速公路S.Elia隧道Messina侧洞口）。

G. 不中断交通情况下公路、高速公路及铁路隧道的加宽技术。采用该技术解决了主交通干道上旧隧道的改扩建问题（参考案例：米兰-罗马高速公路Nazzano隧道由双向2车道加宽到双向4车道）。

作者相信，在阅读了这7个实例后可帮助您深入理解岩土控制变形分析法案在不同应力-应变条件下的应用情况，并为过去20年里隧道工程领域所取得的巨大成就感到无比欣慰。

罗马-那不勒斯高速铁路线，**Piccilli2**号隧道。

无覆盖层路段中进行“人工覆盖层”施工，地层：火山碎屑岩

附录A

罗马-那不勒斯新建高速铁路的设计与施工

罗马-那不勒斯新建铁路线是米兰-那不勒斯高速铁路线路的一部分，同时也是欧洲高速铁路网南部终点。

该线路划分为很多段，各段合同额各不相同。施工合同授予了IRICAV UNO集团旗下的5家承包商（该路段总承包商）：Pegaso, Icla, Italstrade, Vianini 和Condotte。

线路总长204 km，其中28.3 km为暗挖隧道工程（占工程总长度的13%）。

下面就作者参与设计的该隧道段在设计、施工中所遇问题进行探讨。这些隧道占整个地下工程21.8 km的77%，共22座隧道。

Colle Pece 隧道北洞口

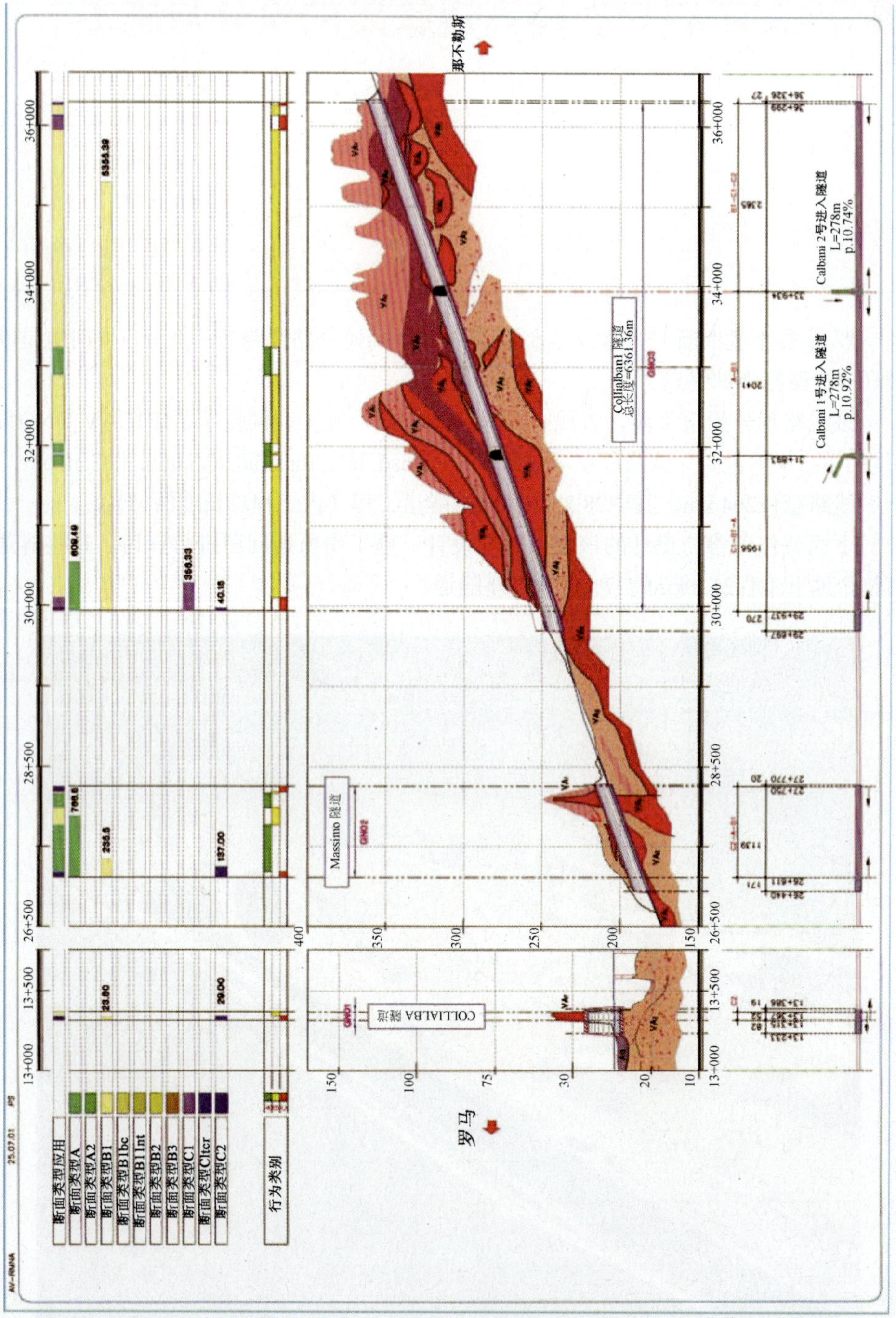

图A.1 Collatina、Massimo、Colli Albani隧道纵断面

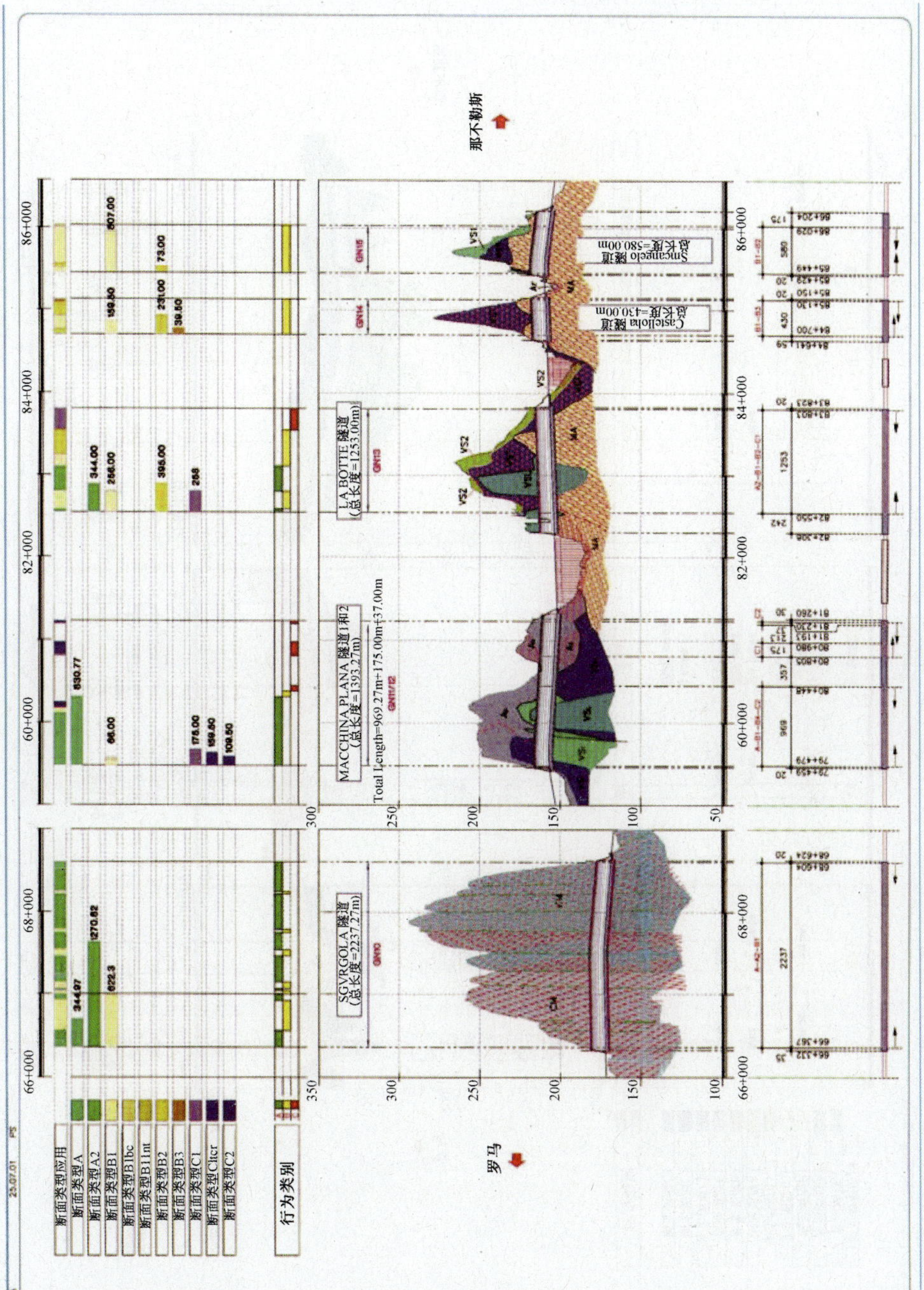

图A.2　Sgurgola、Macchia Piana 1号和2号La Botte、Castellana、S.Arcangelo隧道纵断面

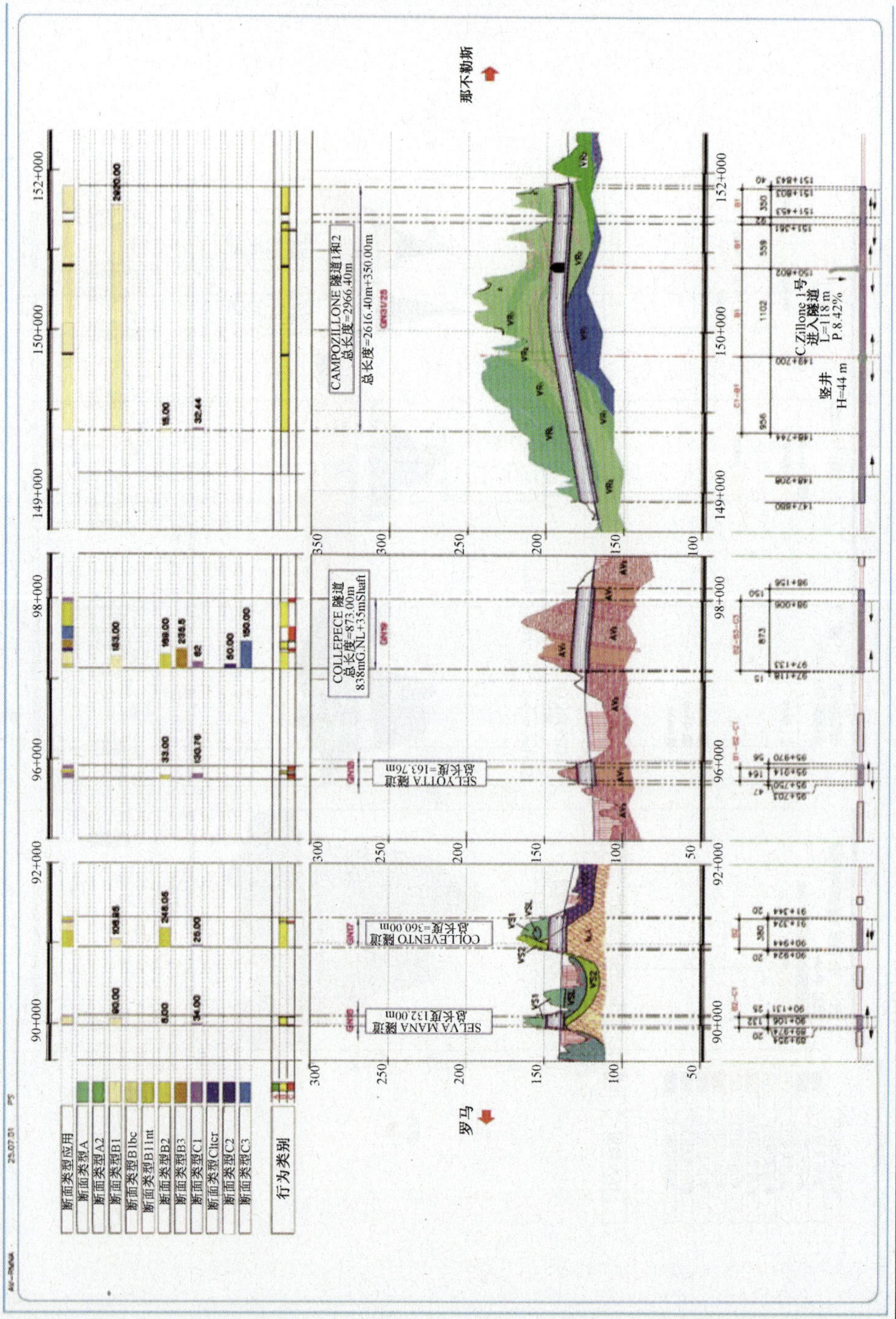

图A.3 Selva Piana、Collevento、Selvotta、Colle Pece、Campo Zillone 1号和2号隧道纵断面

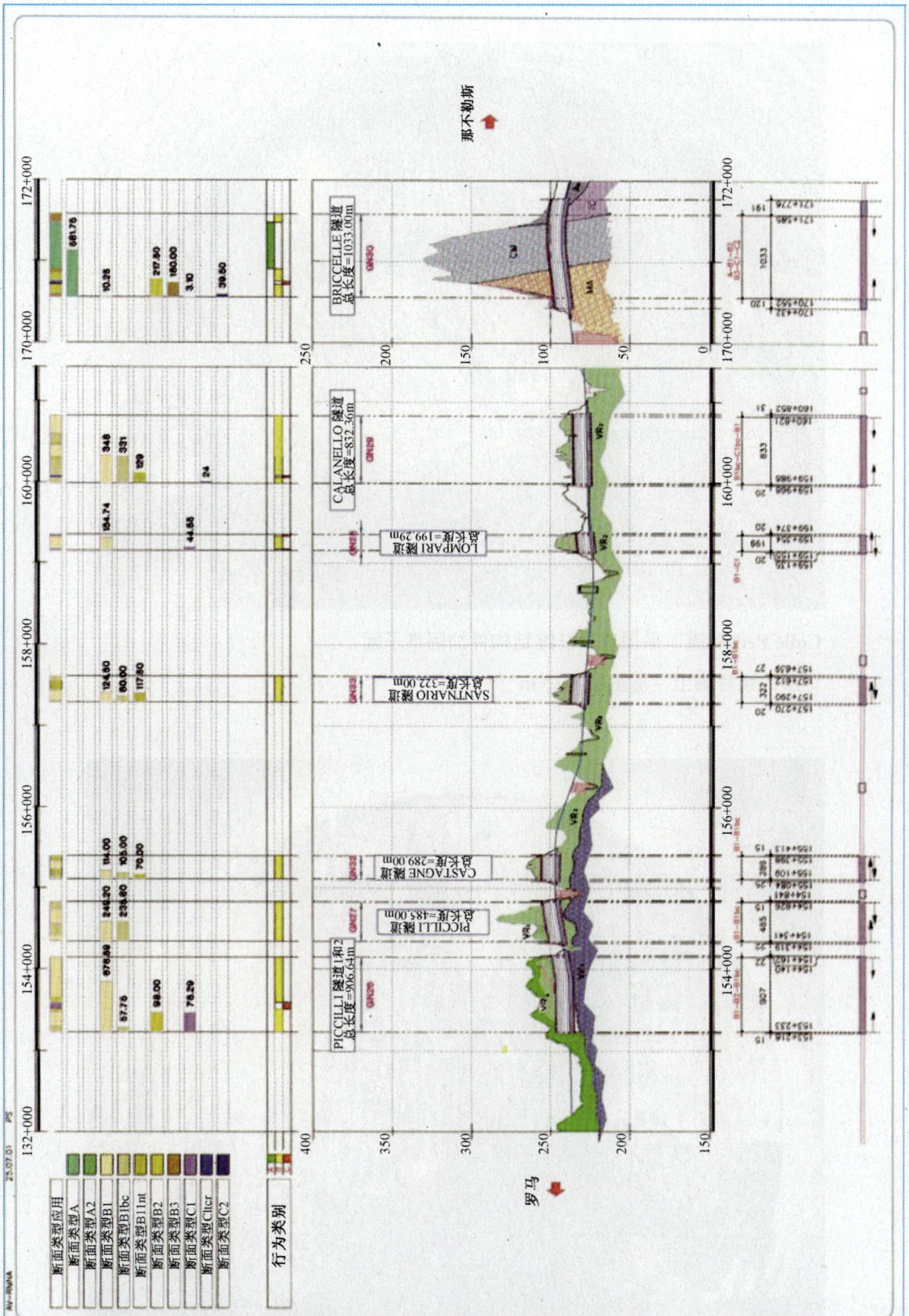

图A.4　Piccilli 1号和2号、Castagne、Santuario、Lompari、Caianello、Briccelle隧道纵断面

Colle Pece隧道，采用玻璃纤维结构件加固掌子面，
地层：鳞片黏土，覆盖层约**25 m**

Colle Pece隧道，钢拱架安装，地层：鳞片黏土，覆盖层：**25 m**

图A.1到图A.4示出了22座隧道的地质纵剖面图，其中Colli Albani隧道（Pegaso标段，6 361 m）是整条线路上最长的隧道，而Collatina隧道（Italstrade 标段，53 m）则是最短的。

地下线路所穿越地层基本上可分为2种：

- 由Latium, Valle del Sacco和Campania火山杂岩喷发形成的火山碎屑地层和熔岩流；
- 属亚平宁系统类复理石和碳酸盐类型（泥灰质和石灰质泥岩）的沉积岩。

隧道覆盖层厚度变化很大，但都未超过110 m，洞口埋深非常浅。

地质与岩土情况（勘察阶段）

正如上面所述，很多隧道都要穿越火山岩地层。火山活动是从上新世开始的，其主要发展期是在更新世，火山活动从上拉齐奥一直延续到到Vesuvian地区并于100 000年前衰灭。活火山中心的火山活动经历了3个不同的阶段，其顺序是一样的，即火山岩层阶段、大熔结凝灰岩膨胀阶段及火山灰与熔岩锥构造阶段。

线路沿线确定有2个重要的火山喷发中心：一个位于拉齐奥地区（Colli Albani），另一个（Roccamonfina）位于靠近线路末端的Campania地区。靠近Sacco河（Valle del Sacco）有一个较小的火山体，在2个大的火山喷发“区域”之间，即在线路中间部分通常混夹有Valle del Sacco火山体的火山喷出物，在碳酸盐、类复理石和黏土泥灰质相中出露有白垩纪及中新世时期亚平宁山脉沉积岩。

从水文地质学的观点来看，该线路实际上整个位于地下水位之上，因此隧道不会遇到很大的水头压力；不过还是有例外情况，例如Italstrade标段的La Botte 隧道和Vianini标段的Castellona隧道，这里泥灰-砂质混合物为上覆火山碎屑岩提供了不渗透基岩，有利于形成具有一定水头压力的地下水位。在Colli Albani隧道北洞口处为Vetrice地区提供源泉的地下水位被截断。

从岩土力学来看，下表列出的岩性在地质混合体中得到了确定，同时表中也给出了它们的岩土力学特性值的变化。

应力–应变特性预测（诊断阶段）

诊断阶段明确认为：地层的力学特性及变化的覆盖层厚度都将导致隧道遇到不

Massimo隧道，下穿火山口，埋深：约**15 m**

Colli Albani隧道，穿过火山岩的典型掌子面，埋深：约**55 m**

同的应力-应变条件。

	火山杂岩 (Vulcaniti dei Colli Albani,Vulcanti della Valle del Sacco,Vulcaniti di Rocca Monfina)			碳酸盐混合岩 (Calcari dei Monti Lepini)	类复理石混合岩 (Argille Varicolori,Complesso Marnoso-Arenaceo)	
	火成碎屑岩	凝灰岩	熔岩	层状石灰岩	鳞片状黏土	含有砂质黏土层的泥灰岩
γ（t/m^3）	1.4～1.6	1.6～2	2.6～2.7	2.5～2.7	2.0～2.1	2.2～2.4
C（MPa）	0～0.1	0.1～0.5	0.5～5	0.5～1	0.01～0.05	0.2～0.4
φ（°）	25～35	20～25	30～35	35～40	18～23	28～33
σ_{gd}（MPa）	1~5	—	—	1～4	—	—
E（MPa）	1~5	300~600	2 000~5 000	10 000-12 000	50~100	200~400
υ	0.35	0.3	0.25	0.25~0.3	0.35	0.3

运用地质、岩土力学和水文地质学信息以及分析和/或数值方法的计算结果，并按照无加固稳定措施下掌子面-超前核心土的稳定性分类将隧道分为具有一致应力-应变特性的若干段：

- 稳定的掌子面-超前核心土（A类）；
- 短期稳定的掌子面-超前核心土（B类）；
- 不稳定的掌子面-超前核心土（C类）。

A类隧道段的计算预测结果如下：

- 掌子面和洞室周围地层应力不会超过围岩介质的自然强度；
- 靠近隧道洞周会产生“成拱效应”；
- 变形处在弹性范围内，变形迅速，变形大小为几毫米；
- 整个掌子面保持稳定。

熔岩、石质凝灰岩和轻微断裂石灰岩路段属于A类，围岩一般具有较高的强度，在设计埋深条件下随隧道掘进应力发生变化。

B类段的数值计算预测结果如下：

- 隧道掘进期间掌子面和洞室周围的应力会超过围岩介质的自然强度特性，但处在弹性范围内；

Colli Albani隧道。与**Finestra 1**号进入隧道交汇处十字拱的拱架详图

地层：火山岩，埋深：约**50 m**

- 隧道洞周附近不会形成“成拱效应”，但在相当于塑性带范围的距离处将出现“成拱效应”；
- 变形处在弹-塑性范围内，变形影响延迟，变形值达几厘米；
- 在正常掘进速度下掌子面-超前核心土将在短期内保持稳定，掌子面-超前核心土出现一定的挤出变形，但还不足以影响隧道的短期稳定性，因为围岩仍能提供足够的残余强度。

类复理石混合岩（Argille Varicolori或泥灰-砂质地层）或层状火山碎屑岩层段属于B类，只要其覆盖层厚度能足以形成自然拱效应。

C类段的数值计算预测结果如下：

- 甚至是在掌子面周围区域，地层应力也大大超过围岩强度特性值；
- 掌子面与隧道周围都不会自然形成“拱效应”，因为围岩不具有足够的残余强度；
- 变形处在塑性破坏范围，变形影响延迟，变形量达几分米，导致严重的不稳定，如掌子面失稳和洞室崩塌。
- 在未采取加固干预措施情况下掌子面-超前核心土完全不稳定。

C类段包括隧道洞口段、浅埋段以及属于Argille Varicolori复理层的鳞片状黏土地层段，其岩土力学特性非常接近下限值（残余值）。除非施作人工覆盖层，否则在这些情况下不可能形成拱效应。

施工方法（处治阶段）

在对开挖地层进行可靠的应力-应变特性预测后，选择最为适合的稳固技术控制、限制或预先对付及消除具有一致应力-应变特性的每一隧道段的变形。

隧道断面类型的设计指导原则如下：

（1）即使在困难应力-应变条件下也始终采用全断面掘进法；

（2）根据情况，及时采用有效的洞室预约束和/或约束措施（近水平旋喷注浆；在超前核心土和/或其周围安设玻璃纤维构件，必要时配置注浆阀进行水泥注浆；喷射混凝土等）来限制隧道围岩的蚀变及卸压松弛，以吸收大量变形从而避免坍塌或预先对付及消除围岩变形；

Colli Albani隧道。Finestra 1号进入通道洞口

Colli Albani隧道，加固掌子面–超前核心土，地层：火山岩，覆盖层厚度：约30 m

Santuario隧道，用石灰对地层进行处理以形成人工覆盖层，地层：火山碎屑岩

（3）如果需要，施作最终混凝土衬砌对其进行加固，并在必要时通过在距掌子面较短距离内分步浇筑隧道仰拱来终止变形。

下面为实际设计的隧道断面型式（图A.5）。

- A类隧道段（掌子面-超前核心土稳定）：A型隧道断面设计包括设置钢拱架、喷射混凝土初期衬砌和60 cm厚混凝土最终衬砌并采用隧道仰拱闭合，其厚度同样为60 cm。
- B类隧道段（掌子面-超前核心土短期稳定）：对此设计了三种主要隧道断面型式。
  - B1断面型式：双钢拱架+喷射混凝土初期衬砌；厚度为80 cm的最终衬砌；在距掌子面3倍洞径范围内浇筑90 cm厚隧道仰拱；
  - B2断面型式：规定加固超前核心土，玻璃纤维结构件+双钢拱肋+喷射混凝土初期衬砌，90 cm厚最终衬砌，在距掌子面1.5倍洞径范围内浇筑隧道仰拱；
  - B3断面型式：规定采用曲墙式几何形状以便更有效地抵抗水平推力；加固超前核心土（比B2型断面加固强度更高，搭接长度也更长）；玻璃纤维结构件、双钢拱架、喷射混凝土、90 cm最终衬砌、在距掌子面4~6 m处整体浇筑100 cm厚仰拱（包括拱脚和底板）。
- C类隧道段（掌子面-超前核心土不稳定），对此设计了2种主要断面型式。
  - C1断面型式：使用近水平旋喷注浆桩对隧道周围地层进行超前加固并在超前核心土中采用玻璃纤维结构件（长度为15.5 m，搭接部分为3 m）加固；采用双钢拱架、喷射混凝土初期支护；然后施作最终衬砌，拱顶处最终衬砌厚度为40～130 cm；隧道仰拱厚度为100 cm，在距掌子面1.5倍洞径范围内以6~12.5 m的间隔分步浇筑；
  - C2断面型式：采用带注浆阀的玻璃纤维管通过高压注浆对未来洞室周围进行超前地层改良，同时采用注浆玻璃纤维结构件（长度为15 m，搭接部分5 m）加固超前核心土，施作双钢拱架+喷射混凝土初期衬砌，然后是90 cm厚最终衬砌，隧道仰拱厚度为100 cm，在距掌子面1～1.5倍洞径范围内以6～12.5 m长度间隔分步浇筑。

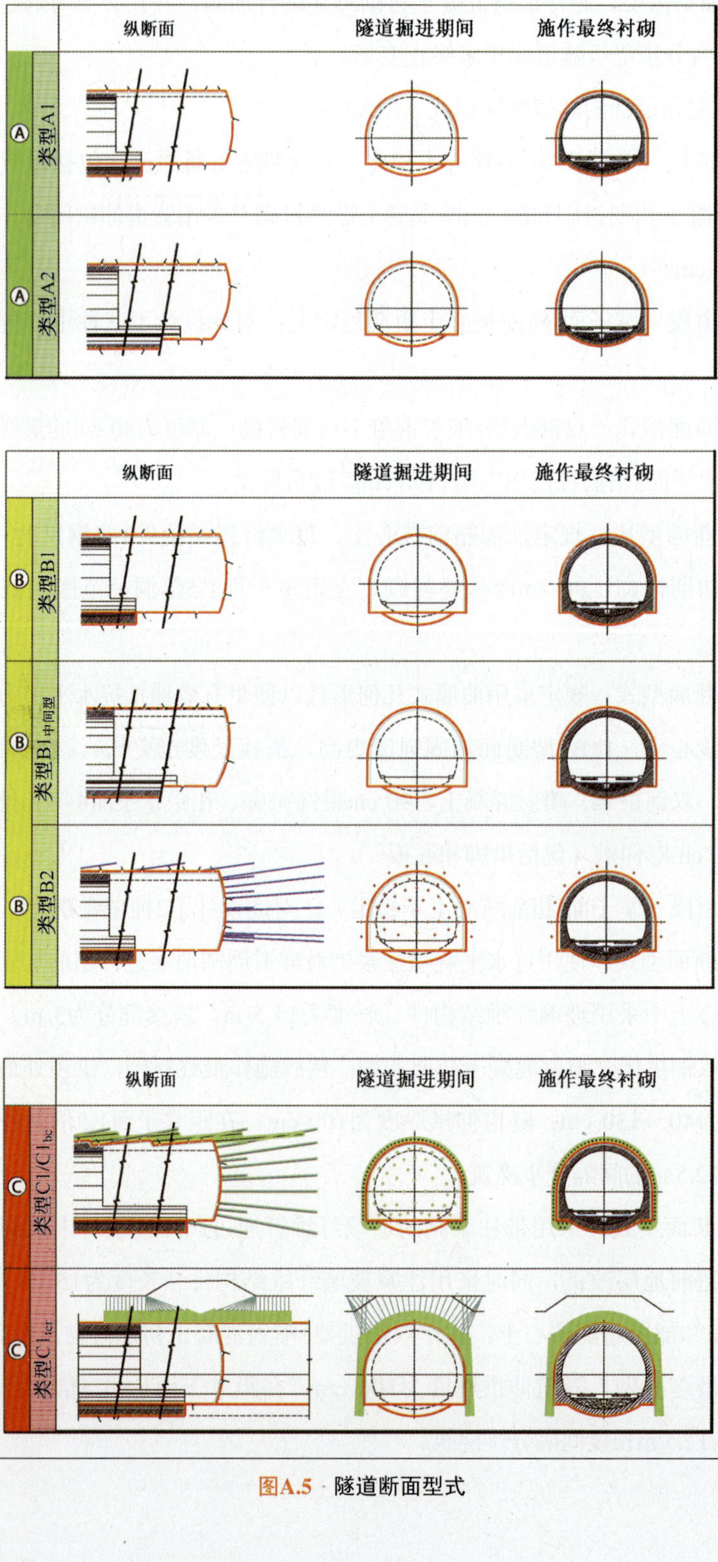
纵断面
隧道掘进期间
施作最终衬砌
Ⓐ 类型A1
Ⓐ 类型A2
纵断面
隧道掘进期间
施作最终衬砌
Ⓑ 类型B1
Ⓑ 类型B1中间型
Ⓑ 类型B2
纵断面
隧道掘进期间
施作最终衬砌
Ⓒ 类型C1/C1bc
Ⓒ 类型C1ter

图A.5 隧道断面型式

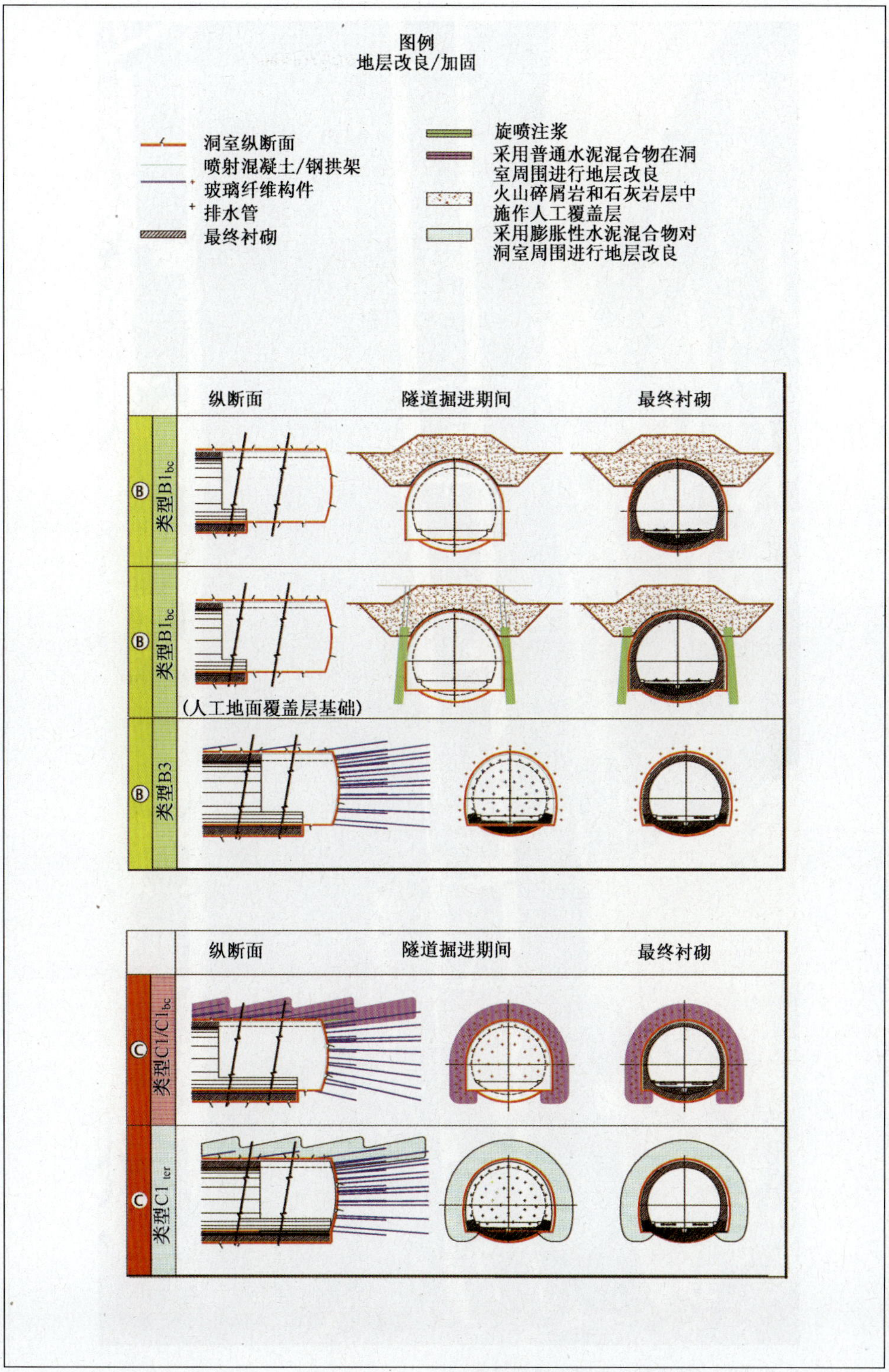
图例
地层改良/加固
洞室纵断面
喷射混凝土/钢拱架
玻璃纤维构件
排水管
最终衬砌
旋喷注浆
采用普通水泥混合物在洞室周围进行地层改良
火山碎屑岩和石灰岩层中施作人工覆盖层
采用膨胀性水泥混合物对洞室周围进行地层改良
纵断面
隧道掘进期间
最终衬砌
B 类型B1bc
B 类型B1bc
(人工地面覆盖层基础)
B 类型B3
纵断面
隧道掘进期间
最终衬砌
C 类型C1/C1bc
C 类型C1ter

图A.5续　隧道断面型式

Colli Albani隧道掌子面附近拱架详图

详细的设计规范完成后，各种隧道断面型式占隧道总长度比例统计如下：

- A型断面：28.9%；
- B型断面：60%；
- C型断面：11.1%。

除区间隧道外，详细设计还涉及一些不可缺少的辅助工程。以下几点值得注意：

- 针对长大隧道开挖了3个用于车辆通行的进入坑道以加快掘进速率，多个掌子面同时作业：在Colli Albani隧道（超过6 km长）上有2个进入坑道，而第3个进入坑道通往Campo Zillone隧道（约3 km长）；
- 根据地形和地层自然特性，采用最合适技术（旋喷注浆加固拱和“柏林”墙）进行洞口工程设计。

静力计算

在弹-塑性范围内，通过一系列三维、二维有限元模型对施工阶段和最终运营阶段中隧道的静力和变形特性进行分析和验证。同时开发模型以尽可能真实地模拟不同施工阶段围岩-隧道系统的特性。特别是：设计规定的隧道洞身预约束和超前核心土加固的效果、施工阶段预计变形值以及初期衬砌和最终衬砌的应力状态。使用ADINA软件包6.0版本在计算机上进行数学模型处理。

合　　同

与其他所有地面工程一样，所有隧道合同采用“总价”合同格式（例如总价为2 844 644 600欧元，其中隧道工程为324 231 600欧元）并在详细设计规范基础上进行发包。对于这类合同，总承包商IRICAV UNO承担所有风险，包括地质风险。

实施阶段

获得合同之后迅速启动开挖作业和施工设计（1995年5月，Colli Albani隧道）。

如果掌握了额外的勘察信息并直接进行了现场确认，那么详细设计的有效性在实施阶段便得到了充分确认，在施工设计中也就只需进行一些小的微调：

Macchia Piana隧道北洞门架设开挖脚手架

- 为了解决Colle Pece 隧道中具有代表性的鳞片状黏土问题，采用了不同于C2的C3断面型式，它使用膨胀水泥混合物进行玻璃纤维结构件注浆；
- "$B1_{bc}$"型断面针对浅埋地层，而"$C1_{ter}$"型则针对具有特殊设计特性的隧道段；
- A2和"$B1_{中间型}$"与上面所介绍的A1和B1断面类型非常相似，设计这些断面型式是为了在特殊情况下对工程进行进一步优化；
- 根据施工期间测量的实际变形特性与设计计算预测结果的比较，针对每一种隧道断面型式类型确定容许变量值（例如加固强度等），其目的是为了实施质量保证标准。

最后，施工设计完成时统计出各种隧道断面型式所占比例如下：

- A型断面：22.5%；
- B型断面：69.4%；
- C型断面：8.2%。

1999年12月底，经过1 100个工作日（1 700天）的施工后，完成了大约21.6 km的隧道掘进作业，其大部均已施作衬砌，相当于地下段99%的工程量。

不包括进入坑道、竖井和其他辅助工程，隧道平均掘进速率约为20 m/d。

图A.6示出了Colli Albani隧道和Sgurgola隧道的掘进速率，从中可以看出掘进速率不仅较高（每个掌子面月进尺约为100 m）而且非常恒定，这表明施工设计完全符合实际条件。

所有土建工程于2001年3月完成。表A.1清晰地列出了各种隧道断面型式在详细设计、施工设计 与"竣工"之间的分布比例对比情况。这些差异没有导致工程总成本的较大变化，因为在B型断面比例增加的同时，A型、特别是C型断面（目前为止费用最高的）比例却减少了，这起到了一定补偿作用。

监测阶段

施工监测

在设计规定的各施工阶段，通过掌子面地质结构素描、掌子面及洞身的应力-应变特性监测来验证设计假定的正确性。

Piccilli 2号隧道，在没有覆盖层路段施做“人工覆盖层”，地层：火山碎屑岩

Colli Albani隧道采用水平旋喷注浆进行南洞口地层改良

Macchia Piana隧道北洞口模板台架

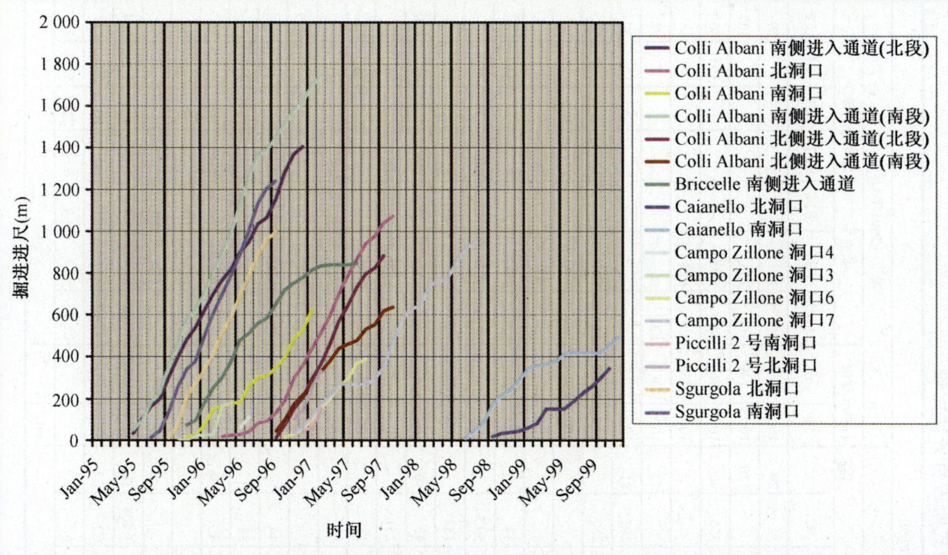

图A.6 掘进速率曲线呈明显的线性特征

为此设计的整个监测系统包括：

（1）掌子面地质与结构素描；

（2）掌子面挤出变形量测；

（3）收敛量测；

（4）地面伸长计量测；

（5）地表水准量测（浅埋段）；

（6）测斜仪量测（洞口处）；

（7）掌子面取样实验室试验。

最终监测

沿铁路隧道设置了22个用于数据记录的自动化永久监测站。其目的是：

（1）验证设计假设；

（2）监测隧道随时间变化的特性；

（3）提供维护保养相关信息。

施工中进行了以下监测：

（1）确定径向变形的收敛量测；

表A.1　详细设计、施工设计与“竣工”之间不同隧道断面型式所占百分比比较

米兰-那不勒斯高速铁路罗马-那不勒斯区段隧道断面型式的分布情况

工作分解	隧道名称	详细设计								施工设计								竣工（2001年3月）								
		隧道长度（m）	断面型式（长度单位为米）							隧道长度（m）	断面型式（长度单位为米）							建成隧道		断面型式（长度单位为米）						
			A	B1	$B1_{bc}$	B2	B3	C1	C2		A/A2	B1	$B1_{bc}$	B2	B3	C1	C2	%	m	A/A2	B1	$B1_{bc}$	B2	B3	C1	C2
GN01	COLLATINA	55							55	53		24					29	100	53	0	24					29
GN02	MASSIMO	1 149	1 092						57	1 139	664	355					120	100	1 139	766	236					137
GN03	COLLI ALBANI	6 357	1 462	3 115				1780		6 361	541	5 425				355	40	100	6 361	610	5 355				356	40
GN10	SGURGOLA	2 240	560	1 680						2 237	19 887	250						100	2 237	1 615	622					
GN11	MACCHIA PIANA 1	1 150	920	230						969	834	63					72	100	969	831	66					72
GN12	MACCHIA PIANA 2	540	540							212						191	21	100	212						175	37
GN13	LA BOTTE	1 185	687			379			119	1 253	300	348		342		263		100	1 253	344	256		395		258	
GN14	CASTALLONA	470	249	221						430		178		173	79			100	430		1 59.5		231	39.5		
GN15	S. ARCANGELO	580				116	406		58	580		380		200				100	580		507		73			
GN16	SELVA PIANA	170	119	51						132		49		49		34		100	132		90		8		34	
GN17	COLLEVENTO	387				348			39	380		100		229.5		50.5		100	380		107		248		25	
GN18	SELVOTTA	173				173				164				31		133		100	164				33		131	
GN19	COLLE PECE	873				611	175		87	873		253		389	149	42	40	100	838		153		169	254	62	200
GN31	CAMPO ZILLONE 1	3 163		1423		1 740				2 617		1 565		801		251		100	2 617		2586		15		15	
GN25	CAMPO ZILLONE 2	350				350				350		334				16		100	350		334				16	
GN26	PICILLI 1	845	127	591				127		907		553	58	296				100	907		677	58	98		74	
GN27	PICILLI 2	229		195				34		485		266	219					100	485		249	236				
GN28	LOMPARI	235		189			47			199		155				44		100	199		155				44	
GN29	CAIANELLO	210		168			21	21		832		474	334			24		100	832		477	331			24	
GN30	BRICCELLE	1 033	424	690						1 033	581	10		218	180	4	40	100	1 033	582	10		218	180	4	39
GN32	CASTAGNE	0								289		189	100					100	289		184	105				
GN33	SANTUARIO	0								322		242	80					100	322		242	80				
总长度（m）		21 394	6 180	8 472		3717	649	1 962	415	21 817	4 907	11 212	791	2 729	408	1 408	362	100	21 782	4 748	12 490	810	1 488	474	1 219	544
所采用断面型式的百分比（%）			A	B1	$B1_{bc}$	B2	B3	C1	C2		A/A2	B1	$B1_{bc}$	B2	B3	C1	C2			A/A2	B1	$B1_{bc}$	B2	B3	C1	C2
			28.9	39.6	0.0	17.4	3.0	9.2	1.9		22.5	51.4	3.6	12.5	1.9	6.5	1.7			21.8	57.3	3.7	6.8	2.2	5.6	2.5
											待掘进的隧道段（%/m）							0.0	0							

Colli Albani隧道与南侧进入通道的联结处，地层：火山岩，覆盖层：约40 m

（2）评估围岩变形发展的伸长计量测；

（3）作用于衬砌上的围岩总压力量测；

（4）地层孔隙压力测量；

（5）结构构件内应力测量；

（6）最终衬砌混凝土温度量测；

（7）列车通过隧道诱发的结构振动量测。

结　　论

以上给出的最终数据说明：尽管现场掘进遇到了非常困难的地质条件，但是使用岩土控制变形分析法针对罗马—那不勒斯高速铁路线上隧道进行的设计预测与实际情况非常吻合。

如果将所遇围岩条件和必须解决的客观困难条件考虑进去，则所取得的较高平均掘进速率表明：基于岩土控制变形分析法原理的设计方案具有高标准和可靠性这2个特征，同时现场隧道掘进作业达到了高度机械化。

地下工程按计划于2001年完成。施工成本与预算仅差几个百分点，承包商与业主之间也从来未出现过严重争议。

Macchia Piana隧道使用破碎锤开挖掌子面–超前核心土（地层：凝灰岩，覆盖层：约3 m）

Macchia Piana隧道北洞口施工（地层：碎石）

附录B

博洛尼亚–佛罗伦萨高速/大运量铁路新线隧道设计与施工

回　顾

回顾博洛尼亚-佛罗伦萨间穿越托斯卡纳-艾米利亚-亚平宁山脉的铁路连接线及当时作为陆上主要客货运输系统的铁路发展历史是很意义的，在社会政治发展过程中，它见证了从国家统一至近年加入欧盟这一段期间意大利南部与中部贸易呈指数增长的情况。

博洛尼亚和佛罗伦萨间的第1条连接线工程始于1856年，并于1864年12月投入运营。其定线采用了工程师Protche 设计的Porrettana线（图B.1），这条铁路线今天仍然还存在。它顺着里诺山谷蜿蜒向前，在Pracchia（海拔为616 m）处穿过亚平宁山脉并经皮斯托亚（Pistoia）到达佛罗伦萨。

“Porrettana”线路：Signorino隧道南洞口的修建（1862年）

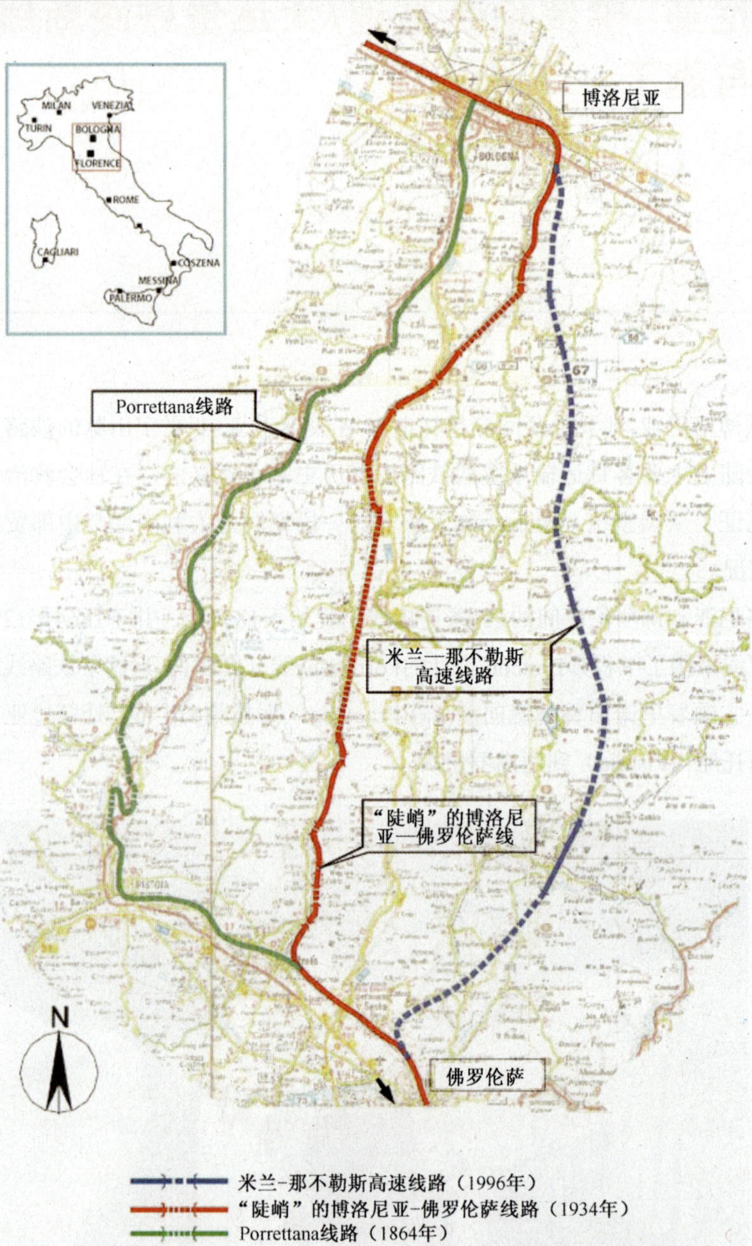
MILAN
VENEZIA
TURIN
BOLOGNA
FLORENCE
ROME
CAGLIARI
COSZENA
MESSINA
PALERMO
博洛尼亚
Porrettana线路
米兰—那不勒斯
高速线路
“陡峭”的博洛尼亚—佛罗伦萨线
佛罗伦萨
N
米兰-那不勒斯高速线路（1996年）
“陡峭”的博洛尼亚-佛罗伦萨线路（1934年）
Porrettana线路（1864年）

图B.1

这条铁路还没完工就意识到：由于坡度较大，将很快无法满足波河河谷地区与首都之间快速增长的交通量需求。因此必须尽快在博洛尼亚与佛罗伦萨之间修建一条更直且运量更大的新线。经当时土木工程师验证给出了一系列具有不同垂直、水平线路的设计方案建议。他们一致建议限制主隧道的长度，最大高程维持在大约500 m海拔高度，为此可接受的坡度仅比既有线路的低少许，几乎不能提高运量。

1882年，相关机构指定Protche工程师审查由Zannoni工程师于1871年起草的设计方案并提出改进建议。Protche提出的建议方案是沿Setta和Bisenzio山谷在Sasso Marconi和Prato处与既有线相连，并通过一座18 032 m长、最高点海拔高度为328 m的隧道穿越亚平宁山脉，其最大坡度为12‰。

1902年，公共工程部高级理事会成立了一个专门委员会来审查当时提交的研究结果。委员会选择了Protche的设计方案，因为线路坡度及沿线地形的稳定性完全满足线路的要求。参议员G. Colombo主持的部长委员会并没有局限于Protche设计方案，而是对各比选方案进行了研究并最终选出最佳方案。

1908年，意大利政府在部长委员会报告的基础上通过了444/1908号法案，并着手进行最终设计研究，投资1.5亿里拉修建博洛尼亚-佛罗伦萨间的“Direttissima”铁路线工程。

实际上该工程的施工一直到1913年才启动，而且因第一次世界大战和随后发生的事件打乱了国家的正常生活次序，从而使工程进展非常缓慢，而且不断被迫停工。施工作业一直到1921年才又重新开始，总成本为11.22亿英镑的“Direttissima”铁路工程最终于1934年举行开通典礼，其中仅大亚平宁隧道工程就花费了4.6亿英镑。

在博洛尼亚-佛罗伦萨“Direttissima”铁路线工程交付使用50年以后，对铁路的运载能力提出了更高的要求，即国家铁路网应与欧洲标准一致，使之成为欧洲大陆高速铁路网不可分割的一部分，由此促进了高速/大运量铁路工程项目的上马。

该项目对意大利铁路网进行了重新规划，新的高速/大运量铁路网包括4条线，即穿过波河河谷的东西线和穿越半岛的南北线。因此博洛尼亚-佛罗伦萨段在设计和施工方面都具有重大影响。

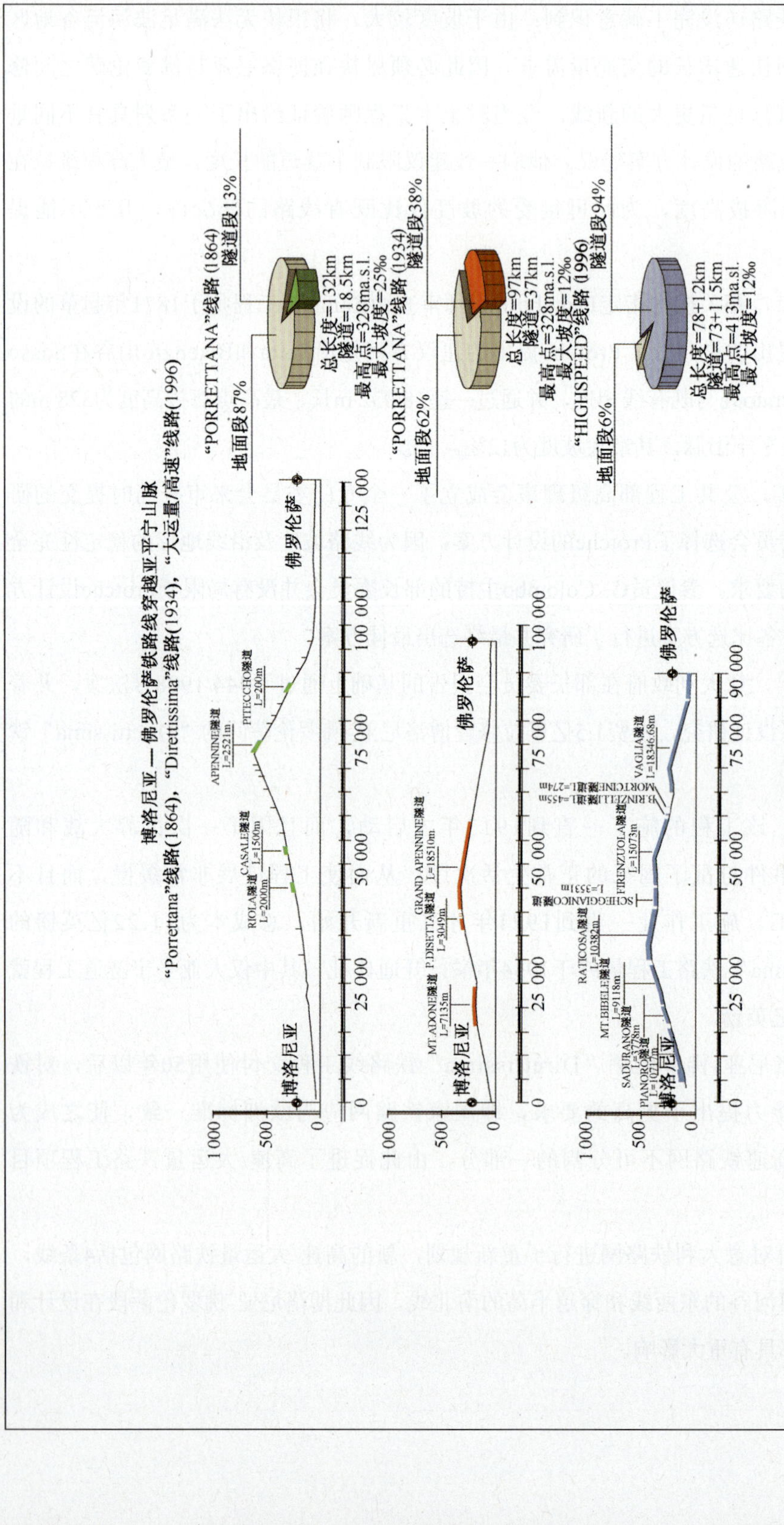

图B.2 博洛尼亚-佛罗伦萨的三条铁路线

博洛尼亚–佛罗伦萨**Direttissima**线路，从既有大亚平宁隧道开始对车站大厅进行开挖：右侧楼梯通道

在此不详细介绍TAV（高速铁路）工程项目，简而言之，国家铁路管理部门将这些新线的设计、施工和管理特许权授予了成立于1991年的TAV S.p.A 公司，特许期限为50年。

TAV公司选择了许多大型集团公司作为新线设计、施工总承包商。博洛尼亚-佛罗伦萨段选择的是FIAT集团公司，它将设计、施工合同分包给了FIAT工程公司和CAVET联营体。Rocksoil公司承担地下工程设计。

在TAV公司将线路的总设计任务交给FIAT公司后，于1992年初开展了环境影响评估研究以及工程的实施设计。在上述研究基础上确定了一条位于既有线东侧的定线，其总长度为78 km，其中73 km位于地下，另外5 km为地面工程；最高海拔为413 m。

概括来讲，图B.2说明了从1864年的“Porrettana”线到未来高速/大运量铁路线的发展过程。这可以说是对所取得技术进步和新线路高质量基础设施的一个总结。相较于Porrettana线，Direttissima线所取得的进步包括改进了定线的垂直、水平几何形状（降低了最大坡度、增大了曲线半径和缩短了线路长度，最终实现了更高行车速度），而新建高速/大运量铁路线所作的改变不仅仅是更为宽泛的几何参数，更重要的是设计时更加关注环境因素，因此尽可能采用地下方案，而这一切得益于新施工技术的发展。

博洛尼亚—佛罗伦萨高速/大运量新铁路线

穿过亚平宁山脉的博洛尼亚-佛罗伦萨高速/大运量铁路新线长度为78.5 km，其

博洛尼亚–佛罗伦萨**Direttissima**线路，大亚平宁隧道的开挖：采用钢拱架对拱顶进行加固

博洛尼亚–佛罗伦萨**Direttissima**线，从以前的大亚平宁隧道进行车站大厅的开挖：拱顶和侧壁导坑内设置拱架

博洛尼亚–佛罗伦萨**Direttissima**线路，大亚平宁隧道，佛罗伦萨侧洞口

中70.6 km线路（大约占总长度的90%）为双线隧道，隧道将穿越该地区隐伏的、复杂的丘陵和山区地形。

该工程包括以下施工作业：

- 9座横断面积为140 m^2、长度在528～16 775 m的区间隧道；
- 14条进入坑道，总长9 255 m；
- 1条服务隧道，总长10 647 m；
- 2条连接横通道，总长度为2 160 m。

工程处于快完工状态，所有区间隧道的开挖掘进于2005年10月完成。

设　计

地质—岩土情况（勘察阶段）

众所周知，工程所涉地层情况非常复杂。1934年开工建设、如今仍在运营的“Direttissima”铁路，解决其施工中所遇问题时便颇费周折。该工程总成本的2%，即0.84亿欧元被投到最终设计所需的地质调查中，以提供所要掘进地层详细、准确的地质—岩土力学特性信息。如图B.3所示，地质条件主要包括类复理石层、黏土、泥板岩以及松散泥质土，范围覆盖地下线路的70%，有些地方地下水位极高，覆层厚度为0～600 m。其中有些地层还含有瓦斯，其通常具有隐匿性，处理起来比较棘手。在勘察阶段，根据所获信息将具有相似地质、岩土力学特性的线路分为若干段。在此基础上确定了最能代表这些路段的围岩强度和变形参数，为接下来的诊断、处治阶段所用。

岩土的开挖变形反应特性预测（诊断阶段）

不管是因为地层具有各种岩土、地质力学特性还是不同的覆盖层厚度，拟建隧道在掘进过程中都将遇到极为不同的应力-应变条件，因此在诊断阶段将整个地下线路划分为具有相同应力-应变条件的若干段。区段划分的依据是未采取稳固措施下掌子面-超前核心土的稳定性，这是唯一和通用的参数，可根据第7章中的标准以及勘察阶段所获地质、岩土、岩土力学和水文地质信息进行预测。这些所划分路段的情况如下：

- 掌子面-超前核心土很可能是稳定的（A类；变形处在弹性范围内，不稳定性主要体现为：掌子面与洞室周围岩石掉落）；

Monte Bibele隧道掘进穿越**Bismantova**泥灰岩时掌子面视图，埋深：约**40 m**

Monte Bibele隧道掘进穿越**Monghidoro**复理岩时掌子面视图，埋深：约**200 m**

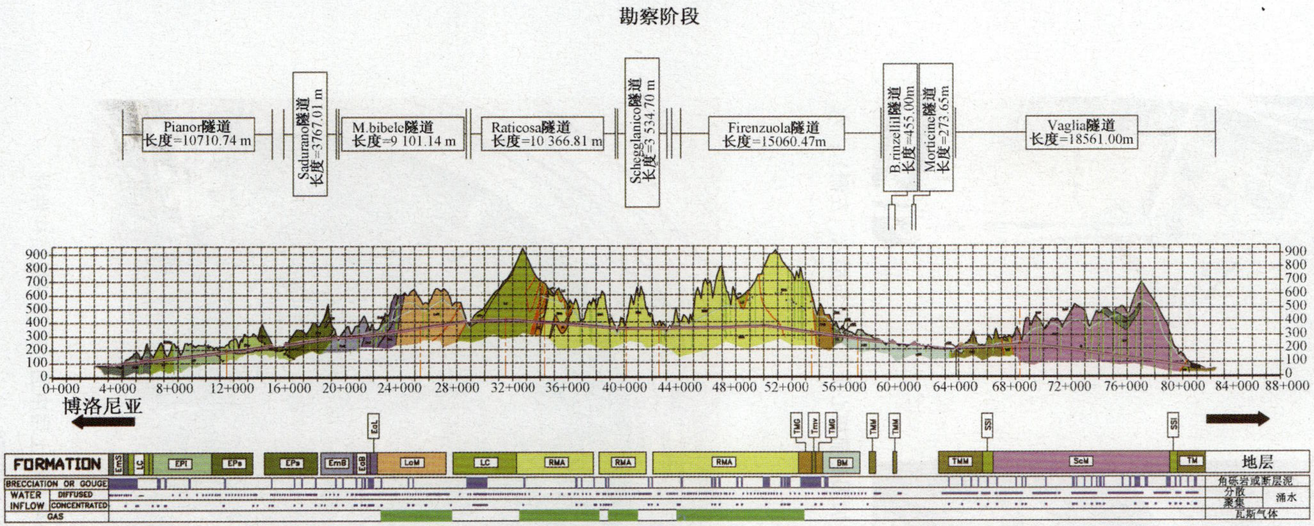

地层		长度(m)	覆盖层(m)	内聚力(MPa) 摩擦角(°)	弹性模量(GPa)
Marne in facies is Schlier(EmS)		2 012	0~120(Pianoro Tunnel)	c=0.25~0.3　φ=28~30	E=2.9~3.4
Pliocene Intrappenninco Superiore(EpS)		11 445	0~245(Sadurano Tunnel)	c=0.5~0.7　φ=28~30	E=3.0~6.0
Marne di Bismantova		7 055	0~140(Monte Bibele Tunnel)	c=0.8~1.35　φ=29~33	E=4.0~6.0
Flysch di Monghidoro(LaM)		9 115	0~290(Monte Bibele Tunnel)	c=0.12~0.5　φ=23~35	E=3.0~8.5
Complesso Caotico(LC)		11 187	0~520(Raticosa Tunnel)	c=0.03~0.7　φ=10~25	E=0.1~1.8
泥灰质砂岩(RMA)		39 961	0~550(Firenzuola Tunnel)	c=2.0~2.2　φ=24~38	E=15~20
Mugello盆地　黏土(aBM)		7 404	0~80(Firenzuola Tunnel)	c'_P=0.03　φ'_P=26~28	E=0.01~0.3
Monte Morello地层(ScM)	下层石灰岩	13 861	25~560(Vaglia Tunnel)	c=1.0-1.4　φ=42~45	E=7~15
	黏土与泥灰土			c=0.18-0.24　φ=28~33	E=2~8

图B.3　勘察阶段：主要地层强度与变形参数的可变性

Raticosa隧道采用玻璃纤维结构件加固超前核心土。钻孔与插入（左侧）；水泥灌浆（右侧）

Raticosa隧道在**Complesso Caotico**鳞状黏土层中通过玻璃纤维结构件对掌子面–超前核心土进行加固（埋深：约**550 m**）

- 掌子面-超前核心土可能短期稳定（B类；变形处在弹塑性范围内；不稳定性主要体现为：掌子面与洞室周围岩石剥落）；
- 掌子面-超前核心土很可能不稳定（C类；变形处在破坏范围内：不稳定性主要体现为：掌子面失稳及洞室坍塌）。

通过此分析发现：17%的线路所穿越地层属于A类，57%的线路属于B类，变形处在弹塑性范围内，而26%的线路在未采取合适干预措施情况下掌子面-超前核心土将呈现出严重的不稳定特征，为典型的C类。

确定开挖方法与稳定加固措施（处治阶段）

在对地层的开挖应力-应变反应进行可靠预测后，针对各种假设情况，确定相同应力-应变特性隧道段所需采取的措施（预约束和/或一般约束），以保证尽可能靠近开挖轮廓面形成拱效应。然后设计出相应开挖方法（实际掘进方法、隧道掘进进尺）及最合适的保证洞室长期、短期稳定性的稳定、加固技术。

所有隧道中程度不同的地层多变性特点表明：除了Vaglia隧道的服务隧道外，完全采用机械化施工不可取。隧道断面型式设计的主要原则基于以下几点：

（1）一般采用全断面掘进，尤其是在困难应力-应变条件下。因为其具有特别的静力优势而且在宽敞空间内可以更好地使用大型机械，它能实现安全掘进，同时取得稳定、较高的掘进速率。即使在穿越非常复杂的地层时，在对掌子面-超前核心土进行加固后也能取得同样的成绩。

（2）必要时对掘进引起的围岩蚀变和释压松弛进行限制，立即采取有效的洞室预约束和/或约束措施（近水平旋喷注浆；超前核心土和/或洞室周围设置玻璃纤维结构件，需要时配置注浆阀进行压力水泥注浆；喷射混凝土等），其目的在于吸收其大部分变形，不至于发生坍塌，或者是从一开始就预先处理和消除地层位移。

（3）施作最终混凝土衬砌，在需要时添加钢筋。当意识到需迅速终止变形时，在隧道掌子面后方附近以较小间隔浇筑混凝土仰拱。

对此作出的设计决策如下：

- 上新世Intrapppenninico Superiore（Pianoro隧道）：根据此地层围岩的地质力学特点及应力状态，预测掌子面-超前核心土特性为短期稳定到不稳定（B类和C类）。在第1种情况下，没有必要对地层采取干预措施（现在流行的方法），并尽可能保持较高的掘进速率（大于2 m/d）。B0和B2断面型适合此预计施工条件。在已知围岩平均强度下，采用破碎锤作为开挖工具。掘进进尺为1.5 m，掌子面为凹状，这样能在8 h一班的施工中设置一榀钢拱架并确保达到要求的掘进速度。

Firenzuola隧道掘进穿越Marnoso–Arenacea地层时掌子面视图（埋深：约500 m）

Vaglia隧道掘进穿越Mugello盆地黏土层时使用玻璃纤维结构件加固掌子面视图（埋深：约15 m）

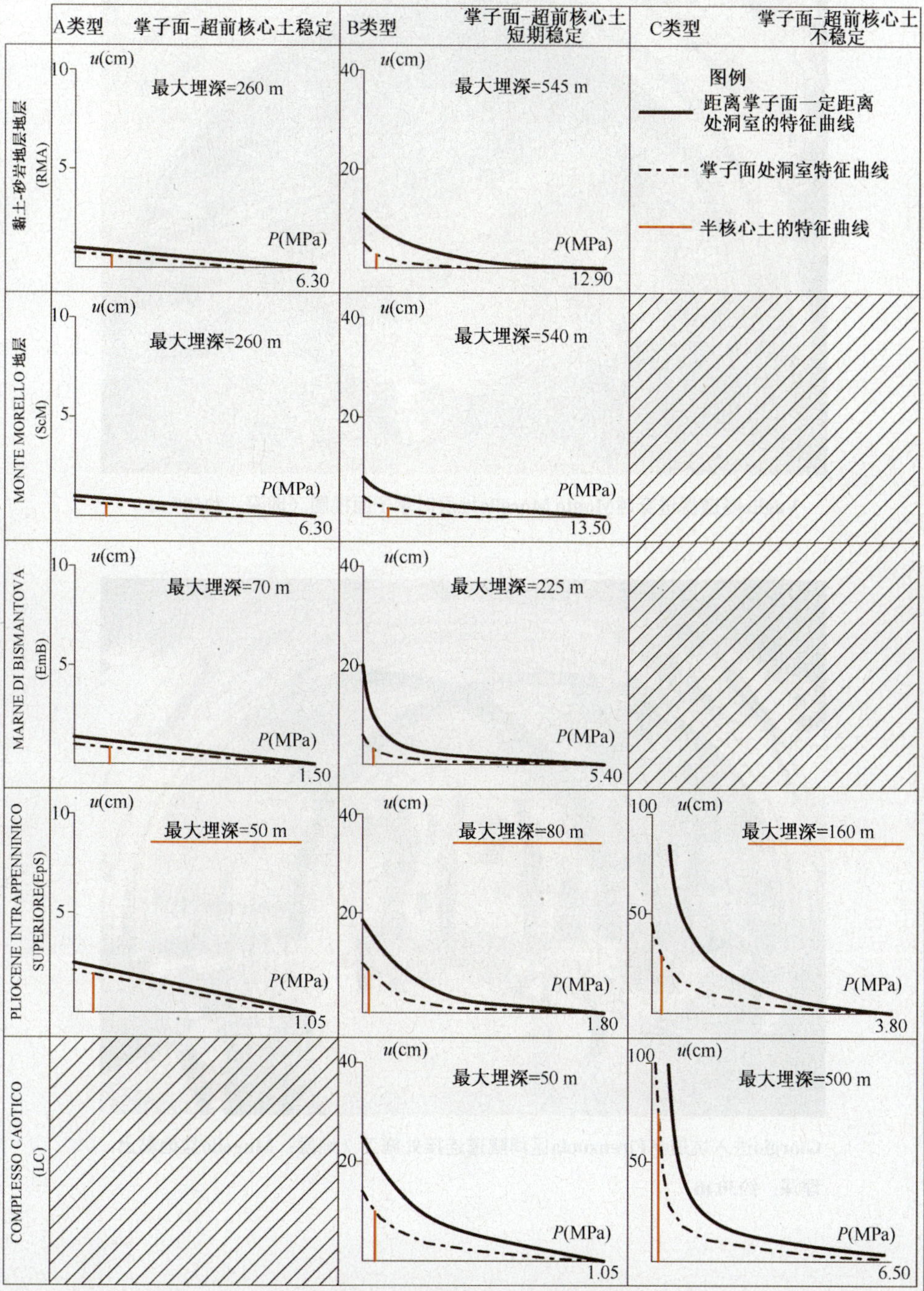

图B.4　掘进期间隧道应力–应变特性预测

Vaglia隧道掘进穿越Monte Morello地层时掌子面视图（埋深：约600 m）

Giorgio进入坑道与Firenzuola区间隧道连接处施工（地层：Mugello盆地黏土，埋深：约30 m）

- Bismantova泥灰岩（M. Bibele 北隧道）：此段地层围岩较为坚硬，仅有少许岩石破裂情况，大约有2 km长的泥灰岩，然后是砂岩与泥灰质岩互层。诊断阶段研究发现：掌子面-超前核心土大部分呈现稳定（A类），一般来说没必要对岩体进行改良。因此规定其断面型式为Ab, Ac和 B0。在确定岩体特性（σ_c >30 MPa）后，决定采用传统钻爆法进行开挖，每天一个循环，掘进速率为4.5～5 m。
- Monghidoro复理岩（M. Bibele南隧道）：由交互出现、构造作用强烈、严重破裂的泥岩、黏土质泥灰岩、石灰岩和灰屑岩构成。在诊断阶段发现地层主要呈现为B类（掌子面-超前核心土短期稳定）特性，并有向C类（掌子面-超前核心土不稳定）转变的可能性，因此断面型式设计为B0和B2。掘进过程中根据情况决定是否采取地层改良措施。尽管围岩较为坚硬，但破裂情况明显，因此选择破碎锤进行掘进，在质量较好岩体中，其最大掘进速率可达2.5 m/d，而在主要为泥板岩地层中其掘进速率最高达1 m/d。
- Complesso Caotico（Raticosa隧道）：由地质力学特性较差、严重破裂和构造作用强烈的鳞片状黏土构成，因此隧道掘进在高应力条件下进行（C类特性：掌子面-超前核心土不稳定）。针对地质条件比较困难，规定在使用玻璃纤维结构件对超前核心土和洞室四周进行超前加固后实施全断面开挖（断面型式C4R，C4V），然后迅速架设钢拱架、喷射混凝土，并在采用横撑的隧道仰拱内闭合成环，对隧道洞壁进行支护。在距掌子面一个洞径范围内浇筑隧道边墙及仰拱。采用易于在掌子面形成凹状的耙土机开挖不均质软岩地层。约1.2 m/d的掘进速率被认为是比较合适的。
- 泥灰质砂岩地层（Scheggianico隧道、Firenzuola隧道）：为泥灰岩和砂岩互层组成的含水层，位于次水平斜床中，其范围从几分米到几米。由于围岩具有较高的强度和变形性，甚至在最大埋深条件下围岩的开挖变形也处在塑性范围内（A类：掌子面-超前核心土稳定），因此规定断面型式为Ab和Ac。由于岩体具有良好的力学特性，于是钻爆法便成了最佳选择，即便在隧道断面成形方面有一定困难。
- Mugello盆地黏土（Firenzuola隧道）：由黏质粉砂组成，夹有细砂质饱和互层。预计隧道将在在C类特性（掌子面-超前核心土不稳定）地层中掘进。因此采取了适当的干预措施对地层进行改良和加固（断面型式C1，C4R，B2）。规定采用耙土机进行开挖并及时施作衬砌（在1倍洞径范围内浇筑隧道边墙和仰拱）。
- Monte Morello 地层（Vaglia隧道）：此为复理层，由石灰岩、泥灰质石灰岩和非常破碎的泥灰岩构成，位于密实的斜床中，范围为几分米。由于其具有良好的地质力学性能，因此主要呈现为A类特性（掌子面-超前核心土稳定），决定采用Ac或B0断面型式。鉴于围岩特性，钻爆法是唯一选择。

表B.1对设计规定进行了总结。

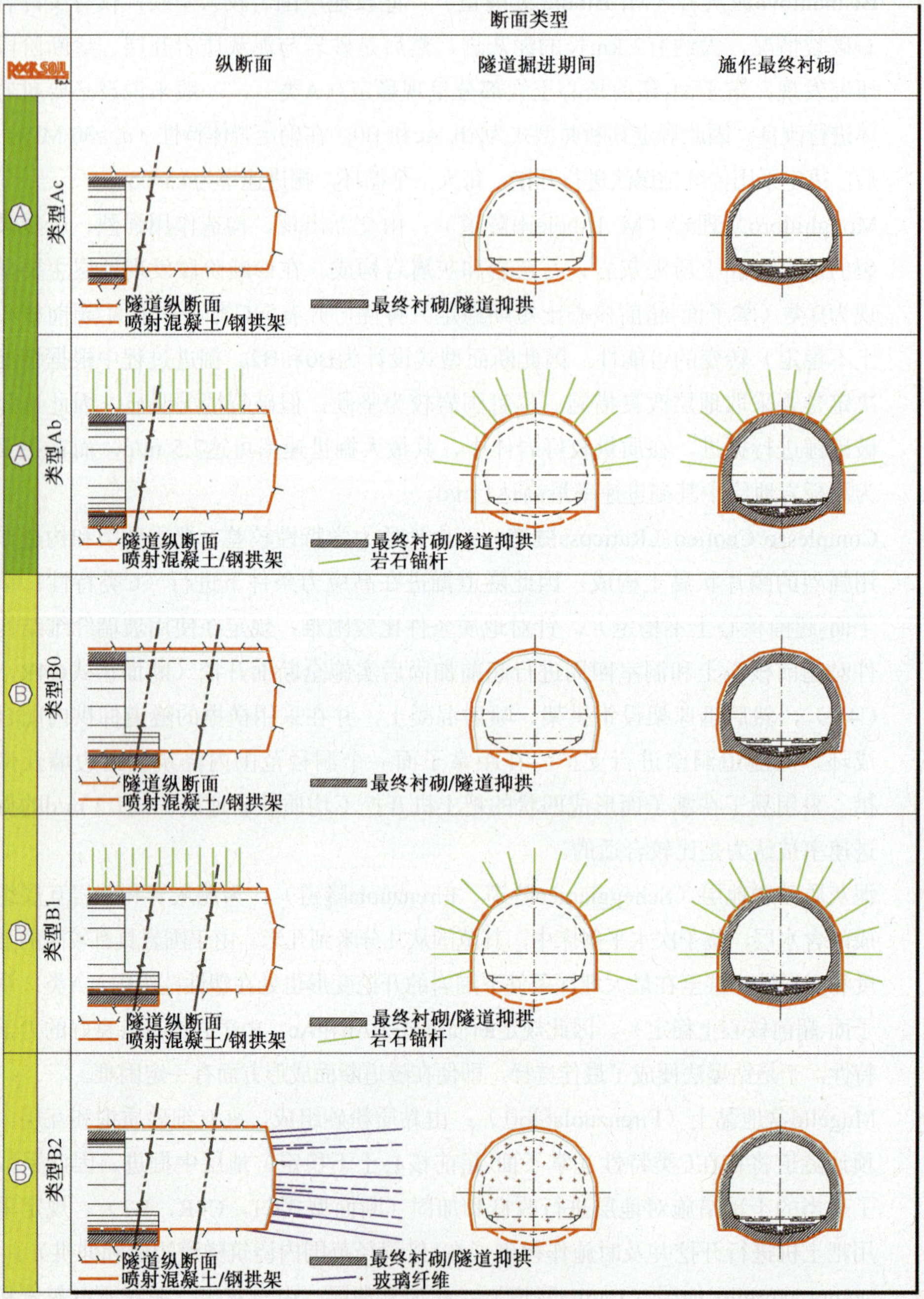

图B.5　主要隧道断面类型

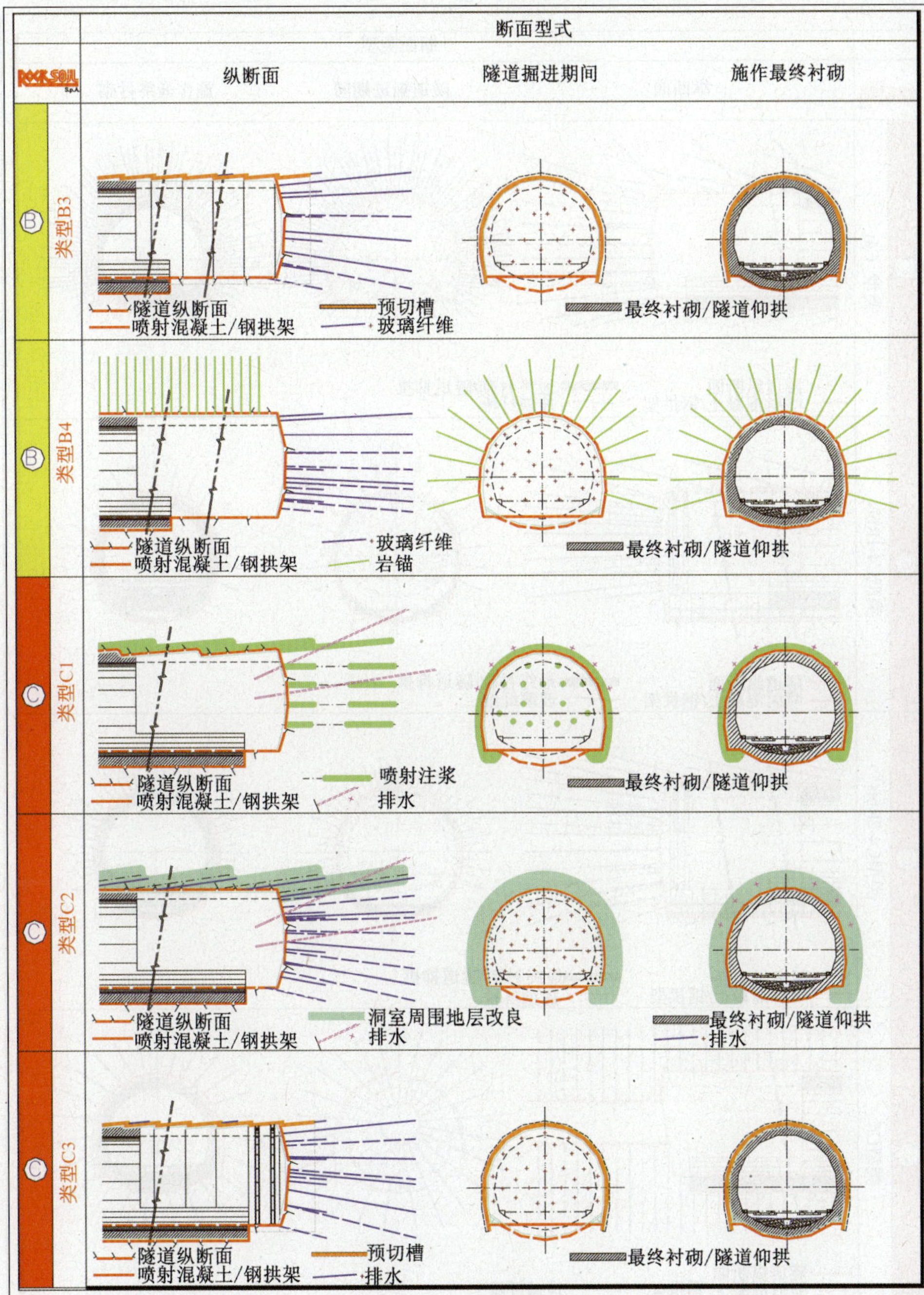

图B.5续 主要隧道断面类型

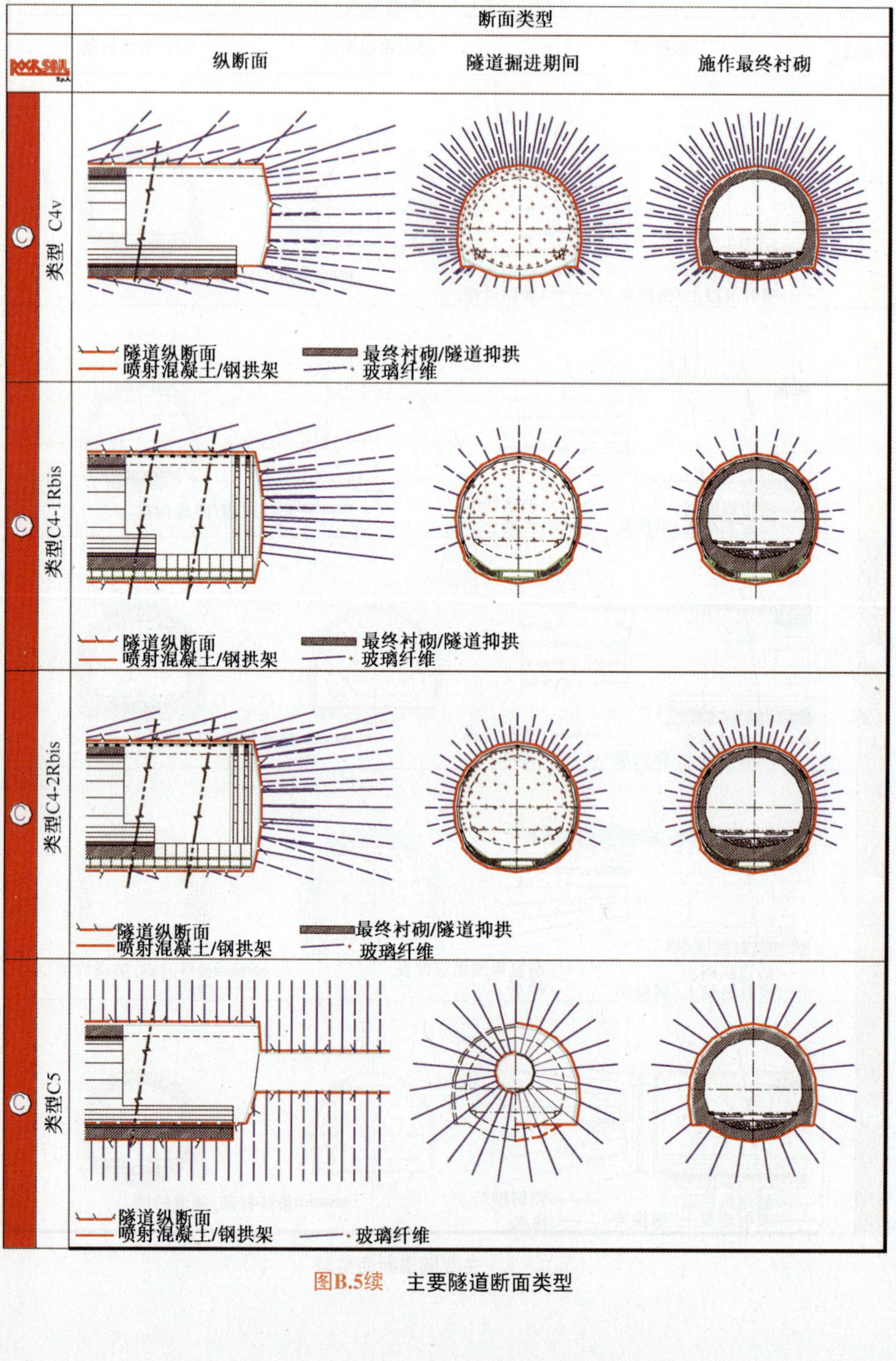

图B.5续　主要隧道断面类型

表B.1　隧道设计规定

地层	隧道	σ_c (MPa)	特性类别	水	断面型式	影响开挖设计的因素			
						地层改良或加固措施	掘进系统	掘进进尺(m)	预计掘进速率
上新世 Intrappenninico (Eps-Epi)	Pianoro南侧隧道	12	B, (C)		B0, B2 (C1, C2)	偶尔	破碎锤	1.5	2
Bismantova泥灰岩 (EmB-EaB-EaL)	Monte Bibele北侧隧道	30	A, (B)		Ab, Ac (B0)	偶尔	爆破	4.5~5	5
Monghidoro复理层 [laM]	Monte Bibele南侧隧道	8	B, (C)		B0, B2 (C4)	偶尔	破碎锤	1~2.5	2
Complesso Caotico [LC]	Raticosa北侧隧道	2	C		C4R, C4V	系统	耙土机	1.2	1
泥灰质-砂岩 [RMA]	Firenzuola隧道Rovigo侧	40	A, (B)	有	Ab, Ac (B0)	系统排水	爆破	2.5~5	5
Bacino del Mugello黏土 [aBM]	Firenzuola隧道S.Giorgio侧	2	C, (B)	有	C1, C4R (B2)	系统	耙土机	1~1.2	1.3
Monte Morello[ScM]	Vaglia隧道	30	A, (B, C)		Ac (B0)	偶尔	爆破	2.5~5	5

针对每种纵、横断面类型，明确规定了其对应的地质、地质力学、应力-应变（挤出变形和收敛）条件范围以及各种加固干预措施（地层改良、初期衬砌和隧道仰拱等）相对于掌子面的实施位置、强度、实施步骤及时间间隔。在大量经验基础上确定了可靠的施工循环, 据此可对日进尺进行准确预测。图B.5示出了主要采用的断面型式（共14种），并根据A、 B、C3种特性类型进行分组。针对可能出现、但无法根据现有数据准确预测其发生位置的特殊情况，设计了各种断面的“变化形式”（参见第8.9节）。

针对围岩开挖实际变形反应，确定每种断面的允许“变化形式”很重要，在任何情况下围岩变形反应都在岩土控制变形分析法所预测变形范围内，因此能保证设计方案具有高度的明确性，同时也可保证施工期间采用ISO 9002质量保证体系所需的灵活性。采用此方法可避免设计、施工不一致的情况（即实际施工与设计之间的差异），即避免因所遇条件发生变化而需部分重新设计的情况，即便是设计方案的些许改动。

Scheggianico隧道南段下穿州际公路

（地层：泥灰岩–砂质地层）

Castelvecchio进入坑道。高速/大运量

博洛尼亚–佛罗伦萨新铁路线上**9**座隧道工程

要求建造总长为**9 255 m**的**14**条进入坑道

通过一系列弹-塑性范围内平面模型和三维有限元模型计算，针对各施工阶段和运营阶段，就诊断阶段确定的开挖诱发荷载对各断面型式进行了分析。

最后，制定了有关实施适当监测的准确规定，它可根据不同地层保证实现安全隧道掘进、验证设计正确性并根据所遇情况进行优化。

指导设计和监测系统实施的原则可概括如下：

- 注重细节——根据具体问题，选择并布设相应仪器；
- 监测“原因和影响结果”——对于设计工程师来说，关键参数的改变是由因果定律决定的，因此只有了解二者之间的关系才能采取正确措施，消除导致不良后果的根源；
- 测量中的冗余原则——大部分测量都是非常局部性的，因为受到仪器附近结构或岩体部分特性的影响，因此，在很大程度上一次测量不能代表其典型特性，可以通过建立布置有大量测点的测量站来解决；
- 测量系统及控制参数的多数原则和模组原则——单一类型仪器提供的信息可能较难判释或仅反映部分情况。

利用测量各种物理量的仪器可验证和/或完善所测信息，这些物理量之间彼此具有相关性。同样，如果能按遇到或预计情况的危及性对监测段所用传感器数量和类型进行调整的话，可确保监测系统规模保持在一个合适的范围，从而使系统的成本效益比保持在一个较好水平，大大减少了监测结果判释的主观性，另外还可获得更多信息用于统计分析。根据以上原则及施工期间优化设计所需的基准参数设计了岩土监测站（图B.6），根据3种主要应力-应变特性类别（A、B、C类）出现的频次和不同标准进行单一或综合量测。

有关监测实施及其应用的内容将在本附录后面的“施工监测”章节进行说明。但在结束设计阶段进入施工阶段所涉事宜讨论之前，应说明此处的的详细设计包括了必要的附属工程设计，例如洞口、大厅洞室、进入坑道和服务隧道等。为避免太过细节，这些内容在这里不再赘述。

隧道施工

合同类型

FIAT公司作为总承包商获得了博洛尼亚—佛罗伦萨的整条铁路合同，此合同为

Firenzuola隧道北洞口处S. Pellegrino车站施工视图（地层：泥灰岩–砂质地层）

Firenzuola隧道北洞口处S. Pellegrino车站人工隧道施工（地层：泥灰岩–砂质地层）

Raticosa隧道掌子面附近进行隧道仰拱钢筋捆孔（地层：Complesso Caotico鳞片黏土，埋深：约550 m）

Raticosa隧道浇筑钢筋混凝土最终衬砌所用走行式模板台架

严格的总价型（42亿900万欧元），因此FIAT公司需承担所有不可预见事件风险，包括上面所述的详细设计基础上的地质风险，它将所有工程分包给了CAVET联营体（征地、设计、施工和测试等）。

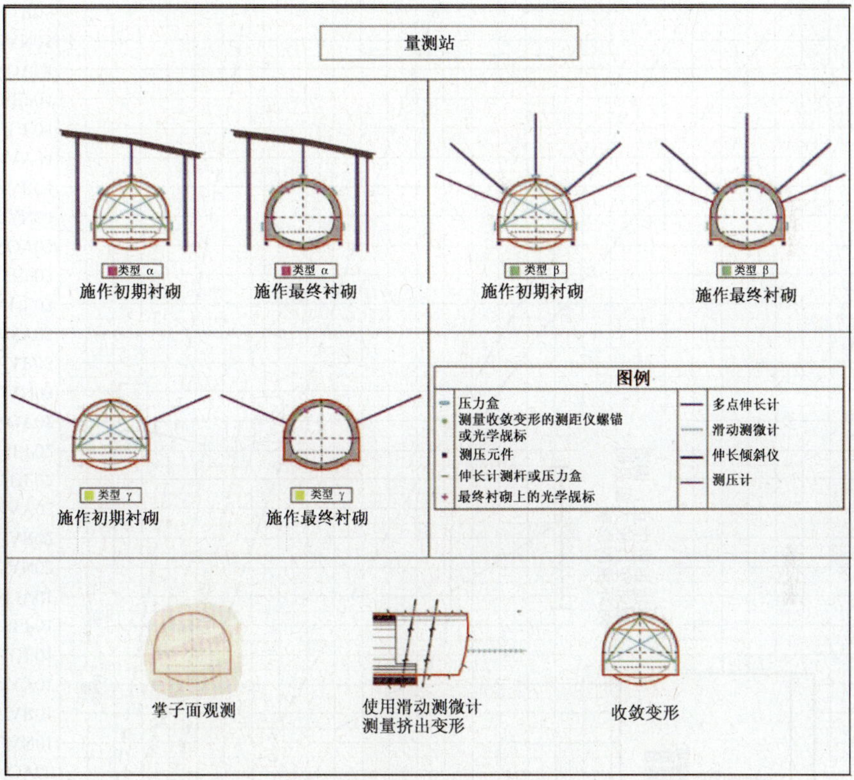

图B.6　岩土监测站

实施阶段

合同发包后，工程的施工设计与掘进作业于1996年7月同时启动。

额外的现场勘察数据与直接的现场观测从总体上验证了详细设计的有效性，同时在施工设计阶段中进行了以下微调：

- 针对特别敏感的应力-应变条件，对B2、C4断面型式稍作了修改，在隧道仰拱中设置钢制横撑以快速限制变形。结果发现：B2断面型式的这种修改更适合于多

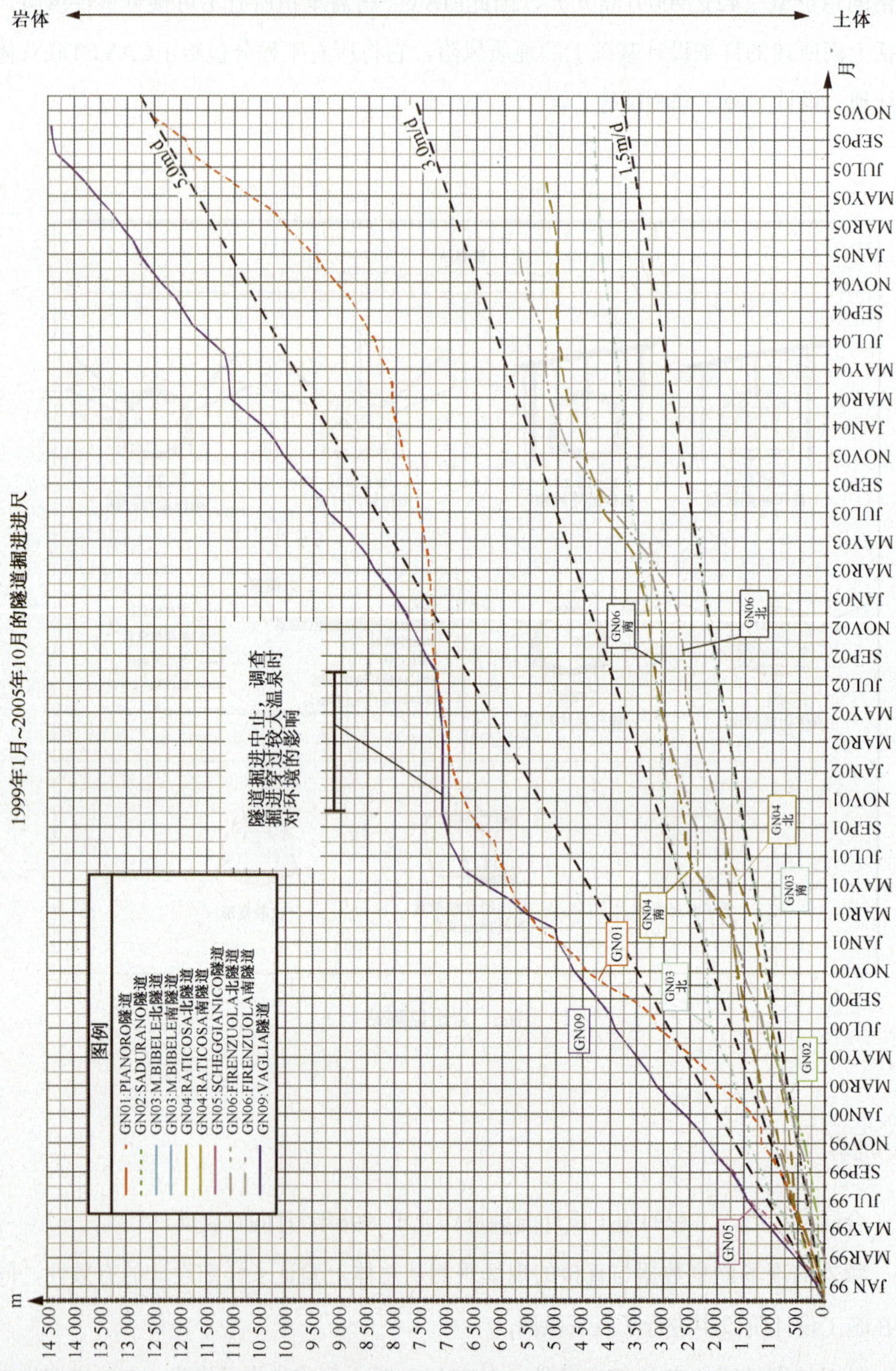

图B.7　在不同应力–应变条件下达到的掘进速率

种掌子面-超前核心土不稳定的情况。因此支护加固构件更为重型的C型断面仅限于在非常极端的应力-应变条件下采用。

- 通过采用膨胀性水泥混合物对玻璃纤维锚杆进行注浆，掌子面-超前核心土的地层改良效果有了明显提高。
- 鉴于在同一条铁路罗马—那不勒斯区段隧道施工期间取得了良好的结果，Sadurano、Borgo Rinzelli 和 Morticine 隧道最初是按人工隧道设计的，现在采用了B2pr断面型式。
- 最后决定采用更加适合于开挖地层条件的C2断面型式（采用玻璃纤维结构件改良掌子面-超前核心土及其周围地层）替代采用机械预切槽的B3和C3断面型式。

施工设计最终确定了以下隧道断面型式所占比例：

- A类断面型式：20.5%；
- B类断面型式：57.5%；
- C类断面型式：22.1%。

表 B.2　预计掘进速率与实际掘进速率的比较

断面型式	预计掘进速率（m/ d）	实际掘进速率（m/d）
A	5.40	5～6
B0	4.30	5～5.5
B2	2.25	2.10～2.2
C1	1.40	1.40
C2	1.25	0.85
C4V	1.25	1.63

总共开挖了大约73 km的区间隧道，而且几乎全部进行了衬砌。隧道的平均月进尺为1 000 m，2001年3月达到2 000 m的最高记录，同时在30个作业面进行施工。

图B.7示出了各施工隧道的掘进速率。从中可以看出：相对于开挖地层类型而言，掘进速率高且稳定，这表明设计规定与实际情况非常吻合。即使是在极端困难应力-应变条件下掘进的Raticosa隧道，其平均掘进率也从未低于1.5 m/d，且隧道所处的Complesso Caotico地层中含有令人恐惧的鳞片状黏土。表B.2针对某些隧道断面型式对详细设计中的预测日进尺与实际进尺进行了比较。

表B.3示出了详细设计规定与竣工隧道的断面型式差异分布情况。尽管考虑提高

表B.3 所用断面型式的百分比：详细设计与竣工后的对比

米兰—那不勒斯高速/大运量铁路隧道的断面型式分布

详细设计

隧道	长度（m）	断面型式分布(m)												
		A	B0	B0V	B1	B2	B3	B4	C1	C2	C3	C4	C4V	C5
Pianoro	10 293.4		951.8			3 886.4	3 036		62	948.8	1 083	310		15.5
Sadurano	3 778	64	2 580.8			875			68	190.3				
M.Bibele	91 18.5	978.2	10 94.6		4 529.1	1 212.2			76	1 112.8		115.6		
Raticosa	10 381	3043			972.2	758.4			40	786.7		4 465.1		315.67
Scheggianico	35 30.6	2 089.9			1 404.7					36				
Firenzuola	143 11.5	3 528.7			5 950.4	716	412.2		227.5	511.9	2 226.8	738.1		
B. Rinzelli	455								160		295			
Morticine	273.7								80	193.7				
Vaglia	16757	2 017.2	2 017.2	1129.8	5 629			1 151.2	692	708.5			2 325.2	
总长度（m）	68 898.6	11 721.0	7 731.5	1 129.8	18 485.2	7 447.9	3 448.2	1 151.2	1 405.4	4 488.6	3 604.8	5 628.8	2 325.2	331.2

已竣工

隧道	隧道（m）	掘进长度		断面型式分布(m)										
		%	m	A	B0	B0V	B2	B2pr	B2V	C1	C2	C4	C4V	C6
Pianoro	10710	100	10 710	2 213.1	8 167		682.5		63,0	3,5			1794.3	
Sadurano	3767.0	100	3 767.0	2 935.5	1 408		85	53			8			
M.Bibele	9101.0	100	9 101.1	3 680.0	2 015.7		3 965.8		97,9	41	45			
Raticosa	10367	100	10 367.2	3 517.0	786.0		857		25	85		1 468	673.4	2 792.6
Scheggianico	3535.0	100	3 535.0	6 833.1	18.0									
Firenzuola	15211	100	15 211		3 556.3		3 081.8		263.5	577.1	9		125.83	43.46
B. Rinzelli	528.5	100	528.5					303.5			225.1			
Morticine	565.5	100	565.5					537			28.5			
Vaglia	16757	100	16 757.7	5 287.6	9 299.5	96.6	1 547		296.7	128.25	101.4			
总长度（m）	70 5423	100	7 0542.4	24 466.2	25 250.5	96.6	10 219.1	893.5	746.1	834.8	417.0	1468.0	2 593.5	2 836.1

断面型式分布（%）	A	B0	B0V	B1	B2	B3	B4	C1	C2	C3	C4	C4V	C5
详细设计	17.0	11.2	1.6	26.8	10.8	5.0	1.7	2.0	6.5	5.2	8.2	3.4	0.5

A	B0	B0V	B2	B2pr	B2V	C1	C2	C4	C4V	C6
34.7	35.7	0.1	14.5	1.3	1.1	1.2	0.6	2.1	3.7	4.0

B2断面型式的刚性，使其能在很多典型C类特性地层条件下采用，但人们仍然很少采用这种成本较高的断面型式而更偏向于经济的断面型式，这是因为预约束方法的效果特别好，即使在大埋深条件下也如此。这是第1次在埋深超过500 m条件下使用该方法。

有人考虑在大埋深条件下作为一种对策在隧道掘进前通过加固措施增大掌子面-超前核心土的刚性。如果应用适当，并通过在隧道仰拱处设置钢支撑以确保掌子面前方的加固作用能够延续到后方洞室，那么即使在大埋深条件下该方法都特别有效，这样只有在最极端的条件下才需要采用重型支护的断面型式。

广泛使用A类断面型式的另一个原因在于其与B0断面型式之间只有一些细微差别，例如最终衬砌厚度或隧道仰拱浇筑距掌子面的距离。

因此当条件允许而又不会造成较大风险时便用A类断面型式代替B0或B0V断面型式（例如Vaglia隧道中的一大段，已完工的相邻服务隧道使情况更加明朗）。不论从工程总成本还是工期来看，详细设计规定与竣工隧道之间都并未出现极大的不符，总成本略低于详细设计规定中的预算（约为5%）。尽管承包商可以从低成本中获利，但更重要的是业主和国民可因工程按期完成而及时使用新的交通运输设施；而且低成本也是对承包商签订严格总价合同从而承担较大风险的一种回报。

施工监测与设计方案调整（监测阶段）

工程项目特殊性和重要性要求在施工期间和隧道投入运营后都应进行详尽的监测。以下是施工期间进行的监测项目：

- 对掌子面地层进行系统地质力学测量。该测量按I.S.R.M.（国际岩石力学学会）标准进行，根据测量结果可初步了解地层特性，并与设计预测进行比较。
- 根据变形特性类别，通过地表量测及超前核心土深处的挤出变形量测来了解掌子面-超前核心土变形情况。在困难应力-应变条件下这种系统测量是非常重要的。实际上正如第10章监测阶段所介绍的一样，在这些条件下仅对变形过程中最后一个阶段的收敛变形进行监测不足以阻止隧道发生坍塌；另一方面，挤出变形是变形过程中的第1阶段，如果能对其进行适当控制，那么就有时间采取有效措施。

Firenzuola隧道在掌子面–超前核心土上进行玻纤锚杆的水泥灌浆

Borgo Rinzelli隧道使用人工覆盖层的稳定效果（地层：Mugello盆地黏土，埋深：约0）

- 通过系统收敛量测测量洞室变形特性。
- 通过在围岩-衬砌接合处和衬砌内部（初期衬砌和最终衬砌）埋置压力盒进行围岩-衬砌系统的应力特性监测。

设计工程师和项目管理者将根据监测结果决定是否继续采用这种断面型式；或根据设计标准，通过设计“变量”对其进行变更。在出现了勘察阶段未发现、设计中也未考虑的特殊情况时，通常可设计一种新的断面型式。采用这种方法可使地下工程相关不确定性得到很好的控制，即便是FIAT和TAV间签订的这种严格总价合同形式。

施工期间采用的大部分测量仪器都与自动数据采集系统相连，在隧道投入运营后将继续使用这些仪器进行监测。自动数据采集系统能够在工程寿命期内的任何时候获取数据并验证隧道的实际特性，然后与设计预测值进行对比。

Vaglia区间隧道中Ginori服务隧道的施工

Vaglia区间隧道中Ginori 服务隧道的施工值得特别注意。这条隧道长9 259 km，内径5.6 m，其中有6 501 m的隧道段与Vaglia区间隧道是平行的，每隔250 m设置一连接两隧道的小型人行通道（图B.8）。最初的1 588 m和最后的1 170 m分别是下坡段和上坡段，坡度为1.8%。前面已讲到，该隧道完全采用机械化施工，这是通过对围岩地质、地质力学与水文地质条件进行深入研究后作出的决定，此方案完全满足一系列严格的条件和要求：

- 根据环境条件，要求从Ginori附近进行独头掘进；
- 要求尽可能控制施工对地下水的干扰；
- 要求快速完成隧道施工。

由于已成功完成穿越亚平宁山脉区间隧道的设计与施工，因此针对机械化隧道施工进行了重要的创新。在设计中(以及合同中)制定了一系列施工所须遵循标准，包括施工期间遇到“变化”（预计情况与实际情况之间的差异）将要采取的设计和/或实施措施。

TBM掘进隧道设计

Ginori隧道掘进通过地层全都位于Monte Morello地层内，这种混合岩层的力学

Ginori服务隧道**TBM**内视图：预制混凝土衬砌管片的运输线

特性变化大，包括从泥板岩到密实石灰岩。因此，TBM设计者采纳咨询土木工程师的大量意见，采用一种配备有超前地质勘察系统的新型掘进机，它能根据遇到的各种地质力学条件调整掘进方法，在需要时还能对超前核心土及其周围区域进行超前加固（图B.9）。在设计规定后面附有名为“超前地质勘察、操作方法及地层加固指南”，在该指南中对获取滚刀操作参数的方式、改变隧道掘进方式及超前地层加固的标准进行了说明。该文件在设计阶段即明确规定了TBM操作人员和/或设计工程师所必须遵循的标准：

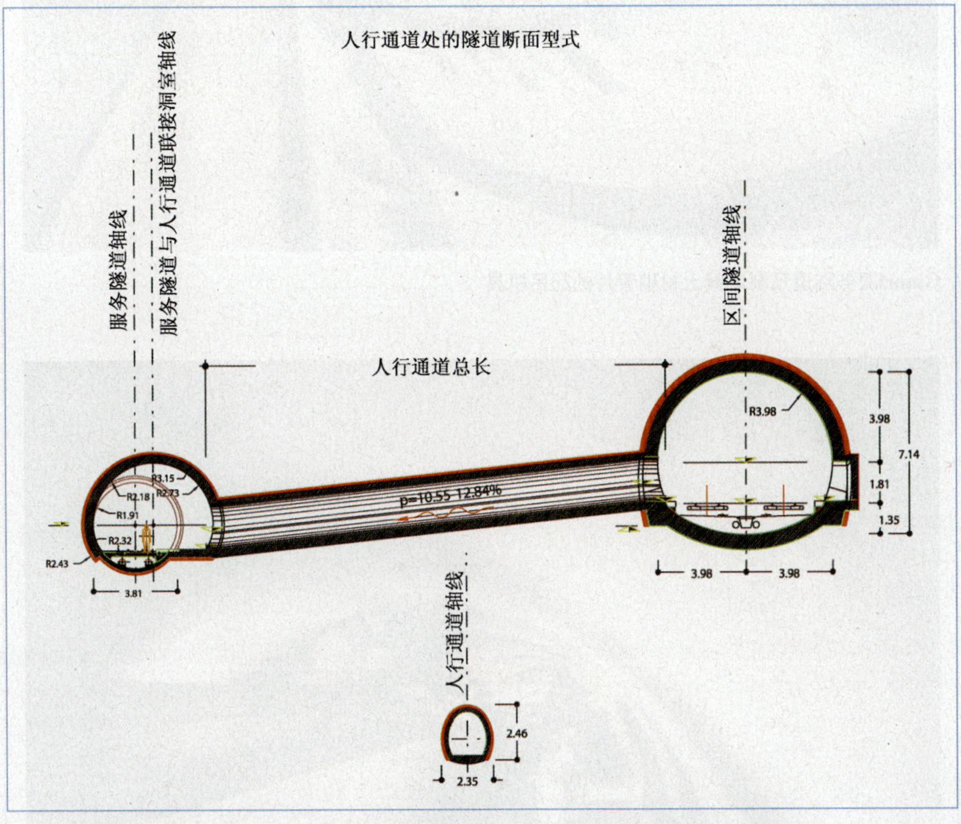

图B.8　Ginori服务隧道的典型横断面，通过人行通道与Vaglia隧道相连

- 确定当前操作方法；
- 进行额外勘察以便更好了解掌子面前方岩体特性；
- 当遇到不同地层条件时改变操作方法；
- 通过掘进机对隧道掌子面及其周围区域进行地层加固。

Ginori服务隧道预制混凝土衬砌管片的起吊机具

Ginori服务隧道已衬砌段中TBM“尾部”

重要的是，指南给出了施工期间应遵循的主要参数，并对其数值进行了精确说明。其内容包括以下方面：

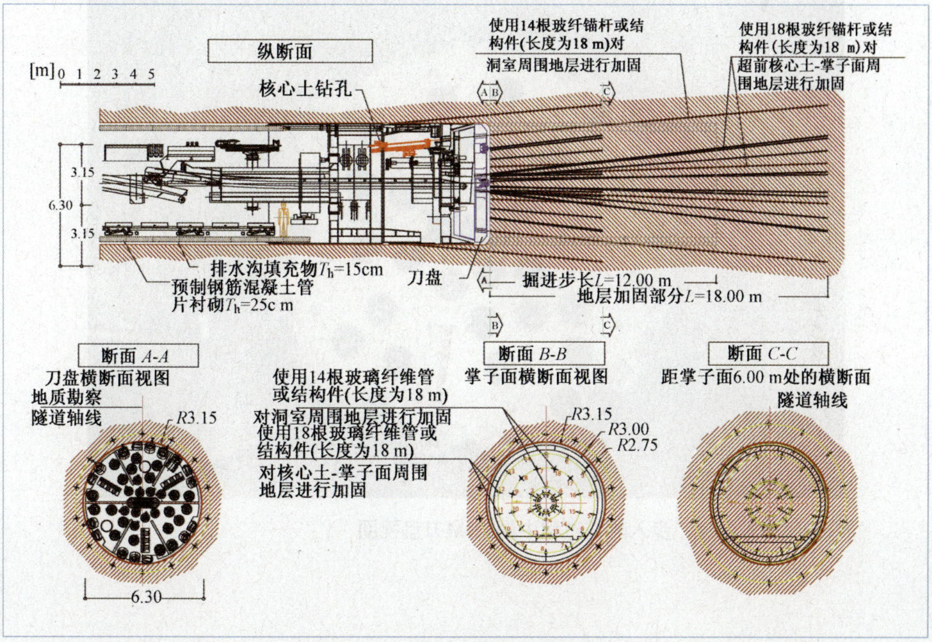

图B.9 从TBM内部进行地层改良

- TBM掘进参数（掘进速度、推力、比能）；
- 通过持续进行的超前地震波探测获得地质和地质力学参数，同时可通过掌子面探孔中的地质雷达检测对其进行补充（图B.10）。

这些参数对于持续、系统监测地层特性和开挖变形反应来说非常重要，它们与TBM正常工作的取值范围有关。如果因意料外的局部地质力学条件（构造作用带、突然的岩性与结构改变等）造成实际测量值与预测值不同，那么TBM操作人员和/或设计工程师必须按照工作指南的规定采取合适的校正措施或其他额外措施。这些措施包括改变操作（例如刀盘超挖、锁定伸缩结构、启动盾尾活塞等）、额外勘察（例如核心土钻探）或围岩加固。如果所遇条件与设计规定不一致，那么必须考虑其他的解决方案（图B.11）。

采用此处理方法，避免了因无章可循而随意采取措施从而可能对围岩应力-应变反应产生很大影响的情况；同时该指南还适用于解决设计与实际不符的一般性问题，并按标准设计程序采取相应措施。

Ginori服务隧道：步入隧道过程中的TBM刀盘视图

TBM掘进的Ginori服务隧道施工现场，预制混凝土最终衬砌管片堆放地

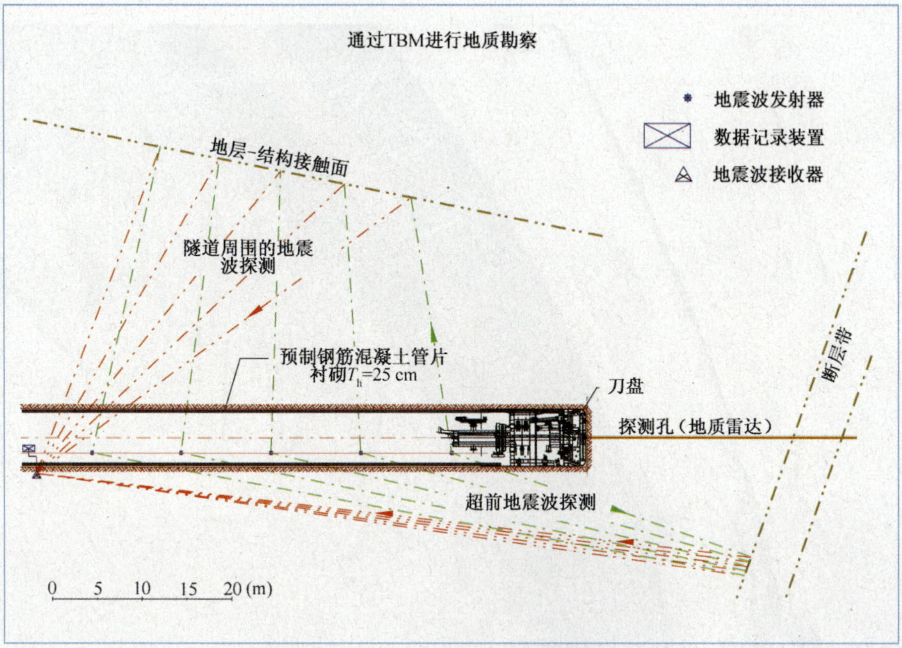

图B.10　通过TBM进行的地质勘察

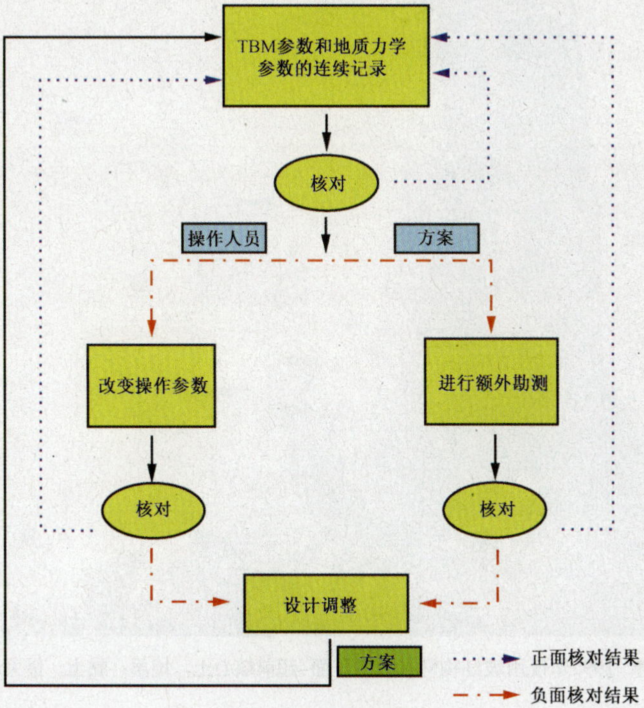

图B.11　TBM施工设计控制流程图

Tartaiguille隧道：1997年使用玻纤构件加固掌子面–超前核心土，地层：黏土，最大埋深：约110 m

隧道施工

隧道开挖采用Wirth TB630E/TS双护盾伸缩式TBM，配有滚刀，直径为6.3 m，最大推力为30 000 kN，扭矩为5 kN·m。前面已介绍过，该掘进机的一个明显特点是在盾壳内配有钻孔设备，通过刀盘和钢壳上的特殊开口可进行超前钻孔以进行地层勘察或地层改良加固作业（按照岩土控制变形分析法原理）。出碴系统由皮带传输机构成。一种特殊的齿轮-齿条牵引系统为TBM供应隧道掘进与衬砌施工所需材料。

采用140 cm长、25 cm厚预制钢筋混凝土管片拼装衬砌环，设计可承受最大水压为5 bar。6块管片和1块封顶块组成一个衬砌环，其形状为特殊的斜锥形，通过按合适拼装顺序拼装每环衬砌管片，便能实现隧道理论定线的高精度要求（图B.12）。采用机械化开挖的Ginori隧道没有出现任何大的问题，其平均掘进率约20 m/d，满足施工进度和预算要求。

结　　论

这条穿越亚平宁山脉的高速/大运量铁路新线项目，无论从规模、地层多样性以及困难程度来说都很引人注目，该工程最终在预算范围内按期竣工。其经验表明：在符合其基本原理的情况下通过综合利用新技术，岩土控制变形分析法无疑问为隧道工程开创了新的美好前景，可最终实现隧道施工机械化，而且能够确定工期和成本，而这一切在以前都是不可能的。

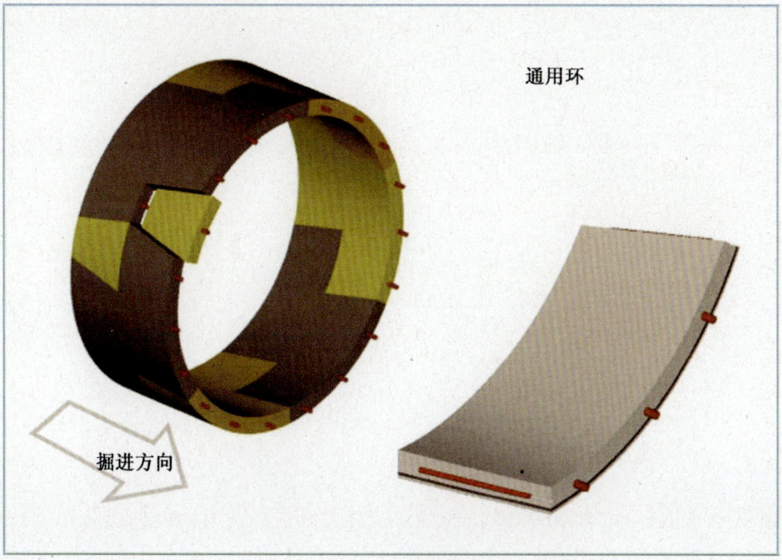

图B.12　衬砌管片环

附录C

Tartaiguille 隧道

长2 330 m、横断面180 m^2 的Tartaiguille隧道是TGV 地中海线路上的6座隧道之一，线路总长250 km，将里昂与马赛连接起来（图C.1）。铁路线从北向南依次穿越了以下几种白垩纪地层：

- 具有不同断裂程度的上Stampiem石灰质岩；
- 下Stampiem黏土层；
- Aptien 蓝泥灰岩与Albian砂岩互层。

此隧道工程穿越下Stampiem地层，由泥灰岩和含石灰质材料的粉砂层及黏土层互层组成。各种地层厚度从几厘米到几米不等，大的不连续带自身形成分层。

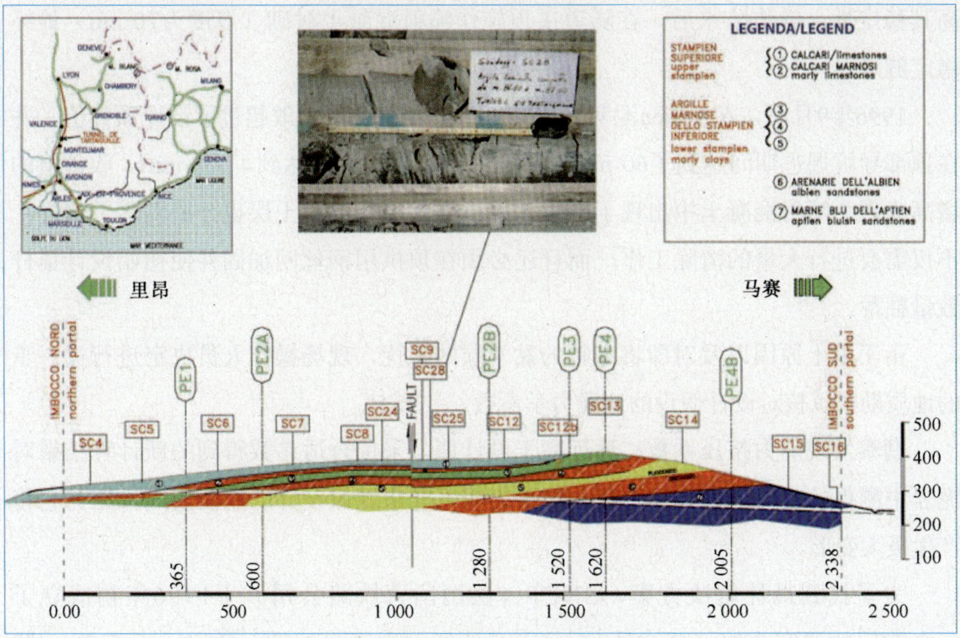

图C.1　隧道的地形与地质纵断面图

该地层对地下水很敏感，一旦遇水便会导致强度特性迅速变化，这是因为黏性成分中膨胀性材料比例较高（75%蒙脱石），遇水便会诱发膨胀现象产生。

整座隧道的最大埋深为137 m，泥灰质黏土地层段最大埋深为106 m。

施工概况

1996年2月从两头（北侧与南侧）开始进行隧道掘进开挖。

采用部分断面掘进机开挖顶部导坑，并在其后约200 m使用破碎锤开凿台阶。

针对隧道长期、短期稳定性，根据所遇地质条件设计规定的各断面型式其支护强度各不相同。各种断面型式都包括喷射混凝土、钢拱架和4 m长端部锚固型径向锚杆。

设计规定，穿越Stampiem黏土层的900 m长隧道段的断面型式包括施作25 cm厚喷射混凝土层，按1.5 m间隔设置HEB 240钢拱架，并在开挖台阶后于钢拱架底座下设置微型桩（长4 m，每3～4 $m^2$1根）和锚杆进行加固，接下来是边墙和仰拱浇筑。当安全条件要求较高时，使用玻璃纤维锚杆对掌子面前方地层进行加固以提高其稳定性。施作防水后，在隧道拱顶施作喷射混凝土衬砌（厚度为70 cm）最终稳定隧道。

1996年9月底，在Aptien泥灰岩段施工中南侧掌子面收敛超过了设计预计值，并在顶部导坑掘进期间达到了60 mm，甚至在台阶掘进期间达到了150 mm。收敛值的增高表现为喷射混凝土中出现了较大裂缝，而且喷射混凝土层也开始剥落。这样，不仅需要进行大量的清除工作，而且还必须在顶拱用钢丝网加固并使初始设计锚杆数量翻番。

由于以上原因以及对即将穿越的黏土层的担忧，现场操作人员决定进行进一步的地质勘察以核对设计假设的地质力学参数。

勘察发现静力挤压系数K_0远远高于设计值。采用合适参数得到的新计算结果对泥岩中测得的收敛值进行了解析，结果表明不能采用原设计的断面型式，因为它将产生极大变形。

为了找到最佳解决方案，SNCF（法国国营铁路公司）于1996年初成立了一个专门的研究小组（Comite de pilotage），由来自法铁、Quillery & Bard联营体、Terrasol与Simecsol岩土咨询联营体、Coyne et Bellier咨询公司以及来自CETU的专家组成。该研究小组邀请欧洲隧道专家就隧道安全、按期穿越黏土层提出设计方案。

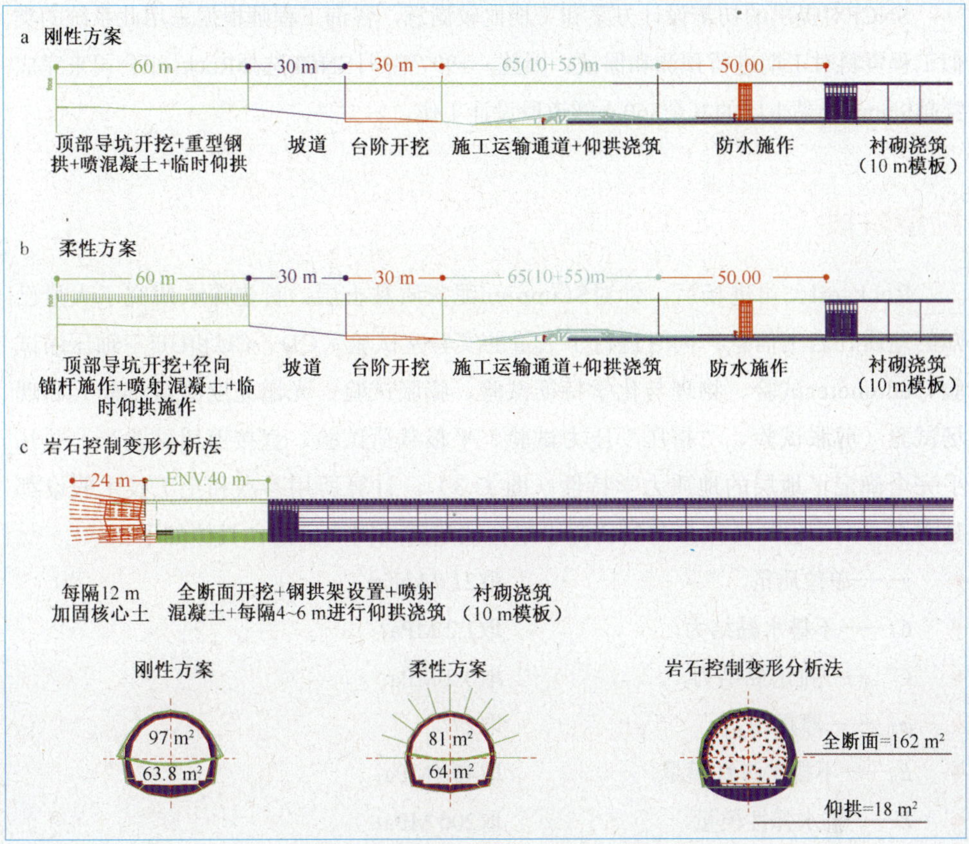

图C.2　3种审查方案（法国、瑞士、意大利）

第1个方案（法国）（图C.2a）提出采用半断面分部开挖，其断面型式比最初设计的更刚性，它增加了洞室周围径向锚杆的数量，而且初期衬砌更厚，采用的钢筋数量也更多；但因施工时间太长，因此被淘汰了。

第2个方案（瑞士）（图C.2b）提出在顶部导坑处采用特殊的可变形钢拱架。这使围岩可通过大量未受阻挡的变形来释放其部分势能。规定使用较短的玻璃纤维锚杆对掌子面进行加固，以保证现场作业人员的安全。这个方案也被淘汰了，因为在计算可变形拱架特性时存在很多不确定性，而且开挖也需要较长时间（最终衬砌浇筑一直要等到由可变形钢拱架产生的强烈收敛稳定之后才能进行）。

在无奈接受新线延期开通这一事实前，SNCF邀请作者就可行性、施工工期和施工成本提出建议方案。因此在这种情况下考虑了第3个方案（意大利）（图C.2c）（实际上他们对意大利采用新设计、施工原理在非常困难条件下成功进行隧道开挖的情况已有所耳闻），该方案与前面所介绍的方案完全不同，它采用全断面开挖并通过加固超前核心土来控制变形（岩土控制变形分析法[41, 42]）。

SNCF对提出的初步设计方案和工期比较满意，咨询工程师根据采用此系统的类似工程资料对工期进行预测和保证。因此，1997年3月SNCF选择Rocksoil公司来完成穿越Stampien黏土层的其余860 m隧道段设计工作。

勘察阶段

Rocksoil公司进场后，针对Stampien泥灰质黏土层，首先深入研究了大量已知的地质、岩土信息；同时进行了大量的实验室试验（CD、CU和UU三轴压缩试验、edometer试验、物理与化学特征试验、膨胀试验、光谱光度测量试验）和现场试验（剪胀试验、“挤压”压力试验、平板载荷试验、直接剪切试验），并几乎完全确定了地层的地质力学特性（图 C.3）。计算所用参数和土工技术假设都是在由咨询工程师直接参与的研究小组会议期间共同决定的。具体如下：

- γ——单位质量，　　取21.7 kN/m^3；
- C_u——不排水黏结力，　　取1.2 MPa；
- C' ——排水黏结力，　　取0.2 MPa；
- φ' ——摩擦角，　　取27°；
- E_u——不排水弹性模量，　　取400 MPa；
- E——排水弹性模量，　　取200 MPa；
- ν——泊松比，　　取0.4；
- K_0——静力挤压系数，　　取1.2；
- p_g——膨胀压力，　　取0.2～0.3 MPa（隧道仰拱下面）；
- 地层蠕变：假设地层排水弹性模量降低35%，地层范围等于一个开挖半径（7.5 m）；
- 地下水水位：隧道拱顶上约25 m。

对可及的岩土和地质信息研究后，咨询工程师要求进行4次三轴压力盒挤压试验以便在实验室模拟隧道掘进引发的应力释放，从而研究地层的开挖反应。在此类试验中，将围岩样品放入三轴压力盒中并使之处于压力状态下直至达到岩体的自然应力状态。

利用加压流体，在一特殊圆柱形容器内重现该应力状态（模拟隧道掌子面掘进），容器内设置样品并在试验前保持同轴方向。保持样品周围应力状态并逐渐降低圆柱形容器内的流体压力，以模拟掌子面开挖导致的应力状态变化。由此获得随时间变化的掌子面挤出变形预测值。

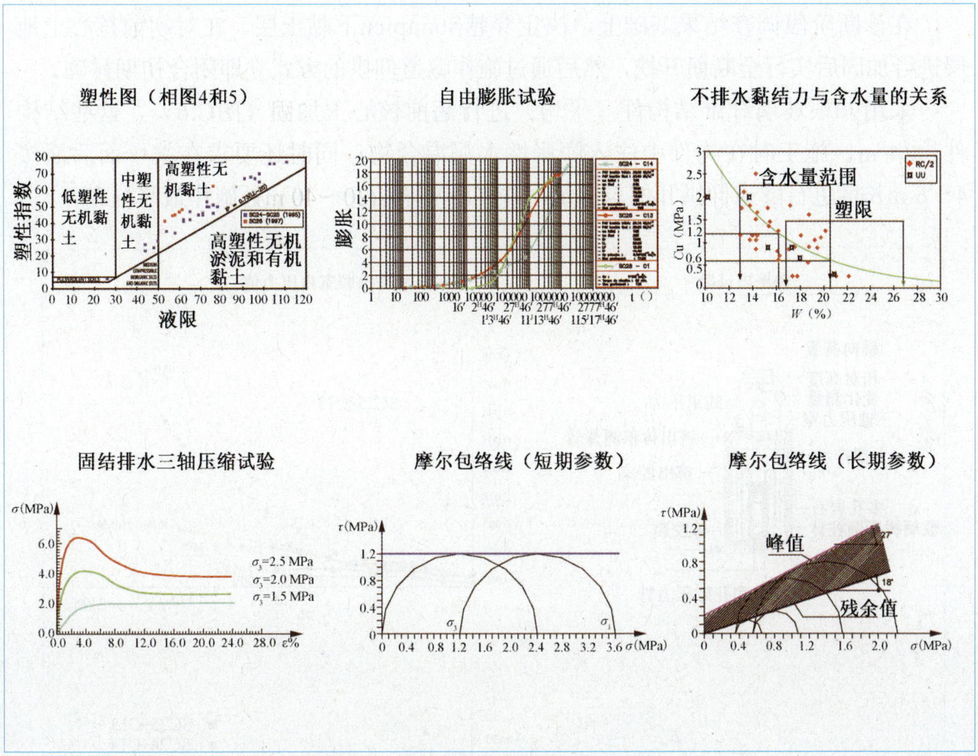

图C.3　Stampien黏土实验室试验结果

这些试验对完成最终设计及确定隧道掘进步骤非常重要。

诊断阶段

在诊断阶段中，对膨胀和挤出试验（图C.3和C.4）结果以及掌子面处和距掌子面一定距离处的特征曲线（图C.5）进行了研究。

结果发现：围岩材料强度突然出现快速损失情况，说明有必要在掌子面前方进行适当的干预以防止在洞室周围形成更大的塑性区。另外考虑到地层中存在大量膨胀性矿物质，因此认为这是发生严重变形以及衬砌过度承载的主要原因。通过积极的洞室预约束措施，在变形产生前对其加以控制，从而防止塑性区扩大。

处治阶段

在诊断阶段调查结果基础上，决定穿越Stampien下黏土层。在对超前核心土地层进行加固后实行全断面开挖，然后通过施作隧道仰拱的方式立即闭合初期衬砌。

采用90根玻璃纤维结构件（平均）进行超前核心土加固（图C.6），这些结构件长24 m，施工时在构件中注入膨胀性水泥混合物；同时还要求在掌子面后面按4～6 m长度进行隧道仰拱开挖与浇筑，并在距掌子面20～40 m处施作最终衬砌。

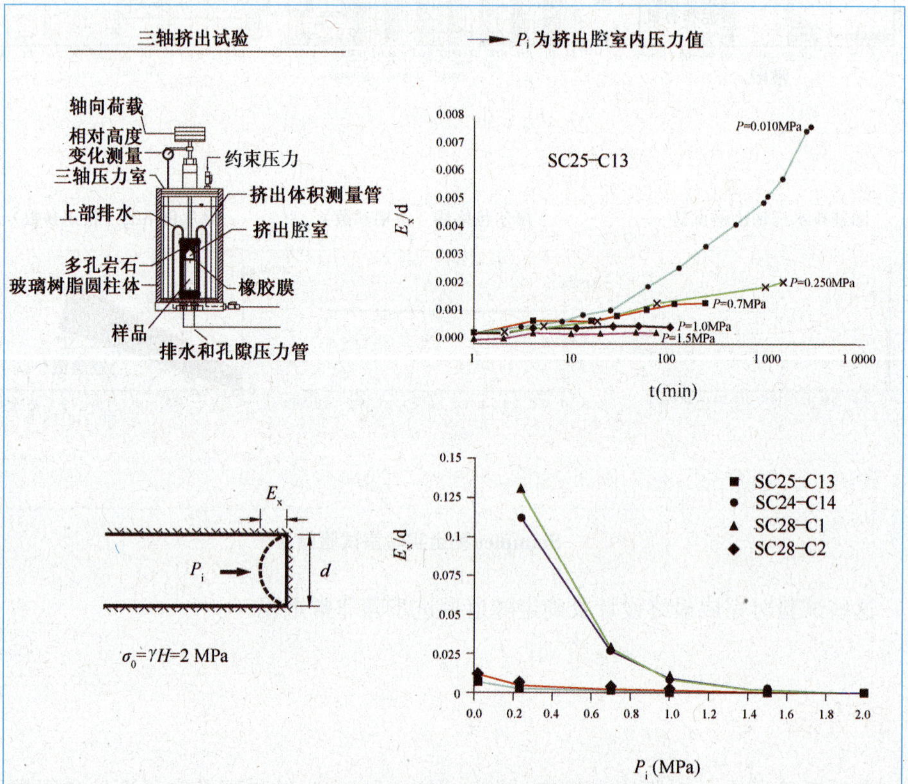

图C.4 三轴压力室挤出试验

初期衬砌由30 cm的钢纤维喷射混凝土组成，同样按1.33～1.50 m的间隔采用HEB300钢拱架进行加固。为满足承包商维持已用模板台架的要求（其不能修建足够高的边墙来控制极高的水平挤压力），最后决定在钢拱架上配置结构件，以将荷载从初期衬砌传递到隧道仰拱或从仰拱传递到衬砌（图 C.10）。

通过对挤出变形试验结果的再次处理（图C.11）并采用特征曲线法，初步确定了超前核心土的加固范围。然后在弹-塑性范围内使用二维和三维有限元模型进行试验，采用此方法可测试因蠕变和膨胀引起的复杂应力路径影响下的初期衬砌和最终衬砌（图C.13）。

施工期间的实施阶段

如上所述，Tartaiguille隧道整个横断面面积约180 m^2；每根钢拱架（HEB300）重5 t，喷射混凝土量为13.3 m^2/m，超前核心土每次加固需使用2 160 m长的玻璃纤维结构件。

尽管支护加固数量较大，此掘进体系（图C.14）可满足合同规定的施工期限要求，而且因多个作业阶段实现了机械化，所以达到了1.7 m/d（图C.15）的平均掘进速率，这甚至超过了咨询工程师预测的1.4 m/d的掘进率。因此，在全断面掘进仅仅1年之后就完成了隧道工程（1997年7月末）的掘进作业，比计划整整提前了一个半月的时间。

施工期间的监测阶段

隧道断面设计的微调主要在以下方面：

- 掌子面玻璃纤维结构件使用量（90～150根）；
- 搭接长度（9～12 m）；
- 隧道仰拱长度（4～6 m）；
- 钢拱架间距（1.33～1.50 m）；
- 拱顶浇筑最终衬砌处距掌子面距离（20～40 m）。

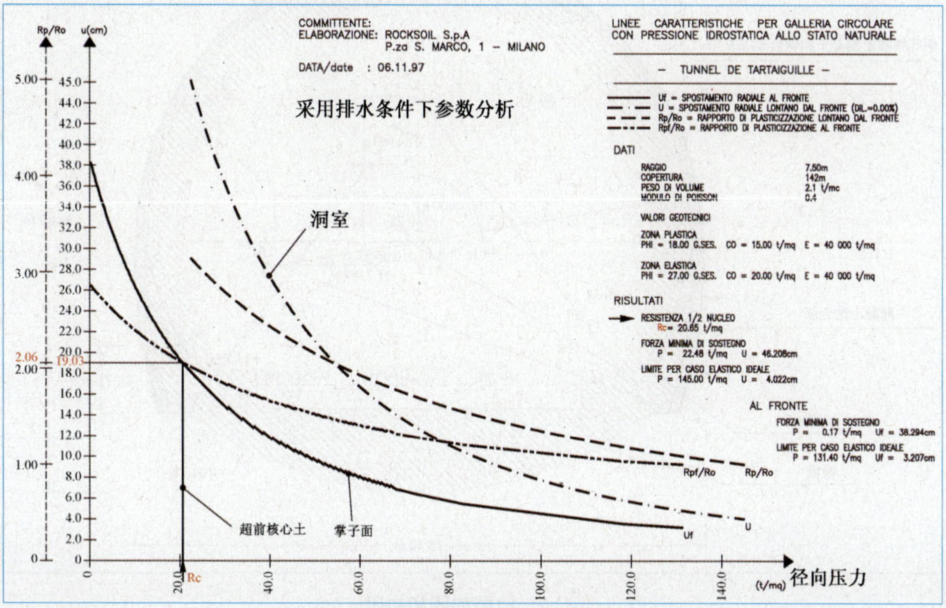

图C.5　特征曲线（诊断阶段）

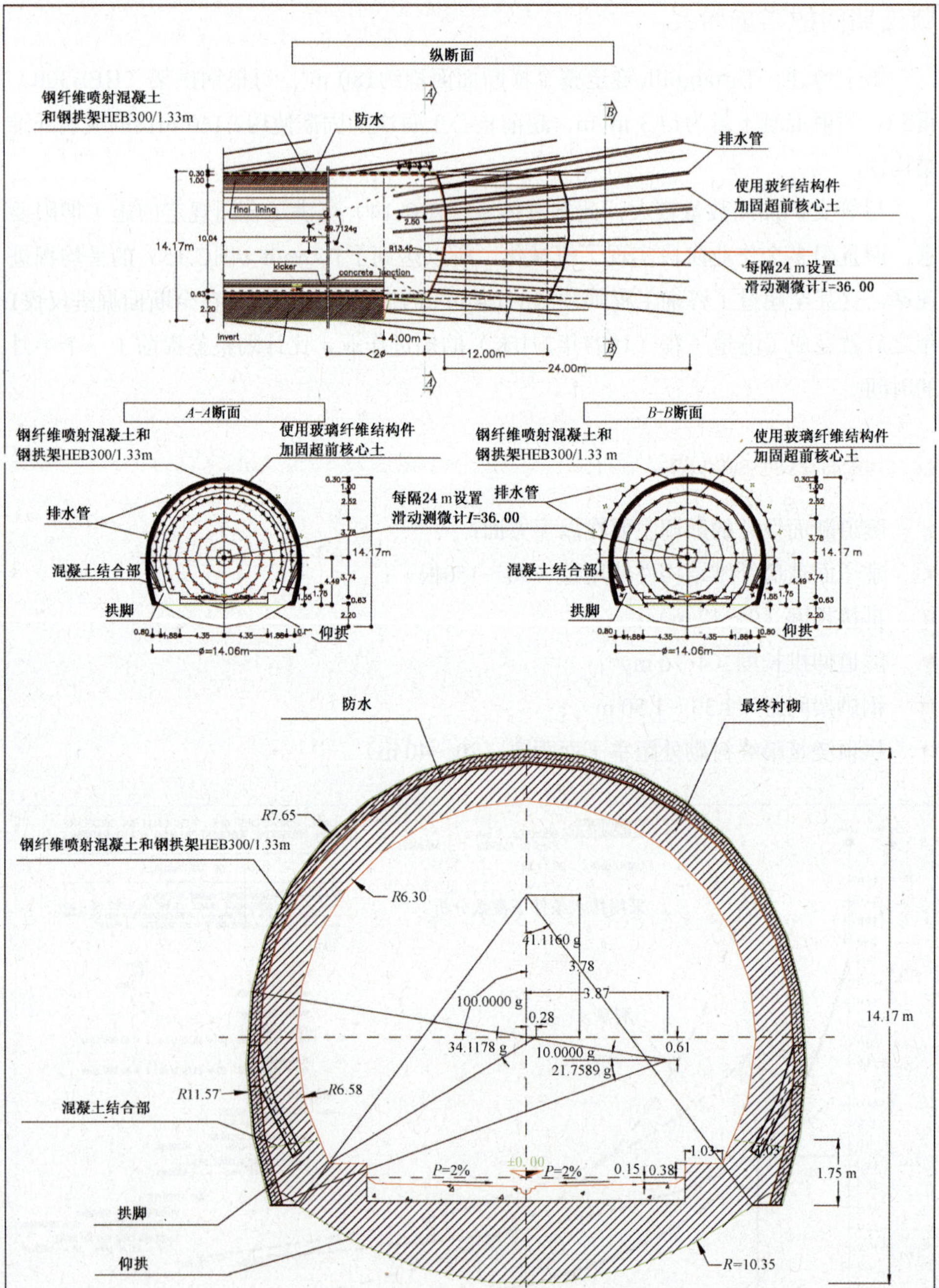
纵断面
钢纤维喷射混凝土
和钢拱架HEB300/1.33m
防水
排水管
使用玻纤结构件
加固超前核心土
每隔24 m设置
滑动测微计I=36. 00
final lining
kicker
concrete junction
invert
14.17m
4.00m
12.00m
24.00m
A-A断面
B-B断面
钢纤维喷射混凝土和
钢拱架HEB300/1.33m
使用玻璃纤维结构件
加固超前核心土
排水管
混凝土结合部
拱脚
仰拱
每隔24 m设置
滑动测微计I=36. 00
ø=14.06m
最终衬砌
R7.65
钢纤维喷射混凝土和钢拱架HEB300/1.33m
R6.30
41.1160 g
3.78
3.87
100.0000 g
0.28
34.1178 g
10.0000 g
0.61
21.7589 g
R11.57
R6.58
混凝土结合部
P=2%
±0.00
0.15
0.38
1.03
1.75 m
14.17 m
R=10.35
15.30 m

图C.6 地层加固和衬砌

图C.7 超前核心土的加固

图C.8 钢拱架的布置

图C.9 使用玻璃纤维构件对掌子面-超前核心土进行加固

图C.10 隧道仰拱的准备工作

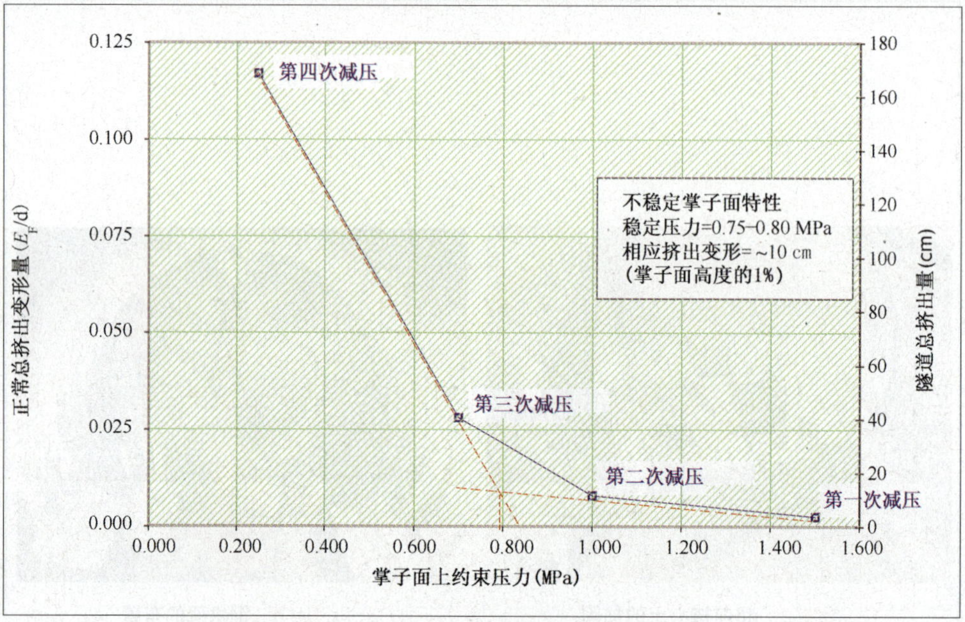

图C.11 掌子面挤出变形的三维有限元法模拟结果

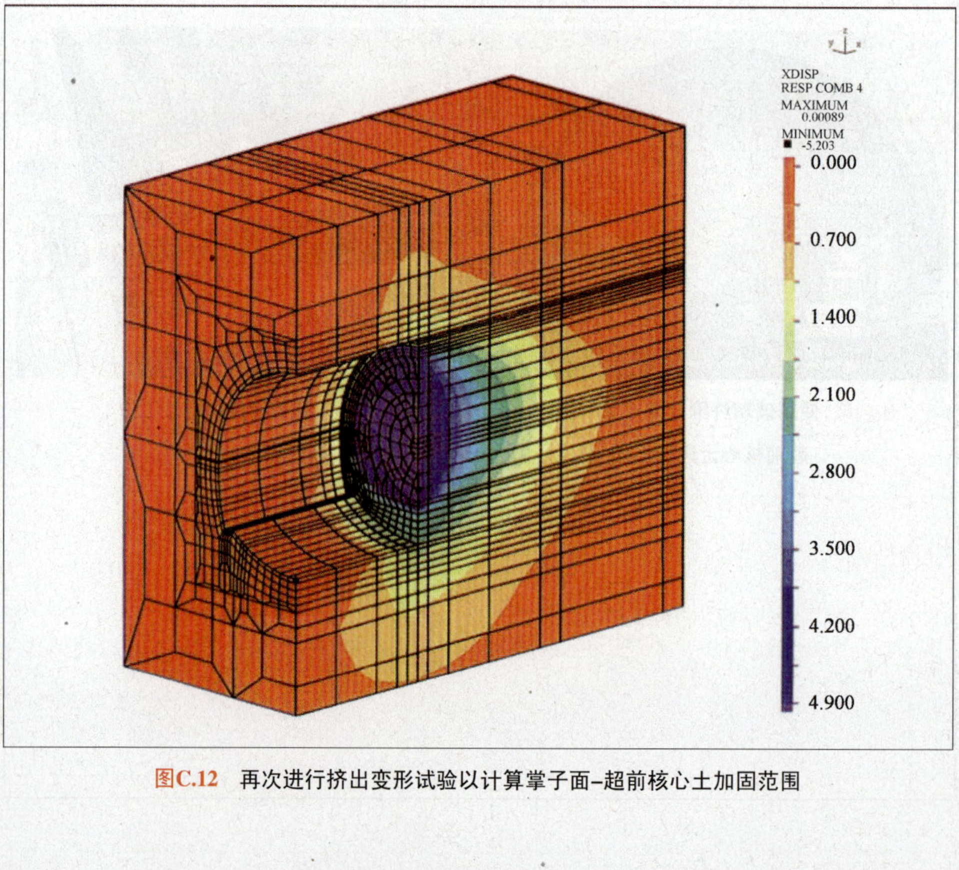

图C.12 再次进行挤出变形试验以计算掌子面–超前核心土加固范围

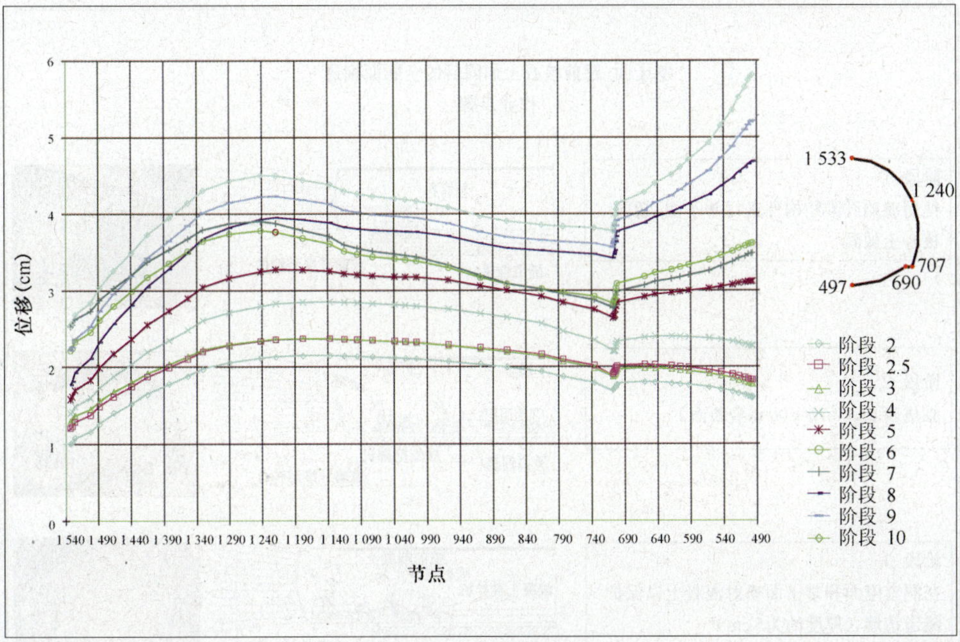

图C.13　径向位移2D模拟结果

在对监测数据，特别是超前核心土挤出变形和洞室收敛值的系统测量数据进行处理与判读后，据此进行设计微调。在隧道掘进全面展开情况下，平均挤出变形（图C.16和图C.17）约为3～4 cm，径向收敛为5～7 cm（浇筑隧道仰拱后）。

对挤出变形曲线仔细研究后发现：掌子面影响区域范围在8～13 m，这可从此深度下曲线角度的明显变化进行推断。另外还可以看出：最后6 m掘进施工产生的挤出变形为15～18 mm，与第1个6 m段施工产生的挤出变形几乎相同，而这得益于地层改良。超前核心土的弹性特性证明设置的玻璃纤维结构件数量合适。

实验室试验得到的挤出变形曲线实际上已充分说明：在黏土层中地层往往会很快失去其强度，因此必须采取措施在保证安全的情况下将开挖变形控制在最小。如前所述，这是设计一开始就应作为指导的原则，即便在隧道施工期间微调断面型式时仍应坚持此原则。

每隔6 m设置1个收敛量测站，测点包括7个直接插入喷射混凝土层及钢拱架上的光学觇标。从钢拱架上获得的量测数据比从喷射混凝土中获得的数据平均低60%～70%。

掌子面-超前核心土加固后的全断面掘进
作业步骤

阶段 1
使用玻璃纤维结构件进行掌子面-超前核心土加固

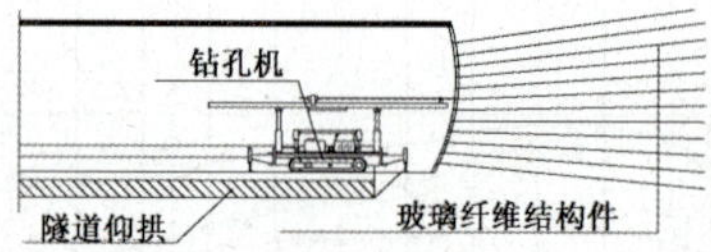

阶段 2
掘进步长（0.70-1.00 m全断面）

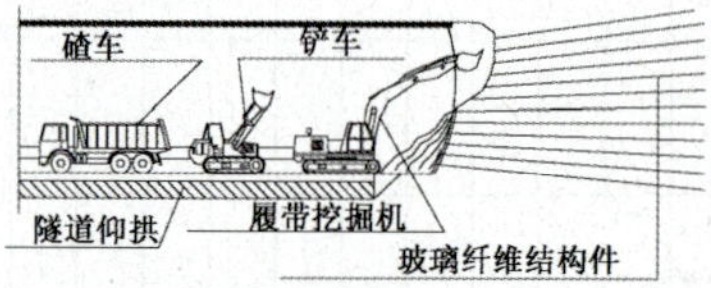

阶段 3
在洞室壁面和掌子面喷射混凝土以保护隧道边墙（厚度约为5 cm）

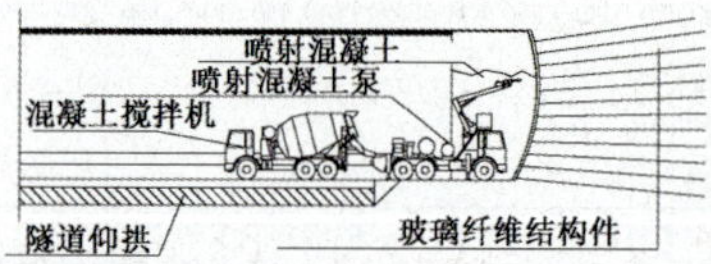

阶段 4
在第2阶段掘进的隧道段中设置钢拱架和连接钢筋

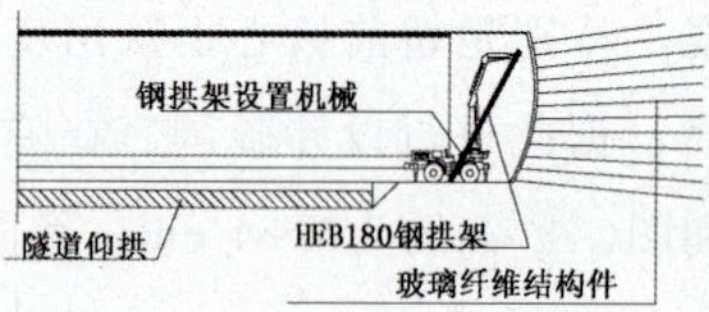

阶段 5
施作钢纤维喷射混凝土初期衬砌（厚度约为35 cm）

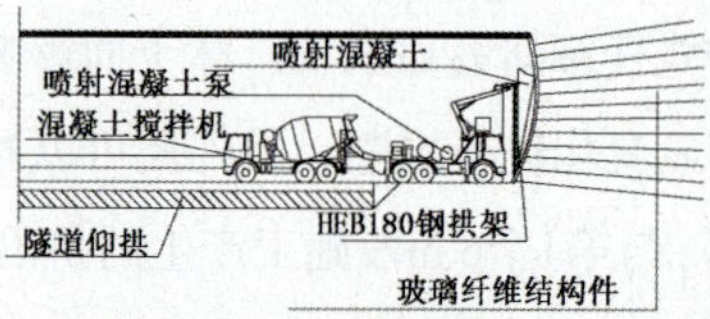

阶段 6
在距掌子面≤1.5倍洞径距离处进行隧道边墙和仰拱的开挖和浇筑

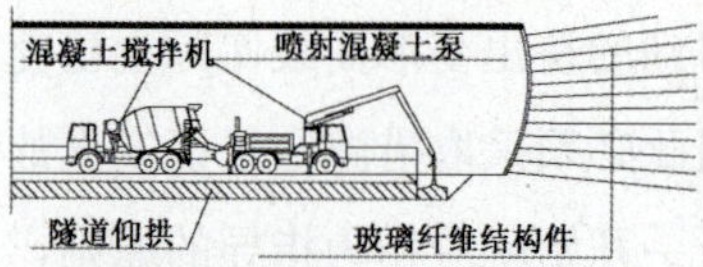

阶段 7
在距掌子面4～5倍洞径距离处浇筑最终衬砌

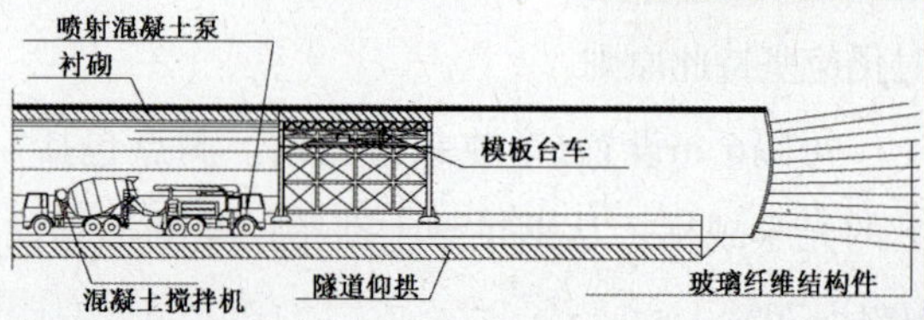

图C.14 作业阶段

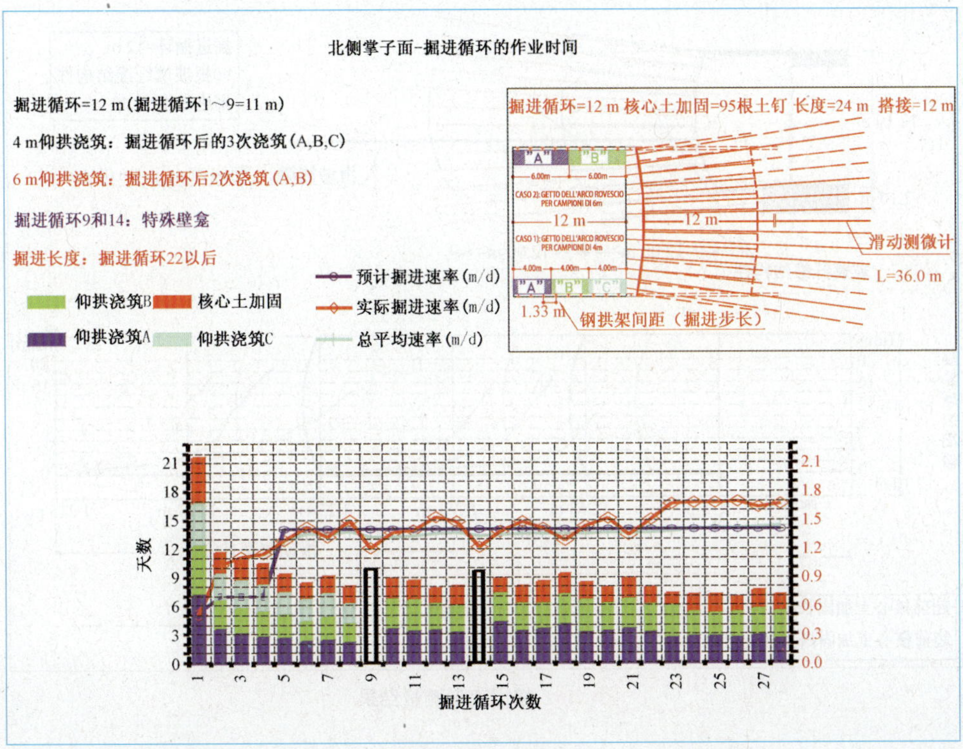

图C.15　掘进数据

浇筑隧道仰拱前，设置光学觇标的测量段站每天的收敛读数为2 cm或3 cm，梯度为4～6 mm；但在初期衬砌环闭合后，其梯度降至每天1～3 mm。因此该数据表明：变形（收敛-挤出）总体上维持在地层弹性特征范围内，这主要归功于针对隧道洞室周围塑性带的形成采取了许多约束措施；同时证明了地层改良、地层加固以及施工方法中所采用干预措施的效果。

当开挖地层横断面大于目前横断面时，例如隧道边墙壁龛施工时，围岩材料将出现较大松弛，接着将出现变形明显增大的情况（最高达60%），这证明地层非常敏感，采取释压措施并尽快施作衬砌非常重要。

结　　论

当原设计方案和施工方法（新奥法）的缺陷日渐明朗的时候，在Stampien黏土层中进行Tartaiguille隧道（横断面面积为180 m^2）中间施工段的施工越来越受到相关咨询工程师和承包商的关注。在遇到相关地层具有明显膨胀特性的情况时，原方法

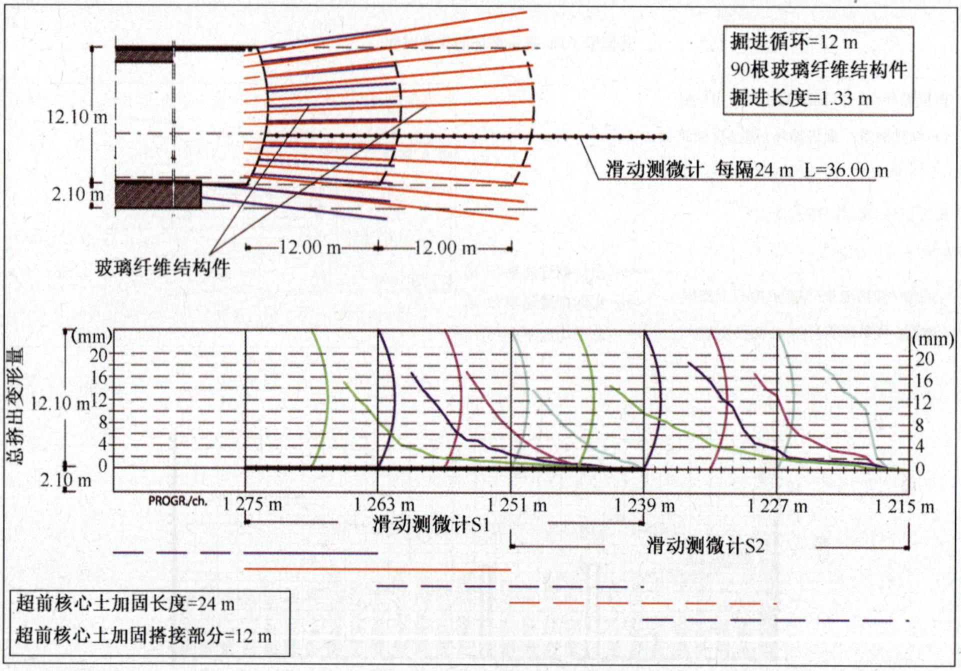

图C.16 挤出变形测量结果

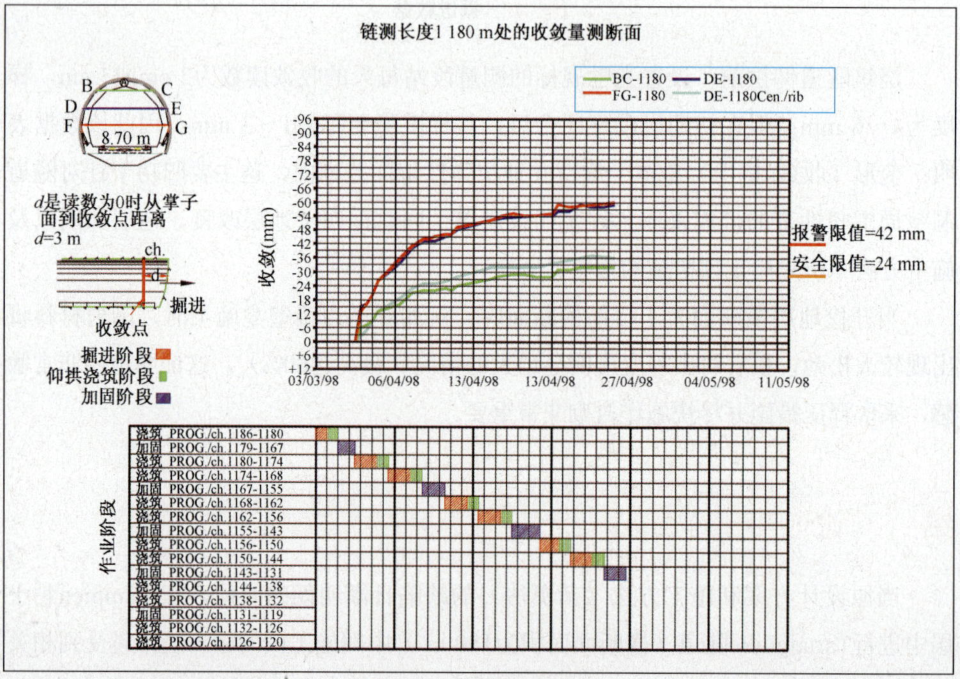

图C.17 收敛测量结果

不能在合理掘进速率情况下保证施工的可行性和安全性。考虑到这些困难，SNCF试图寻找一种解决方案使他们可以在不延误新线路投入使用的前提下按期、安全修建隧道。因此成立了一个研究小组并邀请最著名的欧洲隧道专家加入。该小组对各种方案进行了研究，唯一看起来能够满足所有要求的方案是由作者建议和由Rocksoil公司编制的意大利方案。该方案以岩石控制变形分析法原理为基础，首先采用玻璃纤维结构件对超前核心土进行加固，然后实行全断面开挖。由于采用了该设计方案并得到了Rocksoil公司工程师的现场协助，因此解决了隧道掘进困难而没出现什么问题，变形量较小，进度提前且成本低于预算值。

这一成就在法国引起了人们极大的惊叹，并通过专业报刊向所有提供项目按期完成所需关键技术的意大利咨询工程师、技术员和承包商表示了敬意。因此，这确实是一次巨大成功，树立了意大利在困难应力-应变条件下地下工程施工领域的权威地位。

蜂窝状拱技术：米兰城市连接线威尼斯车站结构建造视图（1990年，地层：水位线以下的砂和砾石）

附录D

蜂窝状拱施工技术

蜂窝状拱是为城市大跨度隧道施工而设计的一种新型施工技术，其针对的环境条件是地质力学和应力-应变条件严峻且埋深较浅，同时要求隧道施工作业对地面建筑影响很小，而采用传统方法进行施工不适宜，或者其可靠性和竞争性较低。

这是一种网格状复合结构，横断面为半圆形。纵向构件（单元）由钢筋混凝土管（微型隧道）组成，并与众多大的横肋（拱）进行连接（图 D.1）。研究发现其应用具有一定局限性，建议在跨度大于60 m、地下水位线以下松软土层浅埋暗挖隧道施工中采用，它不会引起任何明显地面沉降。

与传统方法相比，该技术的优势在于其能对静止未扰动地层的最初平衡条件到完成隧道最终平衡条件这一过程进行控制，防止围岩材料出现释压和地表沉降。

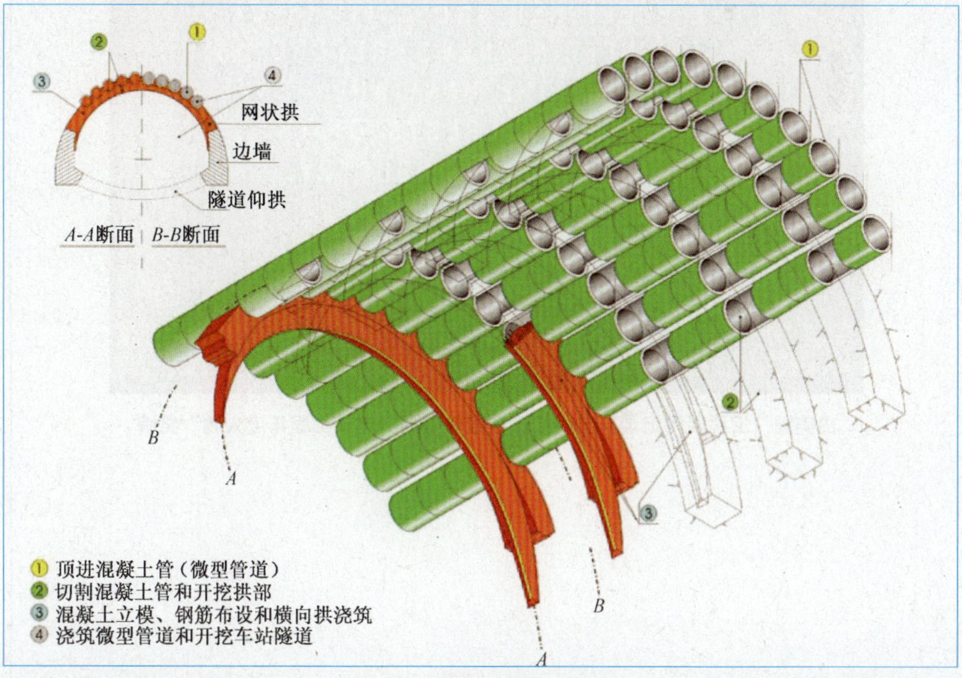

图D.1　蜂窝状拱施工步骤

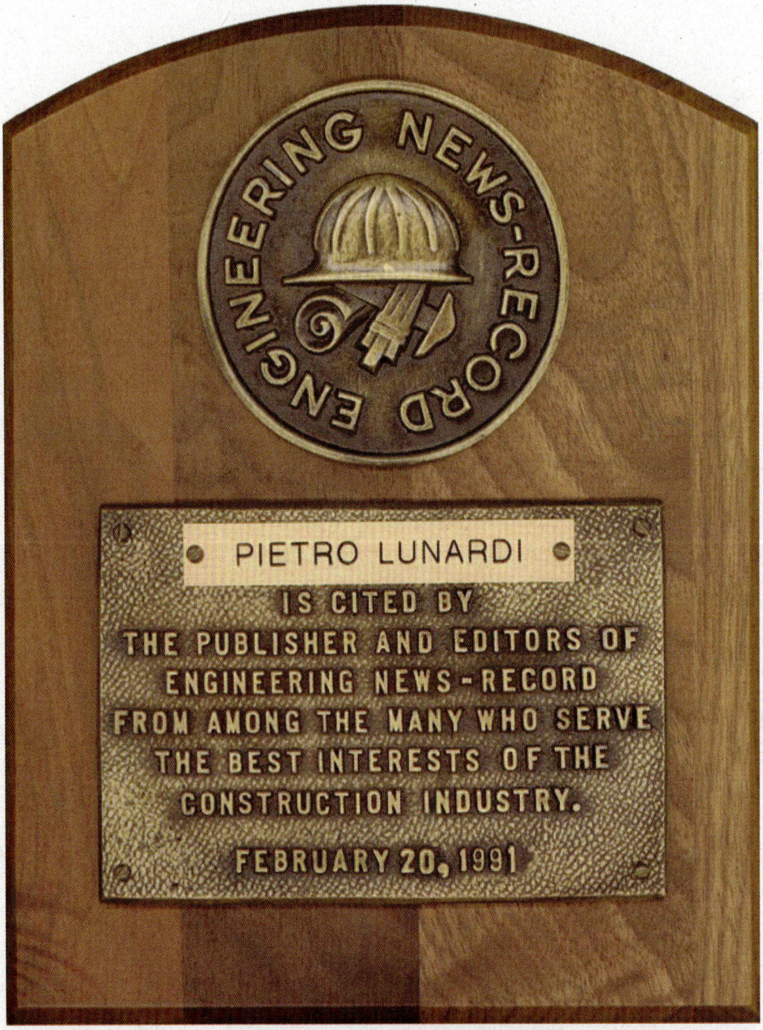

由美国《工程新闻记录》出版社颁布给作者的“建筑工程年度人物”奖牌

实际上在进行掘进时，已完成了具有较强刚性的承载结构施工，因此可对地层提供必要的约束作用而不会导致任何大的变形。

整个蜂窝状拱结构施工分为以下几个阶段（图D.2）：

- 从导洞进行地层改良，然后开挖侧壁导坑；
- 侧壁导坑开挖后，浇筑隧道边墙，同时在其上沿拟建隧道顶部轮廓面并排顶进直径为2.10 m的混凝土管（微型隧道）；
- 从微型隧道开挖横向隧道（其墙体为围岩），用作浇筑钢筋混凝土连接拱的模板，然后布设钢筋和浇筑横向拱；
- 采用混凝土充填10个纵向微型隧道，构成隧道拱，然后在已起作用的“网状”拱保护下进行车站隧道开挖；
- 分步浇筑隧道仰拱。

作者开发的这种创新施工方法获得了著名的国际奖项，并在米兰城市连接铁路线上的“威尼斯”车站工程项目施工中得到了首次应用。如果采用传统方法进行施工，不说不可能，至少会很困难，成本也较高。

下面将以这个独特的土木工程项目为例，详细介绍该技术方法的特点、施工操作和取得的最终结果。

“威尼斯”车站施工

到目前为止，威尼斯车站已经投入使用多年。该车站位于米兰商业中心这个具有战略性的位置，并且是该地区运输系统中最大的地下工程。

这是一座大型隧道，其外径约为30 m、长215 m，位于16世纪建筑物基础之下，埋深仅有4 m，为暗挖隧道，穿越地下水位线以下无黏性土层（图D.3）。车站隧道的横断面面积为440 m^2，比普通双线城市铁路区间隧道的横断面大6倍，几乎是目前米兰已建的第二大隧道的2倍。要修建具有同样几何尺寸的隧道，不采用此新技术是不行的，采用新技术可在开挖前就施作最终衬砌。该暗挖隧道穿过全新世无黏性土层，总直径约为30 m，古建筑基础下方的覆盖层厚度仅有4～5 m。

这样的浅埋深条件使其在设计阶段引起了相当多的质疑：如果采用传统方法（即首先施作喷射混凝土对地层进行改良并迅速设置钢拱架，然后再进行分步开挖），结果会怎样呢？实际上，开挖前隧道拱部的地层改良程度不可能满足这种大断面隧道的要求。使用有限元法进行的数值分析同样也表明钢拱架和喷射混凝土这类常规约束结构太容易变形，甚至连暂时将地表沉降限制在可确保周围建筑物和公共设施安全所要求范围内都不行。这就是有必要开发蜂窝状拱技术的原因。

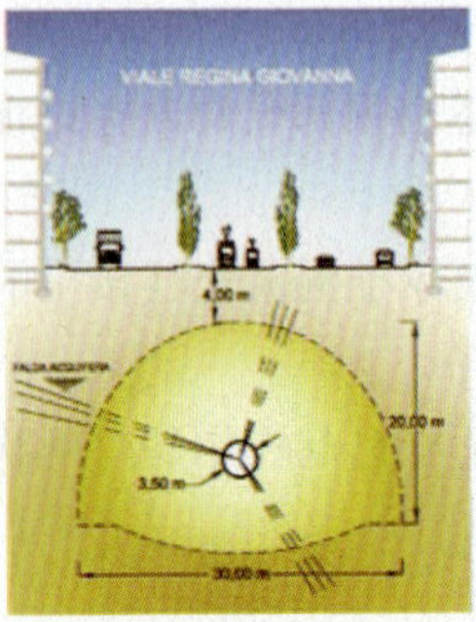

1.从导洞开始地层改良注浆

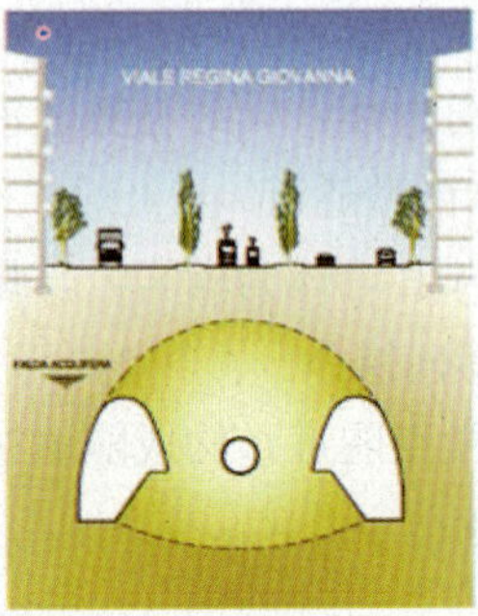

2.施作车站隧道边墙

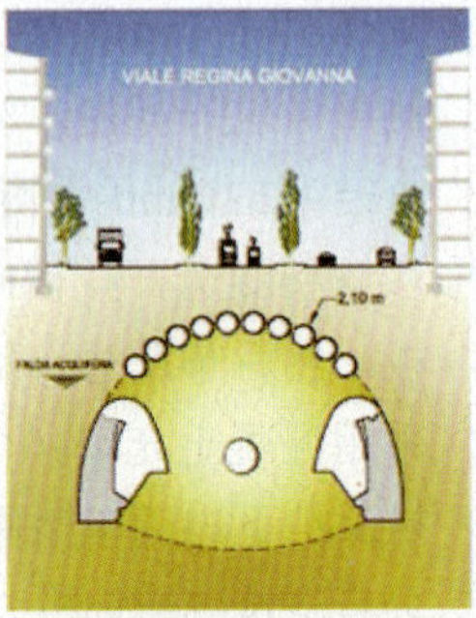

3.沿车站隧道拱顶轮廓面四周顶进10个微型隧道以及边墙浇筑

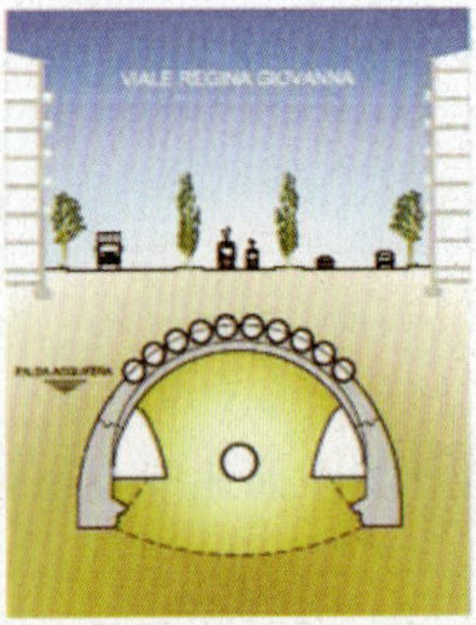

4.从微型隧道内部进行横向拱施工

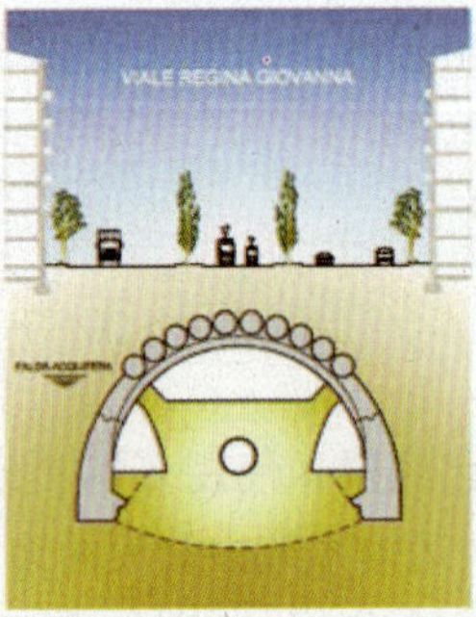

5.浇筑纵向微型隧道并掘进车站隧道

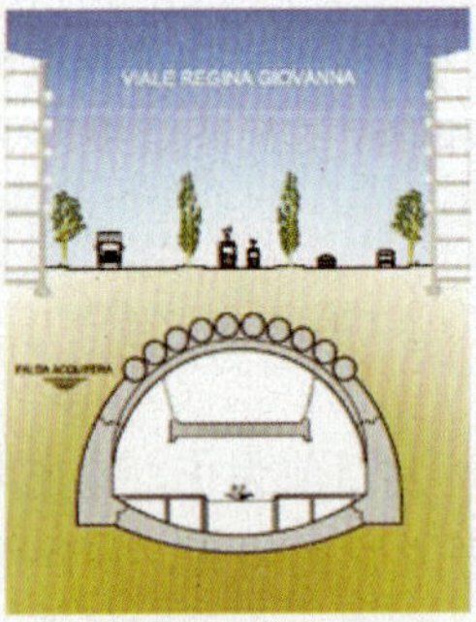

6.浇筑隧道仰拱并在完成以后建造夹层楼面

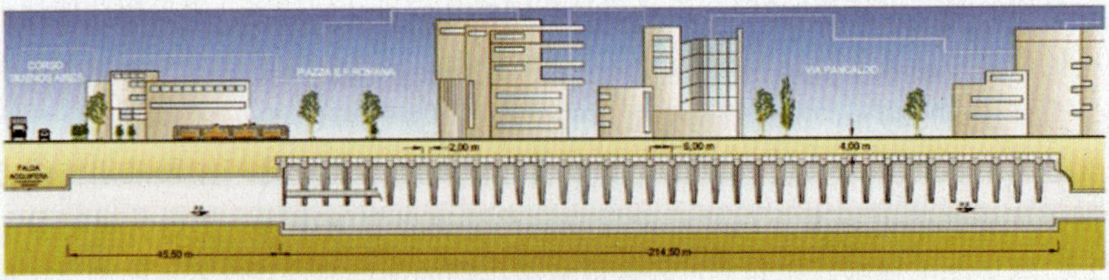

图D.2 米兰城市铁路连接线威尼斯车站蜂窝状拱结构施工

米兰城市铁路连接线上的威尼斯车站：通过侧壁导坑施工车站边墙

米兰城市铁路连接线上的威尼斯车站：使用顶管技术在车站拱顶周围范围内施做微型隧道

米兰城市铁路连接线上的威尼斯车站：微型隧道完成后顶进工作坑视图

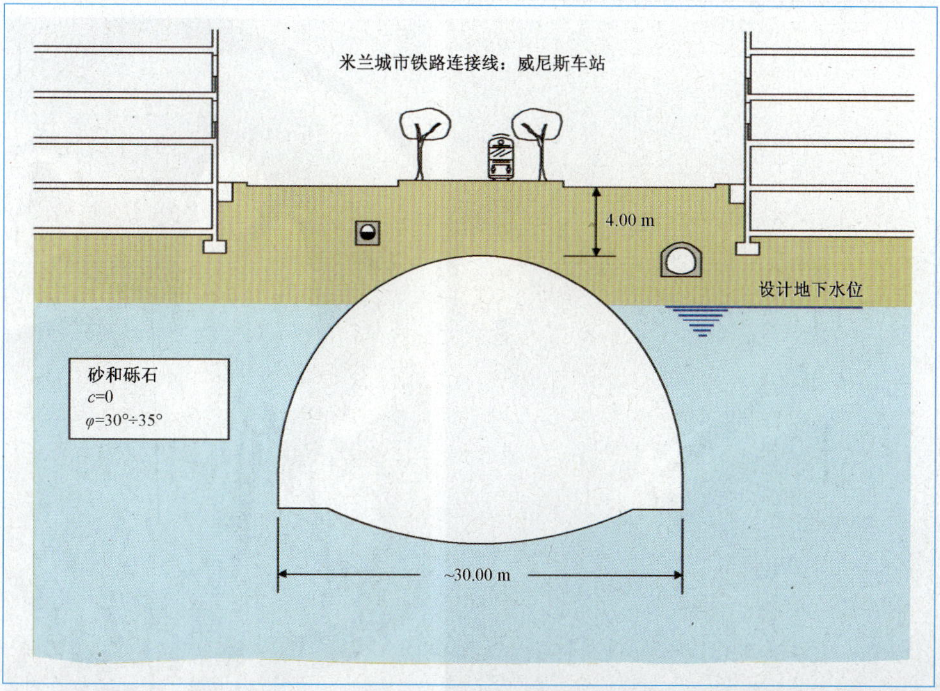

图D.3 隧道上方覆盖层不足以在其周围形成满足要求厚度的地层加固带

威尼斯车站蜂窝状拱结构施工

从施工角度出发，与未来车站隧道长度相等的60 m^2侧壁导坑（7.6 m宽、11.0 m高）施工应分2步进行：

- 开挖拱部至地下水位线，其断面面积为40 m^2；
- 在地下水位线以下，从拱底部进行地层注浆改良，注浆范围至车站隧道边墙下方，然后再向下开挖至边墙墙脚处。

衬砌由钢拱架、钢筋网和喷射混凝土构成。

衬砌完成后，便在其内部进行车站隧道边墙浇筑。边墙部分的日平均施工速率为2 m/d，其中包括了开挖作业时间。因此完成430 m长边墙用了11个月的时间（每侧215 m），与顶管作业（微型隧道）时间几乎一样，顶进作业在一个完全独立的场地同时进行。

设计规定沿隧道拱顶轮廓面开挖10个微型隧道，包括顶入总长度约2 160 m的1 080根混凝土管。混凝土管为预制件，通过径向预应力系统使用高强度水泥混合物制造而成，其外径和内径分别为2 100 mm和1 800 mm，长度为2 m。

米兰城市铁路连接线上的威尼斯车站：混凝土管（微型隧道）切割，施作横向拱

采用配备有圆柱形金属盾壳的顶管设备从顶进工作坑（图 D.4）将混凝土管顶入地层中，该设备直径2 100 m，长7.7 m，分为2个部分：前面为切削开挖部分，其铰接装置可使操作人员调节顶管机的垂直和水平移动，它配有电脑控制的液压切削刀盘和运送弃砟的皮带输送机；后部长3.50 m，包括发动机、泵以及液压油箱。顶进设备包括2台长冲程液压千斤顶和不可缺少的荷载分配结构以及1台操作压力为600 bar的液压泵。

施工中使用了2套设备以保持约8～9 m/d的日进尺速率。在顶管期间及顶进后进行地形监测，确保及确认顶管在方向与深度上偏差都在公差范围内。

完成边墙浇筑且顶管就位后，开始隧道拱部横向承载件的施工，无庸置疑，这是蜂窝状拱技术最具特色的部分。

横向承载件由35个按6.00 m间隔设置的中间拱和2个端部拱构件组成。施工情况如下（图 D.5）：

- 切掉与拱交叉的混凝土管部分，这主要靠人工开挖，一直到施作隧道边墙的侧壁导坑处；
- 在开挖洞室内装配预制钢模板，并针对微型隧道和拱部分布设钢筋，然后在边墙上浇注拱部分；
- 进行各洞孔（微型隧道）部分浇筑施工。

这时就可在已能承载的蜂窝状拱结构保护下对大型隧道进行上导坑、下台阶的分步开挖。然后最终完成衬砌及仰拱，其厚度为1.5～2 m（图D.6）。整个92 m长衬砌按5 m长度分段进行浇注，平均浇筑量为38 m^3/m。每5 m循环衬砌段的浇筑平均要花费7 d工作时间，通过协调作业，未闭合的隧道衬砌环部分仅相当于3 d的工作量。

采用蜂窝状拱技术施工的威尼斯车站其平均开挖速率为57 m^3/d，最终工程成本约516欧元/m^3，仅相当于目前市中心一个地下停车场的成本，这一结果让人很感兴趣。

监测系统

鉴于车站隧道尺寸较大、施工方法较新且需对地表沉降进行限制，因此必须制定一个全面的监测方案，并进行以下施工测量：

- 在工程各阶段量测地表沉降，特别是建筑物沉降；
- 隧道周围地层变形测量；

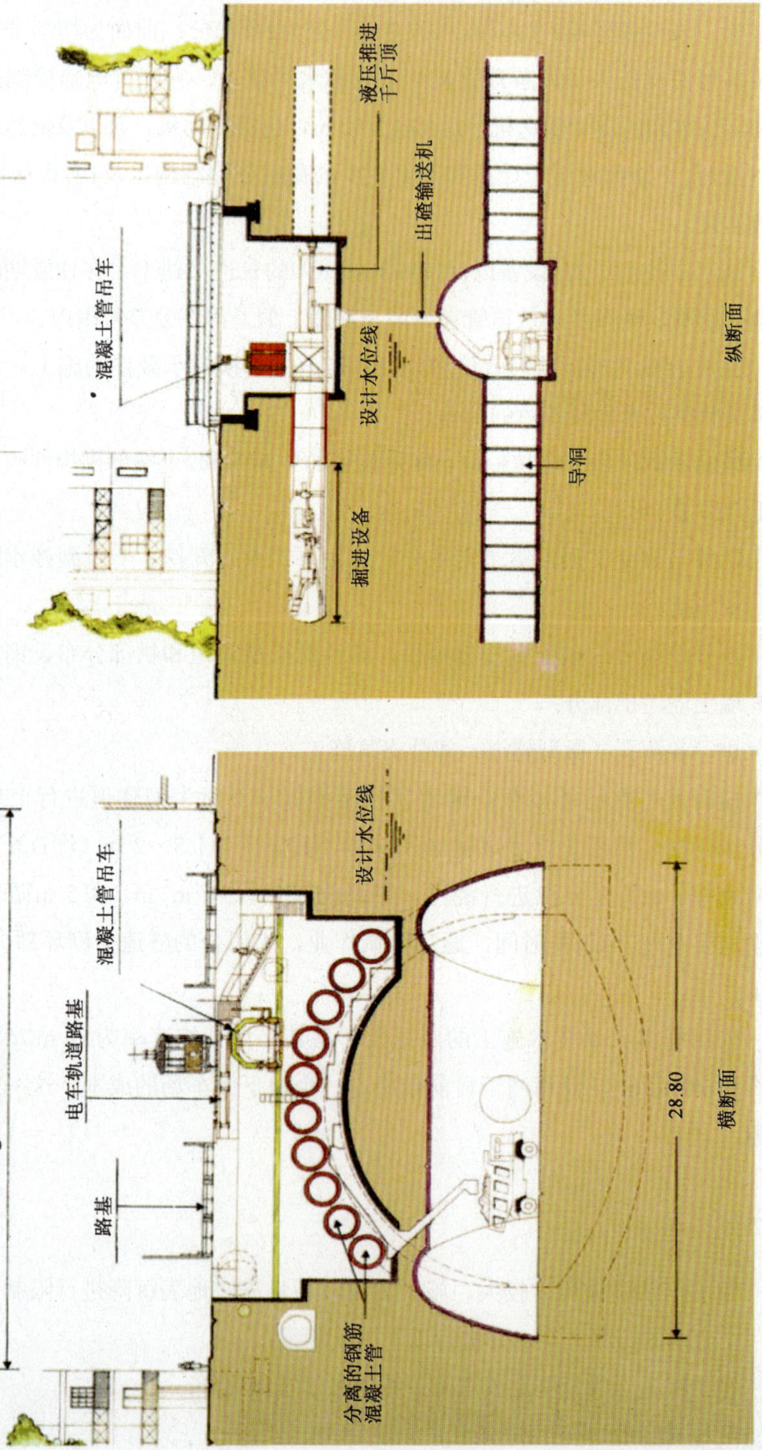

图D.4 “威尼斯”车站-顶进作业坑

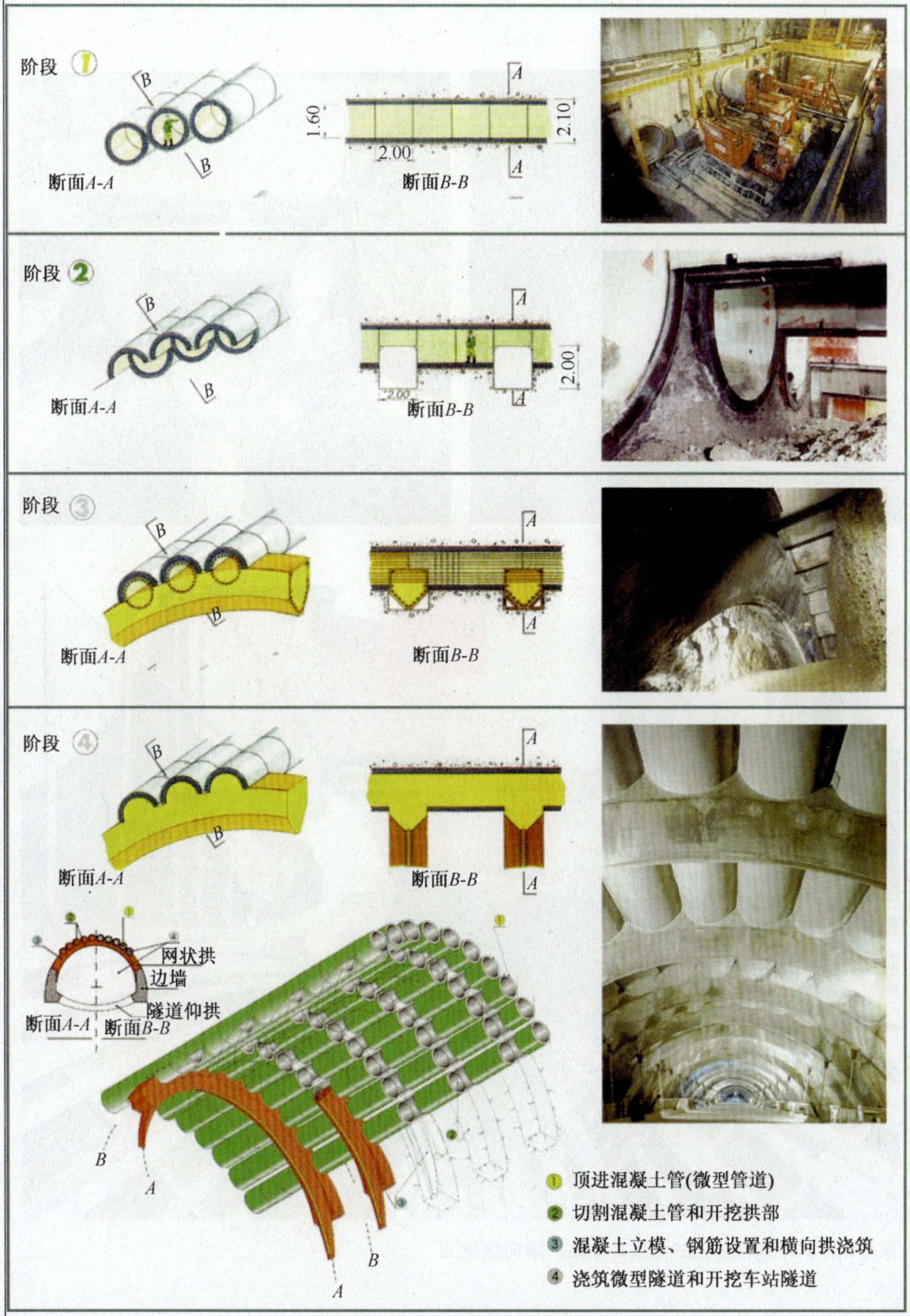

图D.5　蜂窝状拱拱顶的修建

米兰城市铁路连接线上的威尼斯车站：横向拱施工

米兰城市铁路连接线上的威尼斯车站：在已建网状拱保护下进行车站隧道掘进（没有移除模板条件下的横向拱）

米兰城市铁路连接线上的威尼斯车站：半断面开挖后视图

图D.6　米兰城市铁路连接线上的威尼斯车站：全断面

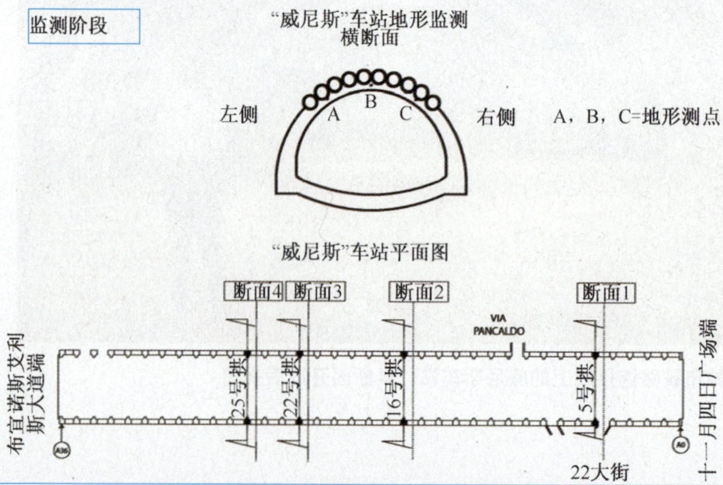

图D.7　威尼斯车站地形监测

- 隧道最终衬砌的应力和应变测量。

该监测方案包括（图.D.7）：

- 地形测量；
- 通过水平、偏转和倾斜测量，监测既有建筑物变形；
- 隧道收敛量测；
- 衬砌结构的压力与变形测量。

通过对各种测量数据的连续记录与处理，可使施工各阶段地层和衬砌的应力-应变条件处于控制之下，并可将设计预测值和限值进行比较，在这些限值内可保持既有结构物的完整性。

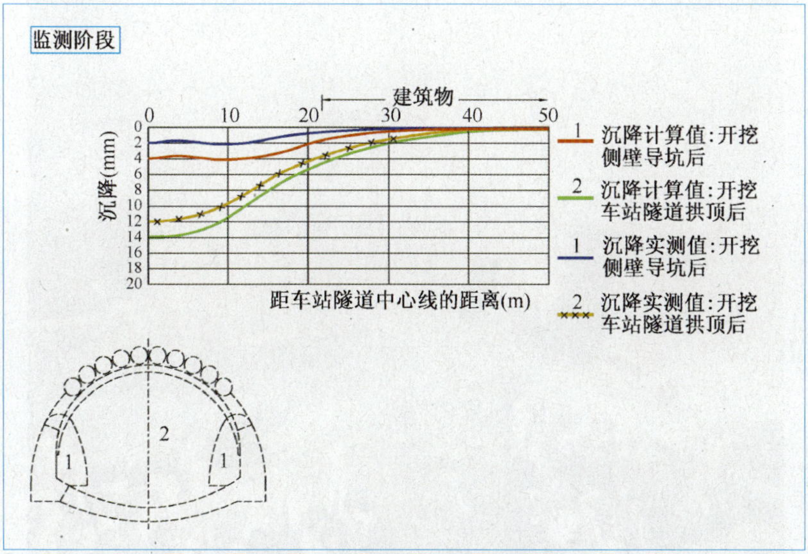

图D.8　威尼斯车站地表垂直沉降计算值与实测值

如图D.8所示，地表位移总是低于计算值。当然，最大沉降出现在拱顶开挖中。变形情况是开始比较缓慢，在掌子面通过量测断面后其速度开始加快，当掌子面向前推进更远后便逐渐变弱消失。隧道线路上方街道水平面基准点所表现出来的这一特性在一定程度上通过建筑物测点的监测情况得到证实，尽管它不是特别明显，掌子面通过时建筑物最大沉降不超过1～2 mm。

此监测系统确保了对实际条件的持续监测，表明采用的施工方法与实际情况和城市环境条件相适应，形成了一个让人放心的局面。

米兰城市铁路连接线上的威尼斯车站：超过40名来自世界各地的工程师代表于施工期间参观施工现场

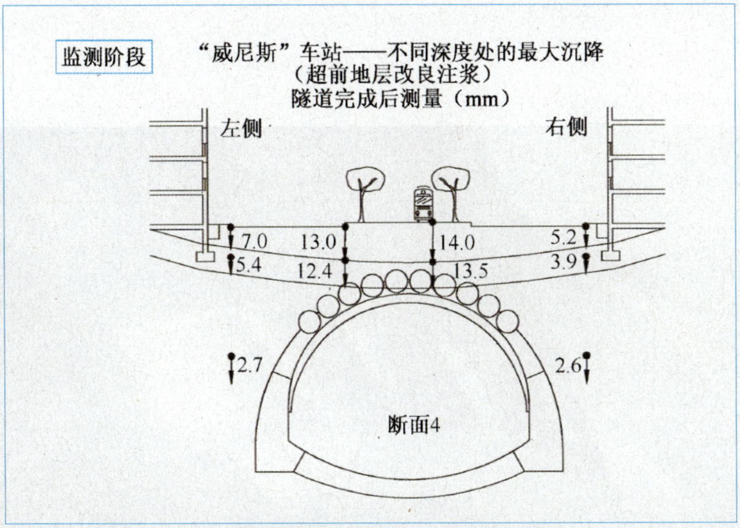

图D.9　威尼斯车站不同深度处的最大沉降

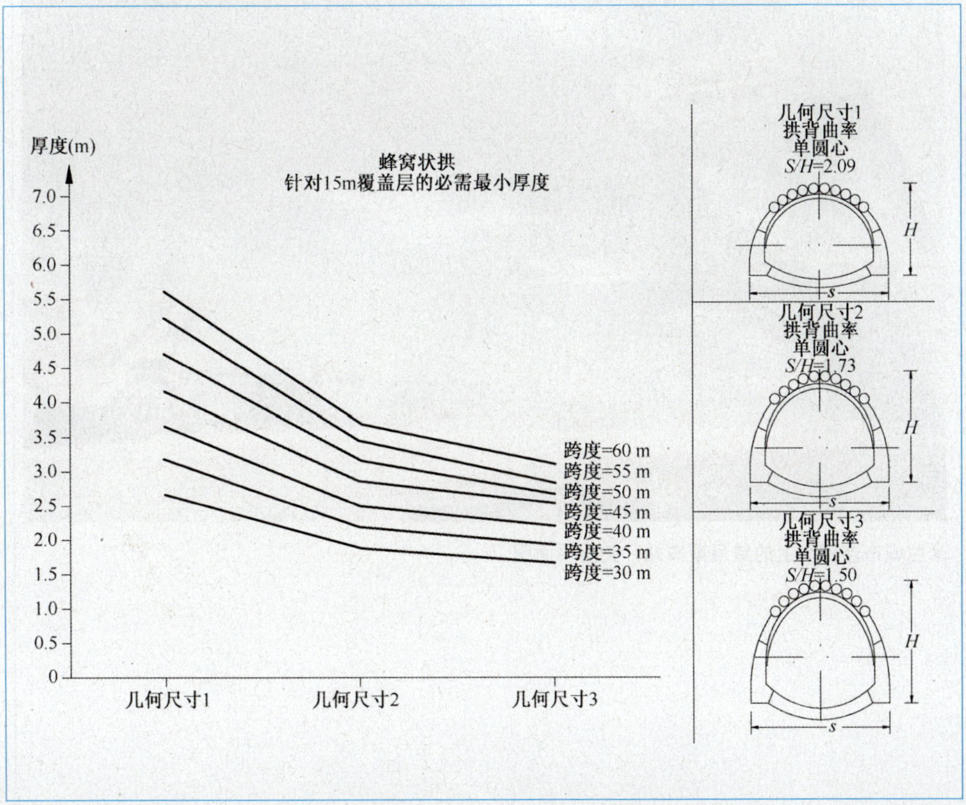

图D.10　不同几何尺寸下所需的结构件最小厚度

米兰城市连接线上的威尼斯车站：夹层平面图

蜂窝状拱技术的发展前景

针对地下水位以下无黏性土层中浅埋大跨度隧道施工所采用的蜂窝状拱技术，对其局限性进行了研究。

在制定出大纲并确定其变量后，采用一维有限元模型计算主要施工部件大致尺寸以模拟结构特性以及其与地层的相互作用。共考虑了3种几何尺寸方案，其矢跨比分别为2.09，1.73和1.5，最大跨度达60 m。

根据计算结果得到了结构部件最小厚度和地表沉降一览表，这些数值都将随几何尺寸、外径、地下水位以及埋深的变化而发生变化（见图D.10中例子）。从结果可以看出：蜂窝状拱技术可成功用于跨度超过60 m、位于地下水位以下无黏性土层的浅埋暗挖隧道施工，采用该技术地表沉降较小。

米兰城市铁路连接线上的威尼斯车站：竣工车站夹层楼面视图

米兰城市铁路连接线上的威尼斯车站：闸口处蜂窝状拱结构视图

人工覆盖层：**Borgo Rinzelli**隧道（博洛尼亚–佛罗伦萨高速/大运量铁路线），在浅埋人工覆盖层条件下进行隧道掘进

附录E

人工覆盖层（A. G. O.）

因垂直定线位置和地形方面原因，罗马—那不勒斯高速铁路新线中的一些隧道埋深很浅。因此，详细设计规定的人工隧道段较长。相关隧道包括Piccilli 1号、Piccilli 2号、Castagne、Santuario、Caianello和Briccelle隧道，但是修建人工隧道须深挖坡，会遇到以下这些问题：

- 边坡自身稳定性的安全问题；
- 如何处理开挖产生的大量弃碴；
- 解决对地面既有结构物的干扰问题；
- 如有地震活动将遇到更加困难的静力条件；
- 环境与景观影响。

出于以上各方面的考虑和成本问题，人们开始寻找一种替代方案，即直接采用暗挖法修建，从而避免原来设计中可能出现的问题。

人工覆盖层

众所周知，隧道的长期与短期稳定性取决于洞室周围地层的成拱效应，通过成拱效应超应力将被传递至下面的完整围岩中。在浅埋隧道中，拱顶上方覆层厚度较小，一般难以自然产生成拱效应，因此设计工程师必须保证采取合适的施工措施。如前所述，一般针对这类问题是修建人工隧道，采用这种方法时，混凝土衬砌自身形成成拱效应，在长时间内承载回填材料的重量。

另一种方法是在开挖隧道前改良洞室周围地层，以形成一合适厚度土层使其能具有传递应力所需强度。只有当拱顶上方有最小覆盖层时才采用这种方法进行地层改良，而且条件是改良成本合理。由于拟建隧道覆盖层极浅（见图E.1中的纵剖面图），无法实施第2种办法，而第1种方法也因前面提到的困难而不具有吸引力。于是，在这种情况下对新方法的研究也就应运而生，通过对火山碎屑土特性进行研究，新方法采用暗挖方式进行开挖，能克服上述困难，同时兼顾景观和环境保护。

触发作者这一灵感的不仅是考虑现场的火山碎屑土单位重量较轻（≈1.3 t/m^3）和特性比较特别，而且还因它很容易与石灰混合生成具有一定强度的物质。在此方法中，采用人工覆盖层（A. G. O.）结构代替拱顶上方地层，该人工覆盖层系通过对地层进行合理处理后利用地层自身形成。图E.2对新施工方法各作业阶段进行了说明。

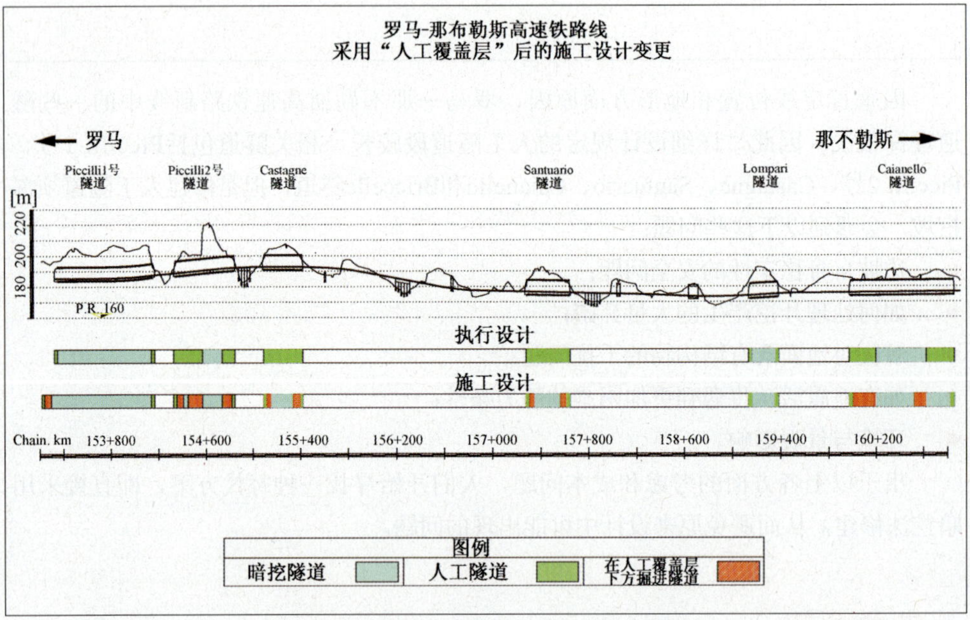

图E.1　采用人工覆盖层后的施工设计变更

按照图E.2中所示几何形状，沿拱顶轮廓面向下至起拱线，清除隧道上方表层土，其净空为10 cm，然后在开挖底部设置钢筋网（6ϕ，15 cm×15 cm）并施作10 cm厚的喷射混凝土层，其作用是：

- 使隧道轮廓成形；
- 对拱顶将承受荷载进行分配。

在添加了3%～6%的石灰增强其强度后，填筑先前移除的土壤，直到整个隧道拱顶被多层密实土（单层厚度30 cm）所覆盖，厚度至少达3.5 m，至此就可以进行暗挖隧道的施工了。

罗马–那不勒斯新建铁路隧道中的应用情况

采用新的隧道工法时，一般要求进行详尽的初期研究以评估其是否真正可行以

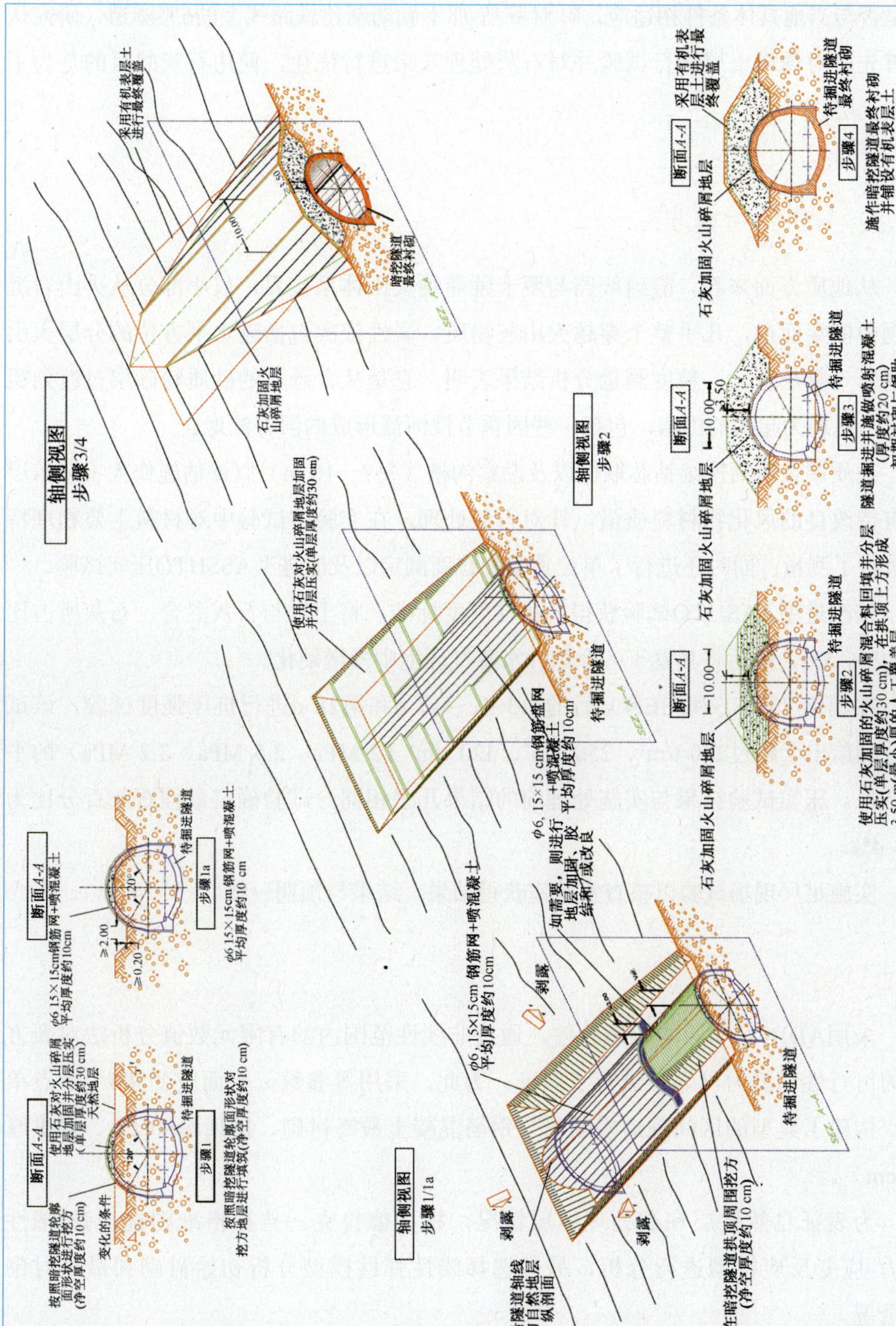

图E.2 采用人工覆盖层技术进行隧道开挖的作业步骤

及是否与当地具体条件相适应。针对罗马-那不勒斯新建铁路线上的6座隧道，研究认为首先应对现场土层进行试验并对石灰处理效果进行优化，使用石灰的目的是为了改良土层。

地质、勘察与试验

从地质方面来看，隧道线路与罗卡蒙菲纳火山体系接界，仅小部分从火山岩沉积物中横穿而过，几乎整个穿越火山灰物质。岩性依次包括近水平方位的分层火山碎屑岩（凝灰岩），粒度测量分析结果表明，它是从含砾石的砂质粉砂层过渡到粗砂层，呈现为起伏的山峦，包括一些因季节性河流形成的河谷洼地。

地质调查包括连续钻芯取样以及勘察沟槽（每7～10 m）以评估施作人工覆盖层前有待改良的风化物材料质量。针对石灰处理，在实验室试验中对材料主要物理特性进行了测量；同时还进行了单位重量和粒度测定以及改进型ASSHTO压实试验。

按改进型AASHTO试验获得的最佳湿度标准，将土样与石灰混合，石灰所占比例为3%~5%，然后将其置于一个饱和水蒸气环境中慢慢硬化。

在硬化（图E.3和图E.4）后的第3 d、第7 d和第28 d进行抗压强度试验，该试验分别给出了超过200 t/m^2、250 t/m^2、320 t/m^2（2 MPa、2.5 MPa、3.2 MPa）的平均结果。压实试验结果与实施处理前的结果几乎相同。试验确定最佳石灰百分比为3%~4%。

实施足尺现场试验以核查实验室获得结果，结果与预期一致。

静力试验

采用ADINA6.0版本应用软件，通过非线性范围内的有限元数值分析法对新方案的可行性和静力可靠性进行了验证。为此，采用等参数、平面应变和4个节点单元，构建了典型的区间隧道横断面（钢筋混凝土最终衬砌、拱顶厚80 cm、仰拱厚90 cm）。

为表征自然地层和被处理地层情况，根据德鲁克一普拉格准则选择弹-塑性应力-应变反应模型进行分析，另外选择线性弹性模型分析初始衬砌和最终衬砌的情况。

分析的目的是为了研究施工中各阶段和试运行后整个地层-结构系统的应力-应变特性，共进行了7次计算（图E.5）以尽可能真实地模拟各阶段步骤以及施工作业期间稳定干预措施的实施情况。

图E.3　单轴抗压试验的试件

养护天数	3%石灰			4%石灰			5%石灰		
	试验1	试验2	平均值	试验1	试验2	平均值	试验1	试验2	平均值
3	200	200	200	180	190	185	100	110	106
7	240	230	235	250	250	250	160	170	165
28	340	300	320	340	320	330	370	380	375

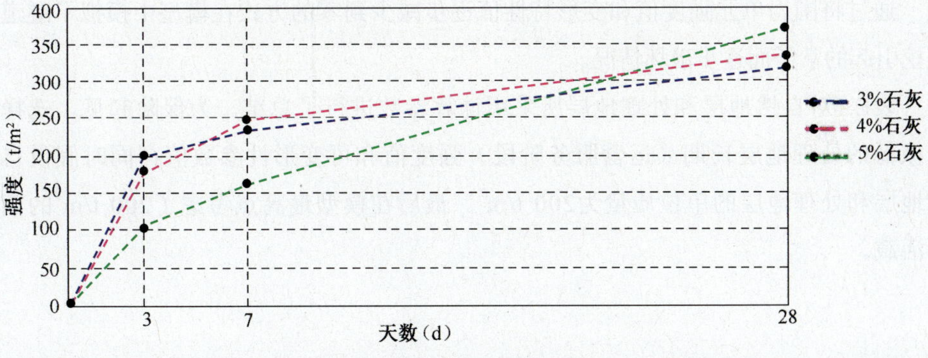

图E.4　试件的平均抗压强度

次数	模型	描述
1	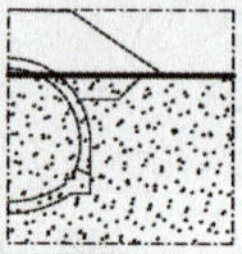	静力学计算
2	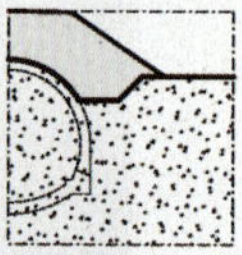	使用石灰处理的火山碎屑进行改良和回填
3	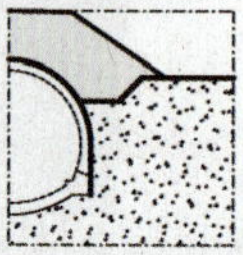	全断面掘进隧道、施作喷射混凝土初期衬砌和钢拱架 核心土松弛：70%
4	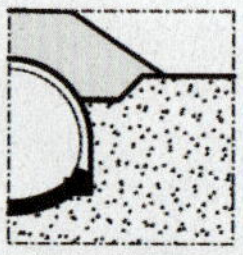	浇筑隧道仰拱和拱脚 核心土松弛：80%
5	…	隧道仰拱养护 核心土松弛：90%
6	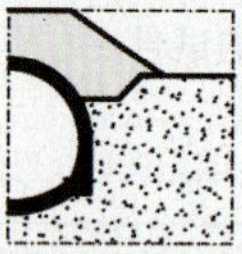	浇筑隧道拱圈，石灰处理的地层地质力学特性发生降低 核心土松弛：100%
7	…	地震作用

图E.5　有限元计算步骤

通过将围岩单元强度值和变形特性值逐步减少到零的方式在模型中模拟了隧道开挖引起的掌子面逐步破坏情况。

表E.1对自然地层和处理地层所采用计算参数进行了总结。为保险起见，选择了极低的处理地层长期（运营服务阶段）强度值和可变形性参数值；同时假设自然地层和处理地层的单位质量为200 t/m^3。最后在模型最高点考虑了200 t/m^{2}的额外活载。

表 E.1　模型计算参数

土壤	γ (t/m³)	E (t/m²)	v	c (t/m²)	φ (°)
风化表层土	1.8	7 000	0.30	2.00	30
火山碎屑	1.8	20 000	0.30	10.00	30
石灰处理的火山碎屑（第2～5次计算）	2.0	40 000	0.30	20.00	30
石灰处理的火山碎屑（第6～7次计算）	2.0	7 000	0.30	0	30

静力试验结果

计算结果证明：通过采用所述几何结构和施工方法，在石灰处理的人工地层保护下进行隧道全断面开挖是可行的。

从变形方面来看，其收敛值非常低（不到2 mm）；而就应力而言，掘进开始前隧道拱顶部处理所起作用是非常重要的。多亏其拱状结构，使改良地层仅受约束压应力作用影响（在第5次计算时，σ_{max}=12.9 t/m²），使得应力在隧道周围形成适宜的转移并传递至隧道侧面的自然地层中（图 E.6）。

同样发现，喷射混凝土初期衬砌完全压缩（$\sigma_{平均}$≤210 t/m²）。即使没有采取加筋措施（以防备潜在的不对称或局部异常），通过隧道仰拱闭合的钢筋混凝土最终衬砌其测试结果仍然较好，这是因为隧道拱顶及与隧道仰拱连接处所承受的拉应力极低（≤18 t/m²），而且最大抗压强度不超过220 t/m²。

施　工

一旦确定所研究方案可行且静力学方面是可靠的，即按图E.2和图E.6中所述程序与步骤开始试验。

从Picilli 2号隧道开始作业，在人工覆盖层保护下暗挖隧道掘进了约250 m。图E.7和图E.8对工程各阶段进行了说明。

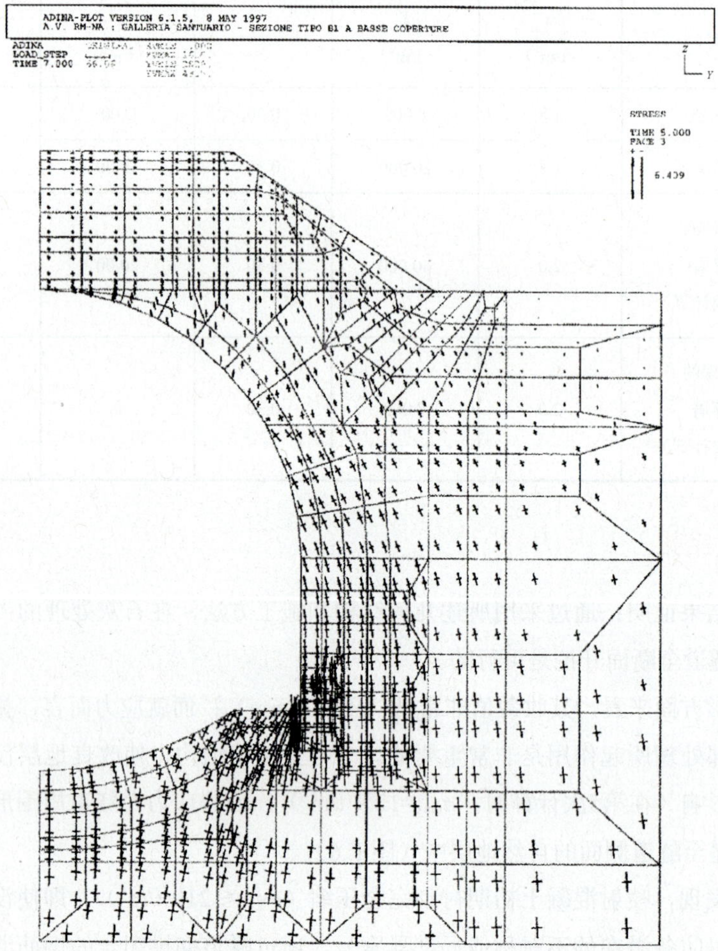

图E.6 罗马–那不靳斯高速铁路线：Santuario隧道——针对浅埋覆盖层的断面型式

现场使用了2种不同的方法来混合石灰和凝灰岩：

- 采用混合设备制备混合物，其配有料斗，用以储存石灰（图E.9）；然后将混合料运输至施工现场，分层铺设，厚度不超过30 cm，并在最佳湿度条件下进行碾压；
- 散铺火山灰并用足够数量的石灰进行覆盖，然后与上面一样进行碾压。

在整个251 m长的隧道段内施工进展顺利，没有出现任何问题。因此决定将新方法扩大到其他具有相似情况的隧道段。

表E.2列出了运用人工覆盖层法的相关数据。从中可以看出：自采用该方法进行第1次试验以来，通过暗挖法开挖的隧道总长度达1 346 m。

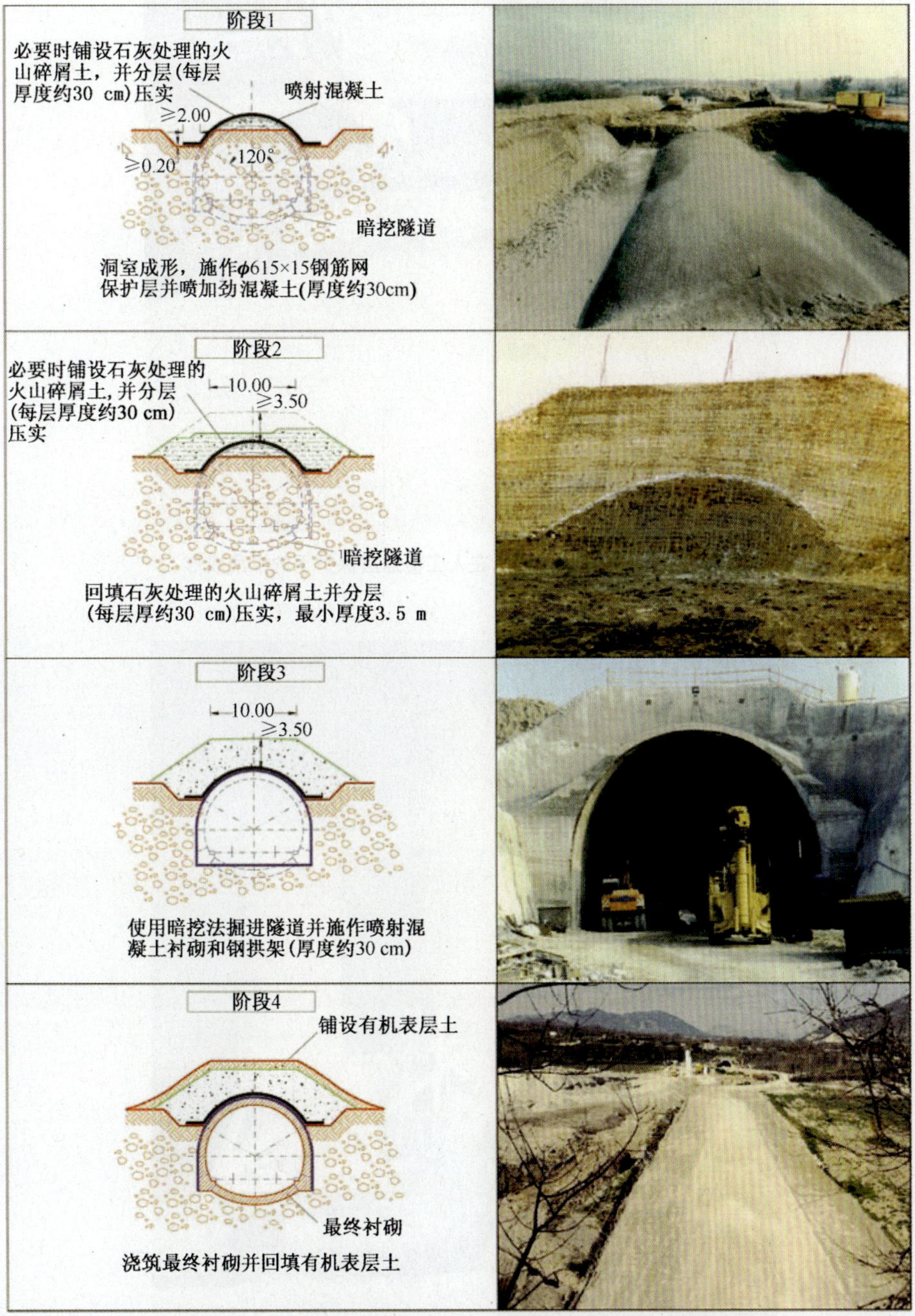

图E.7　施工阶段总结说明

图E.8 暗挖隧道的掘进：在人工覆盖层保护下的拱顶成形

图E.9 用于搅拌火山碎屑岩与石灰的机械设备

表E.2　人工覆盖层法的相关数据

隧　　道	隧道总长（m）	在人工覆盖层下开挖的隧道长度（m）
Piccilli 1号（国家铁路，罗马-那不勒斯高速铁路）	907	58
Piccilli 2号（国家铁路，罗马-那不勒斯高速铁路）	485	251
Castagne（国家铁路，罗马-那不勒斯高速铁路）	289	73
Santuario（国家铁路，罗马-那不勒斯高速铁路）	322	80
Caianello（国家铁路，罗马-那不勒斯高速铁路）	832	363
Sadurano（国家铁路，博洛尼亚-佛罗伦萨高速铁路）	3767	68
Borgo Rinzelli（国家铁路，博洛尼亚-佛罗伦萨高速铁路）	528	73
Morticine（国家铁路，博洛尼亚-佛罗伦萨高速铁路）	654	380
人工覆盖层下掘进总长度		1 346

施工期间的监控量测

人工覆盖层设计要求在施工期间进行一系列测量以确保其性能满足设计预测。具体为：

- 火山灰-石灰混合物：

  ——硬化7 d后平均抗压强度不得低于80 t/m^2；

  ——现场实测密实度不得低于实验室最大密实度的95%。

- 喷射混凝土：

  ——48 h后的平均抗压强度不得低于1 300 t/m^2；

  ——28 d后平均抗压强度不得低于2 000 t/m^2。

在Piccilli 2号隧道施工期间进行了系统取样，测试结果均高于最小限值。火山灰-石灰混合物的实测平均强度为300 t/m^2，与实验室结果相近。

除了针对材料的质量控制测试外，还通过在隧道起拱线处（挖方地层水平面处）及钢拱架底部设置测压元件的方式进行了各种荷载测量。

前者部位的平均荷载读数为2 t/m^2，但由于是在掘进暗挖隧道前，因此没有多大意义，而后者部位的平均荷载读数为30 t/m^2。

另外也对隧道收敛进行了系统监测：从5个量测站获得的平均读数在1～2 mm之间波动，非常接近FEM计算得出的预测值。

Piccilli 1号隧道:使用石灰对地层进行处理

Piccilli 1号隧道:在建隧道拱背成形

总　　结

如果隧道拱顶上方未有暗挖法施工所必须足够厚度的覆盖层，那么需要进行人工隧道施工，这不可避免地要进行边坡深开挖，因此面临安全和环境影响等问题。

本节所介绍的替代方案是通过人工覆盖层，采用暗挖隧道技术进行施工，从而避免了所有涉及人工隧道施工的问题。

最早用于罗马—那不勒斯新建高速铁路隧道施工的这一新方法非常实用、安全和经济（图E.10），且有利于环境和景观保护。该方法在因覆层厚度不够引起类似问题的其他各隧道工程中取得了巨大成功。

在人工覆盖层下对暗挖隧道和人工修建相同隧道施工成本与工期比较

作业☆	人工隧道（欧元/m）	在人工覆盖层下的暗挖隧道（欧元/m）	差异
土壤移除、地层改良、隧道掘进	2 464.00	4 450.00	-1 986.00
回填	915.00	0.00	915.00
拱顶、拱脚和边墙衬砌	3 421.00	2 383.00	1 038.00
隧道仰拱	1 664.00	790.00	874.00
合计	8 464.00	7 623.00	841.00

☆在这2种施工方法中只有这些项目存在差异.

使用相同方法的Caianello隧道(365 m)掘进所用时间

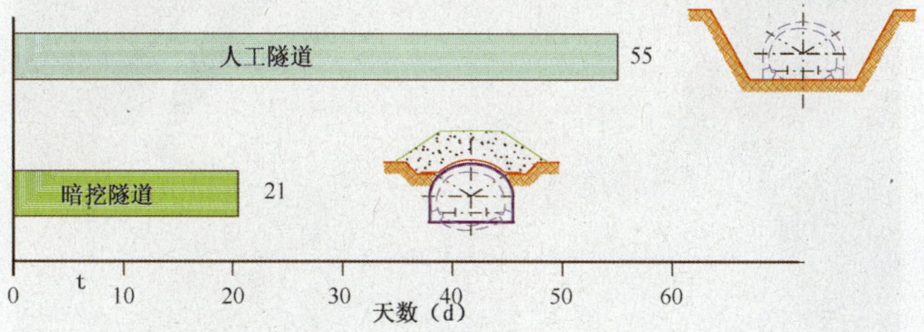

图E.10 在人工覆盖层下对暗挖隧道和人工修建相同隧道施工成本与工期比较

Sadurano隧道（高速/大运量博洛尼亚–佛罗伦萨铁路线）：暗挖隧道拱顶“喷射混凝土”视图

Piccilli 2号隧道：使用处理后的土壤进行回填与压实

Piccilli 1号隧道（上）和2号隧道（下）：人工覆盖层建造的2个阶段

困难地层中的洞口：Sibari-Cosenza铁路线（1985，地层：黏土）使用垂直旋喷注浆技术修建隧道洞口

附录F

位于困难地层段的隧道洞口施工

隧道洞口施工通常需要解决进入边坡地形、附近建筑物、建造结构物几何形状及围岩材料等相关问题。洞口场地和边墙的修建通常需要进行大量的挖方作业，这在岩石条件下无须特别注意，但在软土中却存在一定问题，尤其是在松散土壤中。

如果未适当限制黏结力低的地层在开挖过程中的释压问题，那么就会造成围岩介质迅速释压的风险，这将对整个边坡产生严重影响。显而易见，要在地层无释压的条件下开挖隧道洞口进入段，唯一的方法是在未来隧道前方设置相关结构提前进行约束（或更好是预约束），通过加固结构能保持现有的自然平衡。直到几年前才发现实现此目标唯一可行的方法就是在暗挖隧道洞口处设置以下结构：

- 大直径桩墙，需要时进行锚固；
- “柏林”墙或排桩墙；
- 钢筋混凝土地下连续墙。

在不稳定边坡上进行大直径桩施工不是说不可能，但至少非常困难，因为边坡的地形形态不允许使用重型施工机械。

另一方面，“柏林”墙之类结构物的自身稳定性很大程度上依赖于锚杆打入地层稳定区内的长度，这意味着这些系统并不总是可靠。

甚至是钢筋混凝土地下连续墙也不足以对付最极端情况，挖土及水的进入将降低地层抗剪强度，其后果是在某些情况下没有补救办法。

因此这些问题将变得更糟，因为没有提前进行地层改良的技术以及合适的操作系统，要求暗挖隧道在一定覆层厚度条件下进行掘进，而覆层厚度应与隧道半径相当，这就需要进行大量的土层开挖，而此活动容易触发地层释压，很难限制，过去很多失败的案例已说明了这一点（见图F.1和相关照片）。

20多年前，用于地层改良的旋喷注浆系统被引入到意大利，作者据此开发和试验出一种创新的解决方案，即在松散或黏性较差的土层中形成预约束结构以克服前

使用常规方法在半黏结性土壤中进行隧道洞口边坡深开挖

（加以锚固的柏林墙；覆盖层：相当于隧道直径2倍）

同一隧道洞口因边坡释压发生崩塌

面所述问题。

下面将介绍其基本原理并列举一些最具代表性的案例。

图F.1　位于困难地层段的隧道洞口施工

通过旋喷注浆形成地层改良加固拱

该方法是在开挖洞口之前通过旋喷注浆进行地层改良，从而在人工隧道轮廓面上形成由一排排地层加固桩柱组成的约束结构（图F.2和图F.3）。

加固处理范围与分布情况根据具体作业情况和岩土情况加以确定。通过钢筋混凝土顶梁将加固桩柱顶部连接起来，以形成单一的刚性结构。

图F.2　在使用垂直旋喷注浆方法改良地层条件下隧道洞口施工步骤

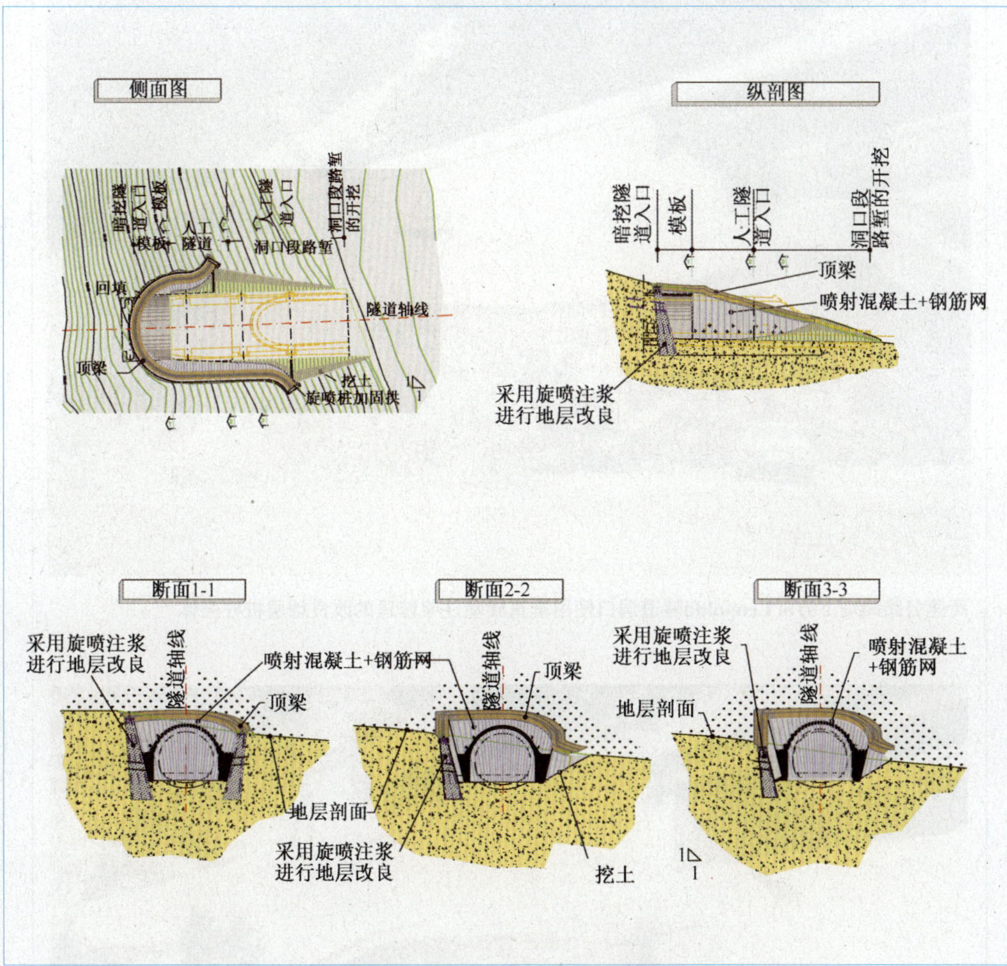

图F.3　旋喷注浆改良地层条件下的隧道洞口

在完成洞口进入段的挖方作业后，即进行以下作业，从而结束加固结构工程：

- 在暴露的墙体表面喷射一层混凝土；
- 穿过改良地层近水平布置排水管以防止在其后面形成水头。

由此，近水平加固拱结构主要承受压应力与剪切应力。

这类地层加固拱的形成多采用水平旋喷注浆法。这种地层预约束技术对覆层厚度要求不高，可在极小覆层条件下进行暗挖隧道掘进，有很多优势，包括与环境的相容性（见相关照片）。

高速公路路堤下方S. Leopoldo隧道洞口使用垂直旋喷注浆修建的改良地层桩柱壳体

图F.4 掘进期间的同一隧道洞口

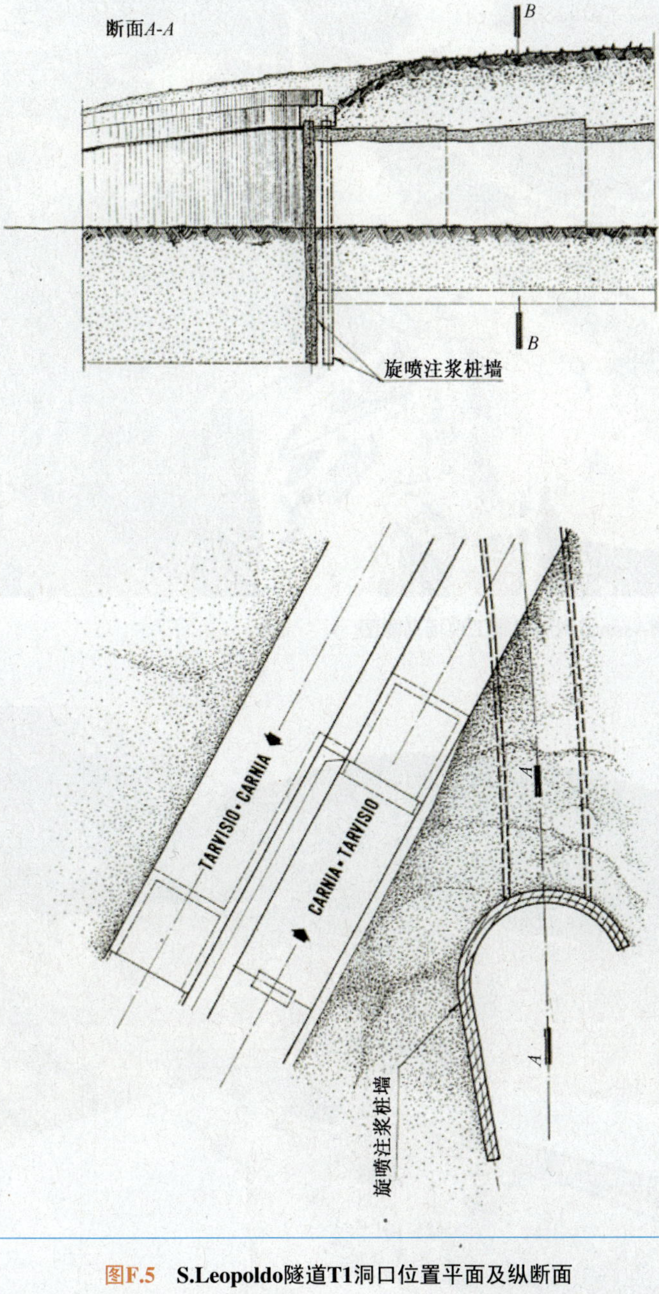

图F.5　S.Leopoldo隧道T1洞口位置平面及纵断面

Gran Sasso隧道Assergi侧洞口施工现场鸟瞰图

Gran Sasso隧道Assergi侧洞口:隧道洞口边坡使用常规方法进行挖掘，边坡开挖深度非常大

应用情况

第1次采用近垂直旋喷注浆法预约束洞室的试验于1980年在米兰的Sesto San Giovanni进行，该指定区域布置有在建米兰地铁1号线的一个深9.80 m的通风洞室。5年后该技术首次应用于Pontebba-Tarvisio铁路S. Leopoldo隧道Pontebba侧的T1洞口施工中。

这里既有Carnia-Tarvisio公路路堤，也有几乎位于洞口里程处顶部的公路高架桥路肩，而隧道从公路下方穿过，因此这成了设计中的一个问题，意味着必须在不引起任何地层变形的情况下进行隧道掘进（图F.4和图F.5）。由于不可能使用常规技术，因而决定使用旋喷注浆技术。

借助计算机采用有限元模型进行的静力研究证明了旋喷注浆加固技术的可行性，并为最终设计调整提供了重要根据，从而可得到一种主要承受压应力作用的结构。按图F.5所示几何形状，采用三排近垂直旋喷注浆桩柱形成加固壳层，然后再通过水平旋喷注浆进行隧道开挖作业，这样就可以在覆盖层仅为2 m的条件下开始暗挖隧道开挖。

此工程进展顺利，没有遇到太大的困难，也没有造成路堤或公路高架桥路肩的破坏。其成功应用使该方法在其他类似工程中得到了广泛推广。其中包括S. Elia隧道（Messina-Palermo公路33标段）的洞口施工，下面介绍了该隧道位置，它靠近省级Cefalu-Gibilmanna公路。由于土壤特性为非黏结性，因此将从不稳定的S. Elia山谷西侧边坡穿过。

地质与岩土情况

开挖影响区的特征表现为各边坡坡度不同，这取决于出露地形和结构条件。总的情况是呈现为典型的年轻地层，不是特别发育，这可通过主水道几乎呈直线几何形状以及几乎完全没有二级切口得到验证。

通过认真的地质勘察对该区域进行调查，内容包括以下几个方面：

- 钻探总长度为565 m的3个钻孔（S2、S3、S4）；
- 60次标准渗透试验；
- 从地面向下挖掘5 m实施4次试验（Sa3、Sa4、Sa5、Sa6）；
- 在Sa3沟槽附近取得1个样品并且在实验室内进行重新制备（C4）。

对所收集文件资料进行彻底审查并确定了以下几点：

- 隧道洞口区位于碎岩坚固层，厚12～19 m，由浅棕黄色粉质黏土构成；

Pianoro隧道（博洛尼亚–佛罗伦萨高速/大运量新建铁路线）：
使用旋喷注浆技术在半黏结性地层中修建南侧洞口的工程进展情况

- 该地层含有大量尺寸在0.1～1 m之间、分布松散的尖锐灰绿色砂质成分；
- 如图F.6中所示地质纵断面，该地层位于属Polizzi地层、呈密集分层和破裂的泥灰岩基质上；

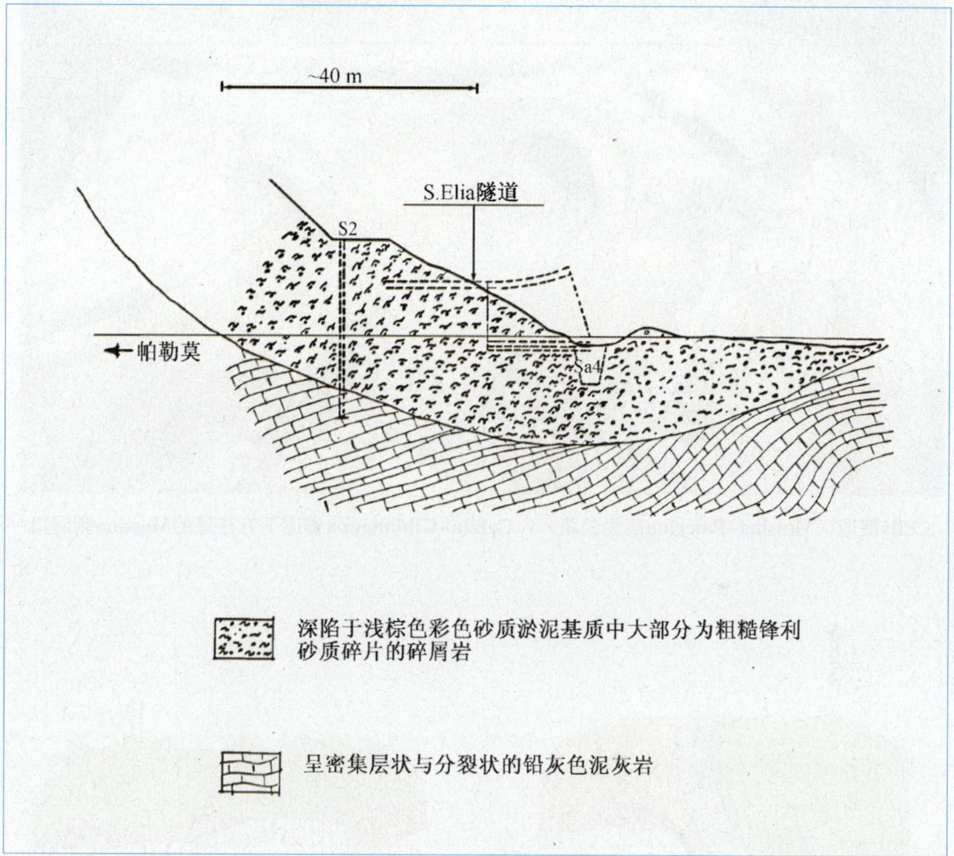

图F.6　地质纵断面

- 自由水位位于地面以下−3.14 m位置处，但随边坡降水的变化而变化；
- 根据粒度测定，碎岩屑的黏土成分大约为20%。

地层中存在部分张裂面也说明了现有围岩材料的释压状态，这是不稳定性的一个征兆。

从岩土方面来看，此区域进行的标准渗透试验得出其平均值为每英尺30次锤击数以上，与其他所获数据相比让人非常乐观，这明显受分布于基质中的大量粗糙岩石材料影响。

S.Elia隧道（Messina–Palermo高速公路）：Cefalu–Gibilmanna省道下方在建的Messina侧洞口

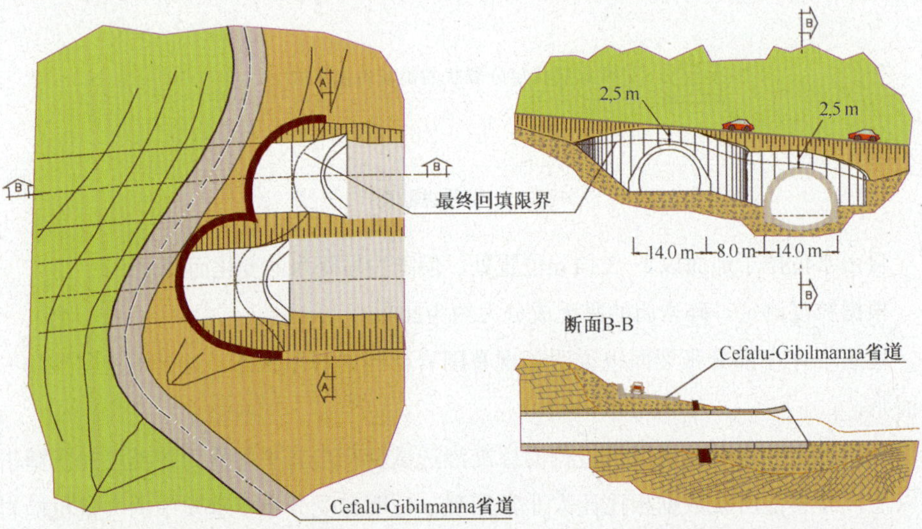

图F.7　Messina–Palermo高速公路S.Elia隧道Messina侧洞口

2号隧道（**Sibari–Cosenza**铁路线）：使用旋喷注浆技术在恶劣地质条件下修建隧道洞口，完全满足自然平衡和景观要求

同一隧道洞口：隧道覆盖层极浅，其完全与环境景观相融

Malenchini隧道（**Livomo–Civiavecchia**高速公路）：通过旋喷注浆改良地层，以此形成加固壳体，从而修建北侧洞口

同一隧道洞口视图

因此在土壤初步分析中采用下列参数进行必要的设计和验证计算：

- 单位质量　　1.8～2 t/m^3（18.0 ~ 20.0 kN/m^3）
- 有效摩擦角　　30º
- 有效黏结力　　0 MPa

边坡总体稳定性

如图F.6所示，隧道洞口段位于岩屑沉积岩中，从暗挖隧道开挖算起其长度约40 m。由于开挖地层的非均质性且无黏结力，显然施工将相当困难，因为隧道洞口恰巧将从省级公路下方穿过，而且任何的滑坡或坍塌都会立即影响位于洞口前方房屋的稳定性。

从图 F.7所示的穿过隧道轴线的横截面中可以看出：省级公路下方的覆盖层厚度不超过4 m，同时从其边缘计算的距离大概为7 m。

初始设计通过将公路移到洞口前方较远处，然后进行深边坡开挖的方式解决了这个问题。但是，在现场直接观测和对地质调查结果进行验证后与项目管理者达成了一致意见——放弃该方案。原因如下：

- 将省道改移到边坡上方将要求在碎屑层中进行大量开挖，而该地层已处于不稳定状态，因此需进行更大量的地层改良和保护开挖；
- 按设计规定在边坡上进行深开挖修建人工隧道将引起碎屑层内出现释压并将水引入洞身的风险，严重危害地面居住结构物稳定性；
- 由于附近有建筑物，即使是临时性的，也不可能按1：1的坡度进行开挖；
- 关于施工工期，没有考虑边坡出现无法控制变形风险的情况。

鉴于上述原因，不得不对施工计划进行修改。这样，在边坡不稳定情况下，隧道洞口的修建就不会影响既有自然平衡条件。显然，只有等周围边墙稳定以后才能开始掘进。在暗挖隧道洞口周围以及人工隧道洞口及基础周围进行旋喷注浆改良地层似乎是实现这一目标的最佳途径，而且也无需改移省道和暂停交通。

地层改良的几何形状问题

根据San Leopoldo隧道Pontebba侧洞口的试验成功，针对3个主要部分采用类似程序实施了系统的地层改良（图F.8）：

- 两孔隧道开挖工作面：利用垂直旋喷注浆桩柱构成的桩墙实现地层改良与加固，将对隧道洞口进入段的开挖进行约束并全力防止省道沿线边坡的释压；

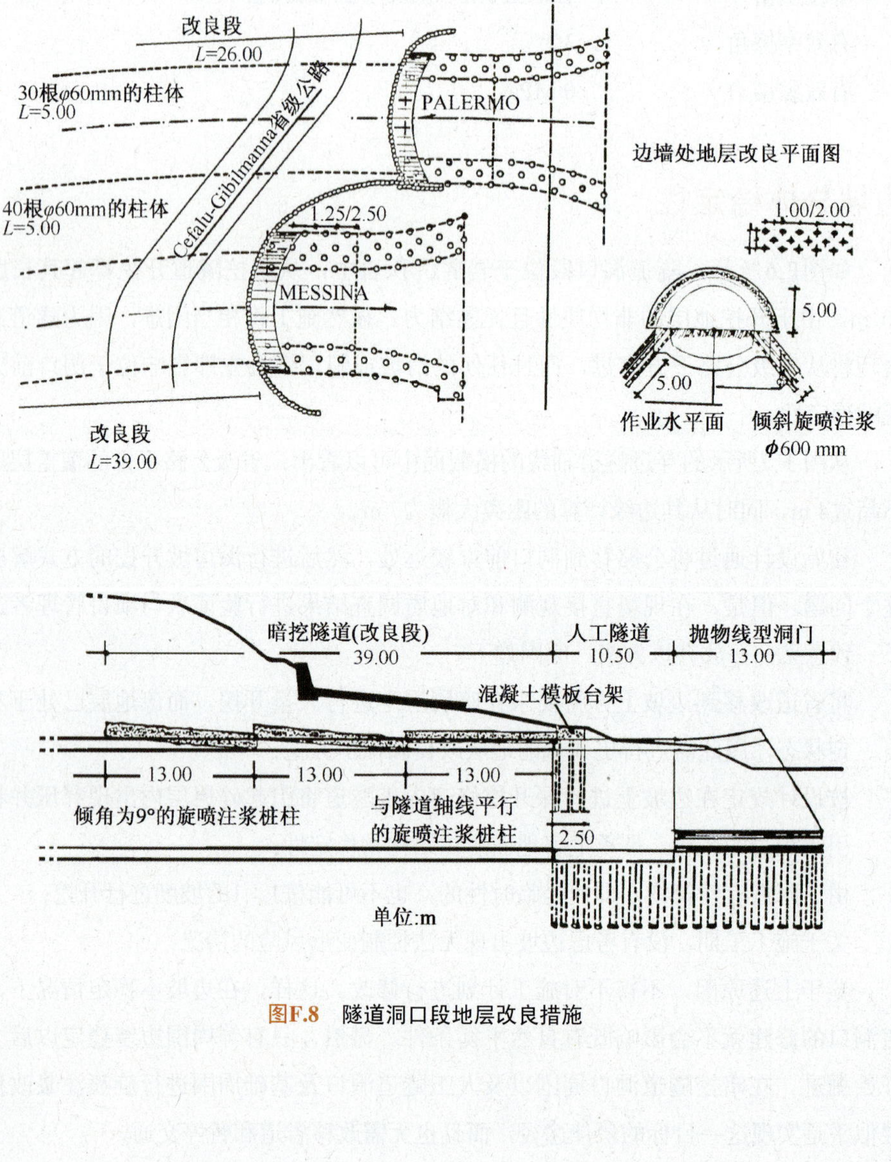

图F.8 隧道洞口段地层改良措施

- 两孔隧道周边：在隧道理论轮廓面周围地层使用水平旋喷注浆进行地层改良，其目的是消除隧道收敛，从而防止道路结构出现沉降，即便非常微小；
- 人工隧道洞口及基础：设计大约每隔3 m^2施作垂直旋喷注浆桩以提高局部地层的抗剪强度，从而无需进行深基础开挖。

地层改良与加固

操作参数的确定

在使用旋喷注浆进行地层改良时，采用适合地质环境的操作参数是获取预期结果是成功的关键。因此决定实施6次试验，其混合剂量、注浆步骤、压力以及注浆速度各不相同。最适合实施试验的区域是在2条线路之间Messina侧陡坡处的洞口，它位于位置较高的一孔隧道的作业水平面上，即从暗挖隧道衬砌内弧面算起大约5m处。实施试验桩柱的操作程序在表F.1中进行了概述，几何位置如图 F.9所示。

表F.1 旋喷注浆桩柱试验操作程序

桩号	深度（m）	压力（Atm）	数量		比率H_2O/混凝土（cm^3）	每4 cm拔出时间（s）	总回流量	备注
			水泥（公担/m）	混合物（L/m）				
1		300	2.5	333		15	450	裂缝开口与陡坡平行
2		500	2.5	333		11	700	发现注浆期间裂缝开口与陡坡平行
3	5.00	400	1.5	200	100 $\gamma = 1.5$	8	200	钻孔水被地层吸入
4		400	1.5	200		8	300	钻孔水沿所有钻孔流出
5		400	1.5	200		8	0	钻孔水被吸收
6		400	2.5	333		13	500	裂缝开口与陡坡平行

最佳参数选择

在改良地层桩柱硬化3 d后，发现其中存在随意分布的一些卵石，卵石加上地层的非均质性导致地层连续带形成水力劈裂缝，其注浆扩散范围从桩柱轴线开始有1 m距离。在这些连续带内水泥混合物与黏土混合并使其固结，并将里面的大块石料包裹住。为此在试验桩柱基础上决定：

Malenchini隧道（**Livorno-Civiavecchia**高速公路）：
通过旋喷注浆改良地层，以此形成加固壳体，从而修建南侧洞口

同一隧道洞口视图

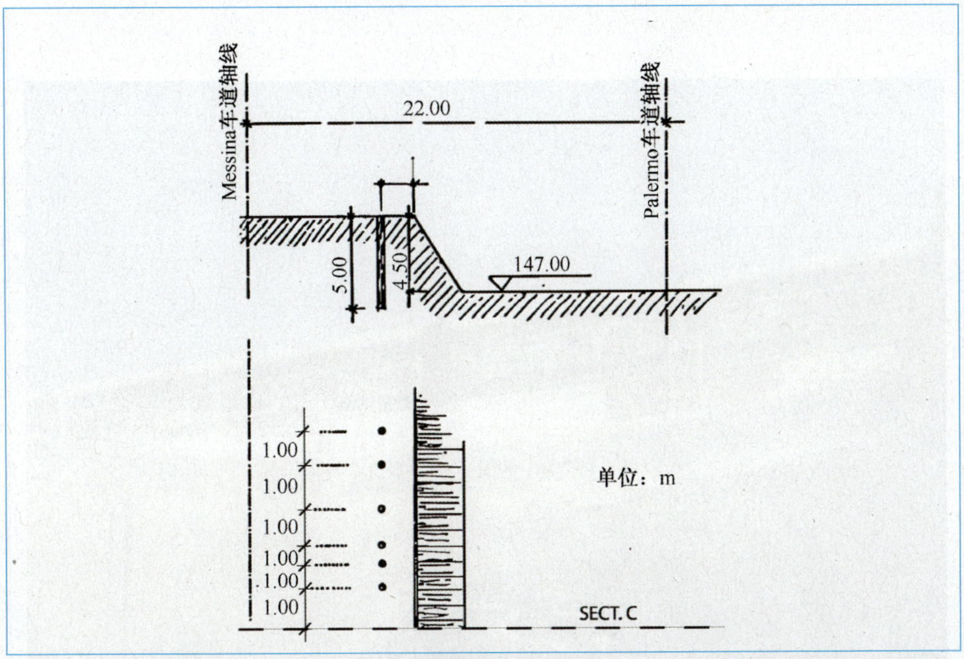

图F.9　旋喷注浆桩试验位置

- 按照3、4和5号桩柱所采用操作参数进行地层处理；
- 考虑到地层非均质性和卵石的随意分布以及钻孔过程中存在潜在较大偏差的可能性，将垂直桩柱中心距减至0.45 m，水平桩柱的中心距设定为0.40 m。

岩土测试结果

表F.2给出了地层改良前后土壤试验主要结果。通过对初始钻孔取芯样品S2和沟槽Sa4样品以及洞口准备期间的样品进行不排水各向异性三轴试验，获得了自然地层样品的c值（黏结力）和φ值（内摩擦角）（见图F.6），其中只有1个样品未受扰动。

表 F2　地层改良前后试验结果

自然地层			改良地层		
样品编号	c（MPa）	φ（°）	样品编号	c（MPa）	φ（°）
21	0.015	17	31	1.2	39
22	0.02	16	32	1.5	41
23	0.019	17	33	1.3	39
24	0.02	18	34	1.5	40
25	0.016	15	35	1.2	38

巴西Campinas市铁路车站下方使用垂直旋喷注浆方法进行地层改良的隧道洞口视图

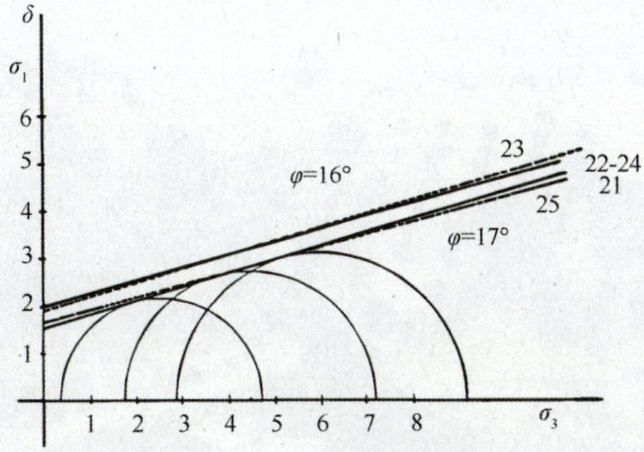

图F.10 不排水各向异性三轴压力室试验（地层未改良）

在实验室中，将取得的立方体改良地层样品变为直径50.4 mm、长度100.8 mm的芯状样品。针对芯状样品，在70 MPa的Hoek三轴压力室中进行了三轴试验。

每种样品都有3个试件，赋予每个试件的σ_3值都为前一个试件σ_3值的倍数以便在同一直线上给出3个点（见图F.10、图F.11）。针对第1组样品进行了压力计压力分析计算，但没有对第2组样品的三轴Hoek压力室试验进行分析计算。

从试验结果来看，地层改良结果是令人满意的，平均黏结力从0.018 MPa增高至1.34 MPa，内摩擦角从约17°增大至约40°。在改良地层中进行的3个直接剪切试验（Hoek类型）也说明了这一点，其平均黏结力为1.12 MPa，内摩擦角为36°。

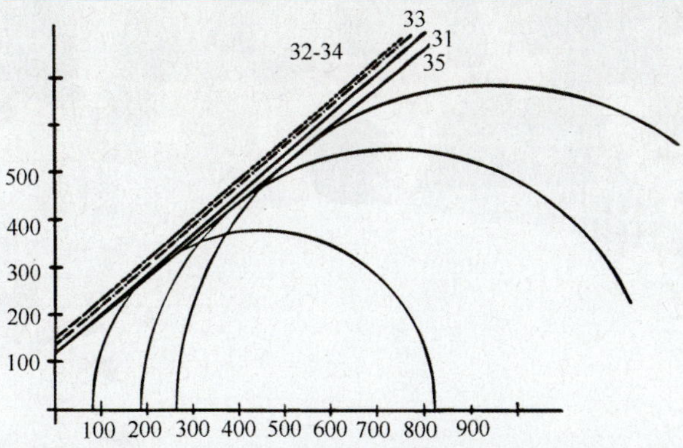

图F.11 三轴霍克压力室试验（改良地层）

1号隧道（**Sibari–Cosenza**铁路线）：使用旋喷注浆技术进行隧道洞口修建，即使在最恶劣地质条件下也不会对环境与景观造成破坏

同一隧道洞口正面视图

技术与作业方面考虑

鉴于取得的结果比较满意以及在现场进行了足尺试验，因此按照设计开始了洞口施工。

实际上隧道开挖前所进行的地层改良作业是按下面6个阶段来进行实施的，先从较低的隧道开始，然后是较高的隧道，二者交替进行（图F.7）。

阶段1：通过垂直旋喷注浆首先稳定开挖边墙，然后开始从引道挖土。

阶段2：如需要，可设置一环排水管，并在掌子面前方13 m范围内的隧道拱顶处进行水平旋喷注浆处理。改良地层水平桩柱在拱顶处的中心距为40～45 cm，起拱线区域为50 cm。

阶段3：在进行半断面掘进[1)]约10 m后，安装钢拱架，然后立即挂网并喷射10～15 cm厚混凝土。

阶段4：从新掌子面开始设置一系列新排水管（如果需要），然后施作另一段近水平地层改良桩柱（约13 m），沿整个隧道周边，其中心距为45～50 cm，拱顶处其相对于隧道轴线的最大倾角为9%；接着对已开挖段后部边墙处进行地层处理。

阶段5：在已全部进行地层改良地段进行台阶开挖并在边墙喷射混凝土，接着在已经敞开地段开挖隧道仰拱，然后进行边墙和仰拱浇筑。

阶段6：浇筑钢筋混凝土最终衬砌并设置INP 200钢拱架。

采用旋喷注浆技术进行地层改良，除了能获得很好的技术效果外，对承包商而言，其中一个重要因素就是工期相对较短，对施工计划干扰较小，可同时在2座相邻隧道中进行平行作业。就后者而言，提前形成拱效应是必要的，因为它是实现隧道稳定性和避免收敛必不可少的，即便是微小的收敛。

从这一点来看：

- 旋喷注浆改良地层带的主要作用一方面是防止地层出现快速松动；否则会对地表产生直接影响，严重损害道路结构和上部建筑物；另一方面，它可将长期显现于土层中的不对称挤压力（例如S. Elia 隧道）进行分配，即在最终衬砌上进行重分布，因此最终衬砌厚度无需太大。考虑到隧道与省道间的覆层厚度较小，同时考虑到永久荷载以及车辆通过时所产生的活荷载这一因素，那么预计S. Elia隧道拱背周围改良地层带所承受的压应力约为6.00 MPa，切向应力约0.30 MPa，其与改良地层的强度是相匹配的。因此预计在此应力条件下，径向收敛值仅为几毫米。

1）半断面掘进：在采用旋喷注浆新技术的第1座隧道掘进中，隧道掘进一般采用半断面，而现在在对该技术更加熟悉以及本书所多次肯定的情况下，全断面掘进通常成为首选方法，当然要采用适宜的设计与操作程序。无论从安全、掘进速率还是隧道长期、短期稳定性来看，全断面掘进都具有很大优势。

Colli Albani隧道（罗马-那不勒斯新建高速铁路线）：隧道南洞口施工作业鸟瞰图

- 由于地层改良桩柱自身强度较高且具可变形性，因此与改良地层直接接触的钢筋网及喷射混凝土层起到了保护层作用，具有超过0.20 MPa的约束作用，因此大大提高了旋喷注浆桩柱的强度；同时，作为过渡构件，其在充分利用改良地层与最终衬砌之间的中间刚度方面起到了非常重要的作用：如果发生地震，施加于最终衬砌上的剪切应力波会得到大大的缓冲，从而保证隧道的完整性，即使隧道所处地层不具黏结性。
- 使用钢拱架加固并通过施作隧道仰拱进行封闭的混凝土结构其作用是防止长期沉降。沉降不仅可由黏滞现象导致，而且还可以因严重不对称挤压力造成，就像S. Elia隧道中情况一样，在级配极差、且没有黏结力的土壤中这种情况不是不可能出现，如果埋深较小，它也很容易受外部气象情况的影响。

总　　结

目前采用垂直旋喷注浆技术解决软岩隧道洞口施工问题的经验表明，此方法可用于土壤不具黏结力或黏结力较差的边坡隧道施工而不会造成任何围岩位移。

当结合水平旋喷注浆一起使用时，它可在1米多一点的极浅埋深件下进行暗挖隧道掘进，从而减少新施工项目与环境协调发生冲突的情况。

采用这些方法还具有其他优势：

- 在适应任何地形方面具有很大的灵活性；
- 缩短了施工工期；
- 施工成本极具竞争力。

尽管旋喷注浆技术费用不是很高，但它却能保证成本、质量与安全性这几者之间有一个很好的比值关系（当然须有必要的地形条件）。

除考虑交通方面外，在S. Elia 隧道洞口施工中，其成本节约情况也不错，如表F.3所示。

表F.3　2种选择方案的施工成本比较（单位：百万里拉）

使用旋喷注浆法对下穿省道的隧道段进行地层改良	总价	610	
延伸堤墙	20/m	25	
通过暗挖隧道替代人工隧道	39/m	275	
增加的成本			910
取消的人工隧道建造成本	59/m	575	
不改变省道线路的成本节约		156	
不改良边坡的成本节约		219	
不征地的成本节约		69	
节约的成本			1 019
节约的总成本			1 019–910=109

使用垂直旋喷注浆在洞口处施作地层加固壳体

Pianoro隧道（博洛尼亚—佛罗伦萨新建高速/大运量铁路线）：施工中的隧道南洞口

S. Giovanni隧道（**Catanzaro**东环线）：在城市建筑物下进行直径为**14 m**隧道洞口的掘进

在垂直旋喷注浆地层改良加固壳体上进行钢筋混凝土顶梁浇筑前准备工作

采用垂直旋喷注浆地层柱体改良细节

在不影响交通的情况下对隧道进行拓宽：米兰—罗马高速公路，**Nazzano**隧道，拼装预制管片衬砌拱（**2005**年）

附录G

在不中断使用前提下对公路、高速公路和铁路隧道进行加宽

随着交通的发展，越来越需要提高公路、高速公路以及铁路的通行能力。如果线路完全处于地面，那么满足这些需要很容易，但是当线路需穿过许多隧道时情况却非常复杂，因为除了既有隧道外，还要修建一些成本较高的新隧道。

因此只有在以下条件下才能对隧道进行加宽：

- 保证使用者的必要安全性并将不便性控制在可接受范围内；
- 解决涉及隧道加宽中掌子面掘进的技术和操作问题，隧道所在地层在前一次开挖时已受到扰动；
- 在拆除旧承载结构的同时进行新承载结构的修建，适当处理可能出现的任何应力-应变情况，甚至是意外情况，而对隧道使用者和地面人类活动而言没有危险。

目前作为A1米兰—那不勒斯高速公路上“Nazzano”隧道加宽工程的一部分，即从2车道变为3车道以及在每个方向上扩建1条应急车道，它采用了作者推荐的一种创新型施工方法，该方法可满足上述要求，而且在公路、高速公路和铁路隧道加宽施工作业期间对交通交通没有影响（图G.1）。本节首先讨论了将要解决的主要困难，然后就应用所获初步成果对该新技术基本概念进行了说明。

交通条件下采用此技术的必需要求

如前言所述，如果能在不中断交通的情况下对运营隧道进行加宽，那么此技术至少应解决好下面2类问题：

- 隧道加宽施工所涉开挖和衬砌施作以及既有隧道拆除，同时确保隧道使用者的安全并将不便性控制到最小；
- 此技术适用于任何可能遇到的地层类型和应力—应变条件，使其对隧道围岩的影响最小并在作业期间确保其安全性。

显然在开发某一施工方法时需解决这类问题。它必须能提前对掌子面或隧道周围各种地层进行改良，同时对交通而言没有任何危险，在距加宽施工掌子面不远处施作最终衬砌并使其发挥作用。

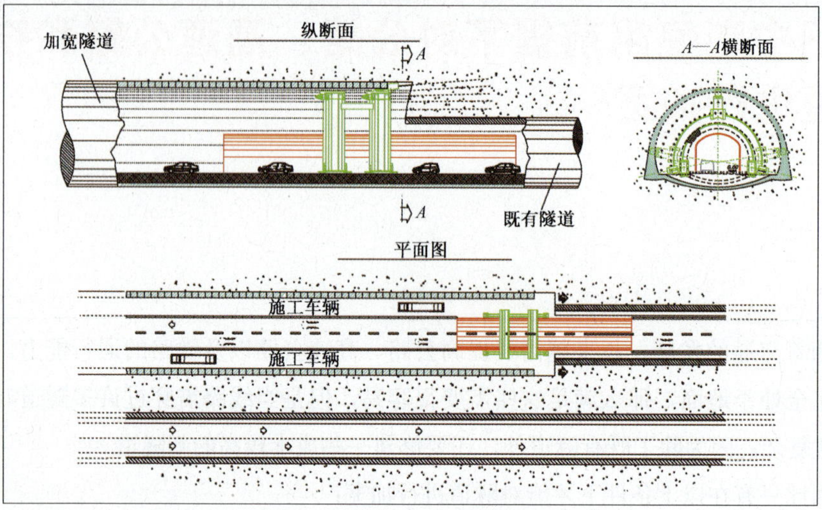

图G.1　既有隧道的加宽施工

只有这样才能实现以下目的：

- 对既有隧道周围可能存在的塑化带影响进行控制并使其不受到进一步扰动；
- 在加宽隧道横断面时不触发不利的地层变形，因为地层变形将转化为施加于加宽隧道衬砌上的巨大挤压力，地表将出现差动沉降，这对任何施工活动而言都非常危险；
- 确保在设计阶段对施工计划进行单独考虑而不受地层类型和应力—应变条件约束，应控制成本，拥有可靠的施工成本和时间进度规划以使交通线路的改移和使用者的不便达到最小。

思路形成过程

针对这些目的，找到一种能在不影响高速公路正常交通情况下满足上述要求的合适施工方法的想法在作者脑海中成型是在罗马“Baldo degli Ubaldi”地下车站的施工中。大尺寸（21.5 m的跨度以及16 m的高度）以及对地面沉降的严格限制要求设计出一种创新型施工方法。采用该方法车站隧道的修建分为了4个主要阶段（图G.2）：

（1a）首先使用玻璃纤维结构件对掌子面前方地层进行加固，并使用钢纤维喷射混凝土和带仰拱横支撑的钢拱架进行衬砌后，从2个入口竖井处分别掘进宽5 m、高9 m的侧壁导洞，这里预留了未来车站隧道边墙位置；

（1b）浇筑钢筋混凝土边墙；

（2）首先使用玻璃纤维结构件对掌子面前方地层进行加固，并采用机械预切槽法形成加固壳体保护掌子面，接着进行车站隧道拱顶开挖（跨度21.5 m，高8.5 m，横截面面积125 m^2），然后立即采用预制混凝土管片形成“主动拱”对拱顶进行衬砌；

（3）在开挖隧道拱顶后即向下开挖车站隧道（横截面面积为90 m^2），然后立即分步浇筑隧道仰拱；

（4）完成车站基础结构。

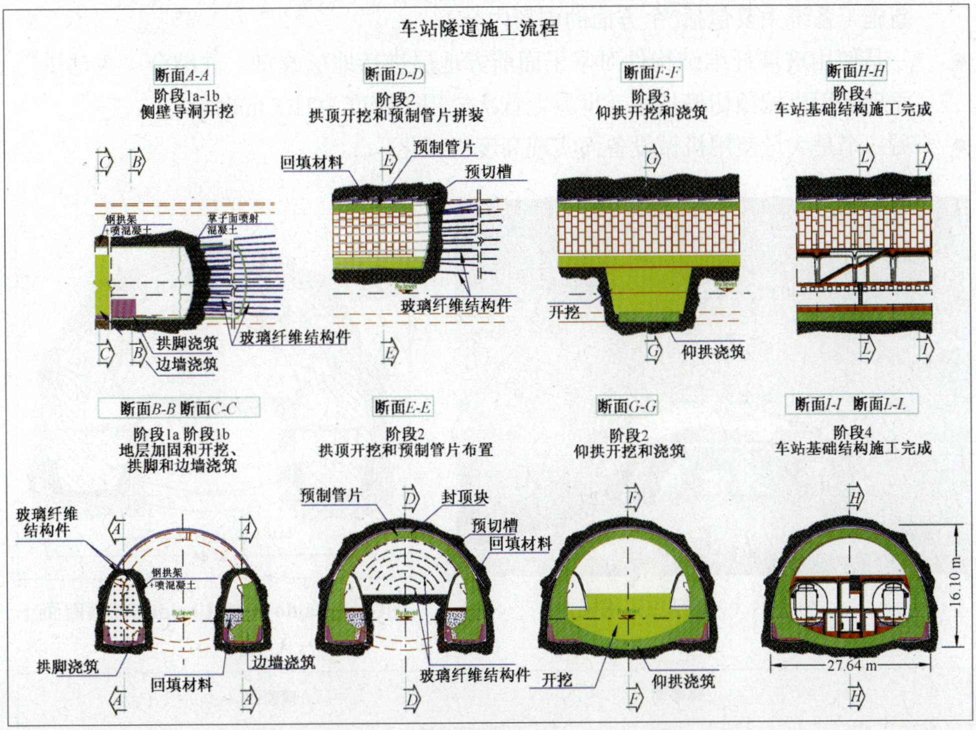

图G.2　Baldo degli Ubaldi车站——施工步骤

事实上，针对该工程与STAC S.p.A（Como）公司一起设计、开发出了一种特殊机械，将所采用的最新技术融合在一个施工体系中。这种机械（图G.3）包括一个金属门架，其几何形状与车站隧道拱顶轮廓面一样，其支承在侧壁导洞内，通过稳定装置固定在其侧部构件上以使其能前后移动。该金属门架不仅配有机械预切槽机，而且还有预制混凝土管片拼装设备。

当该机械及配套设备投入运转后，作者发现车站隧道台阶所在区域并没为施工作业所利用，其横断面大小与一般的公路或铁路隧道类似（图G.4）。为此，只要采取合适措施保护隧道使用者，就可在既有隧道拱背处采用同样的方法进行加宽作业而不必关闭交通。在最终分析中需解决的问题是将Baldo degli Ubaldi隧道所采用的半断面开挖系统改为全断面开挖。

通过借鉴Baldo degli Ubaldi车站施工中所用机械设备而诞生了这一新技术，该技术可以在施工作业期间不中断交通的情况下进行隧道加宽（图G.1）。

技术说明

其思路主要包括以下几方面内容（图G.5、图G.6）：

- 第一阶段：如果需要，对加宽掌子面进行加固和/或进行洞室预约束，然后在加

新施工系统主要包括2个方面的创新内容：

- 一是使用玻璃纤维结构件对掌子面前方地层进行地层改良，并结合“主动拱”原理采用机械预切槽技术（世界上首次应用于跨度为21.5 m的隧道）；
- 另一个是大量使用机械设备而实现高度机械化。

图G.3　特殊施工机械

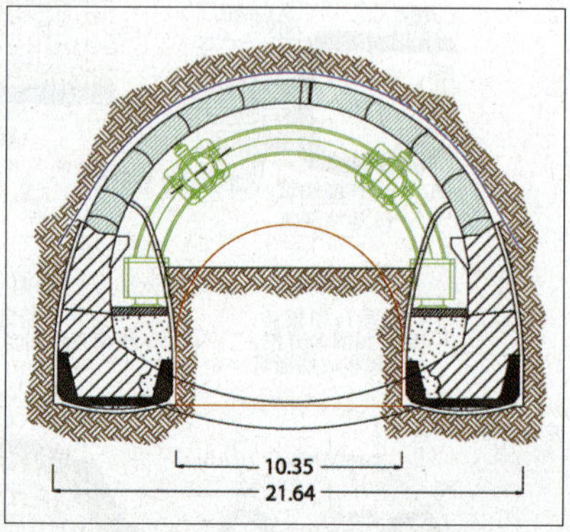

图G.4　Baldo clegli Ubaldi车站横断面

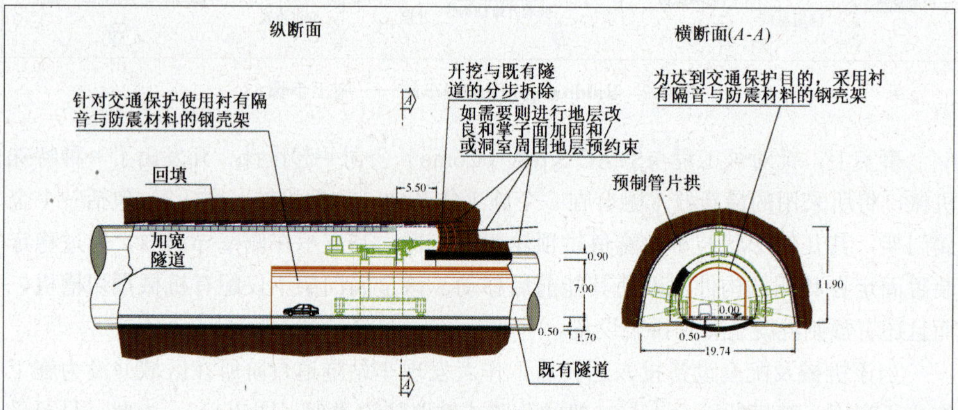

图G.5　加宽掌子面掘进与既有隧道拆除

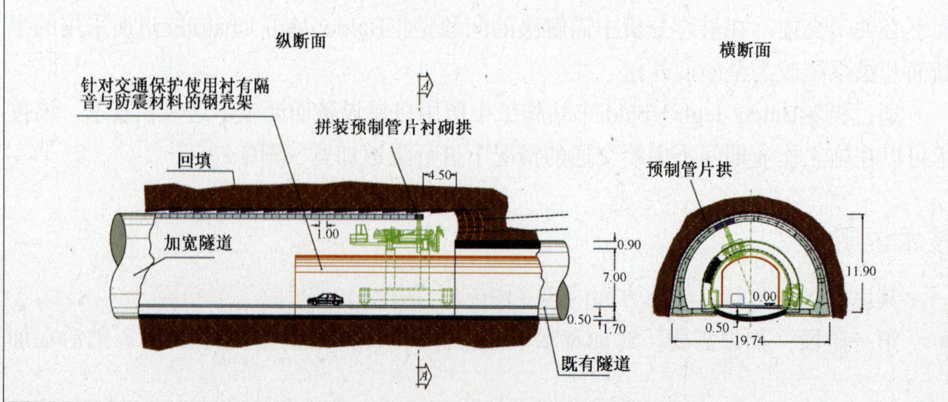

图G.6　预制管片衬砌拱拼装与加宽掌子面掘进交替进行

宽隧道与既有隧道的理论轮廓面之间进行分步开挖；

- 第二阶段：根据“主动拱”原理，在掌子面后方立即施作一个或多个预制混凝土管片拱；
- 第三阶段：如果需要则进行基础（隧道仰拱）施工。

在前2个阶段，必须在既有隧道断面内进行循环作业，为此应设置交通防护钢壳架，施工机械可以在钢壳架上面移动和进行作业。钢壳架与既有隧道衬砌之间的空隙需用隔音与防震材料进行填充。钢壳架长度至少应为加宽隧道直径4倍以上，其内有一个相对较小的空间，可保证在既有车道内不中断交通的情况下进行施工作业。当隧道加宽开挖到掌子面与钢壳架前端距离为最低安全标准时，须向前移动保护层，然后重复各阶段作业直至整个隧道加宽作业完成为止。

下面从作业观点出发详细介绍此技术的各阶段。

第一施工阶段

在第一阶段，如果有必要，首先对掌子面前方地层进行改良，然后是在未来加宽隧道设计轮廓面与既有隧道轮廓面之间进行分步开挖（开挖步长取决于地层特性）。

基于地质与岩土情况进行的掌子面前方地层改良可能包括加宽掌子面加固和/或洞室预约束，例如水平旋喷注浆、机械预切槽或在加宽掌子面周围插入带注浆阀的玻璃纤维结构件并进行注浆。这些加固改良措施（超前设置或径向设置）可从既有隧道内部进行作业，但任何情况下都必须在“交通防护钢壳架”上方进行作业。

在掌子面前方地层改良完成后，开始进行加宽掌子面掘进（图G.5）。通过地层开挖和逐步拆除既有隧道衬砌来完成，根据围岩应力-应变条件和预制管片尺寸，每步施工步长从60～200 cm不等（见以下第二施工阶段）。如果应力-应变条件允许，隧道掘进可按相当于好几环衬砌管片的长度分步进行。

前方地层加固与改良以及隧道衬砌施工所用机械全都在交通防护钢壳架上方进行，而且配备了地层改良作业所需设备。

第二施工阶段

第二施工阶段需对加宽隧道施作预制混凝土管片最终衬砌。

根据“主动拱”原理，分步开挖和迅速施作预制混凝土管片最终衬砌很关键，因为这样可阻止掌子面附近变形产生并解决了所有岩体变形反应问题。这是此技术最典型的一个特点。

该项工作涉及以下方面（图G.6）：

（1）通过加宽隧道一侧的皮带输送机与叉车将混凝土管片运送至掌子面；

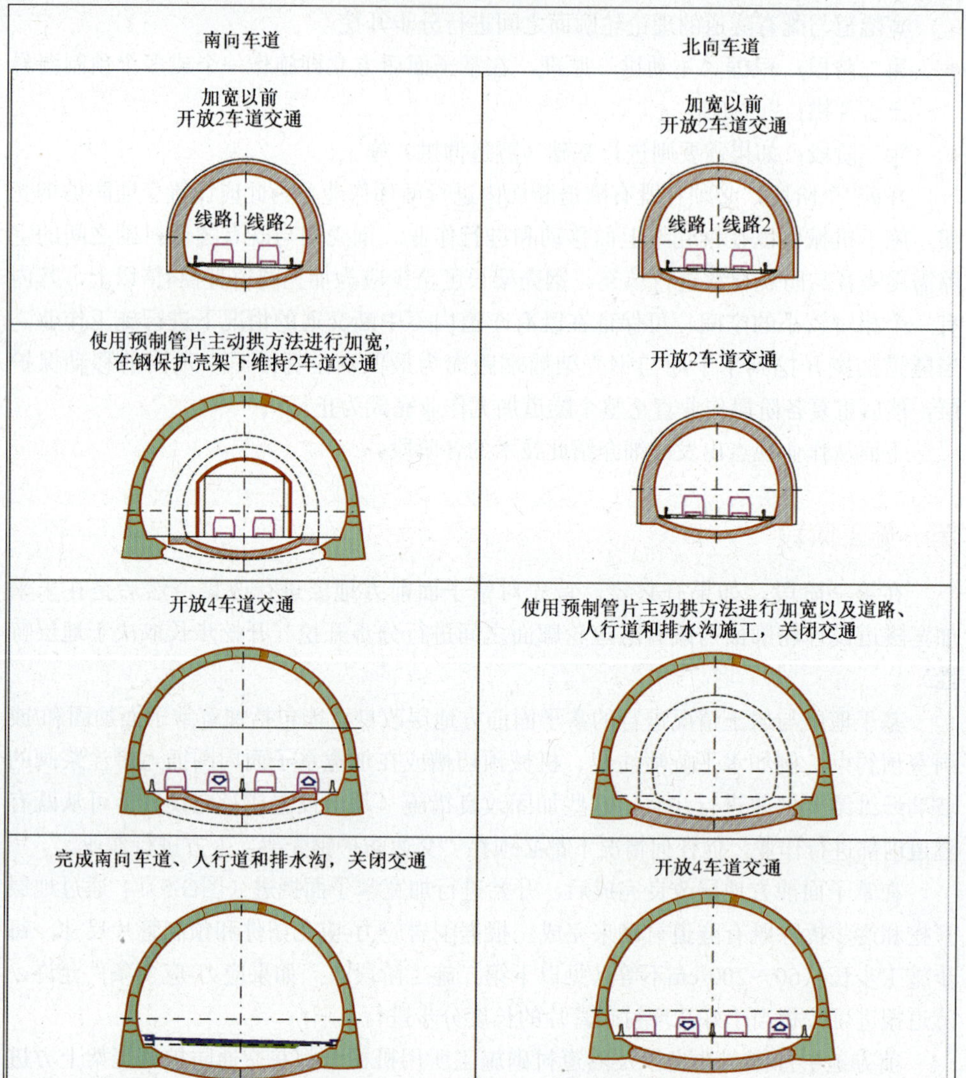

图G.7 车道加宽期间交通管制计划

（2）在管片两侧及已拼装管片前端涂抹缓凝环氧树脂；

（3）使用专业拼装机进行管片提升与定位，首先在隧道两侧施作下部管片，然后是上部管片，直到封顶块插入完成为止；

（4）在预制管片拱背与洞壁之间空隙充填砂浆；

（5）根据“主动拱”原理，启动封顶块内的压力千斤顶使管片相互紧密贴合，从而立即在隧道围岩周围形成所需约束压力。

第三施工阶段

如需施作基础结构，那么首先要对交通进行分流，然后将新加宽隧道衬砌与既有隧道仰拱相连或者浇筑新隧道仰拱。

施工作业期间维持交通的解决方法

前2个施工阶段都没有出现维持交通的问题，因为都是在钢壳架保护下进行的，而在第三阶段则有2种完全不同的情况。

铁路隧道

隧道加宽作业完成后必须中断铁路交通以便重新铺轨。在此期间，可施作连接加宽隧道最终衬砌与既有隧道仰拱的结构，或者（如果静力条件要求）浇筑新的隧道仰拱。

双向2车道公路（单孔隧道）或高速公路（双孔隧道）

通过对基础施工和道路加宽施工的合理组织，公路隧道内每个方向至少可保持1个车道的正常交通；同样通过在2座隧道之间交替作业以及将车流引向空闲车道可保持每个方向2条车道的正常交通（如图G.7中解释说明）。

在“Nazzano”隧道加宽施工中的应用情况

此新技术在全世界的首次试验性应用是在“Nazzano”隧道工程中，此隧道位于Orte与Fiano Romano间的A1 罗马—那不勒斯高速公路上，隧道链程在km 522+00~km 523+200之间（图G. 8）。

该隧道为直线，长337 m，海拔166 m，从45 m覆盖层下穿过。从地质方面来看，隧道穿过上新世至更新世的砂质土与粉质黏土，隧道上方为Nazzano镇所在地（图 G.9）。

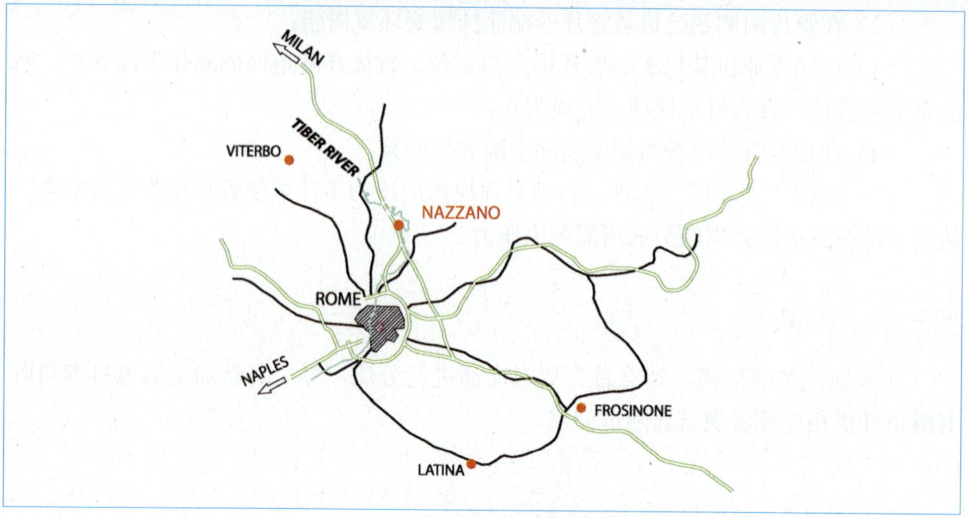

图G.8　Nazzano隧道地形图

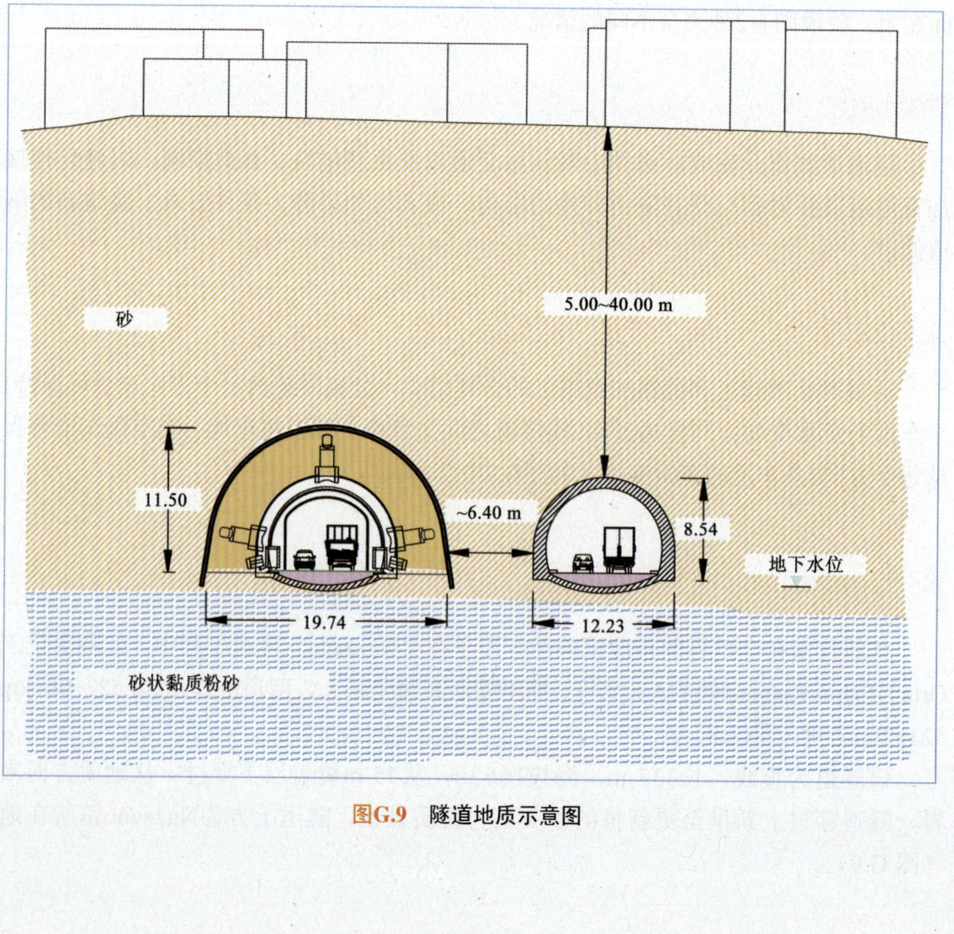

图G.9　隧道地质示意图

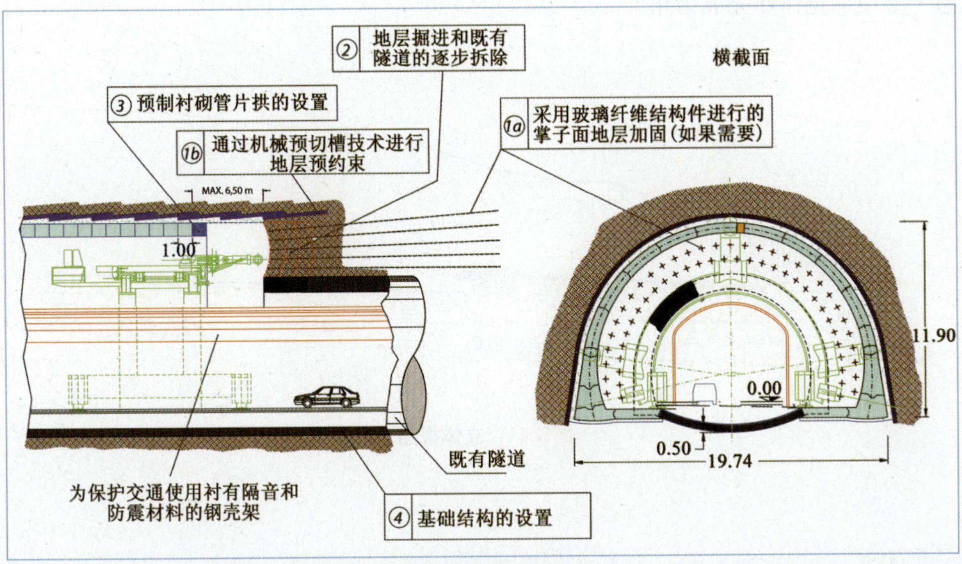

图G.10　隧道加宽作业步骤

考虑到所要开挖的地层类型，设计首先规定在加宽隧道掘进前采用机械预切槽技术在隧道周围形成喷射混凝土加固层。隧道加宽作业按以下4个主要步骤进行（图G.10、图G.11）：

（1）采用机械预切槽技术在隧道（19.74 m的跨度）周围形成5.5 m长、35 cm宽的加固拱，如果需要，则对加宽掌子面前方地层进行改良；

（2）在先前改良地层保护下分步拆除既有衬砌，并进行开挖直至达到加宽隧道设计断面要求；

（3）根据“主动拱”原理，立即在掌子面后方（最大距离4.5~6.5 m）施作预制混凝土管片衬砌；

（4）施作基础结构（新隧道仰拱）。

前3个阶段所有作业都是在自行式钢壳架保护下实施以保护道路交通，使车辆安全通行。钢壳架保护结构设计长度为60 m并伸至距加宽掌子面前方约40 m处。它包括模块化的钢结构件，并配有导向装置、锚固件、发动机、隔音和防震板以吸收既有隧道开挖与拆除期间材料掉落引起的震动，包括石块意外掉落所引起的震动。

所有作业机械都将在钢壳架上方移动和工作。当隧道加宽作业开挖到掌子面与钢壳架前端距离为最低安全标准时，需将钢壳架向前移动，然后重复循环作业直至整个隧道加宽作业完成为止。

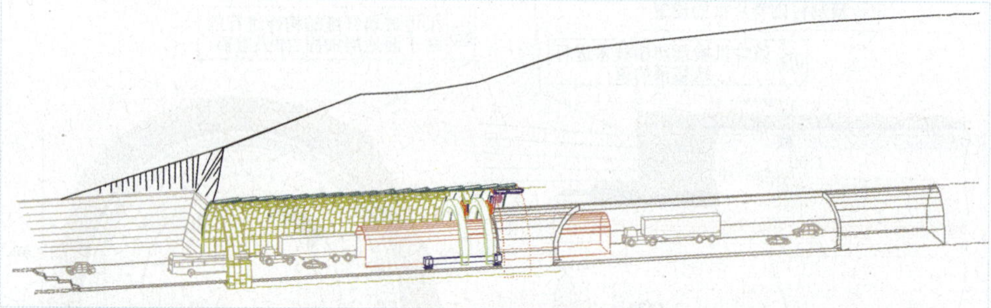

图G.11 立体视图

图G.12 配有大型链锯的预切槽机

机械及设备

机械及设备的设计与制造要求较高，因为必须在既有隧道与钢壳架之间非常有限的空间内优化一系列操作功能：掌子面处的预切槽、开挖、管片拼装、各种注浆作业和既有隧道的拆除。

采用创新技术解决了这些难题，通过多用途紧凑型设计及高度自动化能实现包括移动等所有功能要求，而且操作时间降至最少。

该机械主要包括一坚固的双拱钢结构（图G.12），底部通过伸缩梁连接，可快速、准确进行前、后纵向移动。

通过液压控制系统可实现对中及高度的定位。

在掌子面拱部上方安装了一个特别复杂的底座，装有用于开挖和拆除的预切槽锯片和滚刀，或者是拆除破碎锤。

底座在拱周范围的环形移动是通过齿轮减速马达、齿条以及小齿轮实现的，各个部分的单次移动与联合移动可实现设计中规定的各种不同作业。

在同一拱架上还安装了一个双系统来控制灌浆管道，将砂浆填充到预切槽切口以及管片和隧道洞壁间的空隙。

后一拱架的设计是为拼装混凝土管片。其上有一个滑架，配有可以“抓取”管片并进行拼装的拼装机。拼装机的移动完全为电控和液压操作，通过一个装有显示屏的控制面板来控制，该控制面板将显示操做信息与误差信息。

在拱部封顶块插入形成自身支撑之前，管片置于固定在拱部的特殊伸缩结构上。它们都装有传感器，借此可安全进行各种操作。

此结构配有各种服务用舷梯，使施工人员可在视野清晰条件下进行作业。

设备的各项功能是通过PLC（可编程序逻辑控制器）来控制的，该控制器可以识别收到的指令并向显示屏发出信息以便正确、安全控制该设备。

表G.1列出了所述机械的主要技术规格。

表G.1 机械的技术规格

锯片的切削能力	L = 550 cm；th = 30 cm
管片拼装	最大荷载 = 7 t（10.70 m 处）
额定功率	214 kW
动力	电动-液压
移动	通过PLC进行液压控制

施工进度

在解决了一系列因合同和财务方面原因造成的问题和通过浅埋洞口区的问题后，通过系统微调使隧道加宽作业实现了稳定的掘进速率，上述问题曾几度造成加宽施工作业延误，同时也更多地受到了既有隧道作业的影响。

2005年11月17日，在交通完全开放的条件下完成了北向隧道的加宽工程。其平均掘进率为0.7~0.8 m/d。

机械系统和掘进循环的优化主要考虑采用更长刀具，能进行5.5 m长、35 cm厚的“预切槽”开挖（最初的预切槽长4.5 m、厚30 cm）。

预切槽作业完成后，接下来是开挖作业、拆除既有隧道、掌子面喷射混凝土，其循环进尺为2 m，然后在拱顶穿插设置两榀连续“主动拱”，每榀长1 m。

图G.13　高速公路维持运营条件下实施的加宽隧道工程

结　　论

试验结果表明：此技术可在施工期间保持交通通畅情况下解决公路隧道、高速公路隧道或铁路隧道的加宽问题。

其主要特点如下：

（1）根据“主动拱”原理，采用预制混凝土管片衬砌稳固加宽隧道，其距离距加宽掌子面（最大4.5～5.6 m）很近，从而无需进行被动支护作业，如喷射混凝土与钢拱架；

（2）如果弯矩使预制管片拱抗压段部分作用，那么可在封顶块内使用千斤顶使最终管片衬砌处于压力之下，以重新分配不对称荷载；

（3）如果需要，可在掌子面前方实施地层改良以抑制甚至完全消除掌子面和洞室变形从而避免不受控制的岩体松弛，保证了施工的安全性；

图G.14 使用钢壳结构以保护交通运输。图片底部可看到用于机械移动的轨道

图G.15 拆除过程中的加宽掌子面

图G.16　采用泵送灰浆进行预切槽回填

图G.17　拼装预应力钢筋混凝土预制衬砌管片

图G.18 加宽隧道视图

（4）各施工阶段高度机械化，包括需要时所进行的掌子面前方地层改良，其掘进速率稳定，施工时间缩短，从施工经济性及可实现的速率来看，所有这些都产生了积极的影响作用；

（5）可实现高度稳定的掘进速率（机械化隧道开挖），预计完工隧道的日进尺速率约为0.6～1.2 m/d；

（6）采用“钢壳架”保护道路，可在保持交通安全畅通条件下实施所有的施工作业；

（7）采用多功能机械，使其能在变化多端的地层和应力-应变条件下进行作业。

由于是第一次采用此技术在保持交通的情况下解决隧道加宽问题，因此花费了相当长的一段时间进行系统微调，试验证明该项技术可实现以下目标：

- 控制既有隧道周围可能的塑化带的影响，不会对围岩造成进一步的扰动；
- 隧道横断面的加宽，不会造成地层破坏性变形，从而防止作用于加宽隧道衬砌上的巨大推力演变为地表差动沉降，对既有结构物构成威胁；
- 确保施工按设计规定进度进行，不受地层类型和应力-应变条件影响，施工时间及成本得以控制，并将交通分流和对使用者造成不便的影响减至最少。

参考文献

[1] KÁRMÁN T., “Festigkeitsversuche unter allseitigem Druck”, Berlin 1912.

[2] BIENIAWSKI Z.T., “Rock Mechanics design in mining and tunneling”,Balkema 1984.

[3] BARTON N.R., LUNDE J., “Engineering classification of rockmasses for the design of tunnel support”, International Journal of Rock Mechanics and Mining Sciences & Geomech. Abst. 25, No. 13–13, 1974.

[4] BIENIAWSKI Z.T., “Rock mass classification as a design aid in tunnelling”, Tunnels & Tunnelling, July 1988.

[5] RABCEWICZ L., “ The New Austrian Tunnelling Method”, Water Power, November 1964, December 1964, January 1965.

[6] THE INSTITUTION OF CIVIL ENGINEERS, “Sprayed concrete linings (NATM) for tunnels in soft ground”, Telford 1996.

[7] KOVÁRI K., “On the Existence of NATM, Erroneous Concepts behind NATM”, Tunnel, No. 1, 1994 (English and German), or Gallerie e Grandi Opere Sotterranee, No. 44, December 1994. (Italian and English).

[8] KOVÁRI K., “Il controllo della “risposta dell’ ammasso” in galleria: pietre miliari fino agli anni 1960”, Quarry and Construction, July–August 2001.

[9] LUNARDI P., “Applicazions de la Mecanique des Roches aux Tunnels Autoroutiers. Example des tunnels du Frèjus (côte Italie) et du Gran Sasso”, Revue Francaise de Geotechnique No. 12, 1979.

[10] KASTNER H., “Statik des Tunnel- und Stollenbaues”, Sprinter, Berlin-Göttingen-Heidelberg, 1962.

[11] PANET M., “Le calcul des tunnels par la méthode convergenceconfinement”, Ponts et chaussées, 1995.

[12] LOMBARDI G., AMBERG W.A., „Une méthode de calcul élastoplastique de l’état de tension et de déformation autourd ‘une cavité souterraine “, Congresso Internazionale ISRM, Denver, 1974.

[13] LUNARDI P., “La costruzione della galleria S. Elia lungo l’ autostrada Messina-Palermo”, Costruzioni, December 1988.

[14] LUNARDI P., “Aspetti progettuali e costruttivi nella realizzazione di gallerie in situazioni difficili: interventi di precontenimento del cavo”, International Convention on « Il consolidamento del suolo e delle rocce nelle realizzazioni in sotterraneo» – Milan 18–20 March 1991.

[15] LUNARDI P., FOCARACCI A., “Aspetti progettuali e costruttivi della galleria Vasto”, Quarry and Construction, August 1997.

[16] GOLINELLI G., LUNARDI P., PERELLI CIPPO A., “La prima applicazione deljet-grouting in orizzontale come precontenimento delle scavo di gallerie in terreni incoerenti”, International Convention on “Il consolidamento del suolo e delle rocce nelle realizzazioni in sotterraneo” – Milan 18–20 March 1991.

[17] ARSENA F.P., FOCARACCI A., LUNARDI P., VOLPE A., “La prima applicazione in Italia del pretaglio meccanico”, International Convention on «I l consolidamento del suolo e delle rocce nelle realizzazioni in sotterraneo»I – Milan 18–20 March 1991.

[18] LUNARDI P., BINDI R., “ The evolution of reinforcement of the advance core using fibre glass elements for short and long term stability of tunnels under difficult Stress-strain conditions: design, technologies and operating methods”, Proceedings of the International Congress on “Progress in Tunnelling after 2000”, Milan, 10 –13 June 2001.

[19] LUNARDI P., BINDI R., FOCARACCI A., “Nouvelles orientation pour le projet et la construction des tunnels dans des terrains meubles. Études et expériences sur le préconfinement de la cavité et la préconsolidation du noyau au front”, Colloque International “Tunnels et micro-tunnels en terrain meuble”, Paris 7–10 February 1989.

[20] LUNARDI P. et al., “Tunnel face reinforcement in soft ground design and controls during excavation”, International Convention on “Towards New Worlds in Tunnelling” – Acapulco 16 –20 May 1992.

[21] LUNARDI P., “Fibre-glass tubes to stabilize the face of tunnels in difficult cohesive soils SAIE: Seminar on “ The application of fiber Reinforced Plastics (FRP) in civil structural engineering” – Bologna, 22 October 1993.

[22] LUNARDI P., “La stabilité du front de taille dans les ouvrages souterraines en terrain meuble: etudes et experiences sur le renforcement du noyau d’ avancement”, Symposium international “Renforcement des sols: experimentations en vraie grandeur des annes 80”, Paris, 18 November 1993.

[23] LUNARDI P., “Avanza la galleria meccanica” – Le Strade, May 1996

[24] LUNARDI P., “The influence of the rigidity of the advance core on the safety of tunnel excavation”, Gallerie grandi opere sotterranee, No. 52, 1997 (Italian and English).

[25] BROMS B.B., BENNERMARK H., “Stability of clay at vertical openings”, Journal of the Soil Mechanics and Foundation Division, 1967.

[26] ATTEWELL P.B., BODEN J.B., “Development of the stability ratios for tunnels driven in clay”, Tunnels and Tunnelling, 1971.

[27] PANET M., GUENOT A., “Analysis of convergence behind the face of a tunnel”, Tunnelling ’ 82, The Institute of Mining and Metallurgy, London 1982, pages 197–204.

[28] TAMEZ E., “Estabilidad de tuneles exavados en suelos”, Work presented upon joining the Mexican Engineering Academy, Mexico 1984.

[29] ELLSTEIN A.R., “Heading failure of lined tunnels in soft soils”, Tunnel and Tunnelling 1986.

[30] CORNEJO L., “El fenómeno de la instabilidad del frente de excavacióny su repercusión en la construcción de túneles”, International Congress on “Tunnels and Water”, Madrid 1988.

[31] PANET M, LECA E ., "Application du calcul à la rupture à la stabilité du front de taille d' un tunnel", Geotecnique 1988.

[32] CHAMBON P., CORTÉ J.F., "Stabilité du front de faille d'un tunnel faiblement enterré: modélisation en centrifugeuse", Colloque International "Tunnels et micro-tunnels en terrain meuble", Paris, 7–10 February 1989.

[33] CHAMBON P., CORTÉ J.F., "Stabilité du front de faille d'un tunnel dans milieu frottant. Approche cinematique en calcul à la rupture", Revue Françise de Geotechnique 1990.

[34] LOMBARDI G., "Dimensioning of tunnel linings", Tunnels and Tunnelling 1973, pages 340 – 351.

[35] LOMBARDI G., "Nuovi concetti sulla statica delle gallerie", La Rivista della Strada, 406, 1975, pages 465–482.

[36] LUNARDI P., "Convergence-confinement ou extrusion-préconfinement?", Colloque "Mécanique et Géotechnique " (Giubileo scientifico di Pierre Habib), Laboratoire de Mécanuque des Solides, École Polytechnique, Paris 19 May 1998.

[37] GALFO R., "Studio della stabilità del fronte di scavo e metodi di stabilizzazione", Tesi di laurea, Università degli Studi di Firenze, Facoltà di Ingegneria Civile, 1990.

[38] FUKUSHIMA S., MOCHIZUCHI Y., KAGAWA K., YOKOYAMA A., "Model study of pre-reinforcement method by bolts for shallow tunnel in sandy ground", International Congress on "Progress and Innovation in Tunnelling", Toronto 9 –14 September 1989.

[39] ANTHOINE A., "Une méthode pour le dimensionnement à la rupture des ouvrages en sols renforcés", Revue Françise de Geotechnique, 50, 1990.

[40] LUNARDI P., "Conception et exécution des tunnels d' après l'analyse des déformations contrôlées dans les roches et dans les sols", (Italian and French), Article in three parts: Quarry and Construction, March 1994, March 1995, April 1996 or Revue Françise de Geotechnique, No. 80, 1997, No. 84, 1998, No. 86, 1999.

[41] LUNARDI P., "Design & constructing tunnels – ADECO-RS approach", Tunnels and Tunnelling International, special supplement, May 2000.

[42] LUNARDI P., Progetto e costruzione di gallerie – Approccio ADECO-RS", Quarry and Construction, supplement, May 2001.

[43] LUNARDI P., "La stabilite du front de taille dans les ouvrages souterraines en trrain meuble: etudes et experiences sur le renforcement du noyau d' avancement", Symposium international "Renforcement des sols: experimentations en vraie grandeur des annes 80", Paris, 18 November 1993.

[44] LUNARDI P., "Lo scavo delle gallerie mediante cunicolo pilota", Politecnico di Torino, Primo ciclo di conferenze di meccanica e ingegneria delle rocce – Turin, 25–26 November 1986.

[45] CAMPANA M., LUNARDI P., PAPINI M., "Dealing with unexpected geological conditions in underground construction: the pilot tunnel technique", Acts of 6th European Forum on "Cost Engineering" – Università Bocconi, Milan, 13–14 May 1993, Vol. 1.

[46] GOODMAN R.E., SHI GEN-HUA, "Block theory and its application to rock engineering", Prentice Hall, New Jersey, 1985.

[47] FAZIO A.L., RIBACCHI R., "Stato di sforzo e di deformazione intorno a una galleria sotto

falda”, Gallerie e grandi opere sotterranee,17, 1983.

[48] HUERGO P.J., NAKHLE A., “L’influence de l’eau sur la stabilité d’un tunnel profond”, International Congress on “Tunnels and Water”, Madrid 1988.

[49] LUNARDI P., BINDI R., La teoria dell’ Area Indice nel dimensionamento dell’ interasse tra cavità adiacenti. Applicazioni al caso del tunnel sotto La Manica”, International Congress on “Grandi Opere Sotterranee”, Florence 8 –11 June 1986.

[50] LUNARDI P., FROLDI P., “Influence des conditions géostructurelles et géomécaniques sur les phénomènes de rupture dans la calotte du tunnel, VⅡ International IAEG Congress – Lisbon 5–9 September 1994 – vol. VI.

[51] HOEK E., BRAY J.W., “Rock slope engineering”, Institution of Mining and Metallurgy, London 1981.

[52] LUNARDI P., “Il progetto dello scavo nella realizzazione di opere in sotterraneo”, Atti della 4° sessione delle Conferenze Permanenti Alta Velocità su “Lo scavo: metodi, tecniche ed attrezzature nella progettazione e costruzione della tratta Bologna-Florence”, Scarperia (FI) 31 March 2000.

[53] Recommendations and Guidelines for Tunnel Boring Machines (TBM), International Tunnelling Association, Working Group No. 14, September 2000.

[54] MAIDL B., HERRENKNECHT M., ANHEUSER L., “Mechanised shield tunnelling”, Ernst & Sohn, Berlin 1996.

[55] ARNOLDI L., Lo scavo meccanizzato, nella nostra esperienza, con TBM del tipo aperto”, Convention on “Scavo meccanizzato integrale di gallerie: esperienze ed esigenze di committenti, fabbricanti di macchine, imprese e progettisti”, Rome 13–15 May 1997.

[56] PANCIERA A., PICCOLO G., “TBM scudate. Blocco in rocce spingenti”, Convention on “Scavo meccanizzato integrale di gallerie: 570 Bibliography esperienze ed esigenze di committenti, fabbricanti di macchine, imprese e progettisti”, Rome 13–15 May 1997.

[57] LUNARDI P. et al., “Soft ground tunnelling in the Milan Metro and Milan Railway Link. Case histories”, Soft Ground Tunnelling Course – Institution of Civil Engineers – London, 10 –12 July 1990.

[58] LUNARDI P., “Evolution des technologies d’escavation en souterrain dans des terrains meubles”, Comité Marocain des Grands Barrages” - Rabat, 30 September 1993.

[59] LUNARDI P., “The construction of large-span stations for underground railways”, Tunnels, 8, December 2000.

[60] LUNARDI P:, FOCARACCI A., RICCI D., VALENTE A., “Una soluzione innovativa per la realizzazione di gallerie naturali senza copertura”, Quarry and Construction, May 1997.

[61] LUNARDI P. et al., “Quality Assurance in the Design and Construction of Underground Works”, International Congress on “Underground Construction in Modern Infrastructure”, Stockholm 7–9 June 1998.

[62] TERZAGHI K., “Mécanique théorique des sols”, Dunod, Paris 1951.

[63] FALCHI DELITALA G., “Calcolo dei rivestimenti delle gallerie”, Vitali e Ghianda, Genoa 1971.

[64] COLONNA P., “Su alcuni problemi di stabilità dei fronti di scavo in galleria, con particolare

riferimento agli ammassi interposti tra due fronti in progressivo avvicinamento", Quarry and Construction, January 1997.

[65] CUNDALL P.A., "Numerical modeling of jointed and faulted rock", Mechanics of Jointed and Faulted Rock, A. A. Balkema, Rotterdam 1990, pages 11–18.

[66] BERRY P., DANTINI E.M., LUNARDI P., "Pressioni in aria e sismi indotti in opere sotterranee da volate in galleria", Strade & Autostrade, 5, 1999.

[67] BERTA G., "L' esplosivo strumento di lavoro", Italesplosivi, Milan 1989.

[68] LUNARDI P., "Pretunnel advance system", Tunnels and Tunnelling International, October 1997.

[69] ANDRE D., DARDARD B., BOUVARD A., CARMES J., "La traversée des argiles du tunnel de Tartaiguille", Tunnels et ouvrages souterrains, No. 153, May–June 1999.

[70] LUNARDI. P., "The "Tartaiguille" tunnel, or the use of the ADECO.-RS approach in the costruction of an "impossible" tunnel", Gallerie e grandi opere sotterranee, No. 58, August 1999 (Italian and English).

[71] MARTEL J., ROUJON M., MICHEL D., "TGV Méditerranèe –Tunnel de Tartaiguille: méthode pleine section", Proceedings of the International Conference on "Underground works: ambitions and realities", Paris, 25th–28th October 1999 Bibliography 571.

[72] "Florence to Bologna at high speed", Tunnels and Tunnelling International, April 1999.

[73] "Progress report on the underground works on the Bologna to Florence high-speed railway line", Tunnel, No. 8, 2000.

[74] LUNARDI P., BINDI R., CASSANI G., "Prime evidenze e risultati dell' impiego dell' approccio ADECO-RS per la realizzazione di oltre 73 Km di gallerie di linea", Strade e Autostrade, No.1 2006.

[75] LUNARDI P., "Tunnelling under the Via Appia Antica in Rome", Tunnels & Tunnelling International, April 2000.

[76] LUNARDI P., "Une methode de construction innovante pour elargir les tunnels routiers, autoroutiers et ferroviaires sans interrompre la circulation; son application au tunnel de Nazzano sur l' autoroute A1 Milan-Naples", Proceedings of the Conference on "Instandsetzung von Tunneln", Olten, 21 October 1999.